図書館・読書・出版
レファレンスブック

日外アソシエーツ

Reference Books
of
Library, Reading, Publishing

Compiled by
Nichigai Associates, Inc.

©2014 by Nichigai Associates, Inc.
Printed in Japan

本書はディジタルデータでご利用いただくことができます。詳細はお問い合わせください。

●編集担当●立木 茉梨／児山 政彦
装 丁：赤田 麻衣子

刊行にあたって

　図書館や読書、出版について調査する際の基本となる参考図書には、事典・辞書はもちろん、年報や索引類、目録など多様な種類があるが、それらの中から目当てのものを探すのは難しい。本書は、図書館（博物館・文学館・公文書館など類縁機関を含む）、読書、出版に関する参考図書を素早く探し出すことを目的とした図書目録である。

　小社では、参考図書を分野別に収録したツールとして、『福祉・介護 レファレンスブック』、『「食」と農業 レファレンスブック』、『動植物・ペット・園芸 レファレンスブック』、『児童書 レファレンスブック』、『環境・エネルギー問題 レファレンスブック』、『学校・教育問題 レファレンスブック』、『美術・文化財 レファレンスブック』、『歴史・考古 レファレンスブック』、『文学・詩歌・小説 レファレンスブック』を刊行した。本書はそれらに続くタイトルで、1,693点の参考図書を収録した。全体を「図書館」「博物館」「文学館」「読書」「出版」に分け、それぞれを参考図書のテーマに沿ってわかりやすく分類している。さらに書誌・事典・索引・年表・名簿など形式ごとに分けて収録した。また、できる限り内容解説あるいは目次のデータを付記し、どのような調べ方ができるのかわかるようにした。巻末の索引では、書名、著編者名、主題（キーワード）から検索することができる。

　インターネットでの検索で、必要最低限のことがらをすぐに得られるようになった昨今だが、専門の事典、索引類に掲載されている詳細な情報が、より高い信頼性を持っていることは言うまでもない。本書が、図書館や読書、出版について調査・研究する際の基本ツールとして、学生・研究者から一般の図書館利用者まで、あらゆる利用者に広く活用されることを願う。

　　2014年9月

　　　　　　　　　　　　　　　　　日外アソシエーツ編集部

凡　　例

1．本書の内容

　　本書は、図書館（博物館・文学館・公文書館など類縁機関を含む）、読書、出版などに関する書誌、事典、索引、年表、年報、名簿など参考図書の目録である。収録した図書には、できる限り内容解説あるいは目次を付記し、どのような参考図書なのかがわかるようにした。

2．収録の対象

　　1990年（平成2年）から2013年（平成25年）に日本国内で刊行された、図書館、読書および出版に関する参考図書1,693点を収録した。必要に応じて、複数の見出しの下に収録した図書もある。

3．見出し

　(1) 全体を「図書館」「博物館」「文学館」「読書」「出版」に大別し、大見出しを立てた。
　(2) 上記の区分の下に、各参考図書の主題によって分類し、78の中見出し・小見出しを立てた。
　(3) 同一主題の下では、参考図書の形式別に分類し「書誌」「事典」「索引」「年表」「名簿・人名事典」「ハンドブック」「法令集」「図鑑・図集」「カタログ」「雑誌目次総覧」「年鑑・白書」「統計集」の小見出しを立てた。

4．図書の排列

　　同一主題・同一形式の下では、書名の五十音順に排列した。

5．図書の記述

　　記述の内容および記載の順序は以下の通りである。
　　書名／副書名／巻次／各巻書名／版表示／著者表示／出版地（東京以外を表示）／出版者／出版年月／ページ数または冊数／大き

さ／叢書名／叢書番号／注記／定価（刊行時）／ISBN（Ⓘで表示）／NDC（Ⓝで表示）／目次／内容

6．索引
  (1) 書名索引
    各参考図書を書名の五十音順に排列し、所在を掲載ページで示した。欧文のものは五十音順の後にABC順に排列した。
  (2) 著編者名索引
    各参考図書の著者・編者を姓の五十音順、名の五十音順に排列し、その下に書名と掲載ページを示した。機関・団体名は全体を姓とみなして排列、欧文のものは五十音順の後にABC順に排列した。
  (3) 事項名索引
    本文の各見出しに関するテーマなどを五十音順に排列し、その見出しと掲載ページを示した。

7．典拠・参考資料
    各図書の書誌事項は、データベース「BOOKPLUS」およびJAPAN/MARCに拠った。内容解説はできるだけ原物を参照して作成した。

目　　次

図書館

図書館 ……………………………… 1
図書館学 …………………………… 3
　図書館の自由 …………………… 7
　図書館学教育 …………………… 7
図書館建築 ………………………… 7
図書館管理 ………………………… 8
資料の収集・整理・保管 ………… 9
図書館活動 ………………………… 10
各種の図書館 ……………………… 11
　ガイドブック ………………… 13
　国立国会図書館 ……………… 16
　公共図書館 …………………… 17
　点字図書館 …………………… 17
　学校図書館 …………………… 17
　専門図書館 …………………… 18
　公文書館 ……………………… 20
参考図書目録 ……………………… 21
選定図書目録 ……………………… 27
　児童・青少年向け …………… 28
蔵書目録 …………………………… 34
　　点字図書目録 ……………… 37
　国立国会図書館 ……………… 39
　　国内 ………………………… 39
　　東洋 ………………………… 48
　　西洋 ………………………… 50
　公共図書館 …………………… 52
　団体・企業内の図書館 ……… 55
　研究所・調査機関の図書館 … 57
　大学図書館 …………………… 66
　学校図書館 …………………… 69
　社寺文庫・旧藩文庫・個人文庫 … 70
　海外の図書館 ………………… 72

博物館

博物館 ……………………………… 74
　ガイドブック（国内） ……… 75
　ガイドブック（海外） ……… 86
博物館学 …………………………… 87
資料の収集・整理・保管 ………… 89
資料の展示・利用・宣伝 ………… 89
博物館収集品目録・図録 ………… 90
博物館蔵書目録 …………………… 94

文学館

文学館 ……………………………… 96

読書

読書 ………………………………… 99
読書・読書法 ……………………… 99
　読書調査 ……………………… 100
　児童・青少年と読書 ………… 100
　書評集 ………………………… 101
読書案内 …………………………… 102
　古典・名著 …………………… 110
　ベストセラー・ロングセラー … 114
　文庫本 ………………………… 116
　児童書 ………………………… 117
　　絵本 ………………………… 125

出版

出版 ………………………………… 134
　出版と自由 …………………… 145
　　自費出版 …………………… 145
著作・編集 ………………………… 146
　著作権 ………………………… 147

編集 …………………………… *151*
造本 ……………………………… *155*
図書の販売 ……………………… *157*
　　古本・古書店 ………………… *159*
出版目録 ………………………… *160*
　　書誌年鑑 ……………………… *160*
　　本の年鑑 ……………………… *163*
　　形態別目録 …………………… *171*
　　　全集・叢書 ………………… *172*
　　　新書・文庫本 ……………… *176*
　　　逐次刊行物 ………………… *177*
　　　児童書 ……………………… *180*
　　出版社別目録 ………………… *184*
　　　岩波書店 …………………… *184*
　　　角川書店 …………………… *185*
　　　信山社 ……………………… *185*
　　　新潮社 ……………………… *185*
　　　中央公論新社 ……………… *185*
　　　東京創元社 ………………… *186*
　　　平凡社 ……………………… *186*
　　　みすず書房 ………………… *186*

書名索引 ………………………… *187*

著編者名索引 …………………… *213*

事項名索引 ……………………… *247*

(7)

図書館

図書館

＜書 誌＞

「図書館・出版・読書論」基本図書総目次・索引集成　上巻（あ-さ行）　中西敏夫編
　（小平）出版文化研究会　2001.9　544p　26cm　12000円　①4-921067-06-6　Ⓝ010.31

「図書館・出版・読書論」基本図書総目次・索引集成　中巻（た-わ行）　中西敏夫編
　（小平）出版文化研究会　2002.4　580p　26cm　12000円　①4-921067-07-4　Ⓝ010.31

「図書館・出版・読書論」基本図書総目次・索引集成　下巻　総索引編　中西敏夫編
　（小平）出版文化研究会　2003.7　207p　26cm　8000円　①4-921067-09-0
目次 総索引，テーマ別資料編（歴史・年表・年譜など歴史的概観，文献目録，書誌など，用語解説・用語集・略語など，各種データ・統計・法律などの資料），図書・出版関係人名事典編

＜事 典＞

世界の図書館百科　藤野幸雄編著　日外アソシエーツ　2006.3　845p　21cm　14200円
　①4-8169-1964-3
内容 世界各国の主要な図書館・団体、図書館の発展に寄与した人物、および関連用語など3100項目を収録。巻末に人名索引、館名・団体名索引、参照文献・参考文献付き。

＜年鑑・白書＞

図書館年鑑　1990　日本図書館協会図書館年鑑編集委員会編　日本図書館協会　1990.9　689p　26cm　12360円　①4-8204-9007-9
目次 1 図書館概況'89（図書館概況総説，ブロック別図書館概況，館種別図書館概況），2 特集（図書館法40年），3 図書館統計・資料'89（図書館統計，図書館関係資料），4 図書館名簿'89（国立国会図書館および支部図書館，公共図書館，大学・短期大学・高等専門学校図書館，点字図書館，主要専門図書館，図書館関係団体，外部関連機関，国際図書館連盟関係団体，図書館学開講大学一覧，司書・司書補・司書教諭講習実施大学，図書館関係国会議員・行政管理者）

図書館年鑑　1991　日本図書館協会図書館年鑑編集委員会編集　日本図書館協会　1991.7　733p　26cm　12000円　①4-8204-9107-5　Ⓝ010.59
内容 1990年に起こった図書館に関する事象を扱う。特集は、県の図書館振興策と、多文化社会図書館サービスと国際識字年。

図書館年鑑　1992　日本図書館協会図書館年鑑編集委員会編　日本図書館協会　1992.6　674p　26cm　12360円　①4-8204-9208-X
目次 1 図書館概況'91（図書館概況総説，ブロック別図書館概況，館種別図書館概況，問題別図書館概況，記録でみる図書館概況），2 図書館統計・資料'91（図書館統計，図書館関係資料，図書館関係雑誌），3 図書館名簿'91（国立国会図書館および支部図書館，公共図書館，大学・短期大学・高等専門学校図書館，点字図書館　点字出版所・大活字本出版所，主要専門図書館，図書館関係団体，外部関連機関，国際図書館連盟関係団体，図書館学開講大学一覧，司書・司書補・司書教諭講習実施大学，図書館関係国会議員・行政管理者）

図書館年鑑　1993　日本図書館協会図書館年鑑編集委員会編集　日本図書館協会　1993.6　674p　26cm　12000円　①4-8204-9306-X
目次 1 図書館概況'92，2 図書館統計・資料'92，3 図書館名簿'92
内容 1992年の1年間の国内の図書館に関する動向を収めた年鑑。概況、統計・資料、名簿の各編で構成する。巻末に五十音順の機関・団体名簿索引と事項索引がある。

図書館年鑑　1994　日本図書館協会図書館年鑑編集委員会編　日本図書館協会　1994.6　693,28p　26cm　12360円　①4-8204-9408-2
目次 1 図書館概況'93，2 図書館統計・資料'93，3 図書館名簿'93

〔内容〕1993年の1年間の国内の図書館に関する動向を収めた年鑑。概況、統計、資料、名簿の各編で構成する。巻末に五十音順の機関・団体名簿索引と事項索引がある。

図書館年鑑　1995　日本図書館協会図書館年鑑編集委員会編　日本図書館協会　1995.6　694,28p　26cm　12360円　⓵4-8204-9502-X

〔内容〕1994年1年間の国内の図書館に関する動向を収めた年鑑。概況、統計、資料、名簿の各編で構成される。巻末に主要専門図書館、図書館関係団体、外部関連機関が引ける機関・団体名簿索引、概況部分を索引語の対象とする事項索引がある。

図書館年鑑　1996　日本図書館協会図書館年鑑編集委員会編　日本図書館協会　1996.7　754p　26cm　12360円　⓵4-8204-9601-8

〔目次〕1 図書館概況'95,2 特集―阪神・淡路大震災と図書館, 3 図書館統計・資料'95,4 図書館名簿'95

〔内容〕1995年1年間の国内の図書館に関する動向を収めた年鑑。概況、特集、統計、資料、名簿の4編から成る。本年度版の特集は「阪神・淡路大震災と図書館」。巻末に五十音順の機関・団体名簿索引と事項索引がある。

図書館年鑑　1997　日本図書館協会図書館年鑑編集委員会編　日本図書館協会　1997.6　738p　26cm　13000円　⓵4-8204-9704-9

〔目次〕1 図書館概況'96,2 図書館統計・資料'96, 3 図書館名簿'96

〔内容〕1996年1年間の国内の図書館に関する動向を収めた年鑑。概況、統計、資料、名簿の各編で構成される。巻末に主要専門図書館、図書館関係団体、外部関連機関が引ける機関・団体名簿索引と事項索引がある。

図書館年鑑　1999　日本図書館協会図書館年鑑編集委員会編　日本図書館協会　1999.6　762p　26cm　13000円　⓵4-8204-9907-6

〔目次〕1 図書館概況'98（図書館概況総説：ブロック別図書館概況，館種別図書館概況 ほか），2 図書館統計・資料'98（図書館統計，図書館関係資料，図書館関係書誌），3 図書館名簿'98（国立図書館および支部図書館，公共図書館，大学・短期大学・高等専門学校図書館 ほか）

〔内容〕1998年1年間の国内の図書館に関する動向を収めた年鑑。概況、統計、資料、名簿の各編で構成される。巻末に主要専門図書館、図書館関係団体、外部関連機関が引ける機関・団体名簿索引と事項索引がある。

図書館年鑑　2000　日本図書館協会図書館年鑑編集委員会編　日本図書館協会　2000.6　790p　26cm　〈索引あり〉　13000円　⓵4-8204-0005-3　⓷010.59

〔内容〕1999年1年間の国内の図書館の動向と資料を収めた年鑑。概況、統計、資料、名簿の各編で構成される。巻末に機関・団体名簿索引と事項索引がある。

図書館年鑑　2001　日本図書館協会図書館年鑑編集委員会編　日本図書館協会　2001.6　802p　26cm　〈索引あり〉　15000円　⓵4-8204-0108-4　⓷010.59

〔目次〕図書館概況2000（図書館概況総説，ブロック別図書館概況，館種別図書館概況，問題別図書館概況，記録でみる図書館概況），図書館統計・資料2000（図書館統計，図書館関係資料，図書館関係書誌），図書館名簿2000（国立国会図書館および支部図書館，公共図書館，大学・短期大学・高等専門学校図書館，視覚障害者情報提供施設，主要専門図書館，図書館関係団体，外部関連機関，世界の図書館関連団体，図書館学開講大学，司書・司書補・司書教諭講習実施大学，図書館関係国会議員，行政管理者）

〔内容〕2000年1年間の国内図書館界の動向と図書館関連資料を収めた年鑑。図書館名簿は原則として2000年3月から5月時点のもの。巻末に機関・団体名簿索引と事項索引がある。

図書館年鑑　2007　日本図書館協会図書館年鑑編集委員会編　日本図書館協会　2007.7　748p　26cm　19000円　⓵978-4-8204-0706-5

〔目次〕1 図書館概況2006（図書館概況総説，ブロック別図書館概況，館種別図書館概況 ほか），2 図書館統計・資料2006（図書館統計，図書館関係資料，図書館関係書誌），3 図書館名簿2006（国立国会図書館および支部図書館，公共図書館，大学・短期大学・高等専門学校図書館 ほか）

〔内容〕2006（平成18）年1月から12月までに起こった、わが国図書館にかかわる事象を記録すると同時に、関連する資料などを収録。

図書館年鑑　2009　日本図書館協会図書館年鑑編集委員会編　日本図書館協会　2009.7　790p　26cm　19000円　⓵978-4-8204-0902-1　⓷010.59

〔目次〕1 図書館概況2008（図書館概況総説，ブロック別図書館概況，館種別図書館概況，問題

別図書館概況，記録でみる図書館概況），2 特集 図書館法改正をめぐって，3 図書館統計・資料2008（図書館統計，図書館関係資料，図書館関係書誌），4 図書館名簿2008（国立国会図書館および支部図書館，公共図書館，大学・短期大学・高等専門学校図書館，視覚障害者情報提供施設，主要専門図書館，図書館関係団体，外部関連機関，世界の図書館関連団体，図書館学開講大学，司書・司書補・司書教諭講習実施大学，図書館関係国会議員・行政管理者）

内容 2008年1月から12月までに起こった，わが国図書館にかかわる事象を記録すると同時に，関連する資料などを収録。

図書館年鑑　2010　日本図書館協会図書館年鑑編集委員会編　日本図書館協会　2010.7　714p　26cm　19000円　Ⓘ978-4-8204-1006-5　Ⓝ010.59

目次 1 図書館概況2009（図書館概況総説，ブロック別図書館概況，館種別図書館概況，問題別図書館概況，記録でみる図書館状況），2 図書館統計・資料2009（図書館統計，図書館関係資料，図書館関係書誌），3 図書館名簿2009（国立国会図書館および支部図書館，公共図書館，大学・短期大学・高等専門学校図書館，視覚障害者情報提供施設，主要専門図書館，図書館関係団体，外部関連団体，世界の図書館関連団体，図書館学開講大学，司書・司書補・司書教諭講習実施大学，図書館関係国会議員・行政管理者）

図書館年鑑　2011　日本図書館協会図書館年鑑編集委員会編　日本図書館協会　2011.7　738p　26cm　19000円　Ⓘ978-4-8204-1100-0

内容 2010（平成22）年1月から12月までに起こった，わが国図書館にかかわる事象を記録すると同時に，関連する資料などを収録。

図書館年鑑　2012　日本図書館協会図書館年鑑編集委員会編　日本図書館協会　2012.7　842p　26cm　21000円　Ⓘ978-4-8204-1208-3

目次 1 図書館概況2011（ブロック別図書館概況，館種別図書館概況，問題別図書館概況，記録でみる図書館概況），2 特集 東日本大震災と図書館・支援活動，3 図書館統計・資料2011（図書館統計，図書館関係資料，図書館関係書誌），4 図書館名簿2011（国立国会図書館および支部図書館，公共図書館，大学・短期大学・高等専門学校図書館，視覚障害者情報提供施設，主用専門図書館，図書館関係資料，外部関連機関，世界の図書館関連団体，図書館学開講大学，司書・司書補・司書教諭講習実施大学，図書館関係国会議員・行政管理者）

図書館年鑑　2013　日本図書館協会図書館年鑑編集委員会編　日本図書館協会　2013.7　762p　26×19cm　21000円　Ⓘ978-4-8204-1306-6

目次 1 図書館概況2012（図書館概況総説，ブロック別図書館概況，館種別図書館概況，問題別図書館概況，記録でみる図書館概況），2 図書館統計・資料2012（図書館統計，図書館関係資料，図場館関係書誌），3 図書館名簿2012（国立国会図書館および支部図書館，公共図書館，大学・短期大学・高等専門学校図書館，視覚障害者情報提供施設，主要専門図書館，図書館関係団体，外部関連機関，世界の図書館関連団体，図書館学開講大学，司書・司書補・司書教諭講習実施大学，図書館関係国会議員・行政管理者）

文化社会学基本文献集　第2期（戦後編）第15巻　図書館年鑑 1952　復刻　吉見俊哉監修　中井正一，岡田温編　日本図書センター　2012.5　292p　22cm　〈布装　年表あり　索引あり　図書館資料社1951年刊の複製〉　Ⓘ978-4-284-40163-0　Ⓝ361.5

内容 図書館資料社1951年刊の「図書館年鑑1952」を複刻。

図書館学

<書　誌>

図書館員に勧めたいこの1冊　日本図書館協会出版委員会編　日本図書館協会　1997.3　134p　19cm　1854円　Ⓘ4-8204-9620-4　Ⓝ010.31

図書館学関係文献目録集成　明治・大正・昭和前期編 第1巻　天野敬太郎編纂　（金沢）金沢文圃閣　2000.11　366p　22cm　（文圃文献類従 2-1）〈複製〉　20000円　Ⓘ4-907789-02-5　Ⓝ010.31

図書館学関係文献目録集成　明治・大正・昭和前期編 第2巻　天野敬太郎編纂　（金沢）金沢文圃閣　2001.2　430p　22cm　（文圃文献類従 2-2）〈複製〉　20000円　Ⓘ4-907789-03-3　Ⓝ010.31

図書館学関係文献目録集成　戦後編（1945-1969）第1巻　稲村徹元監修　（金沢）金沢文圃閣　2002.2　346p　27cm

（文圃文献類従 3-1）〈複製〉 18000円
Ⓘ4-907789-06-8 Ⓝ010.31

**図書館学関係文献目録集成　戦後編
（1945-1969）第2巻**　稲村徹元監修
（金沢）金沢文圃閣　2001.12　341p　27cm
（文圃文献類従 3-2）〈複製〉 18000円
Ⓘ4-907789-04-1 Ⓝ010.31

**図書館学関係文献目録集成　戦後編
（1945-1969）第3巻**　稲村徹元監修
（金沢）金沢文圃閣　2001.12　316p　27cm
（文圃文献類従 3-3）〈複製〉 18000円
Ⓘ4-907789-05-X Ⓝ010.31

**図書館学関係文献目録集成　戦後編
（1945-1969）第4巻**　稲村徹元監修
（金沢）金沢文圃閣　2002.2　315p　27cm
（文圃文献類従 3-4）〈複製〉 18000円
Ⓘ4-907789-07-6 Ⓝ010.31

図書館情報学研究文献要覧　1982〜1990
日本図書館学会編集委員会編　日外アソシエーツ，紀伊国屋書店〔発売〕　1993.6　768p　26cm　（20世紀文献要覧大系 20）
29800円　Ⓘ4-8169-1133-2 Ⓝ010.31
㊤内容㊦図書館・情報学分野の図書・論文などを収録した文献目録。対象は1982〜90年の9年間に国内で発表された研究文献16500点。資料組織、機械化、情報検索、参考調査、利用指導、文献複写、著作権などのテーマ別に分類構成。巻末に、事項索引、著者名索引、図書館関係記事掲載雑誌一覧を付す。

図書館情報学研究文献要覧　1991〜1998
「図書館情報学研究文献要覧」編集委員会編
日外アソシエーツ　2008.1　724p　27cm
28000円　Ⓘ978-4-8169-2088-2 Ⓝ010.31
㊤目次㊦図書館総記，図書館行政・政策，図書館建築，図書館管理，図書館資料，情報サービス・情報管理，図書館活動，国立図書館，公共図書館，学校図書館，大学図書館，専門図書館，読書，書誌学，出版流通
㊤内容㊦1991年〜1998年の8年間に国内で発表された図書館情報学関係の研究書、雑誌論文を網羅的に収集し、体系化した文献目録。収録文献教20338点。収録文献は資料保存、情報検索、レファレンスサービスなどの項目別に分類し、さらに書図、雑誌、書評に分けて著者名の五十音順に排列。最近の研究動向に即し分類を改訂増補。検索に便利な事項名索引／著者名索引／収録誌名一覧付き。

図書館情報学研究文献要覧　1999〜2006
「図書館情報学研究文献要覧」編集委員会編
日外アソシエーツ　2009.1　991p　27cm
〈索引あり〉　38000円　Ⓘ978-4-8169-2117-9　Ⓝ010.31
㊤目次㊦図書館総記，図書館行政・政策，図書館建築，図書館管理，図書館資料，情報サービス・情報管理，図書館活動，国立図書館，公共図書館，学校図書館，大学図書館，専門図書館，読書，書誌学，出版流通
㊤内容㊦1999年〜2006年の8年間に国内で発表された図書館情報学関係の研究書、雑誌論文を体系化した文献目録。収録文献数29,800点。収録文献は資料保存、情報検索、レファレンスサービスなどの項目別に分類し、さらに図書、雑誌、書評に分けて著者名の五十音順に排列。事項名索引、著者名索引、収録誌名一覧付き。

ブリティッシュ・ライブラリー図書館情報学研究開発報告目録　1965-2002　藤野寛之編集・解説　（金沢）金沢文圃閣　2009.1　611p　22cm　（文圃文献類従 14　図書館情報学ビブリオグラフィーズ 1）〈文献あり〉
26000円　Ⓘ978-4-907789-62-6 Ⓝ010.31

<　事　典　>

計量書誌学辞典　ヴァージル・ディオダート著，芳鐘冬樹，岸田和明，小野寺夏生訳　日本図書館協会　2008.6　211p　21cm　〈文献あり　原書名：Dictionary of bibliometrics.〉
2500円　Ⓘ978-4-8204-0802-4 Ⓝ010.33
㊤内容㊦計量書誌学でよく使われる約225の用語について、その定義を簡潔に示し、より詳細な情報が得られる参考文献を紹介する事典。1994年刊の原著の翻訳。原著の225語に加え日本版では20語を追加する。排列は五十音順。計量書誌学の3法則に関係する用語など、重要な項目には詳細な解説を付す。巻末に欧文の参考文献、アルファベット順の人名索引、欧文索引を付す。

最新　図書館用語大辞典　図書館用語辞典編集委員会編　柏書房　2004.4　643p　21cm
8500円　Ⓘ4-7601-2489-6
㊤内容㊦時代の変化、図書館の置かれている状況の変化に対して常に根源的な問いを発し続けていく際の、あるいは図書館活動の地域・館種による格差を克服するための議論の場面での共通基盤として、用語理解における一つの拠り所を提供することが、編集に着手した時点から一貫したこの辞典の主要な目的である。約1900の用

語を五十音順に排列。巻頭に「体系分野別見出し語一覧」を、巻末には図書館関係の「宣言・法律・基準等」を収録。

社会教育・生涯学習辞典　社会教育・生涯学習辞典編集委員会編　朝倉書店　2012.11　674p　27cm　〈索引あり〉　18000円　Ⓘ978-4-254-51033-1　Ⓝ379.033
〈内容〉本邦初の社会教育・生涯学習に関する辞典。日本で「社会教育」という用語を用いて発展してきた、社会問題や地域課題の解決と関わった教育・学習を基本に、幅広い領域から用語を選定し意味を確定する。公民館や図書館、博物館など社会教育施設での学習・教育の他、大学や職業訓練機関、企業、農業、福祉施設、司法福祉、医療・健康、NPOなど様々な学習・教育を含み、国際的動向も視野に入れ、研究者のみならず、多種多様な教育的支援の実践者にも、相互の経験の交流や実践的な理論の探求を可能にする。

西洋書誌学入門　ジョン・カーター著，横山千晶訳　図書出版社　1994.5　428p　20cm　（ビブリオフィル叢書）　〈原書名：ABC for book collectors. 6th ed.〉　5665円　Ⓘ4-8099-0515-2　Ⓝ020.23
〈内容〉20世紀英国を代表する書誌学者が、書物の世界にかかわるすべての人のために書下ろした書誌学用語辞典の決定版。書誌学用語をABC順に配列、時にユーモアをまじえた分りやすい解説を付けた。

中国図書館情報学用語辞典　佐々木敏雄編著　明石書店　2002.11　663p　21cm　9800円　Ⓘ4-7503-1653-9　Ⓝ010.33
〈内容〉中国の図書館学、情報学、書誌学、出版・印刷および関連の語句を解説する辞典。10992語を収録。見出し語は簡体字を使用。排列は見出し後の五十音順、同音の場合総画数順。各項目は見出し語、発音記号、訳語の順に記載している。

図書館情報学用語辞典　日本図書館学会用語辞典編集委員会編　丸善　1997.9　244p　22cm　3800円　Ⓘ4-621-04362-5　Ⓝ010.33

図書館情報学用語辞典　第2版　日本図書館情報学会用語辞典編集委員会編　丸善　2002.8　273p　21cm　3800円　Ⓘ4-621-07077-0　Ⓝ010.33
〈内容〉図書館情報学の基礎的概念と関連する人名・団体名を収めた事典。教育、図書館運営、目録、分類と件名、索引と情報検索、資料とメディアに関する項目を中心とした内容。第2版では情報技術の進展に伴なう改訂に加えて、約200項目の追加により約1800項目を網羅。見出し語を五十音順に排列し、欧文表記、人名の生没年、機関名の略称・正式名称、定義・解説を記載。難読語には仮名読みを付記。巻末にアルファベット順の欧和対照表がある。

図書館情報学用語辞典　第3版　日本図書館情報学会用語辞典編集委員会編　丸善　2007.12　286p　21cm　3800円　Ⓘ978-4-621-07928-7
〈内容〉図書館情報学の専門用語を収録したハンディな用語辞典。図書館情報学について、その基礎的な概念、図書館情報学教育、図書館運営、目録、分類・件名、索引・情報検索、資料・メディアのそれぞれに関する専門用語、さらに図書館情報学にかかわる人名や団体名など、計約1800項目を収録。

図書館情報学用語辞典　第4版　日本図書館情報学会用語辞典編集委員会編　丸善出版　2013.12　284p　21cm　3800円　Ⓘ978-4-621-08774-9　Ⓝ010
〈内容〉図書館情報学の専門用語を収録した用語辞典。基礎的な概念、図書館情報学教育、図書館運営、目録、分類・件名、索引・情報検索、資料・メディアに関する専門用語、図書館情報学にかかわる人名・団体名などを収録。

図書館用語集　改訂版　日本図書館協会用語委員会編　日本図書館協会　1996.8　364p　19cm　2575円　Ⓘ4-8204-9606-9　Ⓝ010.33

図書館用語集　3訂版　日本図書館協会用語委員会編　日本図書館協会　2003.11　366p　19cm　〈文献あり〉　2500円　Ⓘ4-8204-0320-6　Ⓝ010.33

図書館用語集　4訂版　日本図書館協会用語委員会編　日本図書館協会　2013.10　74,368p　19cm　〈文献あり〉　2600円　Ⓘ978-4-8204-1311-0　Ⓝ010.33
〈内容〉図書館関係の用語を解説するハンディな用語集。734項目の見出し語と2069語の参照用語を採用し、和文索引に一括して排列する。巻末に図版も収録。

日・中・英対訳 図書館用語辞典　吉村善太郎編　雄松堂出版　1997.7　332p　21cm　（雄松堂ライブラリー・リサーチ・シリーズ 3）　3800円　Ⓘ4-8419-0232-5

〈内容〉「日・中・英」、「中・日・英」、「英・日・中」の3編から構成。排列は、英語がアルファベット順、日本語はヘボン式ローマ字表記のアルファベット順。中国語は漢字拼音方案に基づいて、拼音表記のアルファベット順。なお中国語については、巻末に部首別画引を付す。

フランス図書館関係用語集　日仏図書館学会編　日仏図書館学会　1990.1　82p　26cm　（日仏図書館研究シリーズ no.3）　〈発売：日本図書館協会　参考文献：p78〜81〉　2000円　Ⓘ4-931253-03-2　Ⓝ010.33
〈内容〉約1,400語を収録した対訳用語集。巻末に五十音順の和仏索引を付す。

文部省 学術用語集 図書館情報学編　文部省，日本図書館学会　丸善　1997.3　165p　19cm　2262円　Ⓘ4-621-04305-6
〈内容〉文部省で認定した図書館情報学の学術用語集。収録語数は約2100語。排列は、和英の部においては用語の読み方を示すローマ字書きの字順アルファベット順。英和の部においては用語に対応する外国語の語順アルファベット順。

ALA図書館情報学辞典　Heartsill Young編　丸善　1995.2　328p　21cm　〈原書名：The ALA Glossary of Library and Information Science〉　5150円　Ⓘ4-621-04037-5
〈内容〉ALA（アメリカ図書館協会）の編集による、図書館やその他の情報提供機関で使われる用語の事典。排列は五十音順で、見出し語と英訳、定義を記載。実用的な見地に基づいて編集されており、アメリカの図書館・関連機関における現行の慣用を反映したものとなっている。巻末に英語索引を付す。

<索引>

図書館界総索引　日本図書館研究会図書館界総索引編集委員会編　（大阪）日本図書館研究会　1990.10　308p　26cm　6489円
〈内容〉「図書館界」第1巻第1号（通巻第1号）より第40巻第6号（通巻第225号）までを収録している。本書は、各号ごとの目次を示した「総目次」の部分と、件名索引および執筆者名索引からなる「総索引」の部分で構成されている。

<ハンドブック>

図書館学基礎資料　第4版　今まど子編著　樹村房　2002.2　123p　19cm　1000円　Ⓘ4-88367-071-5　Ⓝ010.36

〈目次〉1 関係法令，2 図書館に関する宣言・綱領など，3 Acronyms（頭字語・略語），4 基本用語解説，5 その他資料，6 図書館情報学に関するレファレンス・ブックス（主要文献のみ），7 図書館・図書館学小年表
〈内容〉図書館関連の法令や基本知識をまとめた図書館学の資料集。日本国憲法、教育基本法等の関連法令やユネスコ公共図書館宣言等の関連宣言、綱領ほかを収録。図書館員が使用するACRONYMSや基本用語について解説し、目録カードや十進分類法、本の各部名称について等、図書館員に必要な知識に関連する資料を掲載している。図書館情報学に関するレファレンス・ブックスや図書館・図書館学の小年表も付記する。第四版は「学校図書館司書教諭講習規程」について、平成12年10月31日の改正内容に改訂している。

図書館学基礎資料　第8版　今まど子編著　樹村房　2009.2　122p　21cm　〈文献あり　年表あり〉　1000円　Ⓘ978-4-88367-150-2　Ⓝ010
〈目次〉1 関係法令，2 図書館に関する宣言・綱領など，3 ACRONYMS（頭字語・略語），4 基本用語解説，5 その他資料，6 図書館情報学に関するレファレンス・ブックス（主要文献のみ），7 図書館・図書館学小年表

図書館学基礎資料　第9版　今まど子編著　樹村房　2010.2　131p　21cm　〈文献あり　年表あり〉　1000円　Ⓘ978-4-88367-193-9　Ⓝ010.36

図書館学基礎資料　第10版　今まど子編著　樹村房　2011.3　132p　21cm　〈文献あり　年表あり〉　1000円　Ⓘ978-4-88367-196-0　Ⓝ010.36
〈目次〉1 関係法令，2 図書館に関する宣言・綱領など，3 ACRONYMS（頭字語・略語），4 基本用語解説，5 その他資料，6 図書館情報学に関するレファレンス・ブックス（主要文献のみ），7 図書館・図書館学小年表

図書館学基礎資料　第11版　今まど子編著　樹村房　2013.3　138p　21cm　〈文献あり　年表あり〉　1000円　Ⓘ978-4-88367-222-6　Ⓝ010.36
〈目次〉1 関係法令，2 図書館に関する宣言・綱領など，3 ACRONYMS（頭字語・略語），4 基本用語解説，5 その他資料，6 図書館情報学に関するレファレンス・ブックス（主要な文献のみ），7 図書館・図書館学小年表

図書館情報学ハンドブック　第2版　図書館
　情報学ハンドブック編集委員会編　丸善
　1999.3　1145p　21cm　25000円　Ⓘ4-621-
　04559-8

目次)1 総論，2 メディア，3 利用者，4 書誌コントロール，5 情報検索，6 サービス，7 図書館，資料編(法規・基準等，関係機関・団体，規格・標準，図書館統計，参考文献，図書館情報学年表)，索引(和文索引，欧文索引)

内容)図書館情報学に関するハンドブック。1988年刊行のものの第2版。

図書館ハンドブック　第5版　日本図書館協
　会図書館ハンドブック編集委員会編　日本図
　書館協会　1990.4　619p　22cm　〈参考文
　献：p459〜474　年表：p509〜588〉　5500円
　Ⓘ4-8204-9002-8　Ⓝ010.36

内容)13年ぶりの改訂。総覧，図書館サービス，図書館協力とネットワークなど全8章と資料編で構成。

図書館ハンドブック　第6版補訂版　日本図
　書館協会図書館ハンドブック編集委員会編
　日本図書館協会　2010.2　673p　22cm　〈他
　言語標題：JLA librarian's handbook　文献
　あり　年表あり　索引あり〉　5500円　Ⓘ978-
　4-8204-0918-2　Ⓝ010.36

目次)1 総論，2 図書館サービス，3 図書館経営，4 図書館資料，5 資料・メディアの組織化，6 図書館職員，7 図書館施設，8 特論，資料編

<法令集>

図書館法規基準総覧　日本図書館協会編　日
　本図書館協会　1992.11　1578p　21cm　〈付
　(57p)：追録〉　15000円　Ⓘ4-8204-9211-X

目次)1 図書館の基調，2 公共図書館・生涯学習，3 大学・学校図書館，4 国立国会図書館，専門図書館，図書館協力，5 行政と図書館，及び関連法令，6 国際—条約・宣言等，附録　審議会の答申・報告，附　日本図書館協会定款・主要規程，英訳図書館法，英文宣言等

◆図書館の自由

<書　誌>

「図書館の自由」に関する文献目録　1950-
　2000　日本図書館協会図書館の自由委員会
　編　日本図書館協会　2005.12　279p　26cm
　4000円　Ⓘ4-8204-0521 7　Ⓝ010.1

◆図書館学教育

<名簿・人名事典>

日本の図書館情報学教育　2000　日本図書
　館協会図書館学教育部会編　日本図書館協会
　2000.5　279p　26cm　〈平成11年調査〉
　5000円　Ⓘ4-8204-0004-5　Ⓝ010.7

日本の図書館情報学教育　2005　日本図書
　館協会図書館学教育部会編　日本図書館協会
　2008.4　345p　26cm　〈平成16年調査〉
　6000円　Ⓘ978-4-8204-0800-0　Ⓝ010.7

内容)日本の教育機関での図書館情報学教育の概要を調査・収録した資料集。平成16年5月1日現在で図書館情報学を開講している大学・短期大学370機関を対象に，各大学・短期大学の開講状況，開講科目，教育担当者を回答にもとづき掲載する。調査対象には，大学院，通信教育，司書・司書補講習，学校図書館司書教諭講習を含めている。

図書館建築

<ハンドブック>

図書館　最大の可能性をすべての利用者に
　3　建築思潮研究所編　建築資料研究社
　2004.7　208p　30cm　〈建築設計資料 97〉
　3800円　Ⓘ4-87460-823-X

目次)図書館のユニバーサル・デザイン—自学・自習・自己責任で利用する図書館(集会施設としての図書館，図書館を通じての家族復権，フロー型からストック型図書館へ，大規模開架を制御する必要性，制御する技術：分類別・テーマ別配架　ほか)，実作資料編(公共図書館，公共図書館複合館，大学図書館)

冷凍空調便覧　第3巻　冷凍空調応用編
　新版第6版　日本冷凍空調学会冷凍空調便覧
　改訂委員会編　日本冷凍空調学会　2006.3
　387p　30cm　14286円　Ⓘ4-88967-092-0

目次)第1章 空気調和の定義(概要，湿り空気，空調負荷，換気システム・排煙設備，空調システム，熱源システム，制御システム)，第2章 快適空気調和(事務所，データセンタ店舗，ホテル，劇場・公会堂，病院，美術館・博物館，学校・図書館，体育・娯楽施設，自動車，列車，船舶，航空機)，第3章 産業空気調和(恒温恒湿装置，低湿度装置生体実験装置・動物舎，環境試験装置，クリーンルーム，半導体・液晶工場，医薬

品工場, 原子力施設, 機械工場, 繊維工場, 印刷工場, 食品加工工場, 植物工場), 第4章 産業冷凍応用装置 (アイス・スケートリンク, 人工スキー場, マスコンクリート クーリング, 地盤凍結, LPGの貯蔵と輸送, LNGの貯蔵と輸送)

図書館管理

<名簿・人名事典>

公共図書館の特別コレクション所蔵調査報告書 日本図書館協会編 日本図書館協会 1997.3 127p 30cm 1500円 ④4-8204-9625-5 Ⓝ010.35

<ハンドブック>

図書館を変える広報力 Webサイトを活用した情報発信実践マニュアル 田中均著 日外アソシエーツ, 紀伊国屋書店 (発売) 2012.8 197p 21cm 2800円 ④978-4-8169-2377-7

(目次) 第1部 図書館広報の理論・実践 (図書館の広報とは何か——最近の事例から, 広報の理論, インターネット時代の広報活動, 利用者へのPR, 社会・行政への働きかけ, 各種ツールの紹介と事例), 第2部 図書館Webサイトの構築 (Webサイト作成の実際, Webサイトのユニバーサルデザイン, アクセシビリティ向上のための具体的な方法, ユーザビリティ向上のための具体的な方法, 図書館Webデザインのポイントとコンテンツ, 図書館Webサイト向けのチェックツールとチェックシート)

(内容) 広報を強化したい, Webサイトを広報に活用したい図書館員に向けて。従来の広報から, SNSを利用した最新の情報発信方法まで詳しく解説。自館Webサイトの問題点の把握に役立つ「図書館Webサイトチェックシート」つき。

図書館広報実践ハンドブック 広報戦略の全面展開を目指して 私立大学図書館協会東地区部会研究部企画広報研究分科会編 私立大学図書館協会東地区部会研究部企画広報研究分科会, 日本図書館協会〔発売〕 2002.8 303p 21cm (企画広報研究分科会活動報告書 No.4) 2381円 ④4-8204-0202-1 Ⓝ017.7

(目次) 第1部 実践理論 (「広報=戦略」説の復習, 停滞の現状——実践を阻むカベの厚さ, 広報のための20大手段, 実現のための基本戦略, 立ち塞がるカベ——停滞の悪循環構造 ほか), 第2部 研究活動記録 (研究活動小史, 研究活動の運営, 広報手段の共同制作, 対外発表の記録, 結論——研究活動の活性化を目指して), 資料編

(内容) 大学図書館の広報戦略を実例や研究活動を紹介しながら解説したもの。実践理論と研究活動記録の2部で構成する。資料として, 事務行程分析入門, PS・PPR, RPGの台本, 会員名簿などを収録。巻末に第1部の索引を付す。

<統計集>

社会教育調査報告書 平成2年度 文部省著 大蔵省印刷局 1992.9 361p 26cm 3300円 ④4-17-214005-X

(目次) 1 調査の概要, 2 調査結果の概要, 3 統計表 (社会教育行政調査, 公民館調査, 図書館調査, 博物館調査, 青少年教育施設調査, 婦人教育施設調査, 文化会館調査, 都道府県知事部局・市町村長部局における生涯学習関連事業調査, 生涯学習・社会教育関係公益法人調査, 民間における生涯学習関連事業所)

社会教育調査報告書 平成5年度 文部省著 大蔵省印刷局 1995.4 431p 26cm 3600円 ④4-17-214006-8

(目次) 社会教育行政調査, 公民館調査, 図書館調査, 博物館調査, 青少年教育施設調査, 婦人教育施設調査, 社会体育施設調査, 民間体育施設調査, 文化会館調査, 都道府県知事部局・市町村長部局における生涯学習関連事業調査, 生涯学習・社会教育関係公益法人調査, (参考) カルチャーセンター調査

社会教育調査報告書 平成8年度 文部省著 大蔵省印刷局 1998.3 339p 26cm 3500円 ④4-17-214007-6

(目次) 社会教育行政調査, 公民館調査, 図書館調査, 博物館調査, 青少年教育施設調査, 婦人教育施設調査, 社会体育施設調査, 民間体育施設調査, 文化会館調査, 都道府県知事部局・市町村長部局における生涯学習関連事業調査, 生涯学習・社会教育関係法人調査, カルチャーセンター調査

社会教育調査報告書 平成11年度 文部科学省著 財務省印刷局 2001.3 431p 26cm 3500円 ④4-17-214008-4

(目次) 社会教育行政調査, 公民館調査, 図書館調査, 博物館調査, 青少年教育施設調査, 婦人教育施設調査, 社会体育施設調査, 民間体育施設調査, 文化会館調査, 都道府県知事部局・市町村長部局における生涯関連事業調査, 生涯学

習・社会教育関係法人調査，カルチャーセンター調査

社会教育調査報告書　平成14年度　文部科学省編　国立印刷局　2004.3　365p　30cm　3500円　④4-17-214009-2

〔目次〕社会教育行政調査，公民館調査（公民館，公民館類似施設），図書館調査，博物館調査（博物館，博物館類似施設），青少年教育施設調査，女性教育施設調査，社会体育施設調査，民間体育施設調査，文化会館調査，都道府県知事部局・市町村長部局における生涯学習関連事業等調査，参考（「カルチャーセンター調査」（抄），「公益法人概況調査」（抄））

社会教育調査報告書　平成23年度　文部科学省編　日経印刷　2013.5　679p　30cm　4200円　④978-4-905427-42-1

〔目次〕社会教育行政調査，公民館調査，図書館調査，博物館調査，青少年教育施設調査，女性教育施設調査，体育施設調査，文化会館調査，生涯学習センター調査

資料の収集・整理・保管

<書　誌>

欧文図書分類目録　ゆまに書房　1998.11　265p　27cm　（書誌書目シリーズ 47　満鉄大連図書館蔵書目録 第19巻）〈複製〉　11000円　④4-89714-505-8　Ⓝ029.21

露文図書分類目録　ゆまに書房　1998.11　13,29,692p　27cm　（書誌書目シリーズ 47　満鉄大連図書館蔵書目録 第20巻）〈付・解題　複製〉　24000円　④4-89714-592-9　Ⓝ029.21

<事　典>

国連情報検索用語辞典　インターネット検索で世界がわかる　増田聡編集代表　日本バーコードテクノロジー，星雲社〔発売〕　2003.9　438p　21cm　2000円　④4-434-03306-9

〔内容〕国連活動・国連出版物・国連文書を検索するための用語集「UNBISシソーラス」の日本語翻訳辞典。部門別に，アルファベット順に排列。

ニュース・シソーラス　新聞・放送ニュース検索のための主題14000語　第四版　広木守雄，服部信司編　日外アソシエーツ，紀伊国屋書店〔発売〕　2004.5　585p　26cm　30000円　④4-8169-1838-8

〔内容〕新聞記事索引とつくる上で，ニュースのテーマを表す用語14289語を収録，独自の統合化を図った用語集。全用語は優先語と非優先語に分けられ，優先語には英語表記を付与。日本語から英語，英語から日本語のニュースが検索できるシステム構築が可能。

<ハンドブック>

英米目録規則　第2版日本語版　米国図書館協会ほか制定，Michael Gorman, Paul W. Winkler共編，丸山昭二郎ほか訳　日本図書館協会　1995.7　696p　27cm　〈第5刷（第1刷：1982年）　付（1冊 26cm）：修正事項　原書名：Anglo-American cataloguing rules. 2nd ed.〉　8000円　④4-8204-8511-3　Ⓝ014.3

音楽資料目録作成マニュアル　1997年　音楽図書館協議会目録・分類専門委員会編　大空社　1997.6　189p　31cm　20000円　④4-7568-0423-3　Ⓝ014.38

看護学図書分類マニュアル　日本看護協会看護学図書分類表　日本看護協会看護研修センター図書館編　日本看護協会出版会　1996.2　78p　21cm　1200円　④4-8180-0512-6

〔目次〕日本看護協会看護学図書分類表作成の経緯，日本看護協会看護学図書分類表—概説，日本看護協会看護学図書分類表—主綱表，日本看護協会看護学図書分類表，日本看護協会看護学図書分類表—項目解説，他分類との併用(1) 日本十進分類表（NDC）との併用，他分類との併用(2) 米国国立医学図書館分類法（NLMC）との併用，日本看護協会看護学図書分類表—展開表，旧表（日本看護協会図書室看護学分類表）との対照表

件名標目の現状と将来　ネットワーク環境における主題アクセス　第5回書誌調整連絡会議記録集　国立国会図書館書誌部編　日本図書館協会　2005.7　77p　30cm　1300円　④4-8204-0511-X

〔目次〕基調講演　件名標目表の可能性—目録とウェブの主題アクセスツールとなりうるか，報告　国立国会図書館件名標目表の問題点と将来，報告　国立国会図書館件名標目表の改訂について，報告　基本件名標目表のこれから，報告　Facets on the WEB―検索GUIにおける統制語彙の新たな役割と国立情報学研究所メタデータ語彙集におけるマルチファセット統制語彙の試み，報告 TRCにおける件名標目，質疑応答・討議

国際十進分類法　分類表・索引　1994　日本語中間版第3版　情報科学技術協会，丸善〔発売〕　1994.12　2冊　30cm　42000円　Ⓘ4-88951-029-X　Ⓝ014.45
〔内容〕論文や研究報告などの整理と多元的検索を目的に系統的階層分類法として作られた国際十進分類法（UDC）第3版の日本語版。分類項目数は65000項目。分類表・索引の2分冊。索引は五十音順索引とABC順索引からなる。

コンサイスAACR2　1988改訂版　マイケル・ゴーマン著，志保田務，岩下康夫訳　日本図書館協会　1996.11　211p　21cm　〈原書名：The concise AACR2.〉　3090円　Ⓘ4-8204-9613-1　Ⓝ014.32

コンサイスAACR2R　プログラム式演習　エリック・J.ハンター著，志保田務，岩下康夫共訳　（大阪）日本図書館研究会　1998.6　186p　21cm　〈原書名：A guide to the concise AACR2 1988 revision.〉　2000円　Ⓘ4-930992-11-7　Ⓝ014.3

JAPAN／MARCマニュアル　単行・逐次刊行資料編　国立国会図書館編　日本図書館協会　2002.11　183p　26cm　2000円　Ⓘ4-8204-0225-0
〔目次〕収録範囲と内容，フォーマットとデータ内容，記述とアクセス・ポイントの対応づけ，アクセス・ポイントの読みと分かち書き，レコード中の文字表現，特殊記号の用法，書誌データの文字表現形式，関連規格一覧，用語の説明，書誌レコードの内容，データ要素一覧，データ例示，データ要素概要，旧フォーマットで使用していたフィールド・サブフィールド，付録
〔内容〕本マニュアルは，JAPAN／MARC（M）フォーマットとJAPAN／MARC（S）フォーマットの統一および改訂にともない，全面的に書き換えて刊行するものである。

中学・高校件名標目表　第3版　全国学校図書館協議会件名標目表委員会編　全国学校図書館協議会　1999.10　337p　21cm　4800円　Ⓘ4-7933-0050-2
〔目次〕音順件名標目表，分類順件名標目表，国名対照表，変更・削除標目対照表

TRC「日本目録規則新版予備版」適用細則　「図書の記述」の部　図書流通センター　1990.8　47p　30cm　Ⓝ014.32

日本十進分類法　新訂9版　もりきよし原編　日本図書館協会　1995.8　2冊（セット）　21cm　6000円　Ⓘ4-8204-9510-0
〔目次〕本表編，一般補助表・相関索引

日本目録規則　新版予備版　日本図書館協会目録委員会編　日本図書館協会　1993.3　104,63p　22cm　〈1977年刊と1983年刊（追録および修正）の合本〉　2000円　Ⓘ4-8204-8907-0　Ⓝ014.32

日本目録規則　1987年版　改訂版　日本図書館協会目録委員会編　日本図書館協会　1994.4　369p　27cm　3500円　Ⓘ4-8204-9400-7　Ⓝ014.32
〔目次〕第1部 記述，第2部 標目，第3部 排列

日本目録規則　1987年版　改訂2版　日本図書館協会目録委員会編　日本図書館協会　2001.8　397p　27cm　3500円　Ⓘ4-8204-0114-9　Ⓝ014.32

日本目録規則　旧第9章コンピュータファイル改訂版　1987年版改訂版 第9章電子資料　日本図書館協会目録委員会編　日本図書館協会　2000.8　37p　26cm　500円　Ⓘ4-8204-0015-0　Ⓝ014.32

図書館活動

<書誌>

多文化社会図書館サービスのための世界の新聞ガイド　アジア・アフリカ・中南米・環太平洋を知るには　1995　むすびめの会編　日本図書館協会　1995.12　233p　26cm　2700円　Ⓘ4-8204-9517-3　Ⓝ027.5

はじまりは図書館から　絵本は語る　草谷桂子著　子どもの未来社　2013.11　141p　21cm　1400円　Ⓘ978-4-86412-069-2　Ⓝ010.31
〔目次〕第1章 絵本が語る図書館の力（図書館は，くつろぎと交流の場所，図書館で課題解決!，地域のしあわせを育む図書館，図書館が人生を変えた!?，歴史を蓄積し，未来につなげる図書館，司書の魅力，生活のなかにある図書館，絵本で出会ったことばの力・本の力，図書館が出てく

る児童文学のリスト），第2章 市民参加の図書館づくり（参考・図書館に関わる宣言文など）

⓪内容 地域で家庭文庫を主宰しながら、30年以上図書館活動にかかわった著者が、図書館の魅力を描いた絵本の数々を紹介する。市民が図書館に何を望み、どんなことが実現できたかという実践例（静岡図書館友の会「市民の図書館政策」より）や、図書館に関する宣言文等も掲載。参考として、図書館にまつわる海外＆国内の児童文学のリストも付いている。これを読めば、図書館をもっと身近に、そして上手にたのしく活用できる！

＜年 表＞

世界図書館年表 古代―1970年 佐野捨一編 日本図書センター 2009.3 472p 27cm 〈岡山理科大学1977年刊の複製 文献あり 索引あり〉 28000円 ⓘ978-4-284-20147-6 Ⓝ010.32

⓪内容 図書館に関係ある事項を年別に統合し、検索に便した年次事項索引。文化創造の推進母体としての図書館の発展を機能的にとらえ、その時代の社会変動と図書館活動との関係をパノラマ式に記述する。

＜ハンドブック＞

図書館利用教育ハンドブック 大学図書館版 日本図書館協会図書館利用教育委員会編 日本図書館協会 2003.3 209p 26cm 2200円 ⓘ4-8204-0230-7

⓪目次 第1部 図書館利用教育ガイドライン―図書館における情報リテラシー支援サービスの全体像，第2部 理論編―図書館利用教育の基本概念を理解するために，第3部 準備編―組織の取り組みのために，第4部 実施編―方法・手段の企画のポイントを確認するために，第5部 ワークシート集―そのまま使える実用書式，第6部 資料編―本書のよりいっそうの理解と活用のために

各種の図書館

＜年 表＞

年表・北海道の図書館 1837～1991 坂本竜三ほか共編 （札幌）北の文庫 1992.9 155p 26cm 〈付・北海道図書館史研究文献目録，折り込図1枚〉 2000円

⓪内容 天保年間から1991年までの北海道の主要な図書館事項を収録し、それぞれ典拠が示されている。北海道図書館史研究文献目録を付す。

＜事 典＞

個人文庫事典 1 北海道・東北・関東編 日外アソシエーツ編集部編 日外アソシエーツ 2005.1 516p 21cm 14000円 ⓘ4-8169-1883-3

⓪目次 北海道（小樽商科大学附属図書館，札幌大谷短期大学図書館 ほか），東北（青森県（五所川原市立図書館，八戸市立図書館 ほか），岩手県（岩手県立図書館，釜石市立図書館 ほか），宮城県（宮城県中央児童館（宮城県子ども総合センター附属施設）），秋田県（秋田市立土崎図書館，大館市立中央図書館 ほか），山形県（市立米沢図書館，鶴岡市立図書館 ほか），福島県（須賀川市立図書館，福島県立図書館 ほか）），関東（栃木県（黒羽町芭蕉の館，佐野市立図書館 ほか），群馬県（桐生市立図書館，群馬県立図書館 ほか），茨城県（茨城県立歴史館，筑波大学附属図書館（中央図書館） ほか），埼玉県（越谷市立図書館，埼玉県立浦和図書館 ほか），千葉県（御宿町歴史民俗資料館，秀名大学図書館 ほか），東京都（亜細亜大学図書館，石川文化事業財団お茶の水図書館 ほか），神奈川県（厚木市立中央図書館，大倉精神文化研究所附属図書館 ほか））

⓪内容 公共図書館・大学図書館・専門図書館等に置かれた、人物ゆかりの図書コレクションである「個人文庫」を紹介する事典。スピノザ文庫、祭魚洞文庫、ラスキン文庫など北海道・東北・関東の114館471文庫を収録。全館にアンケート調査を行い、旧蔵者情報、沿革・概要、資料の特色、目録、利用制限、所在地、連絡先など最新情報と写真や地図を掲載。「文庫名索引」「人名索引」付き。

個人文庫事典 2 中部・西日本編 日外アソシエーツ編集部編 日外アソシエーツ，紀伊国屋書店〔発売〕 2005.4 532p 21cm 14000円 ⓘ4-8169-1884-1

⓪目次 中部・東海（山梨英和大学附属図書館，山梨県立図書館 ほか），北陸（小千谷市立図書館，長岡市立中央図書館 ほか），近畿（安土町立図書館，滋賀医科大学附属図書館 ほか），中国（島根県立図書館，松江市立図書館 ほか），四国（香川県立図書館，香川大学附属図書館中央館 ほか），九州（岡垣サンリーアイ図書館，豊津町立図書館 ほか）

⓪内容 中部・西日本の個人文庫136館459文庫を

収録。全館にアンケート調査を行い、旧蔵者情報、沿革・概要、資料の特色、目録、利用制限、所蔵館の所在地、連絡先などの最新情報を掲載。所蔵館の外観、収蔵資料、旧蔵者肖像などの写真や地図も掲載。巻末に便利な「文庫名索引」「人名索引」付き。

<名簿・人名事典>

神奈川県の図書館 石井敬士, 大内順, 大塚敏高著 東京堂出版 2000.11 338p 20cm (県別図書館案内シリーズ) 3000円 ⓘ4-490-20417-5 Ⓝ010.35

私立短期大学図書館総覧 1996 私立短期大学図書館協議会編 私立短期大学図書館協議会 1996.11 871p 30cm 〈発売：紀伊国屋書店〉 7210円 ⓘ4-906510-64-7 Ⓝ017.71

全国図書館案内 上 改訂新版 書誌研究懇話会編 三一書房 1990.9 486p 20cm 〈付・地方史主要文献一覧(1945～1989年)〉 5150円 ⓘ4-380-90234-X

(内容)1986年刊の改訂新版。全国の国公立・私立大学図書館およびそれに類する各種資料機関図書館の所蔵文献のうち、唯一資料・個人コレクションを主として掲載。北から順に配列し、県立図書館を筆頭に紹介。

全国図書館案内 下 改訂新版 書誌研究懇話会編 三一書房 1990.9 526p 20cm 〈付・地方史主要文献一覧(1945～1989年) 参考図書：p526〉 5150円 ⓘ4-380-90235-8 Ⓝ010.35

(内容)各都道府県内は五十音順に配列し、住所・電話番号・交通機関・開館時間・休館日を記載、蔵書内容の概略を紹介する。各都道府県の地方史主要文献一覧を付す。

千葉県の図書館 森島保著 三一書房 1998.6 347p 20cm (県別図書館案内シリーズ) 3500円 ⓘ4-380-98257-2 Ⓝ010.35

東京都の図書館 三多摩編 馬場万夫, 飯沢文夫, 古川絹子著 三一書房 1997.11 317p 20cm (県別図書館案内シリーズ) 3500円 ⓘ4-380-97250-X Ⓝ010.35

東京都の図書館 23区編 馬場万夫, 飯沢文夫, 古川絹子著 東京堂出版 2000.9 546p 19cm 3600円 ⓘ4-490-20415-9 Ⓝ010.2136

(目次)足立区立郷土博物館、板橋区立郷土資料館、板橋区立美術館、大東文化大学図書館、江戸川区郷土資料室、大田区立郷土博物館、紙の博物館図書室、東京外国語大学アジア・アフリカ言語文化研究所図書室、東京外国語大学ヒンディー語研究室、東京外国語大学附属図書館〔ほか〕

(内容)東京23区内にある図書館・蔵書のガイドブック。東京都23区の公共図書館、国公私立大学などの図書館、および郷土資料館・博物館等の類縁機関の中から、特色のある蔵書、固有のコレクションを有する図書館を紹介する。図書館は地区別に掲載し、設置母体及び図書館の沿革と蔵書の概要、個々のコレクション、蔵書目録等の刊行書誌、その他の特色ある事項を記載。ほかに住所、電話・ファックス・ホームページ、交通機関、開館時間、利用条件などを付記。内容は1996年3月末現在。巻末に図書館・博物館施設一覧、文庫・コレクション索引を付す。

長野県の図書館 丸山信著 三一書房 1998.3 278p 20cm (県別図書館案内シリーズ) 〈他言語標題：Libraries in Nagano〉 3500円 ⓘ4-380-98223-8 Ⓝ010.35

三重県の図書館 清水正明著 三一書房 1996.4 357p 20cm (県別図書館案内シリーズ) 3600円 ⓘ4-380-96229-6 Ⓝ010.35

ライブラリーデータ '93 ライブラリーデータ編集委員会編 教育書籍 1992.12 771p 26cm 25000円 ⓘ4-317-60067-6

(内容)公立図書館・専門図書館データ。美術館・博物館・資料館・専門書店データ。

ライブラリーデータ 公共・専門・大学・点字図書館データ・美術館・博物館・資料館・専門書店データ '98・'99 ライブラリーデータ編集委員会編 教育書籍 1998.6 867p 26cm 28000円 ⓘ4-317-60088-9

(目次)ライブラリーデータ(国立国会図書館、公共図書館、大学図書館、専門図書館、点字図書館)、ブックストアデータ(専門書店)、ミュージアムデータ(美術館、博物館・資料館)

(内容)本を中心とした情報を整理、収集した図書館、専門図書館、美術館・博物館、資料館などにアクセスするためのレファレンスブック。住所・電話番号・ファックス番号、館長名、利用時間・営業時間、休刊日・定休日、利用条件、サービスなどを掲載。地域別index、五十音順index付き。

<年鑑・白書>

子どもの豊かさを求めて 全国子ども文庫調査報告書 3 日本図書館協会 1995.12 118p 26cm 2000円 Ⓘ4-8204-9516-X
(目次)1 子ども文庫を比較する―1981年と1993年の調査から, 2 子ども文庫を比較する―過去の主な調査から, 3 子ども文庫の「現在」, 4 座談会「子ども文庫を考える」, 5 調査のあらましと資料

日本の図書館 統計と名簿 1991 日本図書館協会図書館調査委員会編 日本図書館協会 1991.11 402p 26cm 7750円 Ⓘ4-8204-9114-8
(目次)統計編(国立国会図書館, 公共図書館, 大学図書館), 名簿編(公共図書館〈都道府県別〉一覧, 大学図書館一覧, 点字図書館一覧, 図書館関係団体一覧)

日本の図書館 統計と名簿 1992 日本図書館協会図書館調査委員会編 日本図書館協会 1992.10 411p 26cm 8252円 Ⓘ4-8204-9210-1
(内容)公共・大学図書館を対象とした悉皆調査により, 毎年, 最新の図書館統計を提供。名簿編も充実している。

日本の図書館 統計と名簿 1993 日本図書館協会図書館調査委員会編 日本図書館協会 1993.10 423p 26cm 8252円 Ⓘ4-8204-9313-2
(内容)大学図書館・公共図書館を中心とする統計・名簿を収録したもの。毎年, 調査・刊行されている。

日本の図書館 統計と名簿 1994 日本図書館協会図書館調査委員会編 日本図書館協会 1994.10 404p 26cm 8253円 Ⓘ4-8204-9414-7
(内容)大学図書館・公共図書館を中心とする統計・名簿を収録したもの。毎年, 調査・刊行されている。

日本の図書館 統計と名簿 2002 日本図書館協会図書館調査事業委員会編 日本図書館協会 2003.1 511p 26cm 11000円 Ⓘ4-8204-0226-9
(目次)統計編(国立国会図書館, 公共図書館, 大学図書館), 名簿編(公共図書館, 大学図書館), 付 点字図書館一覧, 付 図書館関係団体一覧

日本の図書館 統計と名簿 2009 日本図書館協会図書館調査事業委員会編 日本図書館協会 2010.1 598p 26cm 14000円 Ⓘ978-4-8204-0920-5 Ⓝ010.59
(目次)統計編(国立国会図書館, 公共図書館, 大学図書館), 名簿編(公共図書館, 大学図書館, 付・点字図書館一覧, 付・図書館関係団体一覧)

<統計集>

町村の読書施設調査 日本図書館協会 1999.3 41p 30cm Ⓝ016.21

◆◆ガイドブック

<名簿・人名事典>

関西図書館あんない BOOKMAP 創元社編集部編 (大阪)創元社 2007.10 383p 19×12cm 1200円 Ⓘ978-4-422-25048-9
(目次)専門図書館(凡例(専門図書館), 総合, 文化, 自然科学, 海外, 社会, 経済・経営, 行政), 大学図書館(凡例(大学図書館), 大阪府, 兵庫県, 京都府, 奈良県, 滋賀県, 和歌山県), 公共図書館(凡例(公共図書館), 大阪府, 兵庫県, 京都府, 奈良県, 滋賀県, 和歌山県)
(内容)関西2府4県(大阪・兵庫・京都・奈良・滋賀・和歌山)の多種多様な図書館を網羅して紹介したガイドブック。専門図書館169館, 大学図書館63館, 公共図書館383館の計615館を収録、巻末に図書館名, キーワードの索引が付く。

関西図書館マップ 関西の公立図書館361館を完全ガイド!! 内藤龍著 (大阪)創元社 2006.2 284p 18cm (アルキストの本) 1200円 Ⓘ4-422-25042-6
(目次)1 国立国会図書館関西館, 2 公共図書館(大阪府, 兵庫県, 京都府, 奈良県, 滋賀県, 和歌山県), 3 大学図書館
(内容)361館完全ガイド。全館, 利用条件・マップ付。広域相互利用協定, コンソーシアム図書館も徹底調査。一般も利用できる大学図書館58館も紹介。パソコンからの本探し…など, 詳細な利用案内。

関西ブックマップ 書店・図書館徹底ガイド 関西ブックマップ編集委員会編 (大阪)創元社 2001.6 335p 18cm 880円 Ⓘ4-422-25026-4 Ⓝ024.035
(目次)1 書店街マップ(大型書店ガイド付き), 2 専門書店ガイド, 3 公共図書館ガイド, 4 専門

各種の図書館　　　　　　　　　　図書館

図書館ガイド，5本と情報の便利な検索サイト集．附録〔関西の書店組合ホームページ，関西の大型書店支店一覧，関西主要新刊書店一覧，大阪・京都の出版社一覧，古書店即売会案内・目録案内〕

⊕内容⊕関西で本を探す人のためのガイドブック．新刊書店・古書店・図書館など，専門書がまとまって置かれた場所をすべて地図入りで解説．インターネットで本を探すための検索サイト集を掲載．

情報・資料検索ガイド　'96～'97年版　あすか書房，教育書籍〔発売〕　1996.8　261p　18cm　1200円　⓵4-317-80058-6

⊕目次⊕総合，文化，歴史，社会，経済，自然科学，医薬学，生活，海外

⊕内容⊕図書館や資料館等，資料収集をするための専門機関を分野別に紹介したガイドブック．総合・文化・歴史等9分野で構成され，同一分類内はさらに細分化されたキーワードを設けてある．各専門機関の住所・電話・FAX・交通・利用条件・レファレンス等のサービスの有無・パソコン通信等の情報ネットサービスの有無を掲載し，特徴を解説．ほかにジャンル別の博物館・資料館情報をまとめて紹介する．内容は1996年6月末現在．巻末に専門機関名の五十音順索引がある．

書店&図書館ガイド／東京　2004　recoreco編集部編　メタローグ　2004.1　359p　18cm　890円　⓵4-8398-2032-5

⊕目次⊕エリアマップ，エリアデータ，大型書店，東京都書店，近県書店，図書館，その他／索引

⊕内容⊕書店&図書館800件，おすすめスポット500件，東京・神奈川・千葉・埼玉一挙掲載!!本を探す，街で遊ぶ，決定版ガイドブック!!渋谷・青山・六本木・新宿・早稲田・池袋・銀座・神保町厳選エリアの見やすいマップつき．巻末には「オンライン書店リスト」「出版社リスト」「書店INDEX」「専門書INDEX」「図書館INDEX」を収録．

全国図書館案内　補遺　文書館・資料館・博物館を中心に　書誌研究懇話会編　三一書房　1992.11　546p　19cm　5150円　⓵4-380-92246-4

⊕内容⊕本書は，『全国図書館案内』の対をなすもので，同書に収載していない機関を中心に紹介するものである．

東京ブックマップ　東京23区書店・図書館徹底ガイド　1991-1992　東京ブック

マップ編集委員会編　書籍情報社　1990.12　303p　18cm　〈発売：地方・小出版流通センター〉　806円　Ⓝ024.035

⊕内容⊕書店街，大書店，専門書店，大図書館，専門図書館，の5部に分け，地図とデータを付して書店や図書館を詳しく紹介．書店には店名，店への道案内，電話番号，取り扱い分野，営業時間を，図書館には館名，所在地，電話番号，利用時間，利用条件，サービス内容，交通機関，図書館概要を記載，巻末に機関名とテーマ名からの索引あり．

東京ブックマップ　東京23区書店・図書館徹底ガイド　'92 - '93　東京ブックマップ編集委員会編　書籍情報社　1992.3　303p　18cm　800円

東京ブックマップ　'93 - '94　東京ブックマップ編集委員会編　書籍情報社　1993.3　307p　18cm　800円

⊕目次⊕1 書店街マップ，2 大書店ガイド，3 専門書店ガイド，4 大図書館ガイド，5 専門図書館ガイド

⊕内容⊕東京で本を探す人のためのガイドブック．書店街・大型新館書店・専門書店・大型公共図書館・専門図書館の情報と地図を掲載する．

東京ブックマップ　'97 - '98　東京23区書店・図書館徹底ガイド　書籍情報社　1997.2　318p　18cm　777円　⓵4-915999-05-X

⊕目次⊕1 書店街マップ，2 大書店ガイド，3 専門書店ガイド，4 大図書館ガイド，5 専門図書館ガイド

⊕内容⊕東京で本を探す人のためのガイドブック．新刊書店・古書店・図書館など地図入りで解説．内容は原則として平成8年10月現在．

東京ブックマップ　東京23区書店・図書館徹底ガイド　'99 - 2000　東京ブックマップ編集委員会編　書籍情報社　1999.1　335p　18cm　780円　⓵4-915999-06-8

⊕目次⊕1 書店街マップ，2 大書店ガイド，3 専門書店ガイド，4 大図書館ガイド，5 専門図書館ガイド

⊕内容⊕東京で本を探す人のためのガイドブック．8大書店街，14大新刊書店，専門書店242店，3大公共図書館，専門図書館214館，限定付公開図書館リスト177館，インターネットによる書誌検索一覧，主要出版社の電話番号一覧などを掲載．内容は原則として平成10年11月現在．

14　図書館・読書・出版レファレンスブック

東京ブックマップ　東京23区書店・図書館徹底ガイド　ネット対応版　2001‐2002　東京ブックマップ編集委員会編　書籍情報社　2001.3　351p　18cm　780円　Ⓘ4-915999-08-4　Ⓝ024.136
(目次)1 書店街マップ，2 大書店ガイド，3 専門書店ガイド，4 大図書館ガイド，5 専門図書館ガイド，6 本と情報の便利な検索サイト集
(内容)東京で本を探す人のためのガイドブック。新刊書店・古書店・図書館など，専門書がまとまって置かれた場所をすべて地図入りで解説。平成13年2月現在のデータを収録。

東京ブックマップ　2003‐2004　東京23区書店・図書館徹底ガイド　東京ブックマップ編集委員会編　書籍情報社　2003.3　358p　18cm　〈地方〉　780円　Ⓘ4-915999-11-4
(目次)1 8大書店街，2 15大新刊書店，3 専門書店248店，4 3大公共図書館，5 専門図書館214館，6 本と情報の便利な検索サイト集

東京ブックマップ　東京23区書店・図書館徹底ガイドネット対応版　2005‐2006年版　東京ブックマップ編集委員会編　書籍情報社　2005.3　366p　18cm　762円　Ⓘ4-915999-14-9
(目次)1 書店街マップ，2 大書店ガイド，3 専門書店ガイド，4 大図書館ガイド，5 専門図書館ガイド，6 本と情報の便利な検索サイト集
(内容)「東京で本を探す」ための書店・図書館徹底ガイド。

北陸の図書館ガイド　1991年版　富山県図書館協会編　（富山）桂書房　1992　260p　19cm　1800円
(内容)北陸地方の新潟・富山・石川・福井の各県ごとに，県立図書館から市町村立図書館，高専・短大・大学付属図書館まで全館を紹介。特設文庫の案内を重視しているほか，諸データを掲載。

メルヘンに出会える　全国児童文学館・絵本館ガイド　日本児童文芸家協会編　（名古屋）KTC中央出版　2002.5　174p　21cm　1500円　Ⓘ4-87758-243-6　Ⓝ909
(目次)北海道エリア，東北エリア，関東エリア，信越エリア，北陸エリア，東海エリア，近畿エリア，中国エリア，四国エリア，九州・沖縄エリア
(内容)児童文学関連の記念館や絵本美術館を地域別に紹介するガイドブック。

もっと楽しむ図書館マスターガイド　キョーハンブックス　2012.5　239p　21cm　〈索引あり〉　1500円　Ⓘ978-4-87641-826-8　Ⓝ010.21
(内容)個性的な文献を所蔵している専門図書館や日々利用できる最寄の公立図書館など，東京都をメインに717の図書館を紹介する。健康・医療情報コーナーを設けている全国9ヶ所の図書館等を特集。データ：2012年2～4月現在。

<ハンドブック>

ビジネスマンのための情報源ハンドブック　新訂版　PHP研究所編　PHP研究所　2000.8　207p　18cm　1200円　Ⓘ4-569-61192-3　Ⓝ031.6
(目次)第1章 官庁・政府関連機関，第2章 地方自治体・大使館，第3章 各種団体・研究機関，第4章 活字メディア，第5章 専門図書館・企業博物館，第6章 インターネット＆テレフォン情報
(内容)ビジネスマンを対象とした情報源ハンドブック。官庁・政府関連機関，地方自治体・大使館，活字メディア，専門図書館・企業博物館，インターネット＆テレフォン情報などの各種機関，メディアを紹介する。内容は2000年6月現在。巻末に五十音順の機関別索引，書誌名索引を付す。

ビジネスマンのためのまるごと情報源　2001年版　日本経済新聞社編　日本経済新聞社　2000.11　287p　17×12cm　800円　Ⓘ4-532-21760-1　Ⓝ031.3
(目次)分野別情報源編，官公庁・団体編，企業編，マスコミ，交通情報編，ホテル編，便利情報編，教養・マナー編，データ・用語編，関西編，マップ編，カレンダー編
(内容)ビジネスマンに必要な様々な情報をまとめた手帳形式の資料集。切り離して6穴のシステム手帳に入るように作られている。企業・官公庁・各種団体の連絡先，図書館利用案内，経済データ，文書の書き方，交通・宿泊ガイド，国内主要都市の地図，カレンダー等の情報を12編に分けて掲載する。内容は2000年9月現在。付録として首都圏鉄道路線図，関西圏鉄道路線図，中京圏鉄道路線図，全国主要高速道路地図がある。

◆国立国会図書館

＜ハンドブック＞

国立国会図書館目録・書誌の使い方　宇津純，中村規子著　国立国会図書館，紀伊国屋書店〔発売〕　1992.5　130p　26cm　（研修教材シリーズ No.9）　3810円　①4-87582-316-9

(目次)第1部 当館編集刊行目録・書誌一覧（当館目録ホール備付けカード目録，機械可読目録も含む），第2部 検索マニュアル，第3部 具体的検索例

＜法令集＞

国立国会図書館会計事務（契約・物品管理）関係法規集　国立国会図書館総務部会計課編　国立国会図書館　2004.3　625p　21cm　Ⓝ016.11

＜年鑑・白書＞

国立国会図書館年報　平成2年度　国立国会図書館総務部編　国立国会図書館，紀伊国屋書店〔発売〕　1992.2　180p　26cm　3770円　①ISSN0385-325X

(目次)第1章 両議院の議院運営委員会等における審査等の概況，第2章 国会に対する奉仕，第3章 行政および司法の各部門に対する奉仕，第4章 一般公衆に対する奉仕，第5章 国際協力，第6章 資料の収集，第7章 資料の整理，第8章 資料の保存・保管，第9章 内部管理

国立国会図書館年報　平成5年度　国立国会図書館，紀伊国屋書店〔発売〕　1994.12　188p　26cm　6030円

(目次)第1章 両議院の議院運営委員会等における審査等の概況，第2章 国会に対する奉仕，第3章 行政および司法の各部門に対する奉仕，第4章 一般公衆に対する奉仕，第5章 国際協力，第6章 資料の収集，第7章 資料の整理，第8章 資料の保存・保管，第9章 内部管理

国立国会図書館年報　平成7年度　国立国会図書館，紀伊国屋書店〔発売〕　1997.1　179p　30cm　4622円

(目次)第1章 国会に対するサービス，第2章 行政および司法の各部門に対するサービス，第3章 一般公衆に対するサービス，第4章 資料の収集，第5章 資料の整理，第6章 資料の保存，第7章 図書館協力，第8章 組織の運営，第9章 将来計画，付表，統計，法規

国立国会図書館年報　平成11年度　国立国会図書館総務部編　国立国会図書館，紀伊国屋書店〔発売〕　2000.10　251p　30cm　1690円　Ⓝ016.11

(目次)両議院の議院運営委員会等における審査等の動き，この1年の動き，第1章 国会に対するサービス，第2章 行政および司法の各部門に対するサービス，第3章 一般公衆に対するサービス，第4章 資料の収集，第5章 資料の整理と書誌情報の提供，第6章 資料の保存，第7章 図書館協力，第8章 組織の管理・運営，第9章 電子図書館事業，第10章 国立国会図書館関西館（仮称）建設計画，第11章 国際子ども図書館，付録，付表，統計，法規，1年間のできごと，事項索引

(内容)国立国会図書館の1999年度の事業内容をまとめた年報。国会・行政に対するサービス、資料の収集・整理、図書館協力などの分野別に掲載。付録として職員・資料の統計、図書館に関する法規などがある。巻末に「一年間のできごと」、事項索引がある。

国立国会図書館年報　平成12年度　国立国会図書館総務部編　国立国会図書館，紀伊国屋書店〔発売〕　2001.10　298p　30cm　2010円　Ⓝ016.11

(目次)両議院の議院運営委員会等における審査等の概況，この1年の動き，国会に対するサービス，行政および司法の各部門に対するサービス，一般公衆に対するサービス，資料の収集，資料の整理と書誌情報の提供，資料の保存，図書館協力，組織の管理・運営，電子図書館事業，国立国会図書館関西館（仮称），国際子ども図書館，付録，付表，統計，法規，1年間のできごと

(内容)国立国会図書館の2000年度の事業内容をまとめた年報。国会に対するサービス、一般公衆に対するサービス、資料の収集、図書館協力などの分野別に掲載。付録として職員・資料の統計、図書館に関する法規などがある。巻末に「一年間のできごと」、事項索引がある。

国立国会図書館年報　平成13年度　国立国会図書館総務部編　国立国会図書館，紀伊国屋書店〔発売〕　2002.10　277p　30cm　2050円　Ⓝ016.11

(目次)両議院の議院運営委員会等における審査等の概況，この1年の動き，第1章 国会に対するサービス，第2章 行政および司法の各部門に対するサービス，第3章 一般公衆に対するサービ

ス，4章 資料の収集，第5章 資料の整理と書誌情報の提供，第6章 資料の保存，第7章 図書館協力，第8章 組織の管理・運営，第9章 電子図書館事業，第10章 国立国会図書館関西館，第11章 国際子ども図書館

(内容)国立国会図書館の平成13年度の活動状況を記載した年報。今版では国立国会図書館関西館の準備と国際子ども図書館の開設などをとりあげる。付録，付表，統計，法規あり。巻末に五十音順の事項索引を付す。

国立国会図書館年報 平成14年度 国立国会図書館総務部編 国立国会図書館，紀伊国屋書店〔発売〕 2003.10 295p 30cm 2070円 ①4-87582-593-5

(目次)両議院の議院運営委員会等における審査等の概況，この1年の動き，国会に対するサービス，行政および司法の各部門に対するサービス，一般公衆に対するサービス，資料の収集，資料の整理と書誌情報の提供，資料の保存，図書館協力，電子図書館事業，国立国会図書館関西館開館，国際子ども図書館，組織の管理・運営

(内容)本書は，国立国会図書館法第6条の規定により，平成14年度の国立国会図書館の経営及び財政状態の報告をするものである。

◆公共図書館

<年　表>

近代日本公共図書館年表 1867～2005 奥泉和久編著 日本図書館協会 2009.9 467p 26cm 〈文献あり 索引あり〉 8000円 ①978-4-8204-0913-7 Ⓝ016.21

(内容)1867年から2005年までの日本の公共図書館に関する年表。年表は「公共図書館」「図書館界」「一般事項」の3つの欄で構成。コラムやエピソード記事も掲載する。巻末に「典拠文献一覧」「写真・図版等出典一覧」「主要図書館名の変遷」の資料、索引を掲載。

<統計集>

統計でみる政令指定都市公立図書館の現状 1998年3月31日現在 政令指定都市公立図書館調査プロジェクトチーム編 日本図書館協会 2000.6 126p 30cm Ⓝ016.21

◆点字図書館

<ハンドブック>

点字技能ハンドブック 視覚障害に関わる基礎的知識 新版 谷合侑，黒崎恵津子著 視覚障害者支援総合センター，大活字〔発売〕 2008.8 359p 26cm 3000円 ①978-4-86055-449-1 Ⓝ369.27

(目次)第1部 視覚障害に関わる基礎的知識(身体障害の概念と身体障害者の状況，視覚障害とハンディキャップ，視覚障害者の福祉，視覚障害児・者の教育，視覚障害者の職業，点字図書館事業の変遷と現状，点字出版事業の変遷と現状，情報機器の開発促進と諸団体の国際的活動)，第2部 点字技能に関わる基礎的知識(点字の歴史と現状，より良い点訳のために，点訳のための日本語の知識，点字の書き方，点字解答の方法，難読語をどう調べるか)

<統計集>

日本の点字図書館 平成9年度全国視覚障害者情報提供施設実態調査報告 16 全国視覚障害者情報提供施設協会サービス委員会編 (大阪)全国視覚障害者情報提供施設協会，大活字〔発売〕 1999.3 176p 30cm 2857円 ①4-925053-36-1

(目次)第1章 調査の概要(調査の目的，調査の対象および回答率，調査の方法，調査の実施時期，調査報告書作成の経緯)，第2章 調査結果の分析と評価(視覚障害者情報提供施設の概況，職員，蔵書，利用状況，施設・設備，経費，サービスの内容，制作)，第3章 視聴覚障害者情報提供施設，第4章 情報提供施設の概況集計表

◆学校図書館

<年　表>

学校図書館50年史年表 全国学校図書館協議会『学校図書館50年史年表』編集委員会編 全国学校図書館協議会 2001.3 197p 26cm 4000円 ①4-7933-0055-3 Ⓝ017.021

(目次)学校図書館50年史年表，参考文献，学校図書館50年史年表付録(資料)(全国学校図書館協議会創立時の記録，アピール・憲章・定款等，機関誌『学校図書館』の特集主題一覧，研究活動の記録，選定活動の記録 ほか)

(内容)学校図書館に関する1945年から1999年ま

＜ハンドブック＞

あすの授業アイデア チョイ引き活用事典
東京学芸大学附属小金井小学校編著　学事出版　2006.3　239p　21cm　2500円　④4-7619-1168-9

(目次)国語科，社会科，算数科，理科，生活科，音楽科，図画工作科，家庭科，体育科，道徳，学校保健，学校図書館

(内容)小学校の各教科(国語・社会・算数・理科・生活・音楽・図画工作・家庭・体育)，道徳，学校保健，学校図書館の実践事例を取り上げている。授業のポイントとなる活動場面等の写真を多用し，具体的なイメージを持つことができる。

こうすれば子どもが育つ学校が変わる　学校図書館活用教育ハンドブック　山形県鶴岡市立朝暘第一小学校編著，高鷲忠美解説　国土社　2003.10　199p　26cm　〈付属資料：CD-ROM1〉　2500円　④4-337-45034-3

(目次)はじめに 学校の風が変わった―図書館活用教育をすすめる「風」が吹いた，第1章 本が好き，図書館が大好き，第2章 読書をすすめる図書館づくり―魅力ある図書館に，第3章 気軽に「調べ学習」できる図書館づくり―子どもの学びたい気持ちに応える図書館に，第4章 読書を生かして，心を育てる授業づくり，第5章 調べ学習を通して，考える子どもを育てる授業づくり，第6章 地域・保護者との連携をすすめる図書館づくり，第7章 経営の基盤に「学校図書館」をおいたとき，学校が変わった，第8章 司書教諭・学校司書・図書主任の役割分担と連携，終章 明日の「致道図書館」に向けて，おわりにうれしい成果が，全国発進への勇気を生んだ，朝暘第一小学校 図書館活用教育これまでのあゆみ

(内容)「学校図書館」を学校経営の中核に据える。「第33回・学校図書館賞」大賞受賞校の図書館活用教育のすべてを公開。

＜法令集＞

ハンディ教育六法　'91年版　志村欣一，中谷彪，浪本勝年編　あゆみ出版　1991.5　303p　19cm　1450円　④4-7519-2157-6

(目次)第1編 教育基本編，第2編 学校教育編，第3編 学校図書館，第4編 学校保健編，第5編 社会教育編，第6編 社会・児童福祉編，第7編 教育財政編，第8編 教育職員編，第9編 関連法編，第10編 資料編

＜年鑑・白書＞

データに見る今日の学校図書館　学校図書館白書　3　全国学校図書館協議会編　全国学校図書館協議会　1998.11　111p　26cm　2200円　④4-7933-4042-3

(目次)第1章 学校図書館の施設，第2章 学校図書館の資料，第3章 学校図書館の予算，第4章 学校図書館の職員，第5章 学校図書館の運営，第6章 学校図書館の利用，第7章 児童生徒の読書状況，第8章 読書指導，第9章 学校図書館の利用指導，第10章 学校図書館とコンピュータ，第11章 学校図書館への期待

(内容)学校図書館と子どもの読書の実態を把握し，課題を明らかにする目的でまとめられたもの。

年報こどもの図書館1997-2001　2002年版　児童図書館研究会編　日本図書館協会　2003.3　366p　26cm　6000円　④4-8204-0228-5

(目次)1 子どもをめぐる社会・文化状況，2 児童図書館界の動向，3 職員とボランティア，4 地域家庭文庫の動向，5 学校図書館の動向，6 児童図書出版の動向，7 資料編

◆専門図書館

＜名簿・人名事典＞

くらしとどぼくのガイドブック　全国の記念館・PR館・図書館　土木学会編　日刊建設工業新聞社，相模書房〔発売〕　1992.11　278p　18cm　1600円　④4-7824-9205-7

(内容)本書は，私たちの日々のくらしを支えている「どぼく」に関連のある記念館・PR館・専門図書館を紹介するガイドブックです。

専門情報機関総覧　1991年版　専門図書館協議会調査統計委員会編　専門図書館協議会

1991.11　12,773p　27cm　〈発売：丸善〉
25750円　Ⓘ4-88130-010-5　Ⓝ018.035
㋑国・自治体・教育研究機関・企業・団体・学協会などが保有する図書館等の専門情報の実態をまとめたもの。3年ごとに刊行、1991年版では2208機関を収録した。

専門情報機関総覧　1994　専門図書館協議会調査統計委員会編　専門図書館協議会，丸善〔発売〕　1994.3　11,881p　27cm　35000円　Ⓘ4-88130-012-1
㋑全国の専門情報機関を網羅的に収録するガイドブック。1993年4月1日調査現在の2169機関を五十音順に収録する。掲載事項は、正式名称、略称、欧文正式名称、欧文略称、専門図書館協議会への加盟の有無、所在地、公開・非公開の別、利用資格・制限など38項目。機関種別・地域別・主題分野別・重点収集資料別・欧文機関名別の各索引と、関係団体一覧がある。

専門情報機関総覧　2000　専門図書館協議会調査統計委員会編　専門図書館協議会　2000.9　737p　26cm　34000円　Ⓘ4-88130-016-4　Ⓝ018.035
㋰この総覧の使い方，索引，専門情報機関一覧，専門情報機関関係団体一覧，専門情報機関統計，専門情報機関総覧2000年度版 調査票
㋑国内の専門情報機関のガイドブック。特定分野に重点を置いた図書館等、および組織内の資料部門等の1879機関を網羅的に収録。内容は原則2000年1月現在。本文は主題分野別でキーワードガイド、主題分野ガイドを付し、重点収集資料別、機関種別、地域別の索引がある。本文・索引とも機関名の五十音順に排列。記載事項は、機関正式名称・略称(和文・欧文)、専門図書館協議会加盟の有無、郵便番号、所在地、電話、ファクシミリ番号、Eメールアドレス、ホームページURL、公開状況、利用資格／条件、料金、サービス、利用日時、最寄り駅、連絡担当者、所蔵資料、資料の整理、システム化、親機関の逐次刊行物など。巻末に統計を付す。

専門情報機関総覧　2003　専門図書館協議会出版・調査統計委員会編　専門図書館協議会，丸善〔発売〕　2003.9　658,24p　26cm　32000円　Ⓘ4-88130-020-3
㋰索引(主題分野別(キーワードガイド，主題分野ガイド)，機関種別)，専門情報機関一覧，専門情報機関関係団体一覧，専門情報機関統計，専門情報機関総覧2003年版調査票，五十音順索引

㋑本総覧は、わが国の専門情報機関を網羅的に収録したガイドブックである。専門情報機関や関係団体のディレクトリーに加え、巻末に統計を収めた。

専門情報機関総覧　2006　専門図書館協議会編　専門図書館協議会，紀伊国屋書店出版部〔発売〕　2006.7　768,23p　26cm　32000円　Ⓘ4-88130-021-0
㋰索引(主題分野別，重点収集資料別，機関種別)，専門情報機関一覧，専門情報機関関係団体一覧，専門情報機関統計，専門情報機関総覧2006年度版調査票
㋑テーマ別に探せる全国約1800の専門情報機関ガイド。所蔵内容、利用方法、ホームページなどがわかる。調査研究、ビジネス支援、学習にも役立つ新版。

専門情報機関総覧　2009　専門図書館協議会事業推進委員会編　専門図書館協議会，紀伊国屋書店ホールセール部〔発売〕　2009.1　132,820,21p　26cm　32000円　Ⓘ978-4-88130-022-0　Ⓝ018.035
㋑わが国の専門情報機関を網羅的に収録したガイドブック。名称、所在地、公開・非公開・限定公開の状況、利用案内、最寄り駅などのデータを2008年5月現在でまとめる。各種索引、関連統計等も掲載。

専門情報機関総覧　2012　専門図書館協議会調査分析委員会編　専門図書館協議会，紀伊国屋書店ホールセール部〔発売〕　2012.1　770,23p　26cm　〈索引あり〉　32000円　Ⓘ978-4-88130-023-7　Ⓝ018.035
㋰索引，専門情報機関一覧，専門情報機関関係団体一覧，専門情報機関統計，専門情報機関総覧2012年度版調査票，五十音順索引
㋑いま改めて、"信頼できる情報源"が求められています。テーマ、地域、機関種、五十音順で探せる全国1,700の専門情報機関ガイド。収集分野・利用方法・特殊コレクションなど各種情報を満載。新たに文書館や博物館・美術館・図書室まで掲載範囲を拡充。専門情報機関運営の指標となる各種統計も掲載。

図書館ナレッジガイドブック 類縁機関名簿　情報収集・問題解決のための　2003　東京都立中央図書館編　ひつじ書房　2003.10　377p　21cm　2800円　Ⓘ4-89476-197-1
㋰分類(NDC)別収録機関一覧，機関名索引，所蔵資料件名索引，機関名簿，都立図書館

ガイド，東京都公共図書館特別コレクション，東京都公共図書館オールガイド，参考文献一覧
⑰特定分野に関する文献資料の所蔵，情報サービス等を行っている412機関を収録した専門情報機関名簿。各機関をNDC分類別にまとめ，機関名の五十音順に排列し，機関名，所在，連絡先，利用情報，蔵書内容などを記載。巻頭に分類別収録機関一覧，機関名索引，所蔵資料件名索引が付く。

図書館ナレッジガイドブック 類縁機関名簿 情報収集・問題解決のための 2005
東京都立中央図書館編 ひつじ書房 2005.4 402p 21cm 2800円 ①4-89476-259-5
⑰本書は，東京都立中央図書館が日常行っている資料提供・参考調査サービスにおいて，所蔵資料では不十分な分野について，より適切な専門情報機関を案内するための参考資料として作成したもので，2001年4月（一部8月）に実施した調査の回答に基づき，各機関の活動状況をまとめたものである。（それ以降の変更は，可能な限り反映し，最終的には2005年1月現在のデータまで含む）。

美術分野の文献・画像資料所蔵機関一覧 1993年3月現在
アート・ドキュメンテーション研究会調査委員会編 アート・ドキュメンテーション研究会 1995.2 145p 30cm 1500円 ①4-9900326-0-8 Ⓝ018.7

<年鑑・白書>

白書・日本の専門図書館 1992 今，新たなる価値の創造をめざして
専門図書館協議会専門図書館白書委員会編 専門図書館協議会，丸善〔発売〕 1992.7 378p 21cm 9270円 ①4-88130-011-3
⑬第1部 専門図書館の現状と課題（専門図書館をめぐる環境，情報資源管理と情報サービス，専門図書館のマネジメント，図書館ネットワーク），第2部 提言―専門図書館の将来像（新しい情報センターを考える，2000年の専門図書館，討論会 専門図書館の将来像）

◆公文書館

<書　誌>

文書館学文献目録 1995年 全国歴史資料保存利用機関連絡協議会関東部会編 岩田書院 1995.11 457p 31cm 10197円 ①4-900697-40-0 Ⓝ018.09

文書館学文献目録 縮刷版 全国歴史資料保存利用機関連絡協議会関東部会編 岩田書院 2000.8 457p 21cm 9900円 ①4-87294-176-4 Ⓝ018.09
⑬第1部 史料保存と文書館（文献目録，総合書・マニュアル，用語集・辞典，歴史と意義 ほか），第2部 記録史料論（史料論及び史料管理史，古代・中世史料，近世史料，近代史料 ほか），第3部 記録史料の管理（収集と整理，記録管理，史料所在調査法，史料所在調査報告・所在情報 ほか）
⑰主として近世庶民史料を収集保存する文書館業務のための文献目録。「文書館学」に関する研究及び関連記事を対象に，1995年3月までに刊行された逐次刊行物・単行書・報告書などを収録。排列は目次の見出しによる検索コード順で，同一コードの中は発行年次順。書誌事項の記載は文献タイトル，文献副タイトル，編集者，掲載誌・掲載書名及び副タイトル，巻次，発行所，発行年，頁，一般注記，内容注記。

<事　典>

文書館用語集 全国歴史資料保存利用機関連絡協議会監修，文書館用語集研究会編 （吹田）大阪大学出版会 1997.11 172p 19cm 1500円 ①4-87259-033-3
⑰文書館及び史料保存や整理の際に使用される用語を解説した用語集。配列は五十音順，巻末に英和索引が付く。

<名簿・人名事典>

JSAIデータブック 全国歴史資料保存利用機関連絡協議会機関会員総覧 1994
全国歴史資料保存利用機関連絡協議会編 第一法規出版 1994.10 239p 19cm 1500円 ①4-474-00467-1 Ⓝ018.09

全国図書館案内 補遺 文書館・資料館・博物館を中心に
書誌研究懇話会編 三一書房 1992.11 546p 19cm 5150円 ①4-380-92246-4
⑰本書は，『全国図書館案内』の対をなすもので，同書に収載していない機関を中心に紹介するものである。

歴史資料保存機関総覧 西日本 増補改訂版
地方史研究協議会編 山川出版社 1990.10 496p 19cm 4500円 ①4-634-

61520-7　Ⓝ010.35
(内容)本書は史・資料の保存機関(文書館・史料館・図書館・民俗資料館・博物館・美術館など)と、そこに所蔵され、かつ公開利用されている史・資料の内容を示したものである。

歴史資料保存機関総覧　東日本　増補改訂版　地方史研究協議会編　山川出版社
1990.10　495p　19cm　4500円　Ⓘ4-634-61510-X　Ⓝ010.35
(内容)史・資料の保存機関(文書館・史料館・図書館・民俗資料館・博物館・美術館など)と、そこに所蔵され、かつ公開利用されている史・資料の内容を示したもの。西日本編と併せて5820機関を収録。

＜ハンドブック＞

アーカイブ事典　小川千代子, 高橋実, 大西愛編著　(吹田)大阪大学出版会　2003.10
318p　21cm　2500円　Ⓘ4-87259-174-7
(目次)第1章 文書館概論, 第2章 現代の文書館, 第3章 公文書の保存と公開, 第4章 多様なアーカイブ, 第5章 文書館の運営, 第6章 文書館へようこそ, 第7章 文書館専門職, 第8章 資料保存の科学, 第9章 紙等を媒体とする記録技術, 第10章 マイクロフィルムとデジタルアーカイブ
(内容)アーカイブ全般に関して総合的に解説した事典。巻末に「アーカイブ・文書館関係年表」「日本の文書館(国立, 都道府県立, 市町村立)」など資料と索引を収録。

公文書ルネッサンス　新たな公文書館像を求めて　内閣府大臣官房企画調整課監修, 高山正也編　国立印刷局　2005.2　318p
30cm　3000円　Ⓘ4-17-198000-3
(目次)歴史資料として重要な公文書等の適切な保存・利用等のための研究会中間取りまとめ, 歴史資料として重要な公文書等の適切な保存・利用等のための研究会について, 諸外国における公文書等の管理・保存・利用等にかかる実態調査報告書, 公文書等の適切な管理, 保存及び利用のための体制整備について, 「公文書等の適切な管理, 保存及び利用に関する懇談会」の開催について, 資料編(公文書館法, 国立公文書館法, 歴史資料として重要な公文書等の適切な保存のために必要な措置について(平成13年3月30日閣議決定), 歴史資料として重要な公文書等の適切な保存のために必要な措置について(平成13年3月30日閣議決定)の実施について(各府省庁官房長等申合せ) ほか)

参考図書目録

＜書誌＞

江戸・東京学研究文献案内　大串夏身, 江戸・東京資料研究会編　青弓社　1991.10
352p　21cm　8240円　Ⓝ025.8136
(目次)第1部 江戸・東京関係文献調査の方法とレファレンスブックの解説(江戸・東京関係文献調査の方法, 江戸・東京関係レファレンスブックの解説何をどう使って調べたらよいか?), 第2部 ことば(件名)から探せる研究文献目録, 第3部 東京関係写真・銅版画索引, 第4部『東京市史稿』市街篇に見る調査一覧慶応3年〜明治10年
(内容)500年前の江戸を調べたい、現在の超都市東京を解読したい、そのため文献情報調査の方法とレファレンスブックを解説。文献目録, 各種事典, 名簿類, 地図, さらにオンライン・データベースまでを, 調査の流れにそって紹介。また、「ことば(件名)から探せる研究文献目録」, 建物名や事項名で写真・図版を探せる「東京関係写真・銅版画索引」, 特別講座として、東京未来論の系譜, 人物情報の調査方法なども収録。

この辞書・事典が面白い!　「辞書」「事典」「図鑑」ベストランキング発表　室伏哲郎監修　トラベルジャーナル　1999.6　157p
21cm　1200円　Ⓘ4-89559-455-6
(目次)プロローグ 出版・読書界初の知的・ランキング発表にあたって, 1「国語辞書」の良い奴, 悪い奴, 2 ジョイフル&ジョイレスな「英語辞書」, 3「事典」の人気者, 隠れ人気者, 4「図鑑」を超鑑定する, 5「電子辞書・事典・図鑑」ベストバイ
(内容)辞書, 事典, 図鑑類を分析・評価した格付けランキングを掲載したもの。掲載辞書計270冊。索引付き。

参考図書解説目録　2003-2007　日外アソシエーツ編集部編　日外アソシエーツ
2008.7　1290p　26cm　28000円　Ⓘ978-4-8169-2124-7　Ⓝ028
(目次)総記, 哲学・宗教, 歴史・地理, 社会科学, 自然科学, 技術・工学, 産業, 芸術・スポーツ, 言語, 文学, 児童書
(内容)2003年から2007年に刊行された参考図書15070冊を一覧できる図書目録。選書の際に役立つよう, 全ての図書に内容解説や目次情報を記載。NDCに沿った分類順に排列, その下は, 辞書・事典・書誌・索引・年鑑・年表・地図な

| 参考図書目録 | 図書館 |

どの形式別にまとめる。書名索引、著編者名索引、事項名索引を完備。

参考図書解説目録　2008-2010　日外アソシエーツ編集部編　日外アソシエーツ，紀伊国屋書店（発売）　2011.7　890p　26cm　〈索引あり〉　23800円　①978-4-8169-2327-2　⑩028

（目次）総記，哲学・宗教，歴史・地理，社会科学，自然科学，技術・工学，産業，芸術・スポーツ，言語，文学，児童書

（内容）2008年から2010年に刊行された参考図書8,787冊を一覧できる図書目録。NDCに沿った分類と，辞書・事典・書誌・索引・年鑑・年表・地図などの形式別排列で，目的の図書を素早く探し出すことができる。書名索引、著編者名索引、事項名索引を完備。

参考図書研究ガイド　3訂版　全国学校図書館協議会参考図書研究ガイド編集委員会編　全国学校図書館協議会　1992.3　238p　26cm　1900円　①4-7933-4028-8　⑩028

辞書・事典全情報　90／97　日外アソシエーツ編　日外アソシエーツ，紀伊国屋書店〔発売〕　1999.1　852p　21cm　19000円　①4-8169-1528-1

（目次）総記，哲学・宗教，歴史・地理，社会科学，自然科学，技術・工学，産業，芸術・スポーツ，言語，文学，人名事典，児童書

（内容）言語辞典、字典、百科事典、専門事典、用語集、人名事典など各分野の辞書・事典類を収録した図書目録。1990年（平成2年）から1997年（平成9年）までに日本国内で刊行された辞書・事典類9021点を収録。収録内容は、書名、副書名、巻次、各巻書名、著者表示、出版地（東京以外を表示）、出版者、出版年月、ページ数ほかは冊数、大きさ、叢書名、叢書番号、注記、定価、ISBN、NDCなど。巻末に、書名索引、事項名索引付き。

辞書・事典全情報　1998-2005　日外アソシエーツ編　日外アソシエーツ，紀伊国屋書店〔発売〕　2006.5　816p　21cm　19000円　①4-8169-1980-5

（目次）総記，哲学・宗教，歴史・地理，社会科学，自然科学，技術・工学，産業，芸術・スポーツ，言語，文学，人名事典，児童書

（内容）哲学・宗教、歴史・地理、社会科学、自然科学、芸術、言語、文学等各分野の辞書・事典をテーマ別に収録。1998年から2005年までに刊

行された9098点を収録。巻末には「書名索引」「事項名索引」付き。

辞書・事典全情報　2006-2013　日外アソシエーツ株式会社編集　日外アソシエーツ　2013.9　595p　22cm　〈索引あり〉　発売：（東京）紀伊国屋書店〉　19000円　①978-4-8169-2433-0　⑩028

（目次）総記，哲学・宗教，歴史・地理，社会科学，自然科学，技術・工学，産業，芸術・スポーツ，言語，文学，人名事典，児童書，書名索引，事項名索引

（内容）哲学・宗教、歴史・地理、社会科学、自然科学、芸術、言語、文学など各分野の辞書・事典をテーマ別に分類。2006年から2013年6月までに刊行された5,620点を収録。「書名索引」「事項名索引」付きで、求める図書を探しやすい。

辞書の図書館　所蔵9,811冊　清久尚美編　駿河台出版社　2002.8　729p　21cm　3800円　①4-411-00392-9　⑩028

（目次）総記，哲学，歴史，社会科学，自然科学，技術，産業，芸術，言語，文学

（内容）「調べる」ために使う本の目録。語学辞書・専門事典だけでなく便覧・名鑑など幅広くツールを対象とする。国内の出版社273社の最新版の出版目録等々に基づき9811冊を収録。内容的には学術的なものから生活および趣味に関するものまで、幅広い選択を行い、形態では書籍・CD‐ROM版・電子ブック版・オンデマンド版他にわたる。日本十進分類表の第一次区分（類目表）に従って全体を10章を基本に独自の変更も加えて分類順に排列・掲載する。巻末に書名索引、出版者名簿がある。

辞典・事典総合目録　1992　出版年鑑編集部編　出版ニュース社　1992.1　553p　19cm　3900円　①4-7852-0054-5

（内容）辞典・事典・便覧・ハンドブック・年鑑・年報など、11,263点を収録。図書館・学校・書店・出版社・調査機関の図書室・資料室・研究所・その他あらゆる読書施設に必備の書。

辞典・事典総合目録　1996　出版年鑑編集部編　出版ニュース社　1995.10　750p　19cm　4500円　①4-7852-0067-7　⑩028

調査研究・参考図書目録　1983-1998.6　上巻　図書館流通センター編　図書館流通センター　1998.11　696p　27cm　①4-924702-74-9　⑩028

調査研究・参考図書目録　1983-1998.6

22　図書館・読書・出版レファレンスブック

下巻　図書館流通センター編　図書館流通センター　1998.11　p698-1059,376p　27cm　Ⓣ4-924702-75-7　Ⓝ028

調査研究・参考図書目録　本編，索引　改訂新版　図書館流通センター企画編集室編集　図書館流通センター　2002.12　2冊（1129p, 324p）　31cm　各21000円　Ⓣ4-86039-019-9　Ⓝ028

〔内容〕参考資料として利用できる図書を収録した書誌。ガイドブックや実用書も含む幅広い参考図書を対象とし、1987年～2002年6月に刊行された23011点を収録、改訂版や年刊版は最新版のみ収録する。NDC9版の1000区分の分類順（児童書は文学の後にまとめる）、その中は書名五十音順に排列する。NDCや件名を含む書誌事項、TRC MARC No.、一部に内容紹介文、また入手しやすい基本参考図書には☆印を記載する。巻末に件名索引、書名索引、著者名索引がある。1998年刊の改訂新版。

使えるレファ本150選　日垣隆著　筑摩書房　2006.1　262p　18cm　（ちくま新書）　780円　Ⓣ4-480-06282-3　Ⓝ028

図書館探検シリーズ　第1巻　恐竜の時代　小田英智著　リブリオ出版　1990.4　24p　31cm　〈監修：本田睨　編集：タイム・スペース　関連図書紹介：p20～23〉　Ⓣ4-89784-199-2　ⓃK028

〔内容〕小学生や中学生が、あるテーマについて図書館や図書室で本をさがすときの、そのテーマの基本的なことがらを解説し、基本の図書を紹介している。小学校上級以上向。

図書館探検シリーズ　第2巻　ミツバチの王国　小田英智著　リブリオ出版　1990.4　24p　31cm　〈監修：本田睨　編集：タイム・スペース　関連図書紹介：p20～23〉　Ⓣ4-89784-200-X　ⓃK028

図書館探検シリーズ　第3巻　日本の野生動物　今泉忠明著　リブリオ出版　1990.4　24p　31cm　〈監修：本田睨　編集：タイム・スペース　関連図書紹介：p20～23〉　Ⓣ4-89784-201-8　ⓃK028

図書館探検シリーズ　第4巻　すばらしい人間のからだ　相沢省三著　リブリオ出版　1990.4　24p　31cm　〈監修：本田睨　編集：タイム・スペース　関連図書紹介：p20～23〉　Ⓣ4-89784-202-6　ⓃK028

図書館探検シリーズ　第5巻　自然がつくる形　田中真知著　リブリオ出版　1990.4　24p　31cm　〈監修：本田睨　編集：タイム・スペース　関連図書紹介：p20～23〉　Ⓣ4-89784-203-4　ⓃK028

図書館探検シリーズ　第6巻　銀河鉄道と星めぐり　小田英智著　リブリオ出版　1990.4　24p　31cm　〈監修：本田睨　編集：タイム・スペース　関連図書紹介：p20～23〉　Ⓣ4-89784-204-2　ⓃK028

図書館探検シリーズ　第7巻　わたしたちの地球　田中三彦著　リブリオ出版　1990.4　24p　31cm　〈監修：本田睨　編集：タイム・スペース　関連図書紹介：p20～23〉　Ⓣ4-89784-205-0　ⓃK028

図書館探検シリーズ　第8巻　火の歴史　小田英智著　リブリオ出版　1990.4　24p　31cm　〈監修：本田睨　編集：タイム・スペース　関連図書紹介：p20～23〉　Ⓣ4-89784-206-9　ⓃK028

図書館探検シリーズ　第9巻　イネと日本人　向田由紀子著　リブリオ出版　1990.4　24p　31cm　〈監修：本田睨　編集：タイム・スペース　関連図書紹介：p20～23〉　Ⓣ4-89784-207-7　ⓃK028

図書館探検シリーズ　第10巻　家とくらし　本田ニラム著　リブリオ出版　1990.4　24p　31cm　〈監修：本田睨　編集：タイム・スペース　関連図書紹介：p20～23〉　Ⓣ4-89784-208-5　ⓃK028

図書館探検シリーズ　第11巻　海と人間　平見修二著　リブリオ出版　1990.4　24p　31cm　〈監修：本田睨　編集：タイム・スペース　関連図書紹介：p20～23〉　Ⓣ4-89784-209-3　ⓃK028

図書館探検シリーズ　第12巻　エジソンの発明　藤野励一，柴田弘子著　リブリオ出版　1990.4　24p　31cm　〈監修：本田睨　編集：タイム・スペース　関連図書紹介・エジソンの一生：p20～23〉　Ⓣ4-89784-210-7　ⓃK028

図書館探検シリーズ　第13巻　未知の世界に挑む　伊библи幸司著　リブリオ出版　1991.5　24p　31cm　〈監修：本田睨　編集：タイム・スペース　関連図書紹介：p24〉　Ⓣ4-

89784-255-7　ⓃK028

㋲小学生や中学生が、あるテーマについて図書館や図書室で本をさがすときの、そのテーマの基本的なことがらを解説し、基本の図書を紹介している。小学校上級以上向。

図書館探検シリーズ　第14巻　動物の親子いろいろ　今泉忠明著　リブリオ出版　1991.5　24p　31cm　〈監修：本田睨　編集：タイム・スペース　関連図書紹介：p24〉　Ⓘ4-89784-256-5　ⓃK028

図書館探検シリーズ　第15巻　アインシュタインの考えたこと　田中三彦著　リブリオ出版　1991.5　24p　31cm　〈監修：本田睨　編集：タイム・スペース　関連図書紹介：p24〉　Ⓘ4-89784-257-3　ⓃK028

図書館探検シリーズ　第16巻　科学と遊ぶ本がいっぱい　山辺昭代著　リブリオ出版　1991.5　24p　31cm　〈監修：本田睨　編集：タイム・スペース　関連図書紹介：p24〉　Ⓘ4-89784-258-1　ⓃK028

図書館探検シリーズ　第17巻　昔話は絵本で読む　平見修二著　リブリオ出版　1991.5　24p　31cm　〈監修：本田睨　編集：タイム・スペース　関連図書紹介：p24〉　Ⓘ4-89784-259-X　ⓃK028

図書館探検シリーズ　第18巻　スポーツってなんだろう　三原道弘著　リブリオ出版　1991.5　24p　31cm　〈監修：本田睨　編集：タイム・スペース　関連図書紹介：p24〉　Ⓘ4-89784-260-3　ⓃK028

図書館探検シリーズ　第19巻　きみはなにになるのか　三宅直人著　リブリオ出版　1991.5　24p　31cm　〈監修：本田睨　編集：タイム・スペース　関連図書紹介：p24〉　Ⓘ4-89784-261-1　ⓃK028

図書館探検シリーズ　第20巻　コンピュータが変えたこと　相沢省三著　リブリオ出版　1991.5　24p　31cm　〈監修：本田睨　編集：タイム・スペース　関連図書紹介：p24〉　Ⓘ4-89784-262-X　ⓃK028

図書館探検シリーズ　第21巻　なぜ男の子と女の子がいるの　本田ニラム著　リブリオ出版　1991.5　24p　31cm　〈監修：本田睨　編集：タイム・スペース　関連図書紹介：p24〉　Ⓘ4-89784-263-8　ⓃK028

図書館探検シリーズ　第22巻　飛行機の世紀　北代省三著　リブリオ出版　1991.5　24p　31cm　〈監修：本田睨　編集：タイム・スペース　関連図書紹介：p24〉　Ⓘ4-89784-264-6　ⓃK028

図書館探検シリーズ　第23巻　音楽を聞く、読む　坪井賢一，能本功生著　リブリオ出版　1991.5　24p　31cm　〈監修：本田睨　編集：タイム・スペース〉　Ⓘ4-89784-265-4　ⓃK028

図書館探検シリーズ　第24巻　植物と人間の生活　埴沙萠著　リブリオ出版　1991.5　24p　31cm　〈監修：本田睨　編集：タイム・スペース　関連図書紹介：p24〉　Ⓘ4-89784-266-2　ⓃK028

日本の参考図書　第4版　日本図書館協会日本の参考図書編集委員会編集　日本図書館協会　2002.9　1081p　31cm　25000円　Ⓘ4-8204-0213-7　Ⓝ028

㋲図書館のレファレンスに使われる参考図書を解説した解題書誌。1980年刊の「日本の参考図書解説総覧」の改訂版で1962年の初版から数えて第4版にあたる。前版の方針を継承し、明治以降の図書を対象に1996年までに刊行された7033点を選定収録。NDCを基本とした分類順に排列、児童書の分類区分はない。分類の下は参考図書の種類を小見出しで示し、各図書には内容紹介の解題を付す。巻末に書名索引、事項索引がある。

日本白書総覧　大慈弥俊二編著　丸善プラネット，丸善〔発売〕　1997.7　371p　21cm　11000円　Ⓘ4-944024-43-6

㋲収録した白書とその関連図書のタイトル数は1900点を越え、収録冊数は約7000冊。構成は和文編と欧文編から成る。排列は、和文編がタイトルの五十音順で、欧文編が語単位でタイトルのアルファベット順。記載事項は、タイトル、サブタイトル、編（著）者、発行者、刊行（度）版表示、刊行年月（西暦）、ページ数の順。

年刊　参考図書解説目録　1990-1991　日外アソシエーツ編集部編　日外アソシエーツ，紀伊国屋書店〔発売〕　1994.2　2冊（セット）　21cm　12000円　Ⓘ4-8169-1219-3

㋱総記，哲学・宗教，歴史・地理，社会科学，自然科学，技術・工学，産業，芸術・スポーツ，言語，文学，児童書，書名索引，著編者名索引，事項名索引

(内容)何かを調べる際に利用される参考図書の年刊版解題目録。書誌、事典、名簿、ハンドブック、図鑑、年鑑、統計など、1990年・91年に刊行された参考図書各2200点を収録。各図書には書誌データのほか、参考図書としての特徴や内容を示す解題を付した。本文はNDC分類順に排列、書名・著編者名・事項名の各索引を付す。

年刊 参考図書解説目録 1992　日外アソシエーツ編集部編　日外アソシエーツ, 紀伊国屋書店〔発売〕　1994.7　342p　21cm　6800円　④4-8169-1253-3　⑩028

(目次)総記, 哲学・宗教, 歴史・地理, 社会科学, 自然科学, 技術・工学, 産業, 芸術・スポーツ, 言語, 文学, 児童書, 書名索引, 著編者名索引, 事項名索引

(内容)何かを調べる際に利用される参考図書の年刊版解題目録。書誌、事典、名簿、ハンドブック、図鑑、年鑑、統計など、1992年に刊行された参考図書各2280点を収録。各図書には書誌データのほか、参考図書としての特徴や内容を示す解題を付した。本文はNDC分類順に排列、書名・著編者名・事項名の各索引を付す。

年刊 参考図書解説目録 1993　日外アソシエーツ編集部編　日外アソシエーツ, 紀伊国屋書店〔発売〕　1997.6　345p　21cm　6500円　④4-8169-1429-3

(目次)総記, 哲学・宗教, 歴史・地理, 社会科学, 自然科学, 技術・工学, 産業, 芸術・スポーツ, 言語, 文学, 児童書

(内容)1993年1年間に発売された書誌、事典、辞書、名簿、ハンドブック、図鑑、年鑑、統計等参考図書2038点を収録。排列は、同一主題・同一形式の下で、書名の五十音順。巻末に、書名索引、著編者名索引、事項名索引を付す。

年刊 参考図書解説目録 1994　日外アソシエーツ編集部編　日外アソシエーツ, 紀伊国屋書店〔発売〕　1997.6　354p　21cm　6500円　④4-8169-1430-7

(目次)総記, 哲学・宗教, 歴史・地理, 社会科学, 自然科学, 技術・工学, 産業, 芸術・スポーツ, 言語, 文学, 児童書

(内容)1994年1年間に発売された書誌、事典、辞書、名簿、ハンドブック、図鑑、年鑑、統計等参考図書2079点を収録。排列は、同一主題・同一形式の下で、書名の五十音順。巻末に、書名索引、著編者名索引、事項名索引を付す。

年刊 参考図書解説目録 1995　日外アソシエーツ編集部編　日外アソシエーツ, 紀伊国屋書店〔発売〕　1996.8　328p　21cm　6592円　④4-8169-1385-8

(内容)1995年に国内で発売された、書誌・事典・辞書・用語集・名簿・ハンドブック・図鑑・年鑑・統計など「参考図書」2023点の目録。いずれの図書にも解題を付す。排列は同一主題・同一形式の下で、書名の五十音順。巻末に書名索引・著編者名索引・事項名索引がある。

年刊 参考図書解説目録 1996　日外アソシエーツ編集部編　日外アソシエーツ, 紀伊国屋書店〔発売〕　1997.7　361p　21cm　6500円　④4-8169-1449-8

(目次)総記, 哲学・宗教, 歴史・地理, 社会科学, 自然科学, 技術・工学, 産業, 芸術・スポーツ, 言語, 文学, 児童書

(内容)1996年1年間に発売された書誌、事典、辞書、名簿、ハンドブック、図鑑、年鑑、統計等参考図書2065点を収録。排列は同一主題・同一形式の下で、書名の五十音順。巻末に書名索引・著編者名索引・事項名索引がある。

年刊 参考図書解説目録 1997　日外アソシエーツ編集部編　日外アソシエーツ, 紀伊国屋書店〔発売〕　1998.7　357p　21cm　6500円　④4-8169-1505-2

(目次)総記, 哲学・宗教, 歴史・地理, 社会科学, 自然科学, 技術・工学, 産業, 芸術・スポーツ, 言語, 文学, 児童書

(内容)1997年1年間に発売された書誌、事典、辞書、名簿、ハンドブック、図鑑、年鑑、統計等参考図書2136点を収録。排列は、同一主題・同一形式の下で、書名の五十音順。掲載データは、書名、副書名、巻次、版表示、著者表示、出版地、出版者、出版年月、ページ数または冊数、大きさ、叢書名、本体価格、ISBN、注記、内容、目次、文献番号。巻末に、書名索引、著編者名索引、事項名索引を付す。

年刊 参考図書解説目録 1998　日外アソシエーツ編集部編　日外アソシエーツ, 紀伊国屋書店〔発売〕　1999.8　425p　21cm　6600円　④4-8169-1564-8

(目次)総記, 哲学・宗教, 歴史・地理, 社会科学, 自然科学, 技術・工学, 産業, 芸術・スポーツ, 言語, 文学, 児童書

(内容)1998年1年間に発売された書誌、事典、辞書、名簿、ハンドブック、図鑑、年鑑、統計等参考図書2248点を収録した目録。同一主題・同一形式の下で、書名の五十音順に排列し、全ての文献に解説を付した。掲載データは、書名、

副書名，巻次，版表示，著者表示，出版地，出版者，出版年月，ページ数または冊数，大きさ，叢書名，本体価格，ISBN，注記，内容，目次，文献番号。巻末に，書名索引，著編者名索引，事項名索引を付す。

年刊 参考図書解説目録 1999 日外アソシエーツ編集部編　日外アソシエーツ，紀伊国屋書店〔発売〕　2000.6　482p　21cm　6800円　Ⓘ4-8169-1615-6　Ⓝ028
Ⓜ総記，哲学・宗教，歴史・地理，社会科学，自然科学，技術・工学，産業，芸術・スポーツ，言語，文学，児童書
Ⓝ1999年1年間に発売された書誌，事典，辞書，名簿，ハンドブック，図鑑，年鑑，統計等の参考図書2548点を収録した目録。NDCに沿った分類順に排列，同一分類の下は参考図書の種類別にまとめる。また全ての文献に内容紹介を付す。巻末に書名索引，著編者名索引，事項名索引がある。

年刊 参考図書解説目録 2000 日外アソシエーツ編集部編　日外アソシエーツ，紀伊国屋書店〔発売〕　2001.8　494p　21cm　7600円　Ⓘ4-8169-1684-9　Ⓝ028
Ⓜ総記，哲学・宗教，歴史・地理，社会科学，自然科学，技術・工学，産業，芸術・スポーツ，言語，文学，児童書
Ⓝ2000年に発売された書誌，事典，辞書，名簿，ハンドブック，図鑑，年鑑，統計等の参考図書2555点を収録した目録。NDC分類順に排列，同一分類の下は参考図書の種類別にまとめる。また全ての文献に内容紹介を付す。巻末に書名索引，著編者名索引，事項名索引がある。

年刊 参考図書解説目録 2001 日外アソシエーツ編著　日外アソシエーツ，紀伊国屋書店〔発売〕　2002.3　500p　21cm　7600円　Ⓘ4-8169-1710-1　Ⓝ028
Ⓜ総記，哲学・宗教，歴史・地理，社会科学，自然科学，技術・工学，産業，芸術・スポーツ，言語，文学，児童書
Ⓝ調べものに使われる参考図書を収録した年刊版の書誌。今版では2001年に発売された書誌，事典，名簿，ハンドブック，図鑑，統計など2706点を収録。NDC分類順に排列，同一分類の下は参考図書の種類別にまとめる。また全ての文献に書誌事項のほか内容紹介を付す。巻末に書名索引，著編者名索引，事項名索引がある。「辞書・事典全情報45／89」などを前身とし1990／1991版以降年刊で刊行している。

年刊 参考図書解説目録 2002 日外アソシエーツ編集部編　日外アソシエーツ，紀伊国屋書店〔発売〕　2003.4　534p　21cm　8500円　Ⓘ4-8169-1772-1
Ⓜ総記，哲学・宗教，歴史・地理，社会科学，自然科学，技術・工学，産業，芸術・スポーツ，言語，文学，児童書
Ⓝ2002年1年間に発売された書誌，事典，辞書，名簿，ハンドブック，図鑑，年鑑，統計など参考図書2740点を収録。全てに解説を付す。巻末に書名，著編者名，事項名索引を完備。

年鑑・白書全情報 1990-2002 日外アソシエーツ編　日外アソシエーツ，紀伊国屋書店〔発売〕　2003.10　742p　21cm　19000円　Ⓘ4-8169-1804-3
Ⓜ総記，哲学・宗教，歴史・地理，社会科学，自然科学，技術・工学，産業，芸術・スポーツ，言語，文学
Ⓝ1990年から2002年までに刊行された年鑑・白書類9357点を収録した図書目録。各見出しのもとに年鑑・白書・年報・その他の4項目を立てて分類。巻末に「書名索引」「事項名索引」付き。

便覧・図鑑・年表全情報　90／99 日外アソシエーツ編　日外アソシエーツ，紀伊国屋書店〔発売〕　2001.2　12,747p　21cm　20000円　Ⓘ4-8169-1648-2　Ⓝ028
Ⓜ0 総記，1 哲学・宗教，2 歴史・地理，3 社会科学，4 自然科学，5 技術・工学，6 産業，7 芸術・スポーツ，8 言語，9 文学
Ⓝ便覧・図鑑・地図・年表などの参考図書を収録する書誌。1991年に刊行した同名の書誌の継続版にあたり，1990年〜1999年に日本国内で刊行された11473点を収録。本文はNDC順に，便覧，図鑑などのタイプにより排列。巻末に書名索引，事項名索引がある。

便覧・図鑑・年表全情報　2000-2010 日外アソシエーツ株式会社編　日外アソシエーツ　2010.11　1119p　22cm　〈索引あり〉　26000円　Ⓘ978-4-8169-2287-9　Ⓝ028
Ⓜ0 総記，1 哲学・宗教，2 歴史・地理，3 社会科学，4 自然科学，5 技術・工学，6 産業，7 芸術・スポーツ，8 言語，9 文学
Ⓝ最近10年間に刊行された便覧，図鑑，地図，年表など参考図書14,616点を収録。「便覧図鑑年表全情報90／99」(2001年2月刊)の継続版。便覧・ハンドブック，図鑑・図集，地図帳，年表等の参考図書を，分野を問わずに収録。NDC

分類順・タイプ別に掲載。巻末に「書名索引」「事項名索引」付き。

優良辞典・六法目録　no.42（1991年版）
　辞典協会　1991.2　376p　19cm　300円
　Ⓝ028

優良辞典・六法目録　no.47（1996年版）
　辞典協会　1996.2　400p　19cm　350円
　Ⓘ4-915216-33-0　Ⓝ028

<事 典>

日本辞書辞典　沖森卓也, 倉島節尚, 加藤知己, 牧野武則編　おうふう　1996.5　477p　26cm　19000円　Ⓘ4-273-02890-5
(目次)第一部 書名・事項解説篇, 第二部 資料篇
(内容)奈良時代・平安時代の音義・字書・辞書から近年の電子辞書まで、日本で作られた辞書を中心に日本語や日本人と関わりをもった辞書を収録した事典。「書名・事項解説篇」と「資料篇」から成り、「書名・事項篇」では個別の辞書名のほか、辞書関係の事項・用語も見出しとし内容等を解説し、「資料編」には現代辞書総覧・辞書年表・英語辞書年表等を収める。五十音順の事項索引・人名索引・書名索引を巻末に付す。

選定図書目録

<書 誌>

選定図書総目録　1990年版　日本図書館協会編　日本図書館協会　1990.3　730p　21cm　6000円　Ⓘ4-8204-8916-X　Ⓝ028
(内容)社団法人日本図書館協会図書選定委員会が1989年に選んだ7102点の図書を掲げるもので、公共図書館・学校図書館・公民館図書室、等の読書施設における図書の選択と購入・備付のための参考資料。

選定図書総目録　1991年版　日本図書館協会編　日本図書館協会　1991.3　730p　21cm　5825円　Ⓘ4-8204-9016-8　Ⓝ028
(内容)公共図書館・学校図書館・公民館図書室、等の読書施設における図書の選択と購入・備付のための参考資料として、社団法人日本図書館協会図書選定委員会が1990年に選んだ図書を掲載する。

選定図書総目録　1992年版　日本図書館協会編　日本図書館協会　1992.4　718p　21cm　6500円　Ⓘ4-8204-9206-3

(内容)この総目録は「日本図書館協会図書選定委員会」が1991年に選んだ6915点の図書を掲げるもので、公共図書館・学校図書館・公民館図書室、等の読書施設における図書の選択と購入・備付のための参考資料です。

選定図書総目録　1993年版　日本図書館協会編　日本図書館協会　1993.4　808p　21cm　6500円　Ⓘ4-8204-9302-7
(内容)公共図書館等の選書のための年刊の選定書誌。社団法人日本図書館協会の図書選定委員会が1992年に選んだ図書を収録する。排列はNDC分類順。

選定図書総目録　1994年版　日本図書館協会編　日本図書館協会　1994.4　786p　21cm　6500円　Ⓘ4-8204-9406-6
(内容)公共図書館等の選書のための年刊の選定書誌。社団法人日本図書館協会の図書選定委員会が1993年に選んだ7504点の図書を収録する。排列はNDC分類順。

選定図書総目録　1995年版（1994年1月～12月）46　日本図書館協会　1995.4　780p　21cm　8500円　Ⓘ4-8204-9500-3
(内容)社団法人日本図書館協会図書選定委員会が公共図書館・学校図書館・公民館図書室等における図書の選択と購入・備付のための参考資料として1994年に選定した7372点の図書目録。全点に内容解説つき。一般図書、児童図書で構成され、分類・排列は日本十進分類法新訂8版に拠る。巻末に著者名索引、書名索引、件名索引がある。

選定図書総目録　1997年版　日本図書館協会編　日本図書館協会　1997.4　891p　21cm　8500円　Ⓘ4-8204-9700-6
(目次)総記, 哲学, 歴史, 社会科学, 自然科学, 技術, 産業, 芸術, 言語, 文学, 児童図書
(内容)社団法人日本図書館協会図書選定委員会が1996年に選んだ7873点の図書を掲げる目録で、公共図書館・学校図書館・公民館図書室、等の読書施設における図書の選択と購入・備付のための参考資料。

選定図書総目録　1998年版　日本図書館協会編　日本図書館協会　1998.4　891p　21cm　8500円　Ⓘ4-8204-9803-7
(目次)総記, 哲学, 歴史, 社会科学, 自然科学, 技術, 産業, 芸術, 言語, 文学, 児童図書
(内容)社団法人日本図書館協会選定委員会が公共図書館・学校図書館・公民館図書室等におけ

る図書の選択と購入・備付のための参考資料として1997年に刊行された書籍の中から7772点を選定した図書目録。一般書と児童書に分け、分類・排列は日本十進分類法の順、全点に解説を付す。巻末に著者名索引、書名索引、件名索引が付く。

選定図書総目録　1999年版　1998.1〜1998.12　日本図書館協会編　日本図書館協会　1999.4　841p　21cm　8500円　Ⓘ4-8204-9902-5

(目次)総記, 哲学, 歴史, 社会科学, 自然科学, 技術, 産業, 芸術, 言語, 文学, 児童図書
(内容)社団法人日本図書館協会図書選定員会が公共図書館・学校図書館・公民館図書室等における図書の選択と購入・備付のための参考資料として1998年に選定した7246点の図書目録。一般図書、児童図書で構成され、分類・排列は日本十進分類法新訂8版に拠る。巻末に著者名索引、書名索引、件名索引がある。

図書館に備えてほしい本の目録　1990年版　環境問題編　日本書籍出版協会　1990.10　69p　26cm　〈共同刊行：日本図書館協会〉　500円　Ⓝ028

図書館に備えてほしい本の目録　2004年版　子どもと大人の読書を考える編　日本図書館協会　2004.10　74p　26cm　〈共同刊行：日本書籍出版協会〉　300円　Ⓘ4-8204-0427-X　Ⓝ028

図書館に備えてほしい本の目録　2005年版　「人文科学の現在と基本図書」編　日本図書館協会　2005.10　83p　26cm　〈共同刊行：日本書籍出版協会〉　300円　Ⓘ4-8204-0518-7　Ⓝ028

みんなで元気に生きよう　図書館の多文化サービスのためのブックリスト137冊　日本図書館協会編　日本図書館協会　2002.3　45p　30cm　Ⓘ4-8204-0126-2　Ⓝ028.09

良書解題　日本図書館協会選定　上巻　日本図書館協会編　ゆまに書房　2008.2　505p　22cm　〈書誌書目シリーズ85〉〈複製〉Ⓘ978-4-8433-2828-6　Ⓝ028

(内容)昭和六年七月より昭和七年三月までに同協会が推薦した良書百種（第一輯〜第九輯）の綜合目録。昭和六年一月以降出版されたものを対象に、各図書の要旨を批判的に紹介。その中特に名士の執筆に成るものが五種ある。日本図書館協会の分類に準拠し、百種を八部門に分類、巻末には各部門の書名索引を載せている。

良書解題　日本図書館協会選定　下巻　日本図書館協会編　ゆまに書房　2008.2　452, 27p　22cm　〈書誌書目シリーズ85〉〈複製〉Ⓘ978-4-8433-2828-6　Ⓝ028

◆児童・青少年向け

<書　誌>

学校図書館基本図書目録　1993年版　全国学校図書館協議会基本図書目録編集委員会編　全国学校図書館協議会　1993.3　898p　21cm　4950円　Ⓘ4-7933-4031-8

学校図書館基本図書目録　1995年版　基本図書目録編集委員会編　全国学校図書館協議会　1995.3　886p　21cm　5400円　Ⓘ4-7933-4035-0

(内容)小・中・高等学校図書館の蔵書構築の基準となる「基本図書」の目録。小・中・高校の3部門に分け、それぞれNDC（日本十進分類法）に基づいて排列。小学校の部には低学年用の図書を別にまとめて排列してある。小学校2270冊、中学校2082冊、高校3866冊を収録する。タイトル・著者・出版社名・価格などの書誌事項と共に解説を記載。巻末に五十音順の書名・著者名両索引を付す。

学校図書館基本図書目録　1996年版　全国学校図書館協議会　1996.3　897p　21cm　5400円　Ⓘ4-7933-4037-7

(目次)基本図書目録 小学校の部, 基本図書目録 中学校の部, 基本図書目録 高等学校の部, 基本図書目録 全国SLAの本
(内容)全国学校図書館協議会が選定した「基本図書」のうち、現在入手可能なものだけを集めた図書目録。小学校の部1120点、中学校の部942点、高等学校の部1369点を収録する。図書の排列はNDC（日本十進分類法）8版に準拠。全点に内容紹介を付す。内容は1995年9月現在。巻末に書名索引、著者名索引がある。

学校図書館基本図書目録　1997年版　全国学校図書館協議会　1997.3　954p　21cm　5631円　Ⓘ4-7933-4038-5

(目次)基本図書目録 小学校の部, 基本図書目録 中学校の部, 基本図書目録 高等学校の部, 基本図書目録 全国SLAの本, 資料の部
(内容)全国学校図書館協議会が選定した基本図

書のうち、現在入手可能なものだけを集めた図書目録。図書の排列はNDC（日本十進分類法）9版に準拠。内容は1996年9月現在。巻末に書名索引、著者名索引がある。

学校図書館基本図書目録　1999年版　全国学校図書館協議会基本図書目録編集委員会編　全国学校図書館協議会　1999.3　979p　21cm　5700円　①4-7933-4043-1

(目次)基本図書目録 小学校の部，基本図書目録 中学校の部，基本図書目録 高等学校の部，基本図書目録 全国SLAの本

(内容)小・中・高等学校図書館の蔵書構築の基準となる「基本図書」の目録。小・中・高校の3部門に分け、それぞれNDC（日本十進分類法）に基づいて排列。書名・著者名・出版社名・出版年・価格・ISBNなどの書誌事項と共に解説を記載。五十音順の書名索引、著者名索引付き。

学校図書館基本図書目録　2000年版　全国学校図書館協議会　2000.3　987p　21cm　5700円　①4-7933-4045-8　N028.09

(目次)基本図書目録（小学校の部，中学校の部，高等学校の部，全国SLAの本），資料の部（全国学校図書館協議会図書選定基準，全国学校図書館協議会コンピュータ・ソフトウェア選定基準，学校図書館数量基準，SCP学校図書館資料費計上方式，学校図書館図書標準，学校図書廃棄基準），優良図書案内，用品・取次会社案内，掲載出版社一覧

(内容)小・中・高等学校図書館の選のための「基本図書」の目録。1999年9月までに全国学校図書館競技会の選定に合格し、現在入手可能なものを収録。全体を小・中・高校の3部門に大別し、そのなかをNDCの分類番号順で排列。書誌事項および内容紹介を記載する。ほかに全国SLAの図書目録を収録。巻末に資料と優良図書案内、用品・取次会社案内、掲載出版社一覧を掲載。書名索引、著者名索引を付す。

学校図書館基本図書目録　2001年版　全国学校図書館協議会基本図書目録編集委員会編　全国学校図書館協議会　2001.3　973p　21cm　5700円　①4-7933-4046-6　N028.09

(目次)小学校の部，中学校の部，高等学校の部，全国SLAの本，資料の部

(内容)学校図書館向けの書籍を紹介した図書目録。小・中・高校の3部門に分けてNDC順に排列。1999年9月までに全国学校図書館協議会の選定に合格した図書のうち、入手可能なものを収録し、書誌事項と内容紹介を掲載する。資料

の部には「全国学校図書館協議会図書選定基準」などの基準や「優良図書案内」「用品・取次会社案内」がある。巻末に五十音順書名索引、著者名索引を付す。

学校図書館基本図書目録　2002年版　全国学校図書館協議会基本図書目録編集委員会編　全国学校図書館協議会　2002.3　970p　21cm　5700円　①4-7933-4049-0　N028.09

(目次)基本図書目録 小学校の部，基本図書目録 中学校の部，基本図書目録 高等学校の部，基本図書目録 全国SLAの本，資料の部，優良図書案内，用品・取次会社案内，掲載出版社一覧

(内容)全国学校図書館協議会の選定に合格した図書を対象とした図書目録。小・中・高校の3部門に分けてNDC順に排列。2001年9月までに全国学校図書館協議会の選定に合格した図書のうち、入手可能なものを収録し、書誌事項と内容紹介を掲載する。NDC1次区分の冒頭には解説がある。資料の部には「全国学校図書館協議会図書選定基準」などの基準や「優良図書案内」「用品・取次会社案内」がある。巻末に五十音順の書名索引、著者名索引を付す。

学校図書館基本図書目録　2004年版　全国学校図書館協議会基本図書目録編集委員会編　全国学校図書館協議会　2004.3　964p　21cm　5700円　①4-7933-4053-9

(目次)基本図書目録 小学校の部（総記，哲学，歴史，社会科学，自然科学，技術，産業，芸術，言語，文学），基本図書目録 中学校の部，基本図書目録 高等学校の部，基本図書目録 全国SLAの本，資料の部，優良図書案内，用品・取次会社案内，掲載出版社一覧

学校図書館基本図書目録　2006年版　全国学校図書館協議会基本図書目録編集委員会編　全国学校図書館協議会　2006.3　101p　21cm　5700円　①4-7933-4056-3

(目次)基本図書目録 小学校の部（総記，哲学，歴史，社会科学，自然科学，技術，産業，芸術，言語，文学），基本図書目録 中学校の部（総記，哲学，歴史，社会科学，自然科学，技術，産業，芸術，言語，文学），基本図書目録 高等学校の部（総記，哲学，歴史，社会科学，自然科学，技術，産業，芸術，言語，文学），基本図書目録 全国SLAの本，資料の部

(内容)2005年9月までに全国学校図書館協議会の選定に合格した図書を対象に、小学校、中学校、高等学校の3部門にわけ、NDCの分類番号順に配列した図書目録。巻末に書目索引、著者名索

引が付く。

学校図書館基本図書目録　2007年版　全国
学校図書館協議会基本図書目録編集委員会編　全国学校図書館協議会　2007.3　977p　21cm　5700円　①978-4-7933-4057-4

(目次)基本図書目録 小学校の部(総記, 哲学, 歴史, 社会科学, 自然科学, 技術, 産業, 芸術, 言語, 文学, 小学校低学年), 基本図書目録 中学校の部(総記, 哲学, 歴史, 社会科学, 自然科学, 技術, 産業, 芸術, 言語, 文学), 基本図書目録 高等学校の部(総記, 哲学, 歴史, 社会科学, 自然科学, 技術, 産業, 芸術, 言語, 文学), 基本図書目録 全国SLAの本(図書館.学校図書館, 読書指導.利用指導, 集団読書テキスト 小学校向, 集団テキスト 中学・高校向), 資料の部(全国学校図書館協議会図書選定基準, 全国学校図書館協議会コンピュータ・ソフトウェア選定基準, 学校図書館メディア基準, 学校図書館図書標準, 学区図書館図書廃棄基準), 優良図書案内, 用品・取次会社案内

(内容)全体を小・中・高校の3部門に分け, NDC分類番号順に配列した図書目録。巻末に五十音順の書名索引, 著者名索引が付く。

子どもと本をつなぐあなたへ　新・この一冊から
「新・この一冊から」をつくる会編　東京子ども図書館　2008.6　71p　19cm　600円　①978-4-88569-073-0　Ⓝ028.09

(内容)図書館員や図書館ボランティアのために児童書を紹介する選定書誌。これだけは読んでほしい, と思われる41冊を選び, 紹介する。

子どもの本　科学を楽しむ3000冊　日外ア
ソシエーツ株式会社編　日外アソシエーツ　2010.8　394p　21cm　〈索引あり〉　7600円　①978-4-8169-2271-8　Ⓝ403.1

(目次)理科・科学, 算数, 宇宙・地球, 自然・環境, 化石・恐竜, 生きもの, ヒト・からだ

(内容)理科・算数・宇宙・生きもの・人体などについて小学生以下を対象に書かれた本2922冊を収録。公立図書館・学校図書館での本の選定・紹介・購入に最適のガイド。最近10年の本を新しい順に一覧できる。便利な内容紹介つき。

子どもの本　教科書にのった名作2000冊　日外ア
日外アソシエーツ株式会社編集　日外アソシエーツ, 紀伊国屋書店(発売)　2013.3　352p　21cm　〈索引あり〉　7600円　①978-4-8169-2401-9　Ⓝ028.09

(内容)1949年から2010年発行の小学校国語科教科書に掲載された1,034作品を含む書籍から, 1980年以降に刊行されたものを中心に2,215冊を収録。排列は作家名の五十音順, さらに作品名の五十音順とし, 作家名には生没年, 作品には書誌事項, 内容紹介を記載。巻末に書名の五十音順索引が付く。

子どもの本　現代日本の創作5000　日外ア
ソシエーツ編　日外アソシエーツ　2005.8　547p　21cm　4700円　①4-8169-1894-9

(目次)青木和雄, 赤座憲久, 赤羽じゅんこ, あさのあつこ, 阿部夏丸, 尼子騒兵衛, 天沢退二郎, あまんきみこ, 池田美代子, 石井睦美〔ほか〕

(内容)現在活躍中の日本の作家159人の作品5926冊を収録。公立図書館・学校図書館での選書・読書指導に最適の読書ガイド。『子どもの本 日本の名作童話6000』『子どもの本 世界の児童文学7000』の姉妹編。

子どもの本　国語・英語をまなぶ2000冊
日外アソシエーツ株式会社編　日外アソシエーツ, 紀伊国屋書店(発売)　2011.8　305p　21cm　〈索引あり〉　7600円　①978-4-8169-2330-2　Ⓝ810.31

(目次)国語(辞書・辞典, 国語教科全般, ことば・文字, 読む・書く, 話す・聞く), 英語(英語の辞書・辞典, はじめてまなぶ英語, 英語で読んでみよう), その他の外国語(世界のことばと文字, アジアのことばと文字, 欧米のことばと文字)

(内容)国語・英語教育の場で「文字」「ことば」「文章」についてまなぶ小学生を対象に書かれた本2,679冊を収録。公立図書館・学校図書館での本の選定・紹介・購入に最適のガイド。最近20年の本を新しい順に一覧できる。便利な内容紹介つき。

子どもの本　社会がわかる2000冊　日外ア
ソシエーツ株式会社編　日外アソシエーツ　2009.8　336p　21cm　〈索引あり〉　6600円　①978-4-8169-2202-2　Ⓝ290.31

(目次)地理(地図と国旗の本, 世界の国と人びと, わたしたちの日本), 現代社会(時事・政治・法律, 経済・仕事・産業, 社会・生活), 書名索引, 事項名索引

(内容)子どもたちが社会について知りたい・調べたいときに。世界・日本の地理, 政治・経済・現代社会について小学生以下を対象に書かれた本2462冊を収録。公立図書館・学校図書館での本の選定・紹介・購入に最適のガイド。最近10年の本を新しい順に一覧できる。便利な内容紹

介つき。

子どもの本 世界の児童文学7000 日外アソシエーツ編 日外アソシエーツ 2005.8 555p 21cm 4700円 ①4-8169-1895-7

(目次)アヴィ、アシモフ、アイザック、アップルゲイト、K.A.、アトリー、アリソン、アミーチス、エドモンド・デ、アーモンド、デイヴィッド、アリグザンダー、ロイド、アルバーグ、アラン、アンデルセン、ハンス・クリスチャン、イェップ、ローレンス〔ほか〕

(内容)「人魚姫」「ロッタちゃん」「ハリー・ポッター」など、古典的名作から最近の話題作まで、海外の作家221人の7269冊を収録。公立図書館・学校図書館での選書・読書指導に最適の読書ガイド。『子どもの本 日本の名作童話6000』『子どもの本 現代日本の創作5000』の姉妹編。

子どもの本 楽しい課外活動2000冊 日外アソシエーツ株式会社編集 日外アソシエーツ 2013.10 323p 21cm 〈索引あり〉 発売:(東京)紀伊国屋書店 7600円 ①978-4-8169-2436-1 Ⓝ375.182

(目次)学校行事(校外学習・課外授業を知ろう、運動会を知ろう ほか)、学校生活(学校での生活について考えよう、あいさつ・マナーについて考えよう ほか)、クラブ活動(運動系活動を知ろう、文化系活動を知ろう)、いろいろな遊び(レクリエーションを知ろう、屋外の遊びを知ろう ほか)、地域活動(ボーイスカウトを知ろう、季節の行事を知ろう ほか)

(内容)特別活動・地域の活動・レクリエーションについて小学生を対象に書かれた本2,418冊を収録。公立図書館・学校図書館での本の選定・紹介・購入に最適のガイド。最近18年の本を新しい順に一覧できる。

子どもの本 伝記を調べる2000冊 日外アソシエーツ株式会社編 日外アソシエーツ 2009.8 305p 21cm 〈索引あり〉 6600円 ①978-4-8169-2201-5 Ⓝ280.31

(目次)人物について調べる一人名事典、歴史の中の人びと(世界)、歴史の中の人びと(日本)、先史時代～平安時代の人びと、鎌倉時代～室町時代の人びと、戦国時代～安土・桃山時代の人びと、江戸時代～幕末・維新期の人びと、明治～今の人びと、未知の世界を切り開いた人びと―探検家・冒険家、社会につくした人びと―教育者・社会事業家、科学の発展に貢献した人びと―科学者・宇宙飛行士、自然の謎にいどんだ人びと―生物学者・博物学者、医学の進歩のために努力した人びと―医学者・薬学者、新たな事物を作り出した人びと―発明家・事業家、芸術の才能を開花させた人びと―芸術家、美術作品で名を残した人びと―画家・建築家、音楽・芸能分野で功績をあげた人びと―音楽家・俳優、スポーツの世界で活躍した人びと―スポーツ選手・監督、すぐれた文学作品を生み出した人びと―作家・文学者、独自の思想を打ち立てた人びと―学者・思想家、教えを開き広めた人びと―宗教家・僧侶、書名索引、事項名索引

(内容)子どもたちが人物について知りたい・調べたいときに。「豊臣秀吉」「ファーブル」「イチロー」など小学生以下を対象に書かれた伝記2237冊を収録。公立図書館・学校図書館での本の選定・紹介・購入に最適のガイド。最近30年の本を新しい順に一覧できる。便利な内容紹介つき。

子どもの本 日本の名作童話6000 日外アソシエーツ編 日外アソシエーツ 2005.2 374p 21cm 4700円 ①4-8169-1893-0

(目次)赤木由子、芥川龍之介、浅原六朗、荒木精之、有島武郎、有本芳水、安房直子、安藤美紀夫、飯沢匡、池田宣政〔ほか〕

(内容)「ごんぎつね」から「銀河鉄道の夜」「坊っちゃん」まで、今も読み継がれている明治・大正・昭和期の作家204人の名作6027冊を収録した読書ガイド。図書館や学校での選書・読書指導に最適。ここ50年の出版状況が一覧でき、最近の本は内容もわかる。「書名索引」付き。

子どもの本 美術・音楽にふれる2000冊 日外アソシエーツ株式会社編集 日外アソシエーツ、紀伊国屋書店(発売) 2012.7 306p 21cm 〈索引あり〉 7600円 ①978-4-8169-2370-8 Ⓝ703.1

(目次)美術(美術を学ぼう、絵をかこう、色がわかる、形がわかる、デザインしてみよう、物を作ろう、伝統工芸を知ろう)、音楽(音楽を学ぼう、楽器を演奏しよう、歌)

(内容)「美術」「音楽」について小学生を対象に書かれた本2,419冊を収録。公立図書館・学校図書館での本の選定・紹介・購入に最適のガイド。最近20年の本を新しい順に一覧できる。便利な内容紹介つき。

子どもの本 歴史にふれる2000冊 日外アソシエーツ株式会社編 日外アソシエーツ 2010.8 287p 21cm 〈索引あり〉 7600円 ①978-4-8169-2270-1 Ⓝ203.1

(目次)世界の歴史(世界の歴史、アジアの歴史、

欧米・アフリカの歴史)，日本の歴史(日本の歴史，郷土の歴史，国の成り立ちから貴族の世の中へ―古代，武士の世の中からいくさの時代へ―中世，泰平の世の中から激動の時代へ―近世，近代化からわたしたちの時代へ―近現代)

(内容)世界・日本の歴史について小学生以下を対象に書かれた本2257冊を収録。公立図書館・学校図書館での本の選定・紹介・購入に最適のガイド。最近30年の本を新しい順に一覧できる。便利な内容紹介つき。

児童書レファレンスブック　日外アソシエーツ株式会社編　日外アソシエーツ，紀伊国屋書店(発売)　2011.11　427p　21cm　〈索引あり〉　8800円　ⓘ978-4-8169-2345-6　Ⓝ028.09

(目次)研究・指導書(児童書，児童文学)，児童書(知識全般，哲学・思想，歴史，社会，科学，技術，産業，芸術，言語，文学)

(内容)1990(平成2)年から2010(平成22)年までに刊行された，児童書・児童文学の研究・指導書，児童向けの学習用参考図書を網羅。児童書目録，児童文学事典，児童向けの事典，年表，地図帳，人名事典，図鑑など2,608点を主題別に収載。目次・内容解説も掲載。巻末に書名，著編者名，事項名の索引を完備。

性と生を考える　全国学校図書館協議会ブック・リスト委員会編　全国学校図書館協議会　1992.9　79p　21cm　(未来を生きるためのブック・リスト 2)　800円　ⓘ4-7933-2231-X

(目次)人間らしく豊かな性を考えるために，1 あなたはどこからきたの，2 男女のからだ・成長，発達の違いを知る，3 人と人とのつながりの大切さを学ぶ，4 正しい性知識を培うために：5 文学作品から性と生を考える，性教育のためのビデオ

先生と司書が選んだ調べるための本　小学校社会科で活用できる学校図書館コレクション　鎌田和宏，中山美由紀編著　少年写真新聞社　2008.8　159p　30cm　2200円　ⓘ978-4-87981-261-2　Ⓝ375.3

(目次)第1部 小学校社会科で活用できる調べるための本(学校のまわり・町の様子を調べよう，人びとのしごとを調べよう(地域の生産)，くらしをまもるはたらきを調べよう，健康なくらしとまちづくりを調べよう ほか)，第2部 小学校社会科授業の質を高める情報リテラシーの育成と学校図書館(社会科でなぜ学校図書館を利用すべきなのか，社会科授業で育てる情報リテラシー―社会科学習で学校図書館をどう利用していくか，社会科の授業に対応した学校図書館をどうつくっていくのか，学校図書館を活用し情報リテラシーを育て展開する社会科授業)

続 どの本よもうかな?1900冊　日本子どもの本研究会編　国土社　1998.8　362p　21cm　3800円　ⓘ4-337-45033-5

(目次)グレード別 1900冊の本(幼児向，小学校―初級向，小学校―中級向，小学校―上級向，中学校向，シリーズもの，年鑑・図鑑・事典・辞典)，子どもの本 その現状と見かた・選びかた(絵本―文化財としての絵本を，民話―民話を考える，創作児童文学―子どもたちには，ありったけの物語を，外国児童文学―外国児童文学の底力，詩と童謡―評価の尺度は「好き」，自然科学―科学の本の楽しさを!，伝記―「伝記」出版の現状と問題点，ノンフィクション―豊かで魅力にみちた世界)

(内容)『どの本よもうかな?1900冊』(初版1986年)以後の子どもの本の出版状況を検討し，自発的な自由読書や調べ学習を進めるときに利用したい本のうち1997年現在の図書から選び構成したブックリスト。各部門五十音順。掲載出版社一覧，書名索引付き。

地球環境を考える　全国学校図書館協議会ブック・リスト委員会編　全国学校図書館協議会　1992.9　86p　21cm　(未来を生きるためのブック・リスト 1)　800円　ⓘ4-7933-2230-1

(目次)未来の地球を考えるために，1 水質汚濁・海洋汚染・食，2 森林・熱帯雨林，野生生物，3 大気汚染・酸性雨・温暖化・オゾン層，4 質源・エネルギー，5 ごみ・リサイクル・廃棄物，6 総論・理念・運動，7 資料・事典・白書

図書館でそろえたいこどもの本　2　文学　日本図書館協会児童青少年委員会児童基本蔵書目録小委員会編　日本図書館協会　1994.9　222p　26cm　2200円　ⓘ4-8204-9412-0　Ⓝ028.09

図書館でそろえたいこどもの本　3　ノンフィクション　日本図書館協会児童青少年委員会児童基本蔵書目録小委員会編　日本図書館協会　1997.12　188p　26cm　1900円　ⓘ4-8204-9729-4　Ⓝ028.09

図書館でそろえたいこどもの本・えほん　日本図書館協会児童青少年委員会児童基本蔵

書目録小委員会編　日本図書館協会　1990.10　85p　26cm　1200円　Ⓘ4-8204-9008-7　Ⓝ028.09

（内容）1988年12月末までに刊行された絵本のうち、絶版のものも含め738点を収録、画家の五十音順に排列。巻末に書名・人名索引を付す。

どの本で調べるか　"調べたい本がかならず探せる"小学校版　増補改訂版　図書館資料研究会編　リブリオ出版　1997.5　10冊（セット）　26cm　37000円　Ⓘ4-89784-520-3

（内容）1975年から1996年12月までに出版された19414冊を調べたいことがらで探せる件名図書目録。書名、著社名、発行所、定価、分類号、対象学年等を記載。

どの本で調べるか　"調べたい本がかならず探せる"中学校版　増補改訂版　図書館資料研究会編　リブリオ出版　1997.5　8冊（セット）　26cm　29600円　Ⓘ4-89784-531-9

（内容）1975年から1996年12月までに出版された13175冊を調べたいことがらから探せる件名図書目録。書名、著者名、発行所、定価、分類番号等記載。

本—384　あなたを育てるブックリスト　大阪府学校図書館協議会編　信山社出版　1993.11　233p　22cm　〈創立40周年記念出版　発売：大学図書〉　1500円　Ⓘ4-88261-990-3　Ⓝ028.09

みたい・しりたい・ためしたい　絵でわかる知識の本　児童図書館研究会近畿支部編　日本図書館協会　1990.10　94p　18cm　1030円　Ⓘ4-8204-9009-5　Ⓝ028.09

ヤングアダルトの本　1 中高生の悩みに答える5000冊　日外アソシエーツ株式会社編　日外アソシエーツ　2008.12　474p　21cm　7600円　Ⓘ978-4-8169-2141-4　Ⓝ028.09

（目次）心の問題（「若者」は何を考えているか、メディア・テクノロジーの世界で　ほか）、学校・受験（学校・勉強とは何か、学校に行きにくい…ほか）、進路・仕事（「働く」とは・夢へ向かって、働き方はふえた?）、からだ・性（からだと健康、「性」について知る　ほか）

（内容）「心の問題」「学校・受験」「進路・仕事」「からだ・性」などについて悩んだときに参考になるような図書4809冊を収録。公立図書館・学校図書館での本の選定・紹介・購入に最適のガイド。最近10年の本を新しい順に一覧できる。便利な内容紹介つき。

ヤングアダルトの本　2 社会との関わりを考える5000冊　日外アソシエーツ株式会社編　日外アソシエーツ　2008.12　488p　21cm　7600円　Ⓘ978-4-8169-2142-1　Ⓝ028.09

（目次）社会（世界を知ろう、人権とは何か　ほか）、障害（障害を考える、発達障害の友だち　ほか）、戦争と平和（戦争・紛争・テロはなぜ起こる?、過去の戦争を知る　ほか）、環境問題（環境問題は重要か?、地球環境は危ない?　ほか）

（内容）「社会」「障害」「戦争と平和」「環境問題」などについて知りたいときに役立つ図書4746冊を収録。公立図書館・学校図書館での本の選定・紹介・購入に最適のガイド。最近10年の本を新しい順に一覧できる。便利な内容紹介つき。

ヤングアダルトの本　3 読んでみたい物語5000冊　日外アソシエーツ株式会社編　日外アソシエーツ　2008.12　599p　21cm　7600円　Ⓘ978-4-8169-2143-8　Ⓝ028.09

（目次）日本の作品、海外の作品、読んでみたい名作・この一冊（日本の名作、海外の名作）

（内容）児童文学・一般文学、日本・海外を問わず、作家492人の作品4984冊を収録。公立図書館・学校図書館での本の選定・紹介・購入に最適のガイド。便利な内容紹介つき。人気のシリーズ・読んでみたい名作の一覧も。

ヤングアダルトの本　教科書の名作3000冊　日外アソシエーツ株式会社編集　日外アソシエーツ、紀伊国屋書店（発売）　2013.4　409p　21cm　〈索引あり〉　8000円　Ⓘ978-4-8169-2406-4　Ⓝ028.09

（内容）1949〜2010年発行の中学校の国語課教科書に掲載された1,463作品を含む図書から、1980年代以降に刊行されたものを中心に3,308冊を収録。公立図書館・学校図書館での本の選定・紹介・購入に最適のガイド。最近30年の本を新しい順に一覧できる。便利な内容紹介つき。

ヤングアダルトの本　職業・仕事への理解を深める4000冊　日外アソシエーツ株式会社編　日外アソシエーツ、紀伊国屋書店（発売）　2011.9　413p　21cm　〈索引あり〉　8000円　Ⓘ978-4-8169-2335-7　Ⓝ028.09

（目次）職業一般、モノづくり、建設、オフィス、販売、専門・企業サービス、個人サービス、福祉・公務、医療・保健、教育・研究、運輸、マ

スコミ・デザイン・芸術，自然・動植物
(内容)「モノづくり」「販売」「運輸」など探しやすい分野別構成。「弁護士」「レスキュー隊」「犬訓練士」など341の職業・資格に関するノンフィクション・なり方ガイド4,237冊を収録。公立図書館・学校図書館での本の選定・紹介・購入に最適のガイド。最近20年間の本を新しい順に一覧できる。見出し名以外からも引ける職業名索引付き。

ヤングアダルトの本　部活をきわめる 3000冊　日外アソシエーツ編　日外アソシエーツ，紀伊国屋書店〔発売〕　2013.11　324p　21cm　8000円　①978-4-8169-2438-5

(目次)部活・クラブ活動，文化部（文化部全般，合唱，器楽・管弦楽，吹奏楽，日本音楽 ほか），運動部（運動部全般，トレーニング，陸上競技，マラソン・駅伝，ウェイトリフティング ほか）
(内容)「吹奏楽」「演劇」「写真」「陸上競技」「野球」「サッカー」「水泳」等のクラブ活動を行う際に参考となるような入門書・技術書・エッセイ・ノンフィクションなど3,284冊を収録。公立図書館・学校図書館での本の選定・紹介・購入に最適のガイド。最近20年間の本を新しい順に一覧できる。便利な内容紹介つき。

＜事　典＞

日本の児童図書賞　解題付受賞作品総覧 1987年‐1991年　東京子ども図書館編　日本エディタースクール出版部　1993.6　290p　21cm　6500円　①4-88888-205-3

(内容)日本国内の児童図書賞の概要と受賞作品・受賞者のデータをまとめた賞の事典。1987年1月から1991年12月までの期間に発表された日本の児童図書賞とその周辺の賞，あわせて82賞，および外国の賞5賞を収録対象とし，賞の趣旨と変遷，主催者，対象，選考委員，受賞作品や受賞者名を掲載する。単行本として刊行された作品については，くわしい書誌的事項をつけ，解題も付す。

日本の児童図書賞　解題付受賞作品総覧 1992年‐1996年　東京子ども図書館編　日本エディタースクール出版部　1998.2　250p　21cm　5000円　①4-88888-270-3

(目次)赤い靴児童文化大賞，赤い鳥さし絵賞，赤い鳥文学賞，アンデルセンのメルヘン大賞，いたばし国際絵本翻訳大賞，巖谷小波文芸賞，遠鉄ストア童話大賞，大阪国際児童文学館ニッサン童話と絵本のグランプリ，岡山市文学賞・市民の童話賞，岡山市文学賞・坪田譲治文学賞〔ほか〕
(内容)1992年1月から1996年12月までの日本の児童図書賞とその周辺の賞87タイトル，外国の賞5タイトルを収録，賞名の五十音順に賞の概要と受賞作品を紹介。巻末には作品名，人名，欧文の索引が付く。

蔵書目録

＜書　誌＞

学術雑誌総合目録　欧文編 1990 誌名変遷マップ　学術情報センター編　紀伊国屋書店　1991.3　2冊　30×32cm　〈「マップ部」「索引部」に分冊刊行〉　全33000円　①4-314-10051-6　Ⓝ027.5

(内容)「学術雑誌総合目録欧文編」1988年版収録の雑誌について，誌名変更，合併，分離等の変遷事象を図示したもの。1987年刊行の和文編と対をなす。

学術雑誌総合目録　和文編 1991年版　学術情報センター編　丸善　1992.3　7冊（セット）　30cm　70000円　①4-621-03708-0

(内容)本版の収録範囲は，原則として，国内で所蔵する和文の逐次刊行物である。収録誌数は，68,999誌である。本版に収録したデータの調査日は，平成元年11月1日現在である。

学術雑誌総合目録　欧文編 1994年版　学術情報センター編　紀伊国屋書店　1995.3　8冊セット　30cm　76000円　①4-314-10114-8

(内容)大学等全国の学術研究機関が所蔵する欧文学術雑誌の総合目録。雑誌タイトル約11万5千件の所蔵データ105万2065件を平成4年11月1日現在で収録する。「本編」「ギリシア文字編」「キリル文字編」から構成され，排列は誌名のアルファベット順。

学術雑誌総合目録　和文編　1996年版　学術情報センター編　丸善　1997.3　8冊　31cm　〈他言語標題：Union catalog of serials in Japanese language〉　全76000円　①4-621-04324-2　Ⓝ027.5

学術雑誌総合目録　欧文編　1998年版　学術情報センター編　丸善　1999.3　7冊　31cm　〈他言語標題：Union catalog of serials in European languages　1994年版までの出版者：紀伊国屋書店〉　全110000円

①4-621-04596-2　Ⓝ027.5

学術雑誌総合目録　和文編　2000年版　国立情報学研究所編　丸善　2001.3　8冊　31cm　〈他言語標題：Union catalog of serials in Japanese language〉　全150000円　①4-621-04883-X　Ⓝ027.5

神奈川のふみくら　特別コレクション要覧　神奈川県図書館協会編　(横浜)有隣堂　1994.3　152,4p　19cm　1900円　①4-89660-118-1　Ⓝ010.35

内容：神奈川県内の専門図書館(コレクション)要覧。公共・大学図書館、及びそれに類する各機関図書館所蔵資料のうち、各図書館がコレクションとして収集し、所蔵する資料群を収録する。

旧植民地図書館蔵書目録　第1巻　京城帝国大学附属図書館和漢書書名目録　第1輯(昭和8年12月)　加藤聖文, 宮本正明編　ゆまに書房　2002.12　644p　27cm　(書誌書目シリーズ 62)　〈京城帝国大学附属図書館昭和8年刊の複製〉　①4-8433-0818-8　Ⓝ029.022

旧植民地図書館蔵書目録　第2巻　京城帝国大学附属図書館和漢書書名目録　第2輯(昭和10年3月)　加藤聖文, 宮本正明編　ゆまに書房　2002.12　344p　27cm　(書誌書目シリーズ 62)　〈京城帝国大学附属図書館昭和10年刊の複製〉　①4-8433-0818-8　Ⓝ029.022

旧植民地図書館蔵書目録　第3巻　京城帝国大学附属図書館和漢書書名目録　第3輯―第6輯(昭和11年3月―昭和13年6月)　加藤聖文, 宮本正明編　ゆまに書房　2002.12　579p　27cm　(書誌書目シリーズ 62)　〈京城帝国大学附属図書館昭和11年―13年刊の複製〉　①4-8433-0818-8　Ⓝ029.022

旧植民地図書館蔵書目録　第4巻　京城帝国大学法文学部朝鮮経済研究所蔵書目録　昭和5年　加藤聖文, 宮本正明編　ゆまに書房　2002.12　190p　27cm　(書誌書目シリーズ 62)　〈京城帝国大学法文学部朝鮮経済研究所昭和5年刊の複製〉　①4-8433-0818-8　Ⓝ029.022

旧植民地図書館蔵書目録　第5巻　京城帝国大学図書館及同大学経済研究室満蒙関係図書分類目録　昭和9年　加藤聖文, 宮本正明編　ゆまに書房　2002.12　154枚　27cm　(書誌書目シリーズ 62)　〈京城帝国大学満蒙文化研究会昭和9年刊の複製〉　①4-8433-0818-8　Ⓝ029.022

旧植民地図書館蔵書目録　第6巻　朝鮮総督府図書館新書部分類目録　上(第1門から第4門)　加藤聖文, 宮本正明編　ゆまに書房　2003.8　862p　27cm　(書誌書目シリーズ 62)　〈朝鮮総督府図書館昭和12年刊の複製〉　①4-8433-1005-0　Ⓝ029.022

旧植民地図書館蔵書目録　第7巻　朝鮮総督府図書館新書部分類目録　中(第5門から第6門)　加藤聖文, 宮本正明編　ゆまに書房　2003.8　828p　27cm　(書誌書目シリーズ 62)　〈朝鮮総督府図書館昭和12年刊の複製〉　①4-8433-1005-0　Ⓝ029.022

旧植民地図書館蔵書目録　第8巻　朝鮮総督府図書館新書部分類目録　下(第7門から第10門・朝鮮門)　加藤聖文, 宮本正明編　ゆまに書房　2003.8　790p　27cm　(書誌書目シリーズ 62)　〈朝鮮総督府図書館昭和13年刊の複製〉　①4-8433-1005-0　Ⓝ029.022

旧植民地図書館蔵書目録　第9巻　朝鮮総督府図書目録　大正2年　加藤聖文, 宮本正明編　ゆまに書房　2003.8　770p　27cm　(書誌書目シリーズ 62)　〈朝鮮総督府大正2年刊の複製〉　①4-8433-1005-0　Ⓝ029.022

旧植民地図書館蔵書目録　第10巻　朝鮮総督府図書目録　昭和8年　加藤聖文, 宮本正明編　ゆまに書房　2003.8　605p　27cm　(書誌書目シリーズ 62)　〈朝鮮総督府昭和8年刊の複製〉　①4-8433-1005-0　Ⓝ029.022

旧植民地図書館蔵書目録　第11巻　朝鮮総督府古図書目録　朝鮮総督府古図書目録補遺　加藤聖文, 宮本正明編　ゆまに書房　2004.3　409p　27cm　(書誌書目シリーズ 62)　〈「朝鮮総督府古図書目録」(朝鮮総督府大正10年刊),「朝鮮総督府古図書目録.補遺」(京城帝国大学附属図書館昭和9年刊)の複製〉　①4-8433-1006-9　Ⓝ029.022

旧植民地図書館蔵書目録　第12巻　朝鮮総督府鉄道局鉄道図書館蔵書目録　加藤聖文, 宮本正明編　ゆまに書房　2004.3　777p　27cm　(書誌書目シリーズ 62)　〈朝鮮総督

府鉄道局鉄道図書館昭和4年刊の複製〉 Ⓘ4-8433-1006-9　Ⓝ029.022

旧植民地図書館蔵書目録　第13巻　釜山府立図書館分類目録　加藤聖文，宮本正明編　ゆまに書房　2004.3　434p　27cm　（書誌書目シリーズ 62）〈釜山府立図書館昭和16年刊の複製〉　Ⓘ4-8433-1006-9　Ⓝ029.022

旧植民地図書館蔵書目録　第14巻　李王家蔵書閣古図書目録　朝鮮総督府及所属官署主要刊行図書目録　解説・解題　加藤聖文，宮本正明編　ゆまに書房　2004.3　428p　27cm　（書誌書目シリーズ 62）〈「李王家蔵書閣古図書目録」（李王職昭和10年刊），「朝鮮総督府及所属官署主要刊行図書目録」（朝鮮総督府昭和13年刊）の複製〉　Ⓘ4-8433-1006-9　Ⓝ029.022

旧植民地図書館蔵書目録　台湾篇　第1巻　台湾総督府図書館和漢図書分類目録　上（大正6年末現在）　加藤聖文編　ゆまに書房　2004.7　641p　27cm　（書誌書目シリーズ 67）〈台湾総督府図書館大正7年刊の複製〉　Ⓘ4-8433-1266-5　Ⓝ029.022

旧植民地図書館蔵書目録　台湾篇　第2巻　台湾総督府図書館和漢図書分類目録　下（大正6年末現在）　加藤聖文編　ゆまに書房　2004.7　525p　27cm　（書誌書目シリーズ 67）〈台湾総督府図書館大正7年刊の複製〉　Ⓘ4-8433-1266-5　Ⓝ029.022

旧植民地図書館蔵書目録　台湾篇　第3巻　台湾総督府図書館増加和漢図書分類目録　総類、哲学之部（大正7年―昭和元年12月）　台湾総督府図書館増加和漢図書分類目録 芸術、産業・家政之部（大正7年―昭和2年3月）　台湾総督府図書館増加和漢図書分類目録 理学、医学、工学、兵事之部（大正7年―昭和3年3月）　加藤聖文編　ゆまに書房　2004.7　491p　27cm　（書誌書目シリーズ 67）〈台湾総督府図書館昭和2-4年刊の複製〉　Ⓘ4-8433-1266-5　Ⓝ029.022

旧植民地図書館蔵書目録　台湾篇　第4巻　台湾総督府図書館増加和漢図書分類目録　教育、文学語学之部　台湾総督府図書館増加和漢図書分類目録 歴史地誌、法制経済社会統計、植民之部　台湾総督府図書館増加和漢図書分類目録 台湾之部（大正14年末現在）　加藤聖文編　ゆまに書房　2004.7　517p　27cm　（書誌書目シリーズ 67）〈台湾総督府図書館大正13-15年刊の複製〉　Ⓘ4-8433-1266-5　Ⓝ029.022

旧植民地図書館蔵書目録　台湾篇　第5巻　台湾総督府図書館和漢図書分類目録　総類之部（昭和10年末現在）　加藤聖文編　ゆまに書房　2004.7　247p　27cm　（書誌書目シリーズ 67）〈台湾総督府図書館昭和12年刊の複製〉　Ⓘ4-8433-1266-5　Ⓝ029.022

旧植民地図書館蔵書目録　台湾篇　第6巻　台湾総督府図書館和漢図書分類目録　哲学、宗教、教育之部（昭和10年末現在）　加藤聖文編　ゆまに書房　2004.7　521p　27cm　（書誌書目シリーズ 67）〈台湾総督府図書館昭和15年刊の複製〉　Ⓘ4-8433-1266-5　Ⓝ029.022

旧植民地図書館蔵書目録　台湾篇　第7巻　加藤聖文編　ゆまに書房　2005.3　612p　27cm　（書誌書目シリーズ 67）〈複製〉　Ⓘ4-8433-1267-3　Ⓝ029.022

旧植民地図書館蔵書目録　台湾篇　第8巻　台中州立図書館図書目録　第1号（大正15年1月）　台中州立図書館図書目録 昭和2年12月1日現在　台中州立図書館図書目録 昭和2年12月1日昭和9年3月末日増加　加藤聖文編　ゆまに書房　2005.3　459p　27cm　（書誌書目シリーズ 67）〈台中州立図書館大正15年，昭和3年，昭和9年刊の複製〉　Ⓘ4-8433-1267-3　Ⓝ029.022

旧植民地図書館蔵書目録　台湾篇　第9巻　加藤聖文編　ゆまに書房　2005.3　501p　27cm　（書誌書目シリーズ 67）〈複製〉　Ⓘ4-8433-1267-3　Ⓝ029.022

静岡県郷土資料総合目録　新版　静岡県図書館協会編　（静岡）静岡県図書館協会　1990.3　951,243,246p　27cm　〈昭和63年3月31日現在〉　Ⓝ025.154

Ⓒ内容：静岡県図書館協会加盟50館の所蔵する図書およびこれに準ずる資料12,024点を収める。但し新聞、雑誌、近世史料、マイクロ資料、視聴覚資料、博物館の資料を除く。昭和53年の初版、56年の追加版Iの新版。

新収洋書総合目録　1984～1987　Part11　日外アソシエーツ編，国立国会図書館図書部

監修　紀伊国屋書店　1990.1　p9783～10875　30cm　36050円　Ⓘ4-314-10005-2, ISSN0454-1987　Ⓝ029

内容 この目録は、昭和59年(1984)から昭和62年(1987)までに、大学図書館15館、公共図書館3館、国立国会図書館および同館政・司法各部門支部図書館44館の計53図書館で新たに収蔵した洋図書の総合目録である。全13分冊の予定で、冊子体形式で刊行される「新収洋書目録」としては、この4年間の累積版が最後のものになる。

新収洋書総合目録 1984～1987　Part12
日外アソシエーツ編，国立国会図書館図書部監修　紀伊国屋書店　1990.3　p10877～11887　30cm　36050円　Ⓘ4-314-10005-2, ISSN0454-1987　Ⓝ029

内容 この目録は、昭和59年(1984)から昭和62年(1987)までに、大学図書館15館、公共図書館3館、国立国会図書館および同館政・司法各部門支部図書館44館の計53図書館で新たに収蔵した洋図書の総合目録である。全13分冊の予定で、冊子体形式で刊行される「新収洋書目録」としては、この4年間の累積版が最後のものになる。

新収洋書総合目録 1984～1987　Part13
日外アソシエーツ編，国立国会図書館図書部監修　紀伊国屋書店　1990.4　p11889～12677　30cm　36050円　Ⓘ4-314-10005-2, ISSN0454-1987　Ⓝ029

内容 この目録は、昭和59年(1984)から昭和62年(1987)までに、大学図書館15館、公共図書館3館、国立国会図書館および同館政・司法各部門支部図書館44館の計53図書館で新たに収蔵した洋図書の総合目録である。全13分冊の予定で、冊子体形式で刊行される「新収洋書目録」としては、この4年間の累積版が最後のものになる。

新収洋書総合目録 1984～1987　Part14 Supplement　日外アソシエーツ編，国立国会図書館図書部監修　紀伊国屋書店　1990.5　p12679～13091,202　30cm　28840円　Ⓘ4-314-10005-2,ISSN0454-1987　Ⓝ029

内容 この目録は、昭和59年(1984)から昭和62年(1987)までに、大学図書館15館、公共図書館3館、国立国会図書館および同館政・司法部門支部図書館44館の計53図書館で新たに収蔵した洋図書の総合目録である。

東京教育大学国語学研究室蔵書目録　今治市河野美術館図書分類目録　ソウル大学校図書館蔵日本古典籍目録　台湾大学研究図書館蔵日本古典籍目録　東京教育大学国語学研究室編　土田衛ほか編　須田悦生編　須田悦生編　大空社　1998.5　1冊　27cm　（国書目録叢書 29）〈複製〉　11000円　Ⓘ4-7568-0702-X　Ⓝ029

有隣舎和装本目録　暁霞文庫目録　沼沢文庫目録　新発田市立図書館郷土資料蔵書目録 第1集　藤森桂谷文庫分類目録　一宮市立豊島図書館編　埼玉県立浦和図書館編　駒沢大学図書館編　新発田市立図書館編　中野正実編　大空社　1997.2　1冊　27cm　（国書目録叢書 4）〈合本複製〉　12000円　Ⓘ4-7568-0364-4　Ⓝ029.955

◆◆点字図書目録

＜書　誌＞

点字図書・録音図書全国総合目録　No.21 1991(1)　国立国会図書館図書館協力部視覚障害者図書館協力室編　国立国会図書館，紀伊国屋書店〔発売〕　1992.3　568,3p　26cm　12900円　Ⓘ4-87582-326-6

点字図書・録音図書全国総合目録　No.23 1992(1)　国立国会図書館編　国立国会図書館，紀伊国屋書店〔発売〕　1993.2　589p　26cm　13600円　Ⓘ4-87582-346-0

内容 全国の点字図書館・公共図書館が毎年新しく製作、または製作に着手した点字図書・録音図書の書誌情報を編集、毎年刊行されている総合目録。国際障害者年を機会に、点字図書・録音図書の製作と利用の効率を高めサービスの向上をはかるため、全国の点字図書館、公共図書館等の参加協力を得て、国立国会図書館が編集し、毎年継続して刊行しているもの。全体は一般図書と児童図書に大別、その中は点字図書・録音図書に分けて構成し、一般図書はNDCにより分類排列、児童図書は書名の五十音順に排列し、書名索引・著者名索引を付す。

点字図書・録音図書全国総合目録　No.24 1992(2)　国立国会図書館図書館協力部視覚障害者図書館協力室編　国立国会図書館，紀伊国屋書店〔発売〕　1993.7　683p　26cm　15200円　Ⓘ4-87582-355-X

内容 全国の点字図書館・公共図書館が毎年新しく製作、または製作に着手した点字図書・録音図書の書誌情報を集成した総合目録。全体は一般図書と児童図書に大別、その中は点字図書・

点字図書・録音図書全国総合目録　No.25
1993-1　国立国会図書館図書館協力部視覚障害者図書館協力室編　国立国会図書館，紀伊國屋書店〔発売〕　1994.1　734,4p　26cm　16300円　①4-87582-386-X

⦅内容⦆全国の点字図書館・公共図書館が毎年新しく製作、または製作に着手した点字図書・録音図書の書誌情報を編集、毎年刊行されている総合目録。国際障害者年を機会に、点字図書・録音図書の製作と利用の効率を高めサービスの向上をはかるため、全国の点字図書館、公共図書館等の参加協力を得て、国立国会図書館が編集し、毎年継続して刊行しているもの。全体は一般図書と児童図書に大別、その中は点字図書・録音図書に分けて構成し、一般図書はNDCにより分類排列、児童図書は書名の五十音順に排列し、書名索引・著者名索引を付す。

点字図書・録音図書全国総合目録　No.26
1993-2　国立国会図書館図書館協力部視覚障害者図書館協力室編　国立国会図書館，紀伊國屋書店〔発売〕　1994.6　532,4p　26cm　12600円　①4-87582-402-5

⦅内容⦆全国の点字図書館・公共図書館が毎年新しく製作、または製作に着手した点字図書・録音図書の書誌情報を編集、毎年刊行されている総合目録。一般図書と児童図書に大別、その中は点字図書・録音図書に分けて構成し、一般図書はNDCにより分類排列、児童図書は書名の五十音順に排列し、書名索引・著者名索引を付す。

点字図書・録音図書全国総合目録　No.27
1994-1　国立国会図書館，紀伊國屋書店〔発売〕　1995.1　723p　26cm　16400円　①4-87582-412-2

⦅内容⦆全国の点字図書館・公共図書館が毎年新しく製作、または製作に着手した点字図書・録音図書の書誌情報を編集、毎年刊行されている総合目録。一般図書と児童図書に大別、その中は点字図書・録音図書に分けて構成し、一般図書はNDCにより分類排列、児童図書は書名の五十音順に排列し、巻末に参加館一覧などの資料がある。書名索引・著者名索引を付す。

点字図書・録音図書全国総合目録　No.31
1996-1　国立国会図書館，紀伊國屋書店〔発売〕　1997.1　1冊　26cm　18933円　①4-87582-488-2, ISSN0286-0600

点字図書・録音図書全国総合目録　No.32
1996-2　国立国会図書館図書館協力部視覚障害者図書館協力室編　国立国会図書館，紀伊國屋書店〔発売〕　1997.7　1冊　26cm　15400円　①4-87582-502-1

⦅内容⦆全国の点字図書館・公共図書館が毎年新しく製作、または製作に着手した点字図書・録音図書の書誌情報を編集、刊行された総合目録。一般図書と児童図書に大別、その中は点字図書・録音図書に分けて構成し、一般図書はNDCにより分類排列、児童図書は書名の五十音順に排列する。巻末に参加館一覧などの資料がある。書名索引・著者名索引を付す。

点字図書・録音図書全国総合目録　No.33
1997-1　国立国会図書館図書館協力部視覚障害者図書館協力室編　国立国会図書館，紀伊國屋書店〔発売〕　1997.12　879p　19cm　17400円　①4-87582-517-X

⦅内容⦆全国の点字図書館・公共図書館が毎年新しく製作、または製作に着手した点字図書・録音図書の書誌情報を編集、刊行された総合目録。一般図書と児童図書に大別、その中は点字図書・録音図書に分けて構成し、一般図書はNDCにより分類排列、児童図書は書名の五十音順に排列する。巻末に参加館一覧などの資料がある。書名索引・著者名索引を付す。

点字図書・録音図書全国総合目録　No.34
1997-2　国立国会図書館図書館協力部視覚障害者図書館協力室編　国立国会図書館，紀伊國屋書店〔発売〕　1998.6　866p　26cm　17700円　①4-87582-528-5, ISSN0286-0600

⦅内容⦆全国の点字図書館、公共図書館等で製作した点字図書・録音図書、および製作に着手した点字図書・録音図書の書誌情報を収録した目録。一般図書と児童図書に大別し、その中を点字図書、録音図書に類別。一般図書はNDCにより分類排列、児童図書は書名の五十音順に排列。外国人名かな・アルファベット対照表、除籍点字・録音図書一覧、着手完成点字・録音図書一覧、参加館一覧・参加館略号、書名索引、著者

名索引付き。

点字図書・録音図書全国総合目録 索引 1986~1990（No.11~No.20） 国立国会図書館図書館協力部視覚障害者図書館協力室編 国立国会図書館, 紀伊國屋書店〔発売〕 1992.2 1279p 26cm 44100円 Ⓘ4-87582-315-0

◆国立国会図書館

<書 誌>

国立国会図書館製作録音図書目録 1986~1990〔大活字版〕 国立国会図書館図書館協力部視覚障害者図書館協力室編 国立国会図書館, 紀伊國屋書店〔発売〕 1992.2 120,9p 26cm 10600円 Ⓘ4-87582-325-8

(内容)1986年1月から1990年12月までに、当館が製作した録音図書320冊を収録する。

世界の中のニッポン 書物が語る日本像 展示会目録 国立国会図書館編 国立国会図書館 1993.11 64p 26cm 〈会期：平成5年11月24日~12月10日〉 Ⓘ4-87582-361-4 Ⓝ025.81

◆◆国内

<書 誌>

国立国会図書館所蔵国内逐次刊行物総目次・総索引一覧 平成3年1月末現在 国立国会図書館逐次刊行物部編 国立国会図書館 1991.3 249p 30cm

(内容)これまで「国立国会図書館所蔵国内逐次刊行物目録」の巻末に付されていた「総目次・総索引一覧」の内容をさらに充実させ、独立させたもの。同館所蔵の逐次刊行物に収録された総目次・総索引、図書として刊行されている総目次類、また同館が雑誌をマイクロ化した際に作製するタイトル別総目次など、4,770タイトル、6,150件を収録している。

国立国会図書館所蔵国内逐次刊行物目録 平成元年末現在 国立国会図書館収集部編 国立国会図書館 1990.3 2094p 30cm Ⓘ4-87582-250-2 Ⓝ027.5

国立国会図書館所蔵国内逐次刊行物目録 追録 平成2年1月~6月 国立国会図書館収集部編 国立国会図書館 1990.8 126p 30cm Ⓘ4-87582-258-8 Ⓝ027.5

国立国会図書館所蔵国内逐次刊行物目録 追録 平成2年1月~12月 国立国会図書館収集部編 国立国会図書館 1991.2 270p 30cm Ⓘ4-87582-271-5 Ⓝ027.5

国立国会図書館所蔵国内逐次刊行物目録 追録 平成2年1月~平成3年6月 国立国会図書館収集部編 国立国会図書館 1991.8 414p 30cm Ⓘ4-87582-281-2 Ⓝ027.5

国立国会図書館所蔵国内逐次刊行物目録 平成3年末現在 国立国会図書館収集部編 国立国会図書館 1992.3 2冊 31cm Ⓘ4-87582-328-2 Ⓝ027.5

国立国会図書館所蔵国内逐次刊行物目録 平成3年末現在 国立国会図書館収集部編 国立国会図書館 1992.5 2冊 31cm 〈発売：紀伊國屋書店〉 全21800円 Ⓘ4-87582-328-2 Ⓝ027.5

(目次)上巻 A-Z, ア~ソ, 下巻 タ~ン, 点字誌・大活字誌, 国内刊行欧文誌

国立国会図書館所蔵国内逐次刊行物目録 追録 平成4年1月~6月 国立国会図書館収集部編 国立国会図書館 1992.8 150p 30cm Ⓘ4-87582-338-X Ⓝ027.5

国立国会図書館所蔵国内逐次刊行物目録 追録 平成4年1月~12月 国立国会図書館収集部編 国立国会図書館 1993.2 279p 30cm Ⓘ4-87582-349-5 Ⓝ027.5

国立国会図書館所蔵国内逐次刊行物目録 追録 平成4年1月~平成5年6月 国立国会図書館収集部編 国立国会図書館 1993.8 433p 30cm Ⓘ4-87582-357-6 Ⓝ027.5

国立国会図書館所蔵国内逐次刊行物目録 平成5年末現在 国立国会図書館収集部編 国立国会図書館 1994.3 2冊 31cm Ⓘ4-87582-389-4 Ⓝ027.5

国立国会図書館所蔵国内逐次刊行物目録 平成5年末現在 国立国会図書館収集部編 国立国会図書館 1994.4 2冊 31cm 〈発売：紀伊國屋書店〉 全35400円 Ⓘ4-87582-389-4 Ⓝ027.5

国立国会図書館所蔵国内逐次刊行物目録 追録 平成6年1月~6月 国立国会図書館収集部編 国立国会図書館 1994.8 170p

30cm Ⓣ4-87582-404-1 Ⓝ027.5

国立国会図書館所蔵国内逐次刊行物目録　追録　平成6年1月〜6月　国立国会図書館収集部編　国立国会図書館, 紀伊国屋書店〔発売〕　1994.9　170p　30cm　〈追録のみ無料〉　0円　Ⓣ4-87582-404-1　Ⓝ027.5

Ⓘ内容『国立国会図書館所蔵国内逐次刊行物目録　平成5年末現在』の6ケ月ごとの追録。平成6年1月から6月末までに整理を終えたものを収録する。和文・欧文の2部構成。排列は基本標題のアルファベット、五十音の字順とし、基本標題のヨミが同一のものは編者名により排列する。

国立国会図書館所蔵国内逐次刊行物目録　追録　平成6年1月〜12月　国立国会図書館収集部編　国立国会図書館　1995.3　348p　30cm　Ⓣ4-87582-415-7　Ⓝ027.5

国立国会図書館所蔵国内逐次刊行物目録　追録　平成6年1月〜12月　国立国会図書館収集部編　国立国会図書館　1995.3　348p　30cm　〈発売：紀伊国屋書店〉　Ⓣ4-87582-415-7　Ⓝ027.5

国立国会図書館所蔵国内逐次刊行物目録　追録　平成6年1月〜平成7年6月　国立国会図書館収集部編　国立国会図書館　1995.8　513p　30cm　Ⓣ4-87582-430-0　Ⓝ027.5

国立国会図書館所蔵国内逐次刊行物目録　追録　平成6年1月〜平成7年6月　国立国会図書館収集部編　国立国会図書館　1995.9　513p　30cm　〈発売：紀伊国屋書店〉　Ⓣ4-87582-430-0　Ⓝ027.5

国立国会図書館所蔵国内逐次刊行物目録　平成7年末現在　国立国会図書館収集部編　国立国会図書館　1996.3　2冊　30cm　Ⓣ4-87582-440-8　Ⓝ027.5

国立国会図書館所蔵国内逐次刊行物目録　平成7年末現在　国立国会図書館収集部編　国立国会図書館　1996.5　2冊　31cm　〈発売：紀伊国屋書店〉　全37400円　Ⓣ4-87582-440-8　Ⓝ027.5

国立国会図書館所蔵国内逐次刊行物目録　追録　平成8年1月〜6月　国立国会図書館収集部編　国立国会図書館　1996.8　148p　30cm　Ⓣ4-87582-483-1　Ⓝ027.5

国立国会図書館所蔵国内逐次刊行物目録　追録　平成8年1月〜12月　国立国会図書館収集部編　国立国会図書館　1997.3　381p　30cm　Ⓣ4-87582-493-9　Ⓝ027.5

国立国会図書館所蔵国内逐次刊行物目録　平成8年1月‐平成9年6月　追録　平成8年1月〜平成9年6月　国立国会図書館編　国立国会図書館, 紀伊国屋書店〔発売〕　1997.8　529p　30cm　36311円　Ⓣ4-87582-506-4, ISSN0914-7004

Ⓘ内容『国立国会図書館所蔵国内逐次刊行物目録　平成7年末現在』の追録で、平成8年1月から平成9年6月末までに整理を終えたものを収録。

国立国会図書館所蔵国内逐次刊行物目録　平成9年末現在　国立国会図書館収集部編　国立国会図書館　1998.3　3冊　30cm　Ⓣ4-87582-522-6　Ⓝ027.5

国立国会図書館所蔵国内逐次刊行物目録　追録　平成10年1月〜6月　国立国会図書館収集部編　国立国会図書館　1998.8　146p　30cm　Ⓣ4-87582-531-5　Ⓝ027.5

国立国会図書館所蔵国内逐次刊行物目録　追録　平成10年1月〜6月　国立国会図書館収集部編　国立国会図書館　1998.8　146p　30cm　〈東京　紀伊国屋書店（発売）〉　Ⓣ4-87582-531-5　Ⓝ027.5

国立国会図書館所蔵国内逐次刊行物目録　追録　平成10年1月〜12月　国立国会図書館収集部編　国立国会図書館　1999.3　285p　30cm　〈東京　紀伊国屋書店（発売）〉　Ⓣ4-87582-543-9　Ⓝ027.5

国立国会図書館所蔵国内逐次刊行物目録　追録　平成10年1月〜平成11年6月　国立国会図書館収集部編　国立国会図書館　1999.8　409p　30cm　〈東京　紀伊国屋書店（発売）〉　Ⓣ4-87582-553-6　Ⓝ027.5

国立国会図書館所蔵児童図書目録　1987〜1991　国立国会図書館収集部編集　国立国会図書館　1992.9　1327, 31p　27cm　〈東京　日本図書館協会〉　14563円　Ⓣ4-87582-335-5

Ⓘ内容国立国会図書館が昭和62年（1987）から平成3年（1991）までに収集整理した邦文児童図書1万6962タイトルと、欧文児童図書317タイトルの蔵書目録。昭和45年（1970）の目録刊行以来、約5年毎に増加目録として刊行されている。邦文児童図書の部は一般・文学・絵本・漫画に分かれ、それぞれ書名の五十音順に排列。欧文児童

図書の部は、国立国会図書館分類表の記号順、同一分類中は標目のABC順に排列している。それぞれ、著者・書名索引を付す。

国立国会図書館所蔵児童図書目録　1992～1996　国立国会図書館収集部編　国立国会図書館　1997.6　1660,33p　27cm　〈東京　日本図書館協会（発売）〉　20000円　ⓘ4-87582-495-5　Ⓝ028.09

国立国会図書館所蔵 全集月報・付録類目録　国立国会図書館専門資料部編　国立国会図書館　1996.10　182p　26cm　ⓘ4-87582-484-X　Ⓝ027.4

国立国会図書館所蔵 全集月報・付録類目録　国立国会図書館，紀伊国屋書店〔発売〕　1996.12　182p　26cm　5900円　ⓘ4-87582-484-X

〔目次〕総記，哲学・宗教─哲学・心理学・倫理学・宗教，歴史・地理─歴史・伝記・地誌・紀行，社会科学─政治・法律・経済・財政・統計・社会・教育・民俗・軍事，自然科学・医学，技術・工学・生活科学，産業─農林・水産・商業・交通・通信，芸術─美術・音楽・演劇・体育・スポーツ・諸芸・娯楽，言語，文学，補遺

〔内容〕全集・叢書・講座・シリーズ等に添付された月報・付録類のうち、原則として平成6年1月現在で完結したものを収録。収録総数は、2,523タイトル。排列は、「日本十進分類法 新訂8版」により分類排列し、同一分類項目内は、書名の五十音順に排列。巻末に、書名索引を付す。

国立国会図書館所蔵 博士論文目録　平成3年～4年　国立国会図書館支部上野図書館編　国立国会図書館，紀伊国屋書店〔発売〕　1993.8　1064p　26cm　27000円　ⓘ4-87582-351-7　Ⓝ377.5

〔内容〕国立国会図書館が支部上野図書館に所蔵する博士論文のうち、平成3年1月から平成4年12月までに受入れた19698人分の博士論文を収録した目録。学位の種類別に分類掲載する。

国立国会図書館所蔵 博士論文目録　平成5年～6年　国立国会図書館支部上野図書館編　国立国会図書館，紀伊国屋書店〔発売〕　1997.5　1229p　30cm　27900円　ⓘ4-87582-491-2

〔目次〕医学，英語学，英文学，栄養学，音楽，音楽学，会計学，化学，学術，家政学，環境科学，看護学，教育学，教育心理学，経営学，経済学，言語学，言語文化学，工学，行動科学，国際関係論，国際政治学，国文学，史学，歯学，社会学，社会福祉学，獣医学，商学〔ほか〕

〔内容〕国立国会図書館が支部上野図書館に所蔵する博士論文のうち、平成5年1月から平成6年12月までに受入れた2万3520人分の博士論文を収録。排列は、学位の種類別に項目を分け、その五十音順。各項目の中は著者名の五十音順に排列。記載事項は、著者名、著者名の読み、請求記号、主論文、授与大学名、授与年月日、報告番号。

国立国会図書館蔵書目録　昭和元年～24年3月　第1編　総記・哲学・宗教　国立国会図書館図書部編　国立国会図書館　1998.4　818,238,229p　31cm　〈付：書名索引・著者名索引　東京 紀伊国屋書店（発売）〉　ⓘ4-87582-509-9　Ⓝ029.11

国立国会図書館蔵書目録　昭和元年～24年3月　第2編　歴史・地理　国立国会図書館図書部編　国立国会図書館，紀伊国屋書店〔発売〕　1997.12　741,199p　30cm　36000円　ⓘ4-87582-510-2

〔目次〕歴史（日本史一般，考古学，アジア，ヨーロッパ，アフリカ，北アメリカ，中南米，南アメリカ，オセアニア，南太平洋諸島，北極），伝記，地理，地誌，紀行（日本，アジア，ヨーロッパ，アフリカ ほか）

〔内容〕帝国図書館、国立国会図書館の旧蔵書資料を中心に昭和元年から昭和24年3月までに刊行された歴史・地理の和図書25052件を収録した蔵書目録。排列は日本十進分類法新訂6版の分類記号順に分類し、書名の五十音順となっている。巻末に書名索引、著社名索引が付く。

国立国会図書館蔵書目録　昭和元年～24年3月　第3編　社会科学　国立国会図書館図書部編　国立国会図書館，紀伊国屋書店〔発売〕　1998.2　2冊（セット）　31×23cm　77000円　ⓘ4-87582-508-0

〔目次〕社会科学，政治，法律，経済，財政，統計，社会，教育，風俗・習慣，国防・軍事

〔内容〕帝国図書館、国立国会図書館の旧蔵書資料を中心に昭和元年から昭和24年3月までに刊行された和図書を収録した蔵書目録。「第3編 社会科学」では58273件を収録。排列は日本十進分類法新訂6版の分類記号順、巻末には書名索引、著者名索引が付く。

国立国会図書館蔵書目録　昭和元年～24年3月　第4編　自然科学・工学・産業　国立

国会図書館図書部編　国立国会図書館　1998.6　2冊　31cm　〈東京　紀伊國屋書店（発売）〉　75000円　①4-87582-508-0　Ⓝ029.11

国立国会図書館蔵書目録　昭和元年～24年3月　第5編　芸術・言語　国立国会図書館図書部編　国立国会図書館　1998.4　560, 165,153p　31cm　〈付：書名索引・著者名索引　東京　紀伊國屋書店（発売）〉　①4-87582-513-7　Ⓝ029.11

国立国会図書館蔵書目録　昭和元年～24年3月　第6編　文学　国立国会図書館図書部編　国立国会図書館，紀伊國屋書店〔発売〕　1998.3　2冊（セット）　21cm　52000円　①4-87582-514-5

目次　文学，日本文学（詩歌，戯曲，小説・物語，随筆・小品，評論，日記・紀行），中国文学・東洋文学，英米文学，ドイツ文学，フランス文学，スペイン文学，イタリア文学，ロシア文学，その他の諸文学

内容　帝国図書館・国立国会図書館の旧蔵書資料を中心に昭和元年から24年3月までに刊行された217921件を収録し，この「第6編 文学」では33733件を収録する。排列は日本十進分類法新訂6版の分類記号順，巻末には書名索引，著者名索引が付く。

国立国会図書館蔵書目録　昭和元年～24年3月　書名索引　国立国会図書館図書部編　国立国会図書館，紀伊國屋書店〔発売〕　1998.7　2冊（セット）　30cm　58000円　①4-87582-515-3

内容　『国立国会図書館蔵書目録・昭和元年‐24年3月』全編の書名索引。書名、著者、出版者、頁数などを記載。254670件を収録し、数字、五十音順のかな、ABC順のローマ字、の順に排列。

国立国会図書館蔵書目録　昭和元年～24年3月　著者名索引　国立国会図書館図書部編　国立国会図書館，紀伊國屋書店〔発売〕　1998.8　2冊（セット）　30cm　58000円　①4-87582-516-1

内容　『国立国会図書館蔵書目録・昭和元年‐24年3月』全編の著者名索引。著者名、書名、頁数などを記載。246753件を収録し、かな五十音順に排列。

国立国会図書館蔵書目録　昭和23年～43年　第1編　総記・哲学・宗教　国立国会図書館図書部編　国立国会図書館，紀伊國屋書店〔発売〕　1994.8　856,195,219p　30cm　33000円　①4-87582-365-7　Ⓝ029.1

内容　国立国会図書館が創設時の昭和23年から昭和43年までの20年間に収蔵した和図書のうち、歴史・地理部門に分類したものを累積収録したもの。ただし児童書・学習参考書は収録対象外としている。各編に書名索引・著者名索引を付す。第1編（総記・哲学・宗教）の収録件数は、25582件。

国立国会図書館蔵書目録　昭和23年～43年　第2編　歴史・地理　国立国会図書館図書部編　国立国会図書館，紀伊國屋書店〔発売〕　1994.2　766,176,190p　31×22cm　30000円　①4-87582-366-5　Ⓝ029.1

内容　国立国会図書館が創設時の昭和23年から昭和43年までの20年間に収蔵した和図書のうち、歴史・地理部門に分類したものを累積収録したもの。ただし児童書・学習参考書は収録対象外としている。各編に書名索引・著者名索引を付す。第2編（歴史・地理）の収録件数は、23147件。

国立国会図書館蔵書目録　昭和23年～43年　第3編　社会科学　国立国会図書館図書部編　国立国会図書館，紀伊國屋書店〔発売〕　1994.3　3冊（セット）　30cm　80000円　①4-87582-364-9

内容　国立国会図書館が創設時の昭和23年から昭和43年までの20年間に収蔵した和図書のうち、歴史・地理部門に分類したものを累積収録したもの。ただし児童書・学習参考書は収録対象外としている。各編に書名索引・著者名索引を付す。第3編（社会科学）の収録件数は、64184件。

国立国会図書館蔵書目録　昭和23年～43年　第4編　自然科学　国立国会図書館図書部編　国立国会図書館，紀伊國屋書店〔発売〕　1994.7　707,173,208p　30cm　28000円　①4-87582-370-3　Ⓝ029.1

内容　国立国会図書館が創設時の昭和23年から昭和43年までの20年間に収蔵した和図書のうち、歴史・地理部門に分類したものを累積収録したもの。ただし児童書・学習参考書は収録対象外としている。各編に書名索引・著者名索引を付す。

国立国会図書館蔵書目録　昭和23年～43年　第5編　工学・工業　国立国会図書館図書部編　国立国会図書館，紀伊國屋書店〔発売〕　1994.7　829,211,226p　30cm　34000円　①4-87582-371-1　Ⓝ029.1

目次　工業基礎学，土木工学，建築学，機械工

学，電気工学，海事工学，採鉱冶金学，化学工業，繊維，その他の工業，家事，家政学
⓪内容 国立国会図書館が創設時の昭和23年から昭和43年までの20年間に収蔵した和図書のうち，歴史・地理部門に分類したものを累積収録したもの。ただし児童書・学習参考書は収録対象外としている。各編に書名索引・著者名索引を付す。

国立国会図書館蔵書目録 昭和23年〜43年 第6編 産業 国立国会図書館図書部編 国立国会図書館，紀伊国屋書店〔発売〕 1994.6 814,201,213p 30cm 31000円 Ⓘ4-87582-372-X Ⓝ029.1
⓪目次 産業，農業，園芸，蚕糸業，畜産業，獣医学，林業，水産業，商業，商品，広告，配給，市場，取引所，投資，倉庫，貿易，会計，簿記，交通，通信
⓪内容 国立国会図書館が創設時の昭和23年から昭和43年までの20年間に収蔵した和図書のうち，歴史・地理部門に分類したものを累積収録したもの。ただし児童書・学習参考書は収録対象外としている。各編に書名索引・著者名索引を付す。

国立国会図書館蔵書目録 昭和23年〜43年 第7編 芸術・言語 国立国会図書館図書部編 国立国会図書館 1994.5 763,184,198p 31cm 〈付・書名索引，著者名索引 発売：紀伊国屋書店〉 31000円 Ⓘ4-87582-373-8 Ⓝ029.1

国立国会図書館蔵書目録 昭和23年〜43年 第8編 1 文学 1 文学一般・日本文学1 国立国会図書館図書部編 国立国会図書館 1994.4 1158p 31cm 〈発売：紀伊国屋書店〉 Ⓘ4-87582-374-6 Ⓝ029.1

国立国会図書館蔵書目録 昭和23年〜43年 第8編 2 文学 2 日本文学2・外国文学 国立国会図書館図書部編 国立国会図書館 1994.4 p1158〜1939 31cm 〈発売：紀伊国屋書店〉 Ⓘ4-87582-375-4 Ⓝ029.1

国立国会図書館蔵書目録 昭和23年〜43年 第8編 3 文学 書名索引・著者名索引 国立国会図書館図書部編 国立国会図書館 1994.4 474,526p 31cm 〈発売：紀伊国屋書店〉 Ⓘ4-87582-376-2 Ⓝ029.1

国立国会図書館蔵書目録 昭和23年〜43年 書名索引 0〜9・ア〜シン 国立国会図書館図書部編 国立国会図書館 1994.10 1021p 31cm 〈発売：紀伊国屋書店〉 52800円 Ⓘ4-87582-377-0 Ⓝ029.1

国立国会図書館蔵書目録 昭和23年〜43年 書名索引 シン〜ワ・A〜Z 国立国会図書館図書部編 国立国会図書館 1994.10 p1022〜2024 31cm 〈発売：紀伊国屋書店〉 52000円 Ⓘ4-87582-378-9 Ⓝ029.1

国立国会図書館蔵書目録 昭和23年〜43年 著者名索引 ア〜ソエ 国立国会図書館図書部編 国立国会図書館 1994.10 958p 31cm 〈発売：紀伊国屋書店〉 50000円 Ⓘ4-87582-379-7 Ⓝ029.1

国立国会図書館蔵書目録 昭和23年〜43年 著者名索引 ソエ〜ワ 国立国会図書館図書部編 国立国会図書館 1994.10 p959〜1901 31cm 〈発売：紀伊国屋書店〉 50000円 Ⓘ4-87582-380-0 Ⓝ029.1

国立国会図書館蔵書目録 昭和44〜51年 書名索引 国立国会図書館図書部編 国立国会図書館 1990.1 1742p 31cm Ⓘ4-87582-235-9 Ⓝ029.1

国立国会図書館蔵書目録 昭和61年〜平成2年 第1編 政治・法律・行政．議会・法令資料 国立国会図書館図書部編 国立国会図書館 1991.12 860,211,191p 31cm 〈付・書名索引，著者名索引 発売：紀伊国屋書店〉 21000円 Ⓘ4-87582-288-X Ⓝ029.1

国立国会図書館蔵書目録 昭和61年〜平成2年 第2編 1 経済・産業 1 国立国会図書館図書部編 国立国会図書館 1991.12 1168p 31cm 〈発売：紀伊国屋書店〉 Ⓘ4-87582-289-8 Ⓝ029.1

国立国会図書館蔵書目録 昭和61年〜平成2年 第2編 2 経済・産業 2 国立国会図書館図書部編 国立国会図書館 1991.12 p1169〜1676,417,394p 31cm 〈付・書名索引，著者名索引 発売：紀伊国屋書店〉 Ⓘ4-87582-290-1 Ⓝ029.1

国立国会図書館蔵書目録 昭和61年〜平成2年 第3編 社会・労働・教育 国立国会図書館図書部編 国立国会図書館，紀伊国屋書店〔発売〕 1992.2 2冊(セット) 30cm 36000円 Ⓘ4-87582-292-8
⓪内容 この目録は、昭和61年1月から平成2年12

月までの5年間に収集・整理し「日本全国書誌」No.1523（1986年1月）・No.1783（1990年12月）に収蔵した和図書のうち、社会・労働.教育部門に分類したものを累積収録した。ただし、児童書、学習参考書は省いた。

国立国会図書館蔵書目録　昭和61年～平成2年　第4編　歴史・地理　国立国会図書館図書部編　国立国会図書館，紀伊国屋書店〔発売〕　1992.2　2冊（セット）　30cm　41000円　①4-87582-296-0

〔内容〕この目録は、昭和61年1月から平成2年12月までの5年間に収集・整理し「日本全国書誌」No.1523（1986年1月）・No.1783（1990年12月）に収蔵した和図書のうち、歴史・地理に分類したものを累積収録した。ただし、児童書、学習参考書は省いた。

国立国会図書館蔵書目録　昭和61年～平成2年　第5編　学術一般.哲学・宗教　国立国会図書館図書部編　国立国会図書館　1992.2　780,193,188p　31cm　〈付・書名索引・著者名索引 発売：紀伊国屋書店〉　20000円　①4-87582-298-7　Ⓝ029.1

〔内容〕この目録は、昭和61年1月から平成2年12月までの5年間に収集・整理し「日本全国書誌」No.1523（1986年1月）・No.1783（1990年12月）に収蔵した和図書のうち、学術一般.哲学・宗教部門に分類したものを累積収録した。ただし、児童書、学習参考書は省いた。

国立国会図書館蔵書目録　昭和61年～平成2年　第6編　芸術　国立国会図書館図書部編　国立国会図書館　1992.4　1025,242,227p　31cm　〈付・書名索引・著者名索引 発売：紀伊国屋書店〉　23000円　①4-87582-299-5　Ⓝ029.1

国立国会図書館蔵書目録　昭和61年～平成2年　第7編 1　言語・文学　1　国立国会図書館図書部編　国立国会図書館　1992.4　963p　31cm　〈発売：紀伊国屋書店〉　①4-87582-301-0　Ⓝ029.1

国立国会図書館蔵書目録　昭和61年～平成2年　第7編 2　言語・文学　2　国立国会図書館図書部編　国立国会図書館　1992.4　p963～1895　31cm　〈発売：紀伊国屋書店〉　①4-87582-302-9　Ⓝ029.1

国立国会図書館蔵書目録　昭和61年～平成2年　第7編 3　言語・文学　3（書名索引・著者名索引）　国立国会図書館図書部編　国立国会図書館　1992.4　455,483p　31cm　〈発売：紀伊国屋書店〉　①4-87582-303-7　Ⓝ029.1

国立国会図書館蔵書目録　昭和61年～平成2年　第8編 1　科学技術　1　国立国会図書館図書部編　国立国会図書館　1992.5　1016p　31cm　〈発売：紀伊国屋書店〉　①4-87582-304-5　Ⓝ029.1

国立国会図書館蔵書目録　昭和61年～平成2年　第8編 2　科学技術　2　国立国会図書館図書部編　国立国会図書館　1992.5　p1017～1917　31cm　〈発売：紀伊国屋書店〉　①4-87582-305-3　Ⓝ029.1

国立国会図書館蔵書目録　昭和61年～平成2年　第8編 3　科学技術　3（書名索引・著者名索引）　国立国会図書館図書部編　国立国会図書館　1992.5　479,471p　31cm　〈発売：紀伊国屋書店〉　①4-87582-306-1　Ⓝ029.1

国立国会図書館蔵書目録　昭和61年～平成2年　第9編　家庭・娯楽書・その他　国立国会図書館図書部編　国立国会図書館　1992.5　523,143,102p　31cm　〈付・書名索引・著者名索引 発売：紀伊国屋書店〉　15000円　①4-87582-307-X　Ⓝ029.1

国立国会図書館蔵書目録　昭和61年～平成2年　書名索引 ア～シ　国立国会図書館図書部編　国立国会図書館　1992.6　1214p　31cm　〈発売：紀伊国屋書店〉　40000円　①4-87582-308-8　Ⓝ029.1

国立国会図書館蔵書目録　昭和61年～平成2年　書名索引 ス～ン　国立国会図書館図書部編　国立国会図書館　1992.6　p1215～2466　31cm　〈発売：紀伊国屋書店〉　40000円　①4-87582-309-6　Ⓝ029.1

国立国会図書館蔵書目録　昭和61年～平成2年　著者名索引 ア～セリ　国立国会図書館図書部編　国立国会図書館　1992.6　1092p　31cm　〈発売：紀伊国屋書店〉　36000円　①4-87582-311-7　Ⓝ029.1

国立国会図書館蔵書目録　昭和61年～平成2年　著者名索引 セリ～ワ　国立国会図書館図書部編　国立国会図書館　1992.6　p1093～2183　31cm　〈発売：紀伊国屋書

店〉 36000円 ①4-87582-312-6 Ⓝ029.1

**国立国会図書館蔵書目録 大正期 第1編
総記・哲学・宗教・歴史・地理** 国立国会図書館図書部編 国立国会図書館 1998.12 578,163,156p 31cm 〈付：書名索引・著者名索引 東京 紀伊国屋書店(発売)〉 44000円 ①4-87582-535-8 Ⓝ029.11

**国立国会図書館蔵書目録 大正期 第2編
社会科学** 国立国会図書館図書部編 国立国会図書館，紀伊国屋書店〔発売〕 1999.1 560,167,157p 30cm 44000円 ①4-87582-536-6

⊙目次 社会科学(政治，法律，経済，財政，統計，社会，教育，風俗.習慣，国防.軍事)，書名索引，著者名索引

⊙内容 国立国会図書館所蔵資料のうち，大正期刊行の和図書(児童書を除く)を収録した目録。『国立国会図書館蔵書目録 明治期』に採録されなかった明治期刊行の和図書も収録した。記載事項は，請求記号、書名、著者名、出版地、出版者、出版年、ページ数、大きさ、書名のヨミ、著者名のヨミ、日本十進分類法による分類記号、日本全国書誌番号など。「第2編 社会科学」は19299件を収録する。書名索引、著者名索引付き。

**国立国会図書館蔵書目録 大正期 第3編
自然科学・工学・産業** 国立国会図書館図書部編 国立国会図書館，紀伊国屋書店〔発売〕 1999.2 577,164,154p 30cm 44000円 ①4-87582-537-4

⊙目次 自然科学(自然科学，数学，物理学，化学，天文学，地理学・地質学・地球物理学，生物学・博物学，植物学，動物学，医学・薬学)，工学(工学.工業，土木工学，建築学，機械工学，電気工学，海事工学，採鉱冶金学，化学工業，繊維・その他の工業，家事・家政学)，産業(産業，農業，園芸，蚕糸業，畜産業・獣医学，林業，水産業，商業・商工名鑑，交通，通信)

⊙内容 国立国会図書館所蔵資料のうち，大正期刊行の和図書(児童書を除く)を収録した目録。『国立国会図書館蔵書目録 明治期』に採録されなかった明治期刊行の和図書も収録した。記載事項は，請求記号、書名、著者名、出版地、出版者、出版年、ページ数、大きさ、書名のヨミ、著者名のヨミ、日本十進分類法による分類記号、日本全国書誌番号など。「第3編 自然科学・工学・産業」は19436件を収録する。書名索引、著者名索引付き。

**国立国会図書館蔵書目録 大正期 第4編
芸術・言語・文学** 国立国会図書館図書部編 国立国会図書館，紀伊国屋書店〔発売〕 1999.3 1冊 30cm 48000円 ①4-87582-538-2

⊙目次 芸術(芸術，彫刻，絵画，版画，写真，工芸美術，音楽，演劇，運動競技，諸芸・娯楽)，言語(言語，日本語，中国語・東洋諸語，英語，ドイツ語，フランス語，スペイン語，イタリア語，ロシア語，その他の諸言語)，文学(文学，日本文学，中国文学・東洋文学，英米文学，ドイツ文学，フランス文学，スペイン文学，イタリア文学，ロシア文学，その他の諸文学)

⊙内容 国立国会図書館所蔵資料のうち，大正期刊行の和図書(児童書を除く)を収録した目録。『国立国会図書館蔵書目録 明治期』に採録されなかった明治期刊行の和図書も収録した。記載事項は，請求記号、書名、著者名、出版地、出版者、出版年、ページ数、大きさ、書名のヨミ、著者名のヨミ、日本十進分類法による分類記号、日本全国書誌番号など。「第4編 芸術・言語・文学」は20725件を収録する。書名索引、著者名索引付き。

国立国会図書館蔵書目録 大正期 総索引 国立国会図書館図書部編 国立国会図書館 1999.4 2冊 31cm 〈東京 紀伊国屋書店(発売)〉 ①4-87582-534-X Ⓝ029.11

国立国会図書館蔵書目録 平成3年〜平成7年 第1編 政治・法律・行政 議会・法令資料 国立国会図書館，紀伊国屋書店〔発売〕 1996.9 2冊(セット) 30cm 29000円 ①4-87582-455-6

⊙内容 1991(平成3)年1月〜95(平成7)年12月の間に国内で刊行された和図書のうち，政治・法律・行政，議会・法令資料に関する3万706件の書誌データを収録した目録。2分冊から成り、第1分冊には政治から日本の法律までを、第2分冊には地方の法律・行政から日本の法令集・判例集までを収録し、第2分冊の巻末に書名索引・著者名索引を付す。

国立国会図書館蔵書目録 平成3年〜平成7年 第2編 1 経済・産業 国立国会図書館図書部編 国立国会図書館 1996.10 1330p 31cm 〈発売：紀伊国屋書店〉 ①4-87582-458-0 Ⓝ029.11

国立国会図書館蔵書目録 平成3年〜平成7年 第2編 2 経済・産業 国立国会図書館図書部編 国立国会図書館 1996.10 p1331〜1928,488,453p 31cm 〈付・書名索引，

著者名索引 発売：紀伊国屋書店〉 ①4-87582-459-9 Ⓝ029.11

国立国会図書館蔵書目録 平成3年〜平成7年 第3編 社会・労働.教育―付 書名索引・著者名索引 国立国会図書館，紀伊国屋書店〔発売〕 1996.11 2冊（セット） 30cm 38000円 ①4-87582-461-0

〔目次〕社会科学，社会学，社会保障，労働，社会科学，社会問題，社会保障，労働，教育，教育理論，各国の教育・教育史，学校教育，社会教育，保育・スポーツ

〔内容〕本目録は，国立国会図書館が平成3年1月から平成7年12月までの5年間に収集・整理し，「日本全国書誌」（No.1784からNo.2053まで）に収録した和図書のうち，社会・労働，教育部門に分類したものを累積収録したもの。44,153件を収録。構成及び排列は，国立国会図書館分類表により，同一分類項目内は書名の五十音順に排列。第2分冊の巻末には，書名索引、著者名索引を付す。

国立国会図書館蔵書目録 平成3年〜平成7年 第4編 1 歴史・地理 1 国立国会図書館図書部編 国立国会図書館 1996.12 1423p 31cm 〈発売：紀伊国屋書店〉 ①4-87582-462-9 Ⓝ029.11

国立国会図書館蔵書目録 平成3年〜平成7年 第4編 2 歴史・地理 2 国立国会図書館図書部編 国立国会図書館 1996.12 p1425〜1942,471,422p 31cm 〈付：書名索引・著者名索引 発売：紀伊国屋書店〉 ①4-87582-463-7 Ⓝ029.11

国立国会図書館蔵書目録 平成3年〜平成7年 第5編 学術一般.哲学・宗教―付 書名索引・著者名索引 国立国会図書館，紀伊国屋書店〔発売〕 1996.12 888,218,224p 30cm 20000円 ①4-87582-465-3

〔目次〕哲学・宗教，学術一般，ジャーナリズム，出版，読書，図書館・情報センター，図書・書誌学，書誌・目録，百科事典・一般年鑑，一般叢書・雑著，学位論文要旨集

〔内容〕本目録は，国立国会図書館が平成3年1月から平成7年12月までの5年間に収集・整理し，「日本全国書誌」（No.1784からNo.2053まで）に収録した和図書のうち，学術一般，哲学・宗教部門に分類したものを累積収録したもの。22,968件を収録。構成及び排列は、国立国会図書館分類表により，同一分類項目内は書名の五十

音順に排列。第2分冊の巻末には，書名索引、著者名索引を付す。

国立国会図書館蔵書目録 平成3年〜平成7年 第6編 1 芸術 国立国会図書館図書部編 国立国会図書館 1997.1 1087p 31cm 〈発売：紀伊国屋書店 付（15p 30cm）：補遺（楽譜）〉 ①4-87582-466-1 Ⓝ029.11

国立国会図書館蔵書目録 平成3年〜平成7年 第6編 2 芸術 国立国会図書館図書部編 国立国会図書館 1997.1 p1089〜1453, 338,356p 31cm 〈付・書名索引・著者名索引 発売：紀伊国屋書店〉 ①4-87582-467-X Ⓝ029.11

国立国会図書館蔵書目録 平成3年〜平成7年 第7編 1 言語・文学 1 国立国会図書館図書部編 国立国会図書館 1997.2 1149p 31cm 〈発売：紀伊国屋書店〉 ①4-87582-468-8 Ⓝ029.11

国立国会図書館蔵書目録 平成3年〜平成7年 第7編 2 言語・文学 2 国立国会図書館図書部編 国立国会図書館 1997.2 p1151〜2326 31cm 〈発売：紀伊国屋書店〉 ①4-87582-469-6 Ⓝ029.11

国立国会図書館蔵書目録 平成3年〜平成7年 第7編 3 言語・文学 3 国立国会図書館図書部編 国立国会図書館 1997.2 561,614p 31cm 〈付・書名索引，著者名索引 発売：紀伊国屋書店〉 ①4-87582-470-X Ⓝ029.11

国立国会図書館蔵書目録 平成3年〜平成7年 第8編 1 科学技術 1 国立国会図書館図書部編 国立国会図書館 1997.3 1184p 31cm 〈発売：紀伊国屋書店〉 16667円 ①4-87582-471-8 Ⓝ029.11

国立国会図書館蔵書目録 平成3年〜平成7年 第8編 2 科学技術 2 国立国会図書館図書部編 国立国会図書館 1997.3 p1185〜2281 31cm 〈発売：紀伊国屋書店〉 16667円 ①4-87582-472-6 Ⓝ029.11

国立国会図書館蔵書目録 平成3年〜平成7年 第8編 3 科学技術 3（書名索引・著者名索引） 国立国会図書館図書部編 国立国会図書館 1997.3 575,579p 31cm 〈発売：紀伊国屋書店〉 16666円 ①4-87582-473-4 Ⓝ029.11

国立国会図書館蔵書目録　平成3年～平成7年　第9編　家庭・娯楽書・その他　国立国会図書館図書部編　国立国会図書館　1997.4　627,173,133p　31cm　〈付・書名索引，著者名索引　東京 紀伊國屋書店（発売）〉　14564円　Ⓘ4-87582-474-2　Ⓝ029.11

国立国会図書館蔵書目録　平成3年～平成7年　書名索引 ア～コ　国立国会図書館図書部編　国立国会図書館　1997.5　1118p　31cm　〈東京 紀伊國屋書店（発売）〉　15859円　Ⓘ4-87582-475-0　Ⓝ029.1

国立国会図書館蔵書目録　平成3年～平成7年　書名索引 サ～ト　国立国会図書館図書部編　国立国会図書館　1997.5　p1119-2168　31cm　〈東京 紀伊國屋書店（発売）〉　15857円　Ⓘ4-87582-476-9　Ⓝ029.1

国立国会図書館蔵書目録　平成3年～平成7年　書名索引 ナ～Z　国立国会図書館図書部編　国立国会図書館　1997.3　p2169-3213　31cm　〈東京 紀伊國屋書店（発売）〉　15857円　Ⓘ4-87582-477-7　Ⓝ029.1

国立国会図書館蔵書目録　平成3年～平成7年　著者名索引 ア～コ　国立国会図書館図書部編　国立国会図書館　1997.6　1084p　31cm　〈東京 紀伊國屋書店（発売）〉　Ⓘ4-87582-478-5　Ⓝ029.11

国立国会図書館蔵書目録　平成3年～平成7年　著者名索引 サ～ニ　国立国会図書館図書部編　国立国会図書館　1997.6　p1085-2118　31cm　〈東京 紀伊國屋書店（発売）〉　Ⓘ4-87582-479-3　Ⓝ029.11

国立国会図書館蔵書目録　平成3年～平成7年　著者名索引 ヌ～Z　国立国会図書館図書部編　国立国会図書館　1997.6　p2119-3130　31cm　〈東京 紀伊國屋書店（発売）〉　Ⓘ4-87582-480-7　Ⓝ029.11

国立国会図書館蔵書目録　明治期 第1編　総記・哲学・宗教　国立国会図書館図書部編　国立国会図書館　1994.11　576,128,143p　31cm　〈付：書名索引・著者名索引　発売：紀伊國屋書店〉　41000円　Ⓘ4-87582-393-2　Ⓝ029.1

国立国会図書館蔵書目録　明治期 第2編　歴史・地理　国立国会図書館図書部編　国立国会図書館，紀伊國屋書店〔発売〕　1994.6　1冊　30cm　29000円　Ⓘ4-87582-394-0

内容　明治年間に日本で刊行された図書、日本人・日本機関により外国で刊行された図書を収録した国立国会図書館の蔵書目録。全体で113328件、第3編には18331件を収録する。NDC新訂6版を基本とした分類順、書名五十音・ABC順に排列する。目次の後に主題索引、巻末に書名索引・著者名索引を付す。

国立国会図書館蔵書目録　明治期 第3編　社会科学　国立国会図書館図書部編　国立国会図書館，紀伊國屋書店〔発売〕　1994.9　206,199,808p　31×23cm　48000円　Ⓘ4-87582-395-9　Ⓝ029.1

内容　明治年間に日本で刊行された図書、日本人・日本機関により外国で刊行された図書を収録した国立国会図書館の蔵書目録。全体で113328件、第3編には24563件を収録する。NDC新訂6版を基本とした分類順、書名五十音順・ABC順に排列する。目次の後に主題索引、巻末に書名索引・著者名索引を付す。

国立国会図書館蔵書目録　明治期 第4編　自然科学・工学・産業　国立国会図書館図書部編　国立国会図書館　1994.11　736,176,197p　31cm　〈付：書名索引・著者名索引　発売：紀伊國屋書店〉　44000円　Ⓘ4-87582-396-7　Ⓝ029.1

国立国会図書館蔵書目録　明治期 第5編　芸術・言語　国立国会図書館図書部編　国立国会図書館　1994.10　571,134,148p　31cm　〈付：書名索引・著者名索引　発売：紀伊國屋書店〉　34000円　Ⓘ4-87582-397-5　Ⓝ029.1

国立国会図書館蔵書目録　明治期 第6編　文学　国立国会図書館図書部編　国立国会図書館，紀伊國屋書店〔発売〕　1994.9　159,145,599p　31×23cm　42000円　Ⓘ4-87582-398-3　Ⓝ029.1

内容　明治年間に日本で刊行された図書、日本人・日本機関により外国で刊行された図書を収録した国立国会図書館の蔵書目録。全体で113328件、第3編には18331件を収録する。NDC新訂6版を基本とした分類順、書名五十音・ABC順に排列する。目次の後に主題索引、巻末に書名索引・著者名索引を付す。

国立国会図書館蔵書目録　明治期 書名索引　国立国会図書館図書部編　国立国会図書館　1995.1　893p　31cm　〈発売：紀伊國屋書店〉　40000円　Ⓘ4-87582-399-1　Ⓝ029.1

国立国会図書館蔵書目録　明治期 著者名索引　国立国会図書館図書部編　国立国会図書館　1995.1　969p　31cm　〈発売：紀伊国屋書店〉　40000円　Ⓘ4-87582-400-9　Ⓝ029.1

全国地方史誌関係図書目録　国立国会図書館納本非流通図書　1995　クオリ　1996.11　137p　26cm　2884円

目次　北海道，青森県，岩手県，宮城県，秋田県，山形県，福島県，茨城県，栃木県，群馬県，埼玉県，千葉県，東京都，神奈川県〔ほか〕

内容　国立国会図書館の『日本全国書誌』(1995−1〜50)から，地方史誌および関係する図書を摘出し，県別市町村順に排列した図書目録。

全国地方史誌関係図書目録　国立国会図書館納本非流通図書　1998　クオリ　1999.12　143p　26cm　3000円

目次　北海道，青森県，岩手県，宮城県，秋田県，山形県，福島県，茨城県，栃木県，群馬県，埼玉県，千葉県，東京都，神奈川県，新潟県，富山県，石川県，福井県，山梨県，長野県，岐阜県，静岡県，愛知県，三重県，滋賀県，京都府，大阪府，兵庫県，奈良県，和歌山県，鳥取県，島根県，岡山県，広島県，山口県，徳島県，香川県，愛媛県，高知県，福岡県，佐賀県，長崎県，熊本県，大分県，宮崎県，鹿児島県，沖縄

内容　「日本全国書誌」(1998-1〜50)より，地方史誌および関係する図書を摘出し，その書誌情報の摘記を県別市町村順に配列した図書目録。

全国複製新聞所蔵一覧　平成5年7月1日現在　国立国会図書館逐次刊行物部編　国立国会図書館　1994.10　469p　26cm　Ⓘ4-87582-409-2　Ⓝ027.5

全国複製新聞所蔵一覧　平成5年7月1日現在　国立国会図書館逐次刊行物部編　国立国会図書館　1994.11　469p　27cm　〈発売：紀伊国屋書店〉　8550円　Ⓘ4-87582-409-2　Ⓝ027.5

◆◆東洋

<書　誌>

アジア資料通報　第37巻特集号　国立国会図書館所蔵・ベトナム語図書目録　国立国会図書館専門資料部アジア資料課編　国立国会図書館，紀伊国屋書店〔発売〕　1999.12　47p　30cm　2880円

目次　政治・法律・行政，経済・産業，社会・労働，教育，歴史・地理・文化，哲学・宗教，芸術，言語，文学，科学技術，学術一般・図書館・書誌

内容　国立国会図書館専門資料部アジア資料課において1992年3月から1999年12月までに整理したベトナム語図書298タイトルの目録。主題によってグループ分けして排列。各エントリーは記述部分とアクセスポイントのトレーシング部分を含む目録を記載した。巻末にアルファベット順の著者名・書名索引を付す。

アジア資料通報　第37巻第6号　国立国会図書館専門資料部アジア資料課編　国立国会図書館，紀伊国屋書店〔発売〕　1999.12　64p　30cm　2570円

目次　1 資料紹介(アジア資料室新着参考図書目録(1998.7〜1999.8))，2 日本語図書目録(中央アジア，西アジア，北アフリカ，アジア全般)，3 外国語図書目録(東南アジア)

内容　平成10年7月から平成11年8月までの間に，アジア資料室に新たに備え付けられたアジア関係の参考図書の紹介。収録数は，中国語図書83タイトル，朝鮮語55タイトル，日本語資料180タイトル，欧文資料50タイトル。掲載項目は，図書は書名，編著者，出版事項，形態，請求記号，年鑑類はタイトル，編著，出版事項，所蔵事項，請求記号。

アジア資料通報　第38巻第1号　国立国会図書館専門資料部アジア資料課編　国立国会図書館，紀伊国屋書店〔発売〕　2000.2　64p　30cm　2570円　Ⓝ029.1

目次　1 資料紹介――明治・大正・昭和前期トルコ関係日本語文献目録，2 資料事情――関西地方のハングルを訪ねて，3 日本語図書目録(アジア全般(2)，北アジア，東アジア，コリア)，4 外国語図書目録(南アジア，中央アジア)

内容　国立国会図書館が収集したアジア関係の資料紹介・資料事情及び図書目録。資料紹介では明治・大正・昭和前期のトルコ関係日本語文献を紹介。図書目録は外国語図書，日本語図書を採録。各タイトルには書誌事項と国立国会図書館の請求記号を記載。

アジア資料通報　第38巻第4号　国立国会図書館専門資料部アジア資料課編　国立国会図書館，紀伊国屋書店〔発売〕　〔2000.10〕　64p　30cm　2570円

目次　1 資料紹介(戦前台湾で発行されていた日本語新聞)，2 日本語図書目録(中国，香港，台

湾), 3 外国語図書目録(アジア全般, 北アジア, 東アジア, コリア)

(内容)この通報は、国立国会図書館が収集したアジア関係の「図書目録」と「資料紹介」から成る。「図書目録」は外国語図書と日本語図書を採録、「資料紹介」には書誌・文献解題等を掲載した。

アジア資料通報　第39巻第1号　国立国会図書館専門資料部アジア資料課編　国立国会図書館, 紀伊国屋書店〔発売〕　2001.2　64p　30cm　2570円　Ⓝ029.1

(目次)1 資料紹介―国立国会図書館所蔵新着アジア言語逐次刊行物目録(2000.4～2000.12), 2 日本語図書目録―アジア全般, 3 外国語図書目録―東南アジア(2)

(内容)国立国会図書館が収集したアジア関係資料の書誌。「図書目録」と「資料紹介」からなる。「図書目録」は『国立国会図書館所蔵新着アジア言語逐次刊行物目録』の追録として、2000年(平成12年)4～12月に収集・整理したアジア言語の逐次刊行物138タイトルを収録。全体を中国語、朝鮮語、諸言語に分け、資料種ごとに掲載。記載事項は誌(紙)名、編者、出版者、(新聞)刊行頻度、所蔵巻号、請求記号、欠号、注記、資料形態。「資料紹介」では明治・大正・昭和前期のトルコ関係日本語文献を紹介。図書目録は外国語図書、日本語図書を採録。各タイトルには書誌事項と国立国会図書館の請求記号を記載。

アジア資料通報　第39巻第3号　国立国会図書館専門資料部アジア資料課編　国立国会図書館, 紀伊国屋書店〔発売〕　〔2001.7〕　64p　30cm　3440円　Ⓝ029.1

(目次)1 資料紹介(21世紀のジェトロ図書館を考える―アジア経済研究所図書館の現状と展望), 2 日本語図書目録(中国, 香港, 台湾, チベット, モンゴル), 3 外国語図書目録(中央アジア, 西アジア(1))

(内容)国立国会図書館が収集したアジア関係の書誌。「図書目録」と「資料紹介」で構成。「図書目録」には中国語・朝鮮語以外の外国語図書と日本語図書を採録し、「資料紹介」には書誌・文献解題等を掲載。

アジア資料通報　第39巻第4号　国立国会図書館専門資料部アジア資料課編　国立国会図書館, 紀伊国屋書店〔発売〕　2001.8　64p　30cm　3440円　Ⓝ029.1

(目次)1 資料事情(第5回日韓業務交流における韓国国立中央図書館の報告, 21世紀を迎えた国立中央図書館(基調報告), 韓国司書教育の現状と課題), 2 日本語図書目録(東南アジア, 南アジア, 中央アジア, 西アジア, 北アフリカ), 3 外国語図書目録(西アジア(2), 北アフリカ, アジア全般)

(内容)国立国会図書館が収集したアジア関係資料の書誌。第2部の図書目録では各タイトルに書誌事項と国立国会図書館の請求記号を記載。日英両文併記。

アジア資料通報　第39巻第5号　国立国会図書館専門資料部アジア資料課編　国立国会図書館, 紀伊国屋書店〔発売〕　2001.10　64p　30cm　3440円　Ⓝ029.1

(目次)1 資料紹介(アジア資料室新着参考図書目録(2000.11～2001.8)), 2 日本語図書目録(アジア全般, 北アジア, 東アジア), 3 外国語図書目録(北アジア)

(内容)国立国会図書館が収集したアジア関係資料の書誌。資料紹介と図書目録で構成する。

アジア資料通報　第39巻第6号　国立国会図書館専門資料部アジア資料課編　国立国会図書館, 紀伊国屋書店〔発売〕　2001.12　64p　30cm　3440円　Ⓝ029.1

(目次)1 資料事情(アジア関係機関との懇談会, 国立国会図書館関西館(仮称)の概要について, 関西館(仮称)開館後における国立国会図書館のアジア情報サービス, ジェトロ図書館の現状、課題、展望 ほか), 2 日本語図書目録(コリア), 3 外国語図書目録(東アジア, コリア)

(内容)国立国会図書館が収集したアジア関係資料の書誌。資料事情9編、日本語図書目録(コリア)、外国語図書目録(東アジア, コリア)で構成する。

アジア資料通報　第40巻第1号　国立国会図書館専門資料部アジア資料課編　国立国会図書館, 紀伊国屋書店〔発売〕　2002.2　64p　30cm　〈本文：日英両文〉　3440円　Ⓝ029.1

(目次)1 資料紹介, 2 日本語図書目録(中国, 香港, 台湾), 3 外国語図書目録(中国)

(内容)国立国会図書館が収集したアジア関係資料の書誌。書誌・文献解題等を掲載した「資料目録」、外国語図書と日本語図書を採録した「図書目録」とで構成。本号をもって終刊となり、資料紹介の後に総索引がある。

国立国会図書館漢籍目録索引　国立国会図書館図書部編　国立国会図書館　1995.3

24,1180p　27cm　①4-87582-344-4　⑩029.1

国立国会図書館漢籍目録索引　国立国会図書館図書部編　国立国会図書館　1995.6　24,1180p　27cm　〈発売：紀伊國屋書店〉　58000円　①4-87582-344-4　⑩029.1

国立国会図書館所蔵アジア言語逐次刊行物目録　平成7年3月末現在　国立国会図書館専門資料部編　国立国会図書館　1996.9　247p　26cm　①4-87582-486-6　⑩027.5

国立国会図書館所蔵 アジア言語逐次刊行物目録　平成7年3月末現在　国立国会図書館，紀伊國屋書店〔発売〕　1996.12　247p　26cm　10500円　①4-87582-486-6，ISSN1342-4696

(目次)中国語雑誌，中国語雑誌総目次・総索引一覧，中国語年鑑類，中国語新聞，中国語新聞記事目録・索引一覧，朝鮮語雑誌，朝鮮語雑誌総目次・総索引一覧，朝鮮語年鑑類，朝鮮語新聞，朝鮮語新聞総目次・総索引一覧，諸言語雑誌・年鑑・新聞

(内容)国立国会図書館が所蔵する，日本語を除くアジア地域の各言語で書かれた逐次刊行物を対象とした目録。収録範囲は，同館が平成7年3月までに収集，整理をおえたもの。収録数は，中国語，朝鮮語，ベトナム語，アラビア語など，30言語，5,717タイトル。排列は，中国語については欧文誌名のアルファベット順，次に漢字誌名の五十音順。朝鮮語については漢字誌名の五十音順，次に欧文誌名のアルファベット順，ハングル誌名のカカナダ順。諸言語については誌名の冒頭の冠詞を除く，大文字で始まる語のみを対象に，アルファベット順に排列。

国立国会図書館所蔵 中国語・朝鮮語雑誌新聞目録　昭和63年末現在　国立国会図書館専門資料部編　国立国会図書館　1990.6　152p　26cm　①4-87582-264-2　⑩027.5

国立国会図書館所蔵 中国語・朝鮮語雑誌新聞目録　昭和63年末現在　国立国会図書館専門資料部編　国立国会図書館　1991.4　152p　26cm　〈発売：紀伊國屋書店〉　5610円　①4-87582-264-2　⑩027.5

(内容)中国語雑誌2,484タイトル，新聞169タイトル，朝鮮語雑誌1,218タイトル，新聞56タイトルを収録。

国立国会図書館所蔵 中国語・朝鮮語雑誌新聞目録　平成3年末現在　国立国会図書館専門資料部編　国立国会図書館　1993.6

174p　26cm　①4-87582-354-1　⑩027.5

国立国会図書館所蔵 中国語・朝鮮語雑誌新聞目録　平成3年末現在　国立国会図書館専門資料部編　国立国会図書館，紀伊國屋書店〔発売〕　1993.7　174p　26cm　6770円　①4-87582-354-1　⑩027.5

(内容)国立国会図書館が所蔵する，中国語・朝鮮語で書かれた雑誌および新聞の目録。帝国図書館旧蔵書を含め，1991年末までに収集・整理の終わった中国語雑誌2775，同新聞228，朝鮮語雑誌1363，新聞61点を収録。中国語・朝鮮語それぞれの，雑誌総目次・総索引一覧，新聞総目次・総索引一覧を付載する。旧版(1988年末現在)の増補改訂版にあたる。

国立国会図書館所蔵 中国語・朝鮮語増加図書目録　第99号　国立国会図書館専門資料部編　国立国会図書館，紀伊國屋書店〔発売〕　2000.12　65p　26cm　5370円　①ISSN1343-1374　⑩029.11

(目次)中国語図書，朝鮮語図書

(内容)国立国会図書館所蔵の中国語、朝鮮語図書の目録。平成11年に整理された中国語図書904タイトル1012冊、朝鮮語図書222タイトル287冊を収録。中国語図書は訓令式によるアルファベット順に排列。朝鮮語図書については漢字書名・ハングル書名ともハングル字母順。欧文で始まる書名はアルファベット順に排列し、ハングル字母順の前に掲載する。

国立国会図書館所蔵 中国語・朝鮮語増加図書目録　第100号　国立国会図書館専門資料部編　国立国会図書館，紀伊國屋書店〔発売〕　2002.1　101p　26cm　7760円　①ISSN1343-1374

国立国会図書館所蔵 中国語・朝鮮語図書速報　第90・91号　国立国会図書館専門資料部編　国立国会図書館，紀伊國屋書店〔発売〕　1994.7　71p　26cm　5220円

(内容)国立国会図書館のアジア資料室で閲覧に供される中国語および朝鮮語の図書目録。第90・91号では、平成5年1月から12月までに整理した図書を収録する。

◆◆西洋

<書　誌>

海外科学技術資料受入目録　1992　国立国会図書館専門資料部編　国立国会図書館，紀

伊国屋書店〔発売〕 1993.12 439p 26cm 25600円

⊕(目次)第1部 テクニカル・リポート，第2部 マサチューセッツ工科大学博士論文，第3部 ヨーロッパ博士論文

⊕(内容)国立国会図書館が平成3年度中に収集整理した、テクニカル・リポート、学協会ペーパー、博士論文等の受入資料一覧。

海外科学技術資料受入目録 1993 国立国会図書館専門資料部編 国立国会図書館，紀伊国屋書店〔発売〕 1994.6 411p 26cm 26200円

⊕(目次)第1部 テクニカル・リポート類，第2部 マサチューセッツ工科大学博士論文，第3部 ヨーロッパ博士論文

⊕(内容)国立国会図書館が平成4年度中に収集整理した、テクニカル・リポート、学協会ペーパー、博士論文等の受入資料一覧。

国立国会図書館所蔵外国逐次刊行物目録 追録 1993年1月〜1994年6月 国立国会図書館収集部編 国立国会図書館，紀伊国屋書店〔発売〕 1994.9 309p 30cm 〈追録のみ無料〉 0円 ⓘ4-87582-403-3

⊕(内容)『国立国会図書館所蔵外国逐次刊行物目録 1992年末現在』の6ヶ月ごとの追録。1993年1月から1994年6月末までに整理を終えたものを収録する。欧文逐次刊行物と外国刊行日本語逐次刊行物からなり、排列および記載は上記『外国逐次刊行物目録 1992年末現在』に従う。

国立国会図書館所蔵外国逐次刊行物目録 追録 1997年1月〜6月 国立国会図書館編 国立国会図書館，紀伊国屋書店〔発売〕 1997.8 97p 30cm 24200円 ⓘ4-87582-505-6,ISSN0915-2415

⊕(内容)『国立国会図書館所蔵外国逐次刊行物目録 1996年末現在』の追録で、1997年1月から6月末までに整理を終えたものを収録する。

国立国会図書館所蔵図書館関係洋図書目録 国立国会図書館図書館協力部編 国立国会図書館 1991.7 374p 26cm ⓘ4-87582-214-6 Ⓝ010.31

⊕(内容)国立国会図書館が所蔵する図書館関係の単行本とこれに準ずる逐次刊行物（年2回より刊行頻度の低いもの）のうち、帝国図書館時代から1986年8月までに整理された約6,100点を、基本記入の標目のアルファベット順に排列。

国立国会図書館所蔵 洋図書目録 昭和61年9月〜平成2年12月 科学技術、学術一般 国立国会図書館収集部編 国立国会図書館，紀伊国屋書店〔発売〕 1992.3 p3791〜5080 30cm 32000円 ⓘ4-87582-321-5

国立国会図書館所蔵 洋図書目録 昭和61年9月〜平成2年12月 書名索引 国立国会図書館収集部編 国立国会図書館，紀伊国屋書店〔発売〕 1992.3 903p 30cm 20000円 ⓘ4-87582-324-X

国立国会図書館所蔵 洋図書目録 昭和61年9月〜平成2年12月 著者名索引 国立国会図書館収集部編 国立国会図書館，紀伊国屋書店〔発売〕 1992.3 2冊（セット） 30cm 39000円 ⓘ4-87582-322-3

国立国会図書館所蔵 洋図書目録 平成3年 国立国会図書館収集部編 国立国会図書館，紀伊国屋書店〔発売〕 1992.6 1762p 30cm 36000円 ⓘ4-4-87582-330-4

国立国会図書館所蔵 洋図書目録 平成6年（1994） 国立国会図書館，紀伊国屋書店〔発売〕 1995.3 1514p 30cm 28000円 ⓘ4-87582-414-9

⊕(内容)国立国会図書館が所蔵する洋書の増加図書目録。平成6年1月から12月までに整理された1万3161件を収録する。排列は同館の分類表に拠る。

国立国会図書館所蔵洋図書目録 平成10年（1998） 国立国会図書館収集部編 国立国会図書館，紀伊国屋書店〔発売〕 1999.3 1562p 30cm 28000円 ⓘ4-87582-544-7, ISSN0917-7477

⊕(目次)政治・法律・行政，経済・産業，社会・労働，教育，歴史・地理，哲学・宗教，芸術・言語・文学，科学技術，学術一般・ジャーナリズム・図書館・書誌

⊕(内容)国立国会図書館が所蔵する洋書の増加図書目録。平成10年1月から12月までに整理された12970件を収録する。排列は同館の分類表に拠る。著者名索引、書名索引付き。

国立国会図書館蔵書目録 洋書編 昭和23年〜昭和61年8月 第1巻 DDC分類の部（昭和23年〜昭和43年3月）人文科学 国立国会図書館図書部編 紀伊国屋書店 1990.11 1148p 31cm 〈英語書名：National Diet Library foreign books catalog〉 49000円 Ⓘ4-314-10038-9 Ⓝ029.1

国立国会図書館蔵書目録 洋書編 昭和23年～昭和61年8月 第2巻 DDC分類の部（昭和23年～昭和43年3月）社会科学 国立国会図書館図書部編 紀伊国屋書店 1991.2 p1149～2346 31cm 〈英語書名：National Diet Library foreign books catalog〉 51000円 Ⓘ4-314-10039-7 Ⓝ029.1

国立国会図書館蔵書目録 洋書編 昭和23年～昭和61年8月 第3巻 DDC分類の部（昭和23年～昭和43年3月）自然科学 国立国会図書館図書部編 紀伊国屋書店 1991.3 p2347～3098 31cm 〈英語書名：National Diet Library foreign books catalog〉 32000円 Ⓘ4-314-10040-0 Ⓝ029.1

国立国会図書館蔵書目録 洋書編 昭和23年～昭和61年8月 第4巻 NDLC分類の部（昭和43年4月～昭和61年8月）政治・法律 国立国会図書館図書部編 紀伊国屋書店 1991.6 p3099～4296 31cm 〈英語書名：National Diet Library foreign books catalog〉 51000円 Ⓘ4-314-10041-9 Ⓝ029.1

国立国会図書館蔵書目録 洋書編 昭和23年～昭和61年8月 第5巻 NDLC分類の部（昭和43年4月～昭和61年8月）経済・産業 国立国会図書館図書部編 紀伊国屋書店 1991.7 p4297～5192 31cm 〈英語書名：National Diet Library foreign books catalog〉 39000円 Ⓘ4-314-10042-7 Ⓝ029.1

国立国会図書館蔵書目録 洋書編 昭和23年～昭和61年8月 第6巻 NDLC分類の部（昭和43年4月～昭和61年8月）社会・労働、教育 国立国会図書館図書部編 紀伊国屋書店 1991.9 p5193～5845 31cm 〈英語書名：National Diet Library foreign books catalog〉 46000円 Ⓘ4-314-10043-5 Ⓝ029.1

国立国会図書館蔵書目録 洋書編 昭和23年～昭和61年8月 第7巻 NDLC分類の部（昭和43年4月～昭和61年8月）歴史・地理、哲学・宗教、芸術・言語・文学、学術一般 国立国会図書館図書部編 紀伊国屋書店 1991.10 p5847～7461 31cm 〈英語書名：National Diet Library foreign books catalog〉 84000円 Ⓘ4-314-10044-3 Ⓝ029.1

国立国会図書館蔵書目録 洋書編 昭和23年～昭和61年8月 第8巻 NDLC分類の部（昭和43年4月～昭和61年8月）科学技術1 国立国会図書館図書部編 紀伊国屋書店 1992.1 p7463～8264 31cm 〈英語書名：National Diet Library foreign books catalog〉 51000円 Ⓘ4-314-10045-1 Ⓝ029.1

国立国会図書館蔵書目録 洋書編 昭和23年～昭和61年8月 第9巻 NDLC分類の部（昭和43年4月～昭和61年8月）科学技術2 国立国会図書館図書部編 紀伊国屋書店 1992.2 p8265～8830 31cm 〈英語書名：National Diet Library foreign books catalog〉 45000円 Ⓘ4-314-10046-X Ⓝ029.1

国立国会図書館蔵書目録 洋書編 昭和23年～昭和61年8月 著者名索引 国立国会図書館図書部編 紀伊国屋書店 1993.1 1079p 31cm 〈英語書名：National Diet Library foreign books catalog〉 97000円 Ⓘ4-314-10047-8 Ⓝ029.1

◆**公共図書館**

<書 誌>

伊東市立伊東図書館郷土資料目録 平成2年度版 伊東市立伊東図書館編 〔（伊東）〕伊東市立伊東図書館 1991.3 121p 26cm Ⓝ025.8154
内容 平成3年3月上旬現在の2,267点を収録。木下杢太郎、温泉、小田原以西や伊豆諸島の関係資料は、各々を別建てにしている。

大田栄太郎文庫目録 富山県立図書館編 （富山）富山県立図書館 1992.2 117p 26cm Ⓝ029.9

鹿児島県郷土資料総合目録 公共図書館所蔵編 第2集 昭和53年4月1日～昭和63年3月31日 鹿児島県立図書館編 （鹿児島）鹿児島県立図書館 1991.3 608,169p 26cm 非売品 Ⓝ025.9197

㊤昭和53年4月1日から63年3月31日の13,392点を収録。

熊本研究文献目録　人文編 1　熊本県企画開発部文化企画室編　（熊本）熊本県　1990.3　240p　26cm　〈熊本県内発行雑誌（1945～1989）〉　Ⓝ025.8194
㊤熊本県立図書館所蔵の1945～1989年の雑誌類77種より採録した4,200件余の分類目録。熊本全域と11地域に大別し、各地域を内容により、考古、通史、古代、中世、近代、民俗、地誌、人物の9分野に分類し、その中をさらに分類細分している。細分では、天草・島原の乱、西南戦争の項も設定。

熊本研究文献目録　人文編 2　熊本県企画開発部文化企画室編　（熊本）熊本県　1992.3　391p　26cm　〈熊本県外発行雑誌（明治～1989）〉　Ⓝ025.8194

小西文庫和漢書目録　青柳・今泉・大槻・養賢堂文庫和漢書目録　宮城県図書館編　宮城県図書館編　大空社　1999.1　134,86p　27cm　（国書目録叢書 33）　〈複製〉　8000円　ⓘ4-283-00002-7　Ⓝ029.923

静岡県立葵文庫和漢図書目録 久能文庫之部・郷土志料之部　静岡県立中央図書館久能文庫目録　静岡県立葵文庫編　静岡県立中央図書館編　大空社　1997.2　1冊　27cm　（国書目録叢書 7）　〈合本複製〉　10000円　ⓘ4-7568-0367-9　Ⓝ029.954

静岡県立葵文庫和漢図書目録　追加之部 第1　静岡県立葵文庫編　大空社　1997.2　193,58p　27cm　（国書目録叢書 8）　〈昭和4年刊の複製〉　9000円　ⓘ4-7568-0368-7　Ⓝ029.2154

静岡県立葵文庫和漢図書目録　追加之部 第2　静岡県立葵文庫編　大空社　1997.2　238,64p　27cm　（国書目録叢書 9）　〈昭和8年刊の複製〉　10000円　ⓘ4-7568-0369-5　Ⓝ029.2154

静岡県立葵文庫和漢図書目録 追加之部 第3 江戸幕府旧蔵図書目録―葵文庫目録　静岡県立葵文庫編　静岡県立中央図書館編　大空社　1997.2　194,65,96p　27cm　（国書目録叢書 10）　〈静岡県立葵文庫昭和12年刊および静岡県立中央図書館昭和45年刊の合本複製〉　12000円　ⓘ4-7568-0370-9　Ⓝ029.2154

静岡県立葵文庫和漢図書目録 1　静岡県立葵文庫編　大空社　1997.2　284p　27cm　（国書目録叢書 5）　〈大正15年刊の複製〉　10000円　ⓘ4-7568-0365-2　Ⓝ029.2154

静岡県立葵文庫和漢図書目録 2　静岡県立葵文庫編　大空社　1997.2　272p　27cm　（国書目録叢書 6）　〈大正15年刊の複製〉　9000円　ⓘ4-7568-0366-0　Ⓝ029.2154

瀬戸内海に関する図書総合目録　海運の部　瀬戸内海関係資料連絡会議編　（広島）瀬戸内海関係資料連絡会議　1991.9　66p　26cm　〈担当館：広島県立図書館〉　Ⓝ025.8174
㊤瀬戸内海関係資料連絡会議参加館の岡山総合文化センター、山口県立山口、香川県立、愛媛県立、大分県立大分、広島県立の各図書館の所蔵図書752タイトルの総合目録。平成3年7月末現在による。水軍、および、瀬戸内海に注ぐ川の水運に関するものも含む。図書収載の部分的関連記事も採録している。巻末に五十音順書名索引と各館利用案内がある。

瀬戸内海に関する図書総合目録　県郡・市町村史誌の部　瀬戸内海関係資料連絡会議編　（広島）瀬戸内海関係資料連絡会議　1992.10　152p　26cm　〈担当館：広島県立図書館〉
㊤瀬戸内海関係資料連絡会議参加館の岡山総合文化センター、山口県立山口、香川県立、愛媛県立、大分県立大分、広島県立の各図書館の所蔵図書の総合目録。

伊達文庫目録　宮城県図書館編　大空社　1999.1　349p　27cm　（国書目録叢書 34）　〈昭和62年刊の複製〉　11000円　ⓘ4-283-00003-5　Ⓝ029.923

田無市立図書館所蔵郷土・行政資料目録　1990年4月1日現在　田無市立図書館編　（田無）田無市立図書館　1991.1　169p　26cm　Ⓝ025.8136
㊤1975年8月開館後の3,457件を収載。書名索引を付す。

東京都立日比谷図書館児童図書目録　書名索引 1991　東京都立日比谷図書館編　東京都立日比谷図書館　1992.3　6冊　27cm　〈1991年10月15日現在〉
㊤平成3年10月15日迄に受入整理した児童図書（和書）6万2435冊を収録した蔵書目録。書名索引は、本書名、叢書名（下位叢書名を含む）、

内容細目の各書名から検索可能。五十音順排列で書誌事項の記載もあり、書名目録としても使える。

東京都立日比谷図書館児童図書目録　著者名索引　東京都立日比谷図書館編　東京都立日比谷図書館　1992.10　2冊　27cm

内容 平成3年10月15日迄に受入整理した児童図書(和書)6万2435冊を収録した蔵書目録。著者名索引は、本書名の著者の他、本シリーズの著者、内容細目の著者からも検索可能。五十音順排列で、書誌事項の記載もあり、著者名目録としても使える。

東京都立日比谷図書館児童図書目録　1991年10月15日現在　東京都立日比谷図書館編　東京都立日比谷図書館　1992.10　3冊　27cm

内容 平成3年10月15日迄に受入整理した児童図書(和書)6万2435冊を収録した蔵書目録。本篇3分冊は、日本十進分類法(新訂6版)及びK(研究書)、E(絵本)、M(漫画)、の児童資料室独自の分類により、分類順、同一分類内は受入番号順により排列する。多巻ものの図書も各冊単位で収録され、詳細な書誌事項が記載されている。内容細目では、文学全集や昔話・民話集等などは収録作品の全てが一覧出来る。

栃木県立図書館所蔵黒崎文庫目録　義太夫浄瑠璃本目録—鶴沢清六遺文庫ほか／野沢吉兵衛遺文庫　名古屋大学蔵書目録—古書の部第1集神宮皇学館文庫　栃木県立図書館編　大阪市立中央図書館編　名古屋大学附属図書館編　大空社　1998.5　1冊　27cm　〈国書目録叢書26〉〈複製〉　11000円　Ⓘ4-7568-0699-6　Ⓝ029

長野県郷土資料総合目録　八十二文化財団編　(長野)八十二文化財団　1991.10　3冊(別冊とも)　27cm　〈別冊(1332p):索引〉　Ⓝ025.8152

内容 長野県内40公共図書館の総合目録。平成3年6月30日現在、コンピュータ入力ずみの64,395タイトルを収載。古文書類を除く図書、およびこれに準ずるものに限定。上巻(総記、哲学、歴史、社会科学)、下巻(自然科学、技術・工学、産業、芸術・美術、言語、文学)、索引(書名、著者名)よりなる。

八戸市立図書館国書分類目録　1・2　八戸市立図書館編　大空社　1999.1　142,204p　27cm　〈国書目録叢書31〉〈1(昭和53年刊)と2(昭和56年刊)の合本複製〉　10000円　Ⓘ4-283-00000-0　Ⓝ029.2121

八戸市立図書館国書分類目録 3　弘前大学附属図書館山本文庫目録・田名部文庫目録　八戸市立図書館編　弘前大学附属図書館編　大空社　1999.1　1冊　27cm　〈国書目録叢書32〉〈複製〉　10000円　Ⓘ4-283-00001-9　Ⓝ029.2121

羽仁五郎文庫新聞スクラップ目録　藤沢市総合市民図書館編　(藤沢)藤沢市総合市民図書館　1992.3　135p　26cm　Ⓝ027.5

羽仁五郎文庫パンフレット目録　藤沢市総合市民図書館編　(藤沢)藤沢市総合市民図書館　1992.3　101p　26cm　Ⓝ029.9

半田市立図書館蔵書目録　和装本編　半田市立図書館編　(半田)半田市立図書館　1992.1　191p　26cm　〈参考文献一覧:p190〉　Ⓝ029.2

弘前図書館蔵書目録　和装本の部　その1・2　弘前市立図書館編　大空社　1997.2　130,23,141p　27cm　〈国書目録叢書1〉〈その1(昭和42年刊)とその2(昭和51年刊)の合本複製〉　10000円　Ⓘ4-7568-0361-X　Ⓝ029.2121

弘前図書館蔵書目録 和装本の部 その3・4　秋田県立秋田図書館蔵時雨庵文庫目録　弘前市立図書館編　秋田県立秋田図書館編　大空社　1997.2　1冊　27cm　〈国書目録叢書2〉〈複製〉　10000円　Ⓘ4-7568-0362-8　Ⓝ029.2121

三原図書館古書目録　熊谷市立熊谷図書館和漢書目録　尾道市立尾道図書館古和書漢籍目録　富山県立図書館所蔵志田文庫目録　三原図書館編　熊谷市立熊谷図書館編　尾道市立尾道図書館編　富山県立図書館編　大空社　1998.5　1冊　27cm　〈国書目録叢書27〉〈複製〉　12000円　Ⓘ4-7568-0700-3　Ⓝ029

宮城県図書館漢籍分類目録　宮城県図書館編　大空社　1999.1　1冊　27cm　〈国書目録叢書36〉〈昭和60年刊の複製〉　14000円　Ⓘ4-283-00005-1　Ⓝ029.2123

宮城県図書館和古書目録　宮城県図書館編　大空社　1999.1　458p　27cm　〈国書目録叢

書 35）〈平成3年刊の複製〉 14000円 ①4-283-00004-3 Ⓝ029.2123

4NW合同蔵書目録 朝霞・入間・川越・比企 参考図書編 新谷保人編 （〔新座〕）スワン社 1992.3 316p 26cm Ⓝ029.7

◆団体・企業内の図書館

<書誌>

財団法人大橋図書館洋書目録 ゆまに書房 1997.11 135,28p 27cm （書誌書目シリーズ 45 大橋図書館蔵書目録 第5巻）〈大橋図書館明治42年刊の複製〉 12000円 ①4-89714-284-9 Ⓝ029.21

財団法人大橋図書館和漢図書分類増加目録 上 ゆまに書房 1997.11 266p 27cm （書誌書目シリーズ 45 大橋図書館蔵書目録 第3巻）〈大橋図書館大正1年刊の複製〉 14000円 ①4-89714-282-2 Ⓝ029.21

財団法人大橋図書館和漢図書分類増加目録 下 ゆまに書房 1997.11 p267-418,137p 27cm （書誌書目シリーズ 45 大橋図書館蔵書目録 第4巻）〈大橋図書館大正1年刊の複製 索引あり〉 14000円 ①4-89714-283-0 Ⓝ029.21

財団法人大橋図書館和漢図書分類目録 上 ゆまに書房 1997.11 17,304p 27cm （書誌書目シリーズ 45 大橋図書館蔵書目録 第1巻）〈大橋図書館明治40年刊の複製〉 15000円 ①4-89714-280-6 Ⓝ029.21

財団法人大橋図書館和漢図書分類目録 下 ゆまに書房 1997.11 p305-510,150p 27cm （書誌書目シリーズ 45 大橋図書館蔵書目録 第2巻）〈大橋図書館明治40年刊の複製 索引あり〉 15000円 ①4-89714-281-4 Ⓝ029.21

満鉄大連図書館蔵書目録 第1巻 和漢図書分類目録 総記 ゆまに書房 1998.7 450,66p 26cm （書誌書目シリーズ） 21000円 ①4-89714-492-2
内容「南満州鉄道株式会社大連図書館和漢図書分類目録 第1編 総記（昭和2年3月31日現在）」（満鉄大連図書館編・刊）、「南満州鉄道株式会社大連図書館和漢図書分類目録 第1編追録 総記（昭和2年4月1日‐昭和11年3月31日）」（満鉄大連図書館編・刊 昭和12年3月4日）の復刻版。和漢図書分類表、書名索引付き。

満鉄大連図書館蔵書目録 第2巻 和漢図書分類目録 宗教・哲学・教育 ゆまに書房 1998.7 673,97p 26cm （書誌書目シリーズ） 20000円 ①4-89714-493-0
内容「南満州鉄道株式会社大連図書館和漢図書分類目録 第2編 宗教 哲学 教育（昭和2年3月31日現在）」（満鉄大連図書館編・刊）の復刻版。和漢図書分類表、書名索引付き。

満鉄大連図書館蔵書目録 第3巻 和漢図書分類目録 宗教・哲学・教育 追録 ゆまに書房 1998.7 1冊 26cm （書誌書目シリーズ） 12000円 ①4-89714-494-9
内容「南満州鉄道株式会社大連図書館和漢図書分類目録 第2編追録 宗教 哲学 教育（昭和2年4月1日‐昭和11年3月31日）」（満鉄大連図書館編・刊 昭和12年3月4日）の復刻版。和漢図書分類表、書名索引付き。

満鉄大連図書館蔵書目録 第4巻 和漢図書分類目録 文学・語学 ゆまに書房 1998.7 1冊 26cm （書誌書目シリーズ） 25000円 ①4-89714-495-7
内容「南満州鉄道株式会社大連図書館和漢図書分類目録 第3編 文学 語学（昭和2年3月末日現在）」（満鉄大連図書館編・刊 昭和6年11月30日）の復刻版。和漢図書分類表、書名索引付き。

満鉄大連図書館蔵書目録 第5巻 和漢図書分類目録 文学・語学 追録 ゆまに書房 1998.7 1冊 26cm （書誌書目シリーズ） 16000円 ①4-89714-496-5
内容「南満州鉄道株式会社大連図書館和漢図書分類目録 第3編追録 文学 語学（昭和2年4月1日‐昭和11年3月31日）」（満鉄大連図書館編・刊 昭和12年3月12日）の復刻版。和漢図書分類表、書名索引付き。

満鉄大連図書館蔵書目録 第6巻 和漢図書分類目録 歴史・伝記・地誌 ゆまに書房 1998.7 1冊 26cm （書誌書目シリーズ） 18000円 ①4-89714-497-3
内容「南満州鉄道株式会社大連図書館和漢図書分類目録 第4編 歴史 伝記 地誌（昭和2年3月末日現在）」（満鉄大連図書館編・刊 昭和8年3月20日）の復刻版。和漢図書分類表、書名索引付き。

満鉄大連図書館蔵書目録 第7巻 和漢図書分類目録 歴史・伝記・地誌 追録 ゆまに書房 1998.7 1冊 26cm （書誌書目

シリーズ）　11000円　①4-89714-498-1

内容「南満州鉄道株式会社大連図書館和漢図書分類目録 第4編追録 歴史 伝記 地誌（昭和2年4月1日 - 昭和11年3月31日）」（満鉄大連図書館編・刊 昭和12年3月15日）の復刻版。和漢図書分類表、書名索引付き。

満鉄大連図書館蔵書目録　第8巻　和漢図書分類目録 政治・法律・経済・財政・社会・家事・統計・植民　ゆまに書房
　1998.7　7,314,65p　26cm　（書誌書目シリーズ）　15000円　①4-89714-499-X

内容「南満州鉄道株式会社大連図書館和漢図書分類目録 第5編 政治 法律 経済 財政 社会 家事 統計 植民（昭和2年3月末現在）」（満鉄大連図書館編・刊 昭和8年8月10日）の復刻版。和漢図書分類表、書名索引付き。

満鉄大連図書館蔵書目録　第9巻　和漢図書分類目録 政治・法律・経済・財政・社会・家事・統計・植民 追録　ゆまに書房
　1998.7　1冊　26cm　（書誌書目シリーズ）　21000円　①4-89714-500-7

内容「南満州鉄道株式会社大連図書館和漢図書分類目録 第5編追録 政治 法律 経済 財政 社会 家事 統計 植民（昭和2年4月1日 - 昭和11年3月31日）」（満鉄大連図書館編・刊 昭和12年3月20日）の復刻版。和漢図書分類表、書名索引付き。

満鉄大連図書館蔵書目録　第10巻　和漢図書分類目録 数学・理学・医学・工学・兵事　ゆまに書房　1998.7　10,368,48p　26cm　（書誌書目シリーズ）　17000円　①4-89714-501-5

内容「南満州鉄道株式会社大連図書館和漢図書分類目録 第6編上冊 数学 理学 医学 工学 兵事（昭和8年12月31日現在）」（満鉄大連図書館編・刊 昭和10年3月20日）の復刻版。和漢図書分類表、書名索引付き。

満鉄大連図書館蔵書目録　第11巻　和漢図書分類目録 美術・音楽・演芸・運動 10・11巻追録　ゆまに書房　1998.7　1冊　26cm　（書誌書目シリーズ）　16000円　①4-89714-502-3

内容「南満州鉄道株式会社大連図書館和漢図書分類目録 第6編下冊 美術 音楽 演芸 運動（昭和8年12月31日現在）」（満鉄大連図書館編・刊 昭和10年1月10日）、「南満州鉄道株式会社大連図書館和漢図書分類目録 第6編追録 数学 理学 医学 工学 兵事（昭和9年1月1日 - 昭和11年3月31

日）」（満鉄大連図書館編・刊 昭和13年2月5日）の復刻版。和漢図書分類表、書名索引付き。

満鉄大連図書館蔵書目録　第12巻　和漢図書分類目録 産業・交通・通信　ゆまに書房　1998.7　12,461,11p　26cm　（書誌書目シリーズ）　21000円　①4-89714-503-1

内容「南満州鉄道株式会社大連図書館和漢図書分類目録 第7編 産業 交通 通信（昭和8年12月31日現在）」（満鉄大連図書館編・刊 昭和11年3月25日）、「南満州鉄道株式会社大連図書館和漢図書分類目録 第7編追録 産業 交通 通信（昭和9年1月1日 - 昭和11年3月31日）」（満鉄大連図書館編・刊 昭和11年11月5日）の復刻版。和漢図書分類表、書名索引付き。

満鉄大連図書館蔵書目録　第13巻　和漢図書分類目録 満州・蒙古　ゆまに書房
　1998.7　5,290,14p　26cm　（書誌書目シリーズ）　15000円　①4-89714-504-X

内容「南満州鉄道株式会社大連図書館和漢図書分類目録 第8編 満州 蒙古（昭和8年12月31日現在）」（満鉄大連図書館編・刊 昭和9年3月20日）、「南満州鉄道株式会社大連図書館和漢図書分類目録 第8編追録 満州 蒙古（昭和9年1月1日 - 昭和11年3月31日）」（満鉄大連図書館編・刊 昭和13年2月10日）の復刻版。和漢図書分類表、書名索引付き。

満鉄大連図書館蔵書目録　第14巻　増加図書分類目録 昭和11年度　ゆまに書房
　1998.11　1冊　27cm　（書誌書目シリーズ 47）　〈複製〉　24000円　①4-89714-506-6
　Ⓝ029.21

満鉄大連図書館蔵書目録　第15巻　増加図書分類目録 昭和12年度　ゆまに書房
　1998.11　1冊　27cm　（書誌書目シリーズ 47）　〈複製〉　19000円　①4-89714-507-4
　Ⓝ029.21

満鉄大連図書館蔵書目録　第16巻　増加図書分類目録 昭和12年度 索引　ゆまに書房　1998.11　130,94,139p　27cm　（書誌書目シリーズ 47）　〈複製〉　15000円　①4-89714-508-2　Ⓝ029.21

満鉄大連図書館蔵書目録　第17巻　増加図書分類目録 昭和13年度　ゆまに書房
　1998.11　1冊　27cm　（書誌書目シリーズ 47）　〈複製〉　19000円　①4-89714-509-0
　Ⓝ029.21

満鉄大連図書館蔵書目録　第18巻　増加図書分類目録 昭和14年度　ゆまに書房　1998.11　1冊　27cm　〈書誌書目シリーズ47〉〈複製〉　20000円　Ⓘ4-89714-510-4　Ⓝ029.21

◆研究所・調査機関の図書館

<書　誌>

アジア経済研究所図書館新聞マイクロフィルム所蔵目録　2005年10月現在　アジア経済研究所図書館編　(千葉)日本貿易振興機構アジア経済研究所　2005.12　55p　30cm　〈他言語標題：Catalogue of newspapers on microform held in the IDE library　奥付のタイトル：アジア経済研究所新聞マイクロフィルム所蔵目録〉　1000円　Ⓘ4-258-17046-1　Ⓝ027.5

奄美関係蔵書目録　鹿児島経済大学地域総合研究所編　(鹿児島)鹿児島経済大学地域総合研究所　1990.3　75p　26cm　〈共同刊行：鹿児島経済大学図書館〉　Ⓝ025.8197
[内容]編者ならびに共同刊行者所蔵資料747点を収載。1989年3月現在。

沖縄協会資料室資料目録　1991年2月　沖縄協会編　沖縄協会　1991.3　204p　26cm　Ⓝ025.8199
[内容]沖縄協会資料室が平成3年1月までに収集した図書・雑誌約6,000冊の蔵書目録。分類は、一般図書、統計書・調査報告書、学会誌・紀要・調査機関誌、沖縄関係記事、特別資料で、その中をさらに分野別にしてある。

梧陰文庫総目録　国学院大学日本文化研究所編　東京大学出版会　2005.3　761p　27cm　〈肖像あり〉　28000円　Ⓘ4-13-026209-2　Ⓝ029.9361

号外所蔵目録　(京都)山名新聞歴史資料館　1991.9〜1992.1　5冊　37cm　全5000円　Ⓝ027.5
[目次]1 明治編、2 大正編、3 昭和戦前編、4 昭和戦後編、5 張出し速報・ナイター電送号外編

河野省三記念文庫目録　和装本之部　国学院大学日本文化研究所編　錦正社　1993.3　458p　27cm　20000円　Ⓘ4-7646-0235-0　Ⓝ029.9

国文学研究資料館蔵マイクロ資料目録縮刷版　12(1988年)　国文学研究資料館編　笠間書院　1990.2　1冊　23cm　6180円　Ⓝ910.31

国文学研究資料館蔵マイクロ資料目録縮刷版　13(1989年)　国文学研究資料館編　笠間書院　1991.2　1冊　23cm　〈付・書名索引(1976年—1988年)〉　8240円　Ⓝ910.31

国文学研究資料館蔵マイクロ資料目録縮刷版　14(1990年)　国文学研究資料館編　笠間書院　1992.3　702,32,134p　23cm　6695円　Ⓝ910.31

国文学研究資料館蔵　マイクロ資料目録縮刷版　15(1991年)　国文学研究資料館編　笠間書院　1993.2　1冊　21cm　5500円　Ⓘ4-305-70030-1　Ⓝ910.31
[内容]国文学研究資料館がマイクロ写真によって収集した日本の古典籍を収録した目録。1976年から毎年刊行されており、1991年中に整理をした資料を収録する。

国文学研究資料館蔵マイクロ資料目録縮刷版　16(1992年)　国文学研究資料館編　笠間書院　1994.2　1冊　23cm　6500円　Ⓘ4-305-70031-X
[内容]国文学研究資料館がマイクロ写真によって収集した日本の古典籍を収録した目録。1976年から毎年刊行されており、1992年中に整理をした資料を収録する。

国文学研究資料館蔵　マイクロ資料目録縮刷版　17(1993年)　国文学研究資料館編　笠間書院　1995.2　1冊　21cm　7000円　Ⓘ4-305-70032-8
[内容]国文学研究資料館がマイクロ写真によって収集した日本の古典籍を収録した目録。1976年から毎年刊行されているものの17冊目。1993年中に整理をした26文庫7641点が収録されている。書名による基本目録、叢書参照補遺、著者名索引、書名索引の4部構成をとる。書名・著者名などのほか、原本の所蔵者やフィルムの請求番号も記載。

国文学研究資料館蔵　マイクロ資料目録縮刷版　18　国文学研究資料館編　笠間書院　1996.2　1冊　21cm　6000円　Ⓘ4-305-70033-6
[内容]国文学研究資料館がマイクロ写真によって収集した資料のうち、1994年度中に整理した

22文庫、6049点を収録した目録。排列は統一書名の五十音順。目録中の叢書で内容細目の数が21以上のものについてその細目を示した「叢書参照補遺」がある。巻末に著者名索引と書名索引を付す。

国文学研究資料館蔵 マイクロ資料目録縮刷版 19　国文学研究資料館編　笠間書院　1997.3　1冊　21cm　6311円　Ⓘ4-305-70034-4

内容 国文学研究資料館がマイクロ写真によって収集した資料のうち、1995年度中に整理した28文庫、5212点を収録した目録。排列は統一書名の五十音順。目録中の叢書で内容細目の数が21以上のものについてその細目を示した叢書参照補遺がある。巻末に著者名索引と書名索引を付す。

国文学研究資料館蔵 マイクロ資料目録縮刷版 20　国文学研究資料館編　笠間書院　1998.2　1冊　21cm　5800円　Ⓘ4-305-70035-2

内容 国文学資料館がマイクロ写真によって収集した日本の古典籍を収録した目録、1996年度中に整理をした25文庫4952点を収録。

国文学研究資料館蔵 マイクロ資料目録縮刷版 21　国文学研究資料館編　笠間書院　1999.3　1冊　21cm　6500円　Ⓘ4-305-70036-0

内容 国文学研究資料館がマイクロ写真によって収集した資料のうち、1997年度中に整理した33文庫、5079点を収録した目録。排列は統一書名の五十音順。書名による基本目録、叢書参照補遺、著者名索引、書名索引の4部構成をとる。書名・著者名などのほか、原本の所蔵者やフィルムの請求番号も記載巻末に著者名索引と書名索引を付す。

国文学研究資料館蔵 マイクロ資料目録縮刷版 22　1998・1999　国文学研究資料館編　笠間書院　2000.9　1冊　21cm　7500円　Ⓘ4-305-70037-9　Ⓝ910.31

内容 国文学研究資料館がマイクロ写真によって収集した日本の古典籍の目録。書名（統一書名）による基本目録、叢書参照補遺、著者名索引、書名索引の4部から成り、1998年・1999年度中に整理した37文庫6564点を書名の五十音順に収録する。記載事項は書名、刊写の別、冊数、刊年、出版地、書肆名、叢書注記、合綴注記、所蔵者・所蔵者函架番号、請求記号。

古典籍総合目録　国書総目録続編　第2巻
国文学研究資料館編　岩波書店　1990.3　500p　26cm　20600円　Ⓘ4-00-008736-3　Ⓝ029

内容 国文学研究資料館が1980年度より全国各地の図書館・文庫等83ヵ所の所蔵目録により作成してきた古典籍（幕末までに成立した日本人の著作）の総合目録。『国書総目録』刊行後に作成された図書館・文庫等の所蔵目録に基づいて、『国書総目録』に未収載の図書館・文庫の所蔵書目を収めた。

古典籍総合目録　国書総目録続編　第3巻
国文学研究資料館編　岩波書店　1990.3　541p　26cm　20600円　Ⓘ4-00-008737-1　Ⓝ029

内容 本巻には、『古典籍総合目録』第1巻・第2巻に収録された書目と、その著者を検索するための書名索引、著者名索引及び叢書細目一覧を収めた。

向坂逸郎文庫目録　1　日本語図書分類順
法政大学大原社会問題研究所編　（町田）法政大学大原社会問題研究所　1992.3　476p　26cm　〈向坂逸郎の肖像あり〉　3000円　Ⓝ029.9

史料館収蔵史料総覧　国文学研究資料館史料館編　名著出版　1996.3　386p　26cm　9800円　Ⓘ4-626-01537-9

目次 第1部 所蔵・寄託史料，第2部 マイクロ収集史料

内容 国文学研究史料館が所蔵するほぼすべての史料について、出所別の文書群ごとに、出所情報・数量・年代・文書群の構造・内容等を記載したもの。所蔵史料393件のほか、寄託史料18件、マイクロフィルム史料118件の文書群を収録する。排列は所蔵・寄託史料およびマイクロフィルム史料に分け、それぞれ都道府県別に北から順の。内容は1994年度末現在。文書群を、その発生地の現在の地名から引ける「出所の現地名索引」（都道府県／郡市町村別）、五十音順の「出所の名称索引」「出所の旧地名索引」を巻末に付す。

高木健夫文庫目録　神奈川文学振興会編（横浜）神奈川文学振興会　1992.3　352p　27cm　（県立神奈川近代文学館収蔵文庫目録7）　Ⓝ029.9

東京大学史料編纂所写真帳目録　1　東京大学史料編纂所編　東京大学出版会　1997.2　199p　26cm　8000円　Ⓘ4-13-090901-0

⊕目次)総記，宗教，哲学・教育，文学・語学，歴史・地理，社会科学，自然科学・工学，芸術，産業
(内容)史料複製の主要な形態として東京大学史料編纂所が作成・所蔵してきている写真帳を，平成6年12月現在で収録した目録。

東京大学史料編纂所写真帳目録 2
東京大学史料編纂所編　東京大学出版会　1996.9　9,230p　27cm　8240円　④4-13-090902-9　Ⓝ210.031

東京大学史料編纂所写真帳目録 3
東京大学史料編纂所編　東京大学出版会　1996.3　354p　26cm　8755円　④4-13-090903-7

(内容)東京大学史料編纂所が所蔵するマイクロフィルム中の史料・図書目録。「総記・宗教ほか」「記録・日記・系譜」「古文書」の目録3冊と索引1冊で構成され，本書は「古文書目録編」にあたる。収録数はマイクロフィルム2880部の6675冊。排列は分類番号順。書名・著者名・撮影年・形態・請求番号等を表示する。

東京大学史料編纂所写真帳目録　索引
東京大学史料編纂所編　東京大学出版会　1997.10　279p　26cm　8000円　④4-13-090904-5

(内容)『東京大学史料編纂所写真帳目録』(第1冊総記・宗教ほか，第2冊史料・記録・日記・系譜、第3冊古文書)の索引。排列は五十音順で，史料名，請求番号，目録の収録冊次・頁数を記載する。

東京大学東洋文化研究所漢籍分類目録
東京大学東洋文化研究所著　汲古書院　1996.11　1冊　22cm　〈第2刷(第1刷：1981年)〉　20000円　④4-7629-1039-2　Ⓝ029.6

東京大学東洋文化研究所現代中国書分類目録
東京大学東洋文化研究所編　内山書店　1996.12　2冊(別冊とも)　27cm　〈別冊(45,897p)：索引〉　④4-900196-13-4　Ⓝ029.61361

東京大学東洋文化研究所現代中国書分類目録
東京大学東洋文化研究所編　内山書店　1996.12　2冊(別冊とも)　26cm　〈ソフトカバー〉　全19300円　④4-900196-13-4　Ⓝ029.61361

南山大学社会倫理研究所蔵書目録　1992
(〔名古屋〕)南山大学社会倫理研究所　1992.12　560p　26cm

(内容)和図書1106冊、洋図書3756冊および若干の逐次刊行物を収録。蔵書の内容はカトリック社会論，法哲学，経済倫理の三分野に力点を置いたものになっている。図書の排列は日本十進分類法第7版に準拠した請求番号順で，書名，著者名索引を付す。

南支調査会南方文庫目録　第1巻　南支調査会所属南方文庫所蔵図書目録　分冊第1・第2
宮里立士編集・解題　ゆまに書房　2013.1　501p　22cm　〈書誌書目シリーズ101〉〈南支調査会刊 昭和19年刊の複製〉　21000円　①978-4-8433-4145-2　Ⓝ029.6

(目次)分冊第一(南支四省)，分冊第二(支那一般)

南支調査会南方文庫目録　第2巻　南支調査会所属南方文庫所蔵図書目録　分冊第3・第4
宮里立士編集・解題　ゆまに書房　2013.1　559p　22cm　〈書誌書目シリーズ101〉〈南支調査会刊 昭和19年刊の複製〉　23000円　①978-4-8433-4146-9　Ⓝ029.6

(目次)分冊第三(仏領印度支那，泰，馬来，緬甸，印度，比律賓，ボルネオ，東印度諸島，ニューギニア，濠洲及新西蘭，太平洋及南洋一般)，分冊第四(日本，満洲，蒙疆，西比利亜，東亜一般，世界一般)

南支調査会南方文庫目録　第3巻　南支調査会所属南方文庫所蔵図書目録　分冊第5　南支調査会紀要―解題
宮里立士編集・解題　ゆまに書房　2013.1　271p　22cm　〈書誌書目シリーズ101〉〈南支調査会刊 昭和19年刊の複製〉　16000円　①978-4-8433-4147-6　Ⓝ029.6

(目次)分冊第五(華文小叢書目録，華文定期刊行物目録，邦文定期刊行物目録，年鑑年報類目録，統計類目録，辞典，字書，会話，語学類目録，職員録，人名録，地名・人名辞典類(興信録，団体名簿等一切)，図書目録，文献目録，索引類，地図，写真，画報その他，唐本類目録)，南支調査会紀要

日中文庫目録
国際日本文化研究センター編　(京都)国際日本文化研究センター　2011.3　349p　26cm　〈他言語標題：The Japan-China library collection catalogue　奥付の責任表示・出版者(誤植)：国際日本文化センター〉　①978-4-901558-55-6　Ⓝ029.6

(目次)日中歴史研究センター旧蔵書の受け入れ，年鑑・統計・地方志，文史資料の価値およびその利用，「日中歴史マイクロ資料」概要，日中

文庫の目録検索と利用，主要資料目録 凡例，統計（普査資料），統計（各種資料），年鑑，地方志，文史資料，マイクロ資料

東アジア関係図書目録 旧東亜経済研究室所蔵図書 （西宮）関西学院大学産業研究所 1991.3 128p 26cm Ⓝ025.82

内容 主として1930～40年代に刊行された和漢書および洋書約2,200タイトルと雑誌約80誌を収録。図書はNDC8版によって分類し、和洋を混排している。あわせて5篇の資料についての解説を収める。

和学講談所蔵書目録 第1巻 朝倉治彦監修 ゆまに書房 2000.2 474p 22cm （書誌書目シリーズ 51）〈静嘉堂文庫蔵の複製〉 20000円 Ⓘ4-89714-955-X Ⓝ029.9361

和学講談所蔵書目録 第2巻 朝倉治彦監修 ゆまに書房 2000.2 344p 22cm （書誌書目シリーズ 51）〈静嘉堂文庫蔵の複製〉 16000円 Ⓘ4-89714-956-8 Ⓝ029.9361

和学講談所蔵書目録 第3巻 朝倉治彦監修 ゆまに書房 2000.2 434p 22cm （書誌書目シリーズ 51）〈静嘉堂文庫蔵の複製〉 18000円 Ⓘ4-89714-957-6 Ⓝ029.9361

和学講談所蔵書目録 第4巻 朝倉治彦監修 ゆまに書房 2000.2 240p 22cm （書誌書目シリーズ 51）〈静嘉堂文庫蔵の複製〉 12000円 Ⓘ4-89714-958-4 Ⓝ029.9361

和学講談所蔵書目録 第5巻 朝倉治彦監修 ゆまに書房 2000.2 338p 22cm （書誌書目シリーズ 51）〈静嘉堂文庫蔵の複製〉 14000円 Ⓘ4-89714-959-2 Ⓝ029.9361

和学講談所蔵書目録 第6巻 朝倉治彦監修 ゆまに書房 2000.2 248p 22cm （書誌書目シリーズ 51）〈静嘉堂文庫蔵の複製〉 12000円 Ⓘ4-89714-960-6 Ⓝ029.9361

和学講談所蔵書目録 第7巻 朝倉治彦監修 ゆまに書房 2000.2 436p 22cm （書誌書目シリーズ 51）〈静嘉堂文庫蔵の複製〉 18000円 Ⓘ4-89714-961-4 Ⓝ029.9361

<雑誌目次総覧>

明治新聞雑誌文庫所蔵雑誌目次総覧 東京大学法学部附属 第1巻 総合編 大空社，紀伊国屋書店〔発売〕 1993.5 504,18p 27cm

内容 東京大学法学部附属明治新聞雑誌文庫が所蔵する主要な雑誌の目次を複刻刊行するシリーズ。全体は、総合編、哲学思想編、経済編、宗教編、医学・衛生編、憲政編・教育編・風俗編・文芸編の9分野で構成。総合編では21誌を6冊（第1巻～6巻）に分けて収録する。

明治新聞雑誌文庫所蔵雑誌目次総覧 東京大学法学部附属 第2巻 総合編 大空社，紀伊国屋書店〔発売〕 1993.5 518,7p 27cm

内容 東京大学法学部附属明治新聞雑誌文庫が所蔵する主要な雑誌の目次を複刻刊行するシリーズ。全体は、総合編、哲学思想編、経済編、宗教編、医学・衛生編、憲政編・教育編・風俗編・文芸編の9分野で構成。総合編では21誌を6冊（第1巻～6巻）に分けて収録する。

明治新聞雑誌文庫所蔵雑誌目次総覧 東京大学法学部附属 第3巻 総合編 大空社，紀伊国屋書店〔発売〕 1993.5 604,27p 27cm

内容 東京大学法学部附属明治新聞雑誌文庫が所蔵する主要な雑誌の目次を複刻刊行するシリーズ。全体は、総合編、哲学思想編、経済編、宗教編、医学・衛生編、憲政編・教育編・風俗編・文芸編の9分野で構成。総合編では21誌を6冊（第1巻～6巻）に分けて収録する。

明治新聞雑誌文庫所蔵雑誌目次総覧 東京大学法学部附属 第4巻 総合編 大空社，紀伊国屋書店〔発売〕 1993.5 529p 27cm

内容 東京大学法学部附属明治新聞雑誌文庫が所蔵する主要な雑誌の目次を複刻刊行するシリーズ。全体は、総合編、哲学思想編、経済編、宗教編、医学・衛生編、憲政編・教育編・風俗編・文芸編の9分野で構成。総合編では21誌を6冊（第1巻～6巻）に分けて収録する。

明治新聞雑誌文庫所蔵雑誌目次総覧 東京大学法学部附属 第5巻 総合編 大空社，紀伊国屋書店〔発売〕 1993.5 525p 27cm

内容 東京大学法学部附属明治新聞雑誌文庫が所蔵する主要な雑誌の目次を複刻刊行するシリーズ。全体は、総合編、哲学思想編、経済編、宗教編、医学・衛生編、憲政編・教育編・風俗編・文芸編の9分野で構成。総合編では21誌を6冊（第1巻～6巻）に分けて収録する。

明治新聞雑誌文庫所蔵雑誌目次総覧 東京

大学法学部附属　第6巻　総合編　大空社，紀伊国屋書店〔発売〕　1993.5　531,109p　27cm

(内容)東京大学法学部附属明治新聞雑誌文庫が所蔵する主要な雑誌の目次を複刻刊行するシリーズ。全体は、総合編、哲学思想編、経済編、宗教編、医学・衛生編、憲政編・教育編・風俗編・文芸編の9分野で構成。総合編では21誌を6冊（第1巻～6巻）に分けて収録する。

明治新聞雑誌文庫所蔵雑誌目次総覧　東京大学法学部附属　第7巻　哲学思想編　大空社，紀伊国屋書店〔発売〕　1993.7　533,15p　27cm

(内容)東京大学法学部附属明治新聞雑誌文庫が所蔵する主要な雑誌の目次を複刻刊行するシリーズ。全体は、総合編、哲学思想編、経済編、宗教編、医学・衛生編、憲政編・教育編・風俗編・文芸編の9分野で構成。哲学・思想編では34誌を6冊（第7巻～12巻）に分けて収録する。

明治新聞雑誌文庫所蔵雑誌目次総覧　東京大学法学部附属　第8巻　哲学思想編　大空社，紀伊国屋書店〔発売〕　1993.7　450,29p　27cm

(内容)東京大学法学部附属明治新聞雑誌文庫が所蔵する主要な雑誌の目次を複刻刊行するシリーズ。全体は、総合編、哲学思想編、経済編、宗教編、医学・衛生編、憲政編・教育編・風俗編・文芸編の9分野で構成。哲学・思想編では34誌を6冊（第7巻～12巻）に分けて収録する。

明治新聞雑誌文庫所蔵雑誌目次総覧　東京大学法学部附属　第9巻　哲学思想編　大空社，紀伊国屋書店〔発売〕　1993.7　490,29p　27cm

(内容)東京大学法学部附属明治新聞雑誌文庫が所蔵する主要な雑誌の目次を複刻刊行するシリーズ。全体は、総合編、哲学思想編、経済編、宗教編、医学・衛生編、憲政編・教育編・風俗編・文芸編の9分野で構成。哲学・思想編では34誌を6冊（第7巻～12巻）に分けて収録する。

明治新聞雑誌文庫所蔵雑誌目次総覧　東京大学法学部附属　第10巻　哲学思想編　大空社，紀伊国屋書店〔発売〕　1993.7　492,28p　27cm

(内容)東京大学法学部附属明治新聞雑誌文庫が所蔵する主要な雑誌の目次を複刻刊行するシリーズ。全体は、総合編、哲学思想編、経済編、宗教編、医学・衛生編、憲政編・教育編・風俗編・文芸編の9分野で構成。哲学・思想編では34誌を6冊（第7巻～12巻）に分けて収録する。

明治新聞雑誌文庫所蔵雑誌目次総覧　東京大学法学部附属　第11巻　哲学思想編　大空社，紀伊国屋書店〔発売〕　1993.7　568p　27cm

(内容)東京大学法学部附属明治新聞雑誌文庫が所蔵する主要な雑誌の目次を複刻刊行するシリーズ。全体は、総合編、哲学思想編、経済編、宗教編、医学・衛生編、憲政編・教育編・風俗編・文芸編の9分野で構成。哲学・思想編では34誌を6冊（第7巻～12巻）に分けて収録する。

明治新聞雑誌文庫所蔵雑誌目次総覧　東京大学法学部附属　第12巻　哲学思想編　大空社，紀伊国屋書店〔発売〕　1993.7　494,72p　27cm

(内容)東京大学法学部附属明治新聞雑誌文庫が所蔵する主要な雑誌の目次を複刻刊行するシリーズ。全体は、総合編、哲学思想編、経済編、宗教編、医学・衛生編、憲政編・教育編・風俗編・文芸編の9分野で構成。哲学・思想編では34誌を6冊（第7巻～12巻）に分けて収録する。

明治新聞雑誌文庫所蔵雑誌目次総覧　東京大学法学部附属　第13巻　経済編　大空社，紀伊国屋書店〔発売〕　1993.9　517,18p　27cm

(内容)東京大学法学部附属明治新聞雑誌文庫が所蔵する主要な雑誌の目次を複刻刊行するシリーズ。全体は、総合編、哲学思想編、経済編、宗教編、医学・衛生編、憲政編・教育編・風俗編・文芸編の9分野で構成。経済編では56誌を6冊（第13巻～18巻）に分けて収録する。

明治新聞雑誌文庫所蔵雑誌目次総覧　東京大学法学部附属　第14巻　経済編　大空社，紀伊国屋書店〔発売〕　1993.9　501,39p　27cm

(内容)東京大学法学部附属明治新聞雑誌文庫が所蔵する主要な雑誌の目次を複刻刊行するシリーズ。全体は、総合編、哲学思想編、経済編、宗教編、医学・衛生編、憲政編・教育編・風俗編・文芸編の9分野で構成。経済編では56誌を6冊（第13巻～18巻）に分けて収録する。

明治新聞雑誌文庫所蔵雑誌目次総覧　東京大学法学部附属　第15巻　経済編　大空社，紀伊国屋書店〔発売〕　1993.9　516,48p　27cm

(内容)東京大学法学部附属明治新聞雑誌文庫が所蔵する主要な雑誌の目次を複刻刊行するシリーズ。全体は、総合編、哲学思想編、経済編、宗教編、医学・衛生編、憲政編・教育編・風俗編・文芸編の9分野で構成。経済編では56誌を6冊(第13巻〜18巻)に分けて収録する。

明治新聞雑誌文庫所蔵雑誌目次総覧 東京大学法学部附属 第16巻 経済編 大空社,紀伊国屋書店〔発売〕 1993.9 504,34p 27cm

(内容)東京大学法学部附属明治新聞雑誌文庫が所蔵する主要な雑誌の目次を複刻刊行するシリーズ。全体は、総合編、哲学思想編、経済編、宗教編、医学・衛生編、憲政編・教育編・風俗編・文芸編の9分野で構成。経済編では56誌を6冊(第13巻〜18巻)に分けて収録する。

明治新聞雑誌文庫所蔵雑誌目次総覧 東京大学法学部附属 第17巻 経済編 大空社,紀伊国屋書店〔発売〕 1993.9 450p 27cm

(内容)東京大学法学部附属明治新聞雑誌文庫が所蔵する主要な雑誌の目次を複刻刊行するシリーズ。全体は、総合編、哲学思想編、経済編、宗教編、医学・衛生編、憲政編・教育編・風俗編・文芸編の9分野で構成。経済編では56誌を6冊(第13巻〜18巻)に分けて収録する。

明治新聞雑誌文庫所蔵雑誌目次総覧 東京大学法学部附属 第18巻 経済編 大空社,紀伊国屋書店〔発売〕 1993.9 497,71p 27cm

(内容)東京大学法学部附属明治新聞雑誌文庫が所蔵する主要な雑誌の目次を複刻刊行するシリーズ。全体は、総合編、哲学思想編、経済編、宗教編、医学・衛生編、憲政編・教育編・風俗編・文芸編の9分野で構成。経済編では56誌を6冊(第13巻〜18巻)に分けて収録する。

明治新聞雑誌文庫所蔵雑誌目次総覧 東京大学法学部附属 第19巻 宗教編 大空社,紀伊国屋書店〔発売〕 1993.11 482,39p 27cm

(内容)東京大学法学部附属明治新聞雑誌文庫が所蔵する主要な雑誌の目次を複刻刊行するシリーズ。全体は、総合編、哲学思想編、経済編、宗教編、医学・衛生編、憲政編・教育編・風俗編・文芸編の9分野で構成。宗教編では22誌を6冊(第19巻〜24巻)に分けて収録する。

明治新聞雑誌文庫所蔵雑誌目次総覧 東京

大学法学部附属 第20巻 宗教編 大空社,紀伊国屋書店〔発売〕 1993.11 479,59p 27cm

(内容)東京大学法学部附属明治新聞雑誌文庫が所蔵する主要な雑誌の目次を複刻刊行するシリーズ。全体は、総合編、哲学思想編、経済編、宗教編、医学・衛生編、憲政編・教育編・風俗編・文芸編の9分野で構成。宗教編では22誌を6冊(第19巻〜24巻)に分けて収録する。

明治新聞雑誌文庫所蔵雑誌目次総覧 東京大学法学部附属 第21巻 宗教編 大空社,紀伊国屋書店〔発売〕 1993.11 492,33p 27cm

(内容)東京大学法学部附属明治新聞雑誌文庫が所蔵する主要な雑誌の目次を複刻刊行するシリーズ。全体は、総合編、哲学思想編、経済編、宗教編、医学・衛生編、憲政編・教育編・風俗編・文芸編の9分野で構成。宗教編では22誌を6冊(第19巻〜24巻)に分けて収録する。

明治新聞雑誌文庫所蔵雑誌目次総覧 東京大学法学部附属 第22巻 宗教編 大空社,紀伊国屋書店〔発売〕 1993.11 530,19p 27cm

(内容)東京大学法学部附属明治新聞雑誌文庫が所蔵する主要な雑誌の目次を複刻刊行するシリーズ。全体は、総合編、哲学思想編、経済編、宗教編、医学・衛生編、憲政編・教育編・風俗編・文芸編の9分野で構成。宗教編では22誌を6冊(第19巻〜24巻)に分けて収録する。

明治新聞雑誌文庫所蔵雑誌目次総覧 東京大学法学部附属 第23巻 宗教編 大空社,紀伊国屋書店〔発売〕 1993.11 532p 27cm

(内容)東京大学法学部附属明治新聞雑誌文庫が所蔵する主要な雑誌の目次を複刻刊行するシリーズ。全体は、総合編、哲学思想編、経済編、宗教編、医学・衛生編、憲政編・教育編・風俗編・文芸編の9分野で構成。宗教編では22誌を6冊(第19巻〜24巻)に分けて収録する。

明治新聞雑誌文庫所蔵雑誌目次総覧 東京大学法学部附属 第24巻 宗教編 大空社,紀伊国屋書店〔発売〕 1993.11 488,28p 27cm

(内容)東京大学法学部附属明治新聞雑誌文庫が所蔵する主要な雑誌の目次を複刻刊行するシリーズ。全体は、総合編、哲学思想編、経済編、宗教編、医学・衛生編、憲政編・教育編・風俗

編・文芸編の9分野で構成。宗教編では22誌を6冊(第19巻～24巻)に分けて収録する。

明治新聞雑誌文庫所蔵雑誌目次総覧　東京大学法学部附属　第25巻　医学・衛生編
大空社, 紀伊国屋書店〔発売〕　1994.2
504p　27cm
(内容)東京大学法学部附属明治新聞雑誌文庫が所蔵する主要な雑誌の目次を複刻刊行するシリーズ。全体は、総合編、哲学思想編、経済編、宗教編、医学・衛生編、憲政編・教育編・風俗編・文芸編の9分野で構成。医学・衛生編では23誌を6冊(第25巻～30巻)に分けて収録する。

明治新聞雑誌文庫所蔵雑誌目次総覧　東京大学法学部附属　第26巻　医学・衛生編
大空社, 紀伊国屋書店〔発売〕　1994.2
498p　27cm
(内容)東京大学法学部附属明治新聞雑誌文庫が所蔵する主要な雑誌の目次を複刻刊行するシリーズ。全体は、総合編、哲学思想編、経済編、宗教編、医学・衛生編、憲政編・教育編・風俗編・文芸編の9分野で構成。医学・衛生編では23誌を6冊(第25巻～30巻)に分けて収録する。

明治新聞雑誌文庫所蔵雑誌目次総覧　東京大学法学部附属　第27巻　医学・衛生編
大空社, 紀伊国屋書店〔発売〕　1994.2
505p　27cm
(内容)東京大学法学部附属明治新聞雑誌文庫が所蔵する主要な雑誌の目次を複刻刊行するシリーズ。全体は、総合編、哲学思想編、経済編、宗教編、医学・衛生編、憲政編・教育編・風俗編・文芸編の9分野で構成。医学・衛生編では23誌を6冊(第25巻～30巻)に分けて収録する。

明治新聞雑誌文庫所蔵雑誌目次総覧　東京大学法学部附属　第28巻　医学・衛生編
大空社, 紀伊国屋書店〔発売〕　1994.2
305,183p　27cm
(内容)東京大学法学部附属明治新聞雑誌文庫が所蔵する主要な雑誌の目次を複刻刊行するシリーズ。全体は、総合編、哲学思想編、経済編、宗教編、医学・衛生編、憲政編・教育編・風俗編・文芸編の9分野で構成。医学・衛生編では23誌を6冊(第25巻～30巻)に分けて収録する。

明治新聞雑誌文庫所蔵雑誌目次総覧　東京大学法学部附属　第29巻　医学・衛生編
大空社, 紀伊国屋書店〔発売〕　1994.2
459,23p　27cm
(内容)東京大学法学部附属明治新聞雑誌文庫が所蔵する主要な雑誌の目次を複刻刊行するシリーズ。全体は、総合編、哲学思想編、経済編、宗教編、医学・衛生編、憲政編・教育編・風俗編・文芸編の9分野で構成。医学・衛生編では23誌を6冊(第25巻～30巻)に分けて収録する。

明治新聞雑誌文庫所蔵雑誌目次総覧　東京大学法学部附属　第30巻　医学・衛生編
大空社, 紀伊国屋書店〔発売〕　1994.2
462,32p　27cm
(内容)東京大学法学部附属明治新聞雑誌文庫が所蔵する主要な雑誌の目次を複刻刊行するシリーズ。全体は、総合編、哲学思想編、経済編、宗教編、医学・衛生編、憲政編・教育編・風俗編・文芸編の9分野で構成。医学・衛生編では23誌を6冊(第25巻～30巻)に分けて収録する。

明治新聞雑誌文庫所蔵雑誌目次総覧　東京大学法学部附属　第31巻　憲政編
大空社, 紀伊国屋書店〔発売〕　1994.5
539,13p　27cm
(内容)東京大学法学部附属明治新聞雑誌文庫が所蔵する主要な雑誌の目次を複刻刊行するシリーズ。全体は、総合編、哲学思想編、経済編、宗教編、医学・衛生編、憲政編・教育編・風俗編・文芸編の9分野で構成。憲政編では42誌を6冊(第31巻～36巻)に分けて収録する。

明治新聞雑誌文庫所蔵雑誌目次総覧　東京大学法学部附属　第32巻　憲政編
大空社, 紀伊国屋書店〔発売〕　1994.5
464,11p　27cm
(内容)東京大学法学部附属明治新聞雑誌文庫が所蔵する主要な雑誌の目次を複刻刊行するシリーズ。全体は、総合編、哲学思想編、経済編、宗教編、医学・衛生編、憲政編・教育編・風俗編・文芸編の9分野で構成。憲政編では42誌を6冊(第31巻～36巻)に分けて収録する。

明治新聞雑誌文庫所蔵雑誌目次総覧　東京大学法学部附属　第33巻　憲政編
大空社, 紀伊国屋書店〔発売〕　1994.5
462,26p　27cm
(内容)東京大学法学部附属明治新聞雑誌文庫が所蔵する主要な雑誌の目次を複刻刊行するシリーズ。全体は、総合編、哲学思想編、経済編、宗教編、医学・衛生編、憲政編・教育編・風俗編・文芸編の9分野で構成。憲政編では42誌を6冊(第31巻～36巻)に分けて収録する。

明治新聞雑誌文庫所蔵雑誌目次総覧　東京

大学法学部附属　第34巻　憲政編　大空社，紀伊国屋書店〔発売〕　1994.5　448,23p　27cm

[内容] 東京大学法学部附属明治新聞雑誌文庫が所蔵する主要な雑誌の目次を複刻刊行するシリーズ。全体は、総合編、哲学思想編、経済編、宗教編、医学・衛生編、憲政編・教育編・風俗編・文芸編の9分野で構成。憲政編では42誌を6冊（第31巻～36巻）に分けて収録する。

明治新聞雑誌文庫所蔵雑誌目次総覧　東京大学法学部附属　第35巻　憲政編　大空社，紀伊国屋書店〔発売〕　1994.5　459,15p　27cm

[内容] 東京大学法学部附属明治新聞雑誌文庫が所蔵する主要な雑誌の目次を複刻刊行するシリーズ。全体は、総合編、哲学思想編、経済編、宗教編、医学・衛生編、憲政編・教育編・風俗編・文芸編の9分野で構成。憲政編では42誌を6冊（第31巻～36巻）に分けて収録する。

明治新聞雑誌文庫所蔵雑誌目次総覧　東京大学法学部附属　第36巻　憲政編　大空社，紀伊国屋書店〔発売〕　1994.5　456,37p　27cm

[内容] 東京大学法学部附属明治新聞雑誌文庫が所蔵する主要な雑誌の目次を複刻刊行するシリーズ。全体は、総合編、哲学思想編、経済編、宗教編、医学・衛生編、憲政編・教育編・風俗編・文芸編の9分野で構成。憲政編では42誌を6冊（第31巻～36巻）に分けて収録する。

明治新聞雑誌文庫所蔵雑誌目次総覧　東京大学法学部附属　第37巻　教育編　大空社，紀伊国屋書店〔発売〕　1994.7　485,26p　27cm

[内容] 東京大学法学部附属明治新聞雑誌文庫が所蔵する主要な雑誌の目次を複刻刊行するシリーズ。全体は、総合編、哲学思想編、経済編、宗教編、医学・衛生編、憲政編・教育編・風俗編・文芸編の9分野で構成。教育編では234誌を6冊（第37巻～42巻）に分けて収録する。

明治新聞雑誌文庫所蔵雑誌目次総覧　東京大学法学部附属　第38巻　教育編　大空社，紀伊国屋書店〔発売〕　1994.7　484,36p　27cm

[内容] 東京大学法学部附属明治新聞雑誌文庫が所蔵する主要な雑誌の目次を複刻刊行するシリーズ。全体は、総合編、哲学思想編、経済編、宗教編、医学・衛生編、憲政編・教育編・風俗編・文芸編の9分野で構成。教育編では234誌を6冊（第37巻～42巻）に分けて収録する。

明治新聞雑誌文庫所蔵雑誌目次総覧　東京大学法学部附属　第39巻　教育編　大空社，紀伊国屋書店〔発売〕　1994.7　470,47p　27cm

[内容] 東京大学法学部附属明治新聞雑誌文庫が所蔵する主要な雑誌の目次を複刻刊行するシリーズ。全体は、総合編、哲学思想編、経済編、宗教編、医学・衛生編、憲政編・教育編・風俗編・文芸編の9分野で構成。教育編では234誌を6冊（第37巻～42巻）に分けて収録する。

明治新聞雑誌文庫所蔵雑誌目次総覧　東京大学法学部附属　第40巻　教育編　大空社，紀伊国屋書店〔発売〕　1994.7　482,59p　27cm

[内容] 東京大学法学部附属明治新聞雑誌文庫が所蔵する主要な雑誌の目次を複刻刊行するシリーズ。全体は、総合編、哲学思想編、経済編、宗教編、医学・衛生編、憲政編・教育編・風俗編・文芸編の9分野で構成。教育編では234誌を6冊（第37巻～42巻）に分けて収録する。

明治新聞雑誌文庫所蔵雑誌目次総覧　東京大学法学部附属　第41巻　教育編　大空社，紀伊国屋書店〔発売〕　1994.7　481,57p　27cm

[内容] 東京大学法学部附属明治新聞雑誌文庫が所蔵する主要な雑誌の目次を複刻刊行するシリーズ。全体は、総合編、哲学思想編、経済編、宗教編、医学・衛生編、憲政編・教育編・風俗編・文芸編の9分野で構成。教育編では234誌を6冊（第37巻～42巻）に分けて収録する。

明治新聞雑誌文庫所蔵雑誌目次総覧　東京大学法学部附属　第42巻　教育編　大空社，紀伊国屋書店〔発売〕　1994.7　482,69p　27cm

[内容] 東京大学法学部附属明治新聞雑誌文庫が所蔵する主要な雑誌の目次を複刻刊行するシリーズ。全体は、総合編、哲学思想編、経済編、宗教編、医学・衛生編、憲政編・教育編・風俗編・文芸編の9分野で構成。教育編では234誌を6冊（第37巻～42巻）に分けて収録する。

明治新聞雑誌文庫所蔵雑誌目次総覧　東京大学法学部附属　第43巻　風俗編　大空社，紀伊国屋書店〔発売〕　1994.9　515p　27cm

[内容] 東京大学法学部附属明治新聞雑誌文庫が

所蔵する主要な雑誌の目次を複刻刊行するシリーズ。全体は、総合編、哲学思想編、経済編、宗教編、医学・衛生編、憲政編・教育編・風俗編・文芸編の9分野で構成。風俗編では63誌を6冊（第43巻～48巻）に分けて収録する。

明治新聞雑誌文庫所蔵雑誌目次総覧　東京大学法学部附属　第44巻　風俗編　大空社，紀伊国屋書店〔発売〕　1994.9　507p　27cm

内容 東京大学法学部附属明治新聞雑誌文庫が所蔵する主要な雑誌の目次を複刻刊行するシリーズ。全体は、総合編、哲学思想編、経済編、宗教編、医学・衛生編、憲政編・教育編・風俗編・文芸編の9分野で構成。風俗編では63誌を6冊（第43巻～48巻）に分けて収録する。

明治新聞雑誌文庫所蔵雑誌目次総覧　東京大学法学部附属　第45巻　風俗編　大空社，紀伊国屋書店〔発売〕　1994.9　507p　27cm

内容 東京大学法学部附属明治新聞雑誌文庫が所蔵する主要な雑誌の目次を複刻刊行するシリーズ。全体は、総合編、哲学思想編、経済編、宗教編、医学・衛生編、憲政編・教育編・風俗編・文芸編の9分野で構成。風俗編では63誌を6冊（第43巻～48巻）に分けて収録する。

明治新聞雑誌文庫所蔵雑誌目次総覧　東京大学法学部附属　第46巻　風俗編　大空社，紀伊国屋書店〔発売〕　1994.9　429, 39p　27cm

内容 東京大学法学部附属明治新聞雑誌文庫が所蔵する主要な雑誌の目次を複刻刊行するシリーズ。全体は、総合編、哲学思想編、経済編、宗教編、医学・衛生編、憲政編・教育編・風俗編・文芸編の9分野で構成。風俗編では63誌を6冊（第43巻～48巻）に分けて収録する。

明治新聞雑誌文庫所蔵雑誌目次総覧　東京大学法学部附属　第47巻　風俗編　大空社，紀伊国屋書店〔発売〕　1994.9　472, 35p　27cm

内容 東京大学法学部附属明治新聞雑誌文庫が所蔵する主要な雑誌の目次を複刻刊行するシリーズ。全体は、総合編、哲学思想編、経済編、宗教編、医学・衛生編、憲政編・教育編・風俗編・文芸編の9分野で構成。風俗編では63誌を6冊（第43巻～48巻）に分けて収録する。

明治新聞雑誌文庫所蔵雑誌目次総覧　東京大学法学部附属　第48巻　風俗編　大空社，紀伊国屋書店〔発売〕　1994.9　470, 37p　27cm

内容 東京大学法学部附属明治新聞雑誌文庫が所蔵する主要な雑誌の目次を複刻刊行するシリーズ。全体は、総合編、哲学思想編、経済編、宗教編、医学・衛生編、憲政編・教育編・風俗編・文芸編の9分野で構成。風俗編では63誌を6冊（第43巻～48巻）に分けて収録する。

明治新聞雑誌文庫所蔵雑誌目次総覧　東京大学法学部附属　第49巻　文芸編　大空社，紀伊国屋書店〔発売〕　1994.11　488, 28p　27cm

内容 東京大学法学部附属明治新聞雑誌文庫が所蔵する主要な雑誌の目次を複刻刊行するシリーズ。全体は、総合編、哲学思想編、経済編、宗教編、医学・衛生編、憲政編・教育編・風俗編・文芸編の9分野で構成。文芸編では131誌を6冊（第49巻～54巻）に分けて収録する。

明治新聞雑誌文庫所蔵雑誌目次総覧　東京大学法学部附属　第50巻　文芸編　大空社，紀伊国屋書店〔発売〕　1994.11　488p　27cm

内容 東京大学法学部附属明治新聞雑誌文庫が所蔵する主要な雑誌の目次を複刻刊行するシリーズ。全体は、総合編、哲学思想編、経済編、宗教編、医学・衛生編、憲政編・教育編・風俗編・文芸編の9分野で構成。文芸編では131誌を6冊（第49巻～54巻）に分けて収録する。

明治新聞雑誌文庫所蔵雑誌目次総覧　東京大学法学部附属　第51巻　文芸編　大空社，紀伊国屋書店〔発売〕　1994.11　480, 61p　27cm

内容 東京大学法学部附属明治新聞雑誌文庫が所蔵する主要な雑誌の目次を複刻刊行するシリーズ。全体は、総合編、哲学思想編、経済編、宗教編、医学・衛生編、憲政編・教育編・風俗編・文芸編の9分野で構成。文芸編では131誌を6冊（第49巻～54巻）に分けて収録する。

明治新聞雑誌文庫所蔵雑誌目次総覧　東京大学法学部附属　第52巻　文芸編　大空社，紀伊国屋書店〔発売〕　1994.11　457, 44p　27cm

内容 東京大学法学部附属明治新聞雑誌文庫が所蔵する主要な雑誌の目次を複刻刊行するシリーズ。全体は、総合編、哲学思想編、経済編、宗教編、医学・衛生編、憲政編・教育編・風俗編・文芸編の9分野で構成。文芸編では131誌を

6冊(第49巻～第54巻)に分けて収録する。

明治新聞雑誌文庫所蔵雑誌目次総覧　東京大学法学部附属　第53巻　文芸編　大空社,紀伊国屋書店〔発売〕　1994.11　434,34p　27cm
内容 東京大学法学部附属明治新聞雑誌文庫が所蔵する主要な雑誌の目次を複刻刊行するシリーズ。全体は、総合編、哲学思想編、経済編、宗教編、医学・衛生編、憲政編・教育編・風俗編・文芸編の9分野で構成。文芸編では131誌を6冊(第49巻～第54巻)に分けて収録する。

明治新聞雑誌文庫所蔵雑誌目次総覧　東京大学法学部附属　第54巻　文芸編　大空社,紀伊国屋書店〔発売〕　1994.11　475,31p　27cm
内容 東京大学法学部附属明治新聞雑誌文庫が所蔵する主要な雑誌の目次を複刻刊行するシリーズ。全体は、総合編、哲学思想編、経済編、宗教編、医学・衛生編、憲政編・教育編・風俗編・文芸編の9分野で構成。文芸編では131誌を6冊(第49巻～第54巻)に分けて収録する。

明治新聞雑誌文庫所蔵雑誌目次総覧　第73～78巻　子供・青年編　大空社　1995.9　6冊(セット)　26cm　100000円　ISBN4-7568-0085-8
内容 東京大学法学部附属明治新聞雑誌文庫が所蔵する子供・青年関係の雑誌の目次ページを発行年月日順に復刻収録したもの。原則、原寸で収録する。各雑誌とも原誌表紙写真一葉を付す。各巻末に雑誌別著者名索引、雑誌別発行月日一覧がある。

明治新聞雑誌文庫所蔵雑誌目次総覧　東京大学法学部附属　第97～102巻　大空社,紀伊国屋書店〔発売〕　1996.7　6冊(セット)　26cm　100000円　ISBN4-7568-0223-0
内容 東京大学法学部附属明治新聞雑誌文庫が所蔵する農林・水産関係の雑誌の目次ページを発行年月日順に復刻収録したもの。原則、原寸で収録する。各雑誌とも原誌表紙写真一葉を付す。各巻末に雑誌別著者名索引、雑誌別発行月日一覧がある。

明治新聞雑誌文庫所蔵雑誌目次総覧　東京大学法学部附属　第133～138巻　大空社,紀伊国屋書店〔発売〕　1997.9　6冊(セット)　19cm　97087円　ISBN4-7568-0551-5
内容 東京大学法学部附属明治新聞雑誌文庫所蔵の雑誌の目次ページを分野別に復刻編集。総合編、宗教編を収録した第133巻から138巻。

◆**大学図書館**

<書　誌>

小田切文庫目録　相模女子大学所蔵　相模女子大学附属図書館編　(相模原)相模女子大学附属図書館　1991.8～1992.3　3冊　26cm　〈「単行本の部」「全集・叢書の部」「逐次刊行物の部」に分冊刊行〉
内容 文芸評論家小田切秀雄の旧蔵資料の目録。図書約17600冊、雑誌24000冊、その他のパンフレット類を収録。文学関係の他、哲学、思想、芸術分野にわたる。単行本の部および全集・叢書の部はNDC7版による分類目録で、書名索引と著者索引を付す。逐次刊行物の部は誌名のヘボン式ローマ字によるアルファベット順に排列する。

狩野文庫目録　東北大学附属図書館所蔵　和書之部　第1門　総記・雑書　東北大学附属図書館編　丸善　1994.3　136,16,14p　30cm　〈監修:東北大学狩野文庫マイクロ化編集委員会〉　5438円　ISBN4-8395-0107-6　NDC029.9

狩野文庫目録　東北大学附属図書館所蔵　和書之部　第2門　哲学・宗教・教育　東北大学附属図書館編　丸善　1994.3　272,36,28p　30cm　〈監修:東北大学狩野文庫マイクロ化編集委員会〉　10087円　ISBN4-8395-0108-4　NDC029.9

狩野文庫目録　東北大学附属図書館所蔵　和書之部　第3門　歴史・地理　東北大学附属図書館編　丸善　1994.3　307,45,24p　30cm　〈監修:東北大学狩野文庫マイクロ化編集委員会〉　11196円　ISBN4-8395-0109-2　NDC029.9

狩野文庫目録　東北大学附属図書館所蔵　和書之部　第4門　語学・文学　東北大学附属図書館編　丸善　1994.3　452,66,56p　30cm　〈監修:東北大学狩野文庫マイクロ化編集委員会〉　16501円　ISBN4-8395-0110-6　NDC029.9

狩野文庫目録　東北大学附属図書館所蔵　和書之部　第5門　美術・工芸・技芸　東北大学附属図書館編　丸善　1994.3　178,23,

19p　30cm　〈監修：東北大学狩野文庫マイクロ化編集委員会〉　7004円　①4-8395-0111-4　Ⓝ029.9

狩野文庫目録　東北大学附属図書館所蔵和書之部　第6門　法律・政治・経済　東北大学附属図書館編　丸善　1994.3　153,24,13p　30cm　〈監修：東北大学狩野文庫マイクロ化編集委員会〉　6132円　①4-8395-0112-2　Ⓝ029.9

狩野文庫目録　東北大学附属図書館所蔵和書之部　第7門　数学　東北大学附属図書館編　丸善　1994.3　140,20,13p　30cm　〈監修：東北大学狩野文庫マイクロ化編集委員会〉　5638円　①4-8395-0113-0　Ⓝ029.9

狩野文庫目録　東北大学附属図書館所蔵和書之部　第8門　理学　東北大学附属図書館編　丸善　1994.3　32,6,6p　30cm　〈監修：東北大学狩野文庫マイクロ化編集委員会〉　2093円　①4-8395-0114-9　Ⓝ029.9

狩野文庫目録　東北大学附属図書館所蔵和書之部　第9門　医学　東北大学附属図書館編　丸善　1994.3　84,11,13p　30cm　〈監修：東北大学狩野文庫マイクロ化編集委員会〉　3992円　①4-8395-0115-7　Ⓝ029.9

狩野文庫目録　東北大学附属図書館所蔵和書之部　第10門　工学・兵学　東北大学附属図書館編　丸善　1994.3　146,24,9p　30cm　〈監修：東北大学狩野文庫マイクロ化編集委員会〉　5827円　①4-8395-0116-5　Ⓝ029.9

狩野文庫目録　東北大学附属図書館所蔵和書之部　総合索引　書名総索引・著者名総索引　東北大学附属図書館編　丸善　1994.3　253,169p　30cm　〈監修：東北大学狩野文庫マイクロ化編集委員会〉　12340円　①4-8395-0117-3　Ⓝ029.9

官立弘前高等学校資料目録　北溟の学舎の資料群　弘前大学附属図書館編　（弘前）弘前大学出版会　2009.6　94p　27cm　①978-4-902774-49-8　Ⓝ029.7121

京都大学蔵　大惣本稀書集成　別巻　京都大学文学部国語学国文学研究室編　（京都）臨川書店　1997.1　515p　21cm　14500円　①4-653-02726-9
〔目次〕随筆（版本），物語，雑書（甲），雑書（乙），珍書，唐軍，絵本・読本，合巻，古版珍書，珍書草紙，地誌・名所，日記・紀行，道中記，香・茶・生花〔ほか〕
〔内容〕京都大学が所蔵する大野屋惣八旧蔵書約3700点を対象とする目録。索引として書名索引、京都大学附属図書館分類表、分類索引を付す。

慶応義塾図書館和漢図書分類目録　第1巻　1　慶応義塾図書館編　大空社　1997.8　435p　27cm　（国書目録叢書 11）〈昭和12年刊の複製〉　13000円　①4-7568-0555-8　Ⓝ029.71361

慶応義塾図書館和漢図書分類目録　第1巻　2　慶応義塾図書館編　大空社　1997.8　p437-880　27cm　（国書目録叢書 12）〈昭和12年刊の複製〉　13000円　①4-7568-0556-6　Ⓝ029.71361

慶応義塾図書館和漢図書分類目録　第1巻　3　慶応義塾図書館編　大空社　1997.8　p881-1322　27cm　（国書目録叢書 13）〈昭和12年刊の複製〉　13000円　①4-7568-0557-4　Ⓝ029.71361

慶応義塾図書館和漢図書分類目録　第2巻　1　慶応義塾図書館編　大空社　1997.8　500p　27cm　（国書目録叢書 14）〈昭和14年刊の複製〉　15000円　①4-7568-0558-2　Ⓝ029.71361

慶応義塾図書館和漢図書分類目録　第2巻　2　慶応義塾図書館編　大空社　1997.8　p501-1000　27cm　（国書目録叢書 15）〈昭和14年刊の複製〉　15000円　①4-7568-0559-0　Ⓝ029.71361

慶応義塾図書館和漢図書分類目録　第2巻　3　慶応義塾図書館編　大空社　1997.8　p1001-1455　27cm　（国書目録叢書 16）〈昭和14年刊の複製〉　15000円　①4-7568-0560-4　Ⓝ029.71361

慶応義塾図書館和漢図書分類目録　第4巻　1　慶応義塾図書館編　大空社　1997.8　404p　27cm　（国書目録叢書 17）〈昭和11年刊の複製〉　12000円　①4-7568-0561-2　Ⓝ029.71361

慶応義塾図書館和漢図書分類目録　第4巻　2　慶応義塾図書館編　大空社　1997.8　p405-827　27cm　（国書目録叢書 18）〈昭和11年刊の複製〉　12000円　①4-7568-0562-

0　Ⓝ029.71361

慶応義塾図書館和漢図書分類目録　第5巻
1　慶応義塾図書館編　大空社　1997.8　364p　27cm　（国書目録叢書 19）〈昭和17年刊の複製〉　12000円　Ⓘ4-7568-0563-9　Ⓝ029.71361

慶応義塾図書館和漢図書分類目録　第5巻 2　慶応義塾図書館所蔵江戸期地誌紀行類目録稿―含・寺社略縁起類
慶応義塾大学三田情報センター編　大空社　1997.8　p365-690,49　27cm　（国書目録叢書 20）〈複製〉　12000円　Ⓘ4-7568-0564-7　Ⓝ029.71361

古義堂文庫目録　天理図書館叢書〈第21輯〉　復刻版
天理図書館編　八木書店　2005.12　380p　26cm　（天理図書館叢書 第21輯）　20000円　Ⓘ4-8406-0045-7

内容 伊藤仁斎を祖とする伊藤家累代の著述資料、旧蔵書を網羅した目録の復刻版。広範な分野の約5500点1万冊を収録。巻末に和書索引・漢籍索引を付す。

佐佐木高行家旧蔵書目録　国学院大学図書館所蔵
国学院大学編　汲古書院　2008.3　303p　27cm　〈肖像あり〉　9000円　Ⓘ978-4-7629-1218-4　Ⓝ029.8

末延文庫目録　洋書編
東京大学附属図書館編　東京大学附属図書館　1992.3　695p　30cm　Ⓘ4-88659-016-0

内容 法学者末延三次が東大附属図書館に寄贈した洋図書の目録。6410件、7571冊を請求記号順に排列、巻末に著者名および書名索引を付す。分類は東京大学総合図書館洋書分類による。英米法学者末延三次の略歴と著作目録を巻頭に掲載。

末延文庫目録　和書編
東京大学附属図書館編　東京大学附属図書館　1992.3　550p　30cm　Ⓘ4-88659-017-9

内容 法学者末延三次が東大附属図書館に寄贈した和図書の目録。6959件、9201冊を請求番号順に排列、巻末に著者名、および書名索引を付す。分類は東京大学総合図書館和漢書分類表による。学術情報センターのオンライン目録システムのデータをもとに作成されている。

蔵書目録工藤文庫篇　往来物目録―日本大学総合図書館蔵書目録　第8輯　素行文庫目録
青森県立図書館編　日本大学総合図書館編　平戸素行会編　大空社　1998.5　1冊　27cm　（国書目録叢書 28）〈複製〉　11000円　Ⓘ4-7568-0701-1　Ⓝ029

大東文化大学図書館所蔵増淵竜夫先生図書目録
大東文化大学60周年記念図書館編（東松山）大東文化大学60周年記念図書館　1992.3　245,42p　26cm　〈付・書名索引〉　Ⓝ029.9

東京大学総合図書館漢籍目録
東京大学総合図書館編　東京堂出版　1995.4　1219p　26cm　38000円　Ⓘ4-490-20259-8

内容 東京大学総合図書館が所蔵する漢籍9563部の分類目録。巻末に五十音順の書名索引を付す。

東京大学総合図書館準漢籍目録
山本仁編　東京堂出版　2008.12　349p　22cm　〈索引あり〉　12000円　Ⓘ978-4-490-20656-2　Ⓝ029.71361

目次 経部（経注疏刻類, 易類, 書類 ほか）, 史部（正史類, 編年類, 古史類 ほか）, 子部（儒家類, 兵家類, 法家類 ほか）, 集部（楚辞類, 別集類, 総集類 ほか）, 叢書部（雑叢類）

内容 本目録は、本編と附録の二部から成る。本編には準漢籍を、附録には準漢籍に準ずる図書を収録した。本編の著録の準漢籍は、経部二九〇点、史部七三点、子部四八八点、集部八七点、叢書部二点の計九四〇点である。又、附録に著録の図書数は、経部一五七点、史部五一点、子部二九五点、集部五一点の計五五四点である。巻末に五十音順の索引を附した。

南葵文庫蔵書目録　1　増訂
南葵文庫編　大空社　1998.5　397p　27cm　（国書目録叢書 21）〈複製〉　15000円　Ⓘ4-7568-0694-5　Ⓝ029.8

南葵文庫蔵書目録　2　増訂
南葵文庫編　大空社　1998.5　408p　27cm　（国書目録叢書 22）〈明治41年刊の複製〉　15000円　Ⓘ4-7568-0695-3　Ⓝ029.8

南葵文庫蔵書目録　3　増訂
南葵文庫編　大空社　1998.5　404p　27cm　（国書目録叢書 23）〈明治41年刊の複製〉　15000円　Ⓘ4-7568-0696-1　Ⓝ029.8

南葵文庫蔵書目録　4　増訂
南葵文庫編　大空社　1998.5　412p　27cm　（国書目録叢書 24）〈大正2年刊の複製〉　15000円　Ⓘ4-7568-0697-X　Ⓝ029.8

新渡戸稲造記念文庫目録　東京女子大学図書館所蔵　東京女子大学図書館編　東京女子大学図書館　1992.3　385p　30cm　〈新渡戸稲造の肖像あり〉　Ⓘ4-9900193-1-8　Ⓝ029.9

明治初期東京大学図書館蔵書目録　第1巻　高野彰監修・編　ゆまに書房　2003.3　384p　22cm　（書誌書目シリーズ 64）　〈複製〉　Ⓘ4-8433-0917-6　Ⓝ029.71361

明治初期東京大学図書館蔵書目録　第2巻　高野彰監修・編　ゆまに書房　2003.3　448p　22cm　（書誌書目シリーズ 64）　〈複製〉　Ⓘ4-8433-0917-6　Ⓝ029.71361

明治初期東京大学図書館蔵書目録　第3巻　高野彰監修・編　ゆまに書房　2003.3　431p　22cm　（書誌書目シリーズ 64）　〈複製〉　Ⓘ4-8433-0917-6　Ⓝ029.71361

明治初期東京大学図書館蔵書目録　第4巻　高野彰監修・編　ゆまに書房　2003.3　395p　22cm　（書誌書目シリーズ 64）　〈複製〉　Ⓘ4-8433-0917-6　Ⓝ029.71361

明治初期東京大学図書館蔵書目録　第5巻　高野彰監修・編　ゆまに書房　2003.3　633p　22cm　（書誌書目シリーズ 64）　〈複製〉　Ⓘ4-8433-0917-6　Ⓝ029.71361

明治初期東京大学図書館蔵書目録　第6巻　高野彰監修・編　ゆまに書房　2003.3　635p　22cm　（書誌書目シリーズ 64）　〈複製〉　Ⓘ4-8433-0917-6　Ⓝ029.71361

明治初期東京大学図書館蔵書目録　第7巻　高野彰監修・編　ゆまに書房　2003.3　668p　22cm　（書誌書目シリーズ 64）　〈複製〉　Ⓘ4-8433-0917-6　Ⓝ029.71361

明治初期東京大学図書館蔵書目録　第8巻　高野彰監修・編　ゆまに書房　2003.3　307p　22cm　（書誌書目シリーズ 64）　〈複製〉　Ⓘ4-8433-0917-6　Ⓝ029.71361

屋代弘賢・不忍文庫蔵書目録　慶応義塾図書館所蔵　第1巻　朝倉治彦編　ゆまに書房　2001.3　328p　22cm　（書誌書目シリーズ 55）　〈複製〉　15000円　Ⓘ4-8433-0260-0　Ⓝ029.9361

屋代弘賢・不忍文庫蔵書目録　慶応義塾図書館所蔵　第2巻　朝倉治彦編　ゆまに書房　2001.3　274p　22cm　（書誌書目シリーズ 55）　〈複製〉　15000円　Ⓘ4-8433-0261-9　Ⓝ029.9361

屋代弘賢・不忍文庫蔵書目録　慶応義塾図書館所蔵　第3巻　朝倉治彦編　ゆまに書房　2001.3　304p　22cm　（書誌書目シリーズ 55）　〈複製〉　15000円　Ⓘ4-8433-0262-7　Ⓝ029.9361

屋代弘賢・不忍文庫蔵書目録　慶応義塾図書館所蔵　第4巻　朝倉治彦編　ゆまに書房　2001.3　302p　22cm　（書誌書目シリーズ 55）　〈複製〉　15000円　Ⓘ4-8433-0263-5　Ⓝ029.9361

屋代弘賢・不忍文庫蔵書目録　慶応義塾図書館所蔵　第5巻　朝倉治彦編　ゆまに書房　2001.3　270p　22cm　（書誌書目シリーズ 55）　〈複製〉　15000円　Ⓘ4-8433-0264-3　Ⓝ029.9361

屋代弘賢・不忍文庫蔵書目録　慶応義塾図書館所蔵　第6巻　朝倉治彦編　ゆまに書房　2001.3　300p　22cm　（書誌書目シリーズ 55）　〈複製〉　15000円　Ⓘ4-8433-0265-1　Ⓝ029.9361

山崎文庫目録　順天堂大学図書館編　大空社　1997.2　323,49p　27cm　（国書目録叢書 3）　〈昭和44年刊の複製〉　12000円　Ⓘ4-7568-0363-6　Ⓝ029.9361

流通経済大学天野元之助文庫　原宗子編　（竜ヶ崎）流通経済大学出版会　2003.2　172p　21cm　300円　Ⓘ4-947553-26-X　Ⓝ029.931

早稲田大学図書館　館蔵資料図録　早稲田大学図書館館蔵資料図録編集委員会編　早稲田大学出版部　1990.9　286p　26cm　7000円　Ⓘ4-657-90937-1

⟨目次⟩和漢書の部，洋書の部，特殊コレクション
⟨内容⟩本書は早稲田大学図書館が所蔵する資料のうちより、各分野において代表的と思われる約250点を選び、その写真図版を掲載し、これに若干の解説を付したものである。

◆学校図書館

<書　誌>

富山県郷土資料目録　第1集　総記―語学　富山県学校図書館協議会編　（〔富山〕）富山

県高等学校図書館富山地区司書部会　1990.8　74p　26cm　〈平成元年12月31日現在〉　Ⓝ025.8142

内容　富山県学校図書館協議会参加校15校の平成元年末の総合目録。文学を除く900点を収録。

兵庫県内公立高等学校郷土資料総合目録　平成元年1月末現在　兵庫県立図書館編

（明石）兵庫県立図書館　1990.12　97p　26cm　〈背の書名：郷土資料総合目録〉　Ⓝ025.8164

内容　平成元年1月末現在の県内公立高等学校229校が所蔵する資料約2,400点を収録している。

◆社寺文庫・旧藩文庫・個人文庫

<書　誌>

浅草文庫書目解題　第1巻　村山徳淳編　ゆまに書房　2001.6　322p　22cm　（書誌書目シリーズ 56）　〈『浅草文庫書目解題略』の複製合本〉　15000円　Ⓘ4-8433-0322-4　Ⓝ029.1

目次　朝儀官職類第一、歳時地理類第二、史伝載記類第三、水利農務類第四、論学議政類第五、武備兵法類第六

浅草文庫書目解題　第2巻　村山徳淳編　ゆまに書房　2001.6　424p　22cm　（書誌書目シリーズ 56）　〈『浅草文庫書目解題略』の複製合本〉　15000円　Ⓘ4-8433-0323-2　Ⓝ029.1

目次　諸礼雑儀類第七、衣服飲食類第八、幼教女訓類第九、字学音冊類第十、書画文房類第十一、小技曲芸類第十二、宝貨器用類第十三、動植品物類第十四、居室園林類第十五、神道釈門類第十六〔ほか〕

浅草文庫書目解題　第3巻　村山徳淳編　ゆまに書房　2001.6　311p　22cm　（書誌書目シリーズ 56）　〈『浅草文庫書目解題略』の複製合本〉　15000円　Ⓘ4-8433-0324-0　Ⓝ029.1

目次　和歌雑詠類第十九、書簡往来類第二十、韓客筆談類第二十一、類聚叢鈔類第二十二、漫筆雑考類第二十三、経説類第二十四、史考類第二十五、子санг類第二十六、集選類第二十七

『内田嘉吉文庫』図書目録　1（第1編）　和漢図書目録　復刻版　故内田嘉吉氏記念事業実行委員編　竜渓書舎　1998.5　369p　22cm　〈原本：昭和12年刊〉　Ⓘ4-8447-3476-8　Ⓝ029.9361

『内田嘉吉文庫』図書目録　2（第2編　上）　欧文図書目録　復刻版　故内田嘉吉氏記念事業実行委員編　竜渓書舎　1998.5　378p　22cm　〈原本：昭和12年刊〉　Ⓘ4-8447-3476-8　Ⓝ029.9361

『内田嘉吉文庫』図書目録　3（第2編　下）　欧文図書目録　復刻版　故内田嘉吉氏記念事業実行委員編　竜渓書舎　1998.5　p379-824　22cm　〈原本：昭和12年刊〉　Ⓘ4-8447-3476-8　Ⓝ029.9361

『内田嘉吉文庫』図書目録　4（第3編）　和漢洋書索引　復刻版　故内田嘉吉氏記念事業実行委員編　竜渓書舎　1998.5　75,91,39p　22cm　〈原本：昭和12年刊〉　Ⓘ4-8447-3476-8　Ⓝ029.9361

『内田嘉吉文庫』図書目録　5　内田嘉吉文庫稀覯書集覧　復刻版　故内田嘉吉氏記念事業会編　竜渓書舎　1998.5　375p　22cm　〈原本：故内田嘉吉氏記念事業実行委員昭和12年刊〉　Ⓘ4-8447-3476-8　Ⓝ029.9361

大宅壮一文庫　雑誌記事索引総目録　1888-1987　追補　人名編・件名編　大宅壮一文庫編著　紀伊国屋書店　1997.3　1冊　30cm　31068円　Ⓘ4-314-10125-3

内容　大宅壮一文庫が所蔵する雑誌のうち、550種類の雑誌から採録された記事索引。人名編は、74320件の索引を17637の見出し人名に分類して五十音順に排列。件名編は、大宅分類法によって、大、中、小6392の項目に77484件の索引を体系的に分類。

大宅壮一文庫雑誌記事索引総目録　1988-1995　件名編　大宅壮一文庫編著　紀伊国屋書店　1996.10　6冊（別冊とも）　31cm　〈別冊（1冊）：件名総索引〉　Ⓘ4-314-10120-2　Ⓝ027.5

大宅壮一文庫雑誌記事索引総目録　1988-1995　人名編　大宅壮一文庫編著　紀伊国屋書店　1997.1　4冊　31cm　全124272円　Ⓘ4-314-10121-0　Ⓝ027.5

果園文庫蔵書目録　横山重等編　（京都）臨川書店　1992.8　161p　図版10枚　27cm　〈昭和12年刊の複製　果園小田久太郎の肖像あり〉　9500円　Ⓝ029.9

鶉軒文庫蔵書目録　上巻　朝倉治彦監修　ゆまに書房　2008.10　654p　22cm　（書誌書目シリーズ 88）〈国立国会図書館蔵の複製〉Ⓘ978-4-8433-3064-7　Ⓝ029.9361

鶉軒文庫蔵書目録　下巻　朝倉治彦監修・解説　ゆまに書房　2008.10　p655-1328,8p　22cm　（書誌書目シリーズ 88）〈国立国会図書館蔵の複製〉Ⓘ978-4-8433-3064-7　Ⓝ029.9361

観生堂蔵書目録　播磨国辻川三木家旧蔵　井上了翻印・解題　（〔豊中〕）寺下書店　2004.12　65p　21cm　525円　Ⓘ4-902641-04-6　Ⓝ029.964

北岡文庫蔵書解説目録—細川幽斎関係文学書　北海道国文学文献目録　山崎文庫目録　熊本大学法文学部国文学研究室，長谷川強，野口元大編　野田寿雄ほか編　大阪女子大学附属図書館編　大空社　1998.5　90,80,154p　27cm　（国書目録叢書 30）〈複製〉11000円　Ⓘ4-7568-0703-8　Ⓝ029

獅子園書庫典籍並古文書目録　法雲山華蔵寺監修，小沢賢二編著　汲古書院（発売）1999.8　100,55,10p　26cm　〈複製を含む〉7500円　Ⓘ4-7629-9541-X　Ⓝ029.8

神宮文庫所蔵　和書総目録　神宮司庁編　戎光祥出版　2005.3　811p　31×22cm　28000円　Ⓘ4-900901-52-0

（目次）第1門 神祇，第2門 哲学・宗教・教育，第3門 文学，第4門 語学，第5門 歴史，第6門 伝記，第7門 法制・儀式，第8門 地誌・紀行，第9門 数学・理学・医学，第10門 工学・兵事・美術・諸芸・産業，第11門 総記・雑書

（内容）本書は，『神宮文庫図書目録』（大正11年発行）・『神宮文庫増加図書目録第1冊・第2冊・第3冊（合冊）』（昭和10年発行）・『神宮文庫増加図書目録第4冊』（昭和36年発行）・『神宮文庫増加図書目録第5冊』（平成4年発行）及びそれ以降平成14年度受入分までの増加図書の内，和書のみを抽出した図書目録であり，巻末に書名索引を参考添付した。

住吉大社御文庫目録　住吉大社編　（大阪）大阪書林御文庫講，（大阪）大阪出版協会，（大阪）日本書籍出版協会大阪支部，（大阪）清文堂出版〔発売〕　2003.5　2冊セット　26cm　26000円　Ⓘ4-7924-2399-6

（目次）国書（総記，神祇・附国学，仏教 ほか），漢籍（経部，史部，子部 ほか），洋装本（総記，哲学，歴史・伝記 ほか）

尊経閣文庫漢籍分類目録　上　ゆまに書房　1998.3　711p　27cm　（書誌書目シリーズ 46）〈前田家尊経閣文庫昭和9年刊の複製〉20000円　Ⓘ4-89714-368-3　Ⓝ029.8

尊経閣文庫漢籍分類目録　下　ゆまに書房　1998.3　p712-1150　27cm　（書誌書目シリーズ 46）〈前田家尊経閣文庫昭和9年刊の複製〉18000円　Ⓘ4-89714-369-1　Ⓝ029.8

尊経閣文庫漢籍分類目録　索引　ゆまに書房　1998.3　119p　27cm　（書誌書目シリーズ 46）〈前田家尊経閣文庫昭和10年刊の複製〉12000円　Ⓘ4-89714-370-5　Ⓝ029.8

尊経閣文庫国書分類目録　上　ゆまに書房　1999.12　442p　27cm　（書誌書目シリーズ 50）〈複製〉22000円　Ⓘ4-89714-869-3　Ⓝ029.8

尊経閣文庫国書分類目録　下　ゆまに書房　1999.12　p443-795　27cm　（書誌書目シリーズ 50）〈複製〉18000円　Ⓘ4-89714-870-7　Ⓝ029.8

尊経閣文庫国書分類目録　解説・書名索引　ゆまに書房　1999.12　176p　27cm　（書誌書目シリーズ 50）〈複製〉10000円　Ⓘ4-89714-871-5　Ⓝ029.8

重山文庫目録　2　新村出記念財団編　同朋舎　1998.3　1042p　26cm　14286円　Ⓘ4-8104-2507-X　Ⓝ029.962

彦根藩弘道館書籍目録　朝倉治彦監修　ゆまに書房　2005.1　399p　22cm　（書誌書目シリーズ 70）〈複製〉20000円　Ⓘ4-8433-1550-8　Ⓝ029.8

広瀬先賢文庫目録　中村幸彦，井上敏幸共著　広瀬先賢文庫，思文閣出版〔発売〕　1995.12　173,44p　21cm　7210円　Ⓘ4-7842-0894-1

（目次）1 広瀬家蔵書目録（家宝書，一般書），咸宜園蔵書目録

福井藩明道館書目　第1巻　朝倉治彦監修　ゆまに書房　2003.12　248p　22cm　（書誌書目シリーズ 66）〈複製〉Ⓘ4-8433-1150-2　Ⓝ029.8

福井藩明道館書目　第2巻　朝倉治彦監修　ゆまに書房　2003.12　302p　22cm　（書誌

書目シリーズ 66〉〈福井市立図書館蔵の複製〉 ①4-8433-1150-2 Ⓝ029.8

福井藩明道館書目　第3巻　朝倉治彦監修
ゆまに書房　2003.12　416p　22cm　〈書誌書目シリーズ 66〉〈福井市立図書館蔵の複製〉 ①4-8433-1150-2 Ⓝ029.8

福井藩明道館書目　第4巻　朝倉治彦監修
ゆまに書房　2003.12　188p　22cm　〈書誌書目シリーズ 66〉〈福井市立図書館蔵の複製〉 ①4-8433-1150-2 Ⓝ029.8

福井藩明道館書目　第5巻　朝倉治彦監修
ゆまに書房　2003.12　286p　22cm　〈書誌書目シリーズ 66〉〈複製〉 ①4-8433-1150-2 Ⓝ029.8

福井藩明道館書目　第6巻　朝倉治彦監修
ゆまに書房　2003.12　368p　22cm　〈書誌書目シリーズ 66〉〈複製〉 ①4-8433-1150-2 Ⓝ029.8

福井藩明道館書目　第7巻　朝倉治彦監修
ゆまに書房　2003.12　548p　22cm　〈書誌書目シリーズ 66〉〈複製〉 ①4-8433-1150-2 Ⓝ029.8

福井藩明道館書目　第8巻　朝倉治彦監修
ゆまに書房　2003.12　534p　22cm　〈書誌書目シリーズ 66〉〈複製〉 ①4-8433-1150-2 Ⓝ029.8

福井藩明道館書目　第9巻　朝倉治彦監修
ゆまに書房　2003.12　178p　22cm　〈書誌書目シリーズ 66〉〈複製〉 ①4-8433-1150-2 Ⓝ029.8

米沢藩興譲館書目集成　第1巻　米沢藩官庫書目　岩本篤志編, 朝倉治彦監修　ゆまに書房　2009.8　428p　22cm　〈書誌書目シリーズ 90〉〈米沢市上杉博物館蔵ほかの複製合本〉 17000円 ①978-4-8433-3251-1 Ⓝ029.8

米沢藩興譲館書目集成　第2巻　興譲館書目　岩本篤志編, 朝倉治彦監修　ゆまに書房　2009.8　342p　22cm　〈書誌書目シリーズ 90〉〈米沢市上杉博物館蔵ほかの複製合本〉 15000円 ①978-4-8433-3252-8 Ⓝ029.8

米沢藩興譲館書目集成　第3巻　明治の興譲館書目　索引　岩本篤志編, 朝倉治彦監修　ゆまに書房　2009.8　306,36p　22cm　

〈書誌書目シリーズ 90〉〈市立米沢図書館蔵ほかの複製合本〉 14000円 ①978-4-8433-3253-5 Ⓝ029.8

米沢藩興譲館書目集成　第4巻　林泉文庫書目　解題・解説　岩本篤志編, 朝倉治彦監修　ゆまに書房　2009.8　582p　22cm　〈書誌書目シリーズ 90〉〈解説：岩本篤志, 青木昭博　市立米沢図書館蔵の複製〉 24000円 ①978-4-8433-3254-2 Ⓝ029.8

◆海外の図書館

＜書　誌＞

カリフォルニア大学バークレー校所蔵三井文庫旧蔵江戸版本書目　岡雅彦, 石松久幸, 戸沢幾子, 児玉史子編　ゆまに書房　1990.3　565p　26cm　〈書誌書目シリーズ 29〉 12360円 ①4-89668-256-4
[内容]この目録には, カリフォルニア大学バークレー校所蔵の江戸時代版本約5000点を収めた。その大半は三井文庫旧蔵本であるが, 約100点ほど他の伝来本を合わせ収めた。この目録本文には, 総記, 神祇, 仏教, 言語, 文学, 音楽・演劇, 歴史, 地理, 政治・法制, 経済, 教育, 理学, 医学, 産業, 芸術, 諸芸, 武学・武術, 準漢籍, 漢籍(和刻本)の19門を収め, 巻末に著者索引と書名索引を収めた。

カリフォルニア大学ロサンゼルス校所蔵日本古典籍目録　鈴木淳, 三木身保子編　刀水書房　2000.6　322p　22cm　15000円 ①4-88708-229-0 Ⓝ029.75393

サンクトペテルブルグ大学有栖川コレクション解説目録　Maria V. Toropygina著　勉誠社　1998.5　112p　31cm　〈他言語標題：Descriptive catalogue of Japanese books in St.Petersburg University a catalogue of the Arisugawa Collection　英文併記〉 6000円 ①4-585-08005-8 Ⓝ029.9
[目次]Introduction,Guide to the Contents of the Catalogue,The Catalogue,List of Book-Titles,Index of Personal Names,Index of Publishers and Book‐sellers,Selected Reference Bibliography

大英図書館所蔵和漢書総目録　川瀬一馬, 岡崎久司共編　講談社　1996.5　505p　31cm　68000円 ①4-06-206869-9 Ⓝ029.133

天津図書館日本文庫蔵近代中国・日中関係図書分類目録 山根幸夫編 汲古書院 2000.8 132p 26cm 2500円 Ⓝ025.822

(目次)総記，中国近代史，満洲事変(918)，日中戦争，人物，地理・風物，遊記・案内記，経済，財政・金融，社会，政治，外交，中国論・亜細亜論，民族，文化・思想，宗教，雑，東北(満州)・蒙彊

(内容)天津図書館日本文庫所蔵の近代中国・日中関係図書分類目録。天津図書館蔵旧版日文書目に基づき，明治末期から日中戦争が始まった昭和10年代の日中関係，あるいは日本人の中国観に関する約2300冊を収録する。図書は分類別に掲載，番号，著・編者名，書名，出版社，刊年，天津図書館の館蔵排架号を記載する。巻末に著者，編者，訳者の中国音の首字による姓名索引を付す。

ハーバード燕京図書館の日本古典籍 鈴木淳，マクヴェイ山田久仁子編著 八木書店 2008.6 284,41p 22cm 〈ハーバード燕京図書館書誌シリーズ 第13巻〉〈他言語標題：Japanese rare books in Harvard-Yenching library with supplementary catalog〉 12000円 Ⓘ978-4-8406-9669-2 Ⓝ029.75314

(目次)ハーバード・イェンチン図書館日本語コレクションの来歴と個性，ハーバード燕京図書館蔵日本書籍随見抄，ブルーノ・ペツォールド氏の仏書コレクションについて，燕京の反町本一付『万国太平記』影印，ハーバード大学燕京図書館所蔵の黄表紙，ハーバード燕京図書館所蔵和漢書補遺目録

(内容)姉崎正治・服部宇之の寄贈に始まり，僧侶のペツォールドのコレクションを含む，ハーバード燕京図書館の日本資料コレクションを解説する解題書誌。

ハーバード燕京図書館和書目録 岡雅彦，青木利行編 ゆまに書房 1994.2 413p 27cm (書誌書目シリーズ 36) 18000円 Ⓘ4-89668-769-8 Ⓝ029.7

パリ国立図書館所蔵漢籍解題目録 本篇 モリス・クーラン著 霞ケ関出版 1993.10 1663,7p 26cm 〈原書名：CATALOGUE DES LIVRES CHINOIS CORÉENS, JAPONAIS, ETC.〉 41200円

(目次)第1部 歴史学，第2部 地理学，第3部 行政，第4部 経書，第5部 哲学・倫理学，第6部 文献，第7部 想像的作品，第8部 辞書学，第9部 科学と技術，第10部 道教，第11部 仏教：大乗経典，第12部 仏教：小乗経典，第13部 仏教：その他の経典，第14部 仏教：律蔵，第15部 仏教：論蔵，第16部 仏教：中国撰述，第17部 仏教：僧伝など，第18部 天主教，第19部 プロテスタンチズム，第20部 イスラム教，第21部 百科全書

(内容)モリス・クーラン編『パリ国立図書館所蔵漢籍解題目録』(1900〜1912年刊，9080タイトル収載)を復刻したもの。全体は本篇・補遺篇1・補遺篇2で構成する。本篇の目録は歴史学，地理学，行政，経書，哲学・倫理学，文献，想像的作品，辞書学，科学と技術，道教，仏教，天主教，プロテスタンチズム，イスラム教，百科全書に分類収載。

パリ国立図書館所蔵漢籍解題目録 補遺篇1 解説・一覧表 モリス・クーラン著 霞ケ関出版 1994.10 992p 26cm 〈原書名：Catalogue des Livres chinois,coréens, japonais,etc. Supplément I (Explication et Tableau)〉 20600円

(内容)モリス・クーラン編『パリ国立図書館所蔵漢籍解題目録』(1900〜1912年刊，9080タイトル収載)を復刻したもの。全体は本篇・補遺篇1・補遺篇2で構成する。補遺篇1は解説，フランス語表記アルファベット順の著者名・タイトル一覧(本篇掲載頁・番号あり)からなる。凡例に参考文献の記載あり。

パリ国立図書館所蔵漢籍解題目録 補遺篇2 索引 モリス・クーラン著 霞ケ関出版 1994.10 153,13p 26cm 〈原書名：Catalogue des Livres chinois,coréens, japonais,etc. Supplément II (Index)〉 20600円

(内容)モリス・クーラン編『パリ国立図書館所蔵漢籍解題目録』(1900〜1912年刊，9080タイトル収載)を復刻したもの。全体は本篇・補遺篇1・補遺篇2で構成する。補遺篇2は部首順，ピンイン順，Wade式表記順，独式Lessing式の各書名索引，人名・発行機関索引と部首一覧などからなる。

ルヴァンラヌーヴ大学蔵日本書籍目録 山崎誠編 勉誠出版 2000.2 797p 31cm 47000円 Ⓘ4-585-10073-3 Ⓝ029.7358

博物館

博物館

＜書誌＞

展覧会カタログ総覧　1　日外アソシエーツ株式会社編，東京国立近代美術館，横浜美術館，国立西洋美術館，東京都写真美術館，東京国立博物館，東京都江戸東京博物館監修　日外アソシエーツ　2009.1　845p　27cm
①978-4-8169-2151-3　Ⓝ703.1
目次　総記，宗教，歴史・地理，社会科学・自然科学，工学・産業，建築，芸術・美術，彫刻
内容　明治期から現在まで，国公立7館の美術館・博物館が収集した国内開催の主要な展覧会カタログ（絵画・彫刻・工芸・写真・書・歴史など）60000点を体系的に分類，テーマ・分野ごとに一覧できる。カタログの基礎的な書誌情報に加え，展覧会の会期・会場・主催，カタログの所蔵先も記載。分類別2分冊構成の1巻。

展覧会カタログ総覧　2　日外アソシエーツ株式会社編，東京国立近代美術館，横浜美術館，国立西洋美術館，東京都写真美術館，東京国立博物館，東京都江戸東京博物館監修　日外アソシエーツ　2009.1　p847-1747　27cm　〈索引あり〉　①978-4-8169-2151-3　Ⓝ703.1
目次　絵画，書，版画，写真，工芸，音楽・演劇・映像，スポーツ，諸芸・娯楽，文学
内容　明治期から現在まで，国公立7館の美術館・博物館が収集した国内開催の主要な展覧会カタログ（絵画・彫刻・工芸・写真・書・歴史など）60000点を体系的に分類，テーマ・分野ごとに一覧できる。カタログの基礎的な書誌情報に加え，展覧会の会期・会場・主催，カタログの所蔵先も記載。巻末には画家名，作家名やテーマから引ける「人名・事項名索引」，「主催者名索引」付き。分類別2分冊構成の2巻。

＜事典＞

社会教育・生涯学習辞典　社会教育・生涯学習辞典編集委員会編　朝倉書店　2012.11　674p　27cm　〈索引あり〉　18000円
①978-4-254-51033-1　Ⓝ379.033
内容　本邦初の社会教育・生涯学習に関する辞典。日本で「社会教育」という用語を用いて発展してきた，社会問題や地域課題の解決と関わった教育・学習を基本に，幅広い領域から用語を選定し意味を確定する。公民館や図書館，博物館など社会教育施設での学習・教育の他，大学や職業訓練機関，企業，農業，福祉施設，司法福祉，医療・健康，NPOなど様々な学習・教育を含み，国際的動向も視野に入れ，研究者のみならず，多種多様な教育的支援の実践者にも，相互の経験の交流や実践的な理論の探求を可能にする。

＜名簿・人名事典＞

ライブラリーデータ　'93　ライブラリーデータ編集委員会編　教育書籍　1992.12　771p　26cm　25000円　①4-317-60067-6
内容　公立図書館・専門図書館データ。美術館・博物館・資料館・専門書店データ。

ライブラリーデータ　公共・専門・大学・点字図書館データ・美術館・博物館・資料館・専門書店データ　'98・'99　ライブラリーデータ編集委員会編　教育書籍　1998.6　867p　26cm　28000円　①4-317-60088-9
内容　ライブラリーデータ（国立国会図書館，公共図書館，大学図書館，専門図書館，点字図書館），ブックストアデータ（専門書店），ミュージアムデータ（美術館，博物館・資料館）
内容　本を中心とした情報を整理，収集した図書館，専門図書館，美術館・博物館，資料館などにアクセスするためのレファレンスブック。住所・電話番号・ファックス番号，館長名，利用時間・営業時間，休刊日・定休日，利用条件，サービスなどを掲載。地域別index，五十音順index付き。

歴史資料保存機関総覧　西日本　増補改訂版　地方史研究協議会編　山川出版社　1990.10　496p　19cm　4500円　①4-634-61520-7　Ⓝ010.35
内容　本書は史・資料の保存機関（文書館・史料

館・図書館・民俗資料館・博物館・美術館など）と、そこに所蔵され、かつ公開利用されている史・資料の内容を示したものである。

歴史資料保存機関総覧 東日本 増補改訂版 地方史研究協議会編 山川出版社 1990.10 495p 19cm 4500円 Ⓣ4-634-61510-X Ⓝ010.35

㊥史・資料の保存機関（文書館・史料館・図書館・民俗資料館・博物館・美術館など）と、そこに所蔵され、かつ公開利用されている史・資料の内容を示したもの。西日本編と併せて5820機関を収録。

＜図鑑・図集＞

奇想の陳列部屋 パトリック・モリエス著, 市川恵里訳 河出書房新社 2012.12 255p 32×24cm 〈原書名：CABINETS OF CURIOSITIES〉 5700円 Ⓣ978-4-309-25542-2

㊕第1章 世界劇場（珍品の展示, 陳列棚）, 第2章 陳列棚を開けて（鉱物の世界, 貝殻—死せる命, 珊瑚—生と死のはざま, 鑛—生命の影, とらわれた生命, 捏造された生命, 長引く死, 奇形, オートマタ（自動人形）, 象牙の驚異）, 第3章 蒐集家—「子どもじみた老人」（チロル大公フェルディナント, トラデスカントとアシュモール, クロード・デュ・モリネ, アルドロヴァンデとコスピ, マンフレド・セッターラ, キルヒャー, ルドルフ2世, 緑の穹窿）, 第4章 幻の陳列室—18・19世紀（ボニエ・ド・ラ・モソン, グリーン氏の博物館, ストロベリー・ヒル, グッドリッチ・コート, ソーンとドゥノン, サーアシュトン・リーヴァー）, 第5章 復活—珍奇の精神（アンリ・ダルマーニュ, ブルトンとシュルレアリストたち, コーネル, オワロン城, 現代の驚異の部屋）

㊥貝殻, 珊瑚, 鉱物, 宝石, 昆虫, 爬虫類…のほか, 蠟人形, 髑髏, 古代の彫像, 奇形, 自動人形, 時計など…好奇心, 蒐集癖, 秘密, 変形や異種混合の異世界。ヨーロッパの王侯貴族たちが密かに作った原初の博物館。

◆ガイドブック（国内）

＜名簿・人名事典＞

あなたの街の博物館 埼玉県博物館連絡協議会編 （浦和）幹書房 1998.12 143p 21cm 1238円 Ⓣ4-944004-50-8

㊕歴史・民俗館, 美術館, 自然・科学館, 産業館, 文学・人物館, その他の博物館

㊥本書は, 埼玉県博物館連絡協議会に加盟する博物館・資料館・美術館など75館とそれ以外の33館を紹介し, 博物館を利用する際のガイドとなるよう編集しました。

石川県の博物館 動物園から美術館まで54館、徹底ガイド 能登印刷・出版部編 （金沢）能登印刷・出版部 1990.8 229p 19cm 〈見る・学ぶ・遊ぶ〉〈監修：石川県博物館協議会〉 1800円 Ⓣ4-89010-117-9 Ⓝ069.035

一度は行ってみたい東京の美術館・博物館 選りすぐり200を歩く 吉野昌晴著, 樺山紘一監修 中経出版 2006.6 255p 21cm 1200円 Ⓣ4-8061-2424-9

㊕第1章 美術館・博物館巡りおすすめコース（上野公園, 上野公園周辺, お台場 ほか）, 第2章 テーマで楽しむ美術館・博物館巡り（優雅な庭園を楽しむ, 都心でゆるやかなひとときを楽しむ, 産業の歴史と文化を楽しむ ほか）, 第3章 エリアで楽しむ東京郊外の美術館・博物館巡り（山の手エリア, 吉祥寺・三鷹エリア, 町田エリア ほか）

㊥東京の400施設以上を見て歩いた「ミュージアムの達人」が, おすすめ200館を紹介。「定番」から「穴場」まで週末散歩にぴったりの知的ガイドブック。

海のレジャー＆スポーツ施設総ガイド2000 日本海事広報協会 2000.1 286p 21cm 1400円 Ⓣ4-89021-083-0 Ⓝ689.4

㊕博物館, 水族館, 保存船・復元船, マリーナ, 海洋スポーツセンター, 海浜公園・海浜レジャー施設, 海釣り施設, 展望塔, 遊覧船・クルーズ船, 定期旅客船会社, 港湾の旅客ターミナル, 関係官庁・団体ほか

㊥日本財団の補助を受けて平成11年度に行った「海洋・海事施設に関する調査」により作成した「海の施設総ガイド」を掲載した施設ガイド。1999年8月に各施設にアンケートを実施, 10月末日までに得た回答により掲載する。

岡山の宝箱 博物館美術館298館総覧 臼井洋輔, 臼井隆子著 （岡山）日本文教出版 2004.7 172p 15cm 〈岡山文庫 230〉 800円 Ⓣ4-8212-5230-9 Ⓝ069.02175

岡山の美術館・博物館 朝日新聞岡山支局編 （岡山）吉備人出版 2000.9 159p 21cm

（きびとブックス）　1600円　Ⓓ4-906577-60-1　Ⓝ706.9

沖縄の博物館ガイド　沖縄県博物館協会編
〔〔那覇〕〕編集工房東洋企画　2008.1　128p　21cm　〈他言語標題：A guidebook for the museums in Okinawa　英語併記〉　1000円　Ⓓ978-4-938984-49-6　Ⓝ291.99

(目次)奄美（奄美市歴史民俗資料館，奄美市立奄美博物館 ほか），沖縄北部・中部（伊是名村ふれあい民俗館，島村屋観光公園民具館 ほか），沖縄南部（浦添市美術館，沖縄県立博物館・美術館 ほか），周辺離島（久米島自然文化センター，南大東村立ふるさと文化センター ほか）

(内容)沖縄県博物館協会に加盟する県内及び奄美の博物館，資料館，動植物園等の施設ガイド。新版『沖縄の博物館ガイド』(1998年1月発刊)をベースに，訂正加筆し，市町村合併等による公共の博物館等の名称変更，さらに沖縄県立博物館・美術館の新館開館等の情報を加えて編集する。

大人のための博物館ガイド　知的空間の楽しみ方　清水健一　化学工業日報社　2013.6　224p　19cm　2000円　Ⓓ978-4-87326-629-9　Ⓝ069.021

(目次)第1章 博物館の魅力，第2章 博物館探訪の心得（基礎編），第3章 博物館探訪の心得（応用編），第4章 テーマ別博物館紹介，第5章 ユニークな博物館，第6章 広がるたのしさ，終わらない旅，目的別博物館リスト

親子で遊ぼう!!おもしろ博物館　首都圏版
日地出版　1999.4　159p　21cm　（袋入）　1200円　Ⓓ4-527-01651-2

(目次)東京（科学技術館，逓信総合博物館（ていぱーく）ほか），神奈川（横浜市歴史博物館，横浜こども科学館 ほか），千葉（千葉県立中央博物館，シャープハイテクノロジーホール ほか），埼玉（埼玉県立自然史博物館，浦和市青少年宇宙科学館 ほか）

(内容)東京・神奈川・千葉・埼玉の家族で行って楽しめる博物館・工場見学とプラネタリウム68館を収録したガイドブック。内容は，1999年2月現在。巻末に索引を付す。

親子で楽しむ博物館ガイド　関西版　大阪科学読物研究会　大月書店　1994.6　175p　19cm　1500円　Ⓓ4-272-61061-9　Ⓝ069.0213

(目次)科学・技術・エネルギー，くらしと文化，のりもの，動物・植物・自然観察，歴史・民俗，その他の博物館

親子で楽しむ!歴史体験ミュージアム　首都圏近郊版　盛田真史　朝日新聞出版　2012.3　143p　21cm　1400円　Ⓓ978-4-023310-41-4　Ⓝ069.0213

(目次)昭和（昭和の商店街を散策しよう 江戸東京たてもの園，漁師町の暮らしを体験してみよう!浦安市郷土博物館 ほか），明治〜戦前（空襲の疑似体験で，平和の大切さを学ぼう 埼玉県平和資料館，昔の学校を探検して，歴史散歩を楽しむ 府中市郷土の森博物館 ほか），江戸（江戸時代の村で伝統体験をしよう!千葉県立房総のむら，江戸時代の深川をまるごと再現!深川江戸資料館 ほか），古代・中世・近世（戦国時代のお城で歴史体験をしてみよう!とびやま歴史体験館，巨大古墳で古代のロマンを感じる さきたま史跡の博物館 ほか），原始（弥生時代へお手軽タイムトリップ!静岡市立登呂博物館，数千年前の縄文人の生活をさぐる 遺跡庭園「縄文の村」 ほか）

科学・自然史博物館事典　日外アソシエーツ編　日外アソシエーツ，紀伊國屋書店〔発売〕　2003.7　637p　21cm　9800円　Ⓓ4-8169-1785-3

(内容)自然科学に関する全国の博物館253館の総合ガイド。最新の展示手法を駆使した科学館から，標本・資料の収集・保存に重点を置く大学博物館や資料館，自然部門をもつ総合博物館まで幅広く収録した。全館にアンケート調査を行い，沿革・概要，展示内容，収蔵品，開館時間，入館料などの最新データおよび外観写真，案内地図等を掲載。「館名索引」付き。

関西ミュージアムガイド　創元社編集部編　（大阪）創元社　1990.6　306p　19cm　1300円　Ⓓ4-422-71024-9

(内容)関西7府県のミュージアム550館。公共体，企業，法人，個人が運営する博物館，美術館，資料館，情報普及施設の収蔵品・展示の特色，施設の見どころ，所在地・電話，交通の便宜，開館時間／休日，入館料，駐車場，周辺の憩い。

企業の博物館・科学館・美術館ガイドブック　全国版　経済広報センター編　経済広報センター　2001.6　161p　21cm　1000円　Ⓝ069.035

企業博物館事典　日外アソシエーツ編集部編　日外アソシエーツ，紀伊國屋書店〔発売〕　1997.11　423p　21cm　9800円　Ⓓ4-8169-

1460-9

〖目次〗金属・鉱業，建設，食品，飲料，紙・繊維，化学・医薬学，機械・精密機器，商業・金融，交通・運輸，放送・通信，科学，エネルギー，生活・文化

〖内容〗企業や業界団体が設立し、一般公開している博物館および資料館の事業概要など記載した企業博物館ガイド。アンケート調査に基づく215館の最新情報を収録。排列は全体を13の分野に分け、都道府県別、館名の五十音順、記載データは設置者、館名、概要、所在地、出版物など。巻末に館名索引、設置者名索引が付く。

北東北のふしぎ探検館　青森・秋田・岩手
岩手日報社出版部編　(盛岡)岩手日報社　1993.4　231p　21cm　1900円　④4-87201-149-X　Ⓝ069.035

郷土博物館事典
日外アソシエーツ編集部編　日外アソシエーツ，紀伊国屋書店(発売)　2012.12　591p　22cm　〈索引あり〉　14000円　④978-4-8169-2388-3　Ⓝ069.035

〖目次〗北海道，東北，関東，北越甲信越，東海，近畿，中国，四国，九州・沖縄

〖内容〗「郷土」をテーマにした全国の博物館にアンケート調査を行い、寄せられた回答および資料をもとに沿革・概要、展示・収蔵、事業、出版物、"館のイチ押し"などの情報を掲載する。全国の郷土博物館・ふるさと館・歴史民俗資料館等271館を収録し、外観・館内写真、展示品写真も掲載。巻末に「館名索引」付き。

京都 美術館・博物館ベストガイド
アミューズ著　メイツ出版　2003.10　144p　21cm　1500円　④4-89577-663-8

〖目次〗1 京都の伝統・文化が薫る美術館・博物館(朝日焼窯芸資料館、大西清右衛門美術館、河井寛次郎記念館 ほか)，2 京都府内にある主な美術館・博物館(アサヒビール大山崎山荘美術館、井村美術館 ほか)，付録 奈良県内にある主な美術館・博物館(喜多美術館、天理大学附属天理参考館、松伯美術館 ほか)

〖内容〗各館の「これだけは見逃せない」名品の見どころを解説した美術館・博物館ガイド。

京都ミュージアム探訪　京都市内の美術館・博物館・科学館・宝物館など約200件を網羅！
京都市内博物館施設連絡協議会(京都)京都市内博物館施設連絡協議会，京都新聞出版センター　2013.3　239p　21cm　〈共同刊行：京都市教育委員会　索引あり〉

1143円　④978-4763806-64-2　Ⓝ069.02162

京発見！ミュージアムへ行こう　(京都)
京都市内博物館施設連絡協議会，京都新聞出版センター(制作・発売)　2011.10　79p　19cm　〈他言語標題：Kyoto discovery!let's enjoy the museum　共同刊行：京都市教育委員会生涯学習部生涯学習推進担当〉　476円　④978-4-7638-0656-7　Ⓝ069.035

〖内容〗京都市内の美術館・博物館約200件を、見どころ、写真をはじめ、住所・アクセス等の基本データとともに紹介する。2014年9月30日まで有効の優待証つき。データ：2011年8月現在。

建築「見どころ」博物館ガイドブック　課外授業へようこそ
浜島正士監修、清水慶一、三浦彩子編著　彰国社　2006.9　239p　21×13cm　2190円　④4-395-00551-9

〖目次〗野外博物館―建築のオリエンテーリング，道具―ものづくりの視点，産業遺産―近代化の立役者，建築家―街角で出合う名作，町並み―歴史のなかの生き証人，歴史―都市の記憶，近代化―インフラの夜明け，総合博物館―総合学習のルーツ，大学博物館―開かれたコレクション，駅舎―鉄道のシンボル，生活―住まいのバリエーション，娯楽―持続するモチベーション

〖内容〗建築にゆかりのある主な博物館・建物を選び出し、解説。各県1件以上を原則として、112件を写真入りで解説した「全国版」のガイドブック。

考古博物館事典
日外アソシエーツ編集部編　日外アソシエーツ　2010.1　469p　22cm　〈索引あり〉　13000円　④978-4-8169-2228-2　Ⓝ210.025

〖目次〗北海道，東北，関東，北陸甲信越，東海，近畿，中国，四国，九州・沖縄

〖内容〗全館にアンケート調査を行い、沿革、展示・収蔵、事業、出版物、周辺遺跡などの情報を掲載。全国の博物館・資料館、埋蔵文化財センター、遺跡ガイダンス施設等209館を収録。外観・館内写真、展示品写真、案内地図を掲載。巻末に「館名索引」付き。

個人コレクション美術館博物館事典
日外アソシエーツ編集部編　日外アソシエーツ，紀伊国屋書店〔発売〕　1998.10　398p　21cm　9500円　④4-8169-1510-9

〖目次〗北海道・東北，関東，中部・東海，北陸，近畿，中国，四国，九州

〖内容〗絵本、オルゴール、香水瓶の美術館から、

おもちゃ，凧の博物館まで，個人コレクションを主体に設立され，一般公開している美術館，博物館および資料館について（一部公立含む）その事業概要等を掲載した事典。掲載館数は185館。掲載事項は，館名，沿革・概要，展示・収蔵，事業，出版物，所在地，設立年月，TEL，FAX，ホームページ，E-mail，交通，開館時間，入館料，休館日，施設，責任者，概観写真，展示品写真，案内地図など。館名索引，コレクション・コレクター索引付き。1998年8月末現在。

個人コレクション美術館博物館事典　新訂
増補　日外アソシエーツ編集部編　日外アソシエーツ　2008.2　450p　22cm　11429円　①978-4-8169-2093-6　Ⓝ706.9

(目次)北海道・東北，関東，北陸，中部・東海，近畿，中国，四国，九州・沖縄

(内容)個人コレクション主体の美術館・博物館192館の総合ガイド。全館にアンケート調査を行い，沿革・概要・展示内容・休館日などの最新情報を掲載。絵画，陶磁器，彫刻から，きもの，おもちゃ，民芸品まで様々なコレクションを紹介。外観・展示品写真，地図も掲載。「館名索引」「コレクション・コレクター索引」付き。

最新 関西ミュージアムガイド
創元社編集部編　（大阪）創元社　1994.7　330p　19cm　1600円　①4-422-71023-0　Ⓝ069.0216

(内容)関西7府県の博物館・美術館・資料館670館を収録した施設ガイド。

しずおかけんの博物館
静岡県博物館協会編　（静岡）静岡新聞社　1999.4　175p　21cm　1700円　①4-7838-1731-6

(目次)東部(MOA美術館，熱海市立沢田政広記念館，伊東市立木下杢太郎記念館，熱海市立伊豆山郷土資料館 ほか)，西部(資生堂アートハウス，掛川市二の丸美術館，磐田市旧見付学校磐田文庫，ふじ美術館 ほか)

島根ミュージアムめぐり
しまねミュージアム協議会監修　（出雲）ワン・ライン　2006.12　143p　21cm　1324円　①4-948756-38-5

(目次)島根県立八雲立つ風土記の丘資料館，島根県立美術館，松江市鹿島歴史民俗資料館，小泉八雲記念館，松江郷土館／興雲閣，田部美術館，わしの博物館安部榮四郎記念館，和鋼博物館，足立美術館，安来市立加納美術館〔ほか〕

首都圏博物館ガイド
都市生活を楽しむ会編　JICC出版局　1990.4　63p　21cm　（JICCブックレット）　390円　①4-88063-876-5

(内容)紙の博物館から人形の家，江戸資料館から科学技術館まで，あらゆる知的体験ゾーンをガイド。

首都圏博物館ベストガイド　文系編
博物館探訪倶楽部著　メイツ出版　2008.6　128p　21cm　1500円　①978-4-7804-0422-7　Ⓝ069.0213

(目次)東京(東京国立博物館，江戸東京博物館 ほか)，神奈川(神奈川県立歴史博物館，横浜開港資料館 ほか)，埼玉(埼玉県立歴史と民族の博物館，ジョン・レノン・ミュージアム ほか)，千葉(国立歴史民俗博物館，千葉市立加曽利貝塚博物館 ほか)

(内容)首都圏にある博物館の中から，主に人文科学に力点を置く博物館・文学館・歴史館・記念館などを「文系編」として紹介する。さらに，幅広い文系ジャンルを「暮らしの今昔」「人物をみつめる」「文化の香り」の3つに分類し，サイドインデックスで示している。

首都圏博物館ベストガイド　理系編
博物館探訪倶楽部著　メイツ出版　2008.6　128p　21cm　1500円　①978-4-7804-0423-4　Ⓝ069.0213

(目次)東京(国立科学博物館，日本科学未来館 ほか)，神奈川(三菱みなとみらい技術館，電気の史料館 ほか)，埼玉(鉄道博物館，さいたま市青少年宇宙科学館 ほか)，千葉(千葉県立中央博物館，千葉県立現代産業科学館 ほか)，茨城(筑波宇宙センター，地図と測量の科学館 ほか)

(内容)首都圏にある博物館の中から，主に自然科学に力点を置く博物館・科学館・資料館・記念館を「理系編」として紹介する。さらに，幅広い理系ジャンルを「宇宙と地球」「航空と海洋」「人間の暮らし」「自然と動物」の4つに分類し，サイドインデックスで示している。

首都圏美術館・博物館ガイドブック
オフィス・クリオ著　メイツ出版　2008.6　144p　21cm　1500円　①978-4-7804-0411-1　Ⓝ706.9

(目次)第1章 世界の名画に会える美術館(国立西洋美術館，ブリヂストン美術館，損保ジャパン東郷青児美術館 ほか)，第2章 作家の魂にふれられる美術館・博物館(ミュゼ浜口陽三・ヤマサコレクション，竹久夢二美術館，久米美術館 ほか)，第3章 まだまだある魅力の美術館・博物館(東京国立近代美術館，ニューオータニ美術館，山種美術館 ほか)

⑰内容)本書では首都圏(東京都・神奈川県・千葉県・埼玉県)と茨城県・群馬県・栃木県・山梨県の主な美術館・博物館の情報を記載している。

首都圏 美術館・博物館ベストガイド '04〜'05 アミューズ著 メイツ出版 2004.5 144p 21cm 1500円 ⓘ4-89577-760-X

(目次)上野周辺(国立西洋美術館,東京国立博物館 ほか),都心周辺(ニューオータニ美術館,サントリー美術館 ほか),東京西部(調布市武者小路実篤記念館,世田谷文学館 ほか),千葉・埼玉・神奈川(千葉県立美術館,千葉県立中央博物館 ほか)

(内容)首都圏の美術館、博物館を地域別に紹介したガイドブック。所在地や料金などデータのほか、来館する際の予備知識や代表作などを紹介。2004年3月現在のデータ。

首都圏美術館・博物館ベストガイド 東京 埼玉 神奈川 千葉 茨城 栃木 群馬 オフィス・クリオ著 メイツ出版 2011.5 144p 21cm 〈索引あり〉 1600円 ⓘ978-4-7804-0966-6 ⓝ706.9

(目次)第1章 世界の名画・日本の名画(名品)に会える美術館・博物館(国立西洋美術館(上野),ブリヂストン美術館(京橋) ほか),第2章 個性きらめく個人美術館(横山大観記念館(湯島),竹久夢二美術館(根津) ほか),第3章 まだまだある魅力の美術館・博物館(東京国立近代美術館(竹橋),ニューオータニ美術館(赤坂見附) ほか),この美術館の企画展から目が離せない!(三菱一号館美術館(丸の内),国立新美術館(六本木) ほか)

(内容)何度でも行きたい名館の数々と、一度は観たい必見の作品をわかりやすくご紹介します。

情報図鑑 博物館から大自然までのガイドブック 上田篤,さとうち藍編著,松岡達英絵 福音館書店 1992.9 494p 19cm 1800円 ⓘ4-8340-1091-0

(内容)この本は、からだのことや衣食住など身近なテーマからはじまり、見たり聞いたり遊んだりの、楽しいテーマへと広がっていきます。4000以上あるといわれる博物館、美術館や歴史的な施設、科学館、またさまざまなフィールドなどから、楽しいもの、すごくよくわかるものなど、約500か所(項目数、約2600)を厳選しました。すべて現地取材でつくりあげた情報満載のガイドブックです。少年少女〜大人まで。

神社博物館事典 青木豊編 雄山閣 2013.12 306p 21cm 7000円 ⓘ978-4-639-02293-0 ⓝ175

(目次)第1部 全国神社博物館(北海道／東北,関東,中部,近畿,中国,四国,九州),第2部 全国神社博物館の今を考える(神社博物館とその黎明期の人々—建築家大江新太郎を中心に,神社博物館史について,神社博物館の機能と類型,神社の野外博物館,神社博物館の展示に関する一考察,神社博物館と考古資料,神社博物館におけるデジタル公開技術活用の可能性,文化財政策に見る神社博物館)

(内容)全国の神社博物館192館を網羅。所在地・設立年・建築面積・収蔵点数・開館日・入館料等の基本情報とともに、設立経緯・所蔵品と展示の概要・刊行物について記載。博物館学の立場から神社博物館の歴史、現状、今後の展望について論じる論考編も掲載。

新訂 企業博物館事典 日外アソシエーツ編集部編 日外アソシエーツ,紀伊國屋書店〔発売〕 2003.1 510p 21cm 9800円 ⓘ4-8169-1757-8

(目次)農業,金属・鉱業,建設,食品,飲料,紙・繊維,化学・医薬学,ガラス・窯業,機械・精密機器,商業・金融,交通・運輸,放送・通信,科学,エネルギー,生活・文化

(内容)本書は、企業や業界団体が設立し、一般公開している博物館および資料館258館について、その事業概要等を掲載。全体を15のジャンルに分け、さらに都道府県別に館名の五十音順で排列。巻末に館名索引、各巻を運営する法人、団体名から引ける設置者名索引が付く。

新訂 人物記念館事典 1 文学・歴史編 新訂版 日外アソシエーツ編集部編 日外アソシエーツ,紀伊國屋書店〔発売〕 2002.11 530p 21cm 9500円 ⓘ4-8169-1745-4 ⓝ069.035

(目次)北海道(有島記念館,井上靖記念館 ほか),東北(金木町太宰治記念館「斜陽館」,小説「津軽の像」記念館 ほか),関東(二宮尊徳資料館,矢板市立矢板武記念館 ほか),中部・東海(甲府市藤村記念館,信玄公宝物館 ほか),北陸(春日山神社記念館,坂口記念館 ほか),近畿(近江聖人中江藤樹記念館,西堀栄三郎記念探検の殿堂 ほか),中国(小泉八雲記念館,永井隆記念館 ほか),四国(小豆島尾崎放哉記念館,壺井栄文学館 ほか),九州(北九州市立松本清張記念館,北原白秋生家・白秋記念館(柳川市立歴史民俗資料館) ほか)

(内容)特定の人物の業績を記念する全国の個人記念館473館の展示内容・事業概要を紹介した

事典。館種を文学館、歴史館、美術館、芸能・音楽館、スポーツ館に分類し、2分冊の第1分冊「文学・歴史編」では、文学館、歴史館を243館収録する。データは2002年8月現在。各館は、都道府県別に、館名の五十音順に排列する。全館にアンケート調査を行い、沿革・概要、展示・収蔵、事業、出版物等の最新情報、外観写真、展示品写真、案内地図等を掲載。巻末に五十音順の人名索引、館名索引を付す。

新訂 人物記念館事典 2 美術・芸能編
新訂版 日外アソシエーツ編集部編 日外アソシエーツ、紀伊国屋書店〔発売〕 2002.11 488p 21cm 9500円 Ⓣ4-8169-1746-2 Ⓝ069.035

〔目次〕北海道（石原裕次郎記念館、大山由之記念美術館 ほか）、東北（大山将棋記念館、棟方志功記念館 ほか）、関東（いわむらかずお絵本の丘美術館、鹿沼市立川上澄生美術館 ほか）、中部・東海（安達原玄版画美術館、一宮町立青楓美術館 ほか）、北陸（きり絵関口コオミュージアム・湯沢、トミオカホワイト美術館 ほか）、近畿（河井寛次郎記念館、京都嵐山美空ひばり館 ほか）、中国（植田正治写真美術館、西河克己映画記念館 ほか）、四国（イサム・ノグチ庭園美術館、丸亀市立猪熊弦一郎現代美術館 ほか）、九州（古賀政男記念館・生家、坂本繁二郎画伯資料室（八女市立図書館）ほか）

〔内容〕特定の人物の業績を記念する全国の個人記念館473館の展示内容・事業概要を紹介した事典。館種を文学館、歴史館、美術館、芸能・音楽館、スポーツ館に分類し、2分冊の第2分冊「美術・芸能編」では、美術館、芸能・音楽館、スポーツ館を230館収録する。データは2002年8月現在。都道府県別に、館名の五十音順に排列する。全館にアンケート調査を行い、沿革・概要、展示・収蔵、事業、出版物等の最新情報、外観写真、展示品写真、案内地図等を掲載。各館は、巻末に五十音順の人名索引、館名索引を付す。

新版 親子で楽しむ博物館ガイド 首都圏
PART1 科学読物研究会編 大月書店 1993.5 173p 19cm 1500円 Ⓣ4-272-61059-7 Ⓝ069.0213

〔目次〕科学・技術・エネルギー、くらしと文化、のりもの、動物・植物・自然観察、歴史・民俗、その他の博物館

〔内容〕首都圏の博物館100館を分野別に紹介する博物館ガイド。

新版 親子で楽しむ博物館ガイド 首都圏
PART2 科学読物研究会編 大月書店 1993.5 156p 19cm 1500円 Ⓣ4-272-61060-0 Ⓝ069.0213

〔目次〕科学・技術・エネルギー、くらしと文化、のりもの、動物・植物・自然観察、歴史・民俗、その他の博物館

〔内容〕最近5年間に新しくできた首都圏の博物館を紹介する博物館ガイド。PART1と同様の分野別に収録する。

新版 首都圏博物館ガイド 都市生活を楽しむ会編 JICC出版局 1993.4 71p 21cm 420円 Ⓣ4-7966-0605-X Ⓝ069.0213

〔内容〕江戸東京博物館、船の科学館、深川江戸資料館、国立科学博物館、科学技術館、地下鉄博物館、下町風俗資料館、電力館、ガスの科学館、交通博物館、たばこと塩の博物館など、首都圏の博物館197館を紹介する博物館ガイド。

人物記念館事典 日外アソシエーツ、紀伊国屋書店〔発売〕 1996.1 561p 21cm 9800円 Ⓣ4-8169-1345-9

〔内容〕特定の人物の業績を記念・顕彰・展示する全国の個人記念館、美術館、資料館等のうち、一般公開されているもの300館を紹介したもの。各館の所在地、電話番号、交通、開館時間、入館料、休館日、施設等のほか、沿革・概要、展示内容・収蔵品、事業、出版物等の情報も掲載する。排列は都道府県別に館名の五十音順。外観写真等多数。内容は1995年9月現在で、アンケート調査に基づく。巻末に五十音順の館名索引、人名索引がある。

戦国史料館＆博物館ベストガイド 西日本
戦国歴史文化研究会著 メイツ出版 2010.11 128p 21cm 1600円 Ⓣ978-4-7804-0880-5 Ⓝ210.47

〔目次〕近畿編（小谷城戦国歴史博物館、長浜市長浜城歴史博物館 ほか）、中部編（福井県立一乗谷朝倉氏遺跡資料館、名古屋市秀吉清正記念館 ほか）、中国編（岡山県立博物館、高松城址公園資料館 ほか）、四国編（徳島市立徳島城博物館、大洲市立博物館 ほか）、九州編（福岡市博物館、北九州市立自然史・歴史博物館 ほか）

〔内容〕織田・豊臣・朝倉・毛利・尼子・長宗我部・島津…etc。乱世を駆け抜けた名将・偉人たちの足跡をたどる。近畿、中部、中国、四国、九州のエリアに分けて史料館・博物館を紹介。

戦国史料館＆博物館ベストガイド 東日本
戦国歴史文化研究会著 メイツ出版 2010.

11　128p　21cm　1600円　①978-4-7804-0879-9　Ⓝ210

目次 中部編（信玄公宝物館，上田市立博物館，池波正太郎真田太平記館 ほか），関東編（逆井城跡公園，八王子郷土資料館，国立歴史民俗博物館 ほか），東北編（最上義光歴史館，米沢市上杉博物館，仙台市博物館 ほか）

内容 伊達・上杉・武田・北条・徳川・織田・真田…etc。乱世を駆け抜けた名将・偉人たちの足跡をたどる。中部，関東，東北のエリアに分けて史料館・博物館を紹介する。

全国人物記念館　中川志郎監修　講談社　2002.12　222p　21cm　3800円　①4-06-211298-1　Ⓝ069.035

目次 北海道，青森県，岩手県，宮城県，秋田県，山形県，福島県，茨城県，栃木県，群馬県〔ほか〕

内容 日本各地の人物記念館を収録したガイドブック。人物の名を冠した記念館，美術館，文学館，資料館など784館を収録。北から南への都道府県別，人名五十音順に排列。各館の名称，所在地，交通，休館日，開館年，特色と，人物の事績と代表的なことが，一部には地図と写真を交じえて紹介する。巻末に人名五十音順と分野別の各索引を付す。

全国図書館案内　補遺　文書館・資料館・博物館を中心に　書誌研究懇話会編　三一書房　1992.11　546p　19cm　5150円　①4-380-92246-4

内容 本書は，『全国図書館案内』の対をなすもので，同書に収載していない機関を中心に紹介するものである。

全国農業博物館資料館ガイド　橋本智編著　筑波書房　2002.1　226p　19cm　2000円　①4-8119-0217-3　Ⓝ610.6

目次 北海道（雪印乳業（株）雪印乳業史料館，北海道大学札幌農学校第2農場 ほか），東北（青森県農業試験場田中稔記念館（稲作資料館），青森県農業試験場藤坂支場冷害研究資料館 ほか），関東（独立行政法人農業技術研究機構つくばリサーチギャラリー，独立行政法人農業生物資源研究所動物生命科学研究所展示室 ほか），中部（笛吹川フルーツ公園フルーツミュージアムくだもの館，三水アップルミュージアム ほか），近畿（神宮農業館，グンゼ（株）グンゼ博物苑 ほか），中国（鳥取二十世紀梨記念館，岡山県立青少年農林文化センター三徳園農業展示館 ほか），四国（香川県農業試験場農業資料館，藍住町歴史館藍の館 ほか），九州（福岡クボタ農業機械歴史館，福岡県農業総合試験場農業資料館 ほか）

内容 農業の科学・歴史・文化等を伝える，全国のユニークな博物館・資料館を紹介するガイドブック。100施設を収録。都道府県ごとに構成。施設の解説の他，所在地，電話番号，設立年，利用時間，利用条件，交通案内，地図などが記載されている。巻末に人名索引，テーマ別索引を付す。

全国美術館ガイド　全国美術館会議編　美術出版社　1992.1　460p　21cm　（美術ガイド）〈全国の美術館・博物館・資料館ほか1350館収録〉　2500円　①4-568-43031-3　Ⓝ706.9

全国美術館ガイド　全国美術館会議編　美術出版社　1994.3　485p　21cm　（美術ガイド）　2800円　①4-568-43037-2　Ⓝ706.9

内容 美術館，美術に関係のある博物館，民芸館，考古館，郷土館，民俗館，宝物館など，計1450館を収録した施設ガイド。

全国美術館ガイド　全国美術館会議編　美術出版社　1996.6　514p　21cm　（美術ガイド）　2800円　①4-568-43045-3

目次 北海道，東北，関東，中部，近畿，中国，四国，九州

内容 全国の美術館・博物館・資料館等の所在地，電話番号，交通，開館時間，休館日，施設概要，入館料等を紹介したガイド。美術館および美術に関係のある博物館のほか，民芸館，考古館，郷土館，民俗館，宝物館等1530館を都道府県別に収録する。主要な館については主な所蔵品のリストおよび写真を掲載。内容は1995年8月現在。巻末に館名の五十音順索引がある。月刊雑誌「BT／美術手帖」増刊号（1995年刊）の改装版。

全国美術館ガイド　全国美術館会議編　美術出版社　1999.2　535p　21cm　（美術ガイド）　2800円　①4-568-43050-X

目次 北海道，東北，関東，中部，近畿，中国，四国，九州

内容 全国の美術館・博物館・資料館等を紹介したガイド。美術館および美術に関係のある博物館のほか，民芸館，考古館，郷土館，民俗館，宝物館等1560館を都道府県別に収録する。掲載項目は，所在地，電話番号，交通，開館時間，休館日，施設概要，入館料など。主要な館につ

いては主な所蔵品のリストおよび写真を掲載。内容は1998年3月現在。巻末に館名の五十音順索引がある。月刊雑誌「BT／美術手帖」増刊号（1998年刊）の改装版。

全国美術館ガイド　全国美術館会議編　美術出版社　2001.9　599po　21cm　2800円　Ⓣ4-568-43058-5　Ⓝ706.9

㊡北海道，東北，関東，中部，近畿，中国，四国，九州

㊢全国の美術館・博物館・資料館など1800館を収録するガイドブック。2001年刊行の『BT／美術手帖増刊号・全国美術館ガイド』の改装版にあたり、記載データは2001年3月現在のもの。各館を地域別に排列し、所在地、設立母体、付属施設、紹介文、利用案内を記載。主要施設には所蔵品リストと写真も掲載する。巻末に館名の通称から引く五十音順索引がある。

全国美術館ガイド　全国美術館会議編　美術出版社　2004.3　607p　21cm　（美術ガイド別冊デザインの現場）〈他言語標題：Museum in Japan〉　2800円　Ⓝ706.9

全国美術館ガイド　全国美術館会議編　美術出版社　2004.9　607p　21cm　2800円　Ⓣ4-568-43060-7

㊡北海道，東北，関東，中部，近畿，中国，四国，九州

㊢全国8地域（北海道・東北・関東・中部・近畿・中国・四国・九州）を、各都道府県別に並べ、その中で市・区（東京都）・郡の50音順に紹介。同一地域をまとめて見やすく整理。各美術館の諸施設（駐車場・レストラン・ミュージアムショップ・バリアフリーなど）をマークでわかりやすく表示。収録館数は1780。

全国美術館ガイド　全国美術館会議編　美術出版社　2006.12　607p　21cm　（美術ガイド）　2800円　Ⓣ4-568-43066-3

㊡北海道，青森県，岩手県，宮城県，秋田県，山形県，福島県，茨城県，栃木県，群馬県，埼玉県，千葉県，東京都，神奈川県，新潟県，富山県，石川県，福井県，山梨県，長野県，岐阜県，静岡県，愛知県，三重県，滋賀県，京都府，大阪府，兵庫県，奈良県，和歌山県，鳥取県，島根県，岡山県，広島県，山口県，徳島県，香川県，愛媛県，高知県，福岡県，佐賀県，長崎県，熊本県，大分県，宮崎県，鹿児島県，沖縄県

㊢全国の美術館・博物館・資料館ほか約1800館を地域別に見やすく、使いやすく収録。各美術館の諸施設もわかりやすくマーク表示。

全国文化展示施設ガイド　第2版　井上城編　ハッピー・ゴー・ラッキー・エイム　2002.12　555p　26cm　4762円　Ⓣ4-902076-06-3　Ⓝ069.035

全国ミュージアムガイド　関秀夫編　柏美術出版　1994.4　404p　21cm　2000円　Ⓣ4-906443-45-1　Ⓝ069.021

㊢全国の博物館・美術館等を収録する施設ガイド。収蔵・展示する博物館資料の種類により、総合博物館、歴史博物館、郷土博物館、美術館、科学博物館、動物園、水族館、植物園、動植物園の9種類に分け、一般に利用可能なもの3232館を掲載する。

大学博物館事典　市民に開かれた知とアートのミュージアム　伊能秀明監修　日外アソシエーツ，紀伊国屋書店〔発売〕　2007.8　590p　21cm　9333円　Ⓣ978-4-8169-2057-8

㊡札幌国際大学博物館，札幌大学埋蔵文化財展示室，東京大学大学院人文社会系研究科附属北海文化研究常呂資料陳列館，北海道医療大学薬学部付属薬用植物園・北方系生態観察園，北海道大学総合博物館，北海道大学総合博物館水産科学館，北海道大学北方生物圏フィールド科学センター厚岸臨海実験所附属アイカップ自然史博物館，北海道大学北方生物圏フィールド科学センター植物園，北海道薬科大学薬用植物園，岩手大学農学部附属農業教育資料館〔ほか〕

㊢全国の130大学、162の大学博物館を収録。全館にアンケート調査を行い、沿革・概要、収蔵・展示概要、利用条件などの最新情報を掲載。総合、歴史、美術、自然史、服飾、楽器、工業科学、植物園、水族館など多彩な博物館を収録。外観・館内写真、展示品写真、案内地図を多数掲載。巻末に大学名から引ける「設置者名索引」、キーワードから引ける「事項名索引」付き。

タダで入れる美術館・博物館　お得で楽しいTOKYO散歩　東京散策倶楽部著　新潮社　2000.10　205p　15cm　（新潮OH!文庫）　486円　Ⓣ4-10-290030-6　Ⓝ706.9

㊡1 こだわりのコレクション―企業・団体のミュージアム1（ミサワ・バウハウスコレクション―モダンデザインの原点に出会う，虎屋ギャラリー（虎屋文庫）―和菓子文化にふれる老舗コレクション ほか），2 おもしろくてタメになる―企業・団体のミュージアム2（NHK放送博物館―貴重な放送資料から現代史がわかる，電力館―楽しみながら電気を学ぶ ほか），3 大

学の中の異世界（国立音楽大学楽器学資料館―民族楽器の音色があふれる音楽情報館，早稲田大学演劇博物館―国内唯一の演劇専門ミュージアム ほか），4 ユニークな公立博物館（日本銀行金融研究所貨幣博物館―「お金」の持つ意味を実感，お札と切手の博物館（大蔵省印刷局記念館）――一億円の重さを体感 ほか），5 楽しいBUNGAKU&ART（東京都近代文学博物館―旧侯爵家の洋館で近代文学を学ぶ，田端文士村記念館―かつて田端に芸術家村があった ほか）

内容 美術館・博物館のガイドブック。設立母体とテーマ別に分類し，美術館・博物館の順路に沿った解説，みどころと住所，電話番号，交通，開館時間，休館日，URLなどと周辺地図を掲載。巻末に地域別のインデックスと地図を付す。

たまミュージアムコレクション 多摩の博物館・美術館・資料館ガイド （八王子）
のんぶる舎　1998.7　259p　21cm　1800円　①4-931247-54-7

目次 武蔵野市，三鷹市，調布市，府中市，小金井市，国立市，国分寺市，立川市，東大和市，武蔵村山市〔ほか〕

内容 多摩地域とその周辺にある，市立博物館，郷土資料館，美術館，企業博物館，保存建物，動物園，植物園などのガイドブック。

茶の湯美術館　1（東京・関東）　徳川義宣，小田栄一，竹内順一，谷晃編　角川書店　1997.11　568p　27cm　28000円　①4-04-651201-6　Ⓝ791.5

茶の湯美術館　2（京都・関西）　徳川義宣，小田栄一，竹内順一，谷晃編　角川書店　1997.8　551p　27cm　〈目録あり〉　28000円　①4-04-651202-4　Ⓝ791.5

茶の湯美術館　3（全国）　徳川義宣，小田栄一，竹内順一，谷晃編　角川書店　1998.1　537p　27×23cm　28000円　①4-04-651203-2

目次 仙台市博物館，本間美術館，MOA美術館，サンリツ服部美術館，「御物」「名物」と「名物記」（佐藤豊三），富山佐藤美術館，石川県立美術館，金沢市立中村記念美術館，昭和美術館，蔵帳について（谷晃），徳川美術館，大名家の茶の湯道具（佐藤豊三），林原美術館，『大正名器鑑』について，耕三寺博物館，田部美術館，福岡市美術館，茶書からみる『大正名器鑑』（竹内順一）

内容 全国の美術館・博物館のうち，特に茶道具の名品を多く所蔵する館とその収蔵品を紹介。

伝統工芸館事典　日外アソシエーツ編集部編
日外アソシエーツ，紀伊国屋書店〔発売〕　2003.12　430p　21cm　9800円　①4-8169-1816-7

目次 北海道，東北，関東，北陸，中部・東海，近畿，中国，四国，九州・沖縄

内容 日本の伝統工芸を扱う全国203の博物館・展示施設をガイド。全館にアンケート調査を行い，沿革・概要，展示・収蔵など，各館の最新情報を掲載。陶磁器，漆芸，染織，和紙，木工など多彩な収録内容。外観・館内写真，展示品写真，案内地図等を多数掲載。巻末に館名索引，事項名索引が付く。

東海美術館・博物館ベストガイド　ア
ミューズ著　メイツ出版　2004.9　144p　21cm　1500円　①4-89577-794-4

目次 愛知県の美術館・博物館（国際デザインセンター・デザインミュージアム（名古屋市中区），名古屋ボストン美術館（名古屋市中区） ほか），岐阜県の美術館・博物館（岐阜県美術館（岐阜市），加藤栄三・東一記念美術館（岐阜市） ほか），三重県の美術館・博物館（三重県立美術館（津市），石水博物館（津市） ほか），静岡県（西部）の美術館・博物館（浜松市美術館（浜松市），浜松市博物館（浜松市） ほか）

東京・首都圏おでかけアクセス 美術館・博物館編　国際地学協会　2005.8　190p　15cm　（ユニオン文庫）　667円　①4-7718-2557-2

目次 最新テクノロジー，ジャパンアニメーション，のりもの，江戸から東京，くらしと安全，銀座・丸の内・新橋エリア，六本木・赤坂エリア，渋谷周辺エリア，新宿・池袋エリア，上野・下町エリア，皇居周辺エリア，お台場・湾岸周辺エリア，東京西部・多摩エリア，首都圏エリア

内容 東京・首都圏にある美術館・博物館・図書館を紹介。"一度は訪れて見たい"を基準に全84件を編集部で選定。

東京都の図書館 23区編　馬場万夫，飯沢文夫，古川絹子著　東京堂出版　2000.9　546p　19cm　3600円　①4-490-20415-9　Ⓝ010.2136

目次 足立区立郷土博物館，板橋区立郷土資料館，板橋区立美術館，大東文化大学図書館，江戸川区郷土資料室，大田区立郷土博物館，紙の博物館図書室，東京外国語大学アジア・アフリカ言語文化研究所図書室，東京外国語大学ヒンディー語研究室，東京外国語大学附属図書館

〔ほか〕

⦿内容 東京23区内にある図書館・蔵書のガイドブック。東京都23区の公共図書館、国公私立大学などの図書館、および郷土資料館・博物館等の類縁機関の中から、特色のある蔵書、固有のコレクションを有する図書館を紹介する。図書館は地区別に掲載し、設置母体及び図書館の沿革と蔵書の概要、個々のコレクション、蔵書目録等の刊行書誌、その他の特色ある事項を記載。ほかに住所、電話・ファックス・ホームページ、交通機関、開館時間、利用条件などを付記。内容は1996年3月末現在。巻末に図書館・博物館施設一覧、文庫・コレクション索引を付す。

東京の美術館ガイド　朝日新聞社編　朝日新聞社　2001.5　8,261p　15cm　（朝日文庫）　571円　①4-02-261345-9　Ⓝ706.9

⦿目次 台東区・文京区、千代田区・中央区、港区・渋谷区、新宿区・中野区・豊島区、目黒区・品川区、来街・大田区、北区・板橋区・練馬区、都下の各市、「神奈川県」横浜市・川崎市、「神奈川県」鎌倉・湘南・箱根、千葉県、埼玉県

⦿内容 東京とその近郊にある美術館・博物館についてのガイドブック。地域別に257館を紹介する。各館への交通、開館時間や連絡先などの情報に解説が付く。エリア別にアクセス・マップを掲載する。データは平成13年3月現在。

東京博物館ベストガイド165　東京地図出版　2009.9　127p　21cm　〈索引あり〉　952円　①978-4-8085-0979-8　Ⓝ069.021361

⦿目次 巻頭特集 大規模博物館、千代田区・中央区・港区・新宿区エリア、文京区エリア、台東区エリア、墨田区エリア、江東区エリア、品川区・大田区エリア、目黒区・渋谷区・世田谷区エリア、杉並区・中野区・練馬区エリア、豊島区・北区・板橋区エリア、荒川区・足立区・葛飾区・江戸川区エリア

⦿内容 体験型博物館で自然や科学を感じる。展示型資料館で郷土や歴史を観る。新しい知識と自分に出会う165館。

南海沿線「泉州ミュージアムネットワーク」　南海電気鉄道編、泉州ミュージアムネットワーク監修　（大阪）東方出版　1999.11　73p　25cm　600円　①4-88591-634-8

⦿目次 堺市博物館、自転車博物館サイクルセンター、堺市立歴史資料館、大阪ガスガス科学館、高石市立図書館郷土資料室、大阪府立弥生文化博物館、泉大津市立織編館、正木美術館、岸和田市郷土資料館、きしわだ自然資料館〔ほか〕

⦿内容 泉州地区の博物館・美術館・資料館を収録したガイドブック。内容は1999年9月現在で項目は、館名、開館時間、休館日、入館料、交通、住所、電話・FAX番号など。

西日本美術館ベストガイド　エー・アール・ティ著　メイツ出版　2012.2　144p　21cm　1600円　①978-4-7804-1094-5

⦿目次 近畿（京都国立近代美術館、京都市美術館 ほか）、中部（徳川美術館、国際デザインセンター ほか）、中国（広島市現代美術館、ひろしま美術館 ほか）、四国（高松市美術館、地中美術館 ほか）、九州（九州国立博物館、福岡市美術館 ほか）

⦿内容 洋画、日本画、現代美術、彫刻、伝統工芸、書…一度は観たい必見の作品と、各館の見どころを案内。

日本全国おもしろユニーク博物館・記念館　新人物往来社編　新人物往来社　2006.12　259p　19cm　2600円　①4-404-03439-3

⦿目次 北海道、青森県、秋田県、岩手県、福島県、茨城県、埼玉県、千葉県、東京都、神奈川県、新潟県、福井県、石川県、長野県、静岡県、愛知県、岐阜県、京都府、奈良県、大阪府、広島県、山口県、愛知県、香川県、高知県、福岡県、鹿児島県、長崎県

⦿内容 全国59館を収録。

日本全国ユニーク個人文学館・記念館　新人物往来社編　新人物往来社　2009.3　251p　20cm　2800円　①978-4-404-03592-9　Ⓝ910.6

⦿目次 陸別町 関寛斎資料館、萱野茂 二風谷アイヌ資料館、北島三郎記念館、田中舘愛橘記念科学館、奥州市立後藤新平記念館、長井勝一漫画美術館、小栗上野介忠順遺品館、足尾鉱毒事件田中正造記念館、熊谷市立荻野吟子記念館、佐倉順天堂記念館〔ほか〕

日本全国ユニーク博物館・記念館　新人物往来社編　新人物往来社　1997.12　275p　19cm　2600円　①4-404-02557-2

⦿目次 北海道（関寛斎資料館、月形樺戸博物館、開陽丸青少年センター、北海道開拓記念館、アイヌ民族博物館）、青森県（青森市森林博物館）、岩手県（花巻新渡戸記念館、高野長英記念館、野村胡堂・あらえびす記念館 ほか）、山形県（紅花資料館、米沢市立上杉博物館、清川八郎記念館 ほか）、宮城県（宮城県慶長使節船ミュージアム）、福島県（白虎隊記念館、白虎隊伝承史学

館),茨城県(柳田国男記念公苑),埼玉県(入間市博物館),千葉県(我孫子市鳥の博物館,伊能忠敬記念館),東京都(古代オリエント博物館,土方歳三資料館,ボタンの博物館 ほか),神奈川県(馬の博物館,箱根旧街道資料館,ブリキのおもちゃ博物館 ほか)〔ほか〕

日本博物館総覧 ミュージアムへの招待
　　大堀哲編著　東京堂出版　1997.9　387p
　　27cm　5500円　Ⓣ4-490-20332-2　Ⓝ069.035

博物館徹底ガイドハンドブック　PHP研究所編　PHP研究所　1993.5　191p　18cm
　　1200円　Ⓣ4-569-53925-4　Ⓝ069.02
〔目次〕第1章 自然・科学技術の博物館,第2章 産業・工芸の博物館,第3章 歴史・考古の博物館,第4章 民俗・郷土史料の博物館,第5章 文学館・記念館
〔内容〕資料館、科学館、水族館など様々な博物館を分野別に紹介するハンドブック。375館を収録する。掲載データは、開館時間・展示品紹介・見どころなど。

美術ガイド 新 全国寺社・仏像ガイド　美術出版社　2006.3　462p　21cm　〈『BT／美術手帖2005年8月号増刊「新全国寺社・仏像ガイド」』改題書〉　3000円　Ⓣ4-568-43065-8
〔目次〕北海道・東北,関東,中部,近畿,中国,四国,九州,全国秘仏開帳案内
〔内容〕お遍路さんのメッカ四国霊場八十八か寺をはじめ、奈良・京都の名刹など、国宝・重文ほかの仏像・神像・肖像彫刻を所蔵する全国1860余の寺院・神社・博物館・資料館を北から南まで、各地域・鉄道沿線ごとに徹底的に網羅。

美術ガイド 全国寺社・仏像ガイド 行きやすい地域別＋沿線別　美術出版社　2001.7　447p　21cm　2800円　Ⓣ4-568-43057-7　Ⓝ718
〔目次〕北海道・東北,関東,中部,近畿,中国,四国,九州
〔内容〕国宝・重要文化財に限らず、仏像・神像・肖像彫刻等を所蔵する寺院・神社・博物館・資料館などのガイドブック。総計1800余を収録。原則として全国7ブロックの各都道府県ごとに、主要鉄道沿線別に排列。寺社名、所在地、解説、所蔵する仏像の順に記載。巻末に全国秘仏開帳案内と、五十音順の索引がある。

兵庫の博物館ガイド　兵庫県博物館協会協力(大阪)創元社　2002.6　167p　21cm　1200円　Ⓣ4-422-71027-3　Ⓝ069.02164

〔目次〕神戸市街,西宮・芦屋,神戸・阪神,灘三郷,丹波・播磨,姫路,赤穂,篠山,但馬,城崎,出石,淡路島
〔内容〕兵庫県下の博物館ガイドブック。兵庫県を、神戸市街、西宮・芦屋、神戸・阪神、灘三郷、丹波・播磨等12地域に区分、各地域の博物館・美術館・水族館・植物園等計155施設について、所在地、アクセス、開館時間、入館料、駐車場の有無、特徴的な収蔵品の内容等の見どころを、収蔵品の写真を多数交えて紹介する。巻頭の目次には、地域別に、博物館施設・その他の観光スポット・鉄道駅・国道等を明記した地図を掲載する。

福岡県の博物館　改訂版　福岡県博物館協議会編　(福岡)海鳥社　1994.9　304p　19cm　1600円　Ⓣ4-87415-071-3　Ⓝ069.02191
〔内容〕福岡県内の美術館・博物館・資料館・動植物園のガイドブック。110館余を収録、7つの地区別に分け、所在地・電話・交通機関・開館時間・休館日・入館料のデータ、案内図・写真、沿革・特色などの解説を掲載する。巻頭に県全体の博物館位置図がある。

平和博物館・戦争資料館ガイドブック　歴史教育者協議会編　青木書店　1995.4　210p　21cm　2266円　Ⓣ4-250-95019-0
〔内容〕国内および海外の平和博物館、戦争資料館、戦争と平和の問題をまとめた形で展示している一般的な博物館・資料館100余施設を紹介したガイドブック。

平和博物館・戦争資料館ガイドブック　新版　歴史教育者協議会編　青木書店　2000.7　260p　21cm　2400円　Ⓣ4-250-20028-0　Ⓝ069.8
〔目次〕日本(沖縄県,鹿児島県,長崎県,大分県,福岡県 ほか),海外(シンガポール,タイ,韓国,中国,ポーランド ほか)
〔内容〕戦争と平和をテーマとする日本国内110施設・海外11か国40施設を収録した施設ガイド。

平和博物館・戦争資料館ガイドブック　増補版　歴史教育者協議会編　青木書店　2004.8　278p　21cm　2400円　Ⓣ4-250-20420-0
〔目次〕日本(沖縄県,鹿児島県,長崎県,大分県ほか),海外(シンガポール,タイ,韓国,中国ほか)
〔内容〕戦争を知り、語り継ぎ、平和を考える。日本国内112施設、海外11か国施設、の総合案内。

北海道・新博物館ガイド　北海道博物館協会

博物館

編　(札幌)北海道新聞社　1999.7　291p
21cm　1900円　Ⓣ4-89453-031-7
⦿目次⦿道央1―札幌・石狩・後志・空知(北海道立近代美術館、北海道開拓記念館　ほか)、道央2―胆振・日高(苫小牧市博物館、苫小牧市科学センター　ほか)、道南―渡島・檜山(五稜郭タワー、市立函館博物館　ほか)、道北―上川・留萌・宗谷(旭川博物館・旭川市青少年科学館　ほか)、道東・オホーツク―網走・釧路・十勝・根室(網走市立郷土博物館、網走市立美術館　ほか)
⦿内容⦿北海道内全233館の博物館を紹介したガイドブック。内容項目は、館名、住所、電話番号・FAX番号、周辺地図、沿革、見どころ、活動、一言、編者、休館日、開館時間、入館料、見学所要時間、交通案内など。データの内容は1999年3月末現在。巻末に50音順のインデックスがある。

歴史博物館事典　日外アソシエーツ編集部編
日外アソシエーツ、紀伊国屋書店〔発売〕
1999.1　509p　21cm　9500円　Ⓣ4-8169-1526-5　Ⓝ069
⦿目次⦿北海道(北見ハッカ記念館、札幌市資料館　ほか)、東北(青森市歴史民俗展示館「稽古館」、縄文館　ほか)、関東(小山市立博物館、栃木県立しもつけ風土記の丘資料館　ほか)、中部・東海(白根桃源美術館、武田神社宝物殿　ほか)、北陸(佐渡歴史伝説館、信濃川大河津資料館　ほか)、近畿(近江八幡市立資料館、大津市歴史博物館　ほか)、中国(海とくらしの史料館、わらべ館　ほか)、四国(瀬戸大橋記念館、丸亀市立資料館　ほか)、九州(飯塚市歴史資料館、岩戸山歴史資料館　ほか)
⦿内容⦿歴史をテーマとした博物館のガイドブック。全国261館を収録。各館のデータは1998年10月30日現在。全国を、北海道、東北、関東、中部東海、北陸、近畿、中国、四国、九州の9ブロックに分け、さらに都道府県別に館名の50音順に排列。掲載事項は、館名、沿革、概要、展示・収蔵、事業、出版物、所在地、設立年月、TEL、FAX、ホームページ、E-mail、交通、開館、入館料、休館日、施設、責任者など。巻末に50音順の館名索引付き。

歴史博物館事典　新訂　日外アソシエーツ編集部編　日外アソシエーツ　2008.10　599p　22cm　12000円　Ⓣ978-4-8169-2139-1
Ⓝ210.06
⦿目次⦿北海道、東北、関東、北陸甲信越、東海、近畿、中国、四国、九州、沖縄
⦿内容⦿全国47都道府県の歴史博物館・資料館288

館を収録。全館にアンケート調査を行い、沿革・概要、展示・収蔵、事業、出版物などの最新情報を掲載。前版『歴史博物館』刊行後にオープンした新設館など116館を新たに収録。外観・館内写真、展示品写真、案内地図を掲載。巻末に「館名索引」付き。

レコードマップ　'94　学陽書房編集部、本の出版社編　学陽書房　1993.10　416p
21cm　1400円　Ⓣ4-313-88063-1
⦿内容⦿1992年10月1日に発行した『レコードマップ'93』の改訂版。全国の中古・輸入・専門・総合の各レコード店と、通信販売専門店、音楽資料館などの最新情報を掲載する。

◆ガイドブック(海外)

＜名簿・人名事典＞

アメリカの伝統文化　野外博物館ガイド
杉本尚次著　三省堂　1992.10　287p　19cm
(三省堂選書 171)　1800円　Ⓣ4-385-43171-X
⦿目次⦿はじまりはアメリカン・ドリームの遺跡、ニューイングランド、ニューヨークとその周辺、中部大西洋岸地域、首都ワシントン、南部への入口、ヴァージニア、南部紀行、中西部、南西部、太平洋岸地域
⦿内容⦿アメリカの野外博物館・歴史公園・古い町並312か所を訪れ、その保存・再生・活用にかける市民の熱い思いをレポートする。

近代科学の源流を探る　ヨーロッパの科学館と史跡ガイドブック　菊池文誠編　東海大学出版会　1996.1　136p　21cm　2266円
Ⓣ4-486-01358-1
⦿目次⦿ヨーロッパの科学館と史跡紹介(イギリス、フランス、オランダ、ドイツ、イタリア)、科学者の墓地巡り、科学館巡りの旅のテクニック
⦿内容⦿ヨーロッパ5ヶ国(英、仏、独、蘭、伊)の理工学系の科学館、史跡のガイド。各館・史跡の所在地、開館時間、入場料、交通、概要、主要展示品等を紹介する。外観写真、地図等多数。巻末に五十音順の事項索引がある。

世界の軍事・戦車博物館　笹川俊雄編著　大日本絵画　1998.9　172p　30cm　3800円
Ⓣ4-499-22683-X
⦿内容⦿世界の軍事・戦車博物館ガイド(ベネルックス3国編、ドイツ編、アメリカ編、オーストラリア・スイス編、イタリア・フラ

ンス・北欧編，中国・ロシア・東欧・その他の国々編）

（内容）世界各国の戦車博物館のガイド。各museumのガイドとして、行き方と展示車両のうちより、その博物館しか所有していない珍しい車両を紹介。

世界の航空博物館&航空ショー　三野正洋，鴨下示佳，浅井圭介，スティーブ・ウルフ著　ワック　1999.5　204p　21cm　2000円
①4-89831-009-5

（目次）アメリカ・カナダの航空博物館，イギリスの航空博物館，ヨーロッパの航空博物館，アジア・その他の航空博物館，日本の航空博物館，アメリカ・カナダの航空ショー，イギリスの航空ショー，ヨーロッパの航空ショー，アジア・その他の航空ショー，日本の航空ショー

（内容）世界のエアショーと航空博物館を紹介したガイドブック。エアショー25、博物館51を収録。内容は1999年2月28日現在。

中国博物館総覧　黎先燿著，陳月霞訳，「中国博物館総覧」編集委員会編　「中国博物館総覧」刊行委員会　〔1990〕　2冊　31cm　各26000円

（内容）中国の博物館1,000館余の中で主要な約380館を選び、概要を行政区画別に写真入りで紹介する。台湾・香港・マカオの約20館も収録。巻末に「動物園・植物園・自然保護区」の項、館種別の分類、索引を付す。

中国博物館めぐり　上，下巻　鍾煒著，東京美術，人民中国雑誌社共同編集　東京美術　1989.6，1990.6　2冊　21cm　〈著者の肖像あり〉　1236円，1400円

（内容）北京・故宮博物院など中国の代表的な36の博物館を行政区劃別に分けて紹介。巻末の「資料　中国博物館」に収録館の所在地、交通手段などを記す。日本語版月刊誌『人民中国』の連載記事をまとめたもの。

ヨーロッパ医科学史散歩　医史跡・医科学史博物館25ヵ国ガイド　石田純郎著　（新潟）考古堂書店　1996.2　246p　21cm　3500円　①4-87499-529-2　Ⓝ490.23

ヨーロッパ　船の博物館ガイド　庄司邦昭著　大空社　1998.6　221p　19cm　1500円
①4-7568-0732-1

（目次）ノルウェー，スウェーデン，デンマーク，ドイツ，オランダ，ベルギー，フランス，イタリア，スロベニア，イギリス

（内容）ヨーロッパの船の博物館41館を紹介したガイド。所在地、電話、入館時間、休館日、入館料、展示物などのデータを掲載。船の博物館リスト（ヨーロッパ）付き。

博物館学

<書　誌>

博物館基本文献集　第1期　伊藤寿朗監修　大空社　2006.7　9冊（セット）　B5　84000円
①4-87236-154-7

（内容）博物館ブームの原点を問い、市民に開かれた博物館づくりの理論と実践の創造に向けて必ずや参考となる文献集。

博物館基本文献集　10-21，別巻　伊藤寿朗監修　大空社　2006.12　13冊（セット）　26cm　115000円　①4-87236-174-1

（目次）10（常置教育的観覧施設状況―大正5年12月（文部省編）），11（世界の博物館（棚橋源太郎）），12（新しい博物館―その機能と教育活動（木場一夫）），13（博物館学綱要（棚橋源太郎）），14（見学・旅行と博物館（木場一夫，岩瀬俊助，関忠夫，岡義雄，浅井治平）），15（博物館教育（棚橋源太郎）），16（博物館・美術館史（棚橋源太郎）），17（博物館（棚橋源太郎），18（博物館のはなし（青木国夫）），19（わたしたちの歴史研究博物館（関忠夫）），20（文化観光施設一覧―昭和23年3月31日，公私立博物館等調査表―昭和26年1月20日，博物館調査―昭和28年5月1日（文部省編）），21（観光資源要覧第四編陳列施設―昭和32年3月（運輸省観光局編），学芸員講習講義要綱―昭和27年，学芸員講習講義要綱―昭和28年（文部省編）），別巻（博物館学総論（鶴田総一郎），各巻解説　ほか）

（内容）博物館が組織的な取り組みを開始した一九二〇年代末から、一九五五（昭和三〇）年の博物館法改正で戦後の体制が定まった一九五〇年代までを主な対象に、理論書、啓蒙書などの単行書、パンフレット、戦前の海外植民地の館も含む案内書、統計書などを網羅し、構成。

<事　典>

博物館学事典　石渡美江ほか編　東京堂出版　1996.9　491p　27cm　〈監修：倉田公裕〉　12360円　①4-490-10437-5　Ⓝ069.033

博物館学事典　全日本博物館学会編　雄山閣　2011.8　421p　27cm　〈索引あり〉　16000円　①978-4-639-02183-4　Ⓝ069.033

(内容)博物館とは何か—現在までの博物館学の成果を集大成。収載項目約1700。

<ハンドブック>

生涯学習「自己点検・評価」ハンドブック 行政機関・施設における評価技法の開発と展開 井内慶次郎監修，山本恒夫，浅井経子，椎広行編　文憲堂　2004.7　249p　30cm　（生涯学習実践技法シリーズ）　2800円　Ⓘ4-938355-18-3

(目次)理論編（生涯学習関連の自己点検・評価、第三者評価と行政評価、生涯学習関係の事業評価の考え方と公民館事業評価の手順、独立行政法人の評価、地方公共団体における生涯学習関連行政評価—横須賀市を中心にして、生涯学習関連施設の自己点検・評価—博物館を中心に），技法編（自己点検・評価、第三者評価と行政評価の技法、生涯学習関連の自己点検・評価項目），事例編（地方公共団体、独立行政法人等における事例と展開）

博物館学ハンドブック 高橋隆博，森隆男，米田文孝編著　（吹田）関西大学出版部　2005.6　148p　30×21cm　1900円　Ⓘ4-87354-419-X

(目次)第1部 博物館学（博物館概論），第2部 博物館学各論（博物館経営論，博物館資料論，博物館情報論），第3部 資料編

博物館ハンドブック 加藤有次，椎名仙卓編　雄山閣出版　1990.4　337p　21cm　3914円　Ⓘ4-639-00934-8　Ⓝ069.036

(目次)博物館学とは，博物館の本質，博物館の歴史，博物館資料，展示，教育活動，管理・運営，博物館職員，施設・設備，新設博物館の設立方法，資料，参考文献目録

(内容)博物館とは、から博物館設立方法まで10章に分けて、博物館を総合的に知るハンドブック。巻末に関連資料リストと参考文献目録を付す。学芸員資格取得のための参考書、また博物館の現場で働く学芸員の実務書。

<年鑑・白書>

日本教育年鑑　1991年版 日本教育年鑑刊行委員会編　ぎょうせい，日本教育新聞社〔発売〕　1991.3　673,6p　26cm　9800円　Ⓘ4-324-02621-1　Ⓝ370.59

(目次)教育トピックス，年誌（'89・4・'90・3），1980年代の学校教育・社会教育，学校教育，生涯学習・社会教育，教育政策・行財政，団体・思潮，世界の教育，資料・統計，名簿（国会・文部省関係，教育委員会，校長会・教頭会，教職員組合，教育関係団体，文部省研究指定校，教育研究所，博物館，大学，大学院，短期大学，高等専門学校，教育関係出版社，視聴覚教具関連企業）

<統計集>

社会教育 調査報告書　平成2年度 文部省著　大蔵省印刷局　1992.9　361p　26cm　3300円　Ⓘ4-17-214005-X

(目次)1 調査の概要，2 調査結果の概要，3 統計表（社会教育行政調査，公民館調査，図書館調査，博物館調査，青少年教育施設調査，婦人教育施設調査，文化会館調査，都道府県知事部局・市町村長部局における生涯学習関連事業調査，生涯学習・社会教育関係公益法人調査，民間における生涯学習関連事業所）

社会教育調査報告書　平成5年度 文部省著　大蔵省印刷局　1995.4　431p　26cm　3600円　Ⓘ4-17-214006-8

(目次)社会教育行政調査，公民館調査，図書館調査，博物館調査，青少年教育施設調査，婦人教育施設調査，社会体育施設調査，民間体育施設調査，文化会館調査，都道府県知事部局・市町村長部局における生涯学習関連事業調査，生涯学習・社会教育関係公益法人調査，(参考)カルチャーセンター調査

社会教育調査報告書　平成8年度 文部省著　大蔵省印刷局　1998.3　339p　26cm　3500円　Ⓘ4-17-214007-6

(目次)社会教育行政調査，公民館調査，図書館調査，博物館調査，青少年教育施設調査，婦人教育施設調査，社会体育施設調査，民間体育施設調査，文化会館調査，都道府県知事部局・市町村長部局における生涯学習関連事業調査，生涯学習・社会教育関係法人調査，カルチャーセンター調査

社会教育調査報告書　平成11年度 文部科学省著　財務省印刷局　2001.3　431p　26cm　3500円　Ⓘ4-17-214008-4

(目次)社会教育行政調査，公民館調査，図書館調査，博物館調査，青少年教育施設調査，婦人教育施設調査，社会体育施設調査，民間体育施設調査，文化会館調査，都道府県知事部局・市町村長部局における生涯関連事業調査，生涯学習・社会教育関係法人調査，カルチャーセンター

調査

社会教育調査報告書　平成14年度　文部科学省編　国立印刷局　2004.3　365p　30cm　3500円　①4-17-214009-2

⦅目次⦆社会教育行政調査，公民館調査（公民館，公民館類似施設），図書館調査，博物館調査（博物館，博物館類似施設），青少年教育施設調査，女性教育施設調査，社会体育施設調査，民間体育施設調査，文化会館調査，都道府県知事部局・市町村長部局における生涯学習関連事業等調査，参考（「カルチャーセンター調査」（抄），「公益法人概況調査」（抄））

社会教育調査報告書　平成23年度　文部科学省編　日経印刷　2013.5　679p　30cm　4200円　①978-4-905427-42-1

⦅目次⦆社会教育行政調査，公民館調査，図書館調査，博物館調査，青少年教育施設調査，女性教育施設調査，体育施設調査，文化会館調査，生涯学習センター調査

資料の収集・整理・保管

＜ハンドブック＞

博物館資料取扱いガイドブック　文化財、美術品等梱包・輸送の手引き　日本博物館協会　ぎょうせい　2012.5　216p　26cm　〈文献あり〉　2667円　①978-4-324-09480-8　Ⓝ069.4

⦅目次⦆美術品の取り扱いの基礎知識，素材別の留意事項，陶磁品，漆芸品，金工，刀剣，額装作品，掛物，巻子，屏風，茶道具，染織，古書・歴史資料，考古資料，彫刻，甲冑，自然史標本，民俗・民族資料

博物館の害虫防除ハンドブック　杉山真紀子著　雄山閣出版　2001.1　218p　21cm　2800円　①4-639-01698-0　Ⓝ069.4

⦅目次⦆1章　昆虫とは，2章　博物館にいる害虫の種類，3章　推奨される害虫防除―IPM（総合的有害生物防除管理），4章　IPMとしての害虫の防除と駆除，5章　殺虫剤による害虫駆除，6章　カビ・ダニ・小動物の被害防除，7章　生物被害が起きにくい博物館建築

⦅内容⦆博物館の文化財生物劣化に対処するためのガイドブック。博物館内で被害を及ぼす害虫の種類と特徴をあげ，その防除法として，化学性殺虫剤を使用しない方法，あるいは使用しても最小限に控えた防除法を解説する。

資料の展示・利用・宣伝

＜事　典＞

展示学事典　ぎょうせい　1996.1　315p　26cm　10000円　①4-324-03881-3

⦅目次⦆基本概念，展示と現代社会，現代展示の源流，展示計画，展示ファニチュア，展示材料，実施計画，展示評価，巻末部

⦅内容⦆展示に関する基本概念，現代展示の源流，展示計画等を解説した事典。タイトルごとに見開き2ページで解説し，図版や写真資料も掲載する。各解説文の末尾には執筆担当者名を記す。巻末に五十音順の事項索引がある。

＜ハンドブック＞

建築設計資料集成　展示・芸能　日本建築学会編　丸善　2003.9　164p　30cm　12000円　①4-621-07276-5

⦅目次⦆第1章　展示（博物館／美術館，博物館，美術館，科学博物館　ほか），第2章　芸能（オペラハウス，劇場，地域劇場，商業劇場　ほか）

冷凍空調便覧　第3巻　冷凍空調応用編　新版第6版　日本冷凍空調学会冷凍空調便覧改訂委員会編　日本冷凍空調学会　2006.3　387p　30cm　14286円　①4-88967-092-0

⦅目次⦆第1章　空気調和の定義（概要，湿り空気，空調負荷，換気システム・排煙設備，空調システム，熱源システム，制御システム），第2章　快適空気調和（事務所，データセンタ店舗，ホテル，劇場・公会堂，病院，美術館・博物館，学校・図書館，体育・娯楽施設，自動車，列車，船舶，航空機），第3章　産業空気調和（恒温恒湿装置，低湿度装置生体実験装置・動物舎，環境試験装置，クリーンルーム，半導体・液晶工場，医薬品工場，原子力施設，機械工場，繊維工場，印刷工場，食品加工工場，植物工場），第4章　産業冷凍応用装置（アイス・スケートリンク，人工スキー場，マスコンクリート　クーリング，地盤凍結，LPGの貯蔵と輸送，LNGの貯蔵と輸送）

＜図鑑・図集＞

ロゴデザインの見本帳　遠島啓介著　エムディエヌコーポレーション，インプレスコミュニケーションズ（発売）　2013.3　159p　26cm　〈文献あり　索引あり〉　2800円　①978-4-8443-6325-5　Ⓝ727.087

⦅目次⦆1　ロゴの基本知識（ロゴの基礎知識，ヒア

博物館収集品目録・図録　　博物館

リングとポジショニング ほか)，2 業種別にみたロゴ(独自性の高いシンボルで新しみを込めた商業施設のロゴ，モチーフや配色で親しみやすさのある美術館・博物館ロゴ ほか)，3 配色からみたロゴ(あたたかみや情熱を感じさせる暖色系のロゴ，落ち着きや誠実さ，知性を伝える寒色系のロゴ ほか)，4 文字が主体のロゴ(アルファベットを用いたシンプルなロゴ，手書き風の欧文書体を用いて親しみやすさを演出したロゴ ほか)，5 テイスト／イメージからみたロゴ(ユニークなモチーフを組み合わせた楽しいイメージのポップなロゴ，硬質感があり洗練された印象のスタイリッシュなロゴ ほか)
〈内容〉国内外の企業ロゴ，製品シンボルマークなど700点の実例を詳細に解説。コンセプトワークから造形デザインまで，ロゴデザインのすべてがわかる「デザイン見本帳シリーズ」の最新版。

Amusement Graphics 美術館、博物館、テーマパーク等のグラフィックデザイン集　アルファブックス／アルファ企画，美術出版社(発売)　2011.1　235p　31cm〈Alpha books〉〈索引あり〉　14000円
①978-4-568-50426-2　Ⓝ727.021
〈目次〉ART MUSEUM,MUSEUM,THEMA PARK(AMUSEMENT PARK,AQUARIUM, ZOO,BOTANICAL GARDEN)
〈内容〉美術館・博物館・各種テーマパークなど約120施設のデザイン及び宣伝物を収集しました。掲載内容，施設の外観・内装，看板，チケット，パンフレット，ポスター，チラシ，ポストカード，オリジナルグッズ。

博物館収集品目録・図録

〈書誌〉

全国地域博物館図録総覧　地方史研究協議会編　岩田書院　2007.10　476p　21cm〈付属資料：CD-ROM1〉　9500円　①978-4-87294-487-7
〈目次〉北海道，青森県，岩手県，宮城県，秋田県，山形県，福島県，茨城県，栃木県，群馬県，埼玉県，千葉県，東京都，神奈川県，新潟県，富山県，石川県，福井県，山梨県，長野県，岐阜県，静岡県，愛知県，三重県，滋賀県，京都府，大阪府，兵庫県，奈良県，和歌山県，鳥取県，島根県，岡山県，広島県，山口県，徳島県，香川県，愛媛県，高知県，福岡県，佐賀県，長崎県，熊本県，大分県，宮崎県，鹿児島県，沖縄県
〈内容〉本書は，地方史研究協議会創立50周年記念として，全国の地域博物館で行われた研究成果を著わした「展示図録」をリスト化し，今後の地方史研究の進展に資するため企画したものである。全国の地域博物館が発行した展示図録類の一覧と，それらを築きあげた各地の博物館学芸員の実践報告とで構成されている。

早稲田大学演劇博物館所蔵特別資料目録 1　早稲田大学坪内博士記念演劇博物館編　早稲田大学坪内博士記念演劇博物館　1992.4　245,62p　26cm
〈内容〉芝居番付 近世篇1 坪内博士記念演劇博物館に所蔵されている番付のうち，江戸時代に江戸の地で上演された歌舞伎の番付を収録。顔見世番付，辻番付，役割番付，絵本番付に分類し，それぞれ劇場別に分け，さらに上演年月日順に排列する。巻末に名題索引を付す。

早稲田大学演劇博物館所蔵特別資料目録 5　貴重書 能・狂言篇　早稲田大学坪内博士記念演劇博物館編　竹本幹夫監修　早稲田大学坪内博士記念演劇博物館　1997.3　308,72p　26cm〈付属資料：107p：請求番号対照表〉　3000円　①4-948758-02-7　Ⓝ770.31

早稲田大学演劇博物館所蔵特別資料目録 6　貴重書 人形浄瑠璃篇　早稲田大学坪内博士記念演劇博物館編　早稲田大学坪内博士記念演劇博物館　1998.9　268p　26cm〔東京〕八木書店(発売)〉　3000円　①4-948758-05-1　Ⓝ770.31

早稲田大学演劇博物館所蔵特別資料目録 8　芝居番付 明治篇 東京・横浜の部 上　早稲田大学坪内博士記念演劇博物館編　早稲田大学坪内博士記念演劇博物館　八木書店(発売)　2002.4　229p　26cm　2500円　①4-9487-5807-8　Ⓝ774.4

早稲田大学演劇博物館所蔵特別資料目録 9　芝居番付 明治篇 東京・横浜の部 下　早稲田大学坪内博士記念演劇博物館編　早稲田大学坪内博士記念演劇博物館　八木書店(発売)　2003.4　321p　26cm　2500円　①4-9487-5808-6　Ⓝ774.4

早稲田大学演劇博物館所蔵特別資料目録 10　千葉胤男(辻町)文庫 古浄瑠璃・義太夫節篇　早稲田大学坪内博士記念演劇博物館編　早稲田大学坪内博士記念演劇博物館　2004.3　240p　26cm　3000円　①4-903107-

03-5　Ⓝ770.31

<図鑑・図集>

韓国国立中央博物館の至宝　呉明淑著，金安淑訳，韓登日本版監修　山川出版社　2012.3　159p　21cm　〈年表あり〉　1500円　Ⓘ978-4-634-15018-8　Ⓝ702.21

(目次)歴史(旧石器時代，新石器時代 ほか)，文化(ハングル，印刷，絵画 ほか)，美術(書道，絵画 ほか)，アジアとの交流(中央アジア，中国 ほか)

(内容)韓流時代劇の世界を堪能しにソウルの中央博物館へ行こう！収蔵の至宝300点をながめながら韓国の歴史がわかる。

大英博物館　比類なき「美と知の殿堂」
　新人物往来社編　新人物往来社　2012.7　141p　21cm　(ビジュアル選書)　〈他言語標題：THE BRITISH MUSEUM〉　1800円　Ⓘ978-4-404-04226-2　Ⓝ708.7

(目次)第1部 古代エジプト，第2部 古代ギリシャ・ローマ，第3部 中国・アジア，第4部 西アジア，第5部 マヤ・アステカ，第6部 ケルト，アングロ・サクソン

ボタン博物館　大隅浩監修　(大阪)東方出版　2002.7　247p　31×20cm　6000円　Ⓘ4-88591-790-5　Ⓝ589.28

(目次)古代(ボタンの語源，ボタンの起源 ほか)，5世紀～17世紀(中世のボタン，ルネッサンス期のボタン ほか)，18世紀(トグルボタン(ハンガリアン／アンダルシアン)，刺繍ボタン ほか)，19世紀(ピューターボタン，ゴールデンエイジボタン ほか)，20世紀(ユニフォームボタン，セルロイドボタン ほか)

(内容)「ボタンの博物館」所蔵品の図録。ボタンメーカーのアイリスが設立した「ボタンの博物館」に所蔵されるボタンについて，古代，5～17世紀，18，19，20世紀の5時代に区分，時代・カテゴリー別に，実物写真と名称・製造年代・素材・生産地等のデータ，関連する絵画等を掲載する。巻末に，ボタン史年表，用語解説，索引を付す。

<カタログ>

印籠と根付　東京国立博物館編　二玄社　2000.7　249p　26cm　4800円　Ⓘ4-544-02401-3　Ⓝ755.4

(目次)図版(印籠，根付)，作品目録，英文リスト，印籠の各部名称・形体，主な印籠蒔絵師

(内容)東京国立博物館工芸家漆工芸が所管する印籠・根付を収録した目録。図版，作品目録，英文リスト，印籠の各部名称・形状，主な印籠蒔絵師で構成。図版データの部では図版掲載の排列に準じ，名称・列品番号・時代・世紀・法量・技法・銘記・寄贈者について記載する。

大英博物館のAからZまで　マージョリー・ケイギル編著，堀眈，横張和子，前田昭代，宮下佐江子，津村真輝子ほか訳　ミュージアム図書　〔2001.6〕　399p　22×14cm　〈原書名：A - Z Companion〉　4000円　Ⓘ4-944113-48-X　Ⓝ069

(内容)「アケメネス朝ペルシアの銀器」から「ズールー族のビーズ細工」まで，「アレクサンダー大王像」から「ギリシアの壺」「日本の陶器」「ネブカドネザル2世の碑文」「ケツァルコアトルの蛇」「世界の七不思議」に至る大英博物館の所蔵品を紹介したもの。300以上の項目と400以上のカラー図版を収録。年表と用語解説，五十音順の項目索引を掲載。

中国の封泥　東京国立博物館編　二玄社　1998.6　206p　26cm　4500円　Ⓘ4-544-01374-7

(目次)原色図版，序，凡例，当館保管の封泥の概略，図版，目録

(内容)本図録目録は，東京国立博物館学芸部東洋課中国考古室および北東アジア室が保管する封泥(一部，関連する資料を含む)634点を集録したものである。

帝塚山大学附属博物館蔵品図版目録　考古1　帝塚山大学附属博物館編　(奈良)帝塚山大学出版会　2010.3　166p　31cm　Ⓘ978-4-925247-11-5　Ⓝ069.9

東京国立博物館所蔵 板碑集成　東京国立博物館編　雄山閣　2004.7　392p　31×22cm　8000円　Ⓘ4-639-01847-9

(目次)写真図版(カラー)，写真図版(モノクロ)，拓影，実測図，第1章 板碑研究と東京国立博物館，第2章 考古資料としての板碑，第3章 各個解説，第4章 東京国立博物館所蔵板碑の石材調査報告

(内容)本書は，東京国立博物館が収蔵する板碑を写真図版，拓影，実測図で示したものである。配列は『東京国立博物館収蔵品目録(先史・原史・有史)』(一九七九)に従い，出土地別とし，出土地不詳のものは最後においた。

東京国立博物館図版目録　中国陶磁篇2

東京国立博物館編　東京美術　1990.5　189p　27cm　〈英語書名：Illustrated catalogue of Tokyo National Museum 英文併記〉　5150円　Ⓘ4-8087-0552-4　Ⓝ751.2

(内容)本目録は、当館東洋課中国美術室所管の中国陶磁器のうち主要なものを中心に図版によって示したものであり、昭和40年刊行の中国古陶磁編をもとに、増補改訂したものである。なお、美術課彫刻室、工芸課陶磁室、考古課所管の中国陶磁器も若干掲載してある。掲載作品の数量の都合上、本編は1、2の2分冊とし、1には新石器時代から宋・金時代までの作品を収録し、2には元時代から清時代までの作品を収録する

東京国立博物館図版目録　仏具編
東京国立博物館編　東京美術　1990.6　148,10p　26cm　5356円　Ⓘ4-8087-0555-9

(目次)仏具分類表，図版（荘厳具，供養具，梵音具，僧具，密教法具），仏具銘文集

(内容)この目録は、東京国立博物館保管の日本、中国、朝鮮の仏具を収録したものである。

東京国立博物館図版目録　アイヌ民族資料篇
東京国立博物館編　東京美術　1992.1　286p　26cm　8240円　Ⓘ4-8087-0581-8

(目次)アイヌ民族資料形成コレクションの経緯，1 衣服，2 祭祀具，3 生活用具，4 生産用具，5 武具，6 運搬・交通具，7 交易・贈答品，8 出品，9 大陸・その他

(内容)本図版目録は、東京国立博物館学芸部考古課先史室が保管するアイヌ民族資料を収録したものであるが、学芸部工芸課（金工・刀剣・漆工・染織室）の保管品も併せ収録した。本図版目録には、アイヌ民族資料のほかにウイルタ・ニヴヒなど隣接する諸民族の資料も併せて収めた。図版の配列は、衣服・祭祀具など用途別に分類した上、それらを北海道（含千島アイヌ）・樺太アイヌ・ウイルタ・ニヴヒ・民族名不詳等に統括して収蔵年次順（列品番号順）とした。

東京国立博物館図版目録　書跡
東京国立博物館編　東京美術　1995.6　293,22p　26cm　15450円　Ⓘ4-8087-0618-0

(内容)東京国立博物館が所蔵する日本書跡のうち、僧侶筆跡と唐様の書の図版目録。僧侶筆跡88件、唐様の書208件を収録する。排列は僧侶筆跡・唐様ともそれぞれ筆者の生年順。巻末に筆者の略歴を付した筆者索引がある。

東京国立博物館図版目録　近代彫刻篇
東京国立博物館編　中央公論美術出版　2010.4　168p　27cm　9000円　Ⓘ978-4-8055-0628-8　Ⓝ710.87

(目次)1 彫刻，2 模造，3 置物，4 人形，5 西洋，6 その他，7 補遺

(内容)日本彫刻関係の『仮面編』『キリシタン関係資料篇』『日本彫刻編』に続く図版目録。日本近代彫刻を中心に近代以降の模造や西洋彫刻のほか、既刊の図版目録に収載しなかった作品と近世以前の彫刻及び仮面を補遺として収録した。

東京国立博物館図版目録　インド・インドネシア染織篇
東京国立博物館編集　梧桐書院　2013.4　238p　27cm　〈他言語標題：ILLUSTRATED CATALOGUE OF TOKYO NATIONAL MUSEUM　英語併記　布装〉　9500円　Ⓘ978-4-340-40133-8　Ⓝ753.2

(目次)図版（インド更紗，彦根更紗，カシミヤ，インド絣・織物・刺繡・その他，インドネシアバティック，インドネシアイカット・織物・刺繡・その他），インド・インドネシア地図

(内容)国内有数のコレクションとなっている東京国立博物館所蔵のアジア・インドネシア染織を収録した図集。

東京国立博物館図版目録　縄文遺物篇
東京国立博物館編　中央公論美術出版　1996.5　147p　26cm　4800円　Ⓘ4-8055-0311-4

(目次)1 土偶，2 土版，3 土面，4 耳飾，5 動物形土製品，6 匙形土製品，7 鐸形土製品，8 土錘・土製円板・土玉等，9 その他の土製品

(内容)東京国立博物館が所蔵する縄文時代の土偶・土製品409点を写真で収録した図版目録。模造品や弥生時代の土偶も含む。排列は出土地別。品名・発見年月日・出土地・寸法等を記し、簡潔な解説を付す。巻末に遺物別一覧表、出土地別一覧表、英文リストがある。

東京国立博物館図版目録　縄文遺物篇骨角器
東京国立博物館編　中央公論美術出版　2003.5　277p　26cm　9500円　Ⓘ4-8055-0445-5

(目次)青森県三戸郡名川町 下平貝塚出土品，青森県西津軽郡木造町亀ヶ岡出土品（陸奥国西津軽郡館岡村大字亀ヶ岡字亀山），青森県西津軽郡木造町亀ヶ岡出土品（陸奥国西津軽郡館岡村大字亀ヶ岡），岩手県陸前高田市小友町 獺沢貝塚出土品（陸前国気仙郡小友村字獺沢），岩手県陸前高田市小友町出土品（陸前国気仙郡小友村発見），岩手県陸前高田市広田町 中沢浜貝塚出土品（陸前国気仙郡広田村中沢浜貝塚），宮城県石巻市沼津 沼津貝塚出土品（宮城県牡鹿郡稲井

村沼津貝塚)，宮城県石巻市沼津 沼津貝塚出土品(宮城県牡鹿郡稲井村沼津貝塚)，宮城県石巻市沼津 沼津貝塚出品品(宮城県牡鹿郡稲井村沼津貝塚)，宮城県石巻市南境 南境貝塚出品品(宮城県牡鹿郡稲井村南境)〔ほか〕

(内容)本書は平成14年12月現在の東京国立博物館学芸部考古課縄文弥生室の列品のうち、縄文時代の骨角貝牙器を収録したものであるが、附篇として弥生時代・続縄文時代・サハリン(樺太)先史時代の骨角器も掲載している。

東京国立博物館図版目録 朝鮮陶磁篇 中央公論美術出版 2004.5 213p 26cm 〈本文：日英両文〉 8500円 ①4-8055-0471-4

(目次)図版(青銅器時代の土器・土製品，楽浪，三韓，百済と馬韓，加耶，新羅，高麗・朝鮮時代の陶質土器)，東京国立博物館所蔵朝鮮産土器・緑釉陶器の収集経緯，朝鮮陶磁史からみた館蔵土器・緑釉陶器の特色，参考資料勾玉のある静物

(内容)平成16年(2004)3月現在の東京国立博物館が所蔵する朝鮮陶磁800件あまりのうち、土器、陶器など427点の写真図版を収録。青銅器時代から朝鮮時代までの各時代のものを、時代で区分して収載。

東京国立博物館図版目録 朝鮮陶磁篇 東京国立博物館編 中央公論美術出版 2007.4 205p 26cm 9000円 ①978-4-8055-0542-7

(目次)1 高麗(青磁素文，青磁陰刻・陽刻・印花・透彫・彫刻，青磁象嵌，青磁辰砂，青磁白堆 ほか)，2 朝鮮(粉青沙器，白磁象嵌，白磁，白磁青花，白磁鉄砂 ほか)

(内容)本図版目録は、平成19年(2007)3月現在の東京国立博物館保管の列品のうち、朝鮮半島で製作された青磁・粉青沙器・白磁等を収録したものである。

東京国立博物館図版目録 弥生遺物篇金属器 増補改訂版 東京国立博物館編 中央公論美術出版 2005.3 229p 26cm 〈本文：日英両文〉 8500円 ①4-8055-0502-8

(目次)東北地方，関東地方，中部地方，近畿地方，中国地方，九州地方，出土地不詳

(内容)東京国立博物館学芸部考古課先史室保管の蔵品は約11,900件であるが、その内容は縄文・弥生時代の遺物と民族資料からなっている。これらの遺物は戦前の帝室博物館時代に収集されたものが多いが、戦後も文化財保護法により国が保有した埋蔵文化財を、文化庁(文化財保護委員会)から管理換によって受けいれたものなど

があり、たえず収蔵品の充実をはかり今日におよんでいる。昭和53年には表慶館が改装され、日本の考古遺物の常設館となって各時代の代表的な遺物を展示しているが収蔵品のすべてではない。本書は先史室保管の収蔵品のうち青銅製遺物類を中心とし、鉄製品とその伴出遺物を加え一書にまとめたものである。

東京国立博物館図版目録 琉球資料篇 東京国立博物館編 中央公論美術出版 2003.5 39,265p 26cm 7800円 ①4-8055-0443-9

(目次)1 絵画，2 文書，3 金工，4 陶磁，5 漆工，6 染織，7 民俗資料，8 古写真

東京国立博物館図版目録 武家服飾篇 東京国立博物館編 東京美術 2009.4 209p 27cm 〈他言語標題：Illustrated catalogue of Tokyo National Museum 英語併記〉 9000円 ①978-4-8087-0871-9 Ⓝ753.2

(内容)東京国立博物館所管の武家服飾類(直垂・素襖・水干・袴・胴服・陣羽織・鎧下着・マンチラ・火事装束・袴・熨斗目・小袖類・帯)340余件を収録。江戸時代を中心に、室町時代後期から明治時代までの作品を年代順に並べる。

幕末明治写真資料目録 東京国立博物館所蔵 1 東京国立博物館編 国書刊行会 1999.7 2冊(セット) 30cm 18000円 ①4-336-04154-7

(目次)図版篇(博物館，博覧会，文化財，景観・風俗，交通，産業，修好使節，人物)，データ綜覧篇

幕末明治写真資料目録 東京国立博物館所蔵 2 図版篇 東京国立博物館編 国書刊行会 2000.6 422p 31cm ①4-336-04236-5 Ⓝ702.15

幕末明治写真資料目録 東京国立博物館所蔵 2 データ綜覧篇 東京国立博物館編 国書刊行会 2000.6 175p 31cm ①4-336-04236-5 Ⓝ702.15

幕末明治期写真資料目録 東京国立博物館所蔵 3 図版篇 東京国立博物館編 国書刊行会 2002.6 367p 31cm ①4-336-04446-5 Ⓝ702.15

(目次)博覧会，文化財，景観，風俗

幕末明治期写真資料目録 東京国立博物館所蔵 3 データ綜覧篇 東京国立博物館編 国書刊行会 2002.6 163p 31cm ①4-336-04446-5 Ⓝ702.15

ロシア民族学博物館所蔵アイヌ資料目録

荻原眞子，古原敏弘，ヴァレンチーナ・V.ゴルバチョーヴァ編 （浦安）草風館 2007.2 408p 30cm 18000円 Ⓘ978-4-88323-174-4

⦅目次⦆1 ロシアのアイヌコレクションについて，2 ロシア民族学博物館のアイヌコレクション，3 アイヌコレクションについて（生業に関わる資料，衣服と服飾品，食に関わる資料，住居に関わる資料，移動手段・運搬具，履物，儀礼・信仰に関わる資料，REMコレクション アイヌの儀礼用具意味論），図版，写真資料

⦅内容⦆本書は、ロシア民族学博物館研究員および日本の千葉大学、北海道立アイヌ民族文化研究センターと各博物館の専門家が1997-1999年に「ロシア民族学博物館収蔵アイヌ資料」調査プロジェクトとして実施した創造的な共同作業の成果である。

博物館蔵書目録

＜書 誌＞

鷗外自筆帝室博物館蔵書解題 第1巻 森鷗外著，竹盛天雄，山崎一穎，高橋裕次監修・解説 ゆまに書房 2003.2 436p 22cm （書誌書目シリーズ 63）〈複製〉Ⓘ4-8433-0800-5 Ⓝ029.61361

鷗外自筆帝室博物館蔵書解題 第2巻 森鷗外著，竹盛天雄，山崎一穎，高橋裕次監修・解説 ゆまに書房 2003.2 502p 22cm （書誌書目シリーズ 63）〈複製〉Ⓘ4-8433-0800-5 Ⓝ029.61361

鷗外自筆帝室博物館蔵書解題 第3巻 森鷗外著，竹盛天雄，山崎一穎，高橋裕次監修・解説 ゆまに書房 2003.2 420p 22cm （書誌書目シリーズ 63）〈複製〉Ⓘ4-8433-0800-5 Ⓝ029.61361

鷗外自筆帝室博物館蔵書解題 第4巻 森鷗外著，竹盛天雄，山崎一穎，高橋裕次監修・解説 ゆまに書房 2003.2 492p 22cm （書誌書目シリーズ 63）〈複製〉Ⓘ4-8433-0800-5 Ⓝ029.61361

鷗外自筆帝室博物館蔵書解題 第5巻 森鷗外著，竹盛天雄，山崎一穎，高橋裕次監修・解説 ゆまに書房 2003.2 430p 22cm （書誌書目シリーズ 63）〈複製〉Ⓘ4-8433-0800-5 Ⓝ029.61361

鷗外自筆帝室博物館蔵書解題 第6巻 森鷗外著，竹盛天雄，山崎一穎，高橋裕次監修・解説 ゆまに書房 2003.2 418p 22cm （書誌書目シリーズ 63）〈複製〉Ⓘ4-8433-0800-5 Ⓝ029.61361

鷗外自筆帝室博物館蔵書解題 第7巻 森鷗外著，竹盛天雄，山崎一穎，高橋裕次監修・解説 ゆまに書房 2003.2 364p 22cm （書誌書目シリーズ 63）〈複製〉Ⓘ4-8433-0800-5 Ⓝ029.61361

鷗外自筆帝室博物館蔵書解題 第8巻 森鷗外著，竹盛天雄，山崎一穎，高橋裕次監修・解説 ゆまに書房 2003.2 765p 22cm （書誌書目シリーズ 63）〈複製〉Ⓘ4-8433-0800-5 Ⓝ029.61361

鷗外自筆帝室博物館蔵書解題 別巻 森鷗外著，竹盛天雄，山崎一穎，高橋裕次監修・解説 ゆまに書房 2003.2 421p 22cm （書誌書目シリーズ 63）〈複製〉Ⓘ4-8433-0800-5 Ⓝ029.61361

緒方奇術文庫書目解題 国立劇場演芸資料館所蔵 日本芸術文化振興会国立劇場資料課編 紀伊国屋書店 1992.3 162p 26cm Ⓘ4-314-10068-0 Ⓝ779.3

緒方奇術文庫書目解題 国立劇場演芸資料館所蔵 日本芸術文化振興会国立劇場資料課編 紀伊国屋書店 1992.9 162p 27cm 7250円 Ⓘ4-314-10068-0 Ⓝ779.3

東京国立博物館蔵書目録 和書 2 東京国立博物館編 大空社 1998.5 391,76p 27cm （国書目録叢書 25）14000円 Ⓘ4-7568-0698-8 Ⓝ029.61361

幕府・関係機関旧蔵帝室博物館所蔵書籍解題 第1巻 村山徳淳編 ゆまに書房 2000.5 356p 22cm （書誌書目シリーズ 52）〈「博物館書目解題略」(国立公文書館内閣文庫蔵)の複製〉Ⓘ4-8433-0027-6 Ⓝ029.61361

幕府・関係機関旧蔵帝室博物館所蔵書籍解題 第2巻 村山徳淳編 ゆまに書房 2000.5 274p 22cm （書誌書目シリーズ 52）〈「博物館書目解題略」(国立公文書館内閣文庫蔵)の複製〉Ⓘ4-8433-0028-4 Ⓝ029.61361

幕府・関係機関旧蔵帝室博物館所蔵書籍解
　題　第3巻　村山徳淳編　ゆまに書房
　2000.5　346p　22cm　（書誌書目シリーズ
　52）〈「博物館書目解題略」(国立公文書館内
　閣文庫蔵)の複製〉　①4-8433-0029-2
　Ⓝ029.61361

幕府・関係機関旧蔵帝室博物館所蔵書籍解
　題　第4巻　村山徳淳編　ゆまに書房
　2000.5　302p　22cm　（書誌書目シリーズ
　52）〈「博物館書目解題略」(国立公文書館内
　閣文庫蔵)の複製〉　①4-8433-0030-6
　Ⓝ029.61361

幕府・関係機関旧蔵帝室博物館所蔵書籍解
　題　第5巻　村山徳淳編　ゆまに書房
　2000.5　450p　22cm　（書誌書目シリーズ
　52）〈「博物館書目解題略」(国立公文書館内
　閣文庫蔵)の複製〉　①4-8433-0031-4
　Ⓝ029.61361

幕府・関係機関旧蔵帝室博物館所蔵書籍解
　題　第6巻　村山徳淳編　ゆまに書房
　2000.5　422p　22cm　（書誌書目シリーズ
　52）〈「博物館書目解題略」「博物館解題書
　目略」(国立公文書館内閣文庫蔵)の複製〉
　①4-8433-0032-2　Ⓝ029.61361

文学館

文学館

<書 誌>

文学館出版物内容総覧 図録・目録・紀要・復刻・館報 岡野裕行編，全国文学館協議会協力 日外アソシエーツ，紀伊国屋書店（発売） 2013.4 1223p 27cm 〈索引あり〉 47600円 ⓘ978-4-8169-2407-1 Ⓝ910.31

内容 日本近代文学館、三浦綾子記念文学館など106の文学館の出版物9,387冊の書誌事項と内容細目を収録。文学館ごとに「図録」「目録」「紀要」「研究誌」「復刻」「館報」など17の発行種別ごとに分類し、出版年順に排列。これまで網羅的に調べられなかった文学館出版物の詳細な内容が一覧でき、文学館の多様な出版活動がつかめる。「執筆者名索引」、作家名から主題となる出版物が引ける「作家名索引」付き。

<名簿・人名事典>

新訂 人物記念館事典 1 文学・歴史編 新訂版 日外アソシエーツ編集部編 日外アソシエーツ，紀伊国屋書店〔発売〕 2002.11 530p 21cm 9500円 ⓘ4-8169-1745-4 Ⓝ069.035

目次 北海道（有島記念館，井上靖記念館 ほか），東北（金木町太宰治記念館「斜陽館」，小説「津軽の像」記念館 ほか），関東（二宮尊徳資料館，矢板市立矢板武記念館 ほか），中部・東海（甲府市藤村記念館，信玄公宝物館 ほか），北陸（春日山神社記念館，坂口記念館 ほか），近畿（近江聖人中江藤樹記念館，西堀栄三郎記念探検の殿堂 ほか），中国（小泉八雲記念館，永井隆記念館 ほか），四国（小豆島尾崎放哉記念館，壺井栄文学館 ほか），九州（北九州市立松本清張記念館，北原白秋生家・白秋記念館（柳川市立歴史民俗資料館） ほか）

内容 特定の人物の業績を記念する全国の個人記念館473館の展示内容・事業概要を紹介した事典。館種を文学館、歴史館、美術館、芸能・音楽館、スポーツ館に分類し、2分冊の第1分冊「文学・歴史編」では、文学館、歴史館を243館収録する。データは2002年8月現在。各館は、都道府県別に、館名の五十音順に排列する。全館にアンケート調査を行い、沿革・概要、展示・収蔵、事業、出版物等の最新情報、外観写真、展示品写真、案内地図等を掲載。巻末に五十音順の人名索引、館名索引を付す。

人物記念館事典 日外アソシエーツ，紀伊国屋書店〔発売〕 1996.1 561p 21cm 9800円 ⓘ4-8169-1345-9

内容 特定の人物の業績を記念・顕彰・展示する全国の個人記念館、美術館、資料館等のうち、一般公開されているもの300館を紹介したもの。各館の所在地、電話番号、交通、開館時間、入館料、休館日、施設等のほか、沿革・概要、展示内容・収蔵品、事業、出版物等の情報も掲載する。排列は都道府県別に館名の五十音順。外観写真等多数。内容は1995年9月現在で、アンケート調査に基づく。巻末に五十音順の館名索引、人名索引がある。

全国人物記念館 中川志郎監修 講談社 2002.12 222p 21cm 3800円 ⓘ4-06-211298-1 Ⓝ069.035

目次 北海道，青森県，岩手県，宮城県，秋田県，山形県，福島県，茨城県，栃木県，群馬県〔ほか〕

内容 日本各地の人物記念館を収録したガイドブック。人物の名を冠した記念館、美術館、文学館、資料館など784館を収録。北から南への都道府県別、人名五十音順に排列。各館の名称、所在地、交通、休館日、開館年、特色と、人物の事績と代表的なことば、一部には地図と写真を交じえて紹介する。巻末に人名五十音順と分野別の各索引を付す。

全国文学館ガイド 全国文学館協議会編 小学館 2005.8 207p 21cm 1429円 ⓘ4-09-387574-X

目次 特集1 文豪が愛した小物たち，特集2 文豪の直筆原稿を読む，特集3 風土と文学，文学館ガイド 北海道・東北エリア，文学館ガイド 関東エリア，文学館ガイド 中部エリア，文学館ガイド 近畿・中国エリア，文学館ガイド 四国・

九州エリア
〈内容〉創作の宇宙を彷徨する文学館の旅に出よう。主要文学館75館を詳細紹介。全国550余館の文学館リスト、文学者別の文学館INDEXも併録。

全国文学館ガイド 増補改訂版 全国文学館協議会編 小学館 2013.1 255p 21cm 1714円 ⓘ978-4-09-388278-1
〈目次〉特集（文豪が愛したものたち、文豪の筆跡を知る、文豪の書斎と住まい）、北海道・東北エリア（井上靖記念館、三浦綾子記念文学館 ほか）、関東エリア（古河文学館、田山花袋記念文学館 ほか）、中部エリア（大岡信ことば館、ふるさと井上靖文学館 ほか）、近畿・中国エリア（茨木市立川端康成文学館、司馬遼太郎記念館 ほか）、四国・九州エリア（徳島県立文学書道館、菊池寛記念館 ほか）
〈内容〉主要な文学館91館を詳細に紹介する公式ガイド。エリア別・主要文学館の紹介と館にまつわるエッセイ。全国670余館の文学館リスト、文学者別の50音INDEXも併録。

全国文化展示施設ガイド 第2版 井上城編 ハッピー・ゴー・ラッキー・エイム 2002.12 555p 26cm 4762円 ⓘ4-902076-06-3 Ⓝ069.035

とっておきユニーク美術館・文学館 新人物往来社 1996.7 244p 19cm 2500円 ⓘ4-404-02379-0
〈内容〉全国の美術館・文学館143館を紹介したガイド。館の概要・特徴を記した解説と、所在地・電話番号・交通・休館日・開館時間・入館料等のデータで構成する。解説は署名入り。館の排列は北海道から沖縄までの都道府県順。索引はない。

日本全国いちおしユニーク美術館・文学館 新人物往来社編 新人物往来社 2006.1 272p 19cm 2600円 ⓘ4-404-03289-7
〈目次〉北海道、山形県、群馬県、栃木県、新潟県、長野県、山梨県、埼玉県、千葉県、東京都、神奈川県、静岡県、愛知県、岐阜県、三重県、石川県、滋賀県京都府、大阪府、兵庫県、広島県、鳥取県、香川県、愛媛県、福岡県、大分県、長崎県、鹿児島県
〈内容〉全国58館を収録。

日本全国おすすめユニーク美術館・文学館 新人物往来社編 新人物往来社 2003.4 312p 19cm 2600円 ⓘ4-404-03109-2
〈目次〉北海道（岩見沢市絵画ホール・松島正幸記念館、後藤純男美術館 ほか）、岩手県（岩手県立美術館、佐々木喜善記念館（伝承園内））、宮城県（石ノ森章太郎ふるさと記念館、石ノ森万画館 ほか）、福島県（須賀川市芭蕉記念館、諸橋近代美術館 ほか）、栃木県（安藤勇寿『少年の日』美術館）、茨城県（古河文学館、茨城県陶芸美術館）、千葉県（白樺文学館、柏わたくし美術館 ほか）、東京都（法隆寺宝物館、子規庵 ほか）、神奈川県（川崎市岡本太郎美術館、鎌倉大谷記念美術館 ほか）、新潟県（小千谷市立図書館内西脇順三郎記念室（記念画廊）、宮柊二記念館）〔ほか〕
〈内容〉北海道から九州まで新しく解説された美術館、文学館を中心に都道府県別に81館を収録。

日本全国ユニーク個人文学館・記念館 新人物往来社編 新人物往来社 2009.3 251p 20cm 2800円 ⓘ978-4-404-03592-9 Ⓝ910.6
〈目次〉陸別町 関寛斎資料館、萱野茂 二風谷アイヌ資料館、北島三郎記念館、田中舘愛橘記念科学館、奥州市立後藤新平記念館、長井勝一漫画美術館、小栗上野介忠順遺品館、足尾鉱毒事件田中正造記念館、熊谷市立荻野吟子記念館、佐倉順天堂記念館〔ほか〕

日本の文学館百五十選 淡交社編集局編 （京都）淡交社 1999.10 190p 21cm 1800円 ⓘ4-473-01684-6
〈目次〉井上靖記念館—旭川市、三浦綾子記念文学館—旭川市、市立小樽文学館—小樽市、北海道立文学館—札幌市、渡辺淳一文学館—札幌市、函館市文学館—函館市、港の文学館—室蘭市、有島記念館—虻田郡、オホーツク文学館—紋別郡、青森県近代文学館—青森県青森市〔ほか〕
〈内容〉全国の文学館・文庫を紹介したハンドブック。配列は都道府県別。掲載項目は、館名、郵便番号、住所、電話番号、休館日、入館料など。内容は平成11年8月現在。

博物館徹底ガイドハンドブック PHP研究所編 PHP研究所 1993.5 191p 18cm 1200円 ⓘ4-569-53925-4 Ⓝ069.02
〈目次〉第1章 自然・科学技術の博物館、第2章 産業・工芸の博物館、第3章 歴史・考古の博物館、第4章 民俗・郷土史料の博物館、第5章 文学・記念館
〈内容〉資料館、科学館、水族館など様々な博物館を分野別に紹介するハンドブック。375館を収録する。掲載データは、開館時間・展示品紹

介・見どころなど。

文学館きたみなみ　木原直彦著　（札幌）北海道新聞社　1990.2　270p　19cm　1300円　①4-89363-545-X　Ⓝ910.26

文学館・きたみなみ　増補改訂版　木原直彦著　（札幌）北海道新聞社　1995.7　324p　19cm　1500円　①4-89363-545-X　Ⓝ910.6

文学館探索　榊原浩著　新潮社　1997.9　290,7p　20cm　（新潮選書）　1200円　①4-10-600524-7　Ⓝ910.6

文学館ワンダーランド　全国文学館・記念館ガイド160　リテレール編集部編　メタローグ　1998.8　302p　19cm　1800円　①4-8398-2017-1
Ⓜ文士が暮らした家（夏目漱石内坪井旧居，吉川英治記念館，鷗外記念本郷図書館，林芙美子記念館，太宰治記念館「斜陽館」，志賀直哉旧居，北原白秋生家・白秋記念館，佐藤春夫記念館），文人の生涯をたどる個人文学館（谷崎潤一郎記念館，川端康成文学館，石川啄木記念館，大仏次郎記念館，井上靖文学館，堀辰雄記念館，菊池寛記念館，椋鳩十文学記念館，一茶記念館），ユニークな個性派文学館（東京ゲーテ記念館，寺山修司記念館，若州一滴文庫，手塚治記念館，黒姫童話館，大阪府立国際児童文学館，南方熊楠記念館，姫路文学館），旅先で寄りたい郷土の文学館（子規記念博物館，宮沢賢治記念館，函館市文学館，オホーツク文学館，前橋文学館，小樽文学館，藤村文学館（小諸・馬籠），弘前市立郷土文学館，三国路紀行文学館），ゆかりの地に立つ文学館（三浦綾子記念文学館，世田谷文学館，有島記念館，芭蕉翁記念館，小泉八雲記念館，壷井栄文学館，若山牧水記念館），文化振興の拠点総合文学館（日本近代文学館，神奈川近代文学館，北海道立文学館，石川近代文学館，鎌倉文学館，山梨県立文学館），全国の主な文学館・記念館（160館・地域別），館名INDEX（五十音順）
Ⓘ全国の文学館・記念館の中から、47館を取り上げて紹介したガイド。1998年7月現在。

メルヘンに出会える　全国児童文学館・絵本館ガイド　日本児童文芸家協会編　（名古屋）KTC中央出版　2002.5　174p　21cm　1500円　①4-87758-243-6　Ⓝ909
Ⓜ北海道エリア，東北エリア，関東エリア，信越エリア，北陸エリア，東海エリア，近畿エリア，中国エリア，四国エリア，九州・沖縄エリア
Ⓘ児童文学関連の記念館や絵本美術館を地域別に紹介するガイドブック。

読書

読書

<書誌>

「図書館・出版・読書論」基本図書総目次・索引集成　上巻（あ-さ行）　中西敏夫編
　（小平）出版文化研究会　2001.9　544p
　26cm　12000円　Ⓘ4-921067-06-6　Ⓝ010.31

「図書館・出版・読書論」基本図書総目次・索引集成　中巻（た-わ行）　中西敏夫編
　（小平）出版文化研究会　2002.4　580p
　26cm　12000円　Ⓘ4-921067-07-4　Ⓝ010.31

「図書館・出版・読書論」基本図書総目次・索引集成　下巻　総索引編　中西敏夫編
　（小平）出版文化研究会　2003.7　207p
　26cm　〈地方〉　8000円　Ⓘ4-921067-09-0
　⊕目次 総索引編，テーマ別資料編（歴史・年表・年譜など歴史的概観，文献目録，書誌など，用語解説・用語集・略語など，各種データ・統計・法律などの資料），図書館・出版関係人名事典編

読書・読書法

<書誌>

書物の達人　池谷伊佐夫著　東京書籍　2000.9　382p　20cm　2300円　Ⓘ4-487-79433-1　Ⓝ019
　⊕目次 第1章 書物随筆篇（達人たちの構え方，達人たちの斬り方，紙魚だらけの人々 ほか），第2章 書肆篇（本を生む現場から，本の世界のヤギさん，一人書房，二人書房，三人書房 ほか），第3章 本の物語篇（本の登場する物語）

読書論の系譜　出口一雄著　ゆまに書房
　1994.2　402p　22cm　（書誌書目シリーズ35）　15450円　Ⓘ4-89668-754-X　Ⓝ019.03

本のなかの本　向井敏著　中央公論社　1990.12　340p　15cm　（中公文庫）　620円
　Ⓘ4-12-201765-3
　⊕目次 歴史の転換期と人間の器量 星新一『明治の人物誌』，狂熱と過剰と混沌の権化 アンリ・トロワイヤ『大帝ピョートル』，肖像画の巨大な画廊 チャールズ・チャップリン『チャップリン自伝』，タマは一つでも用は足せる 久生十蘭『玉取物語』，現代詩の一級品をすぐって 茨木のり子『詩のこころを読む』，通俗社会学としての落語 桂米朝『落語と私』，警句の楽しみ 和田誠『お楽しみはこれからだ』，生命の謎に迫る劇的な仮説 ライアル・ワトソン『生命潮流』，気魄のこもった書物随筆 谷沢永一『完本・紙つぶて』，日本詩史をつらぬく大詞華集 大岡信『折々のうた』〔ほか〕
　⊕内容 幾多の本のなかから選ばれた好著の条件とは何か。気鋭の批評家によって峻別された戦後の名著150冊。時を経て初見の印象を裏切られなかった本の真価と，それらの本への愛着を語り，読書の愉しみを説き明かす。

本屋さんまで50歩　より道ブックガイド
　井狩春男著　ブロンズ新社　1993.10　220p
　19cm　1200円　Ⓘ4-89309-077-1　Ⓝ019
　⊕目次 歩きながら読む，一度は読む，売れる本を読む，絵日記を読む，音読する，隠れて読む，気の遠くなるほど読む，黒い本を読む，ゲイ文学を読む，広告を読む，先取りして読む，知らない人の本を読む，水中で読む〔ほか〕
　⊕内容 新刊・既刊・珍本・絶版本など100冊余をエッセイ風に紹介する読書ガイド。エッセイのタイトルの五十音順に構成する。本との出会い，本をめぐる人々，ユニークな読書法などの「より道」をしながら本を紹介していく。

<ハンドブック>

ビジネスマンのためのマルチ頭脳活性化ハンドブック　頭の回転を速くする驚異の「速脳術」　新日本速読研究会著　PHP研究所　1995.9　151p　18cm　1100円　Ⓘ4-569-54682-X
　⊕目次 1 速脳術・頭脳の総合的能力開発法，2 マルチ情報化時代に適応していく速読テクニック，3 記憶速度を飛躍的に向上させ，活用していく速憶テクニック，4 マルチメディアによる多次

読書・読書法　　　読書

元情報も速読プラス速聴法で処理できる

◆読書調査

<年鑑・白書>

全国読者意識調査　1996年　出版文化産業振興財団　1996.2　145p　30cm　3500円　①4-916055-03-9

⟨内容⟩平成七年の読書週間にあわせて、国民の読書に対する意識・課題および読書に対するニーズを明らかにすることを目的に行われた調査の結果を収録。

◆児童・青少年と読書

<書誌>

お話のリスト　3版　東京子ども図書館　1999.7　214p　15cm　（たのしいお話 1）　1200円　①4-88569-080-3　Ⓝ028.09

日本児童図書研究文献目次総覧 1945-1999　佐藤苑生，杉山きく子，西田美奈子編　遊子館　2006.3　2冊（セット）　26cm　〈付属資料：CD-ROM1〉　47600円　①4-946525-73-4

⟨目次⟩上巻（文学史・文学論，作家・作品論・創作法・エッセイ，絵本史・絵本論・挿絵・童画，絵本作家・作品論・創作法・エッセイ，科学読み物・伝記・ノンフィクション，民話・昔話・再話，詩・童謡・わらべうた，ことば，雑誌・新聞），下巻（子ども論，児童文化（紙芝居・児童演劇・人形劇・ペープサート・パネルシアター等），アニメ・漫画，読書論・読書運動・親子読書，児童図書館・児童図書館員・学校図書館・文庫，おはなし会・読み聞かせ・ブックトーク・ストーリーテリング，書店・出版社，書誌・出版社，その他）

⟨内容⟩昭和21（1946）年から平成11（1999）年までに出版された，児童文学，絵本，昔話，詩・童謡・わらべうた，児童文化，子どもと読書，児童図書館，児童図書出版・書店等に関する研究書を収録の対象とした。

ヨムヨム王国　子どものガイドブック　斎藤次郎，増田喜昭編著　晶文社出版，晶文社〔発売〕　2000.8　175,14p　19cm　1400円　①4-7949-7605-4　ⓃK028

⟨目次⟩びっくり島，そんなバカな島，友達島，厚いけどイケてる島，ふしぎの島，冒険島，じぶん列島，ぼくは怒った島

⟨内容⟩児童書のガイドブック。びっくり島、そんなバカな島、友達島などテーマごとに本を紹介する。本はタイトルと作者、出版社、価格と紹介文を記載。各テーマに作家に直撃インタビュー、本選びの途中ですがなどのコラムを掲載。巻末に書名別、作者別の索引と掲載図書の出版社住所、子どもの本専門店を収録。

<事典>

辞典・資料がよくわかる事典　読んでおもしろい　もっと楽しくなる調べ方のコツ　深谷圭助監修　PHP研究所　2007.10　79p　29×22cm　2800円　①978-4-569-68740-7

⟨目次⟩1 辞典には発見がいっぱい!（国語辞典を読んでみよう!，いろいろな言葉を漢字にしてみよう!，国語辞典を引いてみよう!，漢字辞典を読んでみよう!部首に注目してみよう!），2 言葉の広がりを楽しむ!（古語辞典では何がわかるの?，古語と現代用語を比べてみよう!，有名な俳句を調べてみよう!，英和・和英辞典を読んでみよう!，次つぎに知識が広がる!，類語辞典ってどんな辞典?，逆引き辞典ってどんな辞典?），3 さらにくわしい知識をふやそう!（百科事典でわかること，百科事典の使い方，日本と世界の百科事典，地図帳を見てみよう!，図鑑は見ているだけで楽しい!），4 辞典・資料を使い分けてみよう!（身近な言葉を調べてみよう!，地球について調べてみよう!，暦について調べてみよう!，桜について調べてみよう!，コンビニについて調べてみよう!，資料ページ　辞典・資料についてもっと知ろう!（日本と世界の辞典の歴史，国語辞典ができるまで，こんな辞典があったんだ!，国立国会図書館ってどんなところ?）

⟨内容⟩辞典・資料を読むコツを、図解やイラストを使ってわかりやすく解説。

<ハンドブック>

新・こどもの本と読書の事典　黒沢浩，佐藤宗子，砂田弘，中多泰子，広瀬恒子，宮川健郎編　ポプラ社　2004.4　502p　29×22cm　16000円　①4-591-99566-6

⟨目次⟩こどもの本の理論と実践（こどもの本，こどもの文化，こどもの文学，図書館，読書運動，学校図書館・読書教育），こどもの本の作品紹介（絵本—日本，物語・ノンフィクション—日本，絵本—外国，物語・ノンフィクション—外国，総合的な学習に有効な本），こどもの本の人物紹介，付録

◆書評集

<書誌>

かんこのミニミニヤング・アダルト入門 図書館員のカキノタネ　パート1　赤木かん子著　リブリオ出版　1997.9　203p　22cm　〈索引あり〉　1796円　Ⓘ4-89784-559-9　Ⓝ028.09
(目次)第1章 ヤング・アダルト 幼年文学，第2章 ヤング・アダルト 児童文学，第3章 ヤング・アダルト 絵本，第4章 ヤング・アダルト ギフトブック，第5章 ヤング・アダルト サイエンス，第6章 ヤング・アダルト ビジュアルブック，第7章 クリスマス・クリスマス
(内容)本の装丁や見かけは低学年用の絵本や幼年文学なのに，中味はヤング・アダルトタイプの本が増えている。本来ならば大人の問題である離婚や癒しの問題までもが子供の本の世界に入りこんできたからだ。アダルト・チルドレンと呼ばれる大人も増えた現代，悩める人に贈るヤング・アダルト書評集。

かんこのミニミニヤング・アダルト入門 図書館員のカキノタネ　パート2　赤木かん子著　リブリオ出版　1998.9　233p　22cm　〈索引あり〉　1800円　Ⓘ4-89784-598-X　Ⓝ028.09

書評年報　人文・社会・自然編　1991年　書評年報刊行会編纂　(習志野)書評年報刊行会　1992　297p　25cm　5049円
(内容)1991年発行の新聞・雑誌96紙誌に掲載された書評をとりあげ，分野別に収録。図書名(著者・出版社・定価)、評者名、掲載紙誌名(発行月・号数)等を掲載する。

書評年報　文学・芸術・児童編　1991年　書評年報刊行会編纂　(習志野)書評年報刊行会　1992　229p　25cm　4466円
(内容)1991年発行の新聞・雑誌96紙誌に掲載された書評をとりあげ，分野別に収録。図書名(著者・出版社・定価)、評者名、掲載紙誌名(発行月・号数)等を掲載する。

書評の書誌　ブックレビュー索引　昭和30年代(1955-1962)　近代書誌懇話会編　(金沢)金沢文圃閣　2013.4　372p　22cm　(文圃文献類従 31)　〈付属資料：16p；月報 第22go〉　22000円　Ⓘ978-4907236-01-4　Ⓝ027.5

(内容)新聞・雑誌に掲載された書評情報を収録した書誌。戦後読書ブームのなかの1950年代後半から1960年代前半に掲載された書評15,155点を収録。

書評の書誌　ブックレビュー索引　2011 上巻　人文・社会・自然編　近代書誌懇話会編　(金沢)金沢文圃閣　2012.2　237p　22cm　(文圃文献類従 25)　Ⓝ027.5
(内容)新聞・雑誌に掲載された書評情報を収録した書誌。2010年に掲載された9473点を収録。書名・著者名・評者名の索引を付す。分野別2冊構成で、上巻は人文・社会・自然編。

書評の書誌　ブックレビュー索引　2011 下巻　文学・芸術・児童編　近代書誌懇話会編　(金沢)金沢文圃閣　2012.2　375p　22cm　(文圃文献類従 25)　Ⓝ027.5
(内容)新聞・雑誌に掲載された書評情報を収録した書誌。2010年に掲載された9473点を収録。書名・著者名・評者名の索引を付す。分野別2冊構成で、下巻は文学・芸術・児童編。

書評の書誌　ブックレビュー索引　2012 上巻　人文・社会・自然編　近代書誌懇話会編　(金沢)金沢文圃閣　2012.11　255p　22cm　(文圃文献類従 30)　〈付属資料：19p；月報 第21go〉　Ⓝ027.5
(内容)新聞・雑誌に掲載された書評情報を収録した書誌。2011年に掲載された9132点を収録。書名・著者名・評者名の索引、収録書評掲載新聞・雑誌名一覧、書評数一覧を付す。分野別2冊構成で、上巻は人文・社会・自然編。

書評の書誌　ブックレビュー索引　2012 下巻　文学・芸術・児童編　近代書誌懇話会編　(金沢)金沢文圃閣　2012.11　367p　22cm　(文圃文献類従 30)　Ⓝ027.5
(内容)新聞・雑誌に掲載された書評情報を収録した書誌。2011年に掲載された9132点を収録。書名・著者名・評者名の索引、収録書評掲載新聞・雑誌名一覧、書評数一覧を付す。分野別2冊構成で、下巻は文学・芸術・児童編。

書評の書誌　ブックレビュー索引　2013 上巻　人文・社会・自然編　近代書誌懇話会編　(金沢)金沢文圃閣　2013.9　303p　22cm　(文圃文献類従 34)　Ⓘ978-4907236-08-3　Ⓝ027.5
(内容)新聞・雑誌に掲載された書評情報を収録した書誌。2012年に掲載された9314点を収録。書名・著者名・評者名の索引、収録書評掲載新

聞・雑誌名一覧，書評数一覧を付す。分野別2冊構成で，上巻は人文・社会・自然編。

書評の書誌 ブックレビュー索引 2013 下巻 文学・芸術・児童編 近代書誌懇話会編 (金沢) 金沢文圃閣 2013.9 393p 22cm (文圃文献類従 34) Ⓘ978-4907236-08-3 Ⓝ027.5

(内容)新聞・雑誌に掲載された書評情報を収録した書誌。2012年に掲載された9314点を収録。書名・著者名・評者名の索引，収録書評掲載新聞・雑誌名一覧，書評数一覧を付す。分野別2冊構成で，下巻は文学・芸術・児童編。

絶版文庫四重奏 田村道美，近藤健児，瀬戸洋一，中野光夫著 青弓社 2001.9 267p 19cm 2000円 Ⓘ4-7872-9149-1 Ⓝ028

(目次)イギリス文学，アメリカ文学，ドイツ文学，フランス文学，ロシア文学，その他の世界文学，近代日本文学

(内容)現在は絶版の文庫の魅力を四人が語るレビュー。シェイクスピア，スタインベック，バルザック，蘇曼殊，野上弥生子，大江健三郎らの名作を紹介する。

図書新聞 〔別冊3〕 不二出版 1992.2 195,138p 31cm 18000円

(内容)記事・執筆者・書評索引3 第九九四号～第一五〇二号／一九六九年～一九七五年

二十世紀を騒がせた本 紀田順一郎著 新潮社 1993.8 226p 19cm (新潮選書) 〈主要参考文献：p222～226〉 950円 Ⓘ4-10-600443-7 Ⓝ019

二十世紀を騒がせた本 増補 紀田順一郎著 平凡社 1999.6 320p 17cm (平凡社ライブラリー) 1200円 Ⓘ4-582-76290-5 Ⓝ019.9

<ハンドブック>

情報考学 WEB時代の羅針盤213冊 橋本大也著 主婦と生活社 2006.11 511p 19cm 1600円 Ⓘ4-391-13354-7

(目次)1 将来を見通す27冊，2 ネット社会を理解する24冊，3 ネットを活用する19冊，4 勉強法を知る22冊，5 個性とは何かを考える25冊，6 発想法を学ぶ29冊，7 自己啓発で元気になる29冊，8 組織と向き合う18冊，9 日本を見つめる21冊

(内容)過去，現在，そして未来を見通す軽快な

コメントが人気の書評ブログ「情報考学Passion For The Future」。その書き手として，アルファブロガーのひとりにも称される著者は，IT企業の若きCEOとして多忙を極めながら，今も平日は1日1冊の読書を欠かさない。1年365日ブログを更新し，書評し続けるそのエネルギーはどこからもたらされるのか？本書はブログ上の膨大な書評群から213冊をピックアップするとともに，著者の読書術を初公開。WEB時代のリテラシーを磨く読書スタイルが，今ここに明かされる。

そんなに読んで，どうするの？ 縦横無尽のブックガイド 豊崎由美著 アスペクト 2005.12 557p 19cm 1600円 Ⓘ4-7572-1196-1

(目次)1 日本文学編(告白(町田廉)，アラビアの夜の種族(古川日出男)，サウンドトラック(古川日出男)，gift(古川日出男)ほか)，2 世界文学編(体の贈り物(レベッカ・ブラウン)，私たちがやったこと(レベッカ・ブラウン)，若かった日々(レベッカ・ブラウン)，ムーン・パレス(ポール・オースター)ほか)

(内容)純文学からエンタメ，前衛，ミステリ，SF，ファンタジーなどなど，1冊まるごと小説愛。怒涛の239作品。闘う書評家＆小説のメキキスト。トヨザキ社長，初の書評集。伝説の辛口書評を特別袋綴じ掲載。

読書案内

<書誌>

新しい自分を探す本 精神世界入門ブックガイド500 ブッククラブ回編 フットワーク出版 1992.12 261p 21cm 1600円 Ⓘ4-87689-127-3

(目次)第1章 精神世界を旅する人へ，第2章 新しい自分を探す本500(癒す，気づく，理解する，変容する，実現する)，第3章 未知の世界を体感する

1冊で1000冊読めるスーパー・ブックガイド 宮崎哲弥著 新潮社 2006.11 300,19p 19cm 1400円 Ⓘ4-10-303131-X

(目次)新世紀教養講座(2001年 計167冊，2002年 計195冊，2003年 計213冊)，ミヤザキ学習帳(2004年 計283冊，2005年 計353冊，2006年 計222冊)，あとがき 計2冊

(内容)驚異のミヤザキ式読書案内。全1355冊分を満載。254テーマの必読書を全角度からブリー

フィング．本の思想傾向が一目でわかる「知の座標軸」付き．

今の自分を変える65冊の実学図書館　秋庭道博著　講談社　1998.9　264p　19cm　(講談社SOPHIA BOOKS)　1600円　ⓘ4-06-269034-9

(目次)第1章 あらためて「私」を問い直す，第2章 迷子にならない自分捜し，第3章 ちぐはぐな妻と夫，第4章 家庭の危機一髪，第5章 人生の後半とは何か，第6章 やっぱり人生は男と女，第7章 これから世の中どうなるのか，第8章 今，何をしたらいいのか

(内容)「ゲーテ格言集」「堕落論」「快楽主義の哲学」「サルの目 ヒトの目」「妖怪画談」「古事記」「山頭火虚像伝」「日本の歴史をよみなおす」など，実学実用の本65冊を紹介するブックガイド．

大人も読んで楽しい科学読み物90冊　西村寿雄著　近代文芸社　2009.4　249p　21cm　1600円　ⓘ978-4-7733-7630-2　Ⓝ407

(目次)1 自然を感じる本，2 自然・社会を楽しむ本(植物の本，虫の本，野鳥の本，動物・魚の本，ヒト・命の本，地球・化石・古生物の本，宇宙・星の本，物理・化学・発明の本，算数・数学の本，自然観察の本，科学あそび・自由研究の本，図鑑，人と仕事の本，社会のしくみの本)，3 科学を楽しむ本(自然の科学の本，社会の科学の本)

(内容)本で広がる科学の世界．人間の知的好奇心のすばらしさを本で味わってみよう．新しい世界へ道案内となる一冊．

活字マニアのための500冊　小説トリッパー編　朝日新聞社　2001.11　352,30p　15cm　(朝日文庫 と7-2)　〈索引あり〉　660円　ⓘ4-02-264279-3　Ⓝ028

(目次)北上次郎が選ぶ「中年男小説30冊」，杉山由美子が選ぶ「中年女小説30冊」，蔵前仁一が選ぶ「旅の本30冊」，中条省平が選ぶ「恋愛小説30冊」，玉木正之が選ぶ「スポーツの本30冊」，嵐山光三郎が選ぶ「温泉の本30冊」，吉川潮が選ぶ「笑いをめぐる30冊」，山本益博が選ぶ「わたしのための美味しい30冊」，山崎浩一が選ぶ「ノンフィクション・ライターになれるかもしれない30冊」，斎藤貴男が選ぶ「管理社会を読み解く30冊」，越智道雄が選ぶ「現代アメリカを読み解く30冊」，栗原彬が選ぶ「差別と向きあうための70冊」，水田宗子が選ぶ「老いをめぐる50冊」

(内容)14のテーマ別に作家らがお薦めの本を紹介するブックガイド．古典から最新の作品まで全500冊を収録する．

奇書!奇書!奇書の達人　歴史と文学の会編　勉誠出版　2000.11　198p　23cm　(Museo 2)　1500円　ⓘ4-585-09067-3　Ⓝ028

近代日本の百冊を選ぶ　伊東光晴ほか選　講談社　1994.4　261p　21cm　1800円　ⓘ4-06-205625-9　Ⓝ028

グルーヴィー・ブック・リヴュー2001　松浦弥太郎,みうらじゅんほか著　ブルース・インターアクションズ　2000.9　223p　19cm　1900円　ⓘ4-938339-86-2

(目次)冬野さほ「ほんとぼく」，ぼくたちの神保町たんけん，ぼくたちの吉祥寺たんけん，松浦弥太郎「いい加減なぼくのパリと古本屋案内」，高田理香「riri et coco」(161／170／184)，江口寿史のルーツ10冊，リヴュー「愛」，森本美由紀「タマちゃん」(076／096／160)，リヴュー「音楽」，日暮泰文「グルーヴィー・ブックって何?」〔ほか〕

こころの傷を読み解くための800冊の本　総解説　赤木かん子編著　自由国民社　2001.6　305p　21cm　1900円　ⓘ4-426-73201-8　Ⓝ498.39

(目次)第1章 ACとは何か，第2章 アイデンティティ，第3章 依存，第4章 共依存，第5章 虐待，第6章 癒し

(内容)幅広い分野からこころの問題を知るための800冊を紹介したブックガイド．各図には書名、著者名、出版者、刊行年、解説を表紙写真とともに掲載．解説はないが欄外でもその章のテーマに関連する書籍を紹介する．本文中に「共依存のこと」などコラムを掲載．巻末に書名索引と著者名索引を付す．

ことし読む本 いち押しガイド 98　リテレール編集部編　メタローグ　1997.12　207p　21cm　(リテレール別冊 10)　1429円　ⓘ4-8398-0028-6

(目次)1997年単行本・文庫本ベスト3+97年のマイ・ブーム，対談97年のベストセラーを読む(岡野宏文，豊崎由美)，リテレールが選ぶことしのいち押し本

ことし読む本 いち押しガイド 99　リテレール編集部編　メタローグ　1998.12　207p　21cm　(リテレール別冊 12)　1300円　ⓘ4-8398-0030-8

(目次)1998年 単行本・文庫本ベスト3+ことし

のビビビ（北村薫，天沢退二郎，高山宏 ほか），対談 98年のベストセラーを読む（岡野宏文，豊崎由美），リテレールが選ぶことしのいち押し人文書ガイド144（ことし人文書で売れた15冊，未来の人間を考える生命論8冊，わかりやすくて面白い入門書18冊 ほか），リテレールが選ぶことしのいち押し本

ことし読む本 いち押しガイド 2000 メタローグ 1999.12 263p 21cm （リテレール別冊 13） 1500円 ①4-8398-0031-6

⊕目次⊕1999年単行本・文庫本ベスト3＋私の2000年問題，対談 99年のベストセラーを読む（岡野宏文，豊崎由美），リテレールが選ぶことしのいち押しガイド230，対談 これが総括だ！キーワード"マトリックス化現象"で読む99年という時代（宮台真司，速水由紀子），リテレール編集部が選ぶことしのいち押し本

ことし読む本 いち押しガイド 2001 リテレール編集部編 メタローグ 2000.12 247p 21cm （リテレール別冊 14） 1500円 ①4-8398-0032-4

⊕目次⊕2000年単行本・文庫本ベスト3＋私の2001年○○への旅，コラム ことしの本を振り返るBook Wave2000，対談 2000年のベストセラーを読む，対談 意味からサイファへ－2000年の映画・音楽・社会を斬る！，リテレールが選ぶことしのいち押しガイド216冊，リテレール編集部が選ぶことしのいち押し本

ことし読む本 いち押しガイド 2002 リテレール編集部編 メタローグ 2001.12 247p 21cm （リテレール別冊 15） 1500円 ①4-8398-0033-2

⊕目次⊕2001年単行本・文庫本ベスト3＋コラム・私は○○系，ことしの本を振り返るBOOK WAVE 2001，2001年のベストセラーを読む，2001年の映画・音楽・社会を斬る！－テロによって陳腐化するもの・しないもの 一局集中から，主役と脇役が入れ替わる時代へ，リテレールが選ぶことしのいち押しガイド216冊

ことし読む本 いち押しガイド 2003 リテレール編集部編 メタローグ 2002.12 255p 21cm （リテレール別冊 16） 1500円 ①4-8398-0034-0

⊕目次⊕2002年単行本・文庫本ベスト3，Book Wave2002，リテレールが選ぶことしのいち押しガイド208，恒例辛口対談 岡野宏文×豊崎由美「2002年のベストセラーを読む」，2002年の映画・音楽・社会を斬る！宮台真司×速水由紀子

失われた「父」を求めて－アメリカ映画と海辺のカフカが抱える問題

ことし読む本 いち押しガイド 2004 リテレール編集部編 メタローグ 2003.12 257,6p 21cm （リテレール別冊 19） 1500円 ①4-8398-0035-9

⊕目次⊕2003年単行本・文庫本ベスト3＋「コラム」2003年・なんでだろ～，「コラム」ことしの本を振り返るBook Wave 2003，2003年のベストセラーを読む，「コラム」ことしのいち押し本，リテレールが選ぶことしのいち押しガイド244，2003年の映画・音楽・社会を斬る！，メタローグ編集部が選ぶことしのいち押し本

子どもの世界が見える本 ブックガイド100冊 森毅編 太郎次郎社 1991.2 192p 19×22cm （「ひと」文庫） 2410円 Ⓝ028.09

⊕目次⊕1 翔ぶ・はみだす―たとえば，ノリツッつっぱる，2 夢みる・きらめく―たとえば，ファンタジーやロマンにひたる，3 想う・みつめる―たとえば，ものや他者に自分を映しだす，愉しむ・ひらける―たとえば，私の読書術

この本がいい 対談による「知」のブックガイド 三浦雅士編 講談社 1993.3 687,6p 19cm 3200円 ①4-06-206046-9 Ⓝ019

⊕目次⊕科学のふりすることもない（竹中平蔵），垣根越しからの江戸（杉浦日向子），世界史はモンゴルの賜（岡田英弘），自分の過去をよく見れば（樺山紘一），細部を読みこむ楽しみ（大室幹雄），もっともっときわどく（青木保），あらゆる人間は亡命者（今福竜太），ペレストロイカ以後（沼野充義），生半可じゃない小説（柴田元幸），極めつきはこれだ（黒井千次），「現実」は溶けていく（日野啓三），脳のパラドックス（養老孟司），生命と第三の性（西垣通），解釈は無限につづく（岸田秀），壮大なホラ話一歩手前（福島章），ダンスこそ芸術の根源（市川雅），アマチュアにはご用心（諸井誠），フェミニズム自由自在（若桑みどり），芸術の未来を予感する（巌谷国士），創作の最前線（萩尾望都），やっぱり本は面白い（三浦雅士）

⊕内容⊕文芸評論家・三浦雅士と21分野の専門家との対談により図書を紹介する読書ガイド。固苦しい「知」の枠組を越境して隠れた名著から最新問題作まで案内することをねらいとしている。

このマンガを読め！ 2008 フリースタイル 2008.1 167p 19cm 〈他言語標題：The best manga of the year〉 648円 ①978-4-

939138-38-6　Ⓝ726.101

(目次)発表!ベストテン,アンケート集計表,ベストテン作品紹介,まだまだ傑作揃い!(11位～16位),ベストテン作品再録,全アンケート回答／ベスト5+コメント,LET'S TALK ABOUT MANGA IN 2007,2007年各賞受賞リスト,ジュンク堂書店池袋本店売り上げベスト30,最新コミック"表紙"事情

(内容)年間一万点を越える新刊発行点数のなかから選び抜かれた,日本マンガ界最高のバイヤーズガイド。ベストテン作品の巻頭8ページを収録。

最新版 新しい自分を探す本 こころに必要な何かをみつけたい人のために　精神世界専門書店ブッククラブ回編　フットワーク出版　1995.2　261p　21cm　1600円　Ⓘ4-87689-180-X

(目次)第1章 本当の「私」に出会うために,第2章 新しい自分を探す本500(癒す,気づく,理解する,変容する,実現する),第3章 未知の世界を体感する

(内容)精神世界に関する専門書店「ブッククラブ回」の会員のアンケートをもとにまとめられた精神世界のための読書ガイド。癒す,気づく,理解する,変容する,実現する,の5つのテーマに大別し,さらに見開きごとの小さなテーマに分けて計500冊を紹介する。また巻末では音楽とグッズも紹介。書名,著者名,ジャンル別の各索引を付す。

3行でわかる名作&ヒット本250　G.B.編　宝島社　2012.4　285p　16cm　〈宝島SUGOI文庫 Dしー7-1〉　〈文献あり〉　619円　Ⓘ978-4-7966-9798-9　Ⓝ028

(目次)第1章 話題のベストセラー50(共喰い,1Q84 ほか),第2章 2011年売れたビジネス書50(スティーブ・ジョブズ,もし高校野球の女子マネージャーがドラッカーの『マネジメント』を読んだら ほか),第3章 世界で愛される名著・名作(カラマーゾフの兄弟,戦争と平和 ほか),第4章 近代日本の名作・名著50(こころ,吾輩は猫である ほか),第5章 日本の古典50(源氏物語,枕草子 ほか)

(内容)ジョブズもドラッカーも,直木賞も芥川賞も!『1Q84』から『戦争と平和』まで!! 古今東西の名作&ヒット本の「あらすじ」と「見どころ」を3行にまとめました。収録作品は「近年話題のベストセラー」「2011年に売れたビジネス書」「世界で愛される名作」「近代日本の名作」「日本の古典」まで,250作品。1冊分が3秒で読める!「あらすじ」すら読む時間のないあなたのための超スピード案内書。

世界の奇書・総解説 知りたい・読みたい・世界の奇書の決定版!　改訂新版　自由国民社　1990.9　311p　21cm　2000円　Ⓘ4-426-62403-7　Ⓝ028

世界の奇書・総解説 知りたい・読みたい・世界の奇書の決定版!　改訂版　自由国民社　1991.11　311p　21cm　〈背の書名：総解説世界の奇書〉　2000円　Ⓘ4-426-62404-5　Ⓝ028

世界の奇書・総解説　改訂版　自由国民社　1992.11　311p　21cm　2000円　Ⓘ4-426-62405-3

(目次)1部 神話学,2部 博物誌と旅行記,3部 聖書学,4部 偽書・暗号書,5部 奇想文学,6部 擬似科学とオカルト学・予言学,7部 悪魔学,8部 性文学,9部 その他の奇書

世界の奇書・総解説　改訂版　自由国民社　1993.12　311p　21cm　2200円　Ⓘ4-426-62406-1　Ⓝ028

(目次)1部 神話学,2部 博物誌と旅行記,3部 聖書学,4部 偽書・暗号書,5部 奇想文学,6部 擬似科学とオカルト学・予言学,7部 悪魔学,8部 性文学,9部 その他の奇書

(内容)古今東西の「奇書」103編を大要・解題と図版で紹介する解題事典。「神話学」「博物誌と旅行記」「聖書学」「偽書・暗号書」「奇想文学」「疑似科学とオカルト学・予言学」「悪魔学」「性文学」「その他の奇書」の9部構成。巻末に五十音順の書名索引がある。

世界の奇書・総解説　改訂版　自由国民社　1994.11　314p　21cm　(総解説シリーズ)　2200円　Ⓘ4-426-62407-X　Ⓝ028

(目次)1部 神話学,2部 博物誌と旅行記,3部 聖書学,4部 偽書・暗号書,5部 奇想文学,6部 擬似科学とオカルト学・予言学,7部 悪魔学,8部 性文学,9部 その他の奇書

(内容)古今東西の「奇書」103編を大要・解題と図版で紹介する解題事典。「神話学」「博物誌と旅行記」「聖書学」「偽書・暗号書」「奇想文学」「疑似科学とオカルト学・予言学」「悪魔学」「性文学」「その他の奇書」の9部構成。それぞれ「大要」と作品・作者のプロフィールとなる「解題」で紹介する。他に特集記事2篇を収める。書名索引を付す。―不思議を体験するめまいの渉猟百科。

世界の奇書・総解説　改訂新版　自由国民社
1996.4　341p　21cm　〈総解説シリーズ〉
2200円　Ⓘ4-426-62408-8

〔目次〕1部 神話学，2部 博物誌と旅行記，3部 聖書学，4部 偽書・暗号書，5部 奇想文学，6部 疑似科学とオカルト学・予言学，7部 悪魔学，8部性文学，9部 その他の奇書

〔内容〕古今東西の「奇書」110冊の大要と解題を掲載する読書ガイド。「神話学」「博物誌と旅行記」「聖書学」「偽書・暗号書」「奇想文学」「疑似科学とオカルト学・予言学」「悪魔学」「性文学」「その他の奇書」の9部構成。図版多数。巻末に五十音順の書名索引がある。―奇書・珍書の読書遊覧案内。

世界の奇書・総解説　改訂版　自由国民社
1998.4　350p　21cm　1900円　Ⓘ4-426-62409-6　Ⓝ028

世界の見方が変わるニュー・エイジの600冊　100のキーワードで21世紀を映しだす知のブック・カタログ　元山茂樹，宝島編集部編　宝島社　1993.6　222p　21cm　（TAKARAJIMA SPIRITUAL BOOKS）
2300円　Ⓘ4-7966-0647-5　Ⓝ019

〔目次〕序 21世紀への道標を探る本の宇宙へようこそ，第1章 人間，第2章 社会，第3章 共生，第4章 科学，第5章 心理，第6章 存在，第7章 地球

〔内容〕分野横断的に編集された読書ガイド。誕生から死，縄文から世紀末，メディア論から宇宙論までの100項目のキーワードのもと600冊の本を紹介する。―21世紀を洞察する知の冒険カタログ。

戦時推薦図書目録　全一巻　（金沢）金沢文圃閣　2011.5　308p　22cm　〈文圃文献類従21　戦時占領期出版関係史料集6〉　〈下位シリーズの責任表示：大久保久雄／監修　日本出版配給昭和16-18年刊の複製〉　22000円
Ⓘ978-4-907789-78-7　Ⓝ028

〔内容〕日本出版文化協会の「推薦図書目録」第1回～第17回（1941年11月～1943年3月）を収録。巻末に，総目次細目，執筆者名索引，戦時「推薦図書」一覧，解題などを付す。

ゾクゾクお～い本はよかバイ　（熊本）本はよかバイ　2009.11　80p　21cm　〈奥付のタイトル：ゾクゾク本はよかバイ〉　500円
Ⓘ978-4-903557-04-5　Ⓝ019

だから読まずにいられない　5つのキーワードで読む児童文学の「現在」新セレクト53　神宮輝夫監修　原書房　2000.11　237,8p　20cm　〈執筆：上原里佳ほか〉
1800円　Ⓘ4-562-03355-X　Ⓝ028.09

地球と未来にやさしい本と雑誌　91年度版
ほんコミニケート編集室編　（武蔵野）ほんコミニケート社　1990.12　97p　30cm　〈「ほん・コミニケート」臨時増刊〉　824円

〔目次〕ジャンル別ブックガイド（暮しと環境を考える，のびやかに暮すために，子どもとおとな，科学技術の絶望と希望，世の中どうなっちゃうの!，こころを耕す，ことがらの核心に迫る，エラそうな人には気をつけよう，激動する世界を知るために，読むことの歓び，見ることの歓び，生きることは楽しむこと，行動する人のために），雑誌（定期刊行物）バックナンバーの案内，出版社別ブックリスト，地球汚染／脱原発ブックリスト，ミニ書店・共同購入グループの紹介

〔内容〕本当に読みたい本がみつからない，新聞等で紹介されるのは大手出版社の本ばかり…，そんな不満を持つ人のために，街の本屋さんで手に入りにくい小出版社の出版物，市民団体が発行しているパンフ・自主メディアの情報を多数掲載している。

「テーマ・内容」で探す本のガイド　東京書籍出版編集部編　東京書籍　2000.9　447p　19cm　1500円　Ⓘ4-487-79623-7　Ⓝ028

〔目次〕人物編（歴史的人物，各界職業），事件・出来事編（戦争・革命・闘争，人災・天災，犯罪，社会問題），文化・技術編（学芸，伝統文化・都市文化，政治・経済，物・技術），生活・趣味編（日常生活，心，娯楽・趣味，環境問題），自然編（生物，自然）

〔内容〕テーマ・内容で探す本のガイドブック。内容・テーマの掲載項目は人物、事件・出来事、文化・技術、生活・趣味、自然の5分野を立て，これを幹とした17の大項目，94の中項目から688細目のテーマを取り上げる。各テーマごとの書誌データとしてタイトル，サブタイトル，著者，ジャンル，出版社，低下，発行年と内容解説を掲載。巻末に事項索引，人名索引を付す。

トンデモ本の世界　Rと学会著　太田出版　2001.10　348p　19cm　1480円　Ⓘ4-87233-608-9　Ⓝ028

〔目次〕1章 社会派トンデモ本，2章 UFO・宇宙人本，3章 予言・占い本，4章 擬似科学本，5章 超歴史本，6章 霊界・異世界本，7章 趣味・学術・ビジネス本，8章 トンデモ小説，9章 トン

デモ世界研究本
(内容)陰謀論、UFO等から、右翼系ベストセラー『戦争論』、左翼系ベストセラー『買ってはいけない』まで、異色の著作を紹介するブックガイド。1995年刊『トンデモ本の世界』の続刊。

ビジネスマン<最強>の100冊 最新版
渡部昇一監修 三笠書房 2002.7 273p 15cm （知的生きかた文庫） 619円 ①4-8379-7259-4 Ⓝ019

(目次)1章「今の時代」を知るための28冊、2章 もっと知的武装をするための23冊、3章 いかに生きるべきかを問う19冊、4章 人間関係に強くなるための13冊、5章 逆境に耐えた8人の主人公たち―そのとき男はどう動いたか、6章 男の器量・男の値打ちを知る9冊

(内容)ビジネスマン向けのブックガイド。古典的名著からベストセラーまで100点をとりあげ、テーマ別に紹介する。1996年刊の「ビジネスマンが読んでおくべき110冊の本」の改訂版。

ビジネスマン、必読。 会社と国、そして自由を考える100冊
斎藤貴男著 日本経済新聞社 2001.10 304p 15cm （日経ビジネス人文庫） 667円 ①4-532-19090-8 Ⓝ019

必読！ビジネスマンの100冊
森永卓郎監修 成美堂出版 2002.8 251p 16cm （成美文庫） 524円 ①4-415-06995-9 Ⓝ019

(目次)1章 ビジネスの修羅場を知るための12冊、2章 ビジネスで勝ち残るための19冊、3章 敵を知り己れを知るための17冊、4章 自己啓発を促すための24冊、5章 歴史を学んで自分を省みるための15冊、6章 知識を深めて視野を広げるための13冊

(内容)ビジネスマン向けのブックガイド。100点をテーマ別に紹介する。

必読北海道
中舘寛隆編 （札幌）北海道新聞社 2003.7 399p 19cm 2400円 ①4-938397-02-1

(目次)北の大自然から学ぶ人間の英知。自然と環境を考えるための必読30冊、移り住んだ人々と、旅に出た人々が発見したものは？暮らす・旅するための必読31冊、立ちすくむ社会の最前線を直撃。社会と政治に迫るための必読50冊、北海道経済再生の展望を探る。経済を解くための必読28冊、北の大地が紡ぐ歴史と物語を読む。歴史を歩くための必読53冊、アイヌとシサムの共生のために。アイヌ民族を知るための必読39

冊、読むことの愉悦、知ることの醍醐味。文学を愉しむための必読93冊、本が語る未知の世界に出会う快楽に酔う。アラカルトで選ぶ必読19冊

(内容)北海道新聞日曜読書面の好評「ほっかいどうの本」がついに一冊になった。北海道の本・北海道の書き手による本のなかから必読343冊を厳選紹介。

ブックマップ
工作舎編 工作舎 1991.7 273p 21cm 1545円 ①4-87502-183-6

(目次)1 地球感覚のデザイン、2 ガイアの科学、3 博物学の回廊、4 生命と形態、5 思考の冒険、6 サイ研究への道、7 科学史・精神史、8 文学のカレイドスコープ、9 プラネタリー・クラシクス、10 アジア精神圏の系譜

(内容)1冊の本からは、無数の道筋が次なる本に向かって伸びている。われわれは、その道のひとつ、または複数を選択して未知の本と巡り会う。本書は、そうした道筋を示すブックガイドである。起点となるのは、10のキーコンセプトによって分類された。工作舎の本100冊。

ブックマップ プラス
工作舎 1996.6 313p 21cm 1854円 ①4-87502-266-2

(目次)1 地球感覚のデザイン、2 ガイアの科学、3 博物学の回廊、4 生命と形態、5 思考の冒険、6 サイ研究への道、7 科学史・精神史、8 文学のカレイドスコープ、9 プラネタリー・クラシクス、10 アジア精神圏の系譜

(内容)1080冊の読書ガイド。「地球感覚のデザイン」「生命と形態」など10のキーコンセプトによって分類された工作舎の図書120冊が初めて紹介され、各冊に8冊づつ計960冊の関連図書を掲げて内容を解説する。巻末に書名索引・編著者名索引・原著者原書名索引を付す。一夢中になるブックガイド。工作舎の120冊からはじまる960冊の本。

ペーパーバック倶楽部 文庫感覚で読めるたのしい英語の世界 300冊のジャンル&レベル別特選洋書ガイド
アルクCAT編集部編 アルク 1991.9 381p 19cm 1000円 ①4-87234-094-9 Ⓝ028

(目次)1 フィクション（現代のアメリカ文学30,20世紀前半までのアメリカ文学10、ミステリ&推理小説20、サスペンス&エンターテインメント小説20、現代のイギリス文学20,20世紀前半までのイギリス文学10、ホラー小説10,SF&ファンタジー小説10、児童&ヤングアダルト小説20、非英語圏の文学10、ロマンス&ポルノ小説10、ゲイ小説10）、2 ノンフィクション（HOW TO・人

生論・トラベルetc.の本15, 伝記・コラム・エッセイ10, ビジネス・経済・社会の本10, サイエンスの本10, 辞書＆レファレンスブック10), 3 映画の原作＆ノベライゼーション (SF・ミステリ・サスペンスetc.の映画20, 恋愛＆コメディ映画20, ドラマ＆社会派映画25), ペーパーバックの販売価格について, 全国の主な洋書店リスト, その他のペーパーバック関連リスト
〔内容〕ミステリ・ホラー・ポルノ・ノンフィクション・映画原作・現代文学etc.自分にピッタリの一冊をみつけて英語力UP。

PB300　ワケありのペーパーバック300選完全ガイド　洋販編　アイビーシーパブリッシング, 洋販〔発売〕　2005.4　247p　18cm　1300円　Ⓟ4-89684-024-0

〔目次〕1 どこから読んでもハズレなしの巨匠──20 GREAT AUTHORS (ジェフリー・アーチャー, ポール・オースター, ビル・ブライソン, アガサ・クリスティー, パウロ・コエーリョ ほか), 2 知る人ぞ知る, こだわりのいちおし作家──10 Recommended AUTHORS (イアン・バンクス, ソフィー・キンセラ, ジュンパ・ラヒリ, アレグザンダー・マコール・スミス, チャック・パラニューク, テリー・プラチェット, ニール・スティーヴンスン ほか), 3 完全ガイドペーパーバック300選
〔内容〕ペーパーバックをより楽しむためのガイドブック。掲載作家・作品はすべてアジア最大の洋書取扱い会社＝洋販がそのノウハウを集結してセレクトしたイチオシばかり。名作ペーパーバック300タイトルを完全解説する他, アガサ・クリスティーからニック・ホーンビィまでの新旧作家紹介, ペーパーバック達人へのインタビューなど, ペーパーバックをまるごと楽しむためのヒントが満載。ビギナーもフリークも読みたい本がきっと見つかる, 充実のインデックスとアイコン表示つき。

本を愛するひとに　「わたし図書館」のためのブックガイド　BOOK PORT編集部編　(大阪) フェリシモ, フェリシモ出版〔発売〕　1990.1　208p　21cm　1200円　Ⓟ4-938588-35-8　Ⓝ028

〔目次〕ときには "考える葦" になる。(岸田秀), 前向きもいいけど, ふりかえるのも面白い。元気も勇気も湧いてくる, 人生のお手本かな。(宇野千代), じっとしていられなくなる, という困った本たち。(妹尾河童), "今" に流されないために, ちょっと立ち止まってみる。(海老坂武), 怖いけど優しい。だから自然にはかなわ

ない。(奥本大三郎), 悪戦苦闘, だけどこんなに楽しいものもない。暮らしに「ゆとり」という水をやる。(栃折久美子), 「芸術とは何か？」に答えはあるか？(朝倉摂), 言葉のアンテナ, もっとのばそう。(高橋睦郎), 気がついたら, 夜が明けていた, なんてことも。(遠藤周作), 百戦錬磨のストーリーテラーが待っている。(C・W・ニコル), メルヘンはのりこえられた。(灰谷健次郎), 右脳を刺激する顔ぶれです。本屋さんで見つけにくい (!?) ユニークな本8冊
〔内容〕思索の書から絵本まで選りぬきの500冊。桐島洋子と著者11人の対談を収録したちょっとぜいたくなブックガイド。

本はよかバイお〜い読まんネ!!　(熊本) 本はよかバイ　2008.1　96p　21cm　600円　Ⓟ978-4-903557-03-8　Ⓝ019

本屋大賞　2004　本の雑誌編集部編　本の雑誌社　2004.4　78p　21cm　〈「本の雑誌」増刊〉　500円　Ⓟ4-86011-033-1

〔目次〕本屋大賞2004ベストテン (大賞受賞作──膨大な作品の中から勝ち抜いて, 全国の書店員が「売りたい」本の頂点に立ったのはこの作品だった。推薦人から寄せられたこの熱い言葉を聞いてほしい。大賞受賞作家の声「感謝の言葉」小川洋子, ベストテン第2位〜第10位─大賞に負けず劣らず書店員の人気を集めた9作。2002年から2003年にかけて刊行された国内の小説を代表する力作が顔を揃えた。), 本屋大賞1次投票─大賞選考に先立って行われた1次投票では, さまざまな候補作がリストアップされた。惜しくも2次選考には残らなかったが, どれも全国の書店員が「この本をこそ売りたい！」と思った本だ。それら数多くの本を推薦人のコメントとともに一挙紹介, 発掘本投票結果─洋の東西・ジャンル, さらに刊行の新旧を問わず, 書店員が「売りたい」と思った本, 常日頃から思っている本を推薦。バラエティ豊かな本をまとめて収録。
〔内容〕本増刊号は第一回本屋大賞の記録である。書店員たちの熱意あふれる推薦の弁を可能な限り掲載し, あわせて個々の書店員が既刊の書籍から独自に選んだ「発掘本」も収録している。本邦初の書店員によるブックガイド。

本屋大賞　2006　本の雑誌編集部編　本の雑誌社　2006.4　118p　21cm　〈「本の雑誌」別冊〉　552円　Ⓟ4-86011-058-7

〔目次〕本屋大賞2006ベストテン (大賞受賞作, 大賞受賞作家の声「受賞のことば」リリー・フランキー, ベストテン第2位〜第11位 ほか),

本屋大賞1次投票—全国の書店員が1年間に読んで「もっと売りたい!」と思った本ベスト3を選ぶ1次投票には、バラエティに富んだ作品が並んだ。そのすべてを熱い推薦のコメントとともに公開する!、発掘本投票結果—既刊の書籍から、個々の書店員が常日頃、独自の展開で売っている本、売りたいと思っている本を1冊限定で発掘!古今東西、オールジャンルから選出されたこの1冊に注目だあ!

〔内容〕本増刊号には、全国各地から寄せられた書店員たちの熱い推薦の弁を可能な限り掲載し、さらに既刊書籍から個々の書店員が「埋もれているがもっと売りたい」と選んだ「発掘本」もあわせて収録している。第三回「本屋大賞」の記録として、そして書店員によるブックガイドとして、楽しんでいただきたい。

本屋大賞 2007 本の雑誌編集部編 本の雑誌社 2007.4 118p 21cm 〈『本の雑誌』増刊〉 552円 ①978-4-86011-068-0

〔目次〕本屋大賞ベストテン(大賞受賞者の言葉、得票Best2‐Best10)、1次投票結果(得票Best11‐Best30、得票Point別イチ押し本!)、特別企画(書店員がすすめる—人気作家はじめに読むならこの本、発掘本—オールタイム推薦部門書店員レコメンド)

本屋大賞 2009 本の雑誌編集部編 本の雑誌社 2009.4 110p 21cm 〈『本の雑誌』増刊〉 552円 ①978-4-86011-093-2 Ⓝ024

〔目次〕本屋大賞ベストテン(大賞受賞作家のことば/『告白』湊かなえ、全国書店員からの推薦の声「復讐」で始まり「復讐」で終わる現代のリアルに迫る驚愕のデビュー作!、本屋大賞2009大賞受賞作データ、2次投票最終結果、書店員推薦の声、本屋大賞2004-2008歴代Best10)、1次投票結果(1次投票Best30、書店員推薦の声、本屋大賞2009エントリー/投票書店員数データ、書店員推薦の声)、特別企画(この文庫を復刊せよ!、発掘本)

ライトノベル最強!ブックガイド 少年系
榎本秋著 NTT出版 2009.12 238p 21cm 〈索引あり〉 1200円 ①978-4-7571-4231-2 Ⓝ910.264

〔目次〕悪魔のミカタ/アリソン/EME/いぬかみっ!/イリヤの空、UFOの夏/ウィザーズ・ブレイン/えむえむっ!/お・り・が・み、狼と香辛料/終わりのクロニクル/陰陽ノ京/風の聖痕/風の大陸/学校の階段/キーリ/気象精霊記、キノの旅/狂科学ハンターREI/狂乱家族日記/銀盤カレイドスコープ/KLAN/クリスタニア/紅/クレギオン、鋼殻のレギオス/ゴクドーくん漫遊記/GOSICK—ゴシック/ザ・サード/円環少女/戯言シリーズ/されど罪人は竜と踊る、ザンヤルマの剣士/時空のクロス・ロード/七人の武器屋/しにがみのバラッド、灼眼のシャナ/銃姫/神曲奏界ポリフォニカ/涼宮ハルヒシリーズ、ストレイト・ジャケット/スレイヤーズ/星界シリーズ/星書シリーズ/ゼロの使い魔/戦塵外史/創世の契約/総理大臣のえる!、ソード・ワールド/空ノ鐘の響く惑星で/タクティカル・ジャッジメント/戦う司書シリーズ/DADDYFACE/ダブルブリッド/デルフィニア戦記/天国に涙はいらない、伝説の勇者の伝説/とある魔術の禁書目録/都市シリーズ/図書館戦争/とらドラ!/トリニティ・ブラッド/9S(ナインエス)/七姫物語、バイトでウィザード/バカとテストと召喚獣/鋼鉄の白姫騎士団/爆れつハンター/バッカーノ!/薔薇のマリア/半分の月がのぼる空/フォーチュン・クエストシリーズ/ブギーポップシリーズ、BLACK BLOOD BROTHERS/フルメタル・パニック!/"文学少女"シリーズ/封仙娘娘追宝録/蓬莱学園シリーズ/撲殺天使ドクロちゃん/僕にお月様を見せないで/魔獣戦士ルナ・ヴァルガー〔ほか〕

〔内容〕厳選100シリーズ紹介。さらに注目26作品もチェック。ライトノベルのエッセンスが一冊に凝縮。

20世紀を震撼させた100冊 鷲田清一、野家啓一編 〈武蔵野〉出窓社 1998.9 269p 19cm 2000円 ①4-931178-16-2

〔目次〕1 19世紀の遺産と20世紀の幕開け 〜1914、2 革命と実験の時代 1915〜24、3 大衆社会の光と影 1925〜40、4 戦争とその傷痕 1941〜50、5 知の枠組みの解体と構築 1951〜66、6 繁栄と反乱 1967〜78、7 ポストモダンから第二の世紀末へ 1979〜

〔内容〕『種の起源』『悪の華』から『沈黙の春』『火の鳥』まで、20世紀を動かした重要著作100冊を紹介したブックガイド。

<カタログ>

スピリチュアル・データ・ブック 2002
ブッククラブ回編 ブッククラブ回、星雲社〔発売〕 2002.4 347p 21cm 2000円 ①4-434-01863-9 Ⓝ019.9

〔目次〕食、シンプルライフ、快、部屋、リラックス、香り、色、音楽、体感、ダンス〔ほか〕

〔内容〕「スピリチュアル」をキーワードにした本・

CD・映画のデータブック。これまでの知識・概念・倫理観を揺るがす予想不可能な未来を感じさせるものを「Spiritual」と定義、「Spiritual」という感覚を6つのフェーズで切り取り、そこから100のキーワードを抽出し、各キーワードに関連する書籍、CD、映画を紹介する。巻頭に坂本龍一氏のインタビュー、巻末に文庫100選や掲載書籍のインデックス等を掲載している。

スピリチュアル・データ・ブック 2003
ブッククラブ回著 ブッククラブ回、星雲社〔発売〕 2003.4 395p 21cm 2000円 ⓘ4-434-03050-7

(目次)book(mind, body, life, society, wisdom, spirit, thought, science,art)、music, movie,place

(内容)スピリチュアルな思想と人間の歴史を、過去から未来まで、分野別に網羅したブックガイド。9つのカテゴリー、235の分類で1105冊の本を紹介。人物・音楽・映画・場所のデータも同時掲載。

スピリチュアル・データ・ブック 2004
BOOK CLUB KAI編 ブッククラブ回、星雲社〔発売〕 2004.4 483p 21cm 2000円 ⓘ4-434-04339-0

(目次)アーシュラ・K・ル=グウィン、インタビュー 物語は、おのずから流れてゆく、BOOK mind,BOOK body、 BOOK life、BOOK society、 BOOK wisdom、 BOOK spirit、 BOOK thought、 BOOK science、 BOOK art、MUSIC、MOVIE、 PLACE

(内容)スピリチュアルな本3024冊。12のカテゴリー、261のキーワード。スピリチュアルな思想を、分野別に網羅したデータブック。

スピリチュアル・データ・ブック 2005
ブッククラブ回、星雲社〔発売〕 2005.4 435p 21cm 2000円 ⓘ4-434-05950-5

(目次)成瀬悟策インタビュー──すべてを合わせもつ「私」、特集12の「のろい」、book(book mind、book body、book life)

(内容)13のカテゴリー、235のキーワード。スピリチュアルな思想を、分野別に網羅したデータブック。スピリチュアルな本1500冊。

スピリチュアル・データ・ブック 2006
ブッククラブ回著 ブッククラブ回、星雲社〔発売〕 2006.4 436p 21cm 2000円 ⓘ4-434-07580-2

(目次)藤村靖之インタビュー 愉しさこそ、未来の知性、特集 実用!未来語入門(お金編、暮らしと住まい編 ほか)、book(book mind、book body ほか)、people、music、DVD、place

(内容)13のカテゴリー、224のキーワード。スピリチュアルな思想を、分野別に網羅したデータブック。

スピリチュアル・データ・ブック 2007
ブッククラブ回著 ブッククラブ回、星雲社〔発売〕 2007.4 421p 21cm 2000円 ⓘ978-4-434-10385-8

(目次)特集 明日の日常につながる、世界の眺め方、book(mind, body, life,society, wisdom, spirit, thought, science, art)、music, DVD, people、place

(内容)世界は、どう動く?あなたは、どう生きる?視点を変えれば、大きな流れが見えてくる。スピリチュアルな本1500冊。13のカテゴリー、222のキーワード。スピリチュアルな思想を、分野別に網羅したデータブック。

◆古典・名著

<書 誌>

お厚いのがお好き? フジテレビ出版 2004.6 303p 22cm〈東京 扶桑社(発売) 文献あり〉 1600円 ⓘ4-594-04202-3 Ⓝ028

大人のための世界の名著必読書50 木原武一著 海竜社 2005.7 321p 19cm 1500円 ⓘ4-7593-0886-5 Ⓝ019

古典・名著の読み方 広川洋一編著 (大阪)日本実業出版社 1991.11 221p 21cm 1456円 ⓘ4-534-01806-1 Ⓝ028

(内容)ギリシャ哲学からガルブレイスまで世界の歴史をつくってきた古典を簡潔に解説。

図解世界の名著がわかる本 久恒啓一、図考スタジオ著 三笠書房 2007.6 99p 26cm 1000円 ⓘ978-4-8379-2231-5 Ⓝ028

図解でわかる!難解な世界の名著のなかみ 久恒啓一著 中経出版 2011.5 287p 15cm(中経の文庫 ひ-3-2)〈『図解世界の名著がわかる本』(三笠書房2007年刊)の加筆・再編集 文献あり〉 648円 ⓘ978-4-8061-4039-9 Ⓝ028

(目次)国家(プラトン)─「哲人王」による理想国家論を説く、旧約聖書─「神との古い約束」ユダヤ教・キリスト教の聖典、英雄伝(プルター

ク)―古代ギリシャ&ローマの英雄を比較・評論、新約聖書―イエス・キリストによって実現した神の約束、ローマ法大全(ユスティニアヌス)―近代ヨーロッパ法の源流となった、古代ローマ法の集大成、君主論(マキャベリ)―キリスト教的道徳観から政治を解放する、ユートピア(トマス・モア)―私有財産のない、平等な理想国家を描く、キリスト者の自由(ルター)―教会を否定した、宗教改革書、キリスト教綱要(カルヴァン)―資本主義発展のバックボーンとなった「予定説」、戦争と平和の法(グロチウス)―戦争時でも守るべき国際ルールを説く〔ほか〕

(内容)プラトン『国家』、モンテスキュー『法の精神』、孔子『論語』、司馬遷『史記』…など、書かれたことは知っていても内容を理解しているという人は少ないのではないだろうか。これだけは読んでおきたい名著46を厳選。一枚の図と短い解説によって全体像がつかめる。

世界の古典名著・総解説 世界の文化的遺産から「現代古典」まで集大成 改訂新版　自由国民社　1990.9　446p　21cm　2000円　①4-426-60102-9　Ⓝ028

(内容)政治と経済、法と社会論から、哲学・思想、歴史、宗教、婦人論まで、215編の古典のブックガイド。

世界の古典名著・総解説 世界の文化的遺産から『現代古典』まで集大成 改訂版　自由国民社　1991.12　446p　21cm　1942円　①4-426-60103-7　Ⓝ025

(内容)政治と経済、法と社会論から、哲学・思想、歴史、宗教、婦人論まで、215編の古典のブックガイド。

世界の古典名著・総解説 改訂版　自由国民社　1992.11　446p　21cm　2000円　①4-426-60104-5

(目次)1 今日の課題にこたえる政治・経済の現代古典, 2 現代の政治を動かしている古典名著, 3 現代の経済を動かしている古典名著, 4 現代の法思想を動かしている古典名著, 5 現代の思想・哲学を動かしている古典名著, 6 常に新たな感動を呼ぶ歴史・戦記の古典名著, 7 生きる意味を見つける人生論・処世論の古典名著

(内容)政治権力・孤独な群衆などの現代古典、社会契約論・国家と革命などの政治の古典名著から、国富論・資本論・経済発展の理論などの経済の古典名著、国家論・法の精神・パンセ・純粋理性批判・存在と無などの思想哲学の古典名著、エミールなどの教育論、ガリア戦記・歴史

の研究などの戦記歴史の古典名著まで215項。

世界の古典名著・総解説 改訂版　自由国民社　1993.11　446p　21cm　2200円　①4-426-60105-3　Ⓝ028

(目次)1 今日の課題にこたえる政治・経済の現代古典, 2 現代の政治を動かしている古典名著, 3 現代の経済を動かしている古典名著, 4 現代の法思想を動かしている古典名著, 5 現代の思想・哲学を動かしている古典名著, (現代の女性論を動かしている古典名著, 現代の宗教を動かしている古典名著, 現代の教育を動かしている古典名著 ほか), 6 常に新たな感動を呼ぶ歴史・戦記の古典名著, 7 生きる意味を見つける人生論・処世論の古典名著

(内容)政治と経済・法と社会論から、哲学・思想・歴史・宗教・婦人論までの代表的著作を紹介する解題事典。215編を7部に分けて構成、それぞれ「大要」と作品・作者のプロフィールとなる「解題」で紹介する。巻頭に特集記事「20世紀末の人間状況」、巻末に書名索引を付す。一人類が記した古典文学の遺産から「現代文学」までの集大成を読む。

世界の古典名著・総解説 改訂版　自由国民社　1994.11　446p　21cm　(総解説シリーズ)　2200円　①4-426-60106-1　Ⓝ028

(目次)今日の課題にこたえる政治・経済の現代古典, 現代の政治を動かしている古典名著, 現代の経済を動かしている古典名著, 現代の法思想を動かしている古典名著, 現代の思想・哲学を動かしている古典名著, 常に新たな感動を呼ぶ歴史・戦記の古典名著, 生きる意味を見つける人生論・処世論の古典名著

(内容)政治と経済・法と社会論から、哲学・思想・歴史・宗教・婦人論までの代表的著作を紹介する解題事典。215編を7部に分けて構成、それぞれ「大要」と作品・作者のプロフィールとなる「解題」で紹介する。巻頭に特集記事、巻末に書名索引を付す。一人類が記した古典文学の遺産から「現代文学」までの集大成を読む。

世界の古典名著・総解説 改訂版　自由国民社　1998.4　446p　21cm　1900円　①4-426-60107-X　Ⓝ028

世界の古典名著・総解説 改訂新版　自由国民社　2001.8　459p　21cm　(総解説シリーズ)　2000円　①4-426-60108-8　Ⓝ028

(目次)政治・経済の現代古典, 政治の古典名著, 経済の古典名著, 法思想の古典名著, 思想・哲学の古典名著, 歴史・戦記の古典名著

[内容]世界の古典名著を作品別に解説するブックガイド。本文は政治・経済、法思想などジャンル別に構成。各作品には書名、著者名、解説、大要、解題を記載。各頁下欄に用語解説を付記する。巻末に五十音順の書名索引がある。

世界名著解題選　第1巻　世界名著解題　1（あ～こ）　柳田泉編　ゆまに書房　1991.2　612,5p　22cm　（書誌書目シリーズ　30）〈複製〉　13905円　④4-89668-386-2　Ⓝ028

世界名著解題選　第2巻　世界名著解題　2（さ～つ）　柳田泉編　ゆまに書房　1991.2　614,5p　22cm　（書誌書目シリーズ　30）〈複製〉　13905円　④4-89668-387-0　Ⓝ028

世界名著解題選　第3巻　世界名著解題　3（て～う）　柳田泉編　ゆまに書房　1991.2　694,7p　22cm　（書誌書目シリーズ　30）〈複製〉　13905円　④4-89668-388-9　Ⓝ028

世界名著解題選　第4巻　社会科学文献解題　1巻（政治・経済篇）　新島繁編著　ゆまに書房　1991.2　380p　22cm　（書誌書目シリーズ　30）〈複製〉　12669円　④4-89668-389-7　Ⓝ028

世界名著解題選　第5巻　社会科学文献解題　2巻（哲学・教育篇）　新島繁編著　ゆまに書房　1991.2　488p　22cm　（書誌書目シリーズ　30）〈複製〉　12669円　④4-89668-390-0　Ⓝ028

世界名著解題選　第6巻　社会科学文献解題　3巻（文学・芸術篇）　新島繁編著　ゆまに書房　1991.2　468,4p　22cm　（書誌書目シリーズ　30）〈複製〉　12669円　④4-89668-391-9　Ⓝ028

大正の名著　浪漫の光芒と彷徨　渡辺澄子編　自由国民社　2009.9　341p　21cm　（明快案内シリーズ　知の系譜　読書入門）〈索引あり〉　1800円　④978-4-426-10827-4　Ⓝ028

[目次]1 新しい女，2 女徳に抗う，3 こころ追い求め，4 青春の碑，5 あるがままの美しさ，6 人びとの足跡，7 真実の旅人，8 源流をめぐる，9 見聞ひろく，10 貧しきを噛みしめ，11 あるべきかたちは

[内容]大正の日本は、第一次大戦の戦勝国となって、好景気ではじまる。旧秩序からの解放、あたらしい社会の建設のもと、大正デモクラシーの陰では貧富の差が拡大する。個人主義、自然主義、理想主義が開花し、そして、大衆が登場する。大正の「名著」は、平成の今の世を生きるのに妙に効く。

中国の古典名著・総解説　改訂版　自由国民社　1993.11　408p　21cm　2200円　④4-426-60205-X　Ⓝ028

[目次]1 史書・史論・政治論・言行録篇，2 思想篇（儒家，道家，神仙家，法家，兵家，墨家，雑家・その他，処世訓，仏家，その他・主要な思想書一五選），3 小説・戯曲・記録文学篇（志怪伝奇小説，白話短篇小説，章回小説，逸話・笑話文学，戯曲，その他・主要な小説戯曲一三選，記録文学），4 詩人・詩集・詩論・詩文集篇，5 芸道・自然科学書篇，6 追篇・現代中国の作品と論説

[内容]古代から現代までの中国史上の重要著作を紹介する解題事典。収録対象は、歴史書・思想書と政治論・処世論から小説・戯曲・詩集・詩論、芸道・自然科学の実用書までの210編。

中国の古典名著・総解説　自由国民社　1994.12　408p　21cm　（総解説シリーズ）　2200円　④4-426-60206-8　Ⓝ028

[目次]史書・史論・政治論・言行録篇，思想篇（儒家・道家・神仙家・法家・兵家・雑家・仏家），小説・戯曲・記録文学篇，詩人・詩集・詩論・詩文集篇，芸道・自然科学書篇

[内容]古代から現代までの中国史上の重要著作を紹介する解題事典。収録対象は、歴史書・思想書と政治論・処世論から小説・戯曲・詩集・詩論、芸道・自然科学の実用書までの210編。

中国の古典名著・総解説　改訂新版　自由国民社　2001.6　16,404p　21cm　（わかる・よむ総解説シリーズ）　2000円　④4-426-60208-4　Ⓝ028

[目次]1 史書・史論・政治論・言行録篇，2 思想篇（儒家・道家・神仙家・法家・兵家・雑家・仏家），3 小説・戯曲・記録文学篇，4 詩人・詩集・詩論・詩文集篇，5 芸道・自然科学書篇，6 追篇・現代中国の作品と論説

[内容]中国の古典名著約210編を作品別に解説するブックガイド。本文はジャンル別に構成。各作品には書名、解説、大要、名言集、解題などを記載。表見返しには「中国4000年の時代区分と王朝の系譜」、裏見返しには「中国古典地図」がある。

なおかつ、お厚いのがお好き?　フジテレビ出版　2004.10　311p　22cm　〈東京　扶桑社（発売）　文献あり〉　1600円　④4-594-

04792-0 Ⓝ028

日本の古典名著・総解説 名著解題と内容のアウトライン早わかり事典 〔1990〕
改訂新版 自由国民社 1990.9 429p 21cm 2000円 ⓘ4-426-60302-1 Ⓝ028

(内容)伝承と文学、歴史と処世論から宗教・武道・芸道・自然科学書まで、400編の名著の読書ガイド。時代と名著・早わかり年表―古典名著の現行本と参考書一覧を付す。

日本の古典名著・総解説 日本人の知の足跡を集大成、名著早わかり事典 改訂版
自由国民社 1991.11 431p 21cm 〈背の書名：総解説日本の古典名著〉 2000円 ⓘ4-426-60303-X Ⓝ028

(内容)伝承と文学、歴史と処世論から宗教・武道・芸道・自然科学書まで、400編の名著の読書ガイド。時代と名著・早わかり年表―古典名著の現行本と参考書一覧を付す。

日本の古典名著・総解説 改訂版 自由国民社 1992.11 434p 21cm 2000円 ⓘ4-426-60304-8

(目次)1 史書・国学・儒学・時論編、2 物語・日記・歌集・小説編、3 仏典・講話編、4 武道・芸道・自然科学書編、追編 古典名著を読む人のために

(内容)古事記・太平記・折たく柴の記などの史書・史論・国学書編、竹取物語・日本霊異記・土佐日記・万葉集・好色一代女などの物語・日記・歌集・小説編から、往生要集・法華経などの仏典経典、五輪書・禁秘抄・花伝書などの武道・礼法・芸道書、医心方・大和本草・農業全書・塵劫記などの医書・科学書まで400項。

日本の古典名著・総解説 改訂版 自由国民社 1993.11 434p 21cm 2200円 ⓘ4-426-60305-6 Ⓝ028

(目次)1 史書・国学・儒学・時論編（史書・史論・歴史，儒学・国学・処世論），2 物語・日記・歌集・小説編（物語文学，説話文学），3 仏典・講話編（仏典，禅書，経典），4 武道・芸道・自然科学書編（武道・礼法・芸道，自然科学），追編 古典名著を読む人のために

(内容)日本の古典名著作品を「名著解題」と「内容のアウトライン」で紹介する解題事典。古代から近世までの歴史・文学・思想・自然科学など400編を分野別に分類収録。巻頭に年表、巻末に現行本・参考書一覧、書名索引、作家索引を付す。初版は1976年発行。

日本の古典名著・総解説 自由国民社 1994.10 434p 21cm （総解説シリーズ） 2200円 ⓘ4-426-60306-4 Ⓝ028

(目次)史書・国学・儒学・時論編，物語・日記・歌集・小説編，仏典・講話編，武道・芸道・自然科学書編，追編 古典名著を読む人のために

(内容)日本の古典名著作品を「名著解題」と「内容のアウトライン」で紹介する解題事典。古代から近世までの歴史・文学・思想・自然科学など400編を分野別に分類収録。巻頭に年表、巻末に現行本・参考書一覧、書名索引、作家索引を付す。昭和51年の発刊以来改訂第4版にあたる。―知っておきたい歴史的書物・文献210編の全展望。

日本の古典名著・総解説 改訂新版 自由国民社 2001.6 463p 21cm （わかる・よむ 総解説シリーズ） 2000円 ⓘ4-426-60308-0 Ⓝ028

(目次)1 史書・国学・儒学・時論編（史書・史論・歴史，儒学・国学・処世論），2 物語・日記・歌集・小説編（物語文学，説話文学 ほか），3 仏典・講話編（仏典，禅書 ほか），4 武道・芸道・自然科学書編（武道・礼法，自然科学），追編 古典名著を読む人のために（古典文学を学ぶ人のために―時代別にみる古典文学の流れ，歴史から見た名著の今日的意義について―広い視野で名著を見直すことが必要）

(内容)日本の古典名著を作品別に解説するブックガイド。本文はジャンル別に構成。各作品には書名、解説、大要を記載。また、各頁欄外で古典名著のエピソードを紹介する。巻頭特集は黄色瑞華「芭蕉と旅と『おくのほそ道と』」があり、巻末には古典名著の現行本と参考書一覧、収録する古典の五十音順書名索引、作家索引、「解題」索引辞典がある。

日本の名著 近代の思想 改版 桑原武夫編 中央公論新社 2012.10 315p 18cm （中公新書 1） 〈年表あり〉 980円 ⓘ978-4-12-180001-5 Ⓝ028

(目次)福沢諭吉『学問のすゝめ』，田口卯吉『日本開化小史』，中江兆民『三酔人経綸問答』，北村透谷『徳川氏時代の平民的理想』，山路愛山『明治文学史』，内村鑑三『余はいかにしてキリスト信徒となりしか』，志賀重昂『日本風景論』，陸奥宗光『蹇蹇録』，竹越与三郎『二千五百年史』，幸徳秋水『廿世紀之怪物帝国主義』〔ほか〕

(内容)人間は虚無から創造することはできない。未来への情熱がいかに烈しくても、現在に生き

ている過去をふまえずに、未来へ出発することはできない。私たちは、明治維新から一九四五年までの日本人の思想的苦闘の跡をどれだけ知っているであろうか。日本の未来を真剣に構築しようとするとき、私たちは近代の思想遺産―少なくともこれらの五〇の名著は活用せねばならぬはずである。私たちは近代国民としての自信をもって、過去に不可避的であった錯誤の償いにあたるべき時期にきている。

明治の名著 1 論壇の誕生と隆盛 小田切秀雄，渡辺澄子編 自由国民社 2009.9 269p 21cm （明快案内シリーズ 知の系譜 読書入門）〈索引あり〉 1600円 ⓘ978-4-426-10826-7 Ⓝ028

(目次)1 世界への序奏，2 進取の気象，3 清心研磨，4 貧しさを討て，5 声を上げよ，6 強く問う，7 心性史事始め，8 夢・生・旅，9 知と学わきたつ

(内容)百五十年前、日本は、大いに迷っていた。竜馬も、西郷も、諭吉も、若くして熱かった。今の日本人は、どうか。迷うこと、大いに結構。その果てに、めざすものが、見えてくる。「明治の機運」が、読書できる好著。

明治の名著 2 文芸の胎動と萌芽 渡辺澄子編 自由国民社 2009.10 239p 21cm （明快案内シリーズ 読書入門）〈執筆：浦西和彦ほか〉 1500円 ⓘ978-4-426-10829-8 Ⓝ028

(目次)1 近代文学のあけぼの，2 新風を巻き起こす，3 観念小説・深刻小説の流行，4 新しい言葉、新しい文体，5 私を語る，6 我が道をゆく，7 己に迫る，8 覚醒する女性たち

(内容)坪内逍遥『当世書生気質』、与謝野晶子『みだれ髪』、夏目漱石『我輩は猫である』、北原白秋『邪宗門』、田村俊子『生血・あきらめ』etc.。精選62作品を紹介。古典から歴史的大作、重要基本作品で教養がつく。読みやすいダイジェスト編集版。

和漢名著解題選 第5巻 明治大正歌書解題 本美鉄三著 ゆまに書房 1996.6 248p 図版11枚 22cm （書誌書目シリーズ 41）〈白帝書房昭和5年刊の複製 索引あり〉 13000円 ⓘ4-89714-042-0 Ⓝ028

◆ベストセラー・ロングセラー

<書　誌>

ザ・ベストセラー 1985〜2004 日外アソシエーツ編 日外アソシエーツ，紀伊国屋書店〔発売〕 2005.10 657p 21cm 2381円 ⓘ4-8169-1944-9

(目次)知識・情報，哲学・宗教，歴史・地理，社会科学，自然科学，技術・工学，産業，芸術・スポーツ，言語，文学，索引，ベストセラー・ランキング表

(内容)四半世紀のベストセラー本があぶり出す社会世相。本好きのためのデータブック。出版科学研究所、出版ニュース社、全国大学生協、トーハン、日販、紀伊国屋書店のベストセラーランキングにより2047点を収録。本文はジャンル別に構成。巻末に各年の「ベストセラー・ランキング表」。

ロングセラー目録　書店の棚づくりに役立つ　平成2年版 書店新風会編 書店新風会，読書人〔発売〕 1990.1 385p 21cm 3400円 ⓘ4-924671-02-9

ロングセラー目録　書店の棚づくりに役立つ　平成3年版 書店新風会編 書店新風会，読書人〔発売〕 1991.1 405p 21cm 3500円 ⓘ4-924671-03-7

ロングセラー目録　書店の棚づくりに役立つ　平成4年版 書店新風会編 書店新風会，読書人〔発売〕 1992.1 411p 21cm 3500円 ⓘ4-924671-04-5

ロングセラー目録　書店の棚づくりに役立つ　平成5年版 書店新風会編 書店新風会，読書人〔発売〕 1993.1 417p 21cm 3500円 ⓘ4-924671-05-3

ロングセラー目録　書店の棚づくりに役立つ　平成6年版 書店新風会編 書店新風会，読書人〔発売〕 1994.1 411p 21cm 3500円 ⓘ4-924671-06-1

ロングセラー目録　書店の棚づくりに役立つ　平成7年版 書店新風会編 書店新風会，読書人〔発売〕 1995.1 417p 21cm 3500円 ⓘ4-924671-07-X

ロングセラー目録　書店の棚づくりに役立つ　平成8年版 書店新風会編 書店新風会，読書人〔発売〕 1996.1 405p 21cm 3500円 ⓘ4-924671-08-8

ロングセラー目録　書店の棚づくりに役立つ　平成9年版 書店新風会編 書店新風会，読書人〔発売〕 1997.1 395p 21cm

3500円　⑭4-924671-09-6

ロングセラー目録　書店の棚づくりに役立つ　平成10年版　書店新風会編　書店新風会，読書人〔発売〕　1998.1　411p　21cm　3500円　⑭4-924671-10-X

ロングセラー目録　書店の棚づくりに役立つ　平成11年版　書店新風会編　書店新風会，読書人〔発売〕　1999.1　378p　21cm　3500円　⑭4-924671-11-8

ロングセラー目録　書店の棚づくりに役立つ　平成12年版　書店新風会編　書店新風会，読書人〔発売〕　2000.1　363p　21cm　3500円　⑭4-924671-12-6

ロングセラー目録　書店の棚づくりに役立つ　平成13年版　書店新風会編　書店新風会，読書人〔発売〕　2001.1　467p　21cm　3600円　⑭4-924671-13-4

ロングセラー目録　書店の棚づくりに役立つ　平成14年版　書店新風会編　書店新風会，読書人〔発売〕　2002.1　419p　21cm　3600円　⑭4-924671-14-2

ロングセラー目録　書店の棚づくりに役立つ　平成15年版　書店新風会編　書店新風会，読書人〔発売〕　2003.1　467p　21cm　3600円　⑭4-924671-15-0

ロングセラー目録　書店の棚づくりに役立つ　平成16年版　新訂増補第28版　書店新風会編　書店新風会，読書人〔発売〕　2004.1　459p　21cm　3600円　⑭4-924671-16-9

⦅目次⦆日本文学，外国文学，エッセイ・評論・読物，芸術，哲学・思想・宗教，教育・心理，政治・社会・国際，歴史・地理，法律・経済，経営・ビジネス，自然科学，電気・機械・コンピュータ・パソコン，数学・物理・化学，建築・土木，医学・健康，婦人・家庭・料理，趣味実用・一般入門，アウトドア・スポーツ・旅・地図，マンガ・コミック，児童・創作，児童・一般，辞典・事典・図鑑

⦅内容⦆主要版元193社より提供をうけた各社のロングセラー・リストをもとに4514点の書目を掲載。

ロングセラー目録　書店の棚づくりに役立つ　平成17年版　書店新風会編　書店新風会，読書人〔発売〕　2005.1　373p　21cm　3600円　⑭4-924671-17-7

ロングセラー目録　書店の棚づくりに役立つ　平成18年版　書店新風会編　書店新風会，読書人〔発売〕　2006.1　419p　21cm　3600円　⑭978-4-924671-18-5

ロングセラー目録　書店の棚づくりに役立つ　平成19年版　新訂増補第31版　書店新風会編　書店新風会，読書人〔発売〕　2007.1　371p　21cm　3800円　⑭978-4-924671-19-5

⦅目次⦆日本文学，外国文学，エッセイ・評論・読物，芸術，哲学・思想・宗教，教育・心理，政治・社会・国際，歴史・地理，法律・経済，経営・ビジネス，自然科学，電気・機械・コンピュータ・パソコン，数学・物理・化学，建築・土木，医学・健康，婦人・家庭・料理，趣味実用・一般入門，アウトドア・スポーツ・旅・地図，マンガ・コミック，児童・創作，児童・一般，辞典・事典・図鑑

⦅内容⦆主要版元181社の協力から各社のロングセラー・リストをもとに3603点の書目を掲載した，仕入れと常備の棚づくりに役立つ参考資料。

ロングセラー目録　書店の棚づくりに役立つ　平成20年版　書店新風会編　書店新風会，読書人（製作・発売）　2008.1　346p　21cm　3800円　⑭978-4-924671-20-1　Ⓝ025.9

⦅目次⦆日本文学，外国文学，エッセイ・評論・読物，芸術，哲学・思想・宗教，教育・心理，政治・社会・国際，歴史・地理，法律・経済，経営・ビジネス，自然科学，電気・機械・コンピュータ・パソコン，数学・物理・化学，建築・土木，医学・健康，婦人・家庭・料理，趣味実用・一般入門，アウトドア・スポーツ・旅・地図，マンガ・コミック，児童・創作，児童・一般，辞典・事典・図鑑

⦅内容⦆主要版元176社より，各社のロングセラーリストをもとに3308点の書目を掲載。

ロングセラー目録　棚づくりに役立つ　平成21年版　書店新風会編　書店新風会，読書人（制作・発売）　2009.1　351p　21cm　〈索引あり〉　3800円　⑭978-4-924671-21-8　Ⓝ025.9

⦅内容⦆書店の仕入れと常備の品揃えに役立つよう，また現場社員が商品知識を養う参考資料として作成した「ロングセラー情報」。主要版元163社の提供によるリストをもとに，3042点の書目を掲載する。

ロングセラー目録　棚づくりに役立つ

2010年版　書店新風会編　書店新風会，読書人（制作・発売）　2010.2　273,50p　21cm　〈索引あり〉　4000円　①978-4-924671-22-5　Ⓝ025.9

(内容)書店の仕入れと常備の品揃えに役立つよう，また現場社員が商品知識を養う参考資料として作成した「ロングセラー情報」。主要版元174社の提供によるリストをもとに，2693点の書目を掲載する。

ロングセラー目録　棚づくりに役立つ
2011年版　書店新風会編　書店新風会，読書人（発売）　2011.3　247,44p　21cm　〈索引あり〉　4000円　①978-4-924671-23-2　Ⓝ025.9

(目次)日本文学，外国文学，エッセイ・評論・読物，芸術―音楽・映画・写真・演劇・芸能，哲学・思想・宗教―精神世界・自己啓発，教育・心理―カウンセリング・セラピー，政治・社会・国際，歴史・地理，法律・経済，経営・ビジネス―経理・簿記・秘書，自然科学・環境，電気・機械・コンピュータ・情報処理・OA，数学・物理・化学　バイオ，建築・土木・農林水産，医療・健康・介護・社会福祉，家庭・料理・育児，趣味実用・一般入門，アウトドア・スポーツ・旅　ガイド・語学，マンガ・コミック・アニメ・ゲーム，児童・創作，児童・一般，辞典・事典・図鑑・年鑑・地図，出版・編集・芸術・デザイン・CG

(内容)入手可能な売れき好調なロングセラーから仕入れと常備の棚づくりに役立つ目録。主要版元137社の2310点を掲載。付録に検索に便利なCD-ROMが付く。

◆文庫本

<書誌>

ジャンル別文庫本ベスト1000　安原顯編
学習研究社　2000.9　598p　15cm　（学研M文庫）　860円　①4-05-902004-4　Ⓝ019.9

(目次)現代小説（日本篇），現代小説（外国篇），冒険小説（外国篇），歴史小説，ノン・フィクション，海外ミステリー，SF（外国篇），モダンホラー，伝記，エッセイ，詩の本，思想書，宗教・オカルト本，性新世界の本，音楽の本，映画の本，コミック，ノン・ジャンル，ノン・ジャンル（最新文庫）

(内容)文庫本のガイドブック。日本で発売された全ての文庫本の中から，21ジャンルに分けて紹介。著者名・訳者名等，書名，文庫名と内容

紹介を掲載する。巻末に五十音順の書名索引を付す。

トルト　読者のための文庫目録　第10号
森浩太郎編　文庫の会　1994.5　47,169p　21cm　1400円　①4-938315-21-1

(目次)トルトの情報，著者50名に見るこの10年の文庫「増と減」，いまが読みどき探しどき，座談会「トルト」の10年―初婚・再婚・重婚文庫，ひと味違う，トルトが選んだ文庫本〔ほか〕

ニッポン文庫大全　紀田順一郎，谷口雅男監修，岡崎武志，茂原幸弘編　ダイヤモンド社　1997.11　549p　21cm　3800円　①4-478-95024-5

(目次)文庫の過去・現在・未来，世界の名作を文庫で読む，春陽堂文庫考，春陽堂書店刊文庫戦前目録，「横溝」文庫の整理学，与謝野晶子文庫本書誌，世にも珍しい稀少文庫カタログ，絶版・品切れ文庫総目録（新潮文庫，角川文庫，中公文庫，創元推理文庫，サンリオSF文庫，改造文庫，山本文庫，誠文堂十銭文庫，春秋文庫），文庫に魅せられた人々　ふるほん文庫やさん物語，ふるほん文庫やさん在庫目録

(内容)絶版・品切れなどの文庫2万点以上を収録した文庫目録。巻末に著編者名索引が付く。

<ハンドブック>

おすすめ文庫王国　2003年度版　本の雑誌編集部編　本の雑誌社　2003.12　91p　21cm　700円　①4-86011-030-7

(目次)ジャンル別今年の収穫ベストテン（ハードボイルド―古びないスタイルの古典が一位である，恋愛小説―胸に入り込む切なく静かな物語ほか），年刊文庫番　私が今年出会った文庫本あれこれ2003，均一棚への招待，始めてみよう!講座　海外ロマンス小説入門編　ラブ・サスペンスの三女王って誰?，文庫自在遊び「サリンジャーの5／3」，テーマ別おすすめ文庫（かーさんたちの話―「駄目っ母」に思わずホッとする日，人生の曲がり角で―どんな人間もいつかは中年になる　ほか），都内2書店文庫売上ベスト120―匿名対談・ジュンク堂書店池袋本店×ブックファースト渋谷店，2003年文庫事情　ABC六本木店の「ヒルズ・ショック」ってなんだ?

この文庫がすごい!　2007年版　宝島社　2007.7　143p　21cm　790円　①978-4-7966-5932-1

(目次)エンターテインメント文庫BEST10，第一位『太陽の塔』著者・森見登美彦インタビュー，

Special Interview（佐伯泰英，山本甲士），いま読んでも面白い!過去20年のベスト20から名作を発掘『このミス』出張所，映画化・ドラマ化原作を楽しんだあなたにはコレ!，熱帯夜を涼しく過ごすための"実話系"怪談文庫ガイド，2006年度ジャンル別文庫レビュー，"本を売る"プロが語る!書店員座談会，2006年度文庫ヒットチャート，全アンケート回答私のベスト10総勢49名，我が社の文庫隠し玉，第6回官能文庫大賞2007，エッセイマンガ官能文庫座談会

◆児童書

<書　誌>

一冊で不朽の名作100冊を読む　日本と世界の代表的児童文学　友人社　1991.3　222p　19cm　（一冊で100シリーズ 9）〈監修：定松正〉　1240円　Ⓘ4-946447-10-5　Ⓝ028.09

うれしいな一年生　親と子に贈るブックリスト　読書研究会編　（京都）かもがわ出版　1992.4　62p　21cm　（かもがわブックレット 46）　450円　Ⓘ4-87699-037-9
⦅目次⦆学校ってどんなところ，ちょっぴり心配（入学式），やさしい先生だといいな，あの人が校長先生，ぼくは1年生，ともだち100人できるかな，男の子，女の子ってふしぎ，みんなともだち，けんかもたのしい，ぼくのお父さん，お母さん，ぼくのおとうとわたしのいもうと，ぼくのおにいちゃん〔ほか〕
⦅内容⦆このリストの本は，主に1980年以降に発行されたものの中から，1年生に薦める本と1年生を扱った本，350冊をリストアップし，図書館のお姉さんと子ども文庫のおばさん，24人が読んで選定しました。内容は絵本，読物，科学，遊び，社会，詩など幅広く取り上げました。

英語ペラペラキッズ（だけにじゃもったいない）ブックス　NJFKコミッティ著　イースト・プレス　2004.10　303p　21cm　〈他言語標題：Not just for English-speaking kids'books〉　1524円　Ⓘ4-87257-496-6　Ⓝ028.09

絵本・子どもの本 総解説　赤木かん子著　自由国民社　1995.12　305p　21cm　（総解説シリーズ）　2000円　Ⓘ4-426-61700-6　Ⓝ028.09

絵本・子どもの本 総解説　読んで欲しい，読んであげたい　一緒に読みたい子どもの本　第3版　赤木かん子著　自由国民社　1998.8　350p　21cm　1900円　Ⓘ4-426-61702-2
⦅目次⦆がんばりやさんのひとたちへ，おかあさん大好きおとうさんあそんで!，きょうだいの本，ともだちともだち，こんなふうに愛してほしいの，わたしはわたしぼくはぼく，モノつくりの子どもたちへ，自分を解放できる本，ねむれないねむれない，親がドキッとする本，おじいちゃん　おばあちゃん，大声でさけびたいときのために，小さな人たちのためのことばの本，民話，よみきかせの本，NATURE，クリスマスの本
⦅内容⦆16テーマ全447冊の，子どもの絵本のブックガイド。書名索引，作家別索引，出版社別リスト，出版社リスト，全国子どもの本の専門店リスト付き。

絵本・子どもの本 総解説　読んで欲しい　読んであげたい　いっしょに読みたい子どもの本　第4版　赤木かん子著　自由国民社　2000.8　355p　21cm　1900円　Ⓘ4-426-61703-0　Ⓝ028.09
⦅目次⦆がんばりやさんのひとたちへ，おかあさん大好き。おとうさんあそんで!，きょうだいの本，ともだちともだち，こんなふうに愛してほしいの，わたしはわたしぼくはぼく，モノつくりの子どもたちへ，自分を解放できる本，ねむれないねむれない，親がドキッとする本，おじいちゃん　おばあちゃん，叫んでみたり!つぶやいたり…ことばを愉しむ本，ロマンス，民話，読みきかせの本，NATURE，クリスマスの本〔ほか〕
⦅内容⦆子どもの本のガイドブック。ストーリーがわかり始める3～4歳から7，8歳の小学校2年生までを対象に絵本を紹介。第四版では前版以降（1998年以降）に新しく出版された本，未収録だった本など80冊を加え，全457冊を収録する。17テーマごとに分類収録し，タイトルと文，絵，訳者と出版社，出版年，価格と表紙の写真，内容紹介と解説を掲載する。巻末に掲載書索引，作家別索引，出版社別掲載ページ，出版社リスト，全国子どもの本専門店リストを収録。ほかに子どもの本のためのコラムなどを掲載する。

絵本・子どもの本 総解説　第5版　赤木かん子著　自由国民社　2002.7　352p　21cm　1900円　Ⓘ4-426-61704-9　Ⓝ028.09
⦅目次⦆がんばりやさんのひとたちへ，おかあさん大好き，おとうさんあそんで!，きょうだいの

本，ともだちともだち，こんなふうに愛してほしいの，わたしはわたしぼくはぼく，モノつくりの子どもたちへ，自分を解放できる本，ねむれないねむれない，親がドキッとする本，おじいちゃんおばあちゃん，叫んでみたりつぶやいたり…ことばを楽しむ本，ロマンス，民話，読みきかせの本，クリスマスの本，ファンタジー

(内容)子どもにどんな本を与えればいいのかに悩む親、児童図書館員、教師、幼稚園、保育園の担当者のための児童書の解題書誌。460冊を解説・紹介する。

絵本・子どもの本 総解説 総解説 第6版
赤木かん子著 自由国民社 2007.1 317p 21cm 1900円 Ⓘ4-426-61705-7

(内容)子どもの本のガイドブックの定番、改訂第6版。463冊を5章に分けて紹介。子どもの本のためのコラムや全国子どもの本専門店リストなどを収載。

絵本・子どもの本 総解説 第7版 赤木かん子著 自由国民社 2009.6 287p 21cm 〈索引あり〉 1900円 Ⓘ978-4-426-10694-2 Ⓝ028

(目次)巻頭特集 いまの絵本はみんな元気でカッコいい!，第1章 こんなふうに愛してほしいの(おとうさん・おかあさん，抱っことおやすみなさいの本，きょうだい，おじいちゃん・おばあちゃん，家族，愛するものとの別れ，ぼくたちもいますよ／犬・猫，ともだちともだち)，第2章 子どもたちが大好きな本(乗りもの，ことばあそび，女の子たちに，クリスマス)，第3章 ひとり静かに読む本(これは大人向き，こころ)

(内容)子どもの本のブック・ガイド&親子のためのガイド・ブック。急速に世代交代をとげる絵本の世界の最前線も紹介。

お年寄りとともに命と時をつむぐ児童書100選 村岡三太著 (国立)樹芸書房 1994.10 216p 19cm 1300円 Ⓘ4-915245-40-3 Ⓝ028.09

海外で翻訳出版された日本の子どもの本1998 日本国際児童図書評議会 1998.5 256p 30cm 〈他言語標題：Overseas editions of Japanese children's books〉 2000円 Ⓘ4-931212-03-4 Ⓝ028.09

科学の本っておもしろい 子どもの世界を広げる200冊の本 続 新装版 科学読物研究会編 連合出版 1990.11 219p 19cm 1339円 Ⓘ4-89772-037-X

(目次)第1部 子どもたちに科学読物を，第2部 分野別科学読物ブックガイド(算数，科学あそび他，宇宙と地球，自然と人間，植物，動物一般・読物，昆虫など，鳥・哺乳類，その他の動物，進化・古生物，健康・人間の歴史，技術，シリーズ)

学問の鉄人が贈る14歳と17歳のBOOKガイド 河合塾編 メディアファクトリー 1999.1 319p 21cm 1600円 Ⓘ4-88991-692-X

(目次)バーチャル図書館にようこそ，本書で登場する研究者とその推薦書について(現代を生きる，人間を探る，文化を味わう，21世紀の社会を創る)

(内容)466名の研究者による「それぞれ専門領域の魅力を伝える一冊」と「若い人たちに薦めたい一冊、自分の大好きな一冊」を掲載した読書ガイド。学問分野別ごとに研究者の50音順配列。掲載研究者50音さくいん付き。

かんこのミニミニ子どもの本案内 図書館員のカキノタネ 赤木かん子著 リブリオ出版 1996.7 221p 21cm 1850円 Ⓘ4-89784-470-3

(目次)第1章 子どもが自分で読める本，第2章 日本の新しい本，第3章 ホラーとミステリーの本，第4章 昔ばなしの本，第5章 子どもが読んでもらう本，第6章 クラシックな本―本の好きな人に，第7章 おまけ

(内容)6～12歳の児童向けの図書を、内容のジャンル別に紹介する読書ガイド。1ページに1冊づつ計200冊を収録。書名・著者名・訳者名・出版社名のほか、図書の表紙写真を掲載し、児童向けに内容の解説をする。五十音順の書名索引が巻末にある。書名索引には著者名・訳者名・出版年・出版社・価格・掲載ページを示す。

キッズだけにじゃもったいないブックス NJFKコミッティ編著 ペイパーウェイト・ブックス 2002.12 285p 22cm 〈他言語標題：Not just for kids' books〉 1800円 Ⓘ4-9901423-0-6 Ⓝ028.09

きみには関係ないことか 戦争と平和を考えるブックリスト'90～'96 京都家庭文庫地域文庫連絡会編 (京都)かもがわ出版 1997.6 102p 21cm 1000円 Ⓘ4-87699-320-3 Ⓝ028.09

きみには関係ないことか 戦争と平和を考えるブックリスト'97～'03 京都家庭文

庫地域文庫連絡会編　（京都）かもがわ出版　2004.4　118p　21cm　1200円　Ⓘ4-87699-802-7

(目次)第1章 今，世界で何が起こっているのか（イラク戦争・アフガン侵攻，湾岸戦争・コソボ侵攻・ベトナム戦争・カンボジア侵攻 ほか），特集「戦争をするアメリカ」ってどんな国?，第2章 過去を忘れない（日本の戦争，被爆国からの伝言 ほか），第3章 戦争を起こさせないために（戦争はなぜ起きる，いろんな国いろんな生きかた ほか）

国際児童文庫協会の小林悠紀子が子ども達に薦める630冊の本　小林悠紀子著　（名古屋）マナハウス　2002.12　201p　26cm　〈月刊「海外子女教育」より　背のタイトル：子ども達に薦める630冊の本〉　1800円　Ⓘ4-901730-09-6　Ⓝ028.09

こころを育てる子どもの本100+α　中村順子著　いのちのことば社（発売）　2000.2　143p　15cm　950円　Ⓘ4-264-01809-9　Ⓝ028.09

子どもと楽しむ自然と本　科学読み物紹介238冊　新装版　京都科学読み物研究会編　連合出版　1991.2　199p　19cm　1339円　Ⓘ4-89772-067-2

(目次)第1章 木や草やきのこ，第2章 環境と生物，第3章 鳥やけもの，第4章 その他の動物，第5章 暮らしにかかわる物，第6章 科学あそび，第7章 地球や星のこと

子どもと楽しむ はじめての文学　棚橋美代子，幼年文学選書の会編　（大阪）創元社　1999.4　146p　21cm　1200円　Ⓘ4-422-12054-9

(目次)あらしのよるに，うさんごろとおばけ，おさる日記，おさるのまいにち，おしいれのぼうけん，オバケちゃん，かがりちゃん，かみなりドドーン!，カメヤマカマタの一がっき，すずめのおくりもの〔ほか〕

(内容)文学作品として優れていること，子どもの読書の入口となること，今の子どもたちが読者であること，を基準に幼年文学を紹介したガイド．小学校国語教科書に出てくる文学作品一覧，書名索引付き．1993年に出版された『お母さんが選んだ128冊の絵本』の姉妹編．

子どもと読みたい科学の本棚　童話から新書まで　藤嶋昭，菱沼光代著　東京書籍　2013.6　146p　21cm　（ヤングサイエンス選書 5）　〈奥付の責任表示（誤植）：編著 藤嶋昭　菱沼光代　文献あり〉　1400円　Ⓘ978-4-487-80715-4　Ⓝ028.09

(目次)第1章 科学にふれる本棚（幼少期ごろから，小学生ごろから），第2章 科学を感じる本棚（小学校高学年ごろから，中学生ごろから），第3章 藤嶋昭の書斎から（父が子に語る世界歴史新版（全8巻），人生に二度読む本 ほか），第4章 菱沼光代の本棚から（なめとこ山の熊，グスコーブドリの伝記 ほか）

子どもにおくるいっさつの本　鈴木喜代春編　らくだ出版　2006.1　125p　19cm　1200円　Ⓘ4-89777-434-9

(内容)幼児から中学生まで，ほぼ年齢順に配列されており，年齢に合わせて本を選ぶことができる．本好きの人120人が120冊の本を選び，解説をつけているので，「読書」の道しるべに最適．

子どもにすすめたいノンフィクション1987～1996　日本子どもの本研究会ノンフィクション部会編　一声社　1998.7　289p　21cm　3300円　Ⓘ4-87077-150-0

(目次)社会科読みもの，自然科学読みもの，歴史，戦争，伝記，記録，人生，環境，性とからだ，芸術，スポーツ，生活，国語・漢和辞典，英和・和英辞典，事典・年鑑

(内容)1987年1月から1996年12月までに刊行された子供向けのノンフィクションのうち，単行本362冊，シリーズ56点を収録したブックガイド．掲載項目は，出版社，初版発行年，大きさ，本体価格，ページ数，解説文など．1987年に刊行された『ノンフィクション子どもの本900冊』の増補版．

子供に読ませたい世界名作・童話100冊の本　西本鶏介著　PHP研究所　1992.10　212p　19cm　1250円　Ⓘ4-569-53743-X

(内容)世界の子供の心を魅了しつづける良書の数々…．夢に遊び，愛を語り，空想を旅する，世界名作との出会い．小学生～中学生向き．

子供に読ませたい100冊の本　PHP研究所編　PHP研究所　1991.3　221p　19cm　1100円　Ⓘ4-569-53006-0　Ⓝ028.09

(目次)1 日本の絵本（いないいないばあ，かぞえてみよう，あかちゃんのくるひ，なつのあさ，はるかぜのたいこ，みんなうんち ほか），2 日本の童話（きいろいばけつ，きかんしゃやえもん，ばけたらふうせん，かいぞくオネション，ネバオのきょうりゅうたんけん，ネッシーのお

むこさん ほか)，3 外国の絵本・童話(あおくんときいろちゃん，ロージーのおさんぽ，はらぺこあおむし，おばけのバーバパパ，はなをくんくん，どろんこハリー ほか)
⓪内容：夢と感動を子供たちに伝えつづけてきた名作・傑作の数々を紹介。幼児～小学校低学年向き。

子どもに読んでほしい84冊 東京新聞編集局編　東京新聞出版局　2004.9　191p　20cm　1300円　Ⓘ4-8083-0811-3　Ⓝ028.09

こどもの本　1　新聞書評から 子どもの本書評研究同人編　白石書店　1989.12,1990.11　2冊　22cm　〈監修：小河内芳子〉　各2266円
⓪内容：1985年以来、継続して刊行されている子どもの本の紹介書。一時期自費出版であったが、今回より白石書店から刊行・市販されることになった。

こどもの本　2　新聞書評から 子どもの本書評研究同人編　白石書店　1990.11　153,35p　22cm　〈監修：小河内芳子〉　2266円　Ⓘ4-7866-0243-4　Ⓝ028.09

子どもの本　3　新聞書評から 子どもの本書評研究同人編　白石書店　1991.8　161,31p　21cm　2266円　Ⓘ4-7866-0250-7　Ⓝ028.09
⓪目次：絵本（幼児向き，小学生向き）、童話・物語（小学生初級・中級向き，小学生上級向き，中学生向き）、詩、科学（動物・植物、工作）、その他（歴史・社会、伝記、記録、言語・芸術）

子どもの本　4　1991年新聞書評から 子どもの本書評研究同人編　白石書店　1992.7　164,23p　21cm　2266円　Ⓘ4-7866-0260-4
⓪内容：この本は、1991年の1年間に、日刊新聞全国紙（朝日・毎日・読売・日本経済・産経・東京・共同通信・赤旗）に、各週または各月に定期的に掲載された子どもの本の書評を土台とし、主として児童図書館員たちが若干の取捨選択をして選んだ本の解題付リストである。

子どもの本　5　1992年新聞書評から 子どもの本書評研究同人編　白石書店　1993.9　168,29p　21cm　〈監修：小河内芳子〉　2266円　Ⓘ4-7866-0274-4
⓪内容：1992年に一般紙・専門誌の書評にとりあげられた図書を基本にした解題書誌。絵本、童話・物語などに分類掲載する。人名索引、書名索引を付す。1984年の創刊以来9冊目にあたる。

子どもの本　6　1993年新聞書評から 子どもの本書評研究同人編　（鎌ケ谷）白石書店　1994.10　160p　21cm　2266円　Ⓘ4-7866-0280-9　Ⓝ028.09
⓪内容：1993年に一般紙・専門誌の書評にとりあげられた図書を基本にした解題書誌。絵本、童話・物語などに分類掲載する。巻末資料として93年児童文学関係各賞一覧、93年刊行のブックガイド＆ブックリストの紹介。月刊書評一覧があり、人名索引、書名索引を付す。1984年の創刊以来10冊目にあたる。

子供の本がおもしろい！　大人のための児童小説ガイドブック アスペクト　1999.2　215p　21cm　（特集アスペクト 65）　1200円　Ⓘ4-7572-0350-0　Ⓝ028.09

子どもの本　この1年を振り返って　おすすめの本100選　2000年 図書館の学校編　図書館の学校　2001.5　135p　21cm　〈東京リブリオ出版（発売）〉　1000円　Ⓘ4-89784-888-1　Ⓝ028.09

子どもの本　この1年を振り返って　おすすめの本200選　2001年 NPO図書館の学校編　図書館の学校，リブリオ出版（発売）　2002.4　250p　21cm　1300円　Ⓘ4-86057-054-5　Ⓝ028.09
⓪目次：発表（絵本のこの1年，フィクションのこの1年，ノンフィクションのこの1年，ヤングアダルト本のこの1年，編集者から―私の編集・企画とは、まとめ―ことし、物語たちは？）、阪田寛夫さんのお話「童謡・唱歌のあゆみ―ことばの持つ力」を伺って，書評
⓪内容：児童図書のブックガイド。NPO「図書館の学校」の推薦児童図書の中から200点を選定収録する。また2001年12月1日に開かれた「第2回・子どもの本この一年を振り返って」で行われた講演の内容も収録する。

子どもの本　この1年を振り返って　おすすめの本200選　2002年 図書館の学校編　図書館の学校　2003.4　184p　21cm　〈東京リブリオ出版（発売）〉　1300円　Ⓘ4-86057-119-3　Ⓝ028.09

子どもの本　この1年を振り返って　2003年 図書館の学校編　図書館の学校，リブリオ出版〔発売〕　2004.4　203p　21cm　1300円　Ⓘ4-86057-162-2
⓪目次：講演『どうぶつ見てたら絵本になった』、発表（今年の絵本，今年のフィクション，今年のノンフィクション，今年のヤングアダルトほ

か），おすすめ本200選（紹介文のページ，絵本，フィクション，ノンフィクション）
⦿内容 おすすめの本200選。

子どもの本 この1年を振り返って 2004年 NPO図書館の学校編 NPO図書館の学校，リブリオ出版〔発売〕 2005.4 203p 21cm 1300円 ①4-86057-196-7
⦿目次 講演「落語の楽しみ方，楽しませ方」（桂文我），発表（今年の絵本，今年のフィクション，今年のノンフィクション，今年のヤングアダルト，子どもの本——この一年を振り返って2004年ほか），おすすめの本200選（絵本，フィクション，ノンフィクション）

子どもの本 この1年を振り返って 2005年 NPO図書館の学校編 NPO図書館の学校，リブリオ出版〔発売〕 2006.4 155p 21cm 1886円 ①4-86057-269-6
⦿目次 講演「YA世代を知る—10代の心と性」（河野美香），発表（今年の絵本，今年のフィクション，今年のノンフィクション，今年のヤングアダルト），寄稿（今年の紙芝居，今年のマンガ），おすすめの本200選（絵本，フィクション，ノンフィクション）

子どもの本 この1年を振り返って おすすめの本200選 2006年 図書館の学校編 リブリオ出版 2007.5 164p 26cm 1886円 ①978-4-86057-332-4 Ⓝ028.09

子どもの本 この1年を振り返って おすすめの本200選 2007年 図書館の学校編 リブリオ出版 2008.5 164p 26cm 2000円 ①978-4-86057-362-1 Ⓝ028.09
⦿目次 発表（絵本，フィクション，ヤングアダルト），寄稿（紙芝居，マンガ），おすすめの本200選（絵本，フィクション，ノンフィクション），資料
⦿内容 公共図書館・学校図書館・文庫・家庭など子どもたちと読書の現場で，あるいは出版社や書店などで，前年度の子どもの本の出版動向を知ったり，選定する際の一助になるよう，推薦図書200冊を掲載する。200冊という数は，無理なく手にとって読める冊数としてあげている。

子どもの本 この1年を振り返って おすすめの本200選 2008年 NPO図書館の学校編 リブリオ出版 2009.5 175p 26cm 〈索引あり〉 2000円 ①978-4-86057-394-2 Ⓝ028.09
⦿目次 発表（絵本，フィクション，ノンフィクション，ヤングアダルト），寄稿（紙芝居，マンガ），おすすめの本200選，資料

子どもの本 この1年を振り返って おすすめの本200選 2009年 NPO図書館の学校編 岩崎書店 2010.5 159p 26cm 〈2008年までの出版者：リブリオ出版 索引あり〉 2000円 ①978-4-265-80194-7 Ⓝ028.09
⦿目次 発表（絵本，フィクション，ノンフィクション，ヤングアダルト），寄稿（紙芝居，マンガ），おすすめの本200選（絵本，フィクション，ノンフィクション），資料（主要受賞作品一覧，書名さくいん，著者名さくいん，出版社リスト）

子どもの本のカレンダー Children's Books with 366 days 鳥越信著 ゆまに書房 1996.5 225p 19cm 1600円 ①4-89714-010-2
⦿目次 4月，5月，6月，7月，8月，9月，10月，11月，12月，1月，2月，3月
⦿内容 1年366日の各日付が出てくる児童書（物語・民話・詩・伝記・ノンフィクション・絵本・漫画等）を4月1日〜3月31日まで，1日1点ずつ紹介したもの。書名，作者名，訳者名，画家名，出版社名と表紙写真，その日付のエピソードを含む内容紹介を掲載する。本文の下に「豆ちしき」欄を設け，その日の歴史的事件や記念日，その日生まれた有名人，その日の誕生花と花言葉を記す。巻末に五十音順の書名索引がある。

子どもの本の道案内 ブックリスト 盛岡児童文学研究会編 （盛岡）盛岡児童文学研究会 1996.12 332p 21cm 980円 ①4-916141-00-8 Ⓝ028.09

子どもの本の道案内 ブックリスト 改訂3版 盛岡児童文学研究会編 （盛岡）盛岡児童文学研究会 2010.3 339p 21cm 1500円 ①978-4-9905108-0-0 Ⓝ028.09

子どもの本のリスト 「こどもとしょかん」新刊あんない1990〜2001セレクション 東京子ども図書館編 東京子ども図書館 2004.11 211p 21cm 1600円 ①4-88569-181-8 Ⓝ028.09

この本だいすき！ 小松崎進編著 高文研 1998.1 286p 19cm 1600円 ①4-87498-200-X Ⓝ028.09

この本読んだ?おぼえてる？ あかぎかんこ著 （神戸）フェリシモ 1999.5 126p

17cm 〔神戸〕フェリシモ出版（発売）〕
1143円　ⓘ4-89432-150-5　Ⓝ028.09

この本読んだ?おぼえてる？ 2　あかぎかんこ著　〔神戸〕フェリシモ　2001.11　130p　17cm 〔神戸〕フェリシモ出版（発売）〕
1238円　ⓘ4-89432-255-2　Ⓝ028.09

児童文学の魅力　いま読む100冊　海外編
日本児童文学者協会編　文渓堂　1995.5　253p　21cm　2500円　ⓘ4-89423-058-5
Ⓝ028.09

小学生が好きになるこんなに楽しい子どもの本　まとりょーしか編著　メイツ出版　2003.6　160p　19cm　1500円　ⓘ4-89577-622-0
〔目次〕すてきなかわりものたち，笑いと人情の友だち絵本シリーズ，平和な日常になにかが起こる…，時を超えて伝わるやさしい古典絵本，けったいな味わいの抱腹絵本，自分のからだのこと知ってる?，動物や恐竜のこと知ってる?，となえてうれしい あそびうた，昔話に流れる祖先の血，最初の一歩はじめての読みもの〔ほか〕
〔内容〕「本を好きになってほしいのに，ちっとも読まなくて」「どんな本をすすめたらいいのか，わからない」と嘆く，小学生のお母さんや先生たちに。ある本好きの母・娘・孫娘が選んだ，小学生が夢中になる本216冊を収録。

小学生が大好きになる楽しい子どもの本ベスト200　山本省三監修　メイツ出版　2012.3　144p　21cm　〔索引あり〕　1600円　ⓘ978-4-7804-1109-6　Ⓝ028.09
〔目次〕最初の出会いは素敵な絵本から，読みごたえたっぷりの人気シリーズたち，一度は読むべし！永遠の名作，アニメ映画にもなった話題の原作，親子で読むともっと楽しい!，不思議な世界へようこそ!，奇想天外！お話から目が離せない!，友情の芽生え！友だちっていいな，兄弟姉妹，家族の愛を感じたい，読めば読むほど心にジーンとくる話，いろいろなメッセージがこめられている〔ほか〕
〔内容〕どんな子も，必ず夢中になる本があります！親子で，朝読に，読書感想文にも…多くの児童書を手がけ，日々子どもたちと接し，その声に耳を傾けている児童文学作家が選んだ，小学生の心に響く200冊。

すてきな絵本たのしい童話　向井元子著
新潮社　1992.2　331,10p　20cm　2000円　ⓘ4-10-384401-9　Ⓝ028.09

すてきな絵本たのしい童話　向井元子著
中央公論新社　2003.7　362p　16cm　（中公文庫）　781円　ⓘ4-12-204231-3　Ⓝ028.09

世界の絵本・児童文学図鑑　ジュリア・エクルスシェア編，井辻朱美監訳　柊風舎　2011.10　958p　22cm　〔索引あり　原書名：1001 children's books.〕　15000円
ⓘ978-4-903530-52-9　Ⓝ028.09
〔目次〕0・3歳，3歳以上，5歳以上，8歳以上，12歳以上
〔内容〕手にとって読みたい1001冊の児童書が，時空を超えて大集合！長く読み継がれてきた古典はもちろん，現在までのファンタジー，ミステリー，冒険，その他もろもろのジャンルの絵本や児童書を収録。子どもに読んで欲しい本が見つかり，子どものころに大好きだった本に出合える，奇跡の一冊。

1800冊の「戦争」　子どもの本を検証する
読書研究会編　（京都）かもがわ出版　1991.8　178,40p　21cm　1456円　ⓘ4-87699-017-4　Ⓝ319.8
〔内容〕平和運動，原爆，沖縄から，マンガで知る戦争まで13の章に分けて紹介。巻末に戦争と平和を考えるためのブックリストを掲載。

中高生のブック・トリップ　岡崎千鶴子，高橋啓介編著　河合出版　1990.11　351,3p　19cm　1300円　ⓘ4-87999-042-6
〔目次〕第1章 とにかく楽しく読んで，読むことに慣れてしまおう，第2章 読むことに慣れたら，考えることにも慣れよう，第3章 深く考えるために，読むという行為はあるのだ，第4章 深く考える素材，感じる素材は，どこにでもあるのだ，第5章 読むこと，深く考えることを，ただひたすら楽しんでしまおう
〔内容〕若い人たちが，実際に読んで親しむことができるように，興味深いもの，感動的なもの，考えを深めたり広げたりしてくれるものなどを，様々な分野から選び出したブックガイド。

テーマ・ジャンルからさがす物語・お話絵本　1　子どもの世界・生活／架空のもの・ファンタジー／乗り物／笑い話・ユーモア　DBジャパン編　（横浜）DBジャパン　2011.9　772p　21cm　〔索引あり〕　22000円　ⓘ978-4-86140-016-2　Ⓝ909.031
〔目次〕子どもの世界・生活（うんち・おしっこ・おなら，おやすみ・ねむり ほか），架空のもの・ファンタジー（あまのじゃく，うみほうず ほ

か), 乗り物(オートバイ, 宇宙船 ほか), 笑い話・ユーモア(ナンセンス絵本, 笑い話・ユーモア一般 ほか)
(内容)子どもが幼稚園に入園するお話絵本があったら読みたい! きつねの絵本を読みたい! 北欧の民話・昔話の絵本を読みたい! そんな読者の要求に答えるテーマ・ジャンル別の物語・お話絵本索引。図書館のレファレンスツールに最適。

テーマ・ジャンルからさがす物語・お話絵本 2 民話・昔話・名作／動物／自然・環境・宇宙／戦争と平和・災害・社会問題／人・仕事・生活 DBジャパン編 (横浜) DBジャパン 2011.9 782p 21cm 〈索引あり〉 22000円 ⓘ978-4-86140-017-9 Ⓝ909.031
(目次)民話・昔話・名作(世界の神話, 世界の神話>ギリシア神話 ほか), 動物(アザラシ, アシカ ほか), 自然・環境・宇宙(花・植物, 花・植物>サボテン ほか), 戦争と平和・災害・社会問題(いじめ, 沖縄の基地問題 ほか), 人・仕事・生活(おまわりさん, お医者さん ほか)
(内容)子どもが幼稚園に入園するお話絵本があったら読みたい! きつねの絵本を読みたい! 北欧の民話・昔話の絵本を読みたい! そんな読者の要求に答えるテーマ・ジャンル別の物語・お話絵本索引。図書館のレファレンスツールに最適。

どの本よもうかな?中学生版 海外編 日本子どもの本研究会編 金の星社 2003.3 254p 21cm 2500円 ⓘ4-323-01596-8
(目次)1 物語(アーミッシュに生まれてよかった, 愛と悲しみの12歳, 青い図書カード ほか), 2 ノンフィクション(アイスマン, アンネの日記, イシ ほか), 3 絵本(あなたがもし奴隷だったら, アリスンの百日草, アンジュール ほか)
(内容)「どの本よもうかな?」と本を探すときに…読みたい本がすぐに見つかるブックガイドの決定版。おもしろい本、感動する本、役に立つ本、あなたにぴったりの本にきっと出会える。

どの本よもうかな?中学生版 日本編 日本子どもの本研究会編 金の星社 2003.3 254p 21cm 2500円 ⓘ4-323-01595-X
(目次)1 物語, 2 詩歌, 3 伝記, 4 科学・ノンフィクション, 5 絵本, 6 調べ学習シリーズ
(内容)「どの本よもうかな?」と本を探すときに…読みたい本がすぐに見つかるブックガイドの決定版。おもしろい本、感動する本、役に立つ本、あなたにぴったりの本にきっと出会える。「朝の読書」の本選びにも最適。

どの本よもうかな? 1・2年生 日本子どもの本研究会編 国土社 2000.3 214p 21cm 2500円 ⓘ4-337-25351-3 ⓃK019
(目次)あいさつがいっぱい, あげは, アサガオ, あのときすきになったよ, あのね, わたしのたからものはね, あめがふるときちょうちょうはどこへ, あらしのよるに, あらこだ, アンナの赤いオーバー, いしころ〔ほか〕
(内容)小学1・2年生向けの本をジャンル別に紹介し解説した読書ガイド。五十音順排列。内容は1999年現在。索引として、事項(テーマ)さくいん、書名さくいん、作者さくいんがある。

どの本よもうかな? 3・4年生 日本子どもの本研究会編 国土社 2000.3 206p 21cm 2500円 ⓘ4-337-25352-1 ⓃK019
(目次)1 絵本(赤牛モウサー, エタシペカムイ ほか), 2 物語(日本)(アリーナと風になる, いぬうえくんがやってきた ほか), 3 物語(外国)(アルフはひとりぼっち, アレックスとネコさん ほか), 4 詩(雨のにおい星の声, いちわのにわとり ほか), 5 科学(あめんぼがとんだ, いっぽんの鉛筆のむこうに ほか)
(内容)小学3・4年生向けの本をジャンル別に紹介し解説した読書ガイド。五十音順排列。内容は1999年現在。索引として、事項(テーマ)さくいん、書名さくいん、作者さくいんがある。

どの本よもうかな? 5・6年生 日本子どもの本研究会編 国土社 2000.3 206p 21cm 2500円 ⓘ4-337-25353-X ⓃK019
(目次)1 絵本(ウエズレーの国, 絵で読む広島の原爆 ほか), 2 物語(日本)(雨やどりはすべり台の下で, アライグマのコンチェルト ほか), 3 物語(外国)(合言葉はフリンドル!, アレックスとゆうれいたち ほか), 4 詩(ゴリラはごりら, 詩集胸のどどめき ほか), 5 科学読み物(イヌビワとコバチのやくそく, イラガのマユのなぞ ほか), 6 伝記(命燃やす日々, ステファニー ほか), 7 ノンフィクション(アラスカたんけん記, いのちのふるさと水田稲作 ほか)
(内容)小学5・6年生向けの本をジャンル別に紹介し解説した読書ガイド。五十音順排列。内容は1999年現在。索引として、事項(テーマ)さくいん、書名さくいん、作者さくいんがある。

ブックス ライブ こども以上おとな未満おもしろ本ガイド L's Voice編著 公人社 1994.1 164p 21cm 1545円 ⓘ4-906430-42-2 Ⓝ019
(目次)1 スグに役立つ, 2 大ワライする, 3 ゾッ

とする，4 ほのぼのする，5 ワクワクする，6 ハラハラドキドキ，7 ハチャメチャ，8 元気になる，9 ちょっとマジメに，10 恋する人へ，11 マニアック，12 アブない世界

(内容)ティーンエイジャーを対象とした読書ガイド。マンガ、ファンタジーからやおい本、ヌード写真集までをテーマ別に紹介する。

本選び術 よみたい本が必ず探せる 小学校版 リブリオ出版 1995.4 6冊(セット) 26×22cm 21630円 ①4-89784-430-4

(内容)物語や記録文学などの読み物を中心とした小学生向け読書ガイド。「自分を見つめる」「自然や生物とのかかわり」等16のテーマ別にサブテーマとさらに細かなキーワードを設け、関連する作品を著者名の五十音順に掲載する。各作品に内容紹介つき。5巻の巻末にテーマ、サブテーマ、キーワードを五十音順に並べた索引がある。

本選び術 よみたい本が必ず探せる 中学校版 リブリオ出版 1995.4 6冊(セット) 26×22cm 21630円 ①4-89784-437-1

(内容)物語や記録文学などの読み物を中心とした中学生向け読書ガイド。「自分を見つめる」「自然や生物とのかかわり」等16のテーマ別にサブテーマとさらに細かなキーワードを設け、関連する作品を著者名の五十音順に掲載する。各作品に内容紹介つき。5巻の巻末にテーマ、サブテーマ、キーワードを五十音順に並べた索引がある。

本がいっぱい 木佐景子著 新風舎 2004.7 105p 21cm 1500円 ①4-7974-4719-2 Ⓝ028.09

ほんとうに読みたい本が見つかった! 4つのキーワードで読む児童文学の〈現在〉セレクト56 上原里佳，神戸万知，鈴木宏枝，横田順子著 原書房 2009.6 238,24p 20cm 〈索引あり〉 1900円 ①978-4-562-04291-3 Ⓝ028.09

(目次)風の章(『トラベリング・パンツ』・われらが友情に一点の曇りなし，『クラリス・ビーンあたしがいちばん!』・ユーモアあるおしゃべりは地球を救う ほか)，火の章(『チューリップ・タッチ』・邪悪さの正体，『マルコとミルコの悪魔なんかこわくない!』・知恵二倍で、楽しさも二倍! ほか)，土の章(『ウォーターシップ・ダウンのウサギたち』・壮大な神話が斬る人間の諸相，『恐竜の谷の大冒険』・体験型の百科事典 ほか)，水の章(『コンチキ号漂流記』・ダイナミックな海洋ショー，『タイの少女カティ』・ココナツの香る国のさわやかな少女 ほか)

(内容)神宮輝夫訳の名作と海外の最新作を厳選。児童文学案内の決定版!『影の絵』から『ツバメ号とアマゾン号』まで。年齢別ブックリストとシリーズ4冊の書名索引、著者名索引付。

ほんとうはこんな本が読みたかった! 児童文学の「現在」セレクト57 神宮輝夫監修，上原里佳，横田順子，鈴木宏枝，神戸万知著 原書房 2000.2 240,6p 20cm 1800円 ①4-562-03276-6 Ⓝ028.09

(目次)ふしぎのたまご(『クマのプーさん』―やすらぎ系のクマのお話，『風にのってきたメアリー・ポピンズ』―遊園地へようこそ ほか)，もうひとつの世界へ(『しずくの首飾り』―身近な暮らしと魔法のあいだ，『シャーロットのおくりもの』―クモが織りあげた橋 ほか)，こころのアンサンブル(『クローディアの秘密』―仮想家出ノススメ，『めぐりめぐる月』―謎を追いかけて三千キロ ほか)，子どもたちの四季(『がんばれヘンリーくん』―「普通」のアイドル，『リトル・カーのぼうけん』・小さな車の大きな冒険 ほか)

<ハンドブック>

子どもの本ハンドブック 野上暁，ひこ・田中編 三省堂 2009.6 321p 21cm 〈索引あり〉 1500円 ①978-4-385-41061-6 Ⓝ028.09

(目次)第1部 子どもの本への招待(子どもの本とは何か?，子どもの本の歴史，この本のねらい)，第2部 子どもの本五〇〇選(絵本(家族・親子)，暮らし(生活・習慣)，いろいろな友だち，ことばで遊ぶ・絵で遊ぶ，昔のはなし(神話・伝説・古典)，遊びと冒険，不思議なはなし，社会・歴史・戦争・世界の人々)，読み物(家族・親子，暮らし(生活・習慣)友だち・学校，昔のはなし(神話・伝説・古典)，遊びと冒険，異世界ファンタジー，日常につながる不思議，社会・歴史・戦争・世界の人々)，詩の本，図鑑・事典・科学絵本(やってみよう・観察しよう，調べてみよう)

(内容)日本の子どもの本の歴史を大まかにたどり、次にその豊かな広がりを、具体的な作品を通して案内。現在簡単に手に入りやすい本を中心に、ユニークな配列で五〇〇編を紹介した、コンパクトで便利な誌上図書館。

新・こどもの本と読書の事典 黒沢浩，佐藤

宗子,砂田弘,中多泰子,広瀬恒子,宮川健郎編　ポプラ社　2004.4　502p　29×22cm　16000円　Ⓘ4-591-99566-6

⦅目次⦆こどもの本の理論と実践(こどもの本,こどもの文化,こどもの文学,図書館,読書運動,学校図書館・読書教育),こどもの本の作品紹介(絵本―日本,物語・ノンフィクション―日本,絵本―外国,物語・ノンフィクション―外国,総合的な学習に有効な本),こどもの本の人物紹介,付録

本の探偵事典　いろの手がかり編　あかぎかんこ著　フェリシモ　2005.2　110p　17cm　1238円　Ⓘ4-89432-339-7

⦅内容⦆色を手がかりに,それが登場する子どもの本を検索できる『本の探偵事典』。「あか」「ばらいろ」など14色の項目に分け,作品の表紙(カラー写真)と内容の概略を記載。収録作品は約190点。巻末に「作品名さくいん」「作者 画家 訳者名さくいん」付き。

本の探偵事典　ごちそうの手がかり編　あかぎかんこ著　フェリシモ　2005.3　112p　17cm　1238円　Ⓘ4-89432-352-4

⦅内容⦆たべものを手がかりに,それが登場する子どもの本を検索できる『本の探偵事典』。「ドリンク・スープ」「サラダ・やさい」「パン」など8項目に分け,作品の表紙(カラー写真)と内容の概略を記載。収録作品は約240点。巻末に「作品名さくいん」「作者名さくいん」付き。

本の探偵事典　どうぐの手がかり編　あかぎかんこ著　フェリシモ　2005.4　111p　17cm　1238円　Ⓘ4-89432-353-2

⦅内容⦆道具を手がかりに,それが登場する子どもの本を検索できる『本の探偵事典』。「こどもべや」「クローゼット」「いえ・にわ」など7項目に分け,作品の表紙(カラー写真)と内容の概略を記載。収録作品は約300点。巻末に「作品名さくいん」「作者名さくいん」付き。

本の探偵事典　どうぶつの手がかり編　あかぎかんこ著　(神戸)フェリシモ　2005.5　112p　17cm　1238円　Ⓘ4-89432-354-0

⦅目次⦆冷たい生きもの,温かくて卵を生む生きもの,温かい生きもの

⦅内容⦆「ガールフレンドに会いに行くミミズ」「コインを運ぶカニ」「ポケットがないカンガルー」「けむくじゃらのラクダ」…"どうぶつの手がかり"で思い出の本をみつける『本の探偵事典』。子どもの本300点を収録。本文はNDC(十進分類)順に排列。表紙(カラー写真)と内容の概略を記載。巻末に「作品名さくいん」「作者名さくいん」を収録。

◆◆絵本

<書　誌>

赤ちゃんが大好きな絵本　妊娠中から0,1,2歳まで 愛おしくてたまらない80冊　赤木かん子,加藤美穂子著　ポーラスタァ,河出書房新社(発売)　2011.10　127p　21cm　〈索引あり〉　1200円　Ⓘ978-4-309-90919-6　Ⓝ028.09

⦅目次⦆1 0歳の赤ちゃん,はじめての絵本(生後2ヶ月くらいから,だるまさんが ほか),2 絵本にきょうみを,もちはじめたら(読み聞かせのよさは?,いいおかお ほか),3 絵本のストーリーが,わかってきたら(ペースにあわせてゆったりと,ショコラちゃんのおでかけドライブ ほか),4 妊娠中に,読みたい絵本(いまのうちに…,ちびゴリラのちびちび ほか),5 子どもによい本って,どんな本?(赤ちゃんに絵本を読むコツって?,赤ちゃん絵本って,なんだかつまらなそう ほか)

⦅内容⦆0、1、2歳の赤ちゃん、そして妊婦さんへ。子どもが愛おしくてたまらなくなる珠玉の80冊。

赤ちゃんからの絵本ガイド　0～3才が楽しめる「はずれナシ!」の200冊　さわださちこ監修,主婦の友社編　主婦の友社　2007.6　128p　21cm　(セレクトbooks)　1300円　Ⓘ978-4-07-255786-0　Ⓝ028.09

あかちゃんの絵本箱　はじめて出会う絵本ガイド　こどもと本-おかやま-「あかちゃんの絵本箱」編集委員会著　吉備人出版　2001.11　147p　19cm　857円　Ⓘ4-906577-78-4　Ⓝ019.53

⦅目次⦆あかちゃんと絵本,絵本タイムのすすめ,いきもの,ごっこ遊び,たべもの,紙芝居,のりもの,エプロンシアター,あそび,パネルシアター,せいかつ,ペープサート,リズム・おと・ことば(詩),ものがたり,お母さんへのメッセージ,絵本タイムのQ&A

⦅内容⦆赤ちゃんのための絵本の目録。いきもの、たべもの、のりもの、あそび、せいかつ、ものがたりなどのテーマ別に紹介。五十音順の作品名のさくいんがある。

新しい絵本1000　テーマ別ガイド 子ども

と読みたい！ 2001-2009年版 「この本読んで！」編集部編 NPO読書サポート 2009.12 127p 25cm 1500円 Ⓘ978-4-9904171-1-6 Ⓝ028.09

あなたのことが大好き！の絵本50冊 赤木かん子著 自由國民社 2003.12 79p 21cm 1600円 Ⓘ4-426-77500-0
㋯あなたのことが大好き！の本, おまけの8冊
㋬子どもたちが, あなたの大切な人が, どんなふうに愛されたら幸せか, ということを的確に描いている絵本50冊を紹介。

いのち 幼児がじっと聞き入る絵本リスト 55＋85 種村エイ子著 明治図書出版 2007.3 130p 21cm 1600円 Ⓘ978-4-18-907015-3 Ⓝ028.09

絵本ありがとう 足立茂美著 〔境港〕〔米子〕足立茂美 今井出版（発売） 2010.8 142p 21cm 1143円 Ⓘ978-4-901951-62-3 Ⓝ028.09

絵本カタログ Pooka Select Pooka編集部編 学習研究社 2007.7 127p 21cm（BOOKS POOKA） 1600円 Ⓘ978-4-05-403392-4
㋯第1章 ようこそ！かわいい絵本の森へ（いぬの絵本, ねこの絵本, くまの絵本, かわいい絵本）, 第2章 不思議の国の絵本（おやすみの絵本, びっくり絵本, LOVEの絵本）, 第3章 絵本タウンにでかけよう！（お買い物の絵本, くいしんぼうの絵本, 絵本のおくりもの）, 第4章 元気のでる絵本（笑う絵本, 旅の絵本, 涙の絵本）
㋬かわいくて, 笑って, 泣けて, あたたかくて…。絵本がもっと好きになる, とびきりのガイドブック。いぬ, ねこ, かわいい, LOVE, お買い物, くいしんぼう, 旅, 涙…など, 定番から知られざる名作絵本まで13ジャンル300冊を収録。酒井駒子, 杉浦さやか, 松長絵菜ほか, 豪華メンバーによる絵本コラムも掲載。

絵本がつなぐ子どもとおとな ぼくが教室で読んだ絵本120選 依田逸夫著 アリス館 2005.8 170p 19cm 1400円 Ⓘ4-7520-0314-7 Ⓝ028.09

えほん 子どものための140冊 えほん子どものための500冊追補 日本子どもの本研究会絵本研究部編 一声社 1995.7 108p 21cm 1236円 Ⓘ4-87077-141-1
㋯幼児向, 小学校・初級向, 小学校・中級向, 小学校・上級以上
㋬1989年1月～1994年12月に出版された新刊絵本の中から選定された141冊のブックリスト。排列は幼児向け, 小学校初級向け, 中級向け, 上級以上の順で, 各冊に解説と表紙の写真を付す。「えほん－子どものための500冊」（1989年刊）の追補にあたる。巻末に2冊共通の索引がある。

えほん 子どものための300冊 『えほん 子どものための500冊』続編 日本子どもの本研究会絵本研究部編 一声社 2004.7 205p 21cm 2200円 Ⓘ4-87077-182-9
㋯幼児向―『あっぷっぷ！』から『わんわんわんわん』まで, 小学校・初級向―『あかいとり』から『わたしのろばベンジャミン』まで, 小学校・中級向―『赤牛モウサー』から『わらでっぽうとよるのみち』まで, 小学校・上級以上―『青い馬の少年』から『わすれないで』まで
㋬毎年1000冊以上も出版されている絵本。1989年以降に出版された膨大な絵本を, 1点1点, 全て手にとって吟味し, 302冊厳選。子どもに読みきかせた反応等, 子どもの声を反映したユニークなリスト。子ども関係者必携の絵本ガイド。幼児向, 小学校低学年向, 中学年向, 高学年以上（中学生も含む）に分けて紹介。書名, 作者名, 画家名, 訳者名で引ける便利な索引付。

絵本, 大好き！ 「日本」と「海外」の絵本300冊！精選ガイドブック 私が1ばん好きな絵本・愛蔵版 マーブルブックス編 マーブルトロン, 中央公論新社〔発売〕 2007.5 190p 19×15cm （MARBLE BOOKS） 1700円 Ⓘ978-4-12-390160-4
㋯日本の絵本150選（五感がひろがっていく絵本, 心の扉をたたく絵本, センスアップお役だち絵本, 犬・猫好きにたまらない絵本たち, 新人作家の絵本）, 海外の絵本150選（心をじんわり満たす絵本, 感性にひびく絵本, 人生の味わいを深める絵本, 海外ならではの人気シリーズ絵本, 大切な人にプレゼントしたい絵本）
㋬今でもふとしたときに思いだす, あなたの心の中にそっとある, あの名作絵本と必ず再会できる。信頼おける大人の絵本ガイドとして定評あるシリーズから2 in 1ブックとして新装愛蔵版登場。

絵本で世界を旅しよう くぼっち文庫の100冊 久保良道著 文芸社 2011.4 125p 22cm 〈文献あり〉 1200円 Ⓘ978-4-286-09740-4 Ⓝ028.09

絵本でひろがる楽しい授業　中川素子編，文教大学絵本と教育を考える会著　明治図書出版　2003.3　149p　21cm　2000円　Ⓘ4-18-212520-7　Ⓝ028.09

絵本と子どもが出会ったら　子育てに役立つ絵本100　徳永満理著　鈴木出版　2005.7　231p　19cm　1300円　Ⓘ4-7902-7187-0　Ⓝ028.09

絵本のあたたかな森　たいせつなひとに伝えたい、愛のかたち　今江祥智選・文　（京都）淡交社　2001.4　127p　21cm　1500円　Ⓘ4-473-01810-5　Ⓝ028.09

絵本のあるくらし　プーさん文庫が選んだ456冊　第2版　プーさん文庫編　（岡山）吉備人出版　1999.11　230p　21cm　1429円　Ⓘ4-906577-35-0　Ⓝ028.09

絵本の住所録　テーマ別絵本リスト　舟橋斉著　（八幡）法政出版　1993.10　38,468p　21cm　3300円　Ⓘ4-938554-68-2　Ⓝ028.09

絵本の住所録　テーマ別絵本リスト　新版　舟橋斉編著　（八幡）法政出版　1998.3　38,497,11p　21cm　3800円　Ⓘ4-938554-68-2　Ⓝ028.09

絵本の庭へ　東京子ども図書館編　東京子ども図書館　2012.3　397p　22cm　（児童図書館基本蔵書目録1）〈文献あり　索引あり〉3600円　Ⓘ978-4-88569-199-7　Ⓝ028.09

(内容)東京子ども図書館でくりかえし読まれてきた、選りすぐりの絵本作品1157冊を紹介。1950年代～2010年12月に刊行された中から物語や詩の絵本を中心に、書名等の情報をはじめ、あらすじや本の魅力などを記載する。

絵本屋さんがおすすめする絵本100　柿田友広監修　（静岡）マイルスタッフ　2013.8　128p　21cm　（momo book）〈索引あり〉発売：（東京）インプレスコミュニケーションズ〉1500円　Ⓘ978-4-8443-7570-8　Ⓝ028.09

(内容)老舗の絵本屋「百町森」の店主が選んだ絵本ガイド。「クスっと笑える」「オバケと架空

の生き物」「虫」など10のジャンルごとに10冊を紹介する。読み聞かせのコツや読書の習慣といった絵本にまつわるコラムも満載。

お母さんが選んだ128冊の絵本　棚橋美代子，絵本100選の会編　（大阪）創元社　1993.5　221p　21cm　1500円　Ⓘ4-422-12052-2　Ⓝ028.09

大人だって、絵本！　大人が楽しむ絵本の世界　上田絵理著　東京図書出版会，リフレ出版（発売）　2009.10　142p　19cm　1000円　Ⓘ978-4-86223-370-7　Ⓝ028.09

(内容)大人でも十分に楽しめ、人生における大切なことに気づかせてくれる示唆に富んだ絵本。数ある絵本の中から、著者がすすめる大人向けの絵本を紹介する。

親子で楽しめる絵本で英語をはじめる本　おすすめ英語絵本ガイド50　木村千穂著　ディスカヴァー・トゥエンティワン　2012.2　171p　19cm　1300円　Ⓘ978-4-7993-1131-8　Ⓝ830.7

(目次)第1章　なぜ英語絵本なの？（「小学校英語」について知っておきたいこと，育てたいのは知性より感性，英語の絵本をおすすめする6つの理由，おうちだからこそのメリットとは？，多読につなげられることも），第2章　いざ実践！―英語絵本の読み聞かせをはじめる前に（英語絵本の種類を知る，絵本の選び方を知る，絵本の入手方法を知る，よくある質問にお答えします），第3章　厳選おすすめ絵本50冊！ブックガイド（赤ちゃんからの第一歩，とにかく楽しもう，感性を育てるために，やさしい心を持った子に育てるために，未来のために　ほか）

(内容)お父さん、お母さんだからできる英語好きの子どもの育て方！3歳から小学校中学年までに最適。

おやちれんがすすめるよみきかせ絵本250　低学年向・2003～2012　親子読書地域文庫全国連絡会編　絵本塾出版　2013.7　87p　21cm　〈索引あり〉1300円　Ⓘ978-4-86484-039-0　Ⓝ028.09

(内容)よみきかせの本を選ぶ際の参考となるように、2003年以後に刊行された絵本の中から、低学年向けの絵本をピックアップし、8つのテーマに分類して紹介する。書名・作者名索引、読みつがれている絵本リストも収録。

学校図書館発絵本ガイドブック　三宅興子，浅野法子，鈴木穂波著　翰林書房　2004.9

159p　21cm　1500円　ⓘ4-87737-191-5
Ⓝ028.09

きもちでえらぶえほん100さつ　子どもに
　読んであげたい　森恵子著　学習研究社
　2005.4　179p　21cm　1600円　ⓘ4-05-
　402631-1　Ⓝ028.09

きょうの絵本あしたの絵本　2001から
　2012の新刊案内　広松由希子著　文化学園
　文化出版局　2013.3　187p　21cm　〈索引あ
　り〉　1900円　ⓘ978-4-579-30443-1　Ⓝ028.
　09
　⦅目次⦆わたしであること，ほぐれるとき，しか
　けにひとくせ，日本再発見，ひとの一生，笑・
　泣・怒，飛ぶ!，赤ちゃんといっしょに，遊んで
　育つ，広がる世界〔ほか〕
　⦅内容⦆今を生きる大人が，今を生きる子どもた
　ちに向けて送り出した新刊絵本，262冊。

心を育てる絵本のリスト　園で，学校で，
　家庭で，今，子どもといっしょに読みた
　い絵本　楠茂宣，森下雅子，吉成悦子著　高
　文堂出版社　1999.7　168p　21cm　1790円
　ⓘ4-7707-0625-1　Ⓝ028.09

子育てママ・パパがつくった絵本セレク
　ション100　絵本子育てライフを応援
　（大阪）日本公文教育研究会ミーテ事務局
　c2010　48p　26cm　〈mi：te特別編集〉
　457円　ⓘ978-4-9905462-0-5　Ⓝ028.09

こども絵本ガイド　豊かな心をはぐくむ 0
　～7才　さわださちこ絵本セレクト，なかじ
　まえりこ構成・文，主婦の友社編　主婦の友
　社　2010.7　125p　21cm　〈セレクト
　books〉〈索引あり〉　1400円　ⓘ978-4-07-
　269268-4　Ⓝ028.09
　⦅内容⦆親子で楽しめる絵本を紹介するブックガ
　イド。0才～7才まで，子どもの成長や興味に合
　わせた46のテーマ別に，約300冊の絵本を紹介
　する。親子で楽しむためのアドバイスやQ&A，
　絵本の中のおやつレシピも掲載。

「子供が良くなる講談社の絵本」の研究　解
　説と細目データベース　阿部紀子著　風間
　書房　2011.2　343p　27cm　8000円
　ⓘ978-4-7599-1848-9　Ⓝ019.53
　⦅目次⦆1 「講談社の絵本」叢書の意義と解説（総
　論（絵本史における「講談社の絵本」刊行の意
　義，分野別分類概説，装幀等叢書概観），分野
　別各論（偉人伝絵本，お伽話絵本，知識絵本，

軍事絵本，漫画絵本）），2 「講談社の絵本」叢
書細目データベース（細目データベース解説と
検索方法，「講談社の絵本」細目，作家一覧）

こんなとき子どもにこの本を　あなたの子
　育てに確かなヒントを与える110冊の絵
　本　現代子供と教育研究所著，下村昇編　自
　由国民社　1995.3　237p　19cm　1200円
　ⓘ4-426-47900-2　Ⓝ028.09

こんなとき子どもにこの本を　あなたの子
　育てに確かなヒントを与える116冊の絵
　本　最新増補版　現代子供と教育研究所ほか
　著，下村昇編　自由国民社　1996.8　253p
　19cm　1200円　ⓘ4-426-47901-0　Ⓝ028.09

こんなとき子どもにこの本を　あなたの子
　育てに確かなヒントを与える117冊の絵
　本　第3版　下村昇，岡田真理子著　自由国
　民社　2000.9　253p　19cm　〈索引あり〉
　1238円　ⓘ4-426-47902-9　Ⓝ028.09
　⦅目次⦆また，なくしちゃった　新しいの買って!―
　くまのコールテンくん，だれかのために何かす
　ることをいやがる子―おおきな木，仲間はずれ
　にされている子がいたら―まっくろネリノ，目
　に入るもの，何でも欲しがる子―まんげつのよ
　るまでまちなさい，気持ちが妙にすれ違ってき
　たような気が―わたしのパパ，のんきで軽率で，
　真剣みが足りない―うさぎくんはやくはやく，
　もしも「いじめ」が―わたしのいもうと，うち
　の子にかぎって―花さき山，はじめの努力を途
　中でほうり投げてしまう―あかりの花，二人だ
　けであそびたかったのに―まっくろけのまよな
　かネコよおはいり〔ほか〕

こんなときこんな絵本　子どもと読みたい
　絵本300冊　園田とき編著　草土文化
　1997.8　127p　21cm　1200円　ⓘ4-7945-
　0721-6　Ⓝ028.09

幸せの絵本　大人も子どももハッピーにし
　てくれる絵本100選　金柿秀幸編　ソフト
　バンクパブリッシング　2004.10　223p
　21cm　1600円　ⓘ4-7973-2782-0
　⦅目次⦆いっしょにいたいね（親子の絆を確かめ
　合う幸せ，愛し愛される幸せ ほか），大切なも
　の見つけた（友達がいる幸せ，仲間で苦楽を分
　かち合う幸せ ほか），世界でたったひとりのあ
　なたへ（自分は自分でいいんだと思える幸せ，
　前に進む元気がもらえる幸せ ほか），なんだか
　とっても幸せな気持ち（意味はないけど楽しい
　気分が幸せ，おいしい気持ちが幸せ ほか）

読書案内

(内容)絵本名作100冊のあらすじ・イラスト&生の声一挙掲載。

幸せの絵本　2　大人も子どもも、もっとハッピーにしてくれる絵本100選　金柿秀幸編　ソフトバンクパブリッシング　2005.7　223p　21cm　1600円　①4-7973-3008-2

(目次)ずっと眺めていたい(美しい色彩に心奪われる幸せ,絵のすみずみまで探す幸せ ほか),ときには深く考える(悲しみを乗り越える幸せ,ありのままでいいんだと思える幸せ ほか),絵本っておもしろい!(コワイけどおもしろい幸せ,知らないことを知る幸せ ほか),ポカポカ,ホンワカするね(癒される幸せ,祝福されて世界と触れ合う幸せ ほか)

(内容)絵本選びが100倍楽しくなるサイト「絵本ナビ」から誕生した,新感覚絵本ガイドブックの続編がいよいよ登場。名作絵本100冊のあらすじ,イラストをフルカラーで紹介。

幸せの絵本　家族の絆編　大人と子どもの心をつなぐ絵本100選　金柿秀幸編　ソフトバンククリエイティブ　2011.11　223p　21cm　〈2までの出版者：ソフトバンクパブリッシング　索引あり〉　1600円　①978-4-7973-6712-6　⑩028.09

(目次)パパ・ママ・わたしとぼくときみ(ママと読む幸せ,パパと読む幸せ,家族で読む幸せ,ぼく,わたし,かけがえのない自分を見つけた幸せ),気持ちをのびのびあらわそう(やっぱり笑顔が幸せ,泣いたっていいんだ,と思える幸せ,気持ちをわかってもらえる幸せ,思わず笑っちゃう幸せ),なんでだろうを大事に(新しい世界を切り拓いていく幸せ,考えれば考えるほど幸せ,不思議な世界に出会う幸せ,「わかった!」と思える幸せ),本の世界の入り口へようこそ(知恵と勇気を持つ幸せ,少し背伸びした幸せ,平和があるから幸せ,「生きてる」ことが幸せ)

(内容)いま読みたい,読んであげたい絵本100冊。あらすじ,中面イラスト,生の声でよくわかる。日本最大の絵本サイトから生まれたガイドブック。

自然とかがくの絵本　総解説　赤木かん子編著　自由国民社　2008.1　159p　21cm　〈「絵本子どもの本・総解説」の別冊〉　1800円　①978-4-426-10271-5　⑩028.09

(目次)恐竜・考古学・進化,宇宙・地球,探検,理科,算数,無脊椎・軟体・節足動物,昆虫,両生類・爬虫類,変温動物図鑑,魚,鳥,哺乳類,人体,生態系・植物,絶滅動物

(内容)絵本・子どもの本のガイドブックの名著『絵本・子どもの本総解説』の姉妹本"自然・科学本編"ついに登場!"恐竜""宇宙・地球"から"生態系・植物"まで,全15ジャンルを600冊を収録。子どもと本と図書館のためのコラムも満載。

小児科医が見つけたえほんエホン絵本　「小児科医と絵本」の会編著　医歯薬出版　2005.12　189p　26cm　2000円　①4-263-23475-8　⑩028.09

すてきな絵本タイム　佐々木宏子と岡山・プー横丁の仲間たち編著　(岡山)吉備人出版　2012.12　167p　18cm　〈吉備人選書 12〉　1000円　①978-4-86069-338-1　⑩028.09

(目次)第1章 初めての絵本との出合い―赤ちゃんとコミュニケーションを楽しむための絵本 はじめての出合い(コミュニケーションを楽しむために,こどもの個性を見つける,家族の読み合いいろいろ),第2章 お父さんの登場―「お父さんの時間」を持つためにどのような努力をしていますか 遊ぼう!遊ぼう!お父さん(お父さんと子どものすてきな絵本タイム,かっこいいお父さん),第3章 人生によりそって―人生の大きな時間の流れの中で子どもの「いま」とつき合う 「時計の時間」だけではなる自然の時間もおり交ぜて(子どもとおとなのすてきな絵本タイム),第4章 インタビュー―犬飼明子と『レ・ミゼラブル』 人生とともに歩んだ1冊

(内容)岡山・プー横丁の仲間たちが鳴門教育大学名誉教授佐々木宏子先生の指導のもと,文庫と図書館の活動のなかから選んでまとめた最新のブックガイドです。第4章には,佐々木先生と犬飼明子の対談「『レ・ミゼラブル』―人生とともに歩んだ1冊―」を収録。

世界の絵本・児童文学図鑑　ジュリア・エクルスシェア編,井辻朱美監訳　柊風舎　2011.10　958p　22cm　〈索引あり　原書名：1001 children's books.〉　15000円　①978-4-903530-52-9　⑩028.09

(目次)0‐3歳,3歳以上,5歳以上,8歳以上,12歳以上

(内容)手にとって読みたい1001冊の児童書が,時空を超えて大集合!長く読み継がれてきた古典はもちろん,現在までのファンタジー,ミステリー,冒険,その他もろもろのジャンルの絵本や児童書を収録。子どもに読んで欲しい本が見つかり,子どものころに大好きだった本に出合える,奇跡の一冊。

たのしい絵本の世界　ブックリスト　石川

晴子，間崎ルリ子，宮崎豊子編　（尼崎）風来舎　1999.5　116p　22cm　1000円　Ⓘ4-89301-978-3　Ⓝ028.09

ちひろ美術館が選んだ親子で楽しむえほん100冊　ちひろ美術館編　メイツ出版　1999.12　223p　19cm　1500円　Ⓘ4-89577-180-6　Ⓝ028.09

ねえ、読んでみて！ 子育ての中で出会った絵本たち　上田絵理著　日本エディタースクール出版部　2005.11　118p　19cm　800円　Ⓘ4-88888-360-2　Ⓝ028.09

猫を愛する人のための猫絵本ガイド　さわだちこ編著　講談社　2010.5　127p　21cm　〈他言語標題：The guide to Picture Books with Cats　索引あり〉　1600円　Ⓘ978-4-06-216265-4　Ⓝ019.53

⬜目次　美しすぎる猫，いやしてくれる猫，友だちになりたい猫，働きものの猫，頼りになる猫，子どもごころがわかる猫，なぞめいた猫，おともにしたい猫，名作のなかの猫，思わず笑っちゃう猫，いい味だしてる脇役猫，心をあたためてくれる猫，猫とわかりあうために

⬜内容　猫好きの絵本コーディネーター・さわださちこ氏が選んだ227冊がならぶ，珠玉の猫絵本ガイド。猫のタイプ別に，対象年齢表示や読み聞かせ対応などもナビゲート。絵本の雰囲気がよりわかる，見開きページも掲載。

はじまりはじまり　絵本劇場へどうぞ　今江祥智著　（京都）淡交社　1998.12　125p　21cm　1200円　Ⓘ4-473-01631-5　Ⓝ028.09

⬜目次　1　日本篇（そのつもり，ポットくんのおしり，パメラ・パティー・ポッスのあたらしいいえ，あのときすきになったよ，おっせいおんどほか），2　海外篇（しろいゆきあかるいゆき，すきですゴリラ，オーケストラの105人，ママたらわたしのなまえをしらないの，ねこのジンジャー　ほか）

⬜内容　今江祥智が選んだ、大人になった現在読んでみたい絵本100選。出版社リスト、作家別さくいん付き。

はじめての子育てにこの本を　様ざまな戸惑いに確かなヒントを与える110冊の絵本　下村昇，岡田真理子著　自由国民社　1997.3　237p　19cm　1236円　Ⓘ4-426-48800-1　Ⓝ028.09

平和を考える絵本　全国学校図書館協議会ブック・リスト委員会編　全国学校図書館協議会　1992.10　79p　21cm　〈未来を生きるためのブック・リスト3〉　800円　Ⓘ4-7933-2232-8

⬜目次　平和の尊さを考えるために，1　空も地も燃えた―戦いの中の庶民・動植物・兵士，2　ひかった空―ヒロシマ・ナガサキ・核，3　焼けたガジュマル―オキナワ，4　失われた小さな命―外国の戦争，5　アニメ絵本

保育者と学生・親のための乳児の絵本・保育課題絵本ガイド　福岡貞子，磯沢淳子編著　（京都）ミネルヴァ書房　2009.8　140，12p　26cm　〈索引あり〉　1800円　Ⓘ978-4-623-05359-9　Ⓝ028.09

⬜内容　子どもにぜひ読み聞かせたい絵本を「保育課題絵本」として紹介するブックガイド。11の分野別に500冊以上を収録。保育課題絵本の活用例、絵本にかかわる理論・実践・活動も紹介する。

みんなで楽しむ絵本　おはなし会のためのリスト　徳丸邦子著，あすなろ文庫編　（川崎）てらいんく　2008.3　59p　19×26cm　500円　Ⓘ978-4-86261-017-1　Ⓝ028.09

⬜目次　1　詩・ことばあそび，2　外国の昔話，3　日本の昔話，4　科学，5　外国の創作絵本，6　日本の創作絵本

⬜内容　二十年近く本読みのボランティアを続けてきた中で感じたり、経験してきたことなどを書き留めておきたい、人に伝えたいと思ったことが、この本を出すきっかけになりました（あすなろ文庫主宰・徳丸邦子）。

無理なく身につく　文字・数・科学絵本ガイド　興味しんしん傑作絵本50選　宮崎清著　学陽書房　1996.6　182p　19cm　1400円　Ⓘ4-313-66010-0

⬜目次　プロローグ　幼児の発達と絵本のずれ，第1章　無理なく知識を身につけるには?，第2章　優れた知識絵本の実例，第3章　科学絵本を中心とした傑作絵本30選，第4章　数量感覚を育てる傑作絵本10選，第5章　文字感覚を育てる傑作絵本10選，エピローグ　良い絵本選びを

⬜内容　幼児向けの科学絵本、文字・数字関係の知識絵本を紹介したガイド。「科学絵本を中心とした傑作絵本30選」「数量感覚を育てる傑作絵本10選」「文字感覚を育てる傑作絵本10選」の各章に分けて、推奨する絵本の概要を紹介する。表紙写真・内容見本付き。

よい絵本　全国学校図書館協議会選定　第14回　全国学校図書館協議会絵本委員会編　全国学校図書館協議会　1990.11　134p　26cm　1600円　Ⓘ4-7933-4024-5　Ⓝ028.09

よい絵本　全国学校図書館協議会選定　第15回　全国学校図書館協議会絵本委員会編　全国学校図書館協議会　1991.11　137p　26cm　1600円　Ⓘ4-7933-4027-X　Ⓝ028.09

よい絵本　全国学校図書館協議会選定　第16回　全国学校図書館協議会絵本委員会編　全国学校図書館協議会　1992.11　109p　26cm　1600円　Ⓘ4-7933-4030-X　Ⓝ028.09

よい絵本　全国学校図書館協議会選定　第17回　全国学校図書館協議会絵本委員会編　全国学校図書館協議会　1993.11　112p　26cm　1600円　Ⓘ4-7933-4033-4　Ⓝ028.09

よい絵本　全国学校図書館協議会選定　第18回　全国学校図書館協議会　1995.11　113p　26cm　1600円　Ⓘ4-7933-4036-9

⦅目次⦆日本の絵本，日本の絵本（昔話），外国の絵本，知識の絵本

⦅内容⦆1992年4月〜94年8月に刊行された絵本のうち、全国学校図書館が選定した「よい絵本」202点を紹介したもの。日本の絵本、日本の絵本（昔話）、外国の絵本、知識の絵本の4分類別に、各図書の表紙写真、書誌事項、内容紹介、解説を掲載する。解説は署名入り。データは1995年10月現在。

よい絵本　全国学校図書館協議会選定　第19回　全国学校図書館協議会絵本委員会編　全国学校図書館協議会　1997.11　121p　26cm　1600円　Ⓘ4-7933-4040-7

⦅目次⦆日本の絵本（いないいないばあ，おふろでちゃぷちゃぷ ほか），日本の絵本—昔話（かさじぞう，かにむかし ほか），外国の絵本（あたらしいおふとん，お月さまってどんなあじ？ ほか），知識の絵本（いしころ，しっぽのはたらき ほか）

⦅内容⦆1994年9月から1996年8月までに刊行された絵本1385点の中から216点を選定した図書目録。日本の絵本、日本の絵本（昔話）、外国の絵本、知識の絵本の4つに分類し、書誌事項、対象年齢、ストーリーの紹介と解題がつく。巻末に書名索引つき。

よい絵本　全国学校図書館協議会選定　第20回　全国学校図書館協議会絵本委員会編　全国学校図書館協議会　1999.11　125p　26cm　1800円　Ⓘ4-7933-4044-X

⦅目次⦆日本の絵本（いないいないばあ，おふろでちゃぷちゃぷ ほか），日本の絵本（昔話）（かさじぞう，かにむかし ほか），外国の絵本（あたらしいおふとん，お月さまってどんなあじ？ ほか），知識の絵本（いしころ，しっぽのはたらき ほか）

⦅内容⦆第19回「よい絵本」に1996年9月から1998年12月までに刊行された絵本の中から選ばれた18点を加え、総数225点を収録した絵本の目録。日本の絵本、日本の絵本（昔話）、外国の絵本、知識の絵本の4つの分野に分類し掲載。内容事項は、1999年10月1日現在で、書名、著者、画家、訳者名、出版社名、最新刊年、初版年、ページ数、本の大きさ、叢書名、程度、定価ほか。巻末に索引がある。

よい絵本　全国学校図書館協議会選定　第21回　全国学校図書館協議会絵本委員会編　全国学校図書館協議会　2001.11　133p　26cm　1900円　Ⓘ4-7933-4047-4　Ⓝ028.09

よい絵本　全国学校図書館協議会選定　第22回　全国学校図書館協議会絵本委員会編　全国学校図書館協議会　2003.11　81p　26cm　1600円　Ⓘ4-7933-4051-2　Ⓝ028.09

よい絵本　全国学校図書館協議会選定　第23回　全国学校図書館協議会絵本委員会編　全国学校図書館協議会　2005.11　87p　26cm　1600円　Ⓘ4-7933-4055-5　Ⓝ028.09

よい絵本　全国学校図書館協議会選定　第24回　全国学校図書館協議会絵本委員会編　全国学校図書館協議会　2008.7　95p　26cm　1800円　Ⓘ978-4-7933-4059-8　Ⓝ028.09

よい絵本　全国学校図書館協議会選定　第25回　全国学校図書館協議会絵本委員会編　全国学校図書館協議会　2010.7　99p　26cm　〈索引あり〉　1800円　Ⓘ978-4-7933-4062-8　Ⓝ028.09

ようこそ絵本の世界へ　寺沢敬子著　（前橋）上毛新聞社事業局出版部　2013.7　91，63p　21cm　〈文献あり〉　1600円　Ⓘ978-4-86352-092-9　Ⓝ028.09

⦅目次⦆第1章 一冊の絵本との出会い，第2章 親子で楽しもう読み聞かせ，第3章 感性を育む子ども時代，第4章 よいあかちゃん絵本って?，第5章 絵本の絵・言葉・色，第6章 絵本・読み聞かせ

の魅力，第7章 絵本には子育てのヒントがいっぱい!，第8章 ユーモア，ナンセンス絵本，第9章 昔話からのメッセージ，第10章 絵本から児童書へ，第11章 大人にもすすめたい絵本，第12章 心の師─絵本作家長谷川摂子先生のこと，読み聞かせQ&Aこんなとき，どうしたらいいの?
(内容)私が絵本に魅了されたわけ。子どもと過ごす楽しい時間。親子のきずな，子どもとの対話。おすすめブックリスト350冊。

洋書絵本のえほん 見てたのしい特選洋書絵本the best 300 改訂版 絵本の家 1992.9 50p 30cm 〈付(7p 26cm)：価格表〉 1300円 Ⓘ4-900533-05-X Ⓝ028.09

読みきかせ絵本260 高学年向(2003〜2009) (横浜)親子読書地域文庫全国連絡会 2009.10 79p 21cm 〈編集：広瀬恒子ほか〉 1000円 Ⓘ978-4-900910-76-8 Ⓝ028.09

読み聞かせで育つ子どもたち とっておきの本12か月ブックリスト 清水鉄郎，京都この本だいすきの会編 (京都)かもがわ出版 1991.4 63p 21cm (かもがわブックレット38) 450円 Ⓘ4-87699-007-7 Ⓝ028.09
(目次)本好きな子どもを育てるために─子どもたちの明るい笑顔は私たちの力，輝く瞳は私たちの宝，心耕す読み聞かせ─「瓜つくるより土つくれ」，とっておきの本12か月─読み聞かせブックリスト

読み聞かせのための音のある英語絵本ガイド 子どものために、そして自分のためにフル活用 外山節子監修・著，宮下いづみ著，コスモピア編集部編 コスモピア 2010.1 253p 21cm 〈奥付のタイトル：音のある英語絵本ガイド 解説：田縁真弓ほか 索引あり〉 2400円 Ⓘ978-4-902091-74-8 Ⓝ376.158
(目次)音のある英語絵本TOP100(Baby Bear, Baby Bear,What Do You See?, Bear Hunt, Bears in the Night,Big Red Barn ほか)，音のある英語絵本NEXT35(Alice the Fairy, Berenstain Bears and the Spooky Old Tree, The,Blue Seed,The,Dinosaur Encore ほか)
(内容)特選TOP100。まるごと1冊，絵本Quick as a Cricketを読む。45冊の絵本のサンプル音声が聞けるCD付。

わが子をひざにパパが読む絵本50選 桑原聡著 産経新聞ニュースサービス 2005.5 107p 21cm 952円 Ⓘ4-902970-08-2
(目次)せきたんやのくまさん，ペレのあたらしいふく，ガンピーさんのふなあそび，かいじゅうたちのいるところ，どろんこハリー，どろんここぶた，ひとまねこざる，げんきなマドレーヌ，くまのコールテンくん，あおくんときいろちゃん〔ほか〕
(内容)子供に読んで聞かせたい，パパも読み直したい…語り継ぐ不朽の名作を厳選紹介。

私が1ばん好きな絵本 100人が選んだ絵本 改訂版 マーブルブックス編 マーブルトロン，中央公論新社〔発売〕 2004.8 165p 19cm (マーブルブックス) 1700円 Ⓘ4-12-390075-5
(目次)物語と展開が好きな絵本，ワンダーに満ちた物語絵本と"漫画"以降の絵本たち，絵やビジュアルが好きな絵本，ビジュアルのプロに聞く人気絵本，"絵"の魅力とは?，言葉が好きな絵本，風通しのいい言葉，進化途中の言葉─絵本の"言葉"を読んでみる，キャラクターが好きな絵本，定番キャラにはわけがある?人気絵本のキャラクターを読む，私が1ばん好きな絵本─総合ランキング10位の絵本，こっそり教えたいこの一冊─ランキング外の絵本30冊
(内容)自他ともに認める「絵本好き」100人が選んだ絵本たち。その人気の秘密を，小説家・長島有，歌人・枡野浩一，グラフィックデザイナー・田名網敬一らが独自の視点をもって読み解く。そして，料理作家・高山なおみが食べもの絵本を，明和電機・土佐信道がかがく絵本を，さらに内田也哉子，クラムボン・原田郁子，女優・市川実和子らによる，もっと絵本が読みたくなる絵本コラムを収録。

わくわく絵本箱 自発性を育てる絵本のすすめ 宮崎清著 学陽書房 1993.3 190p 19cm 1400円 Ⓘ4-313-85063-5 Ⓝ028.09

<事 典>

絵本の事典 中川素子，吉田新一，石井光恵，佐藤博一編 朝倉書店 2011.11 653p 27cm 〈索引あり 文献あり〉 15000円 Ⓘ978-4-254-68022-5 Ⓝ726.601
(目次)01章 絵本とは，02章 絵本の歴史と発展，03章 絵本と美術，04章 世界の絵本，05章 絵本いろいろ，06章 絵本の視覚表現，07章 絵本のことば，08章 絵本と諸科学，09章 絵本でひろがる世界，10章 資料
(内容)本文と用語解説を見開きで組み合わせた

効果的な構成。巻末には40頁に及ぶ充実した索引（事項・人名・書名）。

＜ハンドブック＞

赤ちゃん絵本ノート　赤ちゃんが微笑む、とっておきの絵本160冊　田中尚人，あべみちこ監修　マーブルトロン，中央公論新社〔発売〕　2005.8　126p　21cm　(MARBLE BOOKS)　1600円　④4-12-390099-2

〔目次〕第1章 赤ちゃんのためのブックガイド（ファーストブック，ペロペロ，ガジガジしたい，この音，なーんだ？ ほか），第2章 絵本選びと読み聞かせに関するQ&A（絵本選びについて，読み聞かせについて），第3章 ママとパパの現場から（伊藤まさこ×あべみちこ——絵本の世界でそれぞれのセンスをみがく，パパイヤ鈴木×田中尚人——絵本は親子のコミュニケーションを楽しむための遊びのひとつ，赤ちゃん絵本が買える全国オンラインショップガイド）

〔内容〕おなかの中から、3歳までの赤ちゃんへ贈る、胸に残りつづける1冊がきっと見つかるファーストブックガイドの決定版。大事な初めての絵本選びのポイントは？絵本のエキスパートが絵本選びのコツを教えてくれる。

絵本と絵本作家を知るための本　ママ100人が選ぶ作家別絵本ガイド223冊　マーブルブックス編集部編　マーブルトロン，中央公論新社〔発売〕　2006.8　142p　21cm　1600円　④4-12-390132-8

〔目次〕第1章 100人のおかあさんが選んだ国内の絵本作家たち（林明子『おふろだいすき』，わかやまけん『しろくまちゃんのほっとけーき』，中川李枝子『ぐりとぐら』 ほか），第2章 100人のおかあさんが選んだ海外の絵本作家たち（エリック・カール『はらぺこあおむし』，ディック・ブルーナ『うさこちゃんとうみ』，アン・グットマン／ゲオルグ・ハレンスレーベン『リサひこうきにのる』 ほか），第3章 いま期待される注目の絵本作家たち（石井聖岳，かとうまふみ，さいとうしのぶ ほか）

〔内容〕絵本を作家別に紹介。主婦、保育士、会社員などさまざまなおかあさん100人のアンケート結果にもとづいて、絵本を紹介するガイドブック。おかあさんが選んだ一番好きな絵本を、大きく見開きで紹介し、代表作から隠れた名作まで、今すぐ手に入るものを中心に紹介。

子どもがよろこぶ！読み聞かせ絵本101冊ガイド　西本鶏介著　講談社　2003.10　143p　21cm　1300円　④4-06-211854-8

〔目次〕2-4歳から（はらぺこあおむし，ぼくのくれよん，どろんこハリー，ねずみくんのチョッキ ほか），4-6歳から（おおきなかぶ，にじいろのさかな，おじさんのかさ，じごくのそうべえ ほか），6歳から（100万回生きたねこ，どんなにきみがすきだかあててごらん，こぶたがずんずん，ともだちくるかな ほか）

〔内容〕全国訪問おはなし隊公認読み聞かせ最強ガイドブック。おすすめ絵本も読み聞かせノウハウもこの1冊でなんでもわかる。

この絵本が好き！　2004年版　別冊太陽編集部編　平凡社　2004.3　195p　21cm　1000円　④4-582-83217-2

〔目次〕アンケート回答結果発表！2003年刊絵本ベスト23、国内絵本ベスト11、海外翻訳絵本ベスト12、座談会 2003年の絵本をふりかえってみて、全アンケート結果一挙掲載！

この絵本が好き！　2006年版　別冊太陽編集部編　平凡社　2006.3　175p　21cm　1000円　④4-582-83324-1

〔目次〕アンケート回答結果発表！2005年刊絵本ベスト23、アンケート回答結果による作家別集計、2005年国内絵本総評、国内絵本ベスト11、惜しくももれてしまった次点3冊と、その次点6冊、注目の国内絵本10冊、2005年海外翻訳絵本総評、海外翻訳絵本ベスト12、惜しくももれてしまった次点11冊、注目の海外翻訳絵本10冊〔ほか〕

この絵本が好き！　2008年版　別冊太陽編集部編　平凡社　2008.3　182p　21cm　1000円　④978-4-582-83389-8　Ⓝ019.53

〔内容〕発表！2007年の絵本ベスト23冊（国内絵本ベスト12冊／海外翻訳絵本ベスト11冊）。絵本好き106名のアンケート「この絵本が好き！」を一挙掲載。2007年刊行のおもな絵本約1300冊。

出版

出版

<書 誌>

近世書籍研究文献目録 鈴木俊幸編 ぺりかん社 1997.11 349p 21cm 6602円 ①4-8315-0824-1

(目次)1 総合，2 印刷，3 板木，4 職人，5 本屋，6 出版，7 流通，8 享受，9 統制，10 書籍全般，11 写本，12 板木，13 一枚摺，14 情報，15 史料，16 書誌，17 参考

(内容)近世の書籍、出版に関する単行本、雑誌、紀要、地方資料などの研究文献を17の分野に分類、収録した文献目録。巻末に著編者名索引が付く。

近世書籍研究文献目録 増補改訂版 鈴木俊幸編 ぺりかん社 2007.3 798p 21cm 9000円 ①978-4-8315-1169-0

(目次)総合、環境、印刷、板木と活字、諸職、本屋、出版、流通、享受、統制、書籍全般、写本、刊本、一枚摺、情報、史料

新編 明治前期書目集成 第7巻~第14巻 朝倉治彦監修 大空社 1999.1 8冊(セット) 30cm 105000円 ①4-283-00030-2

(目次)第7巻『図書局書目』(明治16年)、第8巻『図書課書目』(明治19年)、第9巻『新編・版権書目』(明治16~20年)、第10巻『新編・版権書目』(明治21~22年)、第11巻『新編・版権書目』(明治23~24年)、第12巻『新編・版権書目』(明治25~27年)、第13巻『新編・版権書目』(明治28~30年)、第14巻『新編・版権書目』(明治31~32年)

(内容)いつ、どこから、どんな本が出ていたのか?各種書目を集大成した、書物の海の航海図。旧版(明治文献刊)に重要書目を追加、年代順に構成した増補新編。出版書目で時代を読むための必携資料。出版社名で近代出版史の展開を知るための必須文献。近代の政治・経済・社会・芸術・文学などの研究、および出版史の調査など明治期の書誌調査に必備必見。

蔵書目録にみる仙台藩の出版文化 第1巻 朝倉治彦監修，小井川百合子編集・解説 ゆまに書房 2006.8 32,566p 22cm (書誌書目シリーズ 80) 〈複製〉 ①4-8433-2183-4 Ⓝ029.8

蔵書目録にみる仙台藩の出版文化 第2巻 朝倉治彦監修，小井川百合子編集・解説 ゆまに書房 2006.8 720p 22cm (書誌書目シリーズ 80) 〈複製〉 ①4-8433-2183-4 Ⓝ029.8

蔵書目録にみる仙台藩の出版文化 第3巻 朝倉治彦監修，小井川百合子編集・解説 ゆまに書房 2006.8 528p 22cm (書誌書目シリーズ 80) 〈複製〉 ①4-8433-2183-4 Ⓝ029.8

蔵書目録にみる仙台藩の出版文化 第4巻 朝倉治彦監修，小井川百合子編集・解説 ゆまに書房 2006.8 182p 22cm (書誌書目シリーズ 80) 〈複製〉 ①4-8433-2183-4 Ⓝ029.8

「図書館・出版・読書論」基本図書総目次・索引集成 上巻(あ-さ行) 中西敏夫編 (小平)出版文化研究会 2001.9 544p 26cm 12000円 ①4-921067-06-6 Ⓝ010.31

「図書館・出版・読書論」基本図書総目次・索引集成 中巻(た-わ行) 中西敏夫編 (小平)出版文化研究会 2002.4 580p 26cm 12000円 ①4-921067-07-4 Ⓝ010.31

「図書館・出版・読書論」基本図書総目次・索引集成 下巻 総索引編 中西敏夫編 (小平)出版文化研究会 2003.7 207p 26cm 〈地方〉 8000円 ①4-921067-09-0

(目次)総索引編、テーマ別資料編(歴史・年表・年譜など歴史的概観、文献目録、書誌など、用語解説・用語集・略語など、各種データ・統計・法律などの資料)、図書館・出版関係人名事典編

日本出版関係書目 1868-1996 布川角左衛門監修，浅岡邦雄，稲岡勝，佐藤研一，佐野真編 日本エディタースクール出版部

2003.12　400p　26cm　22000円　Ⓣ4-88888-337-8

⟨目次⟩出版書目，書誌・事辞典・名鑑類など，出版総記，言論・出版の自由，著作権，日本書物史・出版史（近世），日本書物史・出版史（近代），外国書物史・出版史，著作・著作者，出版業・出版社史・団体史〔ほか〕

⟨内容⟩本書は，布川文庫の所蔵資料をベースに，欠けているものについては，国立国会図書館，東京都立中央図書館，早稲田大学図書館，明治新聞雑誌文庫など各種の類縁機関の所蔵を調査して補い，編成した図書リストである。1968（明治元）年以降1996（平成8）年までに国内で刊行された出版とその関連分野に関する単行書および年刊，年報類など5000点を収録。本文排列は刊行年順。巻末に「書名索引」「人名・団体名索引」を収録。

＜年 表＞

産業別「会社年表」総覧　第7巻　出版・印刷業　ゆまに書房編集部編　ゆまに書房　2000.5　533p　26cm　16000円　Ⓣ4-89714-921-5　Ⓝ023.1

⟨目次⟩株式会社三省堂，株式会社秀英舎，大日本法令出版株式会社，株式会社ダイヤモンド社，東京書籍株式会社，株式会社有斐閣，丸善株式会社，凸版印刷株式会社，株式会社東洋経済新報社，大日本図書株式会社，株式会社大修館書店，株式会社実業之日本社，共同印刷株式会社

⟨内容⟩近代以降の日本で刊行された会社史の中から年表とその関連事項を集めて複刻刊行した年表集。現存の会社のほか，消滅した会社，戦時の統制会社，旧植民地の会社等からも収録。社史刊行時点による社名の50音順に排列し，社名，社史名，刊行年を記載のうえ，社史原本の体裁のまま掲載する。第7巻では出版・印刷業を収録する。

新版 出版データブック　'45-'91　出版　ニュース社編　出版ニュース社　1992.12　161p　26cm　2000円　Ⓣ4-7852-0060-X

⟨内容⟩本書は戦後の出版界・読書界の記録を1年毎に見開きでまとめ，関連するマスコミの映画，放送，CM，流行語，世相などを対照させてその動向を捉え易くした。また，後半では，書籍・雑誌を中心に表とグラフでまとめ，資料として使い易いものとした。

日本出版文化史事典　トピックス1868-2010　日外アソシエーツ編集部編　日外ア ソシエーツ　2010.12　556p　21cm　〈文献あり　索引あり〉　14095円　Ⓣ978-4-8169-2292-3　Ⓝ023.1

⟨内容⟩1868年から2010年まで、日本の出版文化に関するトピック5,538件を年月日順に掲載。出版関連企業の創業、主要な文学作品の刊行や文学賞の受賞状況、業界動向など幅広いテーマを収録。関連する事柄が一覧できる便利な「人名索引」「作品名索引」「事項名索引」付き。

＜事 典＞

印刷博物誌　凸版印刷印刷博物誌編纂委員会編　凸版印刷，紀伊国屋書店〔発売〕　2001.6　1192p　31×24cm　50000円　Ⓣ4-87738-130-9　Ⓝ749.2

⟨目次⟩第1部 印刷文明の考察（印刷の欲望の根源にあるもの―印刷文化の東と西，道教と印刷文化，道教と印刷文化，グーテンベルグ銀河系の誕生，出版と読書，グーテンベルグ銀河系の終焉，デジタル時代のマクルーハン―20世紀は21世紀とリンクする，20世紀の科学技術と印刷），第2部 印刷の文化と社会（文字と記号，書体と刻文，文様と図像，素材と造作，文書と書物，印刷文化の伝統，印刷の近代，印刷のステージ，書物の宝の森，近代社会での成熟，印刷と現代，超－印刷の世界），第3部 印刷の科学と技術（活字と印刷，文字組版の仕事，画像の表現，刷るメカニズム，印刷を支える，印刷技術の広がり），第4部 資料編（印刷文化史年表，世界の印刷博物館，文献目録）

⟨内容⟩印刷の過去から現在、未来について、人類の文明史全般の視点から考察した事典。印刷をもっとも広義に理解し、社会的・文化的様相を、太古から近未来まで対象として論述する。また、おもに活版印刷術の登場以降、近代世界における印刷技術の展開と現況についてまとめている。資料編には、印刷文化史年表、文献目録ほか、必要な資料を収録。図版一覧、索引付き。

英和アメリカ雑誌関連用語集　星川正秋著　アメリカ出版研究会　1999.6　57p　21cm　（アメリカ出版研究シリーズ 2）　〈東京 出版研究センター（発売）〉　1000円　Ⓣ4-915085-08-2　Ⓝ023.033

最新GA用語集　プリプレスから印刷，インキ，製本・加工，マルチメディアまで　印刷出版研究所　1997.10　318p　19cm　2000円　Ⓣ4-87086-183-6　Ⓝ021.033

⟨目次⟩プリプレス編，印刷編，インキ編，製本・

加工編

(内容)印刷用語、インキ用語、製本・加工用語、製版・コンピュータ・通信・マルチメディア関連のプリプレス関連用語などを解説した用語集。配列は項目別に50音順。アルファベット順の用語索引付き。

出版・印刷・DTP用語事典 レイアウトデザイン研究会編　ピアソン・エデュケーション　2001.3　299p　21cm　2000円　Ⓘ4-89471-332-2　Ⓝ023.033

(内容)出版・印刷関連業界の技術用語・専門用語を中心に、最新のIT関連までの基本用語を解説する事典。編集、出版販売、印刷、DTP、広告、コンピュータ・インターネット関連の用語約3000語を収録。見出し語はアルファベット順、五十音順に排列、見出し語には必要に応じて、原綴り、読みを示す。巻末に実務に必要なデータをまとめた付録あり。

出版学の現在　日本出版学会1969-2006年の軌跡　日本出版学会35年史刊行委員会編　朝陽会、全国官報販売協同組合〔発売〕　2008.4　303p　22cm　〈年表あり〉　3200円　Ⓘ978-4-903059-19-8　Ⓝ023.06

(目次)歴代会長の抱負と考察、研究レビュー　回顧・現状・課題、研究発表の記録、研究部会の活動、日本出版学会賞受賞作と審査報告、出版研究目次一覧、国際出版研究フォーラムの沿革、創立35周年記念事業、年表・歴代役員・刊行委員会

出版社の日常用語集　第3版　日本書籍出版協会研修事業委員会編　日本書籍出版協会　1999.3　72p　21cm　〈新入社員のためのテキスト3〉　Ⓝ023.033

出版社の日常用語集　第4版　日本書籍出版協会研修事業委員会編　日本書籍出版協会　2008.3　80p　21cm　〈新入社員のためのテキスト3〉　700円　Ⓘ978-4-89003-123-8　Ⓝ023.033

(内容)出版に関わる用語を簡潔に解説する実務者向けの事典。約900語を収録する。

出版販売用語の始まり　松本昇平著　ビー・エヌ・エヌ　1992.3　191p　21cm　〈付(16p)：松本昇平さんを語る〉　2000円　Ⓘ4-89369-178-3　Ⓝ023.033

中国図書館情報学用語辞典　佐々木敏雄編著　明石書店　2002.11　663p　21cm　9800円　Ⓘ4-7503-1653-9　Ⓝ010.33

(内容)中国の図書館学、情報学、書誌学、出版・印刷および関連の語句を解説する辞書。10992語を収録。見出し語は簡体字を使用。排列は見出し後の五十音順、同音の場合総画数順。各項目は見出し語、発音記号、訳語の順に記載している。

<名簿・人名事典>

出版業界電話帳　TOKYO FM出版　1996.4　268p　18cm　1500円　Ⓘ4-924880-62-0

(目次)1 編集・制作関連、2 著述関連、3 デザイン関連、4 宣伝関連、5 業界関連、6 書店・図書館、7 洋書関連

(内容)これさえあれば業界内はもちろん、周辺業界へのコンタクトもOK。業界人が作った業界人のための究極の電話帳。出版ビジネスに不可欠な個人・団体を一挙掲載。収録データ6,500件、早引きインデックスでスピーディな検索。

出版社ガイド　企業概要とその業績　'93　日外アソシエーツ編　日外アソシエーツ、紀伊國屋書店〔発売〕　1993.7　506p　21cm　4800円　Ⓘ4-8169-1185-5　Ⓝ023.035

(内容)出版社の企業概要と経営データを収録した会社要覧。収録対象は、大手・中堅の出版社、新聞社及び地方の有力出版社など1300社。排列は社名の五十音順。データは、東京商工リサーチのオンラインデータベースを利用している。

出版人生死録　中平千三郎編　中平千三郎　1996.9　95p　19cm　〈東京　展転社〔製作・発売〕〉　971円　Ⓘ4-88656-126-8　Ⓝ023.035

出版人物事典　明治―平成物故出版人　鈴木徹造著　出版ニュース社　1996.10　365,17p　19cm　〈文献あり　索引あり〉　2800円　Ⓘ4-7852-0073-1　Ⓝ023.033

出版文化人物事典　江戸から近現代・出版人1600人　稲岡勝監修、日外アソシエーツ株式会社編集　日外アソシエーツ　2013.6　531p　21cm　〈文献あり　索引あり〉　発売：〔東京〕紀伊國屋書店〕　14200円　Ⓘ978-4-8169-2417-0　Ⓝ023.033

(内容)江戸より現在に至る出版文化に携わった1,638人を収録。出版社の創業者・経営者、編集者から、取次・小売・印刷・古書・装丁・特装本製作・検閲までを幅広く収録。生没年、経歴、受賞歴などの詳細なプロフィールに加え、一部

の人物には参考文献を掲載。巻末に「出版社・団体名索引」「人名索引」付き。

世界の出版情報調査総覧　取次，書店，図書館目録　伊藤民雄著　日本図書館協会　2012.5　341p　26cm　〈他言語標題：General Survey on Bibliographic Information　文献あり　索引あり〉　4000円　①978-4-8204-1203-8　Ⓝ023.035

(内容)書誌・出版情報を調べるのに有効な書誌データベースを網羅したガイドブック。アジア・オセアニアからヨーロッパ，アメリカ大陸，中東・アフリカまで，世界109か国の出版取次や書店，図書館蔵書目録の情報を収録する。

地方・小出版事典　日外アソシエーツ編集部編　日外アソシエーツ，紀伊国屋書店〔発売〕　1997.5　502p　21cm　14000円　①4-8169-1427-7

(目次)北海道，東北，関東，東京，甲信越，北陸，東海，近畿，中国，四国，九州，沖縄

(内容)全国47都道府県の地方・小出版社の出版活動をアンケート調査に基づいて掲載。収録社数は，約500社。掲載事項は，それぞれの出版社の所在地，組織，沿革，代表者の横顔，主要出版物等である。内容は1997年3月末現在。

日本の出版社　'92　出版年鑑編集部編　出版ニュース社　1991.12　751p　19cm　3800円　①4-7852-0052-9　Ⓝ023.1

(目次)出版社，取次会社，関係団体，広告会社，主要新聞社，全国共通図書券加盟店

日本の出版社　全国出版社名簿　1994　出版年鑑編集部編　出版ニュース社　1993.8　726p　19cm　3900円　①4-7852-0063-4

(目次)出版社，教科書発行所，取次会社，関係団体，広告会社，主要新聞社，全国共通図書券加盟店

日本の出版社　全国出版社名簿　1996　出版ニュース社　1995.12　736p　19cm　4500円　①4-7852-0070-7

(目次)出版社，教科書発行所，取次会社，関係団体，広告会社，主要新聞社，全国共通図書券加盟店

(内容)全国の出版社の名簿。住所，電話番号，FAX番号，創立年月，資本金，従業員数，郵便振替番号，社長名，出版・編集・営業代表者名，部門，発行雑誌名，支社所在地等について記載する。教科書発行所，取次会社，関係団体，広告会社，主要新聞社，全国共通図書券加盟店の名簿も併載。

日本の出版社　1998　出版年鑑編集部編　出版ニュース社　1997.10　771p　19cm　4500円　①4-7852-0078-2

(目次)出版社，教科書発行所，取次会社，関係団体，広告会社，主要新聞社，全国共通図書券加盟店

(内容)1997年9月現在の調査による、全国出版社名簿。

日本の出版社　2002　付・全国共通図書券加盟店、その他関連名簿　出版年鑑編集部編　出版ニュース社　2001.11　804p　19cm　4500円　①4-7852-0099-5　Ⓝ023.035

(目次)出版社，教科書発行所，取次会社，本に関するURL，関係団体，広告会社，主要新聞社，全国共通図書券加盟店

(内容)全国の出版社および業界関連会社・団体の名簿。内容は2001年10月現在。発行所名、郵便番号，所在地，電話番号，E-mail、URL，創立、組織、資本金、従業員、振替、会長、社長、理事長、出版代表、編集代表、営業代表、部門、雑誌、支社等を記載。

日本の出版社　2004　付・全国共通図書券加盟店、その他関連名簿　出版年鑑編集部編　出版ニュース社　2003.10　802p　19cm　4500円　①4-7852-0109-6

(目次)出版社，教科書発行所，取次会社，本に関するURL，関係団体，広告会社，出版関連，主要新聞社，全国共通図書券加盟店

日本の出版社　2006　付・図書カード読取機設置店一覧、その他関連名簿　出版年鑑編集部編　出版ニュース社　2005.11　822p　19cm　4500円　①4-7852-0119-3

(目次)出版社，教科書発行所，取次会社，本に関するURL，関係団体，広告会社，出版関連，主要新聞社，図書カード読取機設置店一覧

(内容)2005年3月から10月までの調査による最新版。配列は五十音順で、発行所名、所在地、電話、E-mail等を記載する。

日本の出版社　2010・2011　付・図書カード読取機設置店一覧、その他関連名簿　出版年鑑編集部編　出版ニュース社　2009.10　816p　19cm　4500円　①978-4-7852-0136-4　Ⓝ023.035

(目次)出版社，教科書発行所，取次会社，本に関するURL，関係団体，広告会社，出版関連，

主要新聞社，図書カード読取機設置店一覧

日本の出版社　2012‐2013　付・図書カード読取機設置店一覧、その他関連名簿　出版年鑑編集部編　出版ニュース社　2011.10　789p　19cm　4500円　Ⓘ978-4-7852-0143-2

Ⓜ出版社，教科書発行所，取次会社，本に関するURL，関係団体，広告会社，出版関連，主要新聞社，図書カード読取機設置店一覧

日本の出版社　2014‐2015　付・図書カード読取機設置店一覧、その他関連名簿　出版年鑑編集部編　出版ニュース社　2013.10　758p　19cm　4500円　Ⓘ978-4-7852-0149-4

Ⓜ出版社，教科書発行所，取次会社，本に関するURL，関係団体，広告会社，出版関連，主要新聞社，図書カード読取機設置店一覧

<ハンドブック>

雑誌新聞発行部数事典　昭和戦前期：附．発禁本部数総覧　小林昌樹編・解説　（金沢）金沢文圃閣　2011.12　444p　22cm　(文圃文献類従 24)　24000円　Ⓘ978-4-4907789-84-8　Ⓝ023.1

Ⓒ1930年前後～1942年に日本内地で刊行された雑誌・新聞・単行本などの1号・1巻あたりの発行部数をまとめたレファレンス・ブック。雑誌・新聞約2800タイトル、単行本約1880件、宣伝印刷物約510件を収録。

出版社就職実戦ハンドブック　塩沢敬著　早稲田経営出版　1996.12　225p　21cm　1957円　Ⓘ4-89823-734-7

Ⓜ第1章 出版社へのアプローチ，第2章 履歴書必須のポイント，第3章 作文の重要ポイント，第4章 筆記試験に必須のポイント，第5章 一般常識の重要ポイント，第6章 国語の必須ポイント

Ⓒ出版社に的を絞った就職対策書、作文・筆記・面接は本書で攻略する。

出版社大全　塩沢実信著　論創社　2003.11　866p　20×16cm　5000円　Ⓘ4-8460-0543-7

Ⓜ江戸末期～明治（一八五七～一九一二）(吉川弘文館―専門書一筋の一世紀半，丸善―舶来文化で時代をリード ほか)，大正（一九一二～一九二六）(ダイヤモンド社―ソロバン経営，岩波書店―"文化の伝達夫"の伝統 ほか)，昭和1（一九二六～四四）(自由国民社―知識の大衆化に挑む，山と渓谷社―アウトドア出版の魁 ほか)，昭和2（一九四五～六九）(早川書房―海外文学の出版で雄飛，光文社―創作出版から総合出版へ ほか)，昭和3（一九七〇～八八）(広済堂出版―"気"で気を吐く出版，祥伝社―音羽と一ツ橋の邂逅 ほか)，平成（一九八九～）(幻冬舎―顰蹙を梃子の出版戦略)

Ⓒ「読ませる」出版社大事典。明治末期から平成まで、大手やユニークな出版活動をしている出版社120社の横顔を紹介した日本の出版史。本文は設立順に排列。巻末に「主要人名索引」を収録。

出版人のための出版営業ハンドブック　実践編　岡部一郎著　（千葉）出版企画研究所，出版メディアパル（発売）　2008.10　221p　19cm　952円　Ⓘ978-4-902251-94-4　Ⓝ024.1

Ⓜ第1章 企画力を強化する―時代の転換期を象徴する出来事，第2章 営業力を強化する(1)―過去の営業手法は通用しない，第3章 営業力を強化する(2)―業績好調の秘密はどこにあるのか，第4章 ネットの活用が将来を左右する―ネットとどう付き合えばいいのか，第5章 出版におけるマーケティング―出版にマーケティングは必要か，第6章 自費出版の将来性―なぜ自費出版が注目されているのか，第7章 委託販売制度の現状と限界―出版社のとるべき選択とは

出版人のための出版業務ハンドブック　基礎編　岡部一郎著　（千葉）出版企画研究所，ジーオー企画出版〔発売〕　2006.12　117p　19cm　800円　Ⓘ4-921165-37-8

Ⓜ出版業務ハンドブック―実務編(出版・出版物とは，書籍発売に伴う業務の流れ)，出版業務ハンドブック―資料編(よく使われる業界用語，「本」の部分名称と製本について，用紙のJIS規格について，書籍・雑誌のサイズ，受注の実務，主な出版流通ルート，公共図書館データ(関東編))

新卒&中途出版界就職ガイド　編集者を目指すあなたの　編集会議編集部編　宣伝会議　2005.7　219p　21cm　1600円　Ⓘ4-88335-123-8

Ⓜ出版界の現状と動向，1日・1週間のスケジュール表付き！仕事の流れが分かる，毎日の仕事が分かる ジャンル別編集者の仕事，編集長が求める人材，編集だけじゃない！出版社の仕事解剖，いろいろあります！出版界の入り方，私は、こうして出版界に入りました!!「転職成功物語」，

出版関連会社の会社概要＆採用データ
〈内容〉全国の出版社の最新データ。新卒＆中途の採用実績も網羅。

図解出版業界ハンドブック 桜井秀勲編著
東洋経済新報社 2008.10 180p 21cm
〈他言語標題：An all-inclusive guide to the publishing industry 文献あり〉 1500円
Ⓘ978-4-492-09263-7 Ⓝ023.1
〈目次〉第1章 数字で見る出版業界（日本の出版社の数は？，出版業界の市場規模はどのくらい？ ほか），第2章 アマゾン，ブックオフ―変化の激しい出版業界（出版文化の敵？書籍流通の先駆者？，全国どこでも本が読める流通の仕組 ほか），第3章 出版業界の仕事内容（編集者の仕事とは？，ライターの仕事とは？ ほか），第4章 覗いてみよう編集の仕事（週刊誌購読は，"知的な暇つぶし"！？，「家族の絆」をテーマに時事ネタを追う ほか），第5章 創立者の顔が見える。出版社今昔物語（新しい歴史を作らなければならない音羽グループ，出版界の担い手となる一ツ橋グループ ほか）
〈内容〉日本の出版社数から市場規模まで数字で業界を読み解く。複雑な流通のしくみから，インターネット書店・チェーン型新古書店の出現まで変化の激しい業界の動向をわかりやすく解説。老舗出版社から新興出版社までの，設立秘話から現在の動きまでが興味深く読める。

編集ハンドブック 第6版 デザイン編集室編 ダヴィッド社 1990.10 275p 19cm 1300円 Ⓘ4-8048-0197-9
〈目次〉はじめにかえて―編集の仕事，本―編集用語の基礎，原稿の整理と指定（文字原稿，図版原稿），印刷（活字，写真植字，図版，凸版印刷，平版印刷，凹版印刷，カラー印刷，印刷），レイアウト，校正，紙，製本・加工，装丁，付（進行表，欧文活字，原稿用紙のつくり方，レイアウト用紙のつくり方）
〈内容〉初心の編集者やグラフィック・デザイナーにとって必要な，雑誌・書籍の体裁から，原稿の整理・指定，印刷・紙・製本の知識まで，写真や図によってわかりやすく実際的に解説。"編集百科"改訂新版。

World Publishing Industries Handbook 出版教育研究所編 日本エディタースクール出版部 1997.8 115p 21cm 〈本文：英文〉 2400円 Ⓘ4-88888-266-5
〈目次〉Australia, Canada, China (PRC), France, Hong-Kong, Hungary, India, Japan, Korea (ROK), Netherlands〔ほか〕

<法令集>

出版小六法 林伸郎編著 日本エディタースクール出版部 1995.5 185p 21cm 2060円 Ⓘ4-88888-234-7
〈目次〉1 基本法としての憲法，2 法の執行と刑罰，3 出版・編集の諸問題，4 名誉とプライバシー，5 性表現の限界，6 著作者と出版社，7 流通・販売の諸問題，8 読者・読書をめぐる問題，9 出版界の自主規制

<年鑑・白書>

出版指標年報 2008 全国出版協会出版科学研究所 2008.4 401p 26cm 11429円 Ⓘ978-4-9901618-5-9
〈内容〉出版業界の動向がわかるデータブック。2007年出版概況、書籍・雑誌の部門別出版統計と出版傾向分析、出版主要統計、業界の主な動き、年間ベストセラーリスト、出版関連メディアの動向とデータ、関連業界統計資料等を収録。

出版指標年報 2009 全国出版協会出版科学研究所 2009.4 392p 26cm 13334円 Ⓘ978-4-9901618-6-6
〈内容〉出版業界の動向がわかるデータブック。2008年出版概況、書籍・雑誌の部門別出版統計と出版傾向分析、出版主要統計、業界の主な動き、年間ベストセラーリスト、出版関連メディアの動向とデータ、関連業界統計資料等を収録。

出版指標年報 2010 全国出版協会 2010.4 385p 26cm 13334円 Ⓘ978-4-9901618-7-3 Ⓝ023
〈内容〉2009年出版概況。書籍・雑誌の部門別出版統計とその出版傾向分析。出版主要統計を1955年（昭和30年）から掲載。出版社・取次・書店の動き／各社決算など業界の主な動き。年間ベストセラーリストを1946年（昭和21年）から収載。出版関連メディアの動向とデータ／関連業界統計資料／他。出版業界の動向がわかるデータを満載。

出版年鑑 1990 出版年鑑編集部編 出版ニュース社 1990.5 2冊（セット） 19cm 13000円 Ⓘ4-7852-0046-4 Ⓝ025.1
〈目次〉第1編 年間史―年表・出版概況，第2編 法規・規約―'89年の著作権判例，第3編 統計・資料―世界の出版・出版社法人所得，第4編 名簿

—出版社・取次会社・関係団体,書籍目録・雑誌目録・索引

(内容)出版年鑑1990年版は、1989年(平成元年)1月より12月までの暦年編集である。この期間中に刊行された新刊書籍と、雑誌ならびに年間史、関係事項、諸統計、関係名簿、法規等を収録した。

出版年鑑　1991　出版年鑑編集部編　出版ニュース社　1991.5　2冊(セット)　21cm　13000円　①4-7852-0049-9

(目次)第1編 年間史—年表・出版概況,第2編 法規・規約—'90年の著作権判例,第3編 統計・資料—世界の出版・出版法人所得,第4編 名簿—出版社・取次会社・関係団体,書籍目録・雑誌目録・索引

(内容)出版年鑑1991年版は、1990年1月より12月までの暦年編集である。この期間中に刊行された新刊書籍と、雑誌ならびに年間史、関係事項、諸統計、関係名簿、法規等を収録した。

出版年鑑　1992 第1巻　出版年鑑編集部編集　出版ニュース社　1992.5　526,609p　19cm

(内容)資料・名簿編 1991年1月～12月の出版業界の記録を収める。全2巻からなり、第1巻では、年間史(年表・出版概況・出版業界他)、法規・規約、統計・資料、名簿を掲載する。

出版年鑑　1992 第2巻　出版年鑑編集部編集　出版ニュース社　1992　1868p　19cm　6310円

(内容)目録編

出版年鑑　1993　出版年鑑編集部編　出版ニュース社　1993.5　2冊(セット)　19cm　13000円　①4-7852-0062-6

(目次)第1冊(第1編 年間史,第2編 法規・規約,第3編 統計・資料,第4編 名簿),第2冊(書籍目録)

(内容)出版界の動向と各種データを収録した年鑑。1993年版は1992年1月より12月までを収録対象とし、この期間中に刊行された新刊書籍・雑誌の目録と、年間史、関係事項、諸統計、関係名簿、法規等で構成する。

出版年鑑　1994　出版年鑑編集部編　出版ニュース社　1994.5　2冊(セット)　19cm　14000円　①4-7852-0065-0

(目次)第1冊 資料・名簿編,第2冊 目録編

(内容)出版界の動向と各種データを収録した年鑑。1993年版は1992年1月より12月までを収録対象とし、この期間中に刊行された新刊書籍・雑誌の目録と、年間史、関係事項、諸統計、関係名簿、法規等で構成する。

出版年鑑　1995　出版ニュース社　1995.5　2冊(セット)　19cm　15000円　①4-7852-0066-9

(内容)1994年の出版・読書界の記録を収めた年鑑。「資料・名簿編」「目録編」の2巻構成で、前者は年間史、法規・条約、統計・資料、出版社・取次会社・関係団体等の名簿を掲載する。後者は新刊5万3890点の書籍目録、および一般雑誌4002・学術雑誌6785・官庁刊行雑誌391誌の雑誌目録で、目録の排列は日本十進分類法第8版に準拠し、巻末に書名索引、著訳編者人名索引、雑誌・学術雑誌・官公庁雑誌索引を付す。

出版年鑑　1996　出版ニュース社　1996.6　2冊(セット)　19cm　15000円　①4-7852-0071-5

(内容)1995年の出版・読書界の記録を収めた年鑑。「資料・名簿編」「目録編」の2巻構成で、前者は年間史、法規・条約、統計、資料、出版社・取次会社・関係団体等の名簿を掲載する。後者は新刊5万8310点の書籍目録、および一般雑誌・学術雑誌・官庁刊行雑誌の目録で、目録の排列は日本十進分類法第8版に準拠。巻末に書名索引、著訳編者人名索引、雑誌・学術雑誌・官公庁雑誌索引を付す。

出版年鑑　1997　出版ニュース社　1997.5　3冊(セット)　19cm　18000円　①4-7852-0076-6

(目次)資料・名簿(年間史,法規・規約,統計・資料,名簿),目録(書籍目録,雑誌目録),索引(書名索引,著訳編者名索引,雑誌・学術雑誌・官庁刊行雑誌名索引)

(内容)1996年の出版・読書界の記録を収めた年鑑。資料・名簿編、目録編、索引編の3巻構成。資料・名簿編は、年間史、法規・条約、統計・資料、出版社・取次会社・関係団体等の名簿を掲載する。目録編は、新刊約6万点の書籍目録。および一般雑誌・学術雑誌・官庁刊行雑誌の目録で、目録の排列は日本十進分類法に準拠。索引編は、書名索引、著訳編者名索引、雑誌・学術雑誌・官公庁刊行雑誌名索引の順。

出版年鑑　1998　出版ニュース社　1998.5　3冊(セット)　19cm　18000円　①4-7852-0081-2

(目次)第1巻 資料・名簿編(年間史,法規・規約,統計・資料,名簿),第2巻 目録編(書籍目録,

雑誌目録), 第3巻 索引編 (書名索引, 著訳編者名索引, 雑誌・学術雑誌・官庁刊行雑誌名索引)

(内容)1997年の出版・読書界の記録を収めた年鑑。「資料・名簿編」「目録編」「索引編」の3巻構成で、「資料・名簿編」は年間史、法規・条約、統計・資料、出版社・取次会社・関係団体等の名簿を掲載する。「目録編」は新刊62336点の書籍目録、および一般雑誌・学術雑誌・官庁刊行雑誌の目録で、目録の排列は日本十進分類法に準拠。「索引編」は書名索引、著訳編者名索引、雑誌・学術雑誌・官庁刊行雑誌名索引の順。

出版年鑑　1999　出版年鑑編集部編　出版ニュース社　1999.5　3冊(セット)　19cm　18000円　④4-7852-0090-1

(目次)第1巻 資料・名簿編(年間史, 法規・規約, 統計・資料, 名簿), 第2巻 目録編(書籍目録, 雑誌目録), 第3巻 索引編(書名索引, 著訳編者名索引, 雑誌・学術雑誌・官庁刊行雑誌名索引)

(内容)1998年の出版・読書界の記録を収めた年鑑。「資料・名簿編」「目録編」「索引編」の3巻構成。

出版年鑑　2000　出版年鑑編集部編　出版ニュース社　2000.5　3冊(セット)　19cm　18000円　④4-7852-0093-6　Ⓝ025.1

(目次)第1巻 資料・名簿編(年間史, 法規・規約, 統計・資料, 名簿), 第2巻 目録編(書籍目録, 雑誌目録), 第3巻 索引編

(内容)1999年の出版・読書界の記録を収めた年鑑。「資料・名簿編」「目録編」「索引編」の3巻構成で、「資料・名簿編」は年間史、法規・条約、統計・資料、出版社・取次会社・関係団体等の名簿を掲載する。「目録編」は新刊62621点の書籍目録、および一般雑誌・学術雑誌・官庁刊行雑誌の目録で、目録の排列は日本十進分類法に準拠。「索引編」は書名索引、著訳編者名索引、雑誌・学術雑誌・官庁刊行雑誌名索引の順。

出版年鑑　2001　出版年鑑編集部編　出版ニュース社　2001.5　3冊(セット)　19cm　〈付属資料：CD‐ROM1〉　20000円　④4-7852-0096-0　Ⓝ025.1

(目次)第1巻 資料・名簿編(年間史, 法規・規約, 統計・資料, 名簿), 第2巻 目録編(書籍目録, 雑誌目録), 第3巻 索引編(書名索引, 著訳編者名索引, 雑誌・学術雑誌・官庁刊行雑誌名索引)

(内容)2000年(平成12年)1月〜12月の出版界の動向と目録等で構成する年鑑。この期間中に刊行された新刊書籍と、雑誌ならびに年間史、関係事項、諸統計、関係名簿、法規等を掲載する。

書籍目録は新刊書籍65065点を収め、日本十進分類法により排列した。雑誌目録には、市販雑誌を中心に、特殊誌、学術雑誌・官庁刊行雑誌も加える。

出版年鑑＋日本書籍総目録　2002　日本書籍出版協会, 出版年鑑編集部編　日本書籍出版協会, 出版ニュース社　2002.5　2冊(セット)　26cm　〈付属資料：CD‐ROM1〉　35000円　④4-7852-0104-5　Ⓝ025.1

(目次)第1巻 資料・名簿編(年間史, 法規・規約, 統計・資料, 名簿), 第2巻 目録・索引編(書籍目録, 電子書籍目録, オンデマンド出版目録, CD-ROM目録, 雑誌目録, 索引)

(内容)従来の出版年鑑と日本書籍総目録を合体したもの。年鑑としては2001年(平成13年)1〜12月を対象とする暦年編集。この期間中に刊行された新刊書籍と、雑誌ならびに年間史、関係事項、諸統計、関係名簿、法規等4編に分け掲載。書籍目録部分は61万点を収録。日本十進分類法により配列し、各書目に分類記号と発行月を明示。また、電子書籍、オンデマンド出版、CD-ROMの各目録を新たに収録する。

出版年鑑＋日本書籍総目録　2003　日本書籍出版協会, 出版年鑑編集部編　日本書籍出版協会, 出版ニュース社〔発売〕　2003.5　2冊　26cm　〈付属資料：CD-ROM1〉　35000円　④4-7852-0108-8

(目次)第1巻 資料・名簿編(年間史, 法規・規約, 統計・資料, 名簿, 特別編集「出版ニュース」縮刷版), 第2巻 目録・索引編(書籍目録, 電子書籍目録, オンデマンド出版目録, CD-ROM目録, 雑誌目録, 索引)

(内容)本書は、2002年(平成14年)1月より12月までの暦年編集である。この期間中に刊行された新刊書籍と、雑誌ならびに年間史、関係事項、諸統計、関係名簿、法規等を収録。書籍目録部分は新刊書籍74259点を収め、書目は日本十進分類法新訂9版により配列し、各書目に分類記号と発行月を明示した。また、電子書籍、オンデマンド出版、CD-ROMの各目録を収録。

出版年鑑＋日本書籍総目録　2004　日本書籍出版協会, 出版年鑑編集部編　日本書籍出版協会, 出版ニュース社(発売)　2004.5　2冊(セット)　26cm　〈付属資料：CD‐ROM1〉　35000円　④4-7852-0113-4　Ⓝ025.1

出版年鑑　2005　出版年鑑編集部編　出版ニュース社　2005.6　2冊(セット)　26cm

30000円　①4-7852-0118-5

⦿目次 1 資料・名簿（年間史，法規・規約，統計・資料，名簿），2 目録・索引（書籍目録目次，電子書籍目録目次，オンデマンド出版目録目次，CD-ROM目録目次，雑誌目録目次，索引目次）

⦿内容 雑誌『出版ニュース』の主要記事約900ページ分を収録。書籍はもとより、電子書籍、オンデマンド出版の書誌データも。図書館・学校・出版・マスコミ関係者の必備図書。

出版年鑑　2006　出版年鑑編集部編　出版ニュース社　2006.6　2冊　26cm　30000円　①4-7852-0121-5

⦿目次 第1巻 資料・名簿編（年間史，法規・規約，統計・資料，名簿，特別編集「出版ニュース」縮刷版），第2巻 目録・索引編（書籍目録，電子書籍目録，オンデマンド出版目録，CD-ROM目録，雑誌目録，手引）

⦿内容 出版関連の基本データを網羅。雑誌『出版ニュース』の主要記事約900ページ分を収録。書籍はもとより、電子書籍、オンデマンド出版の書誌データも収録。目録・索引編では、2005年（平成17年）中に発行された、新刊書籍を日本十進分類法新訂9版によって分類、7万8304点を収録。

出版年鑑　2007　出版年鑑編集部編　出版ニュース社　2007.6　2冊　26cm　30000円　①978-4-7852-0127-2

⦿目次 第1巻 資料・名簿編（年間史，法規・規約，統計・資料，名簿，特別編集「出版ニュース」縮刷版），第2巻 目録・索引編（書籍目録，電子書籍目録，オンデマンド出版目録，CD-ROM目録，雑誌目録，手引）

⦿内容 2006年（平成18年）1月より12月までの暦年編集。この期間中に刊行された新刊書籍と、雑誌ならびに年間史、関係事項、諸統計、関係名簿、法規等を収録した。「書籍目録」は、新刊書籍77074点を収め、書目は日本十進分類法新訂9版により配列し、各書目に分類記号と発行月を明示した。また、「電子書籍」「オンデマンド出版」「CD-ROM」の各目録を収録。

出版年鑑　平成20年版 1　資料・名簿編　出版年鑑編集部編　出版ニュース社　2008.6　544,360,454p　26cm　〈「出版ニュース 2007年1月上・中旬合併号—2007年12月下旬号」（2007年刊）の複製を含む　年表あり〉　①978-4-7852-0132-6　Ⓝ025.1

⦿目次 資料・名簿（年間史，法規・規約，統計・資料，名簿，特別編集「出版ニュース」縮刷版）

⦿内容 2007年の出版界の動向と出版記録をまとめた年鑑。この期間中に刊行された新刊書籍と、雑誌ならびに年間史、関係事項、諸統計、関係名簿、法規等を収録した。

出版年鑑　平成20年版 2　目録・索引編　出版年鑑編集部編　出版ニュース社　2008.6　2129p　26cm　①978-4-7852-0132-6　Ⓝ025.1

⦿目次 目録・索引（書籍目録目次，電子書籍目録目次，オンデマンド出版目録目次，オーディオブックCD・DVD目録目次，雑誌目録目次，索引目次）

⦿内容 2007年の出版界の動向と出版記録をまとめた年鑑。「目録・索引編」は、1年間の新刊書籍目録を収録。日本十進分類法新訂9版により排列する。

出版年鑑　平成21年版 1　資料・名簿編　出版年鑑編集部編　出版ニュース社　2009　551,357,452p　26cm　①978-4-7852-0133-3　Ⓝ025.1

⦿目次 資料・名簿（年間史，法規・規約，統計・資料，名簿，特別編集「出版ニュース」縮刷版）

⦿内容 2008年の出版界の動向と出版記録をまとめた年鑑。この期間中に刊行された新刊書籍と、雑誌ならびに年間史、関係事項、諸統計、関係名簿、法規等を収録した。

出版年鑑　平成21年版 2　目録・索引編　出版年鑑編集部編　出版ニュース社　2009.6　2219p　26cm　①978-4-7852-0133-3　Ⓝ025.1

⦿目次 目録・索引（書籍目録目次，電子書籍目録目次，オンデマンド出版目録目次，オーディオブック目録目次，雑誌目録目次，索引目次）

⦿内容 2008年の出版界の動向と出版記録をまとめた年鑑。「目録・索引編」は、1年間の新刊書籍目録を収録。日本十進分類法新訂9版により排列する。「電子書籍」「オンデマンド出版」「CD-ROM」の各目録も収録。

出版年鑑　平成22年版 1　資料・名簿編　出版年鑑編集部編　出版ニュース社　2010.6　558,354,518p　26cm　①978-4-7852-0139-5　Ⓝ025.1

⦿目次 1 資料・名簿（年間史，法規・規約，統計・資料，名簿，「出版ニュース」縮刷版）

⦿内容 2009年の出版界の動向と出版記録をまとめた年鑑。この期間中に刊行された新刊書籍と、雑誌ならびに年間史、関係事項、諸統計、関係

名簿、法規等を収録した。

出版年鑑　平成22年版 2　目録・索引編
出版年鑑編集部編　出版ニュース社　2010.6
2211p　26cm　Ⓘ978-4-7852-0139-5　Ⓝ025.1
(目次)2 目録・索引(書籍目録，電子書籍目録，オンデマンド出版目録，オーディオブック目録，雑誌目録，索引)
(内容)2009年の出版界の動向と出版記録をまとめた年鑑。「目録・索引編」は、1年間の新刊書籍目録を収録。日本十進分類法新訂9版により排列する。「電子書籍」「オンデマンド出版」「CD-ROM」の各目録も収録。

出版年鑑　平成23年版 1　資料・名簿編
出版年鑑編集部編　出版ニュース社　2011.6
586,348,534p　26cm　〈年表あり 索引あり〉
Ⓘ978-4-7852-0142-5　Ⓝ025.1
(目次)1 資料・名簿(年間史，法規・規約，統計・資料，名簿，「出版ニュース」縮刷版)
(内容)雑誌『出版ニュース』の主要記事約900ページ分を収録。書籍はもとより、オンデマンド出版、オーディオブックの書誌データも掲載。

出版年鑑　平成23年版 2　目録・索引編
出版年鑑編集部編　出版ニュース社　2011.6
1812p　26cm　〈索引あり〉　Ⓘ978-4-7852-0142-5　Ⓝ025.1
(目次)2 目録・索引(書籍目録，オンデマンド出版目録，オーディオブック目録，雑誌目録，索引)
(内容)雑誌『出版ニュース』の主要記事約900ページ分を収録。書籍はもとより、オンデマンド出版、オーディオブックの書誌データも掲載。

出版年鑑　平成24年版 1　資料・名簿
出版年鑑編集部編集　出版ニュース社　2012.6
1冊　26cm　Ⓝ025.1
(目次)1 資料・名簿(年間史，法規・規約，統計・資料，名簿，「出版ニュース」縮刷版)
(内容)2011年の出版界の動向と出版記録をまとめた年鑑。資料・名簿と目録・索引の2冊構成。1「資料・名簿」では雑誌『出版ニュース』の主要記事から出版界の年間史、関係事項、諸統計、関係名簿、法規等を収録。

出版年鑑　平成24年版 2　目録・索引
出版年鑑編集部編　出版ニュース社　2012.6
1891p　26cm　Ⓝ025.1
(目次)2 目録・索引(書籍目録，オンデマンド出版目録，オーディオブック目録，雑誌目録，手引)
(内容)2011年の出版界の動向と出版記録をまとめた年鑑。資料・名簿と目録・索引の2冊構成。2の目録・索引では、2011年間の新刊書籍・雑誌の目録を収録。日本十進分類法新訂9版により排列する。

出版年鑑　平成25年版 1　資料・名簿
出版年鑑編集部編集　出版ニュース社　2013.6
1冊　26cm　Ⓝ025.1
(目次)1 資料・名簿(年間史，法規・規約，統計・資料，名簿，「出版ニュース」縮刷版)
(内容)2012年の出版界の動向と出版記録をまとめた年鑑。資料・名簿と目録・索引の2冊構成。1の資料・名簿では、2012年の出版界の年間史、関係事項、諸統計、関係名簿、法規等を収録する。

出版年鑑　平成25年版 2　目録・索引
出版年鑑編集部編　出版ニュース社　2013.6
1935p　26cm　Ⓝ025.1
(目次)2 目録・索引(書籍目録，オンデマンド出版目録，オーディオブック目録，雑誌目録，手引)
(内容)2012年の出版界の動向と出版記録をまとめた年鑑。資料・名簿と目録・索引の2冊構成。2の目録・索引では、2012年間の新刊書籍・雑誌の目録を収録。日本十進分類法新訂9版により排列する。

専門情報要覧　1990年版　日経BP社
1990.4　53p　28cm　Ⓝ023.036
(内容)1989年における内外の専門情報の動きを掲載。1989年版の追録。

専門情報要覧　1991年版　日経BP社
1991.4　57p　29cm　Ⓝ023.036
(内容)1990年における内外の専門情報の動きを掲載。1989年版の追録。

白書 出版産業　データとチャートで読む日本の出版　日本出版学会編　文化通信社
2004.5　179p　19cm　2500円　Ⓘ4-938347-10-5
(目次)1 出版産業の姿，2 出版社，3 取次，4 書店，5 図書館，6 著者・読者，7 出版と法律，8 出版物の種類，9 国際，10 関連産業
(内容)本書は出版という行為のプロセスを、データとチャートと解説でたどるということを主軸にしながら、日本の出版産業の実態と構造を明らかにする意図のもとに編集した。1990年代以

出版

降の事柄79項目を図表やグラフなどを交えて示す。巻末に「出版産業年表（1990〜2002年）」と用語索引を収録。

白書 出版産業　データとチャートで読む出版の現在　2010　日本出版学会編　文化通信社　2010.9　231p　26cm　2800円
①978-4-938347-24-6　Ⓝ023.1

（目次）1 産業，2 出版物，3 電子出版，4 出版社，5 取次，6 書店，7 図書館，8 著者・読者，9 法制，10 国際，11 関連産業

（内容）歴史的転換点にある出版産業の実態と構造を読み解く，"出版"を考える上で必携の基本図書。

<統計集>

出版データブック 1945→96　出版ニュース社編　出版ニュース社　1997.9　183p　26cm　2400円　①4-7852-0077-4

（目次）記録（1945年（昭和20年）〜1996年（平成8年）），統計（出版統計，新刊書籍25カ年間対比部門別出版点数並びに平均定価，27年間の書籍・雑誌発行推移，出版社別新刊書籍発行点数，出版社上位10社の新刊書籍発行点数，新刊書籍部門並びに判型別点数，発行社別教科書採用部数一覧，日本の出版社の規模，都道府県別出版社並びに小売り店数，出版社数・小売店数推移，出版社年間売上リスト ほか）

（内容）『出版年鑑』に収載されている統計資料をもとに，戦後の出版関連のデータをまとめたもの。1996年までの新資料を追加した，1992年刊行の増補改訂版。

出版データブック 1945〜2000　改訂版　出版ニュース社編　出版ニュース社　2002.5　255p　26cm　3000円　①4-7852-0102-9　Ⓝ023.1

（目次）記録，統計（出版統計1945〜2000，新刊書籍30年間対比部門別出版点数並びに平均定価1971〜2000年，30年間の書籍雑誌発行点数推移1971〜2000年，出版社別新刊書籍発行点数1996，1999，2000年，出版社上位10社の新刊発行点数1983〜2000年，新刊書籍部門並びに判型別点数2000年，文庫別新刊点数2000年，新書別新刊点数2000年，発行社別教科書採択部数2000年，日本の出版社の規模2000年 ほか）

特定サービス産業実態調査報告書　平成17年　新聞業・出版業編　経済産業省経済産業政策局調査統計部編　経済産業統計協会

2006.12　42p　30cm　3714円　①4-903259-31-5

（目次）1 総合統計表（企業数，就業者数，従業者数及び年間売上高，経営組織別の企業数，従業者数及び年間売上高，資本金規模別の企業数，従業者数及び年間売上高，従業者規模別の企業数，従業者数及び年間売上高，年間売上高規模別の企業数，従業者数及び年間売上高，雇用形態別の男女別就業者数，従業者数，出向・派遣者数及び部門別従業者数，新聞発行種類別の企業数及び発行種類数，書籍新刊発行種類別の企業数及び発行点数，雑誌発行種類別の企業数及び発行銘柄数），2 企業全体の統計表（企業全体の従業者数及び年間売上高，企業全体の年間営業費用及び年間営業用有形固定資産取得額）

特定サービス産業実態調査報告書　平成20年 新聞業、出版業編　経済産業省経済産業政策局調査統計部　2010.3　181p　30cm　Ⓝ673.9

（内容）各種サービス産業のうち，行政，経済両面において統計ニーズの高い特定サービス産業の活動状況及び事業経営の現状を調査した統計書。統計法（平成19年法律第53号）に基づく基幹統計として，昭和48年（1973年）に始まり，毎年実施されている。平成19年からは調査業種に4業種を追加し11業種になった。

特定サービス産業実態調査報告書　平成21年 新聞業、出版業編　経済産業省経済産業政策局調査統計部　2011.3　151p　30cm　①978-4-904772-29-4　Ⓝ673.9

（目次）第1編 新聞業（全規模の部，常用雇用者5人以上の部），第2編 出版業（全規模の部，常用雇用者5人以上の部），参考

（内容）各種サービス産業のうち，行政，経済両面において統計ニーズの高い特定サービス産業の活動状況及び事業経営の現状を調査した統計書。統計法（平成19年法律第53号）に基づく基幹統計として，昭和48年（1973年）に始まり，毎年実施されている。

特定サービス産業実態調査報告書　平成22年 新聞業、出版業編　経済産業省大臣官房調査統計グループ編　経済産業統計協会　2012.3　127p　30cm　9000円　①978-4-904772-58-4　Ⓝ673.9

（目次）第1編 新聞業（全規模の部，常用雇用者5人以上の部），第2編 出版業

（内容）各種サービス産業のうち，行政，経済両面において統計ニーズの高い特定サービス産業

の活動状況及び事業経営の現状を調査した統計書．統計法（平成19年法律第53号）に基づく基幹統計として，昭和48年（1973年）に始まり，毎年実施されている．

◆出版と自由

<書　誌>

図書目録 GHQの没収を免れた本　占領史研究會編著　（鎌倉）サワズ&出版　2007.5　470p　19cm　7143円　①978-4-87902-024-6
(目次)帝國圖書館「時局に關する圖書目録」（一～五）昭和一二年～一六年（写真），没収基準の一例と考えられる「CCD（検閲指針）」—江藤淳「閉された言語空間」（文春文庫）より抜粋転載，解説，「GHQの没収を免れた本」抜粋写真集，凡例，図書目録「GHQの没収を免れた本」目次
(内容)1946～1948年の間に行われたGHQによる没収を免れた図書7200点を収録．本文は書名の五十音順に排列．巻末に出版元索引を収録．

GHQに没収された本　総目録　占領史研究会編著　サワズ出版　2005.9　439p　20cm　〈文献あり〉　7143円　①4-87902-023-0　Ⓝ027.6

GHQに没収された本　総目録　増補改訂　占領史研究会編著　（〔町田〕）占領史研究会　2005.9　479p　20cm　〈発行所：サワズ&出版ほか〉　7143円　①978-4-87902-025-3　Ⓝ027.6

◆◆自費出版

<年鑑・白書>

自費出版年鑑　2002　第1回～第5回日本自費出版文化賞全作品　自費出版ネットワーク企画，サンライズ出版編　（彦根）サンライズ出版　2002.7　418p　21cm　2000円　①4-88325-096-2　Ⓝ023.89
(目次)概要　自費出版ネットワーク・日本自費出版文化賞，刊行のことば　自費出版ならでは文化をめざして，第5回大賞受賞者インタビュー　どれだけ地域に貢献できるかを第一のものさしとして（吉田一郎（国友伊知郎）さん），第4回大賞受賞関係者座談会　子どもやお年寄りが喜んで読んでくれるようにと，第5回日本自費出版文化賞発表—講評／受賞作品の紹介，日本自費出版文化賞第5回記念座談会　自費出版は庶民の文化をになう，「100万人の20世紀」—平成の万葉集をめざして，自費出版の傾向と対策—応募データ&受賞者アンケート，第6回日本自費出版文化賞作品募集，資料篇 第1回～第5回日本自費出版文化賞全応募作品
(内容)第1回から第5回の日本自費出版文化賞の全作品等を収録した出版資料集．巻末に第4・5回日本自費出版文化賞の全作品等の書名索引、自費出版ネットワーク会員名簿を掲載．

自費出版年鑑　2003　第1回～第6回日本自費出版文化賞全作品　自費出版ネットワーク企画，サンライズ出版編　日本自費出版文化賞　（彦根）サンライズ出版　2003.7　271p　21cm　〈地方〉　2000円　①4-88325-237-X
(目次)概要　自費出版ネットワーク・日本自費出版文化賞，刊行のことば　自費出版ならでは文化をめざして，第1回日本自費出版フェスティバル記念講演　自分史と自費出版はいま再検討の時機，第6回日本自費出版文化賞発表，第7回日本自費出版文化賞作品募集，「100万人の20世紀」—平成の万葉集をめざして，資料篇 第1回～第6回日本自費出版文化賞全応募作品，書名索引—第6回日本自費出版文化賞全応募作品，自費出版ネットワーク会員名簿

自費出版年鑑　2004　第1回～第7回日本自費出版文化賞全作品　日本自費出版ネットワーク企画　（彦根）サンライズ出版　2004.7　329p　21cm　〈地方〉　2000円　①4-88325-256-6
(目次)第7回日本自費出版文化賞大賞受賞者インタビュー「放射線被災の実態をわかりやすく伝えたい」（塚本三男），特集　いま自費出版はどうなっているか，第7回日本自費出版文化賞，平成の万葉集をめざして—日本自費出版ネットワーク共同企画「100万人の20世紀」，資料篇—第1回～第7回日本自費出版文化賞全応募作品，書名索引・著者名索引—第7回日本自費出版文化賞応募作品，日本自費出版ネットワーク会員名簿，第8回日本自費出版文化賞作品募集

自費出版年鑑　2010　第13回日本自費出版文化賞全作品　日本自費出版ネットワーク企画，サンライズ出版編　（彦根）サンライズ出版　2010.10　211p　21cm　2000円　①978-4-88325-427-9　Ⓝ023.89
(目次)概要　日本自費出版ネットワーク・日本自費出版文化賞・自費出版年鑑，刊行のことば　選ぶ祭り　選ばれる祭り，第13回日本自費出版文化

賞大賞受賞『対馬国志 第一巻（原始・古代編）、第二巻（中世・近世編）、第三巻（近代・現代編）』著者インタビュー 交隣の歴史が対馬の活力の根源、今に伝わる文化財がその証し―永留久恵さん、ほんのエッセイ 地域出版の現場、特集 選択肢広がる自費出版 問われる編集の役割、日本自費出版ネットワークの主な活動 自費出版契約ガイドラインについて、第13回日本自費出版文化賞、書名索引・著者名索引 第13回日本自費出版文化賞全応募作品、自費出版年鑑1998～2009総目次 第1～12回日本自費出版文化賞受賞作品、日本自費出版ネットワーク会員名簿、第14回日本自費出版文化賞募集要項

自費出版年鑑　2011　日本自費出版ネットワーク企画，サンライズ出版編　（彦根）サンライズ出版　2011.10　215p　21cm　2000円　Ⓘ978-4-88325-463-7

㋲第14回日本自費出版文化賞大賞受賞『アイヌモシリ・北海道の民衆史―人権回復を目指した碑を訪ねる―』著者インタビュー―社会的弱者の歴史から北海道がみえる・杉山四郎さん、ほんのエッセイ 紙の本と電子書籍と出版、2010年の自費出版界―「電子書籍元年」。多様化する媒体と著者のニーズ、自費出版は電子書籍に走るべきか、日本自費出版ネットワークの主な活動―自費出版契約ガイドラインについて、第14回日本自費出版文化賞

自費出版年鑑　2012　第15回日本自費出版文化賞全作品　日本自費出版ネットワーク企画，サンライズ出版編　（彦根）サンライズ出版　2012.10　207p　21cm　2000円　Ⓘ978-4-88325-489-7

㋲第15回日本自費出版文化賞大賞受賞『日本奇術演目事典』著者インタビュー―夢は日本のどこかに奇術博物館ができること・河合勝さん、第15回日本自費出版文化賞、書名索引・著者名索引、自費出版年鑑1998～2011総目次

自費出版年鑑　2013　日本自費出版ネットワーク企画，サンライズ出版編　（彦根）サンライズ出版　2013.10　173p　21cm　2000円　Ⓘ978-4-88325-518-4

㋲概要 日本自費出版ネットワーク・日本自費出版文化賞・自費出版年鑑、刊行のことば 自由な自費出版をよき大衆文化の一角に、第16回日本自費出版文化賞大賞受賞『城州古札見開録』著者インタビュー 百聞は一見に如かず、コレクターも納得の図録を完成（吉田昭二さん）、日本自費出版ネットワークの主な活動 自費出版契約ガイドラインについて、第16回日本自費出版文

化賞，自費出版年鑑1998～2012総目次―第1～15回日本自費出版文化賞受賞作品，NPO法人日本自費出版ネットワーク会員名簿，第17回日本自費出版文化賞募集要項

著作・編集

＜名簿・人名事典＞

時代を創った編集者101　寺田博編　新書館　2003.8　246p　21cm　1800円　Ⓘ4-403-25072-6

㋲黒岩涙香，徳富蘇峰，宮武外骨，内田魯庵，大橋乙羽，堺利彦，杉村楚人冠，羽仁もと子，長谷川天渓，佐藤義亮，下中弥三郎，野間清治，岩波茂雄，滝田樗陰，鈴木三重吉，中根駒十郎，山本実彦，平塚らいてう，中村武羅夫，石川武美，嶋中雄作，菊池寛，白井喬二，森下雨村，長谷川巳之吉，木佐木勝，木村毅，江戸川乱歩，岡田貞三郎，加藤謙一，林達夫，堀内敬三，吉野源三郎，大宅壮一，楢崎勤，神吉晴夫，小林秀雄，横溝正史，春山行夫，上林暁，雨宮庸蔵，美作太郎，永井龍男，臼井吉見，和田芳恵，山本健吉，北原武夫，淀川長治，野田宇太郎，池島信平，保田与重郎，名取洋之助，木村徳三，花森安治，中原淳一，戸塚文子，扇谷正造，西谷能雄，清水達夫，青山虎之助，斎藤十一，上林吾郎，山本夏彦，巖谷大四，今井勲，角川源義，伊達得夫，黒崎勇，三枝佐枝子，長井勝一，徳間康快，大久保房男，坂本一亀，谷川健一，野平健一，鶴見俊輔，松本道子，小尾俊人，中井英夫，嶋中鵬二，川島勝，田村義也，綱淵謙錠，中島和夫，菅原国隆，宮脇俊三，小島千加子，石井恭二，田中健五，山岸章二，甘糟章，伊吹和子，小野二郎，福島正実，岡部昭彦，木滑良久，粕谷一希，澤地久枝，半藤一利，近藤信行，小田久郎

㋑ジャーナリズムの仕掛人たち、黒岩涙香から小田久郎まで101人―総合雑誌、文芸誌、女性誌から人文書、科学書、リトルマガジンにいたるまで、明治・大正・昭和、一世紀余の名編集者の生涯と業績を集成。

＜ハンドブック＞

電子書籍の作り方ハンドブック iPhone、iPad、Kindle対応　ジャムハウス著　アスキー・メディアワークス，角川グループパブリッシング（発売）　2010.9　207p　21cm　〈索引あり〉　1500円　Ⓘ978-4-04-868812-3　Ⓝ021.49

出版　　　　　　　　　　　　　　　　　　　　著作・編集

(目次)"電子書籍"とはなにか，各電子書籍リーダーの特徴，いろんな情報を電子書籍リーダーで読む，無料ソフトで電子書籍を作る（基本編，応用編），読みやすい本を作るためのコツ，作った電子書籍を売るには
(内容)小説，論文，写真集，日記・エッセイ，パンフ。本の作成，編集から手持ち書類の電子化までゼロからわかる。

◆著作権

<事 典>

著作権事典　新版　文化庁内著作権法令研究会監修，著作権情報センター編　出版ニュース社　1999.3　615p　22cm　〈年表あり〉　12000円　①4-7852-0085-5　Ⓝ021.2

<名簿・人名事典>

著作権者名簿　'95 - '96　著作権情報センター　1995.8　756p　13×18cm　4500円　①4-88526-005-1
(内容)日本音楽著作権協会，日本文芸家協会，日本文芸著作者著作権保護同盟，日本脚本家連盟，日本シナリオ作家協会，日本演劇家協会，日本映画監督協会，美術著作権連合，日本写真家協会の8団体に所属する著作者，著作権者1万4000人の名簿。排列は五十音順。

著作権者名簿　'97 - '98　著作権情報センター編　著作権情報センター　1997.8　680p　19cm　4572円　①4-88526-014-0
(内容)日本音楽著作権協会，日本文芸家協会，日本文芸著作権保護同盟，日本脚本家連盟，日本シナリオ作家協会，日本演劇家協会，日本映画監督協会，日本美術家連盟，日本グラフィックデザイナー協会，日本児童出版美術家連盟，日本図書設計家協会，日本理科美術協会，日本写真家協会の13団体に所属する著作者，著作権者を主体として1万6千名を収録。1997年5月現在。

<ハンドブック>

クリエーター・編集者のための引用ハンドブック　谷井精之助，豊田きいち，北村行夫，原田文夫，宮田昇著　太田出版　1998.12　227p　19cm　（ユニ知的所有権ブックスNO.3）　1900円　①4-87233-429-9
(目次)基礎知識 三つの原則と一つの条件，研究編 引用の完全理解のために，応用編1 引用のトラブルを判例から考える，応用編2 使用と引用―放送の現場から，「引用」Q&A
(内容)「無断引用」「引用の許可をください」という無知ゆえの珍妙な表現が後をたたない。「引用」とは，要件を適法に満たすことで他人の著作物を無料かつ無断で利用できる著作権法の規定なのだ。なぜこの法律をもっと活用しないのか?!いまや著作権相談の大半は「引用」に関連する問題。著作権法第三十二条の「引用」規定をフルに活用し，トラブルを避け，先人の努力を有効に生かしながらあなたの著作物をより充実した豊かなものにするためにはいかにすべきか。本書は多数の実用的ヒント，実例とともに「引用」の核心を明快に説いた魔法の杖ともいうべき初めての実践的ハンドブックである。

実務者のための著作権ハンドブック　第6版　著作権法令研究会編著　著作権情報センター　2005.11　503p　21cm　3334円　①4-88526-049-3
(目次)第1部 著作権制度の概要（著作者の権利について，著作隣接権，著作物等を無断で利用できる例外について ほか），第2部 著作権に関する一問一答（著作権制度の概要関係，著作物関係，著作者関係 ほか），第3部 資料および解説，第4部 著作権関係法令（著作権法，著作権法施行令，著作権法施行規則 ほか）
(内容)著作権制度のポイントを読みやすいレイアウトとわかりやすい記述で解説。豊富なQ&Aを擁する本書は，行政書士・弁護士・弁理士などを中心に初心者から実務者まで，幅広い層に好評を博している。著作権管理・法律実務に携わる方，必携の書。直近の法改正（平成16年）までを反映。知的財産基本法，コンテンツ保護法も網羅。

実務者のための著作権ハンドブック　第7版　著作権法令研究会編著　著作権情報センター　2009.2　522,8p　21cm　3334円　①978-4-88526-063-6　Ⓝ021.2
(目次)第1部 著作権制度の概要（著作権の権利について，著作隣接権 ほか），第2部 著作権に関する一問一答（著作権制度の概要関係，著作物関係 ほか），第3部 資料および解説（著作権法の概要，著作権法の成立経緯 ほか），第4部 著作権関係法令（著作権法，著作権法施行令 ほか）
(内容)著作権制度のポイントを，わかりやすい記述と読みやすいレイアウトで解説。「入門者」から著作権管理・法律実務に携わる「実務者」までの幅広いニーズに，豊富なQ&Aと各種資料で対応。

著作・編集　　　　　　　　　　　出版

実務者のための著作権ハンドブック　第8版
著作権法令研究会編著　著作権情報センター　2011.3　554,9p　21cm　〈文献あり　索引あり〉　2800円　Ⓘ978-4-88526-068-1　Ⓝ021.2
(目次)第1部　著作権制度の概要(著作者の権利について，著作隣接権　ほか)，第2部　著作権に関する一問一答(著作権制度の概要関係，著作物関係　ほか)，第3部　資料および解説(著作権法の概要，著作権法の成立経緯　ほか)，第4部　著作権関係法令(著作権法，著作権法施行令　ほか)
(内容)わかりやすい記述と読みやすいレイアウトで，著作権制度のポイントを解説。豊富なQ&Aと各種資料で，幅広いニーズに対応。

著作権実務百科　清水幸雄編　学陽書房
1992.11　1冊　21cm　18000円　Ⓘ4-313-54007-5
(目次)序　著作権制度の概要，1　出版(書籍・雑誌・新聞)，2　翻訳，3　図書館等・公的利用，4　美術・地図・応用美術，5　建築，6　音楽，7　映画・ビデオ，8　写真，9　放送・有線放送，10　実演，11　レコード・テープ，12　商品化権・宣伝・広告，13　肖像権，14　コンピューター／ニュー・メディア，15　著作権に関する紛争処理，16　管理団体・仲介業者，付録(著作権関係判例一覧，著作権関係団体名簿)

著作権法ハンドブック　改訂版　著作権法令研究会編著　著作権情報センター　1998.6　438p　21cm　2800円　Ⓘ4-88526-019-1
(目次)第1部　著作権制度の概要(著作物について，著作者について，著作者の権利について　ほか)，第2部　著作権に関する一問一答，第3部　資料および解説(著作権法の概要，著作権法の成立経緯，著作権法の一部改正　ほか)，第4部　著作権関係法令(著作権法，著作権法施行令，著作権法施行規則　ほか)

著作権法ハンドブック　改訂新版　著作権法令研究会編著　著作権情報センター　2000.4　451,7p　21cm　3000円　Ⓘ4-88526-027-2　Ⓝ021.2
(目次)第1部　著作権制度の概要(著作物について，著作者について，著作者の権利について　ほか)，第2部　著作権に関する一問一答，第3部　資料および解説(著作権法の概要，著作権法の一部改正　ほか)，第4部　著作権関係法令(著作権法，著作権法施行令，著作権法施行規則　ほか)
(内容)初心者から実務家までを対象に，著作権法に関する概説，法令，関係資料を編集収録したハンドブック。巻末に索引付き。

デジタルコンテンツ法制　過去・現在・未来の課題　増田雅史，生貝直人著　朝日新聞出版　2012.3　191p　21cm　〈年表あり　索引あり〉　1800円　Ⓘ978-4-02-330978-4　Ⓝ021.2
(目次)第1章　コンテンツ法制の中核としての著作権法(コンテンツとは，著作権とは，著作権の国際的な保護)，第2章　デジタルコンテンツ法制の成立と発展(第一期　デジタルコンテンツ法制の幕開け(1996年〜)，第二期　知的財産立国と司法制度改革(2002年〜)，第三期　コンテンツ法制・通信法制のリフォーム(2006年〜)，デジタルコンテンツ法制の発展過程)，第3章　2010年代のデジタルコンテンツ法制(今後10年に向けての視座，媒介者の新たな責任と役割，青少年有害情報対策，オンライン・プライバシー，通信・放送の融合におけるコンテンツ規制のあり方，公私関係の再構築に向けて)
(内容)ネットの世界では日々新しいサービスが生まれ，デジタルコンテンツのビジネス環境は時々刻々と変化している。コンテンツ産業における法と政策の重要性は増す一方であり，今やその知識は必要不可欠となった。法制の発展の歴史と課題を解説し，将来を展望する。

日米著作権ビジネスハンドブック　八代英輝著　商事法務　2004.12　294p　21cm　3500円　Ⓘ4-7857-1196-5
(目次)第1章　米国著作権制度の特殊性，第2章　日米の著作権法で保護される著作物，第3章　著作者，第4章　著作者の権利，第5章　著作権の存続期間，第6章　著作権の譲渡及びライセンス，第7章　著作権の行使が制限される場合，第8章　著作隣接権，第9章　著作権の侵害及び救済措置，第10章　近時の著作権の保護立法の動向，第11章　資料編
(内容)日米間における国際的な著作権ビジネスを行うにあたって，最も重要なことは，契約概念を含め，日本法と米国法の相違点を正しく理解することである。本書は，解説部分と資料編に著作権に関する契約書等のフォームを対訳で紹介し，理解しやすい教材とした。

<法令集>

最新著作権関係判例集　6　著作権判例研究会編　ぎょうせい　1990.3　1198p　21cm　13000円　Ⓘ4-324-02043-4

(目次)1 著作物, 2 コンピュータ・プログラム, 3 出版, 4 音楽, 5 写真・絵画, 6 映画・ビデオ, 7 キャラクター, 8 肖像権, 9 氏名権, 10 不正競争(形態の保護, 標章・商標・商号の保護, 虚偽文書の配布), 11 名誉毀損, 12 プライバシー, 13 商標権, 14 ノウハウ・その他(キャッシュ・カード, 情報の盗取, ノウハウ, フランチャイズ, 商号の保護, 内装の設計契約)

最新著作権関係判例集 7 著作権判例研究会編 ぎょうせい 1990.12 1212,34p 21cm 14000円 ①4-324-02406-5

(内容)この第七集は、昭和63年の一年間に出された著作権関係事件の判決決定を中心に収め、それ以前の判決決定も若干加えたものである。全部で83件の判決決定を収録している。

最新著作権関係判例集 8 著作権判例研究会著 ぎょうせい 1991.12 1329,38p 21cm 15000円 ①4-324-02855-9

(内容)本書は、著作権及びその周辺の関連すると思われる判例、決定を、著作物、コンピュータ・プログラム、出版、音楽、写真・絵画、レコード、公表権、肖像権、氏名権、不正競争、名誉毀損、プライバシー、商標権、意匠権、カード、その他に分けた。各章の初めには、一応の概説としてのコメントを付している。

最新著作権関係判例集 9 著作権判例研究会編 ぎょうせい 1993.1 1456,41p 21cm 17000円 ①4-324-03589-X Ⓝ021.2

(目次)1 著作物, 2 出版, 3 美術, 4 音楽, 5 肖像権, 6 不正競争, 7 商標権・商号権, 8 名誉毀損, 9 情報による名誉・信用毀損・プライバシー侵害, 10 ビデオテープ, 11 カード, 12 企画秘密・秘密保持義務・競業避止義務, 13 その他

(内容)著作権とその周辺領域である商標権・氏名権・肖像権・人格権・不正競争等に関わる判例を集成し、分類別に収録する判例集。第9集では「薬理学」改訂版事件、大学懸賞論文学内誌無断掲載時間など平成2年の判例を収録する。

対照式 著作権法令集 杉林信義編 冨山房 2001.11 402p 21cm 3500円 ①4-572-00699-7 Ⓝ021.2

(目次)著作権法と改正条項の対照、著作権法施行令、著作権等管理事業法と著作権仲介業務法の対照、旧著作権法改正沿革対照、ベルヌ著作権同盟条約(沿革対照)、万国著作権条約(沿革対照)、著作権に関する世界知的所有権機関条約「WIPO」、実演家、レコード製作者及び放送機関の保護に関する国際条約「隣接権条約」、許諾を得ないレコードの複製からのレコード製作者の保護に関する条約、世界貿易機関を設立するマラケシュ協定(附属書一C)「TRIPS」(抄), 関税法・関税定率法・国税徴収法(抄), 独禁法(抄), 国際私法, 判例要旨

(内容)著作権法・独禁法・国際私法の現法・旧法を収録した法令集。平成13年10月1日から施行の著作権等管理事業法と仲介業務法(廃止)の比較対象も収録するほか、著作権に関する諸条約も収録。各法令に判例要旨を記載する。

知的財産権小六法 '95 角田政芳編 成文堂 1995.6 563p 21cm 3914円 ①4-7923-2265-0

(内容)知的財産権に関する主要な法令・条約集。内容は1995年2月現在。本版では95年1月1日発効の「知的所有権の貿易的側面に関する協定」(TRIP協定)の全文と、これに沿って改正された最新の著作権法、特許法、実用新案法、意匠法、商標法および関税定率法等を収録する。

知的所有権法基本判例 著作権 改訂増補版 土井輝生著 同文舘出版 1993.6 380p 21cm 5000円 ①4-495-45983-X

(内容)本書は、著作権および著作隣接権にかんする裁判事例を120件収録し、解説を付したものである。収録した裁判所の判決や決定は、便宜的に、著作権条約、書籍、設計図、地図、美術作品、写真、非著作物、漫画キャラクター等の商品化、技術者の雇用、コンピュータ・プログラム、映画、ビデオグラム、音楽、レコードおよびパブリシティ権の順序に配列した。

著作権関係法令集 平成7年版 著作権情報センター 1995.6 385p 21cm 1500円 ①4-88526-003-5

(目次)1 国内法令(著作権法, プログラムの著作物に係る登録の特例に関する法律, 万国著作権条約の実施に伴う著作権法の特例に関する法律, 連合国及び連合国民の著作権の特例に関する法律 ほか), 2 条約(文学的及び美術的著作物の保護に関するベルヌ条約パリ改正条約, 万国著作権条約パリ改正条約, 実演家、レコード製作者及び放送機関の保護に関する国際条約, 許諾を得ないレコードの複製からのレコード製作者の保護に関する条約 ほか)

著作権関係法令集 平成8年度版 文化庁文化部著作権課内著作権法令研究会編 著作権情報センター 1996.5 1冊 26cm 1500円 ①4-88526-008-6

(目次)1 国内法令(著作権法, プログラムの著作

物に係る登録の特例に関する法律, 万国著作権条約の実施に伴う著作権法の特例に関する法律, 連合国及び連合国民の著作権の特例に関する法律 ほか), 2 条約 (文学的及び美術的著作物の保護に関するベルヌ条約パリ改正条約 (抄), 万国著作権条約パリ改正条約, 実演家, レコード製作者及び放送機関の保護に関する国際条約, 許諾を得ないレコードの複製からのレコード製作者の保護に関する条約 ほか)

著作権関係法令集　平成9年度版　著作権法令研究会編　著作権情報センター　1997.6
422,95p　21cm　1524円　①4-88526-012-4

⊕次)1 国内法令 (著作権法, プログラムの著作物に係る登録の特例に関する法律, 万国著作権条約の実施に伴う著作権法の特例に関する法律, 連合国及び連合国民の著作権の特例に関する法律 ほか), 2 条約 (文学的及び美術的著作物の保護に関するベルヌ条約パリ改正条約 (抄), 万国著作権条約パリ改正条約, WIPO著作権条約 (参考訳), 実演家, レコード製作者及び放送機関の保護に関する国際条約 ほか), 1 国内法令 (著作権法, プログラムの著作物に係る登録の特例に関する法律, 万国著作権条約の実施に伴う著作権法の特例に関する法律, 連合国及び連合国民の著作権の特例に関する法律 ほか), 2 条約 (文学的及び美術的著作物の保護に関するベルヌ条約パリ改正条約 (抄), 万国著作権条約パリ改正条約, WIPO著作権条約 (参考訳), 実演家, レコード製作者及び放送機関の保護に関する国際条約 ほか)

著作権関係法令集　平成10年度版　著作権法令研究会編　著作権情報センター　1998.6
507p　21cm　1600円　①4-88526-017-5

⊕次)1 国内法令 (著作権法, プログラムの著作物に係る登録の特例に関する法律, 万国著作権条約の実施に伴う著作権法の特例に関する法律, 連合国及び連合国民の著作権の特例に関する法律 ほか), 2 条約 (文学的及び美術的著作物の保護に関するベルヌ条約パリ改正条約 (抄), 万国著作権条約パリ改正条約, WIPO著作権条約 (参考訳), 実演家, レコード製作者及び放送機関の保護に関する国際条約), 附録1 著作物使用料規程, 附録2 WIPO著作権条約 (原文), WIPO実演・レコード条約 (原文)

著作権関係法令集　平成11年版　著作権法令研究会編　著作権情報センター　1999.7
460,99p　21cm　2000円　①4-88526-021-3

⊕次)1 国内法令 (著作権法, プログラムの著作物に係る登録の特例に関する法律, 万国著作権条約の実施に伴う著作権法の特例に関する法律, 連合国及び連合国民の著作権の特例に関する法律 ほか), 2 条約 (文学的及び美術的著作物の保護に関するベルヌ条約パリ改正条約 (抄), 万国著作権条約パリ改正条約, WIPO著作権条約 (参考訳), 実演家, レコード製作者及び放送機関の保護に関する国際条約 ほか), 附録 (著作物使用料規程, WIPO著作権条約 (原文), WIPO実演・レコード条約 (原文)), 日本音楽著作権協会著作物使用料規程, 日本文芸著作権保護同盟著作物使用料規程, 日本脚本家連盟著作物使用料規程, 日本シナリオ作家協会著作物使用料規程, 私的録音補償金規程, 私的録画補償金規程

著作権関係法令集　平成12年度版　著作権法令研究会編　著作権情報センター　2000.6
480,99p　21cm　2200円　①4-88526-028-0
Ⓝ021.2

著作権関係法令集　平成13年版　著作権法令研究会編　著作権情報センター　2001.6
494,107p　21cm　2381円　①4-88526-033-7
Ⓝ021.2

⊕次)第1章 総則, 第2章 著作者の権利, 第3章 出版権, 第4章 著作隣接権, 第5章 私的録音録画補償金, 第6章 紛争処理, 第7章 権利侵害, 第8章 罰則

著作権関係法令集　平成14年版　著作権法令研究会編　著作権情報センター　2002.7
549,129p　21cm　2667円　①4-88526-037-X
Ⓝ021.2

⊕次)1 国内法令 (著作権法, プログラムの著作物に係る登録の特例に関する法律, 万国著作権条約の実施に伴う著作権法の特例に関する法律 ほか), 2 条約 (文学的及び美術的著作物の保護に関するベルヌ条約パリ改正条約 (抄), 万国著作権条約パリ改正条約, 著作権に関する世界知的所有権機関条約 ほか), 附録1 使用料規程 (日本音楽著作権協会使用料規程, 日本文芸著作権保護同盟使用料規程, 日本脚本家連盟使用料規程 ほか), 附録2 著作権に関する世界知的所有権機関条約 (原文)・実演及びレコードに関する世界知的所有権機関条約 (原文)

著作権関係法令集　平成15年版　著作権法令研究会編　著作権情報センター　2003.12
549,127p　21cm　2667円　①4-88526-042-6

⊕次)1 国内法令 (著作権法, プログラムの著作物に係る登録の特例に関する法律, 万国著作権条約の実施に伴う著作権法の特例に関する法律, 連合国及び連合国民の著作権の特例に関する法

律 ほか), 2 条約(文学的及び美術的著作物の保護に関するベルヌ条約パリ改正条約(抄), 万国著作権条約パリ改正条約, 著作権に関する世界知的所有権機関条約, 実演家, レコード製作者及び放送機関の保護に関する国際条約 ほか), 附録1 使用料規程, 附録2 著作権に関する世界知的所有権機関条約(原文)・実演及びレコードに関する世界知的所有権機関条約(原文)

著作権関係法令集　平成17年版　著作権法令研究会編　著作権情報センター　2005.4　570,129p　21cm　2667円　①4-88526-047-7

(目次)国内法令, 条約, 使用料規程, 著作権に関する世界知的所有権機関条約(原文)・実演及びレコードに関する世界知的所有権機関条約(原文), 日本音楽著作権協会使用料規程, 日本文藝家協会使用料規程, 日本脚本家連盟使用料規程, 日本シナリオ作家協会使用料規程, 日本複写権センター使用料規程, 日本芸能実演家団体協議会使用料規程〔ほか〕

著作権関係法令集　平成19年版　著作権法令研究会編　著作権情報センター　2007.6　428,181p　19cm　2667円　①978-4-88526-056-8

(目次)国内法令, 条約, 附録1 使用料規程, 附録2 条約原文, 日本音楽著作権協会使用料規程, 日本文藝家協会使用料規程, 日本脚本家連盟使用料規程, 日本シナリオ作家協会使用料規程, 日本複写権センター使用料規程, 日本芸能実演家団体協議会使用料規程, 日本レコード協会使用料規程, 私的録音補償金規程, 私的録画補償金規程

(内容)著作権に関係する最新の国内法令・国際条約と主な使用料規程をこの一冊で。

著作権関係法令集　平成22年版　著作権法令研究会編　著作権情報センター　2010.3　504,187p　19cm　2667円　①978-4-88526-066-7　Ⓝ021.2

(目次)国内法令, 条約, 附録1 使用料規程, 附録2 条約原文, 日本音楽著作権協会使用料規程, 日本文芸家協会使用料規程, 日本脚本家連盟使用料規程, 日本シナリオ作家協会使用料規程, 日本複写権センター使用料規程, 日本芸能実演家団体協議会使用料規程, 日本レコード協会使用料規程, 私的録音補償金規程, 私的録画補償金規程

著作権関係法令集　平成25年版　著作権情報センター　2012.12　347,349p　19cm　2572円　①978-4-88526-072-8

(目次)国内法令(著作権法, 映画の盗撮の防止に関する法律, 万国著作権条約の実施に伴う著作権法の特例に関する法律 ほか), 条約(文学的及び美術的著作物の保護に関するベルヌ条約パリ改正条約(抄), 万国著作権条約パリ改正条約, 著作権に関する世界知的所有権機関条約 ほか), 附録 条約原文(著作権に関する世界知的所有権機関条約(原文), 実演及びレコードに関する世界知的所有権機関条約(原文), 視聴覚的実演に関する北京条約(仮称)(原文) ほか)

著作権法コンメンタール　上巻　1条 - 74条　金井重彦, 小倉秀夫編著　東京布井出版　2000.3　602p　22cm　6300円　①4-8109-1140-3　Ⓝ021.2

(目次)第1章 総則(通則, 適用範囲), 第2章 著作者の権利(著作物, 著作者, 権利の内容, 保護期間 ほか)

COPYRIGHT LAW OF JAPAN　大山幸房ほか訳　著作権情報センター　1996.7　200p　21cm　〈本文:日英両文〉　2000円　①4-88526-009-4

(目次)1 著作権法, 2 万国著作権条約の実施に伴う著作権法の特例に関する法律, 3 連合国及び連合国民の著作権の特例に関する法律, 4 プログラムの著作物に係る登録の特例に関する法律, 5 著作権ニ関スル仲介業務ニ関スル法律

(内容)著作権法・プログラムの著作物に係る登録の特例に関する法律等、著作権関連の法律を日本文と英文との対訳形式で収録したもの。見開きの左ページを日本文で、右ページを英文で掲載する。

◆編集

<事 典>

編集校正小辞典　野村保惠著　ダヴィッド社　1993.1　248p　19cm　1600円　①4-8048-0204-5　Ⓝ021.4

(内容)出版物の編集・校正・製作の現場で日常的に使われている言葉を解説した事典。五十音順に(ISBNも'アイ…'と読み下す方式で)排列。巻末付録として、紙加工仕上寸法、本の部分名、ポイント・級数比較表など編集の現場で使われる資料22種がある。

DTP&印刷しくみ事典　印刷メディアディレクター&デザイナーのためのグラフィックバイブル　ワークスコーポレーション エデュケーション編集部編　ワーク

スコーポレーション 2005.9 239p 26×21cm 3000円 Ⓣ4-948759-77-5

⦅目次⦆DTPとは?，パソコンの基礎知識，OSとアプリケーションソフト，カラー環境，画像，テキストとフォント，レイアウトと組版，ネットワーク，出力＆プリプレス，印刷＆製本

⦅内容⦆DTP・印刷業界関係者必携の1冊。DTPや印刷に関わるハードやソフトや制作工程の「基本のしくみ」が一目瞭然。出版・宣伝・広報・販促などプリントパブリッシングに関わるすべての方に。

DTPエキスパート用語辞典 改訂 沢田善彦，玉虫幸雄共著，日本印刷技術協会企画・編集 日本印刷技術協会 2005.1 378p 19cm 2667円 Ⓣ4-88983-076-6 Ⓝ021.49

DTPエキスパート用語800 沢田善彦，玉虫幸雄共著 日本印刷技術協会出版部 1997.6 291p 21cm 2667円 Ⓣ4-88983-058-8 Ⓝ021.49

DTPエキスパート用語1200 第2版 沢田善彦，玉虫幸雄共著 日本印刷技術協会／出版部 1999.2 339p 21cm 2858円 Ⓣ4-88983-062-6 Ⓝ021.49

DTP最新用語事典 帆風著，北村孝司監修 IDGコミュニケーションズ 1997.12 256p 19cm 2600円 Ⓣ4-87280-322-1

⦅内容⦆DTP編集，製作の基本用語2700語を写真や図版をまじえて解説したDTP用語事典。

DTP用語事典 '98‐'99 新世代出版研究所編 ビー・エヌ・エヌ 1998.1 391p 19cm 2600円 Ⓣ4-89369-603-3

⦅目次⦆数字・アルファベット順（数字・欧文表記の部），五十音順（和文表記の部）

⦅内容⦆Quark XPress，Page MakerなどのDTP関連ソフトの用語やデザイン，編集，印刷やパソコンの関連ハードウェア，周辺機器までDTP関連の用語1500語を収録。

DTP最新用語事典 2000‐2001 改訂版 ファー・インク編 IDGジャパン 2000.4 271p 19cm 1800円 Ⓣ4-87280-376-0 Ⓝ021.4

⦅内容⦆編集，デザイン・レイアウト，組版，各種ソフトなどDTP関連用語を収録した用語事典。用語は約3000語を収録し五十音順に排列。見出し語は用語と読みあるいは原綴と解説を掲載，また語の内容により編集に関するもの，デザイン・レイアウトに関するものなど16項目のカテゴリーに分類して略記号を付記する。巻末に付録として各種記号（約物）一覧，校正記号表，マッキントッシュのフォントなどがある。

DTP用語事典 '01‐'02 新世代出版研究所編 エクシード・プレス，ビー・エヌ・エヌ〔発売〕 2001.7 399p 19cm 2600円 Ⓣ4-89369-884-2 Ⓝ021.4

⦅内容⦆DTPの基礎用語を解説する事典。QuarkXPress，PageMaker，InDesignの用語，そのほかDTP関連ソフトの用語，デザイン・編集・印刷，電子出版・インターネット，関連ハードウェアなど各ジャンルから1800語を収録。数字・アルファベット順，五十音順で排列。総索引付き。

DTP最新用語事典 2002‐2003 改訂版 ファー・インク編著 IDGジャパン 2002.1 318p 19cm 1800円 Ⓣ4-87280-446-5 Ⓝ021.49

⦅内容⦆編集，デザイン・レイアウト，組版，各種ソフトなどDTP関連用語を収録した用語事典。今回の改訂版では約3300語を収録し，五十音順に排列。見出し語は用語の読みあるいは原綴と分野を表す略号を付し，解説を記載。巻末には付録として各種記号（約物）一覧，校正記号表，マッキントッシュのフォント，DTP関連会社電話帳などがある。

DTP辞典 アスキー書籍編集部編 アスキー 1993.7 271p 21cm 3200円 Ⓣ4-7561-0151-8 Ⓝ021.4

⦅内容⦆DTP（コンピュータ利用により編集を机上で行う出版システム）関連用語800語を収録した事典。対象分野は，編集，デザイン，レイアウト，画像処理，製版，印刷，コンピュータなど。

DTP独習事典 パソナテックデジタルメディアソリューショングループ編 グラフィック社 2000.2 315p 21cm 2800円 Ⓣ4-7661-1132-X Ⓝ021.49

⦅内容⦆DTP用語を解説した事典。見出しを五十音，数字，アルファベット順に排列する。

LATEX2ϵ文典 生田誠三著 朝倉書店 2000.6 352p 21cm 4200円 Ⓣ4-254-12140-7

⦅目次⦆LATEX2ϵ入門，文書ファイルの基本構造，文書クラスと文書クラスオプション，プリアンブル，ページのレイアウト，ページ形式とヘッダ・フッタ，文書ファイルの分割と結合，命令（コマンド）と引数，マクロ命令，パッケー

ジ〔ほか〕

⑲LATEX2εの命令を用途別90節に分けて解説。各節の冒頭で、その節で解説する命令・用語・パッケージ類のリストを示し、索引を用途別に分類し、簡単な説明を付した。LATEX2εの関連文献を広く漁り、興味深くかつ重要と思われる命令およびパッケージ類を取り上げ、その入・出力の事例を示した。

＜ハンドブック＞

常用漢字字体一覧 デジタル原稿の漢字の知識 1 日本エディタースクール編 日本エディタースクール出版部 2006.5 97p 26cm （日本エディタースクール講義ノート02） 1200円 ①4-88888-362-9

⑯常用漢字字体一覧、常用漢字表の解説（当用漢字から常用漢字へ、常用漢字の字体、常用漢字と文字コード、OTFの利用）

人名用漢字・表外漢字字体一覧 デジタル原稿の漢字の知識 2 小林敏編 日本エディタースクール出版部 2007.5 101p 26cm （日本エディタースクール講義ノート03） 1200円 ①978-4-88888-375-7

⑯1 人名用漢字・表外漢字字体一覧、2 人名用漢字と表外漢字字体表の解説（漢字の字体と字形、人名用漢字の主な改正経過、表外漢字の字体、人名用漢字の字体、漢字の字体と文字コード、OTFの利用）

⑲"人名用漢字"と"表外漢字字体表"に含まれる漢字を一覧にし、関連する字体と文字コードとの関係を示し、巻末では漢字字体の問題点を解説する。

必携!DTPのルール&アイデアハンドブック 吉村麻衣子著 ソーテック社 2003.3 191p 19×19cm 1980円 ①4-88166-331-3

⑯1 DTPの基礎知識、2 知っておきたい単位と書物について、3 最初に覚えておきたいDTPワークフロー、4 カラーのデザイン手法とカラーチャート、5 写真原稿のハンドリング、6 平面デザインの基礎知識とレイアウトパターン、7 Quark XPress、InDesignのすぐに使えるデザインアイデア、8 Illustratorのすぐに使えるデザインアイデア、9 Photoshopのすぐに使えるデザインアイデア

⑲DTPに携わるすべてのMacユーザー必携。単位、カラー見本、フォント、デザインなどDTPの基礎知識と制作のネタ満載本。Quark、InDesign、Photoshop、Illustratorの制作のためのTipsやノウハウが詰まっている。

必携!DTPのルール・組み版・デザインハンドブック 吉村麻衣子著 ソーテック社 2006.3 191p 19×19cm 2180円 ①4-88166-499-9

⑯1 DTPの基礎知識、2 知っておきたい書物と単位について、3 最初に覚えておきたいDTPワークフロー、4 PDFのワークフロー、5 カラーのデザイン手法とカラーチャート、6 写真原稿のハンドリング、7 平面デザインの基礎知識とレイアウトパターン、8 レイアウト・文字組研究

⑲DTPの最新事情、デザイナー（制作者）としての心得、レイアウトにおける多彩な文字組実例、配色など、最新のAdobe社製CS2を使って、DTPに必要な知識を文字（OpenTypeフォント）に重点を置いて解説。

編集・制作・出力のためのDTP編集ハンドブック 稲垣俊幸著 技術評論社 1999.6 355p 24×19cm 2980円 ①4-7741-0737-9

⑯DTPを始めるにあたって、本の制作に関する基礎知識、フォントに関する基礎知識、編集・校正、DTP（文字処理、画像処理）、出力と色校正・青焼き校正、印刷・製本

DTPエキスパート認証試験合格ハンドブック 2003 DTPエキスパート認証試験研究会編 毎日コミュニケーションズ 2003.1 271p 24×19cm 2800円 ①4-8399-0965-2

⑯1 DTPエキスパート認証試験とは（DTPエキスパート認証・登録制度の概要、DTPエキスパート認証試験受験申し込み方法、DTPエキスパート認証試験の形式と内容 ほか）、2 グラフィックアーツ（プリプレス概論、印刷企画と編集、色 ほか）、3 コンピュータ環境（ページネーションのためのデータ、ハードウェア、オペレーティングシステム ほか）、4 DTPエキスパート認証公式模擬試験問題と解答

⑲本書は、DTPエキスパート認証・登録制度についての概要と受験の方法、合格のために必要な知識の解説、模擬試験問題を収録したものである。

DTPお助けハンドブック 必須知識とトラブル解決 影山史枝著, 日本グラフィックサービス工業会編 毎日コミュニケーションズ 2004.10 277p 21cm 2800円 ①4-8399-1550-4

⑯DTPトラブルの概要、トラブルシュー

ティング基本，作業環境の見直し，Illustrator, Photoshop，レイアウトソフト，Adobe PDF, Microsoft Office，データ入稿，DTP出力，Mac OSX,Adove CS

〔内容〕DTP環境で発生するさまざまなトラブルを解決するための基礎知識と具体的なトラブル事例の原因や解決方法を解説。

DTPカラー画像入力・出力ハンドブック

平原篤邦監修，熊倉次郎文，犬塚潤一郎写真 デジタルハリウッド出版局，駿台社〔発売〕 1999.11 238p 26×21cm 〈付属資料：CD・ROM1〉 5900円 ①4-925140-09-4

〔目次〕0 スキャニングオペレーターの仕事術, 1 企画，2 画像入力，3 カラーマネジメント，4 レタッチ／分解，5 レイアウト／製版フィルム出力，6 入稿／印刷，7 デジタル画像の現場

〔内容〕本書は、適正なカラーマッチングを実現させる実践的ノウハウを、さまざまな専門技術者に取材してまとめたものです。本書が提案する無駄のないワークフローは、「写真原稿と印刷物の色がかけ離れてしまう」「色校正への指示が本機の印刷に反映しない」といったクオリティ上の問題を解決し、さらに印刷コストの大幅な節約をもたらします。

DTPのイリテン 文字入力事典

インフォメディア著 エクシード・プレス，ビー・エヌ・エヌ〔発売〕 2000.1 255p 19cm 1800円 ①4-89399-768-4

〔目次〕1 文字入力の基本，2 記号，3 外国文字, 4 異体字一覧，5 外字作成，6 文字のショートカット，7 バンドルフォント一覧

〔内容〕Macintosh DTPで編集者やデザイナーが文字入力する際に、悩みがち、あるいは忘れがちになることを7つのテーマでまとめたもの。

DTP必携

藤岡康隆著，Far編 エムディエヌコーポレーション，インプレスコミュニケーションズ〔発売〕 2000.10 212p 26×14cm 2500円 ①4-8443-5566-X

〔目次〕序章 DTPの作業環境とワークフロー（DTP作業に必要な機材，DTPソフト ほか），第1章 用紙サイズと判型（印刷物の仕上がり寸法，規格外の紙加工仕上寸法 ほか），第2章 編集と組版（台割／台割表，レビュー用紙／レイアウト用紙 ほか），第3章 フォント＆タイポグラフィー（フォントの種類，ベジェ曲線と2次スプライン曲線 ほか），第4章 カラー＆画像処理（カラー印刷の原理，カラーモデル ほか），第5章 出力・印刷・製本（PostScript,PostScript

とQuickDrawの描画方法 ほか），付録・資料集（ハードウエア，ソフトウエア ほか）

〔内容〕DTP作業に必要となる資料を豊富な図版、表を使ってワークフローごとに詳説。効率的なDTPワークのための資料集。

DTPフォントハンドブック 小出裕明編

工学社 2002.6 255p 21cm （DTPハンドブックシリーズ） 〈付属資料：CD・ROM1〉 2500円 ①4-87593-280-4 ⑩021.49

〔目次〕1 フォントのことを理解しよう(about fants,Open Type,font design others), 2 フリーフォント・ガイド (free fonts,etc.), 3 商用フォント見本帳(font vendors), 4 資料編

〔内容〕DTPフォントの情報ガイドブック及びデザイン・フォント集。DTPフォントの基礎知識、Open Typeフォント、フォント・デザインの基本について解説し、欧文・かな・記号別にフリーフォントを紹介、メーカー別商用フォント見本帳も掲載する。フォント用語集も付す。インストールすればすぐに使えるフリーフォントを300書体収録したMacintosh版CD-ROMも特別付録として添付されている。

InDesign乗り換え案内ハンドブック Quark XPressからInDesign CS移行実務ケーススタディ

山本英司著 毎日コミュニケーションズ 2005.4 245p 26cm 2800円 ①4-8399-1690-X

〔目次〕1 OS Xへ向けた環境整備，2 InDesignの基本操作，3 テンプレートの作成，4 見開きページのレイアウト，5 作業工程の見直し，6 資料

〔内容〕移行ユーザーに必要なオペレーション作業をぎゅっと凝縮。実在する雑誌のデータを使ってリアルな制作過程を再現した。フォントは大丈夫?QuarkデータをどうやってInDesignに移行すればいいの?疑問と不安を解消するために、Quark XPressからInDesignへのデータコンバート、テンプレート作成、レイアウトなど、オペレータに必須の作業を詳細に解説。

InDesign Style Book ガイドブック＆リファレンス For Macintosh

Editorial Design Lab著 翔泳社 2001.7 2冊セット 26cm 3200円 ①4-7981-0063-3

〔目次〕ガイドブック (InDesign Potentialities, Design workflow,InDesign artwork collaboration,Operations&Customize,Japanese composition ほか)，リファレンス（ページ，テキスト，書式，グラフィック，出力）

〔内容〕日本語組版機能、ワークフロー、出力、PhotoshopやIllustratorとの連携など、InDesignで印刷物を作成する際の活用法を、様々な視点から考察、紹介。QuarkXpressの操作方法から、InDesignの操作方法をすばやく参照することができる機能引きリファレンス。各種用語解説・Tips付き。

LaTeX組版ハンドブック 大友康寛著 翔泳社 2005.1 231p 19cm 〈付属資料：CD-ROM1〉 2200円 ⓘ4-7981-0804-9

〔目次〕LaTeXとは?―はじめての方のために，文書作成の基本，ページの基本的な構造，1 文書整形の基本，2 図表のレイアウト，3 論文作成，4 書籍の組版，5 マクロの作成と活用，付録
〔内容〕はじめてLaTeXを使う人へ。軽くて美しい組版システムLaTeXがワープロ感覚で使える時代になった。ハンドブックだから、カンタン・キレイな組版の基本がパパッと引けてパパッとわかる。買ったその日から使える。できる人はLaTeXを使っている。複雑な数式が、簡単に組めるLaTeXは、理系の論文はもちろん、あらゆる文書作成で大活躍。

Mac DTP HandBook 実践で役立つDTPノウハウを満載 改訂版 高橋良広，スタジオポストエイジ共著 エーアイ出版 1997.11 439p 26cm 4000円 ⓘ4-87193-588-4

〔目次〕カラーチュートリアル（DTPのSystem, Photoshopで扱う画像 ほか），第1部 DTPの基礎知識（DTPでこんなことができる，DTPディレクターとして ほか），第2部 DTPソフトの基本説明（Adobe Illustrator7.0J，Adobe Photoshop4.0J ほか），第3部 もっとDTPを使いこなすために（DTP実践テクニック集，立体文字の作成 ほか）
〔内容〕DTP歴10年の経験者は語る！"DTPディレクターの心得とは" "効果的なDTPデザインとは" "データ入稿で失敗しない秘訣とは" 長年の経験に基づいた貴重な情報が盛りだくさん。Illustrator・Photoshop・QuarkXPress・PageMakerの基本操作を解説。DTP用語解説付。

QuarkXPress コンパクトリファレンス 宮沢勇著 毎日コミュニケーションズ 2003.8 319p 19cm 1800円 ⓘ4-8399-1172-X

〔目次〕1 設定編，2 テキスト編，3 画像編，4 カラー編，5 フォント／印刷編，6 外部ソフト編
〔内容〕QuarkXPressでどのようなことが可能なのか、そして、それにはどのような操作を行えば

よいのか、十分に把握しているだろうか。もちろん、効率的な組み版を行うには、操作を知っているだけでは十分とはいえない。そこにはさまざまなノウハウが存在している。本書では、プロの組み版業者である著者が、そのノウハウやテクニックを公開している。

造本

<書　誌>

装丁家で探す本　古書目録にみた装丁家たち かわじもとたか編 杉並けやき出版，星雲社〔発売〕 2007.6 337p 19cm 3000円 ⓘ978-4-434-10672-9

〔目次〕第1章 装本，装幀，装丁，装釘，装訂?，第2章 装丁の好きだった作家たちもいる，第3章 装丁家で探す本（蕘嗚，会津八一，蕘光（蕘川光郎）ほか），第4章 装丁に関する文献，第5章 「古書目録にみた〜」シリーズについて
〔内容〕『古書目録にみた〜』シリーズ第三弾。装丁家で本を探してみよう。装丁家1000名を収録。本文は名前の五十音順に排列。装丁家の専門分野、生没年、略歴と作品の書誌情報を記載。巻末に「装丁家に関する文献」を収録。

<図鑑・図集>

西洋製本図鑑 ジュゼップ・カンブラス著，市川恵里訳，岡本幸治日本語版監修 雄松堂出版 2008.12 159p 31cm 〈文献あり 索引あり 原書名：Encuadernacion.〉 6600円 ⓘ978-4-8419-0499-4 Ⓝ022.8

〔目次〕第1章 製本の歴史，第2章 道具と材料，第3章 製本，第4章 シュミーズと箱，第5章 装飾，第6章 修復，第7章 ステップ・バイ・ステップ
〔内容〕ヨーロッパの本格的な西洋製本術（ルリユール）の歴史や技術をオールカラーの写真で紹介する図鑑。

世界の美しい本　世界で最も美しい本コンクール入選作品コレクション グラフィック社編集部編 グラフィック社 2012.8 207p 26cm 〈他言語標題：Best Book Design from all over the World　索引あり〉 2800円 ⓘ978-4-7661-2393-7 Ⓝ022.57

〔目次〕世界で最も美しい本コンクール受賞作品，ドイツ，オランダ，スイス，その他の国（フランス，チェコ，イギリス，オーストリア，オーストラリア，カナダ，中国）

造本　　　出版

〈内容〉テーマがおもしろい本、凝った造本の本が大集合。各国のブックデザインコンクール4年分の入選作品約1000点の中から選ばれた約200点を掲載。

デザインファイリングブック　2　ブックデザイン　インパクト・コミュニケーションズ編著　誠文堂新光社　2008.7　157p　29cm　〈他言語標題：Design filing book〉　2000円　①978-4-416-60836-4

〈目次〉有山達也，大久保明子，川村哲司，古平正義，クラフト・エヴィング商會，コードデザインスタジオ，サイン，名久井直子，細山田光宣，帆足英里子，ミルキィ・イソベ，森大志郎

〈内容〉デザインのアイデアソースをファイリングした「デザインファイリングブック」。第2弾は12人のデザイナーが、それぞれの個性を凝縮させた「ブックデザイン」。タイポグラフィ、書体選び、レイアウト、文字組、紙の選定、綴じや印刷へのこだわり。存在感のある本は、デザイナーの「繊細」かつ「大胆」な意志を表現することから生まれるのです。本誌は「ブックデザイン」だけでなく、さまざまな場面におけるデザインの発想をサポートする1冊です。

表紙とカバー　世界のペーパーバックデザイン　江口宏志著　ピエ・ブックス　2006.4　239p　21cm　〈他言語標題：World paperback design　おもに図〉　2800円　①4-89444-518-2　Ⓝ022.57

本の変奏曲　篠原栄太著　グラフィック社　2008.10　79p　27cm　2500円　①978-4-7661-1954-1　Ⓝ022.57

〈目次〉新聞見出しとコラージュ，魔・The Devil，いつの日か・SOME DAY，春のイメージ和装本，「蔦」文字のある和装本，芽ばえ・春彩，アルファベット，コラージュアメリカ，フェイス30，ベーシックタイポグラフィ〔ほか〕

漫画・アニメ・ライトノベルのデザイン総集編　アイデア編集部編　誠文堂新光社　2011.6　264p　30cm　〈Idea archive〉　〈他言語標題：Design of Manga,Anime & Light Novel〉　2800円　①978-4-416-61112-8　Ⓝ022.57

〈目次〉祖父江慎＋コズフィッシュ，南伸坊，羽良多平吉，日下潤一，井上則人，ボラーレ，セキネシンイチ制作室，コードデザインスタジオ，Veia Veia，マッハ55号〔ほか〕

〈内容〉ベテランから注目の若手まで、あの漫画やこのアニメにかかわるデザイナーの仕事を一挙紹介。好評を博したデザイン誌「アイデア」特集号待望の書籍化。

＜年鑑・白書＞

アメリカのエディトリアル・デザイン年鑑24　シグマユニオン，オーク出版サービス〔発売〕　1990.11　248p　32×24cm　12500円　①4-87246-032-2

〈内容〉第24回SPD（出版デザイナー協会）コンペティションに応募されたあらゆるジャンルの出版物（消費者向、貿易、社内誌、新聞、年報、その他の雑誌形式の出版物）の中から、その年の最も優れたデザインが紹介されている。

アメリカのエディトリアル・デザイン年鑑25　シグマユニオン，オーク出版サービス〔発売〕　1991.6　248p　32×24cm　〈原書名：25TH PUBLICATION DESIGN ANNUAL〉　12500円　①4-87246-106-1

〈内容〉今号では、あらゆるジャンルの出版物（消費者向、貿易、社内誌、新聞、年報、その他の雑誌形式の出版物）の中から、その年の最も優れたデザインが紹介されている。

アメリカのエディトリアル・デザイン年鑑26　シグマユニオン，オーク出版サービス〔発売〕　1991.12　240p　32×24cm　〈本文：英文〉　12500円　①4-87246-146-0

〈内容〉第26回SPD（出版デザイナー協会）コンペティションに応募された6,500点の中から厳選された500点の出版デザインの作品が、デザイン・イラストレーション・フォトグラフィーの3分野別に紹介されている。雑誌、新聞、年次報告書など総ての定期刊行物から選ばれたデザイン的に優れた作品を一冊に収録。

アメリカのエディトリアル・デザイン年鑑27　シグマユニオン，オーク出版サービス〔発売〕　1992.12　240p　32×24cm　12500円　①4-87246-229-7

〈内容〉SPD（出版デザイナー協会）コンペティションには全世界から数千の応募が集まります。今年の第27回コンペティションには6,500点以上の応募が集まりました。16人の委員からなる審査員会は約500点の入賞作品を選び出し、それらが本書に収録されています。

BOOK DESIGN NOW　2003　特種製紙企画・制作　六耀社　2003.7　198p　19cm　1800円　①4-89737-468-5

(目次)秋田寛，秋山孝，浅葉克己，天野誠，荒木槇司，荒田秀也，荒蒔悦子，安藤千種，池田雅彦，石川勝一〔ほか〕

(内容)ブックデザインの"今"を鳥瞰する。第一線で活躍するクリエイター153名のブックデザイン考と近作。臼田捷治氏による深く鋭いブックデザイン論、特別寄稿。

図書の販売

<名簿・人名事典>

絵本好きが集まる絵本屋さん100 MOE編集部編 白泉社 2008.12 119p 19cm (MOE books) 1400円 ⓘ978-4-592-73250-1 Ⓝ024.1

(目次)北海道・東北編，関東編，甲信越・北陸・東海編，関西編，中国・四国・九州・沖縄編

(内容)絵本ファンなら一度は訪れたい、日本全国の絵本屋さんを徹底ガイド。ゲストエッセイ11編収録。

関西ブックマップ 書店・図書館徹底ガイド 関西ブックマップ編集委員会編 (大阪)創元社 2001.6 335p 18cm 880円 ⓘ4-422-25026-4 Ⓝ024.035

(目次)1 書店街マップ(大型書店ガイド付き)，2 専門書店ガイド，3 公共図書館ガイド，4 専門図書館ガイド，5 本と情報の便利な検索サイト集，附録(関西の書店組合ホームページ，関西の大型書店支店一覧，関西主要新刊書店一覧，大阪・京都の出版社一覧，古書店即売会案内・目録案内)

(内容)関西で本を探す人のためのガイドブック。新刊書店・古書店・図書館など、専門書がまとまって置かれた場所をすべて地図入りで解説。インターネットで本を探すための検索サイト集を掲載。

書店&図書館ガイド／東京 2004 recoreco編集部編 メタローグ 2004.1 359p 18cm 890円 ⓘ4-8398-2032-5

(目次)エリアマップ，エリアデータ，大型書店，東京都書店，近県書店，図書館，その他／索引

(内容)書店&図書館800件、おすすめスポット500件、東京・神奈川・千葉・埼玉一挙掲載!!本を探す、街で遊ぶ、決定版ガイドブック!!渋谷・青山・六本木・新宿・早稲田・池袋・銀座・神保町厳選エリアの見やすいマップつき。巻末には「オンライン書店リスト」「出版社リスト」「書店INDEX」「専門書INDEX」「図書館INDEX」を収録。

全国書店名簿 日書連 1990年版 日本書店商業組合連合会編 日本書店商業組合連合会 1990.10 491p 21cm 4563円 ⓘ4-89018-002-8 Ⓝ024.1

(内容)日本書店商業組合連合会傘下の書店を都道府県別に収録。

全国書店名簿 日書連 1991年版 日本書店商業組合連合会編 日本書店商業組合連合会 1991.9 483p 21cm 4563円 ⓘ4-89018-003-6 Ⓝ024.1

(内容)日本書店商業組合連合会傘下の書店を都道府県別に収録。

全国書店名簿 日書連 1992年版 日本書店商業組合連合会編 日本書店商業組合連合会 1992.9 481p 21cm 4563円 ⓘ4-89018-004-4

(内容)日本書店商業組合連合会産傘下の書店を都道府県別に収録。

全国書店名簿 1999 日本書店商業組合連合会編 日本書店商業組合連合会 1999.10 390,57p 26cm 4800円 ⓘ4-89018-011-7

(目次)北海道組合(416名)，青森県組合(119名)，秋田県組合(113名)，岩手県組合(146名)，山形県組合(99名)，宮城県組合(296名)，福島県組合(159名)，茨城県組合(216名)，栃木県組合(145名)，群馬県組合(102名)〔ほか〕

(内容)日本書店商業組合連合会加盟の全国各書店組合員(1都1道2府43県計47組合)の営業所所在地、商号、電話、氏名等を集録したもの。内容は平成11年8月現在。

東京ブックナビ 東京地図出版編集部編 東京地図出版 2009.1 331p 図版23枚 18cm 〈索引あり〉 1000円 ⓘ978-4-8085-8516-7 Ⓝ024.136

(目次)書店エリアガイド(中野・高円寺・阿佐ヶ谷，荻窪・西荻窪，吉祥寺・三鷹，国分寺・国立，下北沢 ほか)，図書ガイド(芸術，趣味・実用，メディア，海外，文化 ほか)

(内容)東京23区を中心に、新刊書店、古書店、オンライン書店、検索サイト、図書館を紹介するガイドブック。書店はエリア別、図書館は目的別に、2008年11月現在で掲載する。ジャンル別の書店索引を巻末に掲載。五十音順の書店・図書館の各索引、地図ガイドを付す。

東京ブックマップ　東京23区書店・図書館徹底ガイド　1991 - 1992　東京ブックマップ編集委員会編　書籍情報社　1990.12　303p　18cm　〈発売：地方・小出版流通センター〉　806円　Ⓝ024.035

(内容)書店街、大書店、専門書店、大図書館、専門図書館、の5部に分け、地図とデータを付して書店や図書館を詳しく紹介。書店には店名、店への道案内、電話番号、取り扱い分野、営業時間を、図書館には館名、所在地、電話番号、利用時間、利用条件、サービス内容、交通機関、図書館概要を記載、巻末に機関名とテーマ名からの索引あり。

東京ブックマップ　東京23区書店・図書館徹底ガイド　'92 - '93　東京ブックマップ編集委員会編　書籍情報社　1992.3　303p　18cm　800円

東京ブックマップ　'93 - '94　東京ブックマップ編集委員会編　書籍情報社　1993.3　307p　18cm　800円

(目次)1書店街マップ，2大書店ガイド，3専門書店ガイド，4大図書館ガイド，5専門図書館ガイド

(内容)東京で本を探す人のためのガイドブック。書店街・大型新館書店・専門書店・大型公共図書館・専門図書館の情報と地図を掲載する。

東京ブックマップ　'97 - '98　東京23区書店・図書館徹底ガイド　書籍情報社　1997.2　318p　18cm　777円　Ⓘ4-915999-05-X

(目次)1書店街マップ，2大書店ガイド，3専門書店ガイド，4大図書館ガイド，5専門図書館ガイド

(内容)東京で本を探す人のためのガイドブック。新刊書店・古書店・図書館など地図入りで解説。内容は原則として平成8年10月現在。

東京ブックマップ　東京23区書店・図書館徹底ガイド　'99 - 2000　東京ブックマップ編集委員会編　書籍情報社　1999.1　335p　18cm　780円　Ⓘ4-915999-06-8

(目次)1書店街マップ，2大書店ガイド，3専門書店ガイド，4大図書館ガイド，5専門図書館ガイド

(内容)東京で本を探す人のためのガイドブック。8大書店街、14大新刊書店、専門書店242店、3大公共図書館、専門図書館214館、限定付公開図書館リスト177館、インターネットによる書誌検索一覧、主要出版社の電話番号一覧などを掲載。内容は原則として平成10年11月現在。

東京ブックマップ　東京23区書店・図書館徹底ガイド　ネット対応版　2001 - 2002　東京ブックマップ編集委員会編　書籍情報社　2001.3　351p　18cm　780円　Ⓘ4-915999-08-4　Ⓝ024.136

(目次)1書店街マップ，2大書店ガイド，3専門書店ガイド，4大図書館ガイド，5専門図書館ガイド，6本と情報の便利な検索サイト集

(内容)東京で本を探す人のためのガイドブック。新刊書店・古書店・図書館など、専門書がまとまって置かれた場所をすべて地図入りで解説。平成13年2月現在のデータを収録。

東京ブックマップ　2003 - 2004　東京23区書店・図書館徹底ガイド　東京ブックマップ編集委員会編　書籍情報社　2003.3　358p　18cm　〈地方〉　780円　Ⓘ4-915999-11-4

(目次)1 8大書店街，2 15大新刊書店，3 専門書店248店，4 3大公共図書館，5 専門図書館214館，6 本と情報の便利な検索サイト集

東京ブックマップ　東京23区書店・図書館徹底ガイドネット対応版　2005 - 2006年版　東京ブックマップ編集委員会編　書籍情報社　2005.3　366p　18cm　762円　Ⓘ4-915999-14-9

(目次)1書店街マップ，2大書店ガイド，3専門書店ガイド，4大図書館ガイド，5専門図書館ガイド，6本と情報の便利な検索サイト集

(内容)「東京で本を探す」ための書店・図書館徹底ガイド。

ニューヨークの書店ガイド　アメリカの書店事情最前線　大久保徹也編，前田直子著　(市川)出版メディアパル　2005.9　102p　21cm　(本の未来を考える=出版メディアパル no.7)　1200円　Ⓘ4-902251-07-8　Ⓝ024.5321

まんがまっぷ　首都圏・京阪神・愛知編　1997-1998　まんが探検隊著　夏目書房　1997.9　262p　18cm　1200円　Ⓘ4-931391-30-3　Ⓝ024.136

<ハンドブック>

版元ドットコム大全　出版社営業ノウハウと版元ドットコム活用術　2009　版元

ドットコム編著　版元ドットコム，ポット出版（発売）　2009.7　75p　21cm　〈年表あり〉　600円　Ⓘ978-4-7808-0130-9　Ⓝ024.067

Ⓜ目次 目的と活動（版元ドットコムに参加してみませんか，版元ドットコムがやっていること，版元ドットコムの書誌情報を活用してください），マニュアルとQ&A（書籍登録・業界連絡支援システムマニュアル，会員版元からよく寄せられる質問，版元ドットコムに登録できるデータのすべて），参加の方法と規約（会員参加方法，会友になる方法，版元ドットコム・会則と会費），参考資料（出版業界辞典，版元ドットコムの沿革，会員社）

◆古本・古書店

<書誌>

反町茂雄収集古書販売目録精選集　第1巻（大正2年―11年4月）　柴田光彦編　ゆまに書房　2000.8　363,4p　27cm　（書誌書目シリーズ 53）　〈複製〉　18000円　Ⓘ4-8433-0137-X　Ⓝ025.9

反町茂雄収集古書販売目録精選集　第2巻（大正11年10月―昭和2年）　柴田光彦編　ゆまに書房　2000.8　421,4p　27cm　（書誌書目シリーズ 53）　〈複製〉　18000円　Ⓘ4-8433-0138-8　Ⓝ025.9

反町茂雄収集古書販売目録精選集　第3巻（昭和3年1月―4年11月）　柴田光彦編　ゆまに書房　2000.8　367,4p　27cm　（書誌書目シリーズ 53）　〈複製〉　18000円　Ⓘ4-8433-0139-6　Ⓝ025.9

反町茂雄収集古書販売目録精選集　第4巻（昭和4年12月―7年9月）　柴田光彦編　ゆまに書房　2000.8　478,4p　27cm　（書誌書目シリーズ 53）　〈複製〉　18000円　Ⓘ4-8433-0140-X　Ⓝ025.9

反町茂雄収集古書販売目録精選集　第5巻（昭和7年11月―10年8月）　柴田光彦編　ゆまに書房　2000.8　370,4p　27cm　（書誌書目シリーズ 53）　〈複製〉　18000円　Ⓘ4-8433-0141-8　Ⓝ025.9

反町茂雄収集古書販売目録精選集　第6巻（昭和10年9月―12年2月）　柴田光彦編　ゆまに書房　2000.8　464,4p　27cm　（書誌書目シリーズ 53）　〈複製〉　18000円　Ⓘ4-8433-0142-6　Ⓝ025.9

反町茂雄収集古書販売目録精選集　第7巻（昭和12年5月―13年5月）　柴田光彦編　ゆまに書房　2000.8　502,4p　27cm　（書誌書目シリーズ 53）　〈複製〉　18000円　Ⓘ4-8433-0143-4　Ⓝ025.9

反町茂雄収集古書販売目録精選集　第8巻（昭和13年6月―14年4月4日）　柴田光彦編　ゆまに書房　2000.8　362,4p　27cm　（書誌書目シリーズ 53）　〈複製〉　18000円　Ⓘ4-8433-0144-2　Ⓝ025.9

反町茂雄収集古書販売目録精選集　第9巻（昭和14年4月19日―15年4月15日）　柴田光彦編　ゆまに書房　2000.8　346,4p　27cm　（書誌書目シリーズ 53）　〈複製〉　18000円　Ⓘ4-8433-0145-0　Ⓝ025.9

反町茂雄収集古書販売目録精選集　第10巻（昭和15年4月―18年 附・年代不明）　柴田光彦編　ゆまに書房　2000.8　390,4p　27cm　（書誌書目シリーズ 53）　〈複製〉　18000円　Ⓘ4-8433-0146-9　Ⓝ025.9

<名簿・人名事典>

古本屋名簿　古通手帖 2011　日本古書通信社編集部編　日本古書通信社　2010.10　198,36,17p　18cm　〈年表あり〉　1200円　Ⓘ978-4-88914-039-2　Ⓝ024.8

<図鑑・図集>

おとぎ話の古書案内　海野弘解説・監修　パイインターナショナル　2012.10　279p　26cm　〈他言語標題：Fairy Tales In Old Books〉　2800円　Ⓘ978-4-7562-4277-8　Ⓝ726.6

Ⓜ目次 子どもの本の世界（子どもの本の歴史，子どものためのお話集，踊り出す本たち楽しきしかけ絵本），絵本の中の動物たち（演技する動物たち），大人の本の世界（大人の本―その魅力の秘密，さまざまな愛のロマネスク，アール・デコ絵本の世界），おとぎ話の魔法の世界（こびと，妖精，魔法使，怪物）

Ⓜ内容 夢のような，おとぎ話のアンティークブックを大公開！かわいい子どもの絵本・たのしいしかけ本・瀟洒な大人の挿絵本etc…魅惑的なヨーロッパ絵本の世界へようこそ。

<年鑑・白書>

古本年鑑 1933年版 大空社 1994.2 360p 22cm 〈古典社昭和8年刊の複製〉
Ⓣ4-87236-874-6 Ⓝ020.59

古本年鑑 1934年版 大空社 1994.2 390p 22cm 〈古典社刊の複製〉 Ⓣ4-87236-874-6 Ⓝ020.59

古本年鑑 1935年版 大空社 1994.2 434p 22cm 〈古典社昭和10年刊の複製〉
Ⓣ4-87236-874-6 Ⓝ020.59

古本年鑑 1936・7年版 大空社 1994.2 299p 22cm 〈古典社昭和12年刊の複製〉
Ⓣ4-87236-874-6 Ⓝ020.59

出版目録

<書 誌>

川口に関する出版物目録 平成元年 川口に関する出版物目録をつくる会編 (川口)川口に関する出版物目録をつくる会 1990.3 122,13p 26cm 非売品 Ⓝ025.8134

Ⓘ江戸期より平成元年11月までの図書・逐次刊行物等905点を収録した分類目録。

京都出版史 明治元年〜昭和二十年 京都出版史編纂委員会編 (京都)日本書籍出版協会京都支部 1991.3 665p 27cm 〈発売:京都出版史刊行会〉 20000円

Ⓘ明治以降昭和20年までに京都で出版された図書を採録した出版目録。「明治期刊行図書目録」「帝国図書館報」「出版年鑑」等に基づき作成。各年ごとに独自の分類によって排列し、書名索引と著者名索引を付す。他に参考資料として、出版社の創業一覧および小史、出版関連組合員名簿、参考文献など豊富。

享保以後 江戸出版書目 新訂版 朝倉治彦,大和博幸編 (京都)臨川書店 1993.12 612p 21cm 16000円 Ⓣ4-653-02594-0

主題書誌索引 81〜91 深井人詩編 日外アソシエーツ,紀伊国屋書店〔発売〕 1994.7 686p 26cm 29000円 Ⓣ4-8169-1252-5 Ⓝ025.1

Ⓘ主題から検索する書誌の書誌。1981年〜1991年の11年間に、研究書、雑誌、紀要など各種の文献に発表された特定の主題や地域に関する書誌26200点を、6400項目の見出しのもとに

示す。図書の巻末や非売品に掲載されたものなども掲載している。同編者の「人物書誌索引」と対をなす。

主題書誌索引 1992-2000 深井人詩編 日外アソシエーツ,紀伊国屋書店〔発売〕 2003.8 789p 26cm 29000円 Ⓣ4-8169-1798-5

Ⓘ1992〜2000年に国内で発表された特定の主題やテーマに関する書誌・文献目録など34961件を収録。事項名、団体・機関名、地名などを見出しとして掲げ、思いついたキーワードから書誌・参考文献がどの雑誌に掲載されているかを一望できる索引。

主題書誌索引 2001-2007 中西裕編 日外アソシエーツ 2009.11 915p 27cm 32000円 Ⓣ978-4-8169-2218-3 Ⓝ025.1

Ⓘ2001〜2007年の7年間に単行書、雑誌、紀要などに発表された主題書誌41041点を収録した書誌の書誌。さまざまなテーマや地域など10146件の見出しのもとに、参考文献・目録・年表等の書誌情報を一覧できる。図書の巻末や非売品に掲載されたものなど、調査が難しい書誌も収録している。

世界各国の全国書誌 主要国を中心に 改訂増補版 国立国会図書館,紀伊国屋書店〔発売〕 1995.2 144p 26cm (研修教材シリーズ No.11) 3550円 Ⓣ4-87582-387-8

Ⓜ1 全国書誌とは何か(全国書誌の定義,全国書誌の内容,全国書誌の形態),2 全国書誌の研究について(全国書誌研究の流れ,全国書誌研究文献案内),3 主要各国の全国書誌(イギリス,アメリカ,ドイツ,フランス,イタリア ほか),4 世界各国の全国書誌一覧

Ⓘ主要11カ国を中心にした、外国の全国書誌の書誌。1983年に刊行されたものの改訂版。CD-ROMを含めた、各国の全国書誌やそれに近い性格を持つ蔵書目録・販売目録を収録。主要11カ国については国別に、それ以外の国のものは巻末に国名アルファベット順に排列する。国立国会図書館所蔵のものには請求番号を付す。

◆書誌年鑑

<年鑑・白書>

書誌年鑑 '89 深井人詩編 日外アソシエーツ,紀伊国屋書店〔発売〕 1990.1 416p 21cm 14214円 Ⓣ4-8169-0913-3

Ⓘ日本国内で発表された各種の書誌・文献

目録を年刊ペースで網羅する唯一の"書誌の書誌"。今年度版からキーワード検索方式を採用、「件名編」「地名編」「人名編」「誌名編」に分けてキーワードの五十音順に排列している。'89年版（'88年4月～'89年3月）は、図書、図書の一部、雑誌掲載のもの、私家版など約5900件を収録。書誌作成の動向をさぐる「年間展望」、書誌に関する文献を集めた「書誌論」のほか、「編者名索引」などを付す。

書誌年鑑 '90 深井人詩編 日外アソシエーツ, 紀伊國屋書店〔発売〕 1990.12 386p 21cm 16400円 Ⓘ4-8169-1010-7

(内容)日本国内で発表された各種の書誌・文献目録を年刊ペースで網羅する唯一の"書誌の書誌"。各書誌を「件名編」「地名編」「人名編」「誌名編」に分けて、キーワードの50音順に配列している。'89年4月～'89年12月に発表された約5700件を収録。書誌作成の動向をさぐる「年間展望」、書誌に関する文献を集めた「書誌論」のほか、「件名・地名NDC分類表」「編者名索引」付き

書誌年鑑 '91 深井人詩著 日外アソシエーツ, 紀伊國屋書店〔発売〕 1991.12 449p 21cm 16400円 Ⓘ4-8169-1112-X

(内容)日本国内で発表された各種の書誌・文献目録を年刊ペースで網羅する唯一の"書誌の書誌"。各書誌を「件名編」「地名編」「人名編」「誌名編」に分けて、キーワードの50音順に配列している。'90年1月～'90年12月に発表された約6600件を収録。書誌作成の動向をさぐる「年間展望」、書誌に関する文献を集めた「書誌論」のほか、「編者名索引」付き。

書誌年鑑 '92 深井人詩編 日外アソシエーツ, 紀伊國屋書店〔発売〕 1992.12 484p 21cm 16800円 Ⓘ4-8169-1154-5 Ⓝ025.1

(内容)日本国内で発表された各種の書誌・文献目録を年刊ペースで網羅する唯一の"書誌の書誌"。各書誌を「件名編」「地名編」「人名編」「誌名編」に分けて、キーワードの50音順に配列している。'91年1月～'91年12月に発表された7351件を収録。主要書誌50件について抄録・解題を記載する「書誌論」のほか、「編者名索引」付き。

書誌年鑑 '93 深井人詩編 日外アソシエーツ, 紀伊國屋書店〔発売〕 1993.12 490p 21cm 18800円 Ⓘ4-8169-1213-4

(目次)1 件名編, 2 地名編(日本, 外国), 3 人名編(日本人, 東洋人, 西洋人), 4 誌名編(和文誌名, 欧文誌名), 5 書誌論(抄録, 解題)

(内容)1992年に日本で発表された書誌7204点と、書誌論55点を収録した年刊版の書誌の書誌。書誌7204点は、件名編・地名編・人名編・誌名編の4編に分け、それぞれキーワードの五十音順に排列。書誌論には書誌論55点を掲載する。いずれも人文・社会科学分野を主とし、それに関連する科学・技術分野を収める。巻末に編者名索引がある。

書誌年鑑 '94 深井人詩編 日外アソシエーツ, 紀伊國屋書店〔発売〕 1994.12 488p 21cm 18800円 Ⓘ4-8169-1268-1

(目次)1 件名編, 2 地名編(日本, 外国), 3 人名編(日本人, 東洋人, 西洋人), 4 誌名編(和文誌名, 欧文誌名), 5 書誌論(抄録, 解題)

(内容)1993年に日本で発表された書誌、およびこれまでの「書誌年鑑」に掲載もれの書誌計7659点と、書誌論57点を収録した年刊版の書誌の書誌。件名編、地名編、人名編、誌名編、書誌論の5編からなり、それぞれキーワードの五十音順に書誌を排列。いずれも人文・社会科学分野を主とし、それに関連する科学・技術分野を収める。

書誌年鑑 '95 日外アソシエーツ, 紀伊國屋書店〔発売〕 1995.12 509p 21cm 18800円 Ⓘ4-8169-1340-8

(内容)1994年1年間に国内で発表された書誌を集めたもの。対象となる書誌は図書または図書の一部として出版されたもの、雑誌掲載のもので、非売品、前版の掲載漏れ分を含む。収録点数8084点。各種書誌を件名編、地名編、人名編、誌名編の4編に分類し、人文・社会科学分野のものを中心にキーワードの五十音順に掲載する。ほかに書誌論60点を併載。

書誌年鑑 '96 深井人詩編 日外アソシエーツ, 紀伊國屋書店〔発売〕 1996.12 536p 21cm 18849円 Ⓘ4-8169-1403-X

(目次)1 件名編, 2 地名編(日本, 外国), 3 人名編(日本人, 東洋人, 西洋人), 4 誌名編(和文誌名, 欧文誌名), 5 書誌論(抄録, 解題)

(内容)1995年の1年間に国内で発表された書誌8369点を収録。各種書誌を件名編、地名編、人名編、誌名編の4編に分類、そのほかに書誌論63点を付す。

書誌年鑑 '97 深井人詩編 日外アソシエーツ, 紀伊國屋書店〔発売〕 1997.12 507p 21cm 18400円 Ⓘ4-8169-1465-X

(目次)書誌目録, 書誌論

出版目録　　　　　　　　　　　出版

内容 1996年1年間に国内で発表された書誌を集めた年鑑。対象となる書誌は図書または図書の一部として出版されたもの、雑誌掲載のもので、非売品など8956点と書誌論27点を収録。配列は従来の件名編、地名編、人名編、誌名編に4分割されていたものから、書誌目録全体をキーワードの五十音順とした一系列に変更されている。

書誌年鑑　'98　深井人詩編　日外アソシエーツ，紀伊国屋書店〔発売〕　1998.12　527p　21cm　18600円　①4-8169-1516-8

目次 書誌目録，書誌論

内容 1997年1年間に国内で発表された書誌9077点を収録した年鑑。対象となる書誌は、図書または図書の一部として出版されたもの、雑誌掲載のもので、非売品、前版の掲載漏れ分を含む。書誌目録、書誌解題ともにキーワード50音順排列。主要書誌の解題も30点併載。

書誌年鑑　'99　深井人詩編　日外アソシエーツ，紀伊国屋書店〔発売〕　1999.12　518p　21cm　18600円　①4-8169-1580-X

目次 書誌目録，書誌論

内容 1998年1月から12月までに日本で発表された各種の文献目録すなわち書誌と、それ以前に発表されたもので『書誌年鑑』に掲載できなかったもの合計8423点（キーワード件数）と書誌解題30点を収録した年鑑。各書誌をキーワードの五十音順に排列。

書誌年鑑　2000　日外アソシエーツ編　日外アソシエーツ，紀伊国屋書店〔発売〕　2000.12　535p　21cm　19000円　①4-8169-1637-7　Ⓝ025.1

目次 書誌目録，書誌解説

内容 書誌すなわち文献目録を集めた年鑑。1999年1月から12月までに発表された書誌を、部分書誌（図書の一部）、雑誌掲載のもの、非売品を含め8455点を収録、さらに書誌解説38点を収録する。排列は書誌記述から選定したキーワードの五十音順。

書誌年鑑　2001　深井人詩，中西裕編　日外アソシエーツ，紀伊国屋書店〔発売〕　2001.12　521p　21cm　19000円　①4-8169-1700-4　Ⓝ025.1

目次 書誌目録，書誌解説

内容 書誌すなわち文献目録を収録した書誌。2000年1月から12月までに発行された図書、図書に含まれる部分書誌、雑誌掲載の書誌、非売品書誌あわせて8168件を収録する。そのほか主要書誌40点の解題を併載。各書誌を主題の五十音順に排列し、書誌事項と掲載ページなどを記載する。

書誌年鑑　2002　深井人詩，中西裕編　日外アソシエーツ，紀伊国屋書店〔発売〕　2002.12　549p　21cm　19000円　①4-8169-1752-7　Ⓝ025.1

内容 書誌すなわち文献目録を収録した年鑑版の書誌。初版は1982年。2001年1月から12月までに発行された図書、図書に含まれる部分書誌、雑誌掲載の書誌、非売品書誌あわせて9490件を収録、また主要書誌52点を解説する。各書誌を主題の五十音順に排列し、書誌事項と掲載ページなどを記載する。

書誌年鑑　2003　中西裕，深井人詩共編　日外アソシエーツ，紀伊国屋書店〔発売〕　2003.12　499p　21cm　19000円　①4-8169-1812-4

目次 書誌目録，書誌解説

内容 2002年1月から12月までに日本で発表された各種の文献目録すなわち書誌と、それ以前に発表されたもので『書誌年鑑』に掲載できなかったもの合計8545点（キーワード件数）と書誌解説32点を収録。

書誌年鑑　2004　中西裕編，深井人詩監修　日外アソシエーツ，紀伊国屋書店〔発売〕　2004.12　513p　21cm　19000円　①4-8169-1881-7

目次 書籍目録，書誌解説

内容 国内唯一の年刊版"書誌の書誌"。図書、図書の一部、雑誌掲載のもの、それに非売品まで網羅。2004年版は2003年1月～12月発行の8837件を収録。各書誌をキーワードの五十音順に排列。主要書誌の解題も33点併載。

書誌年鑑　2005　中西裕編，深井人詩監修　日外アソシエーツ，紀伊国屋書店〔発売〕　2005.12　519p　21cm　19000円　①4-8169-1957-0

内容 図書、図書の一部、雑誌掲載のもの、それに非売品まで網羅。2005年版は2004年1月～12月発行の8922件を収録。各書誌をキーワードの五十音順に排列。主要書誌の解題も38点併載。

書誌年鑑　2006　中西裕編，深井人詩監修　日外アソシエーツ，紀伊国屋書店〔発売〕　2006.12　508p　21cm　19000円　①4-8169-2018-8

目次 書誌目録，書誌解説

(内容)図書、図書の一部、雑誌掲載のもの、それに非売品まで網羅。2005年1月～12月発行の8731件を収録。各書誌をキーワードの五十音順に排列。主要書誌の解題も35件併載。

書誌年鑑　2007　中西裕編　日外アソシエーツ，紀伊国屋書店〔発売〕　2007.12　498p　21cm　19000円　Ⓘ978-4-8169-2082-0

(目次)書誌目録，書誌解説

(内容)図書、図書の一部、雑誌掲載のもの、それに非売品まで網羅。2007年版は2006年1月～12月発行の8237件を収録。各書誌をキーワードの五十音順に排列。主要書誌の解題も33件併載。

書誌年鑑　2008　中西裕編　日外アソシエーツ　2008.12　515p　21cm　19800円　Ⓘ978-4-8169-2153-7　Ⓝ025.1

(目次)書誌目録，書誌解説

(内容)国内唯一の年刊版 "書誌の書誌"。図書、図書の一部、雑誌掲載のもの、それに非売品まで網羅。2008年版は2007年1月～12月発行の8702件を収録。各書誌をキーワードの五十音順に排列。主要書誌の解題も32件併載。

書誌年鑑　2009　中西裕編　日外アソシエーツ　2009.12　481p　21cm　19800円　Ⓘ978-4-8169-2222-0　Ⓝ025.1

(目次)書誌目録，書誌解説

(内容)国内唯一の年刊版 "書誌の書誌"。図書、図書の一部、雑誌掲載のもの、それに非売品まで網羅。2009年版は2008年1月～12月発行の8135件を収録。各書誌をキーワードの五十音順に排列。主要書誌の解題も31件併載。

書誌年鑑　2010　中西裕編　日外アソシエーツ　2010.12　483p　21cm　19800円　Ⓘ978-4-8169-2290-9　Ⓝ025.1

(目次)書誌目録，書誌解説

(内容)2009年の書誌情報を満載。図書、図書の一部、雑誌掲載のもの、それに非売品まで網羅。2010年版は2009年1月～12月発行の8330件を収録。各書誌をキーワードの五十音順に配列。主要書誌の解題も34件併載。

書誌年鑑　2011　中西裕編　日外アソシエーツ，紀伊国屋書店（発売）　2011.12　482p　21cm　19800円　Ⓘ978-4-8169-2349-4

(目次)書誌目録，書誌解説

(内容)図書、図書の一部、雑誌掲載のもの、それに非売品まで網羅。2011年版は2010年1月～12月発行の8,314件を収録。各書誌をキーワードの五十音順に排列。主要書誌の解題も30件併載。

書誌年鑑　2012　中西裕編　日外アソシエーツ，紀伊国屋書店（発売）　2012.12　481p　21cm　19800円　Ⓘ978-4-8169-2390-6

(目次)書誌目録，書誌解説

(内容)2011年1月から12月までに日本で発表された各種の文献目録とそれ以前に発表されたもので未掲載のもの合計8,139件と書誌解説32件を収録。

書誌年鑑　2013　中西裕編　日外アソシエーツ，紀伊国屋書店〔発売〕　2013.12　492p　21cm　19800円　Ⓘ978-4-8169-2446-0　Ⓝ025

(目次)書誌目録，書誌解説

(内容)図書、図書の一部、雑誌掲載のもの、非売品まで網羅。2013年版は2012年1月～12月発行の8,330件を収録。各書誌をキーワードの五十音順に排列。主要書誌の解題も29件併載。

◆本の年鑑

<書　誌>

あなたはこの本を知っていますか　地方・小出版流通センター書肆アクセス取扱い図書目録　No.7（'89）　地方・小出版流通センター編集　地方・小出版流通センター　1990.5　225p　21cm　388円　Ⓝ025.9

(内容)1989年入荷の、地方・小出版流通センター扱い及びアクセス扱いの地方出版物を、出版社五十音順、各社の中は書名五十音順に排列して紹介。書名索引、出版社住所録つき。

あなたはこの本を知っていますか　地方・小出版流通センター書肆アクセス取り扱い図書目録　No.8（'90）　地方・小出版流通センター編集　地方・小出版流通センター　1991.5　230p　21cm　388円　Ⓝ025.9

(内容)1990年入荷の図書を、地方・小出版流通センター扱い386社1834点、アクセス扱い67社151点収録。出版社五十音順、各社の中は書名五十音順。書名索引、出版社住所録つき。

あなたはこの本を知っていますか　地方・小出版流通センター書肆アクセス取扱い図書目録　No.9（'91）　地方・小出版流通センター編集　地方・小出版流通センター　1992.5　262p　21cm　388円

(内容)1991年入荷の図書を、地方・小出版流通

センター扱い408社2315点、アクセス扱い67社196点収録。出版社五十音順、各社の中は書名五十音順。書名索引、出版社住所録つき。

あなたはこの本を知っていますか　地方・小出版流通センター書肆アクセス　取扱い'99図書目録　No.16　地方・小出版流通センター編　地方・小出版流通センター　2000.5　295p　21cm　700円　⑪4-8123-0499-7　Ⓝ025.9

㋱五十音出版社索引、地域別出版社索引、雑誌出版社五十音索引、「地方・小出版流通センター扱い（書籍目録，雑誌目録），書肆アクセス扱い（書籍目録，雑誌目録）」、書名索引、広告、出版社名簿（地方・小出版流通センター扱い，書肆アクセス扱い）

㋴「地方・小出版流通センター」および「書肆アクセス」に1999年1月から12月までに納入された、書籍、雑誌を掲載した文献案内。地方・小出版流通センター扱いの書籍458社・2681点、雑誌135社・746点、直営書店「書肆アクセス」扱いの書籍99社・191点、雑誌63社・242点、合計3860点。書籍の掲載順序は書名、副題、シリーズ名、著編訳者名、判型、頁数、本体価格、刊行年月、分類、在庫情報、ISBN。雑誌の掲載順序は、雑誌名／号数、特集名、執筆者／寄稿者／編集者名、判型、頁数、本体価格、刊行年月、在庫情報、ISBN。五十音出版社索引、地域別出版社索引、雑誌出版社五十音索引、書名索引、出版社名簿付き。

あなたはこの本を知っていますか　地方・小出版流通センター書肆アクセス　取扱い'01図書目録　No.18　地方・小出版流通センター編　地方・小出版流通センター　2002.6　295p　21cm　700円　⑪4-8123-0501-2　Ⓝ025.9

㋱五十音出版社目次，書籍地域別出版社目次，雑誌出版社五十音目次，広告目次，地方・小出版流通センター扱い（書籍目録，雑誌目録），書肆アクセス扱い（書籍目録，雑誌目録），書名索引，広告，出版社名簿

㋴地方出版・小出版物の目録。2001年1月から12月までに刊行された新刊、この期間に新規に取引きを開始した出版社刊行物のうち在庫のあるものを掲載。収録点数は「地方・小出版流通センター扱い」の書籍490社、3182点、雑誌145社854点、直営書店「書肆アクセスアクセス扱い」書籍51社、134点、雑誌38社、127点、合計4297点。書名索引、雑誌索引がある。

あなたはこの本を知っていますか　地方・小出版流通センター書肆アクセス　取扱い'03図書目録　No.20　地方・小出版流通センター編　地方・小出版流通センター　2004.6　313p　21cm　〈地方〉　700円　⑪4-8123-0504-7

㋱五十音出版社目次，地域別出版社目次，雑誌出版社五十音目次，広告目次，地方・小出版流通センター扱い，書肆アクセス扱い

㋴2003年1月から12月までに刊行された新刊、およびこの期間に地方・小出版流通センターと新規に取引を開始した出版社の在庫のある刊行図書を収録。収録点数は「地方・小出版流通センター扱い」の書籍508社3535点、雑誌144社849点、「書肆アクセス扱い」書籍35社70点、雑誌27社122点、合計4576点。

あなたはこの本を知っていますか　地方・小出版流通センター取扱い'10図書目録　No.27　地方・小出版流通センター編　地方・小出版流通センター　2011.7　265p　21cm　700円　⑪978-4-8123-0520-1

㋱目録の使い方，五十音出版社目次，五十音雑誌出版社目次，地域別出版社目次，広告目次，書名索引，広告，出版社名簿

㋴2010年1月から12月までに刊行された新刊および、この期間に新規取引を開始した出版社の在庫のある図書を収録した図書目録。書籍467社3133点、雑誌105社628点を収録する。

日本書誌総覧　日外アソシエーツ編　日外アソシエーツ，紀伊国屋書店〔発売〕　2004.4　881p　26cm　40000円　⑪4-8169-1836-1

㋱総記，哲学・思想，歴史・地理，社会科学，自然科学・医学，技術・工学，産業，芸術・スポーツ，言語，文学

㋴1945年〜2003年に図書として刊行された書誌24772点を網羅的に収録した書誌の書誌。全国書誌、出版目録、主題書誌、人物書誌、記事索引、蔵書目録から、ミステリー・文庫・絵本などの解題書誌、点字・録音資料目録、古文書目録、地図目録、写真目録まで、あらゆる書誌を分野別に一覧できる。人名、テーマ、地名、書誌の種類など6511件のキーワードから文献を直接探せる「人名・事項名索引」付き。

日本書籍総目録　1990　日本書籍出版協会編　日本書籍出版協会　1990.6　3冊　27cm　〈書名編　ア〜ス〉「書名編　セ〜ン・A〜Z」「索引編」に分冊刊行〉　全46350円　⑪4-

89003-010-7　Ⓝ025.9

(内容)1989年末までに発行され、かつ90年5月現在入手可能と思われる書籍を掲載。わが国の現在流通書籍を可能な限り網羅。第1・2分冊は書名編。3は索引（著者名・シリーズ名）。89年4月からの消費税実施にともない、原則として税額加算の金額を記載している。

日本書籍総目録　1991　日本書籍出版協会編　日本書籍出版協会　1991.7　3冊　27cm　〈「書名編 ア〜ス」「書名編 セ〜ン・A〜Z」「索引編」に分冊刊行〉　全48410円　Ⓘ4-89003-011-5　Ⓝ025.9

(内容)1990年末までに発行され、かつ91年5月現在入手可能と思われる書籍を掲載。わが国の現在流通書籍を可能な限り網羅。第1・2分冊の書名編。3は索引（著者名・シリーズ名）・統計。

日本書籍総目録　1992　日本書籍出版協会編　日本書籍出版協会　1992.6　3冊　27cm　〈「書名編 ア〜ス」「書名編 セ〜ン・A〜Z」「索引編」に分冊刊行〉　全49440円　Ⓘ4-89003-012-3　Ⓝ025.9

日本書籍総目録　1993　日本書籍出版協会編　日本書籍出版協会　1993.6　4冊　27cm　全52530円　Ⓘ4-89003-013-1

(目次)書名編（ア〜コ），書名編（サ〜ナ），書名編（ニ〜ン・A〜Z），索引編（著者索引，シリーズ索引，発行所一覧，出版統計）

(内容)1992年12月31日までに国内で刊行され、かつ1993年6月現在入手可能な書籍の目録。書名編3分冊と索引編（著者索引・シリーズ索引）1冊から成る。排列は書名編・索引編とも五十音順。書名編の記載事項は、書名・副題・シリーズ名・著者名・発行年・判型・ページ数・定価・読者対象（児童書のみ）・発行所・発売所・ISBN。索引編巻末に発行所一覧、出版統計を付す。書名編巻頭に「読みがなの統一例」「判型」一覧がある。

日本書籍総目録　1994　日本書籍出版協会編　日本書籍出版協会　1994.6　4冊　27cm　全52530円　Ⓘ4-89003-014-X

(目次)書名編（ア〜コ），書名編（サ〜ナ），書名編（ニ〜ン・A〜Z），索引編（著者索引，シリーズ索引，発行所一覧，出版統計）

(内容)1993年12月31日までに国内で刊行され、かつ1994年6月現在入手可能な書籍の目録。書名編3分冊と索引編（著者索引・シリーズ索引）1冊から成る。排列は書名編・索引編とも五十音順。書名編の記載事項は、書名・副題・シリーズ名・著者名・発行年・判型・ページ数・定価・読者対象（児童書のみ）・発行所・発売所・ISBN。索引編巻末に発行所一覧、出版統計を付す。書名編巻頭に「読みがなの統一例」「判型」一覧がある。

日本書籍総目録　1995　日本書籍出版協会　1995.6　4冊（セット）　26cm　53560円　Ⓘ4-89003-015-8

(内容)1994年12月31日までに国内で刊行され、かつ1995年6月現在入手可能な書籍の目録。収録点数49万2000点。排列は書名の五十音順。書名編3分冊と著者索引編1冊から成り、第3分冊巻末に1万8000のシリーズ名から構成内容がわかるシリーズ索引のほか、発行所一覧、出版統計を付す。著者索引編では書名編に現れた著者・訳者・編者・監修者名等19万件を五十音順に排列する。

日本書籍総目録　1996　日本書籍出版協会　1996.6　4冊（セット）　26cm　56650円　Ⓘ4-89003-016-6

(内容)1995年12月31日までに国内で刊行され、かつ1996年6月現在入手可能な書籍の目録。収録点数50万7000点。排列は書名の五十音順。書名編3分冊と著者索引編1冊から成り、第3分冊巻末に1万8000のシリーズ名から構成内容がわかるシリーズ索引のほか、発行所一覧、出版統計を付す。著者索引編では書名編に現れた著者・訳者・編者・監修者名等19万8000件を五十音順に排列する。

日本書籍総目録　1997　日本書籍出版協会　1997.6　4冊（セット）　26cm　55000円　Ⓘ4-89003-017-4

(内容)1996年12月31日までに国内で刊行され、かつ1997年6月現在入手可能な書籍の目録。排列は書名の五十音順。書名編3分冊と著者索引編1冊から成り、第3分冊巻末にシリーズ名から構成内容がわかるシリーズ索引のほか、発行所一覧、出版統計を付す。著者索引編では書名編に現れた著者・訳者・編者・監修者名等を五十音順に排列する。

日本書籍総目録　1998　日本書籍出版協会　1998.6　4冊（セット）　26cm　57143円　Ⓘ4-89003-018-2

(内容)1997年12月31日までに国内で刊行され、かつ1998年6月現在入手可能な書籍の目録。排列は書名の五十音順。書名編3分冊と著者索引編1冊から成り、第3分冊巻末にシリーズ名から構成内容がわかるシリーズ索引のほか、発行所

一覧、出版統計を付す。著者索引編では書名編に現れた著者・訳者・編者・監修者名等を五十音順に排列する。

日本書籍総目録　1999　日本書籍出版協会
1999.6　4冊（セット）　26cm　60000円　①4-89003-019-0
(内容)1998年12月31日までに国内で刊行され、かつ1999年6月現在入手可能な書籍の目録。収録点数56万余点。排列は書名の五十音順。書名編3分冊と著者索引編1冊から成り、第3分冊巻末にシリーズ名から構成内容がわかるシリーズ索引のほか、発行所一覧、出版統計を付す。著者索引編では書名編に現れた著者・訳者・編者・監修者名等22万余件を五十音順に排列する。

日本書籍総目録　2001　日本書籍出版協会編　日本書籍出版協会　2001.6　4冊　27cm　〈付属資料（CD-ROM1枚 12cm）〉　69000円　①4-89003-021-2　Ⓝ025.1
(目次)書名編（ア～サ，シ～ノ，ハ～ン，A～Z），シリーズ索引，発行所一覧，出版統計，著者名索引編
(内容)2000年12月31日までに国内で刊行され、かつ2001年6月現在入手可能な書籍の目録。収録点数592511点。排列は書名の五十音順。書名編3分冊と著者索引編1冊から成り、第3分冊巻末にシリーズ名から構成内容がわかるシリーズ索引のほか、発行所一覧、出版統計を付す。第4分冊の著者索引編では書名編に現れた著者・訳者・編者・監修者名等を五十音順に排列する。1977年発刊以来24冊目にあたる。付属のCD-ROMには本編の59万点のデータを収録する。

BOOK PAGE 本の年鑑　1990　ブックページ刊行会　1990.4　1727p　26cm　5670円　①4-89388-003-9　Ⓝ025.1
(内容)'89年の新刊書36,000冊の内容を全て紹介したブックガイド。小説のあらすじから学術書の目次までわかり、楽しみながら本と出会える。テーマ、トピック別の引きやすい900項目の分類。類書の調査、読書案内、選書の参考に威力を発揮する。ビジネスマンから学生まであらゆる読書人、図書館、書店のための新刊本情報。事項名索引、書名索引、著者名索引付。年刊版第3冊目にあたる。

BOOK PAGE 本の年鑑　1991　ブックページ刊行会　1991.4　1775p　26cm　6500円　①4-89388-004-7,ISSN0914-7802
(内容)'90年の新刊書37,000冊の内容を全て紹介したブックガイド。学術書の目次、実用書の要旨、小説のあらすじまで収録。900項目のテーマ、トピックから、本を簡単に探すことができる。図書館では選書の際に、出版社では類書調査に、また読書人のてびきとして活用できる。事項目索引、書名索引、著者名索引付。年刊版4冊目にあたる今版は、付録情報として、'90年のベストセラー、主な文学賞を掲載している。

BOOK PAGE 本の年鑑　1992　ブックページ刊行会　1992.4　1740p　26cm　6500円　①4-89388-005-5,ISSN0914-7802　Ⓝ025.1
(内容)'91年の新刊書38,000冊の内容が、これ1冊で、すべてわかります。学術書の要旨から、小説のあらすじまで収録し、900項目のテーマ・トピックに分類しました。最新のキーワードからも、目当ての本を簡単に探すことができます。「事項名索引」「書名索引」「著者名索引」付。'91年のベストセラー、主な文学賞受賞作も掲載。『BOOKPAGE』だからここまでできます。年刊版5冊目。使って便利、読んで楽しいブックガイドです。

BOOK PAGE 本の年鑑　1993　ブックページ刊行会　1993.4　1684p　26cm　7200円　①4-89388-006-3
(内容)1992年1～12月の新刊図書38000冊のブックガイド。約1000項目の見出し語のもとに分類し、図書の内容、要旨、目次などを記載。同一項目の中は書名五十音順に排列するが、小説については作家名の五十音順に排列する。巻末に本収録図書の出版社連絡先一覧、付録として'92年のベストセラー・文学賞受賞作一覧を掲載。巻頭に事項名索引、巻末に書名索引、著者名索引を付す。年刊版6冊目にあたる。

BOOK PAGE 本の年鑑　1994　ブックページ刊行会　1994.4　1714p　26cm　9800円　①4-89388-007-1
(内容)1993年1～12月の新刊図書40900冊のブックガイド。約1000項目の見出し語のもとに分類し、図書の内容、要旨、目次などを記載。同一項目の中は書名五十音順に排列するが、小説については作家名の五十音順に排列する。巻末に本収録図書の出版社連絡先一覧、付録として'93年のベストセラー・文学賞受賞作一覧を掲載。書名索引、著者名索引、事項名索引を付す。年刊版7冊目にあたる。

BOOK PAGE 本の年鑑　1995　ブックページ刊行会　1995.4　1776p　26cm　9800円　①4-89388-008-X

⟨内容⟩1994年1～12月に採録された図書44300冊のブックガイド。約1000項目の見出し語のもとに分類し、図書の内容、用紙、目次などを記載。同一項目の中は書名五十音順に排列するが、小説については作家名の五十音順に排列する。巻末には本文に収録した図書の出版社の連絡先一覧を掲載。書名索引、著者名索引、事項名索引を付す。

BOOK PAGE 本の年鑑 1996 ブックページ刊行会 1996.4 1708p 26cm 9800円 Ⓘ4-89388-009-8,ISSN0914-7802

⟨目次⟩実用書、絵本 児童書、社会 政治 法律、経済 産業 労働、情報 通信 コンピュータ、サイエンス テクノロジー、哲学 心理学 宗教 歴史、語学 教育、芸術 芸能、文学 小説

⟨内容⟩1995年1年間に出版された新刊図書4万6800冊の内容、要旨、目次等を紹介するブックガイド。実用書、絵本・児童書、社会・政治・法律、経済・産業・労働、情報・通信・コンピュータ、サイエンス・テクノロジー、哲学・心理学・宗教・歴史、語学・教育、芸術・芸能、文学・小説の10ジャンル別に、テーマ・トピック等、1000の見出し項目を設け、同一見出し項目内は書名の五十音順（ただし小説については作家名の五十音順）に排列。巻末に五十音順の書名索引、著者名索引、出版社連絡先一覧がある。

BOOK PAGE 本の年鑑 1997 ブックページ刊行会 1997.4 1858p 26cm 9515円 Ⓘ ISSN0914-7802,4-89388-010-1

⟨目次⟩実用書、絵本・児童書、社会・政治・法律、経済・産業・労働、情報・通信・コンピュータ、サイエンス・テクノロジー、哲学・心理学・宗教・歴史、語学・教育、芸術・芸能、文学・小説

⟨内容⟩1996年1年間に出版された新刊図書4万7900冊の内容、要旨、目次等を紹介するブックガイド。実用書、絵本・児童書、社会・政治・法律、経済・産業・労働、情報・通信・コンピュータ、サイエンス・テクノロジー、哲学・心理学・宗教・歴史、語学・教育、芸術・芸能、文学・小説の10ジャンル別に、テーマ・トピック等、約1000の見出し項目を設け、同一見出し項目内は書名の五十音順（ただし小説については作家名の五十音順）に排列。巻末に五十音順の書名索引、著者名索引、出版社連絡先一覧がある。

BOOK PAGE 本の年鑑 1998 ブックページ刊行会 1998.4 1952p 26cm 13800円 Ⓘ4-89388-011-X,ISSN0914-7802

⟨目次⟩実用書、絵本・児童書、社会・政治・法律、経済・産業・労働、情報・通信・コンピュータ、サイエンス・テクノロジー、哲学・心理学・宗教・歴史、語学・教育、芸術・芸能、文学・小説

⟨内容⟩1996年1月から12月までに刊行された図書49300冊を収録したブックガイド。約1000項目の見出し語のもとに分類し、内容、要旨、目次などを記載。巻末には書名索引、著者名索引、出版者連絡先一覧が付く。

BOOK PAGE 本の年鑑 1999 ブックページ刊行会 1999.4 2040p 26cm 13800円 Ⓘ4-89388-012-8,ISSN0914-7802

⟨目次⟩実用書、絵本児童書、社会政治法律、経済産業労働、情報通信コンピュータ、サイエンステクノロジー、哲学心理学宗教歴史、語学教育、芸術芸能、文学小説

⟨内容⟩1998年1～12月に採録された図書50500冊のブックガイド。約1000項目の見出し語のもとに分類し、図書の内容、用紙、目次などを記載。同一項目の中は書名五十音順に排列するが、小説については作家名の五十音順に排列する。付録として、1998年のベストセラー、1998年の主な文学賞、本文に収録した図書の出版社の連絡先一覧、書名索引、著者名索引、事項名索引を付す。

BOOK PAGE 本の年鑑 2000 日外アソシエーツ編 日外アソシエーツ、紀伊国屋書店〔発売〕 2000.5 2053p 26cm 〈1999までの出版者：ブックページ刊行会〉 13800円 Ⓘ4-8169-1604-0,ISSN0914-7802 Ⓝ025.1

⟨目次⟩実用書、絵本・児童書、社会・政治・法律、経済・産業・労働、情報・通信・コンピュータ、サイエンス・テクノロジー、哲学・心理学・宗教・歴史、語学・教育、芸術・芸能、文学・小説

⟨内容⟩1999年1月～12月に出版・販売された新刊書51500冊を収録した年鑑。全体を実用書、絵本・児童書、社会・政治・法律等のジャンルごとに分類して収録。図書の記載事項は書名・副書名、出版社名などのほか、内容の要旨または目次を掲載。また約1000項目の分類見出しおよびキーワードから検索する事項索引を収録する。付録として99年ベストセラーと主な文学賞を収録。巻末に書名索引、著者名索引を付す。

BOOK PAGE 本の年鑑 2001 日外アソシエーツ編 日外アソシエーツ、紀伊国屋

書店〔発売〕　2001.4　2181p　26cm　13800円　④4-8169-1660-1　Ⓝ025.1

(目次)実用書，絵本・児童書，社会・政治・法律，経済・産業・労働，情報・通信・コンピュータ，サイエンス・テクノロジー，哲学・心理学・宗教・歴史，語学・教育，芸術・芸能，文学・小説

(内容)2000年に出版・販売された新刊図書を収録した年刊書誌。53500冊を収録，実用書，絵本・児童書，社会・政治・法律などのジャンルの下，約1000項目の事項に分類する。各図書には書名・副書名，出版社名などのほか，内容要旨または目次を掲載する。巻末付録に「'00年ベストセラー」と「主な文学賞」があり，事項名・キーワード索引，書名索引，著者名索引を付す。

BOOK PAGE 本の年鑑　2002　日外アソシエーツ編　日外アソシエーツ，紀伊国屋書店〔発売〕　2002.4　2,149p　26cm　13800円　④4-8169-1711-X　Ⓝ025.1

(目次)実用書，絵本児童書，社会政治法律，経済産業労働，情報通信コンピュータ，サイエンステクノロジー，哲学心理学宗教歴史，語学教育，芸術芸能，文学小説

(内容)2001年に出版・販売された新刊図書を収録した年刊版の書誌。54000点を収録，実用書，絵本・児童書，社会・政治・法律などのジャンルの下，約1000項目の事項に分類する。各図書には書名・副書名，出版社名などのほか，内容要旨や目次，小説のあらすじまでを掲載する。巻末付録に2001年のベストセラーと主な文学賞の一覧がある。巻頭に事項名・キーワード索引，巻末に書名索引，著者名索引，協力出版社一覧を付す。

BOOK PAGE 本の年鑑　2003　日外アソシエーツ編　日外アソシエーツ，紀伊国屋書店〔発売〕　2003.4　2173p　27×19cm　13800円　④4-8169-1770-5

(目次)実用書，絵本・児童書，社会・政治・法律，経済・産業・労働，情報・通信・コンピュータ，サイエンス・テクノロジー，哲学・心理学・宗教・歴史，語学・教育，芸術・芸能，文学・小説

(内容)2002年の新刊57000冊をまるごと収録した本の情報誌。本の要旨や目次，小説のあらすじまでも紹介。テーマ・トピックなど，1000項目からあらゆる本が簡単に探せる。

BOOK PAGE 本の年鑑　2004　日外アソシエーツ編　日外アソシエーツ，紀伊国屋

書店〔発売〕　2004.4　2213p　26cm　14800円　④4-8169-1832-9,ISSN0914-7802

(目次)実用書，絵本・児童書，社会・政治・法律，経済・産業・労働，情報・通信・コンピュータ，サイエンス・テクノロジー，哲学・心理学・宗教・歴史，語学・教育，芸術・芸能，文学・小説

(内容)2003年の新刊58000冊をまるごと収録した本の情報誌。本の要旨や目次，小説のあらすじまでも紹介。テーマ・トピックなど，1000項目からあらゆる本が簡単に探せる。

BOOK PAGE 本の年鑑　2005　日外アソシエーツ編　日外アソシエーツ，紀伊国屋書店〔発売〕　2005.4　2冊(セット)　26cm　19000円　④4-8169-1910-4

(目次)実用書，絵本・児童書，哲学・心理学・宗教・歴史，語学・教育，芸術・芸能，文学・小説，社会・政治・法律，経済・産業・労働，情報・通信・コンピュータ，サイエンス・テクノロジー

(内容)2004年の新刊60000冊をまるごと収録した本の情報誌。本の要旨や目次，小説のあらすじまでも紹介。テーマ・トピックなど，1000項目からあらゆる本が簡単に探せる。

BOOK PAGE 本の年鑑　2006　日外アソシエーツ編　日外アソシエーツ，紀伊国屋書店〔発売〕　2006.4　2冊(セット)　26cm　19000円　④4-8169-1973-2

(目次)1(実用書，絵本・児童書，哲学・心理学・宗教・歴史，語学・教育，芸術・芸能，文学小説)，2(社会・政治・法律，経済・産業・労働，情報・通信・コンピュータ，サイエンス・テクノロジー)

(内容)2005年の新刊61000冊をまるごと収録した本の情報誌。本の要旨や目次，小説のあらすじまでも紹介。テーマ・トピックなど，1000項目からあらゆる本が簡単に探せる。

BOOK PAGE 本の年鑑　2007　日外アソシエーツ編　日外アソシエーツ，紀伊国屋書店〔発売〕　2007.4　2冊(セット)　26cm　19000円　④978-4-8169-2037-0

(目次)1(実用書，絵本・児童書，哲学・心理学・宗教・歴史，語学・教育，芸術・芸能，文学・小説)，2(社会・政治・法律，経済・産業・労働，情報・通信・コンピュータ，サイエンス・テクノロジー)

(内容)2006年の新刊62,000冊をまるごと収録し

た本の情報誌。本の要旨や目次，小説のあらすじまでも紹介。テーマ・トピックなど，1000項目からあらゆる本が簡単に探せる。

BOOK PAGE 本の年鑑 2008 日外アソシエーツ編　日外アソシエーツ　2008.4　2冊（セット）　26cm　19000円　Ⓣ978-4-8169-2104-9　Ⓝ025

(目次)1（実用書，絵本・児童書，哲学・心理学・宗教・歴史，語学・教育，芸術・芸能，文学・小説），2（社会・政治・法律，経済・産業・労働，情報・通信・コンピュータ，サイエンス・テクノロジー）

(内容)2007年の新刊65000冊をまるごと収録した本の情報誌。本の要旨や目次，小説のあらすじまでも紹介。テーマ・トピックなど，1000項目からあらゆる本が簡単に探せる。

BOOK PAGE 本の年鑑 2009 日外アソシエーツ編　日外アソシエーツ　2009.4　2冊（セット）　26cm　19000円　Ⓣ978-4-8169-2178-0　Ⓝ025

(目次)1（実用書，絵本・児童書，哲学・心理学・宗教・歴史，語学・教育，芸術・芸能，文学・小説），2（社会・政治・法律，経済・産業・労働，情報・通信・コンピュータ，サイエンス・テクノロジー，付録）

(内容)2008年の新刊63100冊をまるごと収録した本の情報誌。本の要旨や目次，小説のあらすじまでも紹介。テーマ・トピックなど，1000項目からあらゆる本が簡単に探せる。

BOOK PAGE 本の年鑑 2010 日外アソシエーツ編　日外アソシエーツ　2009.4　2冊（セット）　26cm　19000円　Ⓣ978-4-8169-2247-3　Ⓝ025

(目次)1（実用書，絵本・児童書，哲学・心理学・宗教・歴史，語学・教育，芸術・芸能，文学・小説），2（社会・政治・法律，経済・産業・労働，情報・通信・コンピュータ，サイエンス・テクノロジー，付録）

(内容)2009年の新刊62900冊をまるごと収録した本の情報誌。本の要旨や目次，小説のあらすじまでも紹介。テーマ・トピックなど，1000項目からあらゆる本が簡単に探せる。

BOOK PAGE 本の年鑑 2011 日外アソシエーツ編　日外アソシエーツ，紀伊国屋書店（発売）　2011.4　2冊（セット）　26cm　19000円　Ⓣ978-4-8169-2313-5

(目次)1（実用書，絵本・児童書，哲学・心理学・宗教・歴史，語学・教育，芸術・芸能，文学・小説），2（社会・政治・法律，経済・産業・労働，情報・通信・コンピュータ，サイエンス・テクノロジー，付録）

(内容)2010年の新刊60600冊をまるごと収録した本の情報誌。本の要旨や目次，小説のあらすじまでも紹介。テーマ・トピックなど，1000項目からあらゆる本が簡単に探せる。

BOOK PAGE 本の年鑑 2012 日外アソシエーツ編　日外アソシエーツ，紀伊国屋書店（発売）　2012.4　2冊（セット）　26cm　19000円　Ⓣ978-4-8169-2359-3

(目次)1（実用書，絵本・児童書，哲学・心理学・宗教・歴史，語学・教育，芸術・芸能，文学・小説），2（社会・政治・法律，経済・産業・労働，情報・通信・コンピュータ，サイエンス・テクノロジー，付録）

(内容)2011年の新刊59100冊をまるごと収録した本の情報誌。本の要旨や目次，小説のあらすじまでも紹介。テーマ・トピックなど，1000項目からあらゆる本が簡単に探せる。

BOOK PAGE 本の年鑑 2013 日外アソシエーツ編　日外アソシエーツ，紀伊国屋書店（発売）　2013.4　2冊（セット）　26cm　22000円　Ⓣ978-4-8169-2408-8

(内容)2012年の新刊59900冊をまるごと収録した本の情報誌。本の要旨や目次，小説のあらすじまでも紹介。テーマ・トピックなど，1000項目からあらゆる本が簡単に探せる。

YEAR'S BOOKS 年版新刊案内
1989 図書館流通センター編　図書館流通センター　1990.2　1201p　30cm　12360円　Ⓣ4-924702-12-9　Ⓝ025.1

(内容)日本図書館協会編集、図書館流通センター発行の『新刊案内』1988年1月から12月まで（620号〜667号）に掲載された新刊書誌情報34,656点を掲載してある。

YEAR'S BOOKS 年版新刊案内
1990 図書館流通センター編集　図書館流通センター　1991.2　1269p　30cm　12000円　Ⓣ4-924702-13-7　Ⓝ025.1

(内容)図書館流通センター発行の『新刊案内』1990.1〜12月号に掲載された新刊書誌情報36,133点をNDC順に収録している。

YEAR'S BOOKS 年版新刊案内
1991 図書館流通センター編　図書館流通センター　1992.2　1360p　30cm　15450円

Ⓣ4-924702-18-8

(内容)本書には、『新刊案内』1991年1月から12月まで（716号～764号）に掲載された新刊書誌情報38,660点を掲載してあります。

YEAR'S BOOKS　年版新刊案内

1992　図書館流通センター編　図書館流通センター　1993.2　1400p　30cm　15000円　Ⓣ4-924702-19-6

(内容)1992年の新刊図書を網羅的に収録した書誌。図書館流通センターの『週刊新刊全点案内』の92年1～12月に掲載された図書39894点を収録、NDC分類順に排列する。巻末に書名・著者名・件名の各索引がある。

YEAR'S BOOKS　年版新刊案内

1999　図書館流通センターデータ部編　図書館流通センター，リブリオ出版〔発売〕　2000.3　1973p　30cm　22700円　Ⓣ4-89784-775-3　Ⓝ025.1

(目次)1 一般書（総記（図書館、書誌学、百科事典、叢書）、哲学（哲学、心理学、倫理学、宗教）、歴史（歴史、伝記、地理、紀行）、社会科学（政治、法律、経済、統計、社会、教育、民俗、軍事）、自然科学（数字、理学、医学）、技術（工学、工業、家政学）、産業（農林業、水産業、商業、交通）、芸術（美術、音楽、演劇、体育、諸芸、娯楽）、語学、文学、文庫）、2 児童書（児童書、絵本）、3 索引（書名、著者名、外国人原綴、件名）

(内容)図書館流通センターの『週間新刊全点案内』1999年1月から12月までに掲載された新刊55254点を収録した書誌。NDC9版に基づいた分類順に排列。児童書・絵本については別扱いとせず一般書と同様に排列する。書誌事項のほかにTRCナンバーを記載。書名、著者名、外国人原綴、件名による索引を付す。

YEAR'S BOOKS　年版新刊案内

2000　図書館流通センターデータ部編　図書館流通センター，リブリオ出版〔発売〕　2001.3　2067p　30cm　24800円　Ⓣ4-89784-887-3　Ⓝ025.1

(目次)1 一般書（総記（図書館、書誌学、百科事典、叢書）、哲学（哲学、心理学、倫理学、宗教）、歴史（歴史、伝記、地理、紀行）、社会科学（政治、法律、経済、統計、社会、教育、民俗、軍事）、自然科学（数字、理学、医学）ほか）、2 児童書（児童書、絵本）、3 索引

(内容)2000年の新刊図書を掲載した書誌。図書館流通センター（TRC）の『週刊新刊全点案内』

2000年1月～12月（1158号～1206号）に掲載された新刊57921点を収録。排列はNDC順、同一分類内は発行所五十音順、書名五十音順とする。記載事項はTRC-No.、書名、著訳編者名、発行所名、サイズ、頁数、定価、NDC、件名、対象、ISBN。巻末に書名、著者名、外国人原綴、件名から引く索引がある。

YEAR'S BOOKS　年版新刊案内

2001　図書館流通センターデータ部編　図書館流通センター，リブリオ出版〔発売〕　2002.3　2212p　31×22cm　27000円　Ⓣ4-86057-055-3　Ⓝ025.1

(目次)1 一般書（総記（図書館、書誌学、百科事典、叢書）、哲学（哲学、心理学、倫理学、宗教）、歴史（歴史、伝記、地理、紀行）、社会科学（政治、法律、経済、統計、社会、教育、民俗、軍事）ほか）、2 児童書（児童書、絵本）、3 索引

(内容)2001年の新刊図書を掲載した書誌。図書館流通センター編集・発行の『週間新刊全点案内』の2001年1月から12月まで（1207号～1255）に掲載された新刊書誌情報61591点を収録。基本的にNDCの分類番号順、同一分類内は発行所五十音順、書名五十音順に排列。書誌事項のほか、参考図書、ガイドブック、展覧会パンフレット、日本図書館協会図書選定委員会選定図書には識別記号を付す。巻末に書名、著者名、外国人名原綴、件名の各索引がある。

YEAR'S BOOKS　年版新刊案内

2002　図書館流通センターデータ部編　図書館流通センター，リブリオ出版〔発売〕　2003.3　3冊（セット）　30cm　36000円　Ⓣ4-86057-115-0

(目次)1巻 総記～技術編（総記、哲学、歴史、社会科学、自然科学、技術）、2巻 産業～文学編（産業、芸術、言語、文学）、3巻 児童書・絵本・索引編（児童書、絵本、書名索引、著者名索引、件名索引）

(内容)図書館流通センター発行の『週刊新刊全点案内』に2002年に掲載された新刊書籍情報63291点を収録した図書目録。全体を一般書、児童書、絵本に分けそれぞれNDC分類順に配列。書名索引、著者名索引、件名索引付き。

YEAR'S BOOKS　年版新刊案内

2003　図書館流通センターデータ部編　図書館流通センター，リブリオ出版〔発売〕　2004.2　2冊（セット）　30cm　32000円　Ⓣ4-86057-159-2

(目次)1巻 総記～技術編（総記（図書館、図書、百

科事典，一般論文集，逐次刊行物，団体，ジャーナリズム，叢書），哲学（哲学，心理学，倫理学，宗教），歴史（歴史，伝記，地理），社会科学（政治，法律，経済，統計，社会，教育，風俗習慣，国防），自然科学（数学，理学，医学），技術（工学，工業，家政学）），2巻 産業～索引編（産業（農林水産業，商業，運輸，通信），芸術（美術，音楽，演劇，スポーツ，諸芸，娯楽），言語，文学，児童書，書名索引，著者名索引，件名索引）
〔内容〕株式会社図書館流通センター編集・発行の『週刊新刊全点案内（1305号～1354号）』に2003年1月から12月までに掲載された新刊書誌情報64240点を掲載。

◆形態別目録

＜書 誌＞

官庁刊行図書目録 39 日本図書センター
1995.3 1冊 22cm 〈内閣印刷局昭和17年刊の複製〉 Ⓘ4-8205-7269-5 Ⓝ027.21

官庁刊行図書目録 40 日本図書センター
1995.3 1冊 22cm 〈内閣印刷局昭和17年刊の複製〉 Ⓘ4-8205-7270-9 Ⓝ027.21

官庁刊行図書目録 41 日本図書センター
1995.3 1冊 22cm 〈内閣印刷局昭和17・18年刊の複製〉 Ⓘ4-8205-7271-7 Ⓝ027.21

官庁刊行図書目録 42 日本図書センター
1995.3 1冊 22cm 〈内閣印刷局昭和18年刊の複製〉 Ⓘ4-8205-7272-5 Ⓝ027.21

官庁刊行図書目録 43 日本図書センター
1995.3 93,90,95p 22cm 〈内閣印刷局昭和18年刊の複製〉 Ⓘ4-8205-7273-3 Ⓝ027.21

ミニコミ総目録 住民図書館編 平凡社
1992.5 786p 26cm 9800円 Ⓘ4-582-11802-X
〔内容〕収録タイトル数4700紙・誌。環境・エコロジー・食・健康・医療・福祉・ボランティア・教育・人権・女性・文化・趣味・まちづくり・タウン誌・個人誌・政治・国際交流など多様な市民活動の全分野を網羅。発行者・連絡先・入手方法・内容紹介など最新のデータを掲載。

＜年鑑・白書＞

官庁資料要覧 2004 政府資料等普及調査会・資料センター編 政府資料等普及調査会
2004.4 525p 21cm 10000円

〔目次〕中央官庁編，独立法人編，特殊法人編，分類索引編

Comic catalog 1997 福家編 〔福家〕
1996.11 731p 21cm 〈本文は日本語 発売：福家書店〉 3090円 Ⓘ4-9900420-1-8 Ⓝ025.1

Comic catalog 1998 福家編 福家書店（発売） 1997.11 772p 21cm 〈本文は日本語〉 3000円 Ⓘ4-9900420-2-6 Ⓝ025.1

Comic catalog 1999 福家編 福家書店（発売） 1998.11 842p 21cm 〈本文は日本語〉 3000円 Ⓘ4-9900420-4-2 Ⓝ025.1

Comic catalog 2000 福家書店編 福家書店（発売） 1999.11 876p 21cm 〈本文は日本語〉 3300円 Ⓘ4-9900420-6-9 Ⓝ025.1

Comic catalog 2001 福家書店編 福家書店（発売） 2000.11 941p 21cm 〈本文は日本語〉 3300円 Ⓘ4-9900420-7-7 Ⓝ025.1

Comic catalog 2002 福家書店編 福家書店（発売） 2001.11 923p 21cm 〈本文は日本語〉 3300円 Ⓘ4-9900420-9-3 Ⓝ025.1

Comic catalog 2003 福家書店編 福家書店（発売） 2002.11 973p 21cm 〈本文は日本語〉 3500円 Ⓘ4-901512-01-3 Ⓝ025.1

Comic catalog 2004 福家書店編 福家書店（発売） 2003.11 943p 21cm 〈本文は日本語〉 3800円 Ⓘ4-901512-03-X Ⓝ025.1

Comic catalog 2005 福家書店編 福家書店（発売） 2004.11 996p 21cm 〈本文は日本語〉 3800円 Ⓘ4-901512-04-8 Ⓝ025.1

Comic catalog 2006 福家書店編 福家書店（発売） 2005.11 1056p 21cm 〈本文は日本語〉 3800円 Ⓘ4-901512-06-4 Ⓝ025.1

Comic catalog 2007 福家書店編 福家書店（発売） 2006.11 1117p 21cm 〈本文は日本語〉 3800円 Ⓘ4-901512-07-2 Ⓝ025.1

Comic catalog 2008 福家書店編　福家書店（発売）　2007.11　1169p　21cm　〈本文は日本語〉　4000円　⊕978-4-901512-08-4　Ⓝ025.1

Comic catalog 2009 福家書店編　福家書店（発売）　2008.11　1217p　21cm　〈本文は日本語〉　4000円　⊕978-4-901512-09-1　Ⓝ025.1

内容 2008年9月までに発行されたコミックや漫画文庫、イラスト集、アニメ等を著作者別に収録し、書名索引を付す。掲載した著作者は約6400人、出版社は198社。

Comic catalog 2010 福家書店編　福家書店　2009.11　1309p　21cm　〈本文は日本語　索引あり〉　4000円　⊕978-4-901512-10-7　Ⓝ025.1

内容 2009年9月までに発行されたコミックや漫画文庫、イラスト集、アニメ等を著作者別に収録し、書名索引を付す。掲載した著作者は約6700人、出版社は199社。

Comic catalog 2011 福家書店編　福家書店　2010.11　1387p　21cm　〈本文は日本語　索引あり〉　4000円　⊕978-4-901512-11-4　Ⓝ025.1

内容 2010年9月までに発行されたコミックや漫画文庫、イラスト集、アニメ等を著作者別に収録し、書名索引を付す。掲載した著作者は約7200人、出版社は195社。

Comic catalog 2012 福家書店編　〔福家〕　2012.4　1151p　21cm　〈本文は日本語　発売：福家書店〉　4000円　⊕4-901512-12-1　Ⓝ025.1

内容 2012年1月までに発行されたコミックを掲載。著作者約7200人、出版社数195社。著作者別目録と書名索引からなり、配列は五十音順。巻末にシリーズ名省略一覧表、出版社一覧表が付く。

◆◆全集・叢書

<書　誌>

全集総合目録 1990 出版年鑑編集部編　出版ニュース社　1990.1　433p　19cm　3800円　⊕4-7852-0045-6　Ⓝ027.4

目次 総記・情報科学, 哲学・東洋思想・西洋哲学, 歴史（世界・日本・東洋・西洋）, 社会科学・社会思想, 自然科学, 技術・工学, 産業・農業・園芸・畜産・水産, 芸術・絵画・彫刻・書道, 言語, 文学総記・世界文学

内容 全集・著作集・叢書・双書・作品集・撰集・選書・講座・シリーズ等などを幅広く収録し、収録・集大成。

全集総合目録 1993 出版年鑑編集部編　出版ニュース社　1993.2　379p　19cm　3900円　⊕4-7852-0061-8　Ⓝ027.4

内容 全集類を分野別に収録した目録。収録対象は、全集・講座・シリーズ・著作集・選集など、個人の著作物から特殊な研究の集成までの3457タイトル。排列はNDCに基づいた分野別。各タイトルにつき、シリーズとしてのタイトル、巻数、著訳編者、判型、定価、発行所、発行年を示すほか、各巻のタイトルを一覧掲載する。

全集総合目録 2001 出版年鑑編集部編　出版ニュース社　2000.11　476p　19cm　4500円　⊕4-7852-0094-4　Ⓝ027.4

目次 総記・情報科学, 哲学・東洋思想・西洋哲学, 歴史（世界・日本・東洋・西洋）, 社会科学・社会思想, 自然科学, 技術・工学, 産業・農業・園芸・畜産・水産, 芸術・彫刻・絵画・書道, 言語, 文学総記・世界文学

内容 現在流通している全集、シリーズ等の目録。排列はNDCによる分類順。記載事項は叢書名、巻数、著訳編者名、判型、価格、発行所、発行年（西暦表示）、各巻内容。巻末に発行所名簿、叢書名索引を付す。

全集・叢書総目録 明治・大正・昭和戦前期 1　総記・人文・社会 日外アソシエーツ編　日外アソシエーツ，紀伊国屋書店〔発売〕　2007.10　1553p　21cm　55238円　⊕978-4-8169-2065-3

目次 総記（知識・学術, 図書館, 出版・書誌, 百科・雑学, 一般論文集・講演集・雑著, 団体・博物館, ジャーナリズム・新聞, 一般叢書・全集）, 哲学・宗教（哲学一般, 哲学各論, 東洋思想, 西洋思想, 心理学, 倫理学, 宗教, 神道, 仏教, キリスト教）, 歴史・地理（歴史一般, 日本史, アジア史・東洋史, ヨーロッパ史・西洋史, アメリカ史, 伝記, 地理・地誌・紀行）, 社会科学（社会科学一般, 政治, 法律, 経済, 財政, 統計, 社会, 教育, 風俗習慣・民俗学, 国防・軍事）

内容 1868年～1944年に刊行された哲学, 宗教, 歴史, 地理, 政治, 経済, 教育等の分野の全集・叢書類、および多数の主題にまたがる、または特定の主題を持たない全集・叢書類、17481種

68450点を収録。「全集・叢書総目録」シリーズの遡及版。

全集・叢書総目録 明治・大正・昭和戦前期 2 科学・技術・産業・芸術・言語・文学
日外アソシエーツ編　日外アソシエーツ，紀伊国屋書店〔発売〕　2007.11　1545p　21cm　56952円　①978-4-8169-2066-0

(目次)自然科学(自然科学一般，数学，物理学，化学，天文学・宇宙科学，地球科学，生物学，植物学，動物学，医学・薬学)，技術・工学(技術・工学一般，建設工学・土木工学，建築学，機械工学・原子力工学，電気工学・電子工学，海洋工学・船舶工学・兵器，金属工学・鉱山工学，化学工業，製造工業，家政学・生活科学)，産業(産業一般，農業，園芸・造園，蚕糸業，畜産業・獣医学，林業，水産業，商業，運輸・交通，通信事業)，芸術・スポーツ(芸術一般，彫刻，絵画・書道，版画，写真・印刷，工芸・デザイン，音楽・舞踊，演劇・映画，スポーツ，諸芸・娯楽)，言語(言語一般，日本語，中国語・東洋の諸言語，英語，ドイツ語，フランス語，スペイン語，イタリア語，ロシア語，その他の諸言語)，文学(文学一般，日本文学，中国文学・東洋文学，英米文学，ドイツ文学・北欧文学，フランス文学，スペイン文学，イタリア文学，ロシア文学，その他の諸文学)

(内容)1868年～1944年までに刊行された科学技術，農業，商業，芸術，芸能，スポーツ，語学，文学等の分野の全集・叢書類，18769種63669点を収録。「全書・叢書総目録」シリーズの遡及版。

全集・叢書総目録 45-90
日外アソシエーツ編　日外アソシエーツ，紀伊国屋書店〔発売〕　1992.9　6冊(セット)　21cm　268000円　①4-8169-1143-X　Ⓝ027.4

(内容)1945年から1990年までの46年間に日本国内で刊行された「全集・叢書」類の各巻内容を記録した図書目録。全集，全書，講座，選集，大系，集成，叢(双)書，作品集，著作集，選集など、一般に「シリーズ物」とも呼ばれる「全集・叢書」類46000点，約34万冊を収録し、主題別に排列。叢書名の読みでも引けるよう，叢書名索引を付している。

全集・叢書総目録 91／98 1 総記
日外アソシエーツ，紀伊国屋書店〔発売〕　1999.10　642p　21cm　23000円　①4-8169-1546-X

(目次)情報科学，図書館，出版・書誌，百科・雑学，一般論文集・講演集・雑著，逐次刊行物，団体・博物館，ジャーナリズム・新聞，一般叢書・全集

(内容)1991年(平成3)から1998年(平成10)までの8年間に日本国内で刊行された情報科学，図書館学などの分野と複数分野にまたがる全集・叢書類を収録した図書目録。2639種30954点を収録。配列は、NDC(日本十進分類法)の2字区分にそって全体を9分野に分けそれぞれを分野ごとに全集・叢書名の50音順に配列。欧文の全集・叢書名に関しては50音順の後にアルファベット順で配列。記載項目は、全集・叢書見出しは書名，著編者名，出版社名，刊行年，注記，全般掲載頁など、各巻内容は全集・叢書番号，各巻書名，各巻巻次，版表示，各巻著者，出版年月など。巻末に50音順索引がある。

全集・叢書総目録 91／98 2 人文
日外アソシエーツ編　日外アソシエーツ，紀伊国屋書店〔発売〕　1999.8　611p　21cm　23000円　①4-8169-1547-8

(目次)哲学(哲学一般，哲学各論，東洋思想，西洋思想 ほか)，歴史(歴史一般，日本史，アジア史・東洋史，ヨーロッパ史・西洋史 ほか)

(内容)図書館等で一般にシリーズ物などと呼ばれている図書群を対象に、それぞれのシリーズを構成する各巻の書名、著者名、出版年月などを記した図書目録。1991年(平成3)から1998年(平成10)の8年間に刊行された5505種29898点を収録。排列は、NDC(日本十進分類法)の2次区分に従って全体を19分野に分け、それぞれの分野ごとに全集・叢書名の50音順。記載事項は、全集・叢書名見出しは、書名，著編者名，刊行年，注記，前版掲載巻頁など、各巻内容は、全集・叢書番号，各巻書名，各巻巻次，版表示，各巻著者，出版年月など。巻末に全集・叢書名索引がある。

全集・叢書総目録 91／98 3 社会
日外アソシエーツ編　日外アソシエーツ，紀伊国屋書店〔発売〕　1999.7　873p　21cm　26000円　①4-8169-1548-6

(目次)社会科学一般，政治，法律，経済，財政，統計，社会，教育，風俗習慣・民族学，国防・軍事

(内容)1991年(平成3)から1998年(平成10)までの8年間に日本国内で刊行された政治，経済，法律，教育，民族学等の分野の全集・叢書類を収録した目録。収録点数は、6285種38754点。NDCの2次区分に従って全体を10分野に分け、50音順に排列した。掲載項目は、全集・叢書名見出しは、書名，著編者名，出版者名，刊行年，注

記, 前版掲載巻頁など, 各巻内容は, 全集・叢書番号, 各巻書名, 各巻巻次, 版表示, 各巻著者, 出版年月など。巻末に, 50音順に排列した全集・叢書名索引がある。

全集・叢書総目録91／98 4 科学・技術・産業　日外アソシエーツ編　日外アソシエーツ, 紀伊国屋書店〔発売〕　1999.9　805p　21cm　26000円　①4-8169-1549-4

〈目次〉自然科学(自然科学一般, 数学, 物理学, 化学, 天文学・宇宙科学, 地球科学, 生物科学, 植物学, 動物学, 医学・薬学), 技術・工学(技術・工学一般, 建設工学・土木工学, 建築学, 機械工学・原子力工学, 電気工学, 海洋・船舶工学・兵器, 金属工学, 鉱山工学, 化学工業, 製造工業, 家政学・生活科学), 産業(産業一般, 農業, 園芸・造園, 蚕糸業, 畜産業・獣医学, 林業, 水産業, 商業, 交通・観光, 通信事業)

〈内容〉1991年(平成3)から1998年(平成10)までの8年間に日本国内で刊行された科学技術, 農業, 商業, 通信等の分野の全集・叢書類を収録した目録。収録点数は, 6189種33408点。NDCの2次区分に従って全体を30分野に分け, 50音順に排列した。掲載項目は, 全集・叢書名見出しは, 書名, 著編者名, 出版者名, 刊行年, 注記, 前版掲載巻頁など, 各巻内容は, 全集・叢書番号, 各巻書名, 各巻巻次, 版表示, 各巻著者, 出版年月など。巻末に50音順に排列した全集・叢書名索引がある。

全集・叢書総目録91／98 5 芸術・言語・文学　日外アソシエーツ編　日外アソシエーツ, 紀伊国屋書店〔発売〕　1999.6　840p　21cm　28000円　①4-8169-1550-8

〈目次〉芸術・スポーツ(芸術一般, 彫刻, 絵画・書道 ほか), 言語(言語一般, 日本語, 中国語・東洋の諸言語 ほか), 文学(文学一般, 日本文学, 東洋文学 ほか), 全集・叢書名索引

〈内容〉1991年から1998年までの8年間に日本国内で発行された芸術, 芸能, スポーツ, 語学, 文学等の分野の全集・叢書類を収録した図書目録。6846種41137点を収録。全体を30分野に分類し, 全集叢書名の50音順に配列。掲載項目は, 全集名・叢書名, 出版社名, 各巻の書名, 著者名, 刊行年月など。巻末には, 全集・叢書名索引を付す。

全集・叢書総目録91／98 6 総索引　日外アソシエーツ編　日外アソシエーツ, 紀伊国屋書店〔発売〕　1999.11　406p　21cm　9000円　①4-8169-1551-6

〈内容〉「全集・叢書総目録91／98」シリーズに収録した全集・叢書類の書名索引。本編(1～5巻)に収録した全集・叢書類27464種のほか, 本編未収録の全1冊の全集・著作集271種を引くことができる。排列は全集・叢書名のよみの五十音順とし, 欧文で始まるものは五十音の末尾にアルファベット順とした。

全集・叢書総目録1999-2004 1 総記　日外アソシエーツ編　日外アソシエーツ　2005.7　478p　21cm　22000円　①4-8169-1915-5

〈目次〉総記(情報科学, 図書館, 出版・書誌, 百科・雑学, 一般論文集・講演集・雑著, 逐次刊行物, 団体・博物館, ジャーナリズム・新聞, 一般叢書・全集)

〈内容〉1999年から2004年までに国内で刊行された情報科学, 図書館学, ジャーナリズム等の分野の全集・叢書類, および多数の主題にまたがる, または特定の主題を持たない全集・叢書類, 2272種14,569点を収録した図書目録。

全集・叢書総目録1999-2004 2 人文　日外アソシエーツ編　日外アソシエーツ, 紀伊国屋書店〔発売〕　2005.5　588p　21cm　23000円　①4-8169-1916-3

〈目次〉哲学・宗教(哲学一般, 哲学各論, 東洋思想, 西洋思想, 心理学 ほか), 歴史・地理(歴史一般, アジア史・東洋史, ヨーロッパ史・西洋史, アフリカ史, アメリカ史, オセアニア史, 伝記, 地理・地誌・紀行)

〈内容〉1999年から2004年までに国内で刊行された哲学, 宗教, 歴史, 伝記, 地理等の分野の全集・叢書類, 5345種25340点を収録。「全集・叢書総目録91／98」(1999年刊行)の継続版。

全集・叢書総目録1999-2004 3 社会　日外アソシエーツ編　日外アソシエーツ, 紀伊国屋書店〔発売〕　2005.5　925p　21cm　24000円　①4-8169-1917-1

〈目次〉社会科学一般, 政治, 法律, 経済, 財政, 統計, 社会, 教育, 風俗習慣・民俗学, 国防・軍事

〈内容〉1999年刊行の「全集・叢書総目録91／98」の継続版。1999年から2004年までに国内で刊行された政治, 経済, 法律, 教育, 民俗学等の分野の全集・叢書類, 7934種38093点を収録。

全集・叢書総目録1999-2004 4 科学・技術・産業　日外アソシエーツ編　日外アソシエーツ, 紀伊国屋書店〔発売〕　2005.6

910p 21cm 24000円 Ⓘ4-8169-1918-X
⦅目次⦆自然科学(自然科学一般,数学,物理学,化学,天文学・宇宙科学,地球科学,生物科学,植物学,動物学,医学・薬学),技術・工学(技術・工学一般,建設工学・土木工学,建築学,機械工学・原子力工学,電気工学,海洋・船舶工学・兵器,金属工学・鉱山工学,化学工業,製造工業,家政学・生活科学),産業(産業一般,農業,園芸・造園,蚕糸業,畜産業・獣医学,林業,水産業,商業,交通・観光,通信事業)
⦅内容⦆本書には,1999年から2004年までに国内で刊行された科学技術,農業,商業,通信等の分野の全集・叢書類,7622種31209点を収録している。

全集・叢書総目録 1999-2004 5 芸術・言語・文学 日外アソシエーツ編 日外アソシエーツ,紀伊国屋書店〔発売〕 2005.6
944p 21cm 26000円 Ⓘ4-8169-1919-8
⦅目次⦆芸術・スポーツ(芸術一般,彫刻,絵画・書道,版画,写真・印刷,工芸・デザイン,音楽・舞踊,演劇・映画,スポーツ,諸芸・娯楽),言語(言語一般,日本語,中国語・東洋の諸言語,英語,ドイツ語・オランダ語,フランス語,スペイン語・ポルトガル語,イタリア語,ロシア語,その他の諸言語),文学(文学一般,日本文学,東洋文学,英米文学,ドイツ文学・北欧文学,フランス文学,スペイン文学,イタリア文学,ロシア文学,その他の諸文学)
⦅内容⦆本書は,1999年から2004年までに国内で刊行された芸術,芸能,スポーツ,語学,文学等の分野の全集・叢書類,9737種35284点を収録している。

全集・叢書総目録 1999-2004 6 総索引
日外アソシエーツ編 日外アソシエーツ 2005.7 519p 21cm 9500円 Ⓘ4-8169-1920-1
⦅内容⦆1999年から2004年までに国内で刊行された人文,社会,科学技術,産業,芸術,言語,文学の各分野の叢書3.2万種の総索引。

全集・叢書総目録 2005-2010 1 総記
日外アソシエーツ株式会社編 日外アソシエーツ,紀伊国屋書店(発売) 2011.6
432p 22cm 〈索引あり〉 23000円
Ⓘ978-4-8169-2303-6 Ⓝ027.4
⦅目次⦆情報科学,図書館,出版・書誌,百科・雑学,一般論文集・講演集・雑著,逐次刊行物,団体・博物館,ジャーナリズム・新聞,一般叢書・全集

⦅内容⦆2005年から2010年までに国内で刊行された情報科学,図書館学,ジャーナリズム等の分野の全集・叢書類,および多数の主題にまたがる,または特定の主題を持たない全集・叢書類,1,735種14,394点を収録。

全集・叢書総目録 2005-2010 2 人文
日外アソシエーツ株式会社編 日外アソシエーツ,紀伊国屋書店(発売) 2011.3
632p 22cm 〈索引あり〉 23000円
Ⓘ978-4-8169-2304-3 Ⓝ027.4
⦅目次⦆哲学・宗教(哲学一般,哲学各論,東洋思想,西洋思想,心理学,倫理学,宗教,神道,仏教,キリスト教),歴史・地理(歴史一般,日本史,アジア史・東洋史,ヨーロッパ史・西洋史,アフリカ史,アメリカ史,伝記,地理・地誌・紀行)
⦅内容⦆2005年から2010年までに国内で刊行された哲学,宗教,歴史,伝記,地理などの分野の全集・叢書類,5,133種22,668点を収録。

全集・叢書総目録 2005-2010 3 社会
日外アソシエーツ株式会社編 日外アソシエーツ,紀伊国屋書店(発売) 2011.5
905p 22cm 〈索引あり〉 28000円
Ⓘ978-4-8169-2305-0 Ⓝ027.4
⦅目次⦆社会科学(社会科学一般,政治,法律,経済,財政,統計,社会,教育,風俗習慣・民俗学,国防・軍事),全集・叢書名索引
⦅内容⦆2005年から2010年までに国内で刊行された政治,経済,法律,教育,民俗学などの分野の全集・叢書類,6,398種36,002点を収録。

全集・叢書総目録 2005-2010 4 科学技術 産業 日外アソシエーツ株式会社編 日外アソシエーツ,紀伊国屋書店(発売) 2011.4 932p 22cm 〈索引あり〉 28000円 Ⓘ978-4-8169-2306-7 Ⓝ027.4
⦅目次⦆自然科学(自然科学一般,数学,物理学,化学,天文学・宇宙科学,地球科学,生物科学,植物学,動物学,医学・薬学),技術・工学(技術・工学一般,建設工学・土木工学,建築学,機械工学・原子力工学,電気工学,海洋・船舶工学・兵器,金属工学・鉱山工学,化学工業,製造工業,家政学・生活科学),産業(産業一般,農業,園芸・造園,蚕糸業,畜産業・獣医学,林業,水産業,商業,交通・観光,通信事業)
⦅内容⦆2005年から2010年までに国内で刊行された科学技術,農業,商業,通信などの分野の全集・叢書類,5,641種31,226点を収録した図書目録。

全集・叢書総目録 2005-2010 5 芸術 言語 文学 日外アソシエーツ株式会社編 日外アソシエーツ,紀伊国屋書店(発売) 2011.4 861p 22cm 〈索引あり〉 28000円 Ⓘ978-4-8169-2307-4 Ⓝ027.4

(目次)芸術・スポーツ(芸術一般,彫刻,絵画・書道,版画,写真・印刷,工芸・デザイン,音楽・舞踊,演劇・映画,スポーツ,諸芸・娯楽),言語(言語一般,日本語,中国語・東洋の諸言語,英語,ドイツ語・オランダ語,フランス語,スペイン語・ポルトガル語,その他の諸言語),文学(文学一般,日本文学,東洋文学,英米文学,ドイツ文学・北欧文学,フランス文学,スペイン文学,イタリア文学,ロシア文学,その他の諸文学)

(内容)2005年から2010年までに国内で刊行された芸術、芸能、スポーツ、語学、文学などの分野の全集・叢書類、7,263種30,078点を収録した図書目録。

全集・叢書総目録 2005-2010 6 総索引 日外アソシエーツ株式会社編 日外アソシエーツ,紀伊国屋書店(発売) 2011.7 436p 22cm 12000円 Ⓘ978-4-8169-2308-1 Ⓝ027.4

(内容)2005年から2010年までに国内で刊行された人文、社会、科学技術、産業、芸術、言語、文学の各分野の叢書2.7万種の総索引。「全集・叢書総目録1999-2004」(2005年刊行)の継続版。

◆◆新書・文庫本

<書誌>

総合文庫目録 2005年版 総合文庫目録刊行会 2004.12 286,1319p 21cm 4476円 Ⓘ4-915454-01-0 Ⓝ025.1

総合文庫目録 2006年版 総合文庫目録刊行会 2005.12 293,1387p 21cm 4476円 Ⓘ4-915454-02-9 Ⓝ025.1

総合文庫目録 2007年版 総合文庫目録刊行会 2006.12 303,1457p 21cm 4619円 Ⓘ4-915454-03-7 Ⓝ025.1

新書総合目録 1990年版 新書総合目録刊行会 1990.1 906p 21cm 2622円 Ⓘ4-914984-90-3 Ⓝ027.4

(内容)1989年10月現在の119社12,800点を収録。書名編(書名五十音順)、著訳者編(著訳者の五十音順)に分けて排列。

新書総合目録 1991年版 新書総合目録刊行会 1991.2 986p 21cm 3204円 Ⓘ4-914984-91-3 Ⓝ027.4

(内容)1990年10月現在の112社12,400点を収録、書名五十音順に排列。今年度から、出版社別に収録書名をまとめた出版社編を追加。

新書総合目録 1992年版 新書総合目録刊行会 1992.4 1010p 21cm 3399円 Ⓘ4-914984-92-X

(内容)1991年10月現在の各社の新書を収録、書名五十音順に排列。出版社別に収録書名をまとめた出版社編を付す。

トルト 読者のための文庫目録 第10号 森浩太郎編 文庫の会 1994.5 47,169p 21cm 1400円 Ⓘ4-938315-21-1

(目次)トルトの情報、著者50名に見るこの10年の文庫「増と減」、いまが読みどき探しどき、座談会「トルト」の10年―初婚・再婚・重婚文庫、ひと味違う、トルトが選んだ文庫本〔ほか〕

ニッポン文庫大全 紀田順一郎,谷口雅男監修,岡崎武志,茂原幸弘編 ダイヤモンド社 1997.11 549p 21cm 3800円 Ⓘ4-478-95024-5

(目次)文庫の過去・現在・未来,世界の名作を文庫で読む,春陽堂文庫考,春陽堂書店刊文庫戦前目録,「横溝」文庫の整理学,与謝野晶子文庫本書誌,世にも珍しい稀少文庫カタログ,絶版・品切れ文庫総目録(新潮文庫,角川文庫,中公文庫,創元推理文庫,サンリオSF文庫,改造文庫,山本文庫,誠文堂十銭文庫,春秋文庫),文庫に魅せられた人々 ふるほん文庫やさん物語,ふるほん文庫やさん在庫目録

(内容)絶版・品切れなどの文庫2万点以上を収録した文庫目録。巻末に著編者名索引が付く。

文庫中毒 文庫なしでは生きられない! 井狩春男編著 ブロンズ新社 1992.4 426p 19cm 1980円 Ⓘ4-89309-047-X Ⓝ027.4

文庫博覧会 奥村敏明著 青弓社 1999.10 258p 19cm (寺子屋ブックス 07) 1600円 Ⓘ4-7872-9136-X

(目次)アカギ叢書,あかね叢書,朝日文庫,偉人叢書(グレートメン・シリーズ),岩波文庫,うきよ文庫,英学生文庫,エスペラント文庫,エッセンスシリーズ,江戸軟派文庫,改造文庫,学生文庫(至誠堂),カナメ叢書,キネマ文庫,キング文庫,近代名著文庫,グリコ文庫,現代百科文庫,高文館文庫,公民文庫,語学文庫,

国民叢書, 国民百科文庫, 産報文庫, 児童文庫, 支那語文庫, 袖珍家庭文庫, 袖珍文庫, 修養文庫, 春秋文庫, 春陽堂少年文庫, 春陽堂文庫, 少年世界文庫, 新大衆文庫, 新潮文庫, 新文庫, スメラ民文庫, 寸珍百種, 青少年文庫, 青年英文学叢書, 誠文堂十銭文庫／誠文堂文庫, 世界奇談文庫, 世界文芸叢書（チョイス・シリーズ）, 世界文庫（弘文堂書房）, 世界文庫（世界文庫刊行会）, 世界名作文庫（春陽堂）, 大学書林文庫, 大正文庫（丙牛出版社）, 立川文庫, 玉川文庫, 千代田文庫（千代田書房）, 通俗大学文庫, つはもの文庫, ドイツ語文庫, 独逸文学叢書, 東亜文庫, 日本史蹟文庫, 日本歴史文庫, 博物館文庫, 芭蕉文庫, 万有文庫（万有文庫刊行会／潮文庫）, 美術叢書, 冨山房百科文庫, 仏教文庫（東方書院）, 文明文庫, 名著研究文庫, 名著文庫, 山本文庫, 炉辺叢書

(内容)明治から昭和20年（1945年）ごろまでに発行された71種類の文庫を紹介したもの。掲載項目は、出版者、刊行期間、判型など。

便利な文庫の総目録 付／書名作品名索引・著作者名索引 1990 森浩太郎編 文庫の会 1990.10 1165p 22cm 〈東京日本出版販売〉 6893円 Ⓘ4-938315-14-9 Ⓝ025.1

(内容)1989年12月現在発行された54社からの文庫・シリーズ90文庫と新書版文庫3文庫を収録。主要12文庫は著作者別に排列、他の文庫は出版社ごとに一覧させている。

便利な文庫の総目録 1991 森浩太郎編 文庫の会 1991.9 1224p 21cm 〈東京日本出版販売〉 7087円 Ⓘ4-938315-16-5 Ⓝ025.1

(内容)1990年12月現在発行された57社からの文庫・シリーズ102文庫と新書版文庫3文庫を収録。主要12文庫は著作者別に排列、他の文庫は出版社ごとに一覧させている。

便利な文庫の総目録 1992年版 柿添昭徳編 文庫の会 1992.10 1305p 21cm 〈付：書名作品名索引・著作者名索引, 東京日本出版販売〉 7573円 Ⓘ4-938315-18-1

(内容)1991年12月現在発行され、在庫のある56社からの文庫シリーズ99文庫と、新書版文庫3文庫を収録。主要12文庫は著作者の五十音順、他は出版社別に分類排列。

便利な文庫の総目録 1993年版 柿添昭徳編 文庫の会, 日本出版販売〔発売〕 1993.10 1368p 21cm 8100円 Ⓘ4-938315-20-3

(内容)出版社各社の文庫の総合在庫目録。1993年版は、1993年2月現在（一部'93年3～4月も収録）発行され、在庫のある63社からの文庫・シリーズ109文庫と新書版文庫3文庫の計112文庫を収録する。

Bunko Catalog 2002 福家書店編 福家書店 2002.4 1478p 21cm 4286円 Ⓘ4-901512-00-5 Ⓝ025.9

(目次)日本文学著作者別目録, 外国文学著作者別目録, 書名索引, 出版社一覧表, 文庫名一覧表, 受賞リスト

(内容)2001年12月までに流通している文庫40000点を収録した書誌。著作者約8500人、出版社55社の文庫を収録。日本文学、外国文学に分け、それぞれ著者名の五十音順、著者の下で書名五十音順に排列。著者名にはヨミも記載する。書名索引では短編集の個々のタイトルからも検索が可能。巻末に出版社一覧表、文庫名一覧表、受賞リストがある。

◆◆逐次刊行物

<書 誌>

国内学会誌ガイド 2012 メディア・リサーチ・センター株式会社編 メディア・リサーチ・センター 2012.9 207p 30cm 〈雑誌新聞総かたろぐ別冊〉 4000円 Ⓘ978-4-89554-211-1 Ⓝ027.5

(目次)文化 人文科学, 教育系, 社会 社会科学, 技術 理・工系, 農林水産, 医療・厚生・家政, 大学紀要・論集, 付録 創刊／改題／休刊媒体情報

雑誌新聞総かたろぐ 1993年版 メディア・リサーチ・センター編 メディア・リサーチ・センター 1993.6 1651p 28cm 21000円

(目次)雑誌（総合, 教育・学芸, 政治・経済・商業, 産業, 工業, 厚生・医療）, 輸入雑誌, 新聞・通信

(内容)1993年3月現在国内で入手できる雑誌・新聞の目録。10831社の19552点を収録する。国内の雑誌、輸入雑誌、新聞・通信の3グループに大別し、分野別にタイトル五十音順に排列し、タイトル、創刊年月日、刊期、判型、定価、販売方法、部数、国立国会図書館請求番号、発行者、内容、広告料金等を掲載する。巻末に発行者索引、媒体名（タイトル）索引、創刊・改題・休刊の各一覧、新聞・雑誌の部数データがある。

雑誌新聞総かたろぐ　1994年版　メディア・リサーチ・センター編　メディア・リサーチ・センター　1994.6　1660p　28cm　22000円　①4-89554-940-2

(目次)雑誌（総合，教育・学芸，政治・経済・商業，産業，工業，厚生・医療），輸入雑誌，新聞・通信

(内容)1994年3月現在国内で入手できる雑誌・新聞の目録。国内の雑誌，輸入雑誌，新聞・通信の3グループに大別し，分野別にタイトル五十音順に排列し，タイトル，創刊年月日，刊期，判型，定価，販売方法，発行者，内容，広告料金等を掲載する。巻末に発行者索引，媒体名（タイトル）索引がある。

雑誌新聞総かたろぐ　2000年版　メディア・リサーチ・センター編　メディア・リサーチ・センター　2000.5　2111p　30cm　23000円　①4-89554-025-1　Ⓝ027.5

(目次)A 雑誌（総合，教育・学芸，政治・経済・商業，産業，工業，厚生・医療），B 輸入雑誌（輸入雑誌），C 新聞・通信（新聞・通信）

(内容)最新の雑誌と新聞の目録。1999年版に収録され継続刊行されているものと1999年4月～2000年3月間に創刊されたものを対象とし，雑誌18904媒体，新聞・通信4389媒体で計23293タイトル，発行社数では13552社を収録。各誌紙は総合，教育・学芸，政治・経済・商業などに8分野に大別し，さらに全274のジャンルにわけて掲載。掲載データはタイトル，ロゴ広告，媒体概要，読者構成，編集の内容と特色など22項目。総目次と五十音順の分野広告早見表，分野順目次，分野コード一覧，発行社索引，媒体名索引を付す。創刊／休刊した媒体などのリストも収録する。

雑誌新聞総かたろぐ　2001年版　メディア・リサーチ・センター編　メディア・リサーチ・センター　2001.5　2233p　30cm　23000円　①4-89554-030-8　Ⓝ027.5

(目次)A 雑誌（総合，教育・学芸，政治・経済・商業，産業，工業，厚生・医療），B 輸入雑誌，C 新聞・通信

(内容)国内で発行される雑誌・新聞などの逐次刊行物を網羅した年刊書誌。2000年版に収録した媒体のうち継続刊行されているものと2000年4月から2001年3月にかけて創刊されたものを対象とし，雑誌19025媒体，新聞通信4370媒体の計23395タイトル，発行社数では13638社を収録。各誌紙は総合，教育・学芸，政治・経済・商業などに8分野に大別し，さらに全274のジャンルに分類。掲載データはタイトル，ロゴ広告，媒体概要，読者構成，編集の内容と特色など22項目。巻頭に「入手困難図書を覧る（国立国会図書館利用の手引き）」，分野コード早見表，分野順目次，巻末に「発行社かたろぐ」，五十音順のタイトル索引，各種リスト（創刊・休刊や洋書店など），媒体部数一覧表，政府刊行物販売所一覧がある。

雑誌新聞総かたろぐ　2002年版　メディア・リサーチ・センター編　メディア・リサーチ・センター　2002.5　2095p　30cm　23000円　①4-89554-032-4,ISSN0387-7000　Ⓝ027.5

(目次)A 雑誌編（総合，教育・学芸，政治・経済・商業，産業，工業，厚生・医療），B 新聞・通信編，C その他の定期刊行物編

(内容)最新の雑誌と新聞の目録。2000年版に収録され継続刊行されているものと2000年4月～2001年3月間に創刊されたものを対象とし，雑誌・要覧18411媒体，新聞・通信4233媒体で計22644タイトル，発行社数では13564社を収録。各誌紙は総合，教育・学芸，政治・経済・商業などに8分野に大別し，さらに全274のジャンルにわけて掲載。掲載データはタイトル，ロゴ広告，媒体概要，読者構成，編集の内容と特色など22項目。総目次と五十音順の分野コード早見表，分野順目次，分野コード一覧，発行社索引，媒体名索引を付す。創刊／休刊した媒体などのリストも収録する。

雑誌新聞総かたろぐ　2003年版　メディア・リサーチ・センター編　メディア・リサーチ・センター　2003.5　2085p　30cm　23000円　①4-89554-033-2,ISSN0387-7000

(目次)A 雑誌編（総合，教育・学芸，政治・経済・商業，産業，工業，厚生・医療），B 新聞・通信編，C その他の定期刊行物編

(内容)本書は，国内で発行される定期刊行物の内容・特色を調査収録した年鑑である。本書が収録対象とする定期刊行物（逐次刊行物）は，終刊を予定せず，同一タイトルで繰り返し刊行される刊行物を指す。

雑誌新聞総かたろぐ　2004年版　メディア・リサーチ・センター編　メディア・リサーチ・センター　2004.5　2127p　28×21cm　23000円　①4-89554-034-0

(目次)A 雑誌編（総合，教育・学芸，政治・経済・商業，産業，工業，厚生・医療），B 新聞・

通信編（新聞・通信），Cその他の定期刊行物編（その他の定期刊行物（図書館報、紀要等））

(内容)2003年版収録済刊行物で継続刊行されているもの、および2003年1月～2004年3月の間に創刊または露出された刊行物22630点のデータを収録。目次、索引としては、総目次、分野別コード一覧表、分野順目次、分野コード早見表、発行所カタログ、タイトル索引が付く。

雑誌新聞総かたろぐ　2006年版　メディア・リサーチ・センター編　メディア・リサーチ・センター　2006.5　2137p　30cm　23000円　Ⓘ4-89554-036-7,ISSN0387-7000

(目次)A 雑誌編（総合，教育・学芸，政治・経済・商業，産業 ほか），B 新聞・通信編（新聞・通信），Cその他の定期刊行物編（その他の定期刊行物（図書館報、紀要等））

(内容)原則として、2005年版収録済刊行物で継続刊行されているもの、および2005年1月～2006年3月の間に創刊または追加された刊行物のデータを収録。

雑誌新聞総かたろぐ　2007年版　メディア・リサーチ・センター編　メディア・リサーチ・センター　2007.5　2153p　30cm　23000円　Ⓘ978-4-89554-037-7

(目次)A 雑誌編（総合，教育・学芸，政治・経済・商業，産業，工業，厚生・医療），B 新聞・通信編，Cその他の定期刊行物編

(内容)国内で発行される定期刊行物の内容・特色を調査収録した年鑑。雑誌・要覧18501点、新聞・通信4083点を273分野に分け収録。巻末に発行社かたろぐ、タイトル索引が付く。

雑誌新聞総かたろぐ　2008年版　メディア・リサーチ・センター編　メディア・リサーチ・センター　2008.5　2159p　28cm　23000円　Ⓘ978-4-89554-038-4

(内容)日本で刊行されている逐次刊行物を22528点、発行者13441社にわたり収録。ジャンル別にタイトル、創刊年月日、刊期、定価、販売場所、売・頒布日、発行元連絡先、内容紹介などのデータで紹介する。

雑誌新聞総かたろぐ　2009年版　メディア・リサーチ・センター編　メディア・リサーチ・センター　2009.5　2137p　30cm　23000円　Ⓘ978-4-89554-039-1　Ⓝ027.5

(目次)A 雑誌編（総合，教育・学芸，政治・経済・商業，産業，工業，厚生・医療），B 新聞・通信編，Cその他の定期刊行物編—図書館報、紀要等

(内容)逐次刊行物22273点、発行社（者）13419社のデータを収録。雑誌・要覧18291点、新聞・通信3981点で、総計22273タイトル。発行社数は13419社。徹底した調査を実施し、273分野に整理。各刊行物データは22項目にわたる共通フォーマットで構成している。

雑誌新聞総かたろぐ　2010年版　メディア・リサーチ・センター　2010.5　2093p　28×21cm　23000円　Ⓘ978-4-89554-040-7　Ⓝ027.5

(目次)A 雑誌編（総合，教育・学芸，政治・経済・商業，産業，工業，厚生・医療），B 新聞・通信編，Cその他の定期刊行物編

(内容)逐次刊行物21803点、発行社（者）13247社のデータを収録。

雑誌新聞総かたろぐ　2012年版　メディア・リサーチ・センター編　メディア・リサーチ・センター　2012.5　2003p　28×22cm　23000円　Ⓘ978-4-89554-042-1

(目次)A 雑誌編（総合，教育・学芸，政治・経済・商業，産業，工業，厚生・医療），B 新聞・通信編（新聞・通信），Cその他の定期刊行物編（その他の定期刊行物（図書館報、紀要等））

(内容)逐次刊行物20,792点、発行社（者）12,790社のデータを収録。

日本雑誌総目次要覧　84-93　深井人詩，田口令子共編　日外アソシエーツ，紀伊國屋書店〔発売〕　1995.2　419p　21cm　24000円　Ⓘ4-8169-1274-6

(内容)雑誌の総目次の所在を示した文献目録。前版に収録した明治以後1983年までの総目次に続き、1984～93年の10年間に発表された雑誌3687種の総目次4740点を収録。雑誌名の五十音順に排列。改題後誌のある雑誌の場合はその旨を記載。

日本雑誌総目次要覧　1994-2003　深井人詩，中西裕共編　日外アソシエーツ　2005.7　513p　21cm　24000円　Ⓘ4-8169-1924-4

(内容)1994年～2003年までに国内で刊行の図書や雑誌に掲載された雑誌4846種の総目次・総索引5595点を収録。学術雑誌、専門誌、同人誌、明治期～昭和初期の復刻雑誌など、様々な分野・形態の総目次・総索引を一覧できる、雑誌記事調査に有効なツール。

◆◆児童書

<書 誌>

科学読物データバンク 1998 科学読物研究会編 連合出版 1998.7 239p 26cm
Ⓝ028.09

科学読物データバンク 98 科学読物研究会編 連合出版 1998.12 239p 26cm 2000円 Ⓘ4-89772-143-1
[目次]科学入門, 数学, 物理・化学, 天文・宇宙, 地球の科学・地学・地質学, 古生物・化石, 生物, 植物, 動物, 無脊椎動物, 脊椎動物, 自然の文学, 考古学, 人体・医学・性, 電気, 地図・地理, 環境の科学, 科学技術, 土木・建築, 書名索引・著者名索引
[内容]主に1970年から1998年までに出版された子ども向けの自然科学の本(社会科学的な本も一部含む)を5775冊収録したリスト。対象年齢は, 幼児から中学生まで。掲載データは, 書名, サブタイトル, シリーズ名, 著者名, 出版社, 価格, 出版年など。書名索引, 著者名索引付き。

児童図書総合目録 1990 小学校用 日本児童図書出版協会編 日本児童図書出版協会 1990.4 989,223p 21cm 1900円
[内容]日本児童図書出版協会, 加盟出版社44社が, 平成2年3月末日までに発行した小学生向優良児童図書の集成。

児童図書総合目録 1990 中学校用 児童図書総合目録編集委員会編 日本児童図書出版協会 1990.4 297,12,74p 21cm 900円
[内容]日本児童図書出版協会, 加盟出版社44社が, 平成2年3月末日までに発行した中学生向優良児童図書の集成。

児童図書総合目録 1991 小学校用 児童図書総合目録編集委員会編 日本児童図書出版協会 1991.4 1080,127p 21cm 2000円
[内容]日本児童図書出版協会の加盟出版社44社が, 1991年3月末までに発行した小学校向けの図書を掲載している。

児童図書総合目録 1991 中学校用 児童図書総合目録編集委員会編 日本児童図書出版協会 1991.4 327,44,42p 21cm 1000円
[内容]日本児童図書出版協会の加盟出版社44社が, 1991年3月末までに発行した中学校向けの図書を掲載している。

児童図書総合目録 1992 小学校用 日本児童図書出版協会編 日本児童図書出版協会 1992.4 1冊 26cm 2136円 Ⓘ4-930923-51-4
[内容]日本児童図書出版協会の加盟出版社が1992年3月末までに発行した小学校向けの図書を掲載する。

児童図書総合目録 1992 中学校用 日本児童図書出版協会編 日本児童図書出版協会 1992.4 1冊 26cm 1068円 Ⓘ4-930923-52-2
[内容]日本児童図書出版協会の加盟出版社が1992年3月末までに発行した中学校向けの図書を掲載する。

児童図書総合目録 1993 小学校用 児童図書総合目録編集委員会編 日本児童図書出版協会 1993.4 754,93p 26cm 2200円 Ⓘ4-930923-53-0
[内容]児童図書を対象とした総合在庫目録。日本児童図書出版協会の加盟出版社45社が, 1993年3月末までに発行した小学校向けの図書を掲載する。

児童図書総合目録 1993 中学校用 児童図書総合目録編集委員会編 日本児童図書出版協会 1993.4 248,31p 26cm 1100円 Ⓘ4-930923-54-9
[内容]児童図書を対象とした総合在庫目録。日本児童図書出版協会の加盟出版社45社が, 1993年3月末までに発行した中学校向けの図書を掲載する。

児童図書総合目録 1994 小学校用 日本児童図書出版協会編 日本児童図書出版協会 1994.4 1冊 26cm 2200円 Ⓘ4-930923-55-7
[内容]児童図書を対象とした総合在庫目録。日本児童図書出版協会の会員出版社45社, 会員外出版社19社が, 1994年3月末までに発行した小学校向けの図書を掲載する。

児童図書総合目録 1994 中学校用 日本児童図書出版協会編 日本児童図書出版協会 1994.4 1冊 26cm 1100円 Ⓘ4-930923-56-5
[内容]児童図書を対象とした総合在庫目録。日本児童図書出版協会の会員出版社45社, 会員外出版社19社が, 1994年3月末までに発行した中学校向けの図書を掲載する。

児童図書総目録　1995　小学校用　日本児童図書出版協会　1995.4　876p　26cm　2200円　ⓘ4-930923-57-3

(内容)小学生向けの図書の総合目録。児童図書出版社90社の書目21598点を収録。排列はNDC（日本十進分類法）順で、絵本は別にまとめる。タイトル・著者・出版社名・価格・ISBNと内容解説を記載。巻末に学校図書館法、図書廃棄基準などの資料を掲載。著者索引・シリーズ索引・書名索引を付す。

児童図書総目録　1995　中学校用　日本児童図書出版協会　1995.4　314p　26cm　1100円　ⓘ4-930923-58-1

(内容)中学生向けの図書の総合目録。児童図書出版社81社の書目7616点を収録。排列はNDC（日本十進分類法）順で、絵本は別にまとめる。タイトル・著者・出版社名・価格・ISBNと内容解説を記載。巻末に学校図書館法、図書廃棄基準などの資料を掲載。著者索引・シリーズ索引・書名索引を付す。

児童図書総目録　'96　小学校用　日本児童図書出版協会編　日本児童図書出版協会　1996.4　1冊　26cm　2200円　ⓘ4-930923-59-X

(目次)総記，哲学，歴史，社会科学，自然科学，技術・工学・工業，産業，芸術，言語，文学，絵本

(内容)児童図書出版社89社から刊行された小学生向けの図書の目録。記載内容は書名、著・編者名、内容解説、判型、頁数、定価、読者対象、発行年、発行所等。図書の分類はNDCに準拠。絵本は末尾にまとめて掲載する。内容は1996年3月現在。巻末に著者索引、シリーズ索引、書名索引がある。

児童図書総目録　'96　第44号　中学校用　日本児童図書出版協会編　日本児童図書出版協会　1996.4　1冊　26cm　1100円　ⓘ4-930923-60-3

(目次)総記，哲学，歴史，社会科学，自然科学，技術・工学・工業，産業，芸術，言語，文学，絵本

(内容)児童図書出版社81社から刊行された中学生向けの図書の目録。記載内容は書名、著・編者名、内容解説、判型、頁数、定価、読者対象、発行年、発行所等。図書の分類はNDCに準拠。絵本は末尾にまとめて掲載する。内容は1996年3月現在。巻末に著者索引、シリーズ索引、書名索引がある。

児童図書総目録　2006年度　小学校用　「児童図書総目録」編集委員会編　日本児童図書出版協会　2006.4　1冊　26cm　2200円　ⓘ4-930923-80-8

(目次)総記，哲学，歴史，社会科学，自然科学，技術・工学・工業，産業，芸術，言語，文学，絵本，紙芝居

(内容)児童図書出版社主要91社が2006年3月末までに発行した小学校向けの図書を日本十進分類法（NDC）の要目表（三桁の表）の順に配列した図書目録。巻末に著者索引、シリーズ索引、書名索引、NDC索引が付く。

児童図書総目録　2006年度　中学校用　「児童図書総目録」編集委員会編　日本児童図書出版協会　2006.4　1冊　26cm　1100円　ⓘ4-930923-81-6

(目次)総記，哲学，歴史，社会科学，自然科学，技術・工学・工業，産業，芸術，言語，文学，絵本，紙芝居

(内容)児童図書出版社主要89社が2006年3月末までに発行した中学校向けの図書を日本十進分類法（NDC）の要目表（三桁の表）の順に配列した図書目録。巻末に著者索引、シリーズ索引、書名索引、NDC索引が付く。

児童図書総目録　2007年度（第55号）小学校用　「児童図書総目録」編集委員会編　日本児童図書出版協会　2007.4　1冊　26cm　1200円　ⓘ978-4-930923-82-0

(目次)総記，哲学，歴史，社会科学，自然科学，技術・工学・工業，産業，芸術，言語，文学，絵本，紙芝居

(内容)日本児童図書出版協会47と会員外出版社45社が2007年3月末までに発行した小学校向け図書をNDC（日本十進分類法）順に掲載した児童図書目録。巻末に著者名索引、シリーズ索引、書名索引、NDC索引が付く。

児童図書総目録　2007年度（第55号）中学校用　日本児童図書出版協会編　日本児童図書出版協会　2007.4　1冊　26cm　600円　ⓘ978-4-930923-83-7

(目次)総記，哲学，歴史，社会科学，自然科学，技術・工学・工業，産業，芸術，言語，文学，絵本，紙芝居

(内容)日本児童図書出版協会の会員出版社47社、会員外出版社45社が、2007年3月末までに発行した中学校向けの図書を掲載。日本十進分類法（NDC）の要目表の順に配列。巻末に「著者索引」「シリーズ索引」「書名索引」「NDC索引」

を付し，資料として，「文字・活字文化振興法」「子どもの読書活動の推進に関する法律」「学校図書館法」「学校図書館図書廃棄規準」「学校図書館メディア基準」文部科学省「学校図書館図書標準」早見表等を掲載．

児童図書総目録　第56号（2008）小学校用　日本児童図書出版協会編　日本児童図書出版協会　2008.4　1冊　26cm　1200円
Ⓘ978-4-930923-84-4　Ⓝ028
目次 総記，哲学，歴史，社会科学，自然科学，技術・工学・工業，産業，芸術，言語，文学，絵本，紙芝居
内容 日本児童図書出版協会の会員出版社48社，会員外出版社43社が，2008年3月末までに発行した小学校向けの図書をNDCの要目表の順に収録した図書目録．配列はNDCの要目表の順，シリーズ名，ISBN，NDC，巻数，書名，著・編者，内容解説，判型，頁数，定価，本体価格，読者対象，発行年，発行所を記載．巻末に著者索引，シリーズ索引，書名索引，キーワード索引，NDC索引が付く．

児童図書総目録　第56号（2008）中学校用　日本児童図書出版協会編　日本児童図書出版協会　2008.4　1冊　26cm　600円
Ⓘ978-4-930923-85-1　Ⓝ028
目次 総記，哲学，歴史，社会科学，自然科学，技術・工学・工業，産業，芸術，言語，文学，絵本，紙芝居
内容 日本児童図書出版協会の会員出版社46社，会員外出版社40社が，2008年3月末までに発行した中学校向けの図書をNDCの要目表の順に収録した図書目録．配列はNDCの要目表の順，シリーズ名，ISBN，NDC，巻数，書名，著・編者，内容解説，判型，頁数，定価，本体価格，読者対象，発行年，発行所を記載．巻末に著者索引，シリーズ索引，書名索引，キーワード索引，NDC索引が付く．

ぶっくす　優良図書目録カラー版小学校・中学校・公共図書館用　'90　クリーンブックス・グループ　1990.3　245p　26cm　1165円　Ⓝ028.09
内容 小学校・中学校・公私立図書館・児童館及び幼稚園・保育園・家庭文庫・読書会・地域文庫等の本の選定・購入に便利な様に作られた年度版のカラー版カタログ．

ぶっくす　優良図書目録カラー版　'91　クリーンブックス・グループ　1991.4　260p　26cm　1200円　Ⓝ028.09

ぶっくす　'92　〔カラー版〕　クリーンブックス・グループ　1992.4　284p　26cm　1200円
目次 低学年のための本，日本の児童文学，世界の児童文学，日本および世界の名作と古典・民話，伝記・ノンフィクション，知識と教養の本，学習・クラブ活動に役立つ本，百科・事典・辞典・図鑑，教材（ビデオ・スライド・紙芝居）
内容 このカラー版カタログは，小学校・中学校・公私立図書館・児童館及び幼稚園・保育園・家庭文庫・読書会・地域文庫等の「本」の選定・購入に便利な様に作られた年度版のカタログです．

ぶっくす　優良図書目録カラー版　'94　クリーンブックス・グループ　1994.4　304p　26cm　1200円
目次 低学年のための本，日本の児童文学，世界の児童文学，日本および世界の名作と古典・民話，伝記・ノンフィクション，知識と教養の本，学習・クラブ活動に役立つ本，百科・事典・辞典・図鑑，教材（ビデオ・スライド・紙芝居）
内容 児童図書の年刊版図書目録．小学校・中学校・公私立図書館・児童館及び幼稚園・保育園・家庭文庫・読書会・地域文庫等の図書選定・購入用資料．

本・ほん　小学校・中学校・公共図書館　図書選定資料　'90　「本・ほん'90」編集委員会編　児童図書十社の会　1990.4　542,7,7p　26cm　2200円　Ⓝ028.09
目次 1 低学年のための本，2 日本の児童文学，3 世界の児童文学，4 名作と古典文学，5 SF・推理・冒険，6 伝記，7 ノンフィクション，8 知識と教養の本，9 学習・クラブ活動に役立つ本，10 百科・事典・図鑑
内容 児童図書を専門に刊行している主要出版社の図書がすべて収録されている．実物をそっくりカラー写真にとり，全シリーズの全貌が一眼でわかるように工夫されたカラー版目録．

本・ほん　小学校・中学校・公共図書館　図書選定資料　カラー版目録　'93　「本・ほん'93」編集委員会編集　児童図書十社の会　1993.4　462,6,6p　26cm　2136円

㊥教科別(すべての教科にわたる本，生活科，国語，算数・数学，理科 ほか)，読みもの(絵本，低学年のための本，日本の児童文学，世界の児童文学，名作と古典文学 ほか)
㊤小学校・中学校・公共図書館の図書選定資料として編集された児童図書のカタログ。図書は「教科別」と「読みもの」に大別され，さらに教科・ジャンル別に分類して掲載。表紙等のカラー写真付き。

本・ほん 小学校・中学校・公共図書館 図書選定資料 カラー版目録 '94　「本・ほん'94」編集委員会編　児童図書十社の会　1994.4　240p　30cm　2200円
㊥教科別(すべての教科にわたる本，生活科，国語，算数・数学，理科 ほか)，読みもの(絵本，低学年のための本，日本の児童文学，世界の児童文学，名作と古典文学 ほか)
㊤小学校・中学校・公共図書館の図書選定資料として編集された児童図書のカタログ。図書は「教科別」と「読みもの」に大別され，さらに教科・ジャンル別に分類して掲載。表紙等のカラー写真付き。

本・ほん 小学校・中学校・公共図書館：図書選定資料 '95　「本・ほん'95」編集委員会編　児童図書十社の会　1995.4　264,3p　30cm　2200円
㊥教科別(すべての教科にわたる本，生活科，国語，算数・数学，理科 ほか)，読みもの(絵本，低学年のための本，日本の児童文学，世界の児童文学，名作と古典文学 ほか)
㊤小・中学生向けの学習用図書と読み物の年刊ブックガイド。学校・公共図書館を利用対象とする。学習用は教科別，読み物は分野別に排列。NDC(日本十進分類法)番号と価格，写真入りで解説を記載。シリーズ五十音順索引，NDC索引を付す。

本・ほん 図書館のためのカラーカタログ '96　児童図書十社の会　1996.4　272,7p　30cm　2200円
㊥教科別(すべての教科にわたる本，生活科，国語，算数・数学，理科，社会(歴史・地理)，図工・美術，保健・体育，技術・家庭，音楽，英語，道徳，特活(クラブ活動など)，自然保護・環境，百科・事典・図鑑)，読みもの(絵本，低学年のための本，日本の児童文学，世界の児童文学，名作と古典文学，SF・推理・冒険，伝記，ノンフィクション，シリーズ五十音索引，NDC索引)

㊤小学校・中学校・公共図書館の図書選定資料として編集された児童図書のカタログ。図書は「教科別」と「読みもの」に大別され，さらに教科・ジャンル別に分類して掲載。表紙等のカラー写真付き。内容は1996年4月1日現在。巻末にNDC索引，五十音順のシリーズ索引がある。

ヤングアダルト図書総目録 2006年版　ヤングアダルト図書総目録刊行会　2006.2　37,305p　21cm　286円　①4-946384-02-2　Ⓝ028.09

ヤングアダルト図書総目録 2007年版　ヤングアダルト図書総目録刊行会　2007.2　40,306p　21cm　286円　①978-4-946384-03-5　Ⓝ028.09

ヤングアダルト図書総目録 2008年版　ヤングアダルト図書総目録刊行会　2008.2　38,322p　21cm　286円　①978-4-946384-04-2　Ⓝ028.09
㊤13歳から19歳までのヤングアダルト(YA)世代向けの図書を分野別に収録した目録。出版社で構成するヤングアダルト図書総目録刊行会による合同出版目録。

ヤングアダルト図書総目録 2009年版　ヤングアダルト図書総目録刊行会　2009.2　32,284p　21cm　286円　①978-4-946384-05-9　Ⓝ028.09
㊤13歳から19歳までのヤングアダルト(YA)世代向けの図書を分野別に収録した目録。出版社で構成するヤングアダルト図書総目録刊行会による合同出版目録。2009年版は掲載社数105社，収録図書約3100点。13の大分類，60の小分類に分けて紹介する。巻頭カラーページでは掲載出版社による「YAおすすめの1冊」を掲載する。

ヤングアダルト図書総目録 2010年版　ヤングアダルト図書総目録刊行会　2010.2　28,261p　21cm　286円　①978-4-946384-06-6　Ⓝ028.09
㊤13歳から19歳までのヤングアダルト(YA)世代向けの図書を分野別に収録した目録。出版社で構成するヤングアダルト図書総目録刊行会による合同出版目録。2010年版は掲載社数101社，収録図書約3000点。13の大分類，58の小分類に分けて紹介する。巻頭カラーページでは掲載出版社による「YAおすすめの1冊」を掲載する。

ヤングアダルト図書総目録 2012年版　ヤ

ングアダルト図書総目録刊行会　2012.2
32,260p　21cm　286円　①978-4-946384-
08-0　Ⓝ028.09

(内容)ヤングアダルト(13歳～19歳)世代の読者を対象とした、学習参考書と文庫を除くあらゆる分野の本を網羅し、哲学・宗教、歴史・地理・伝記、社会科学など項目ごとに掲載した図書目録。「朝の読書」実践校紹介も収録。

ヤングアダルト図書総目録　2013年版　ヤングアダルト図書総目録刊行会　2013.2
34,234p　21cm　286円　①978-4-946384-09-7　Ⓝ028.09

(内容)ヤングアダルト(13歳～19歳)世代の読者を対象とした、学習参考書と文庫を除くあらゆる分野の本を網羅し、哲学・宗教、歴史・地理・伝記、社会科学など項目ごとに掲載した図書目録。「朝の読書」実践校紹介も収録。

◆出版社別目録

◆◆岩波書店

<書　誌>

岩波新書を読む　ブックガイド＋総目録
岩波書店編集部編　岩波書店　1998.1　157,141p　18cm　(岩波新書)　640円　①4-00-439005-2

(目次)テーマで読む岩波新書(岩波新書で読むアメリカ(猿谷要)、現代中国を読む(田畑光永)、アジアを読む(坪井善明)、もっと知られていい国(伊藤千尋)、古い知合い(田中克彦)、私と私たちと世界との間(最上敏樹)、私の人生ガイドブック(増田れい子)、岩波新書と"現代"の読み方(佐高信)、岩波新書にあらわれた企業の顔(中沢孝夫)、魅力あふれる経済学の新書(根井雅弘)ほか)、岩波新書総目録、著訳編者名索引、書名索引

(内容)岩波新書のガイドブック。現代社会の概観、歴史の探索、実用的なガイド、個人史と読書遍歴など、作家・研究者・ジャーナリストらが提案する29のテーマ別読み方を紹介するブックガイドと、1938年の創刊から60年間に刊行された2000余点を掲載した目録で構成される。目録は、刊行順に排列し、刊行月日、通し番号、分類番号、ジャンル名、書名、著者・訳者・編者などを掲載。著訳編者名索引、書名索引付き。

岩波文庫解説総目録1927‐1996　上　岩波文庫編集部編　岩波書店　1997.2　483p

15cm　(岩波文庫)　971円　①4-00-350011-3

(目次)日本思想、東洋思想、仏教、歴史・地理、音楽・芸術、哲学・教育・宗教、日本文学(古典、近代・現代)

(内容)1927年7月10日の創刊より1996年12月16日まで刊行された、岩波文庫の全書目約5000冊を収録した解説目録。全書目を20の分野に分類し、その分野ごとに著作者別、年代順に配列し、内容解説文を付した。短編集・著作集などは全収録作品名を掲載、訳書には原書名、発行年を記載。書誌データ、著訳者名、校注者名、解説者名、発行年月日、巻数、ページ数、ISBN、改訳改訂など。下巻には、書名索引、著訳編者別書名索引、刊行順全書目リストを収録。

岩波文庫解説総目録1927‐1996　中　岩波文庫編集部編　岩波書店　1997.2　453p
15cm　(岩波文庫)　971円　①4-00-350012-1

(目次)法律・政治、経済・社会、自然科学、外国文学、岩波文庫別冊

(内容)1927年7月10日の創刊より1996年12月16日まで刊行された、岩波文庫の全書目約5000冊を収録した解説目録。全書目を20の分野に分類し、その分野ごとに著作者別、年代順に配列し、内容解説文を付した。短編集・著作集などは全収録作品名を掲載、訳書には原書名、発行年を記載。書誌データ、著訳者名、校注者名、解説者名、発行年月日、巻数、ページ数、ISBN、改訳改訂など。下巻には、書名索引、著訳編者別書名索引、刊行順全書目リストを収録。

岩波文庫解説総目録1927‐1996　下　岩波文庫編集部編　岩波書店　1997.2　341p
15cm　(岩波文庫)　485円　①4-00-350013-X

(目次)書名索引、著訳編者別書名索引、刊行順全書目リスト

(内容)1927年7月10日の創刊より1996年12月16日まで刊行された、岩波文庫の全書目約5000冊を収録した解説目録。全書目を20の分野に分類し、その分野ごとに著作者別、年代順に配列し、内容解説文を付した。短編集・著作集などは全収録作品名を掲載、訳書には原書名、発行年を記載。書誌データ、著訳者名、校注者名、解説者名、発行年月日、巻数、ページ数、ISBN、改訳改訂など。下巻には、書名索引、著訳編者別書名索引、刊行順全書目リストを収録。

岩波文庫の80年　岩波文庫編集部編　岩波書

店　2007.2　583p　15cm　（岩波文庫）
1000円　①978-4-00-350021-7

(目次)岩波文庫刊行順全書目リスト（1927年7月〜2006年12月），「教科書版」岩波文庫総目録，「岩波クラシックス」総目録，ワイド版岩波文庫総目録（1991年1月〜2006年12月），岩波文庫略年表，岩波文庫略史，岩波文庫論（岩波茂雄），岩波文庫の定価の基準の変遷，岩波文庫の整理番号について，大戦時における岩波文庫，主な岩波文庫のフェア書目一覧，「読書のすすめ」（第1-11集）一覧

(内容)1927（昭和2）年7月の創刊から2006（平成18）年12月までに刊行された岩波文庫の刊行順全書目リストと索引。他に，『ワイド版岩波文庫総目録』，「岩波文庫略年表」，「岩波文庫略史」，「岩波文庫論」（岩波茂雄），「岩波文庫の定価の基準の変遷」，「岩波文庫の整理番号について」等を収録した，ハンディな岩波文庫資料集。収録数は5400冊。

80年版 岩波文庫解説総目録　1927〜2006
岩波文庫編集部編　岩波書店　2007.9
1180p　21cm　4000円　①978-4-00-024437-4

(目次)日本思想，東洋思想，仏教，歴史・地理，音楽・美術，哲学・教育・宗教，自然科学，日本文学（古典），日本文学（近代・現代），法律・政治，経済・社会，東洋文学，ギリシア・ラテン文学，イギリス文学，アメリカ文学，ドイツ文学，フランス文学，ロシア文学，南北ヨーロッパ文学その他，岩波文庫別冊

(内容)全書目・約5400冊を20の分野に分けて，著作者別，年代順に配列し，簡潔な文章で内容を紹介した解説目録。巻末に書名索引，著訳者別書名索引が付く。

◆◆角川書店

<書　誌>

角川書店図書目録　昭和20‐50年　角川書店　1995.10　183p　21cm　1500円　①4-04-883428-2

(内容)昭和20(1945)〜昭和50(1975)年に角川書店が発行した図書の目録。B6判文庫，A6判文庫，新書・選書類，全集・叢書，単行本，辞典・教科書，雑誌に分類し，各図書の書名，著者・訳者，初版日，判型，頁数，定価を示す。

◆◆信山社

<書　誌>

信山社総合図書目録　2002‐1　信山社編　信山社　〔2002.9〕　586,199p　21cm　500円　①4-7972-9410-8

(目次)総記，図書館・図書館学，図書・書誌学，百科辞典・辞典，逐次刊行物・年鑑，新聞・ジャーナル，叢書・全集・選集，哲学，人間学，論理学〔ほか〕

◆◆新潮社

<書　誌>

新潮文庫全作品目録　1914〜2000　新潮社編　新潮社　2002.7　1441p　19cm　〈付属資料：CD‐ROM1〉　6000円　①4-10-740000-X　⑳025.9

(目次)『新潮文庫』出版史，初期新潮文庫目録編（第一期（1914〜1917），第二期（1928〜1930），第三期（1933〜1944）），第四期新潮文庫全解説編（1947〜2000）（日本の作品，海外の作品），索引・書誌編（書名でひく（書名索引），人名でひく（執筆者書誌総合索引））

(内容)新潮文庫の総目録。大正3年（1914）の創刊から2000年まで全7089冊を数える新潮文庫は，海外文学と日本近現代の純文学・大衆文学・随筆・詩歌を始め，音楽・美食・旅など，幅広い分野の図書を出版。その全てを網羅収録し，戦後発行の全5601点は内容と性格を伝える解説を付す。巻末に書名索引，執筆者書誌総合索引がある。

◆◆中央公論新社

<書　誌>

中公文庫解説総目録　1973〜2006　中公文庫編集部編　中央公論新社　2006.10　726p　15cm　（中公文庫）　1238円　①4-12-204746-3

(目次)座談会 中公文庫会読（池内紀×奥本大三郎×川本三郎 司会・岡崎武志），中公文庫ものがたり（岡崎武志），日本の作品，海外の作品，シリーズ・全集，中公文庫BIBLIO，中公文庫ビジュアル版，中公文庫コミック版，てのひら絵本

(内容)1973年6月の創刊から2006年10月までに刊行された，中公文庫のすべての書目を内容紹

介つきで一覧できる完全版目録。本文はコード順に排列。コード番号、書名、著者名、内容紹介、初版刊行年月などを記載。中公文庫の手引きとしての座談会・コラムを巻頭に収録。書名索引・著訳編者名索引・コード変更一覧を付す。

◆◆東京創元社

<書 誌>

東京創元社文庫解説総目録　〔1959.4-2010.3〕　高橋良平，東京創元社編集部編　東京創元社　2010.12　1150p　15cm　〈索引あり〉　①978-4-488-49511-4　Ⓝ025.9

(目次)創元推理文庫／海外ミステリ，創元推理文庫／国内ミステリ，創元推理文庫／ホラー&ファンタジイ，創元推理文庫／ゲームブックス，創元SF文庫，イエローブックス，創元ノヴェルズ，創元ライブラリ，創元コンテンポラリ，作品名索引，著者名索引

(内容)1959年4月の創元推理文庫創刊より2010年3月までに刊行した文庫全点の内容紹介を網羅。詳細な書誌インデックスを完備。

東京創元社文庫解説総目録　〔1959.4-2010.3〕資料編　高橋良平，東京創元社編集部編　東京創元社　2010.12　410p　15cm　〈年譜あり〉　①978-4-488-49511-4　Ⓝ025.9

(内容)1959年4月の創元推理文庫創刊より2010年3月までに刊行した文庫全点の内容紹介を網羅する目録。資料編には，巻頭カラー口絵にはじまり，文庫のもととなった「世界推理小説全集」等の叢書リスト、エッセイ、座談会，アンケートを収録。

◆◆平凡社

<書 誌>

東洋文庫ガイドブック　平凡社東洋文庫編集部編　平凡社　2002.4　195,113p　18cm　1500円　①4-582-83713-1　Ⓝ019

(目次)物語の楽しみ—物語る声を求めて，詩苑逍遙—訳詩を読む楽しみ，東洋の百科全書—中国の"無用の長物"，江戸を読む—都市のざわめきを聞く，隣国と親しむ—「大陸国家」朝鮮を知るために，中国の伝統文化を知る—先達の書あれこれ，インド的世界—「インドはわからない?」，中東イスラーム世界—企む女たちの物語，アジアの近代—自己と時代の物語，ユーラシア史へのまなざし—大航海時代以前の世界史〔ほか〕

(内容)平凡社の東洋文庫700巻すべてを紹介する解説総目録。

◆◆みすず書房

<書 誌>

みすず書房刊行書総目録 1946 - 1995　みすず書房　1996.7　2冊(セット)　21cm　2060円　①4-622-05000-5

(目次)みすず書房刊行書総目録 1946 - 1995，主な全集・シリーズ一覧，書名索引，著訳編者名索引

書名索引

書名索引

【あ】

アーカイブ事典 ……………………… 21
赤ちゃん絵本ノート ………………… 133
赤ちゃんが大好きな絵本 …………… 125
赤ちゃんからの絵本ガイド ………… 125
あかちゃんの絵本箱 ………………… 125
浅草文庫書目解題 第1巻 …………… 70
浅草文庫書目解題 第2巻 …………… 70
浅草文庫書目解題 第3巻 …………… 70
アジア経済研究所図書館新聞マイクロフィルム所蔵目録 ……………… 57
アジア資料通報 第37巻特集号 …… 48
アジア資料通報 第37巻第6号 …… 48
アジア資料通報 第38巻第1号 …… 48
アジア資料通報 第38巻第4号 …… 48
アジア資料通報 第39巻第1号 …… 49
アジア資料通報 第39巻第2号 …… 49
アジア資料通報 第39巻第3号 …… 49
アジア資料通報 第39巻第4号 …… 49
アジア資料通報 第39巻第5号 …… 49
アジア資料通報 第39巻第6号 …… 49
アジア資料通報 第40巻第1号 …… 49
あすの授業アイデア チョイ引き活用事典 ………………………………… 18
新しい絵本1000 2001-2009年版 ……… 125
新しい自分を探す本 ………………… 102
あなたのことが大好き!の絵本50冊 …… 126
あなたの街の博物館 ………………… 75
あなたはこの本を知っていますか No.7（'89）………………………………… 163
あなたはこの本を知っていますか No.8（'90）………………………………… 163
あなたはこの本を知っていますか No.9（'91）………………………………… 163
あなたはこの本を知っていますか No.16 ……………………………… 164
あなたはこの本を知っていますか No.18 ……………………………… 164
あなたはこの本を知っていますか No.20 ……………………………… 164
あなたはこの本を知っていますか No.27 ……………………………… 164
奄美関係蔵書目録 …………………… 57
アメリカのエディトリアル・デザイン年鑑 24 ………………………………… 156
アメリカのエディトリアル・デザイン年鑑 25 ………………………………… 156
アメリカのエディトリアル・デザイン年鑑 26 ………………………………… 156
アメリカのエディトリアル・デザイン年鑑 27 ………………………………… 156
アメリカの伝統文化 ………………… 86

【い】

石川県の博物館 ……………………… 75
一度は行ってみたい東京の美術館・博物館 …………………………………… 75
1冊で1000冊読めるスーパー・ブックガイド ……………………………… 102
一冊で不朽の名作100冊を読む ……… 117
伊東市立伊東図書館郷土資料目録 平成2年度版 ……………………………… 52
いのち ………………………………… 126
今の自分を変える65冊の実学図書館 …… 103
岩波新書を読む ……………………… 184
岩波文庫解説総目録1927-1996 上 …… 184
岩波文庫解説総目録1927-1996 中 …… 184
岩波文庫解説総目録1927-1996 下 …… 184
岩波文庫の80年 ……………………… 184
印刷博物誌 …………………………… 135
InDesign Style Book ………………… 154
InDesign乗り換え案内ハンドブック …… 154
印籠と根付 …………………………… 91

【う】

『内田嘉吉文庫』図書目録 1（第1編）復刻版 ……………………………… 70
『内田嘉吉文庫』図書目録 2（第2編 上）復刻版 ……………………………… 70
『内田嘉吉文庫』図書目録 3（第2編 下）復刻版 ……………………………… 70
『内田嘉吉文庫』図書目録 4（第3編）復刻版 ……………………………… 70
『内田嘉吉文庫』図書目録 5 復刻版 …… 70
海のレジャー＆スポーツ施設総ガイド2000 ………………………………… 75
うれしいな一年生 …………………… 117

【え】

英語ペラペラキッズ（だけにじゃもったいない）ブックス ………………… 117
英米目録規則 第2版日本語版 ……… 9
英和アメリカ雑誌関連用語集 ……… 135
ALA図書館情報学辞典 ……………… 6
江戸・東京学研究文献案内 ………… 21
絵本ありがとう …………………… 126
絵本カタログ ……………………… 126
絵本がつなぐ子どもとおとな …… 126
えほん 子どものための140冊 …… 126
えほん 子どものための300冊 …… 126
絵本・子どもの本 総解説 ………… 117
絵本・子どもの本 総解説 第3版 … 117
絵本・子どもの本 総解説 第4版 … 117
絵本・子どもの本 総解説 第5版 … 117
絵本・子どもの本 総解説 第6版 … 118
絵本・子どもの本 総解説 第7版 … 118
絵本好きが集まる絵本屋さん100 … 157
絵本、大好き! ……………………… 126
絵本で世界を旅しよう …………… 126
絵本でひろがる楽しい授業 ……… 127
絵本と絵本作家を知るための本 … 133
絵本と子どもが出会ったら ……… 127
絵本のあたたかな森 ……………… 127
絵本のあるくらし 第2版 ………… 127
絵本の事典 ………………………… 132
絵本の住所録 ……………………… 127
絵本の住所録 新版 ……………… 127
絵本の庭へ ………………………… 127
絵本屋さんがおすすめする絵本100 … 127

【お】

お厚いのがお好き？ ……………… 110
鷗外自筆帝室博物館蔵書解題 第1巻 … 94
鷗外自筆帝室博物館蔵書解題 第2巻 … 94
鷗外自筆帝室博物館蔵書解題 第3巻 … 94
鷗外自筆帝室博物館蔵書解題 第4巻 … 94
鷗外自筆帝室博物館蔵書解題 第5巻 … 94
鷗外自筆帝室博物館蔵書解題 第6巻 … 94
鷗外自筆帝室博物館蔵書解題 第7巻 … 94
鷗外自筆帝室博物館蔵書解題 第8巻 … 94
鷗外自筆帝室博物館蔵書解題 別巻 … 94
欧文図書分類目録 …………………… 9
大田栄太郎文庫目録 ……………… 52
大宅壮一文庫 雑誌記事索引総目録 1888-1987 ……………………… 70
大宅壮一文庫雑誌記事索引総目録 1988-1995 件名編 ……………… 70
大宅壮一文庫雑誌記事索引総目録 1988-1995 人名編 ……………… 70
お母さんが選んだ128冊の絵本 … 127
緒方奇術文庫書目解題 …………… 94
岡山の宝箱 ………………………… 75
岡山の美術館・博物館 …………… 75
沖縄協会資料室資料目録 ………… 57
沖縄の博物館ガイド ……………… 76
おすすめ文庫王国 2003年度版 … 116
小田切文庫目録 …………………… 66
おとぎ話の古書案内 ……………… 159
お年寄りとともに命と時をつむぐ児童書100選 …………………… 118
大人だって、絵本! ……………… 127
大人のための世界の名著必読書50 … 110
大人のための博物館ガイド ……… 76
大人も読んで楽しい科学読み物90冊 … 103
お話のリスト 3版 ………………… 100
親子で遊ぼう!!おもしろ博物館 首都圏版 …………………………… 76
親子で楽しむ博物館ガイド 関西版 … 76
親子で楽しむ!歴史体験ミュージアム … 76
親子で楽しめる絵本で英語をはじめる本 …………………………… 127
おやちれんがすすめるよみきかせ絵本250 …………………………… 127
音楽資料目録作成マニュアル …… 9

【か】

海外科学技術資料受入目録 1992 … 50
海外科学技術資料受入目録 1993 … 51
海外で翻訳出版された日本の子どもの本 1998 ……………………… 118
果園文庫蔵書目録 ………………… 70
科学・自然史博物館事典 ………… 76
科学の本っておもしろい 続 新装版 … 118
科学読物データバンク 1998 …… 180
科学読物データバンク 98 ……… 180
学術雑誌総合目録 1996年版 …… 34
学術雑誌総合目録 1998年版 …… 34

学術雑誌総合目録 2000年版 …………… 35
学術雑誌総合目録 和文編 1991年版 …… 34
学術雑誌総合目録 欧文編誌名変遷マップ 1990 ……………………………… 34
学術雑誌総合目録 欧文編 1994年版 …… 34
学問の鉄人が贈る14歳と17歳のBOOKガイド ………………………………… 118
鹿児島県郷土資料総合目録 公共図書館所蔵編 第2集 ………………………… 52
鶚軒文庫蔵書目録 上巻 ………………… 71
鶚軒文庫蔵書目録 下巻 ………………… 71
学校図書館基本図書目録 1993年版 …… 28
学校図書館基本図書目録 1995年版 …… 28
学校図書館基本図書目録 1996年版 …… 28
学校図書館基本図書目録 1997年版 …… 28
学校図書館基本図書目録 1999年版 …… 29
学校図書館基本図書目録 2000年版 …… 29
学校図書館基本図書目録 2001年版 …… 29
学校図書館基本図書目録 2002年版 …… 29
学校図書館基本図書目録 2004年版 …… 29
学校図書館基本図書目録 2006年版 …… 29
学校図書館基本図書目録 2007年版 …… 30
学校図書館50年史年表 ………………… 17
学校図書館発絵本ガイドブック ……… 127
活字マニアのための500冊 …………… 103
角川書店図書目録 昭和20‐50年 …… 185
神奈川県の図書館 ……………………… 12
神奈川のふみくら ……………………… 35
狩野文庫目録 和書之部 第1門 ……… 66
狩野文庫目録 和書之部 第2門 ……… 66
狩野文庫目録 和書之部 第3門 ……… 66
狩野文庫目録 和書之部 第4門 ……… 66
狩野文庫目録 和書之部 第5門 ……… 66
狩野文庫目録 和書之部 第6門 ……… 67
狩野文庫目録 和書之部 第7門 ……… 67
狩野文庫目録 和書之部 第8門 ……… 67
狩野文庫目録 和書之部 第9門 ……… 67
狩野文庫目録 和書之部 第10門 ……… 67
狩野文庫目録 和書之部 総合索引 …… 67
カリフォルニア大学バークレー校所蔵三井文庫旧蔵江戸版本書目 ……………… 72
カリフォルニア大学ロサンゼルス校所蔵日本古典籍目録 …………………………… 72
川口に関する出版物目録 ……………… 160
看護学図書分類マニュアル ……………… 9
韓国国立中央博物館の至宝 …………… 91
かんこのミニミニ子どもの本案内 …… 118
かんこのミニミニヤング・アダルト入門 パート1 ……………………………… 101
かんこのミニミニヤング・アダルト入門 パート2 ……………………………… 101
関西図書館あんない …………………… 13
関西図書館マップ ……………………… 13
関西ブックマップ ………………… 13, 157
関西ミュージアムガイド ……………… 76
観生堂蔵書目録 ………………………… 71
官庁刊行図書目録 39 ………………… 171
官庁刊行図書目録 40 ………………… 171
官庁刊行図書目録 41 ………………… 171
官庁刊行図書目録 42 ………………… 171
官庁刊行図書目録 43 ………………… 171
官庁資料要覧 2004 …………………… 171
官立弘前高等学校資料目録 …………… 67

【き】

企業の博物館・科学館・美術館ガイドブック …………………………………… 76
企業博物館事典 ………………………… 76
奇書!奇書!奇書の達人 ……………… 103
奇想の陳列部屋 ………………………… 75
北岡文庫蔵書解説目録―細川幽斎関係文学書 北海道国文学文献目録 山崎文庫目録 …………………………………… 71
北東北のふしぎ探検館 ………………… 77
キッズだけにじゃもったいないブックス ……………………………………… 118
きみには関係ないことか ……………… 118
きもちでえらぶえほん100さつ ……… 128
旧植民地図書館蔵書目録 台湾篇 第1巻 ………………………………………… 36
旧植民地図書館蔵書目録 台湾篇 第2巻 ………………………………………… 36
旧植民地図書館蔵書目録 台湾篇 第3巻 ………………………………………… 36
旧植民地図書館蔵書目録 台湾篇 第4巻 ………………………………………… 36
旧植民地図書館蔵書目録 台湾篇 第5巻 ………………………………………… 36
旧植民地図書館蔵書目録 台湾篇 第6巻 ………………………………………… 36
旧植民地図書館蔵書目録 台湾篇 第7巻 ………………………………………… 36
旧植民地図書館蔵書目録 台湾篇 第8巻 ………………………………………… 36
旧植民地図書館蔵書目録 台湾篇 第9巻 ………………………………………… 36
旧植民地図書館蔵書目録 第1巻 ……… 35
旧植民地図書館蔵書目録 第2巻 ……… 35

きゅう　　　　　　　書名索引

旧植民地図書館蔵書目録　第3巻 ………… 35
旧植民地図書館蔵書目録　第4巻 ………… 35
旧植民地図書館蔵書目録　第5巻 ………… 35
旧植民地図書館蔵書目録　第6巻 ………… 35
旧植民地図書館蔵書目録　第7巻 ………… 35
旧植民地図書館蔵書目録　第8巻 ………… 35
旧植民地図書館蔵書目録　第9巻 ………… 35
旧植民地図書館蔵書目録　第10巻 ………… 35
旧植民地図書館蔵書目録　第11巻 ………… 35
旧植民地図書館蔵書目録　第12巻 ………… 35
旧植民地図書館蔵書目録　第13巻 ………… 36
旧植民地図書館蔵書目録　第14巻 ………… 36
京都出版史 …………………………………… 160
京都大学蔵　大惣本稀書集成　別巻 ………… 67
郷土博物館事典 ……………………………… 77
京都　美術館・博物館ベストガイド ………… 77
京都ミュージアム探訪 ……………………… 77
きょうの絵本あしたの絵本 ………………… 128
京発見! ミュージアムへ行こう …………… 77
享保以後　江戸出版書目　新訂版 ………… 160
近世書籍研究文献目録 ……………………… 134
近世書籍研究文献目録　増補改訂版 ……… 134
近代科学の源流を探る ……………………… 86
近代日本公共図書館年表 …………………… 17
近代日本の百冊を選ぶ ……………………… 103

【く】

QuarkXPress コンパクトリファレンス
　………………………………………………… 155
熊本研究文献目録　人文編　1 …………… 53
熊本研究文献目録　人文編　2 …………… 53
くらしとどぼくのガイドブック …………… 18
クリエーター・編集者のための引用ハン
　ドブック …………………………………… 147
グルーヴィー・ブック・リヴュー2001 … 103

【け】

慶応義塾図書館和漢図書分類目録　第5巻
　2　慶応義塾図書館所蔵江戸期地誌紀
　行事目録稿一含・寺社縁起類 …………… 68
慶応義塾図書館和漢図書分類目録　第1巻
　1 ……………………………………………… 67
慶応義塾図書館和漢図書分類目録　第1巻
　2 ……………………………………………… 67

慶応義塾図書館和漢図書分類目録　第1巻
　3 ……………………………………………… 67
慶応義塾図書館和漢図書分類目録　第2巻
　1 ……………………………………………… 67
慶応義塾図書館和漢図書分類目録　第2巻
　2 ……………………………………………… 67
慶応義塾図書館和漢図書分類目録　第2巻
　3 ……………………………………………… 67
慶応義塾図書館和漢図書分類目録　第4巻
　1 ……………………………………………… 67
慶応義塾図書館和漢図書分類目録　第4巻
　2 ……………………………………………… 67
慶応義塾図書館和漢図書分類目録　第5巻
　1 ……………………………………………… 68
計量書誌学辞典 ……………………………… 4
建築設計資料集成 …………………………… 89
建築「見どころ」博物館ガイドブック …… 77
件名標目の現状と将来　ネットワーク環
　境における主題アクセス ………………… 9

【こ】

梧陰文庫総目録 ……………………………… 57
号外所蔵目録 ………………………………… 57
公共図書館の特別コレクション所蔵調査
　報告書 ……………………………………… 8
考古博物館事典 ……………………………… 77
こうすれば子どもが育つ学校が変わる …… 18
河野省三記念文庫目録 ……………………… 57
公文書ルネッサンス ………………………… 21
古義堂文庫目録　復刻版 …………………… 68
国際児童文庫協会の小林悠紀子が子ども
　達に薦める630冊の本 …………………… 119
国際十進分類法　1994　日本語中間版第3
　版 …………………………………………… 10
国内学会誌ガイド　2012 ………………… 177
国文学研究資料館蔵マイクロ資料目録縮
　刷版　12（1988年）……………………… 57
国文学研究資料館蔵マイクロ資料目録縮
　刷版　13（1989年）……………………… 57
国文学研究資料館蔵マイクロ資料目録縮
　刷版　14（1990年）……………………… 57
国文学研究資料館　マイクロ資料目録
　縮刷版　15（1991年）…………………… 57
国文学研究資料館蔵マイクロ資料目録縮
　刷版　16（1992年）……………………… 57
国文学研究資料館　マイクロ資料目録
　縮刷版　17（1993年）…………………… 57
国文学研究資料館蔵　マイクロ資料目録
　縮刷版　18 ………………………………… 57

192　図書館・読書・出版レファレンスブック

国文学研究資料館蔵 マイクロ資料目録
　縮刷版 19 ……………………………… 58
国文学研究資料館蔵 マイクロ資料目録
　縮刷版 20 ……………………………… 58
国文学研究資料館蔵 マイクロ資料目録
　縮刷版 21 ……………………………… 58
国文学研究資料館蔵 マイクロ資料目録
　縮刷版 22 ……………………………… 58
国立国会図書館会計事務（契約・物品管
　理）関係法規集 ……………………… 16
国立国会図書館漢籍目録索引 ……… 49, 50
国立国会図書館所蔵アジア言語逐次刊行
　物目録 平成7年3月末現在 ………… 50
国立国会図書館所蔵外国逐次刊行物目録
　追録 1993年1月～1994年6月 ………… 51
国立国会図書館所蔵外国逐次刊行物目録
　追録 1997年1月～6月 ………………… 51
国立国会図書館所蔵国内逐次刊行物総目
　次・総索引一覧 ……………………… 39
国立国会図書館所蔵国内逐次刊行物目録
　平成元年末現在 ……………………… 39
国立国会図書館所蔵国内逐次刊行物目録
　追録 平成2年1月～6月 ……………… 39
国立国会図書館所蔵国内逐次刊行物目録
　追録 平成2年1月～12月 ……………… 39
国立国会図書館所蔵国内逐次刊行物目録
　追録 平成2年1月～平成3年6月 ……… 39
国立国会図書館所蔵国内逐次刊行物目録
　平成3年末現在 ……………………… 39
国立国会図書館所蔵国内逐次刊行物目録
　追録 平成4年1月～6月 ……………… 39
国立国会図書館所蔵国内逐次刊行物目録
　追録 平成4年1月～12月 ……………… 39
国立国会図書館所蔵国内逐次刊行物目録
　追録 平成4年1月～平成5年6月 ……… 39
国立国会図書館所蔵国内逐次刊行物目録
　平成5年末現在 ……………………… 39
国立国会図書館所蔵国内逐次刊行物目録
　追録 平成6年1月～6月 …………… 39, 40
国立国会図書館所蔵国内逐次刊行物目録
　追録 平成6年1月～12月 ……………… 40
国立国会図書館所蔵国内逐次刊行物目録
　追録 平成6年1月～平成7年6月 ……… 40
国立国会図書館所蔵国内逐次刊行物目録
　平成7年末現在 ……………………… 40
国立国会図書館所蔵国内逐次刊行物目録
　追録 平成8年1月～6月 ……………… 40
国立国会図書館所蔵国内逐次刊行物目録
　追録 平成8年1月～12月 ……………… 40
国立国会図書館所蔵国内逐次刊行物目録
　追録 平成8年1月～平成9年6月 ……… 40
国立国会図書館所蔵国内逐次刊行物目録
　平成9年末現在 ……………………… 40
国立国会図書館所蔵国内逐次刊行物目録
　追録 平成10年1月～6月 ……………… 40
国立国会図書館所蔵国内逐次刊行物目録
　追録 平成10年1月～12月 ……………… 40
国立国会図書館所蔵国内逐次刊行物目録
　追録 平成10年1月～平成11年6月 …… 40
国立国会図書館所蔵児童図書目録 1987
　～1991 ………………………………… 40
国立国会図書館所蔵児童図書目録 1992
　～1996 ………………………………… 41
国立国会図書館所蔵 全集月報・付録類
　目録 …………………………………… 41
国立国会図書館所蔵 中国語・朝鮮語雑
　誌新聞目録 昭和63年末現在 ………… 50
国立国会図書館所蔵 中国語・朝鮮語雑
　誌新聞目録 平成3年末現在 ………… 50
国立国会図書館所蔵 中国語・朝鮮語増
　加図書目録 第99号 …………………… 50
国立国会図書館所蔵 中国語・朝鮮語増
　加図書目録 第100号 ………………… 50
国立国会図書館所蔵 中国語・朝鮮語図
　書速報 第90・91号 …………………… 50
国立国会図書館所蔵図書館関係洋図書目
　録 ……………………………………… 51
国立国会図書館所蔵 博士論文目録 平成
　3年～4年 ……………………………… 41
国立国会図書館所蔵 博士論文目録 平成
　5年～6年 ……………………………… 41
国立国会図書館所蔵 洋図書目録 昭和61
　年9月～平成2年12月 科学技術、学術
　一般 …………………………………… 51
国立国会図書館所蔵 洋図書目録 昭和61
　年9月～平成2年12月 書名索引 ……… 51
国立国会図書館所蔵 洋図書目録 昭和61
　年9月～平成2年12月 著者名索引 …… 51
国立国会図書館所蔵 洋図書目録 平成3
　年 ……………………………………… 51
国立国会図書館所蔵 洋図書目録 平成6
　年（1994） …………………………… 51
国立国会図書館所蔵 洋図書目録 平成10
　年（1998） …………………………… 51
国立国会図書館製作録音図書目録 1986
　～1990〔大活字版〕 ………………… 39
国立国会図書館蔵書目録 昭和元年～24
　年3月 第1編 ………………………… 41
国立国会図書館蔵書目録 昭和元年～24
　年3月 第2編 ………………………… 41
国立国会図書館蔵書目録 昭和元年～24
　年3月 第3編 ………………………… 41
国立国会図書館蔵書目録 昭和元年～24
　年3月 第4編 ………………………… 41

国立国会図書館蔵書目録 昭和元年～24年3月 第5編 ………………… 42
国立国会図書館蔵書目録 昭和元年～24年3月 第6編 ………………… 42
国立国会図書館蔵書目録 昭和元年～24年3月 書名索引 ……………… 42
国立国会図書館蔵書目録 昭和元年～24年3月 著者名索引 …………… 42
国立国会図書館蔵書目録 昭和23年～43年 第1編 ……………………… 42
国立国会図書館蔵書目録 昭和23年～43年 第2編 ……………………… 42
国立国会図書館蔵書目録 昭和23年～43年 第3編 ……………………… 42
国立国会図書館蔵書目録 昭和23年～43年 第4編 ……………………… 42
国立国会図書館蔵書目録 昭和23年～43年 第5編 ……………………… 42
国立国会図書館蔵書目録 昭和23年～43年 第6編 ……………………… 43
国立国会図書館蔵書目録 昭和23年～43年 第7編 ……………………… 43
国立国会図書館蔵書目録 昭和23年～43年 第8編 1 …………………… 43
国立国会図書館蔵書目録 昭和23年～43年 第8編 2 …………………… 43
国立国会図書館蔵書目録 昭和23年～43年 第8編 3 …………………… 43
国立国会図書館蔵書目録 昭和23年～43年 書名索引 0～9・ア～シン ……… 43
国立国会図書館蔵書目録 昭和23年～43年 書名索引 シン～ワ・A～Z ……… 43
国立国会図書館蔵書目録 昭和23年～43年 著者名索引 ア～ソエ ………… 43
国立国会図書館蔵書目録 昭和23年～43年 著者名索引 ソエ～ワ ………… 43
国立国会図書館蔵書目録 昭和44～51年 書名索引 …………………… 43
国立国会図書館蔵書目録 昭和61年～平成2年 第1編 ………………… 43
国立国会図書館蔵書目録 昭和61年～平成2年 第2編 1 ……………… 43
国立国会図書館蔵書目録 昭和61年～平成2年 第2編 2 ……………… 43
国立国会図書館蔵書目録 昭和61年～平成2年 第3編 社会・労働・教育 ……… 43
国立国会図書館蔵書目録 昭和61年～平成2年 第4編 歴史・地理 ………… 44
国立国会図書館蔵書目録 昭和61年～平成2年 第5編 ………………… 44
国立国会図書館蔵書目録 昭和61年～平成2年 第6編 ………………… 44
国立国会図書館蔵書目録 昭和61年～平成2年 第7編 1 ……………… 44
国立国会図書館蔵書目録 昭和61年～平成2年 第7編 2 ……………… 44
国立国会図書館蔵書目録 昭和61年～平成2年 第7編 3 ……………… 44
国立国会図書館蔵書目録 昭和61年～平成2年 第8編 1 ……………… 44
国立国会図書館蔵書目録 昭和61年～平成2年 第8編 2 ……………… 44
国立国会図書館蔵書目録 昭和61年～平成2年 第8編 3 ……………… 44
国立国会図書館蔵書目録 昭和61年～平成2年 第9編 ………………… 44
国立国会図書館蔵書目録 昭和61年～平成2年 書名索引 ア～シ ………… 44
国立国会図書館蔵書目録 昭和61年～平成2年 書名索引 ス～ン ………… 44
国立国会図書館蔵書目録 昭和61年～平成2年 著者名索引 ア～セリ ……… 44
国立国会図書館蔵書目録 昭和61年～平成2年 著者名索引 セリ～ワ ……… 44
国立国会図書館蔵書目録 大正期 第1編 …………………………… 45
国立国会図書館蔵書目録 大正期 第2編 …………………………… 45
国立国会図書館蔵書目録 大正期 第3編 …………………………… 45
国立国会図書館蔵書目録 大正期 第4編 …………………………… 45
国立国会図書館蔵書目録 大正期 総索引 …………………………… 45
国立国会図書館蔵書目録 平成3年～平成7年 第1編 …………………… 45
国立国会図書館蔵書目録 平成3年～平成7年 第2編 1 ………………… 45
国立国会図書館蔵書目録 平成3年～平成7年 第2編 2 ………………… 45
国立国会図書館蔵書目録 平成3年～平成7年 第3編 …………………… 46
国立国会図書館蔵書目録 平成3年～平成7年 第4編 1 ………………… 46
国立国会図書館蔵書目録 平成3年～平成7年 第4編 2 ………………… 46
国立国会図書館蔵書目録 平成3年～平成7年 第5編 …………………… 46
国立国会図書館蔵書目録 平成3年～平成7年 第6編 1 ………………… 46
国立国会図書館蔵書目録 平成3年～平成7年 第6編 2 ………………… 46
国立国会図書館蔵書目録 平成3年～平成7年 第7編 1 ………………… 46
国立国会図書館蔵書目録 平成3年～平成

7年 第7編 2	46
国立国会図書館蔵書目録 平成3年～平成7年 第7編 3	46
国立国会図書館蔵書目録 平成3年～平成7年 第8編 1	46
国立国会図書館蔵書目録 平成3年～平成7年 第8編 2	46
国立国会図書館蔵書目録 平成3年～平成7年 第8編 3	46
国立国会図書館蔵書目録 平成3年～平成7年 第9編	47
国立国会図書館蔵書目録 平成3年～平成7年 書名索引 ア～コ	47
国立国会図書館蔵書目録 平成3年～平成7年 書名索引 サ～ト	47
国立国会図書館蔵書目録 平成3年～平成7年 書名索引 ナ～Z	47
国立国会図書館蔵書目録 平成3年～平成7年 著者名索引 ア～コ	47
国立国会図書館蔵書目録 平成3年～平成7年 著者名索引 サ～ニ	47
国立国会図書館蔵書目録 平成3年～平成7年 著者名索引 ヌ～Z	47
国立国会図書館蔵書目録 明治期 第1編	47
国立国会図書館蔵書目録 明治期 第2編	47
国立国会図書館蔵書目録 明治期 第3編	47
国立国会図書館蔵書目録 明治期 第4編	47
国立国会図書館蔵書目録 明治期 第5編	47
国立国会図書館蔵書目録 明治期 第6編	47
国立国会図書館蔵書目録 明治期 書名索引	47
国立国会図書館蔵書目録 明治期 著者名索引	48
国立国会図書館蔵書目録 洋書編 昭和23年～昭和61年8月 第1巻	51
国立国会図書館蔵書目録 洋書編 昭和23年～昭和61年8月 第2巻	52
国立国会図書館蔵書目録 洋書編 昭和23年～昭和61年8月 第3巻	52
国立国会図書館蔵書目録 洋書編 昭和23年～昭和61年8月 第4巻	52
国立国会図書館蔵書目録 洋書編 昭和23年～昭和61年8月 第5巻	52
国立国会図書館蔵書目録 洋書編 昭和23年～昭和61年8月 第6巻	52
国立国会図書館蔵書目録 洋書編 昭和23年～昭和61年8月 第7巻	52
国立国会図書館蔵書目録 洋書編 昭和23年～昭和61年8月 第8巻	52
国立国会図書館蔵書目録 洋書編 昭和23年～昭和61年8月 第9巻	52
国立国会図書館蔵書目録 洋書編 昭和23年～昭和61年8月 著者名索引	52
国立国会図書館年報 平成2年度	16
国立国会図書館年報 平成5年度	16
国立国会図書館年報 平成7年度	16
国立国会図書館年報 平成11年度	16
国立国会図書館年報 平成12年度	16
国立国会図書館年報 平成13年度	16
国立国会図書館年報 平成14年度	17
国立国会図書館目録・書誌の使い方	16
国連情報検索用語辞典	9
心を育てる絵本のリスト	128
こころを育てる子どもの本100+α	119
こころの傷を読み解くための800冊の本 総解説	103
個人コレクション美術館博物館事典	77
個人コレクション美術館博物館事典 新訂増補	78
個人文庫事典 1	11
個人文庫事典 2	11
子育てママ・パパがつくった絵本セレクション100	128
古典籍総合目録 第2巻	58
古典籍総合目録 第3巻	58
古典・名著の読み方	110
ことし読む本 いち押しガイド 98	103
ことし読む本 いち押しガイド 99	103
ことし読む本 いち押しガイド 2000	104
ことし読む本 いち押しガイド 2001	104
ことし読む本 いち押しガイド 2002	104
ことし読む本 いち押しガイド 2003	104
ことし読む本 いち押しガイド 2004	104
こども絵本ガイド	128
「子供が良くなる講談社の絵本」の研究	128
子どもがよろこぶ!読み聞かせ絵本101冊ガイド	133
子どもと楽しむ自然と本 新装版	119
子どもと楽しむ はじめての文学	119
子どもと本をつなぐあなたへ	30
子どもと読みたい科学の本棚	119
子どもにおくるいっさつの本	119
子どもにすすめたいノンフィクション 1987～1996	119
子供に読ませたい100冊の本	119
子供に読ませたい世界名作・童話100冊	

こども　書名索引

の本 …… 119
子どもに読んでほしい84冊 …… 120
子どもの世界が見える本 …… 104
こどもの本 1 …… 120
こどもの本 2 …… 120
子どもの本 3 …… 120
子どもの本 4 …… 120
子どもの本 5 …… 120
子どもの本 6 …… 120
子どもの本 2000年 …… 120
子どもの本 2001年 …… 120
子どもの本 2002年 …… 120
子どもの本 2003年 …… 120
子どもの本 2004年 …… 121
子どもの本 2005年 …… 121
子どもの本 2006年 …… 121
子どもの本 2007年 …… 121
子どもの本 2008年 …… 121
子どもの本 2009年 …… 121
子供の本がおもしろい！ …… 120
子どもの本　科学を楽しむ3000冊 …… 30
子どもの本　教科書にのった名作2000冊
　…… 30
子どもの本　現代日本の創作5000 …… 30
子どもの本　国語・英語をまなぶ2000冊 …… 30
子どもの本　社会がわかる2000冊 …… 30
子どもの本　世界の児童文学7000 …… 31
子どもの本　楽しい課外活動2000冊 …… 31
子どもの本　伝記を調べる2000冊 …… 31
子どもの本　日本の名作童話6000 …… 31
子どもの本のカレンダー …… 121
子どもの本の道案内 …… 121
子どもの本の道案内 改訂3版 …… 121
子どもの本のリスト …… 121
子どもの本ハンドブック …… 124
子どもの本　美術・音楽にふれる2000冊 …… 31
子どもの本　歴史にふれる2000冊 …… 31
子どもの豊かさを求めて 3 …… 13
小西文庫和漢書目録　青柳・今泉・大槻・
　養賢堂文庫和漢書目録 …… 53
この絵本が好き！2004年版 …… 133
この絵本が好き！2006年版 …… 133
この絵本が好き！2008年版 …… 133
この辞書・事典が面白い！ …… 21
この文庫がすごい！2007年版 …… 116
この本がいい …… 104
この本だいすき！ …… 121
この本読んだ？おぼえてる？ …… 121
この本読んだ？おぼえてる？ 2 …… 122

このマンガを読め! 2008 …… 104
COPYRIGHT LAW OF JAPAN …… 151
コンサイスAACR2 1988改訂版 …… 10
コンサイスAACR2R …… 10
こんなとき子どもにこの本を …… 128
こんなとき子どもにこの本を 最新増補
　版 …… 128
こんなとき子どもにこの本を 第3版 …… 128
こんなときこんな絵本 …… 128

【さ】

最新　関西ミュージアムガイド …… 78
最新GA用語集 …… 135
最新著作権関係判例集 6 …… 148
最新著作権関係判例集 7 …… 149
最新著作権関係判例集 8 …… 149
最新著作権関係判例集 9 …… 149
最新　図書館用語大辞典 …… 4
最新版　新しい自分を探す本 …… 105
財団法人大橋図書館洋書目録 …… 55
財団法人大橋図書館和漢図書分類増加目
　録　上 …… 55
財団法人大橋図書館和漢図書分類増加目
　録　下 …… 55
財団法人大橋図書館和漢図書分類目録
　上 …… 55
財団法人大橋図書館和漢図書分類目録
　下 …… 55
向坂逸郎文庫目録 1 …… 58
佐佐木高行家旧蔵書目録 …… 68
雑誌新聞総かたろぐ 1993年版 …… 177
雑誌新聞総かたろぐ 1994年版 …… 178
雑誌新聞総かたろぐ 2000年版 …… 178
雑誌新聞総かたろぐ 2001年版 …… 178
雑誌新聞総かたろぐ 2002年版 …… 178
雑誌新聞総かたろぐ 2003年版 …… 178
雑誌新聞総かたろぐ 2004年版 …… 178
雑誌新聞総かたろぐ 2006年版 …… 179
雑誌新聞総かたろぐ 2007年版 …… 179
雑誌新聞総かたろぐ 2008年版 …… 179
雑誌新聞総かたろぐ 2009年版 …… 179
雑誌新聞総かたろぐ 2010年版 …… 179
雑誌新聞総かたろぐ 2012年版 …… 179
雑誌新聞発行部数事典 …… 138
ザ・ベストセラー　1985〜2004 …… 114
3行でわかる名作＆ヒット本250 …… 105
産業別「会社年表」総覧　第7巻 …… 135

サンクトペテルブルグ大学有栖川コレクション解説目録 ······ 72
参考図書解説目録 2003-2007 ······ 21
参考図書解説目録 2008-2010 ······ 22
参考図書研究ガイド 3訂版 ······ 22

【し】

幸せの絵本 ······ 128
幸せの絵本 2 ······ 129
幸せの絵本 家族の絆編 ······ 129
JSAIデータブック 1994 ······ 20
GHQに没収された本 ······ 145
GHQに没収された本 増補改訂 ······ 145
獅子園書庫典籍並古文書目録 ······ 71
辞書・事典全情報 90／97 ······ 22
辞書・事典全情報 1998-2005 ······ 22
辞書・事典全情報 2006-2013 ······ 22
辞書の図書館 ······ 22
静岡県郷土資料総合目録 新版 ······ 36
しずおかけんの博物館 ······ 78
静岡県立葵文庫和漢図書目録 1 ······ 53
静岡県立葵文庫和漢図書目録 2 ······ 53
静岡県立葵文庫和漢図書目録 久能文庫之部・郷土志料之部　静岡県立中央図書館久能文庫目録 ······ 53
静岡県立葵文庫和漢図書目録 追加之部 第1 ······ 53
静岡県立葵文庫和漢図書目録 追加之部 第2 ······ 53
静岡県立葵文庫和漢図書目録 追加之部 第3　江戸幕府旧蔵図書目録―葵文庫目録 ······ 53
自然とかがくの絵本 ······ 129
時代を創った編集者101 ······ 146
実務者のための著作権ハンドブック 第6版 ······ 147
実務者のための著作権ハンドブック 第7版 ······ 147
実務者のための著作権ハンドブック 第8版 ······ 148
辞典・事典総合目録 1992 ······ 22
辞典・事典総合目録 1996 ······ 22
辞典・資料がよくわかる事典 ······ 100
児童書レファレンスブック ······ 32
児童図書総合目録 1990 小学校用 ······ 180
児童図書総合目録 1990 中学校用 ······ 180
児童図書総合目録 1991 小学校用 ······ 180
児童図書総合目録 1991 中学校用 ······ 180
児童図書総合目録 1992 小学校用 ······ 180
児童図書総合目録 1992 中学校用 ······ 180
児童図書総合目録 1993 小学校用 ······ 180
児童図書総合目録 1993 中学校用 ······ 180
児童図書総合目録 1994 小学校用 ······ 180
児童図書総合目録 1994 中学校用 ······ 180
児童図書総合目録 1995 小学校用 ······ 181
児童図書総合目録 1995 中学校用 ······ 181
児童図書総合目録 '96 小学校用 ······ 181
児童図書総合目録 '96 第44号 中学校用 ······ 181
児童図書総合目録 2006年度 小学校用 ······ 181
児童図書総合目録 2006年度 中学校用 ······ 181
児童図書総目録 2007年度（第55号） 小学校用 ······ 181
児童図書総目録 2007年度（第55号） 中学校用 ······ 181
児童図書総目録 第56号（2008） 小学校用 ······ 182
児童図書総目録 第56号（2008） 中学校用 ······ 182
児童文学の魅力 海外編 ······ 122
自費出版年鑑 2002 ······ 145
自費出版年鑑 2003 ······ 145
自費出版年鑑 2004 ······ 145
自費出版年鑑 2010 ······ 145
自費出版年鑑 2011 ······ 146
自費出版年鑑 2012 ······ 146
自費出版年鑑 2013 ······ 146
島根ミュージアムめぐり ······ 78
社会教育・生涯学習辞典 ······ 5, 74
社会教育調査報告書 平成2年度 ······ 8, 88
社会教育調査報告書 平成5年度 ······ 8, 88
社会教育調査報告書 平成8年度 ······ 8, 88
社会教育調査報告書 平成11年度 ······ 8, 88
社会教育調査報告書 平成14年度 ······ 9, 89
社会教育調査報告書 平成23年度 ······ 9, 89
JAPAN／MARCマニュアル 単行・逐次刊行資料編 ······ 10
ジャンル別文庫本ベスト1000 ······ 116
主題書誌索引 81～91 ······ 160
主題書誌索引 1992-2000 ······ 160
主題書誌索引 2001-2007 ······ 160
出版・印刷・DTP用語事典 ······ 136
出版学の現在 ······
出版業界電話帳 ······ 136
出版指標年報 2008 ······ 139
出版指標年報 2009 ······ 139
出版指標年報 2010 ······ 139

しゅつ　　　　　書名索引

書名	頁
出版社ガイド '93	136
出版社就職実戦ハンドブック	138
出版社大全	138
出版社の日常用語集 第3版	136
出版社の日常用語集 第4版	136
出版小六法	139
出版人生死録	136
出版人のための出版業務ハンドブック 基礎編	138
出版人のための出版営業ハンドブック 実践編	138
出版人物事典	136
出版データブック 改訂版	144
出版データブック 1945→96	144
出版年鑑 1990	139
出版年鑑 1991	140
出版年鑑 1992 第1巻	140
出版年鑑 1992 第2巻	140
出版年鑑 1993	140
出版年鑑 1994	140
出版年鑑 1995	140
出版年鑑 1996	140
出版年鑑 1997	140
出版年鑑 1998	140
出版年鑑 1999	141
出版年鑑 2000	141
出版年鑑 2001	141
出版年鑑＋日本書籍総目録 2002	141
出版年鑑＋日本書籍総目録 2003	141
出版年鑑＋日本書籍総目録 2004	141
出版年鑑 2005	141
出版年鑑 2006	142
出版年鑑 2007	142
出版年鑑 平成20年版 1	142
出版年鑑 平成20年版 2	142
出版年鑑 平成21年版 1	142
出版年鑑 平成21年版 2	142
出版年鑑 平成22年版 1	142
出版年鑑 平成22年版 2	143
出版年鑑 平成23年版 1	143
出版年鑑 平成23年版 2	143
出版年鑑 平成24年版 1	143
出版年鑑 平成24年版 2	143
出版年鑑 平成25年版 1	143
出版年鑑 平成25年版 2	143
出版販売用語の始まり	136
出版文化人物事典	136
首都圏博物館ガイド	78
首都圏博物館ベストガイド 文系編	78
首都圏博物館ベストガイド 理系編	78
首都圏美術館・博物館ガイドブック	78
首都圏美術館・博物館ベストガイド	79
首都圏 美術館・博物館ベストガイド '04～'05	79
生涯学習「自己点検・評価」ハンドブック	88
小学生が好きになるこんなに楽しい子もの本	122
小学生が大好きになる楽しい子どもの本ベスト200	122
小児科医が見つけたえほんエホン絵本	129
情報考学	102
情報・資料検索ガイド '96～'97年版	14
情報図鑑	79
常用漢字字体一覧 1	153
書誌年鑑 '89	160
書誌年鑑 '90	161
書誌年鑑 '91	161
書誌年鑑 '92	161
書誌年鑑 '93	161
書誌年鑑 '94	161
書誌年鑑 '95	161
書誌年鑑 '96	161
書誌年鑑 '97	161
書誌年鑑 '98	162
書誌年鑑 '99	162
書誌年鑑 2000	162
書誌年鑑 2001	162
書誌年鑑 2002	162
書誌年鑑 2003	162
書誌年鑑 2004	162
書誌年鑑 2005	162
書誌年鑑 2006	162
書誌年鑑 2007	163
書誌年鑑 2008	163
書誌年鑑 2009	163
書誌年鑑 2010	163
書誌年鑑 2011	163
書誌年鑑 2012	163
書誌年鑑 2013	163
書店＆図書館ガイド／東京 2004	14, 157
書評年報 1991年	101
書評の書誌 昭和30年代（1955-1962）	101
書評の書誌 2011 上巻	101
書評の書誌 2011 下巻	101
書評の書誌 2012 上巻	101
書評の書誌 2012 下巻	101
書評の書誌 2013 上巻	101
書評の書誌 2013 下巻	102

書物の達人 ……………………………… 99
私立短期大学図書館総覧 1996 ………… 12
史料館収蔵史料総覧 ……………………… 58
神宮文庫所蔵 和書総目録 ……………… 71
新・こどもの本と読書の事典 …… 100, 124
信山社総合図書目録 2002-1 ………… 185
神社博物館事典 …………………………… 79
新収洋書総合目録 1984〜1987 Part11
　……………………………………………… 36
新収洋書総合目録 1984〜1987 Part12
　……………………………………………… 37
新収洋書総合目録 1984〜1987 Part13
　……………………………………………… 37
新収洋書総合目録 1984〜1987 Part14
　Supplement ……………………………… 37
新書総合目録 1990年版 ……………… 176
新書総合目録 1991年版 ……………… 176
新書総合目録 1992年版 ……………… 176
新卒&中途出版界就職ガイド ………… 138
新潮文庫全作品目録 1914〜2000 …… 185
新訂 企業博物館事典 …………………… 79
新訂 人物記念館事典 1 新訂版 …… 79, 96
新訂 人物記念館事典 2 新訂版 ………… 80
新版 親子で楽しむ博物館ガイド 首都圏
　PART1 …………………………………… 80
新版 親子で楽しむ博物館ガイド 首都圏
　PART2 …………………………………… 80
新版 出版データブック '45-'91 ……… 135
新版 首都圏博物館ガイド ……………… 80
人物記念館事典 …………………… 80, 96
新編 明治前期書目集成 第7巻〜第14巻
　…………………………………………… 134
人名用漢字・表外漢字字体一覧 2 …… 153

【す】

末延文庫目録 ……………………………… 68
図解出版業界ハンドブック …………… 139
図解世界の名著がわかる本 …………… 110
図解でわかる！難解な世界の名著のなか
　み ………………………………………… 110
すてきな絵本タイム …………………… 129
すてきな絵本たのしい童話 …………… 122
スピリチュアル・データ・ブック 2002 … 109
スピリチュアル・データ・ブック 2003 … 110
スピリチュアル・データ・ブック 2004 … 110
スピリチュアル・データ・ブック 2005 … 110
スピリチュアル・データ・ブック 2006 … 110
スピリチュアル・データ・ブック 2007 … 110
住吉大社御文庫目録 ……………………… 71

【せ】

性と生を考える …………………………… 32
西洋書誌学入門 …………………………… 5
西洋製本図鑑 …………………………… 155
世界各国の全国書誌 改訂増補版 …… 160
世界図書館年表 …………………………… 11
世界の美しい本 ………………………… 155
世界の絵本・児童文学図鑑 …… 122, 129
世界の奇書・総解説 改訂版 …… 105, 106
世界の奇書・総解説 改訂新版 … 105, 106
世界の奇書・総解説 ………………… 105
世界の軍事・戦車博物館 ……………… 86
世界の航空博物館&航空ショー ……… 87
世界の古典名著・総解説 改訂版 …… 111
世界の古典名著・総解説 改訂新版 … 111
世界の出版情報調査総覧 …………… 137
世界の図書館百科 ………………………… 1
世界の中のニッポン ……………………… 39
世界の見方が変わるニュー・エイジの600
　冊 ……………………………………… 106
世界名著解題選 第1巻 ………………… 112
世界名著解題選 第2巻 ………………… 112
世界名著解題選 第3巻 ………………… 112
世界名著解題選 第4巻 ………………… 112
世界名著解題選 第5巻 ………………… 112
世界名著解題選 第6巻 ………………… 112
絶版文庫四重奏 ………………………… 102
瀬戸内海に関する図書総合目録 海運の
　部 ………………………………………… 53
瀬戸内海に関する図書総合目録 ……… 53
全国書店名簿 1990年版 ……………… 157
全国書店名簿 1991年版 ……………… 157
全国書店名簿 1992年版 ……………… 157
全国書店名簿 1999 …………………… 157
戦国史料館&博物館ベストガイド 西日
　本 ………………………………………… 80
戦国史料館&博物館ベストガイド 東日
　本 ………………………………………… 80
全国人物記念館 …………………… 81, 96
全国地域博物館図録総覧 ……………… 90
全国地方史誌関係図書目録 1995 …… 48
全国地方史誌関係図書目録 1998 …… 48
全国読者意識調査 1996年 …………… 100

全国図書館案内 上 改訂新版 …………	12
全国図書館案内 下 改訂新版 …………	12
全国図書館案内 補遺 ………	14, 20, 81
全国農業博物館資料館ガイド …………	81
全国美術館ガイド ………………	81, 82
全国複製新聞所蔵一覧 平成5年7月1日現在 ………………………………………	48
全国文学館ガイド …………………………	96
全国文学館ガイド 増補改訂版 …………	97
全国文化展示施設ガイド 第2版 ……	82, 97
全国ミュージアムガイド ………………	82
戦時推薦図書目録 ………………………	106
全集総合目録 1990 ………………………	172
全集総合目録 1993 ………………………	172
全集総合目録 2001 ………………………	172
全集・叢書総目録 45 - 90 ……………	173
全集・叢書総目録 91／98 1 ……………	173
全集・叢書総目録 91／98 2 ……………	173
全集・叢書総目録 91／98 3 ……………	173
全集・叢書総目録 91／98 4 ……………	174
全集・叢書総目録 91／98 5 ……………	174
全集・叢書総目録 91／98 6 ……………	174
全集・叢書総目録 1999-2004 1 ………	174
全集・叢書総目録 1999-2004 2 ………	174
全集・叢書総目録 1999-2004 3 ………	174
全集・叢書総目録 1999-2004 4 ………	174
全集・叢書総目録 1999-2004 5 ………	175
全集・叢書総目録 1999-2004 6 ………	175
全集・叢書総目録 2005-2010 1 ………	175
全集・叢書総目録 2005-2010 2 ………	175
全集・叢書総目録 2005-2010 3 ………	175
全集・叢書総目録 2005-2010 4 ………	175
全集・叢書総目録 2005-2010 5 ………	176
全集・叢書総目録 2005-2010 6 ………	176
全集・叢書総目録 明治・大正・昭和戦前期 1 ………………………………………	172
全集・叢書総目録 明治・大正・昭和戦前期 2 ………………………………………	173
先生と司書が選んだ調べるための本 …	32
選定図書総目録 1990年版 ………………	27
選定図書総目録 1991年版 ………………	27
選定図書総目録 1992年版 ………………	27
選定図書総目録 1993年版 ………………	27
選定図書総目録 1994年版 ………………	27
選定図書総目録 1995年版 ………………	27
選定図書総目録 1997年版 ………………	27
選定図書総目録 1998年版 ………………	27
選定図書総目録 1999年版 ………………	28
1800冊の「戦争」 ………………………	122

専門情報機関総覧 1991年版 ……………	18
専門情報機関総覧 1994 ……………………	19
専門情報機関総覧 2000 ……………………	19
専門情報機関総覧 2003 ……………………	19
専門情報機関総覧 2006 ……………………	19
専門情報機関総覧 2009 ……………………	19
専門情報機関総覧 2012 ……………………	19
専門情報要覧 1990年版 …………………	143
専門情報要覧 1991年版 …………………	143

【そ】

総合文庫目録 2005年版 …………………	176
総合文庫目録 2006年版 …………………	176
総合文庫目録 2007年版 …………………	176
蔵書目録工藤文庫篇 往来物目録―日本大学総合図書館蔵書目録 第8輯 素行文庫目録 ………………………………	68
蔵書目録にみる仙台藩の出版文化 第1巻 ………………………………………	134
蔵書目録にみる仙台藩の出版文化 第2巻 ………………………………………	134
蔵書目録にみる仙台藩の出版文化 第3巻 ………………………………………	134
蔵書目録にみる仙台藩の出版文化 第4巻 ………………………………………	134
装丁家で探す本 …………………………	155
ゾクゾクお～い本はよかバイ …………	106
続 どの本よもうかな?1900冊 …………	32
反町茂雄収集古書販売目録精選集 第1巻（大正2年―11年4月）………………	159
反町茂雄収集古書販売目録精選集 第2巻（大正11年10月―昭和2年）…………	159
反町茂雄収集古書販売目録精選集 第3巻（昭和3年1月―4年11月）…………	159
反町茂雄収集古書販売目録精選集 第4巻（昭和4年12月―7年9月）…………	159
反町茂雄収集古書販売目録精選集 第5巻（昭和7年11月―10年8月）…………	159
反町茂雄収集古書販売目録精選集 第6巻（昭和10年9月―12年2月）…………	159
反町茂雄収集古書販売目録精選集 第7巻（昭和12年5月―13年5月）…………	159
反町茂雄収集古書販売目録精選集 第8巻（昭和13年6月―14年4月4日）……	159
反町茂雄収集古書販売目録精選集 第9巻（昭和14年4月19日―15年4月15日）………………………………………	159
反町茂雄収集古書販売目録精選集 第	

10巻（昭和15年4月―18年 附・年代不明） 159
尊経閣文庫漢籍分類目録 上 71
尊経閣文庫漢籍分類目録 下 71
尊経閣文庫漢籍分類目録 索引 71
尊経閣文庫国書分類目録 上 71
尊経閣文庫国書分類目録 下 71
尊経閣文庫国書分類目録 解説・書名索引 71
そんなに読んで、どうするの? 102

【た】

大英図書館所蔵和漢書総目録 72
大英博物館 91
大英博物館のAからZまで 91
大学博物館事典 82
対照式 著作権法令集 149
大正の名著 112
大東文化大学図書館所蔵増淵竜夫先生図書目録 68
髙木健夫文庫目録 58
だから読まずにいられない 106
タダで入れる美術館・博物館 82
伊達文庫目録 53
田無市立図書館所蔵郷土・行政資料目録 1990年4月1日現在 53
たのしい絵本の世界 129
多文化社会図書館サービスのための世界の新聞ガイド 1995 10
たまミュージアムコレクション 83

【ち】

地球環境を考える 32
地球と未来にやさしい本と雑誌 91年度版 106
知的財産権小六法 '95 149
知的所有権法基本判例 改訂増補版 149
千葉県の図書館 12
ちひろ美術館が選んだ親子で楽しむえほん100冊 130
地方・小出版事典 137
茶の湯美術館 1（東京・関東） 83
茶の湯美術館 2（京都・関西） 83
茶の湯美術館 3（全国） 83

中学・高校件名標目表 第3版 10
中高生のブック・トリップ 122
中公文庫解説総目録 1973～2006 185
中国図書館情報学用語辞典 5, 136
中国の古典名著・総解説 112
中国の古典名著・総解説 改訂版 112
中国の古典名著・総解説 改訂新版 112
中国の封泥 91
中国博物館総覧 87
中国博物館めぐり 上，下巻 87
調査研究・参考図書目録 上巻 22
調査研究・参考図書目録 下巻 22
調査研究・参考図書目録 本編，索引 改訂新版 23
重山文庫目録 2 71
町村の読書施設調査 13
著作権関係法令集 平成7年版 149
著作権関係法令集 平成8年度版 149
著作権関係法令集 平成9年度版 150
著作権関係法令集 平成10年度版 150
著作権関係法令集 平成11年版 150
著作権関係法令集 平成12年度版 150
著作権関係法令集 平成13年版 150
著作権関係法令集 平成14年版 150
著作権関係法令集 平成15年版 150
著作権関係法令集 平成17年版 151
著作権関係法令集 平成19年版 151
著作権関係法令集 平成22年版 151
著作権関係法令集 平成25年版 151
著作権実務百科 148
著作権事典 新版 147
著作権者名簿 '95・'96 147
著作権者名簿 '97・'98 147
著作権法コンメンタール 上巻 151
著作権法ハンドブック 改訂版 148
著作権法ハンドブック 改訂新版 148

【つ】

使えるレファ本150選 23

【て】

TRC「日本目録規則新版予備版」適用細則 10

ていて　　　　　　　　　　書名索引

DTP＆印刷しくみ事典 ……………… 151
DTPエキスパート認証試験合格ハンド
　ブック 2003 …………………… 153
DTPエキスパート用語800 ………… 152
DTPエキスパート用語1200 第2版 …… 152
DTPエキスパート用語辞典 改訂 ……… 152
DTPお助けハンドブック …………… 153
DTPカラー画像入力・出力ハンドブッ
　ク …………………………………… 154
DTP最新用語事典 …………………… 152
DTP最新用語事典 2000‐2001 改訂版
　……………………………………… 152
DTP最新用語事典 2002‐2003 改訂版
　……………………………………… 152
DTP辞典 ……………………………… 152
DTP独習事典 ………………………… 152
DTPのイリテン ……………………… 154
DTP必携 ……………………………… 154
DTPフォントハンドブック ………… 154
DTP用語事典 '98‐'99 ……………… 152
DTP用語事典 '01‐'02 ……………… 152
デザインファイリングブック 2 …… 156
デジタルコンテンツ法制 …………… 148
帝塚山大学附属博物館蔵品図版目録 考
　古 1 ………………………………… 91
データに見る今日の学校図書館 3 ……… 18
テーマ・ジャンルからさがす物語・お話
　絵本 1 ……………………………… 122
テーマ・ジャンルからさがす物語・お話
　絵本 2 ……………………………… 123
「テーマ・内容」で探す本のガイド …… 106
展示学事典 …………………………… 89
点字技能ハンドブック 新版 ………… 17
電子書籍の作り方ハンドブック …… 146
点字図書・録音図書全国総合目録 No.21
　1991（1） …………………………… 37
点字図書・録音図書全国総合目録 No.23
　1992（1） …………………………… 37
点字図書・録音図書全国総合目録 No.24
　1992（2） …………………………… 37
点字図書・録音図書全国総合目録 No.25
　1993-1 ……………………………… 38
点字図書・録音図書全国総合目録 No.26
　1993-2 ……………………………… 38
点字図書・録音図書全国総合目録 No.27
　1994-1 ……………………………… 38
点字図書・録音図書全国総合目録 No.31
　1996-1 ……………………………… 38
点字図書・録音図書全国総合目録 No.32
　1996-2 ……………………………… 38
点字図書・録音図書全国総合目録 No.33
　1997-1 ……………………………… 38

点字図書・録音図書全国総合目録 No.34
　1997-2 ……………………………… 38
点字図書・録音図書全国総合目録 索引
　1986～1990（No.11～No.20） ……… 39
天理図書館日本文庫蔵近代中国・日中関
　係図書分類目録 …………………… 73
伝統工芸館事典 ……………………… 83
展覧会カタログ総覧 1 ……………… 74
展覧会カタログ総覧 2 ……………… 74

【と】

東海美術館・博物館ベストガイド …… 83
東京教育大学国語学研究室蔵書目録　今
　治市河野美術館図書分類目録　ソウル
　大学校図書館蔵日本古典籍目録　台湾
　大学研究図書館蔵日本古典籍目録 …… 37
東京国立博物館所蔵 板碑集成 ……… 91
東京国立博物館図版目録 アイヌ民族資
　料篇 ………………………………… 92
東京国立博物館図版目録 インド・イン
　ドネシア染織篇 …………………… 92
東京国立博物館図版目録 近代彫刻篇 …… 92
東京国立博物館図版目録 縄文遺物篇 …… 92
東京国立博物館図版目録 縄文遺物篇骨
　角器 ………………………………… 92
東京国立博物館図版目録 書跡 ……… 92
東京国立博物館図版目録 中国陶磁篇 2 …… 91
東京国立博物館図版目録 朝鮮陶磁篇 …… 93
東京国立博物館図版目録 武家服飾篇 …… 93
東京国立博物館図版目録 仏具篇 …… 92
東京国立博物館図版目録 弥生遺物篇金
　属器 増補改訂版 …………………… 93
東京国立博物館図版目録 琉球資料篇 …… 93
東京国立博物館蔵書目録 和書 2 …… 94
東京・首都圏おでかけアクセス　美術館・
　博物館編 …………………………… 83
東京創元社文庫解説総目録〔1959.4-2010.
　3〕 ………………………………… 186
東京創元社文庫解説総目録〔1959.4-2010.
　3〕資料編 ………………………… 186
東京大学史料編纂所写真帳目録 1 …… 58
東京大学史料編纂所写真帳目録 2 …… 59
東京大学史料編纂所写真帳目録 3 …… 59
東京大学史料編纂所写真帳目録 索引 …… 59
東京大学総合図書館漢籍目録 ……… 68
東京大学総合図書館準漢籍目録 …… 68
東京大学東洋文化研究所漢籍分類目録 …… 59
東京大学東洋文化研究所現代中国書分類

202　図書館・読書・出版レファレンスブック

目録	59	図書館学基礎資料 第9版	6
東京都の図書館 三多摩編	12	図書館学基礎資料 第10版	6
東京都の図書館 23区編	12, 83	図書館学基礎資料 第11版	6
東京都立日比谷図書館児童図書目録	54	図書館広報実践ハンドブック	8
東京都立日比谷図書館児童図書目録 1991	53	「図書館・出版・読書論」基本図書総目次・索引集成 上巻(あ-さ行)	1, 99, 134
東京都立日比谷図書館児童図書目録 1991年10月15日現在	54	「図書館・出版・読書論」基本図書総目次・索引集成 中巻(た-わ行)	1, 99, 134
東京の美術館ガイド	84	「図書館・出版・読書論」基本図書総目次・索引集成 下巻	1, 99, 134
東京博物館ベストガイド165	84	図書館情報学研究文献要覧 1991〜1998	4
東京ブックナビ	157	図書館情報学研究文献要覧 1999〜2006	4
東京ブックマップ 1991 - 1992	14, 158	図書館情報学研究文献要覧 1982〜1990	4
東京ブックマップ '92 - '93	14, 158	図書館情報学ハンドブック 第2版	7
東京ブックマップ '93 - '94	14, 158	図書館情報学用語辞典	5
東京ブックマップ '97 - '98	158	図書館情報学用語辞典 第2版	5
東京ブックマップ '99 - 2000	158	図書館情報学用語辞典 第3版	5
東京ブックマップ 2001 - 2002	15, 158	図書館情報学用語辞典 第4版	5
東京ブックマップ 2003 - 2004	15	図書館探検シリーズ 第1巻	23
東京ブックマップ 2003-2004	158	図書館探検シリーズ 第2巻	23
東京ブックマップ 2005-2006年版	15, 158	図書館探検シリーズ 第3巻	23
統計でみる政令指定都市公立図書館の現状	17	図書館探検シリーズ 第4巻	23
東洋文庫ガイドブック	186	図書館探検シリーズ 第5巻	23
読書論の系譜	99	図書館探検シリーズ 第6巻	23
特定サービス産業実態調査報告書 平成17年 新聞業・出版業編	144	図書館探検シリーズ 第7巻	23
特定サービス産業実態調査報告書 平成20年 新聞業、出版業編	144	図書館探検シリーズ 第8巻	23
特定サービス産業実態調査報告書 平成21年 新聞業、出版業編	144	図書館探検シリーズ 第9巻	23
特定サービス産業実態調査報告書 平成22年 新聞業、出版業編	144	図書館探検シリーズ 第10巻	23
図書館 3	7	図書館探検シリーズ 第11巻	23
図書館員に勧めたいこの1冊	3	図書館探検シリーズ 第12巻	23
図書館を変える広報力	8	図書館探検シリーズ 第13巻	23
図書館界総索引	6	図書館探検シリーズ 第14巻	24
図書館学関係文献目録集成 明治・大正・昭和前期編 第1巻	3	図書館探検シリーズ 第15巻	24
図書館学関係文献目録集成 明治・大正・昭和前期編 第2巻	3	図書館探検シリーズ 第16巻	24
図書館学関係文献目録集成 戦後編(1945-1969) 第1巻	3	図書館探検シリーズ 第17巻	24
図書館学関係文献目録集成 戦後編(1945-1969) 第2巻	4	図書館探検シリーズ 第18巻	24
図書館学関係文献目録集成 戦後編(1945-1969) 第3巻	4	図書館探検シリーズ 第19巻	24
図書館学関係文献目録集成 戦後編(1945-1969) 第4巻	4	図書館探検シリーズ 第20巻	24
図書館学基礎資料 第4版	6	図書館探検シリーズ 第21巻	24
図書館学基礎資料 第8版	6	図書館探検シリーズ 第22巻	24
		図書館探検シリーズ 第23巻	24
		図書館探検シリーズ 第24巻	24
		図書館でそろえたいこどもの本 2	32
		図書館でそろえたいこどもの本 3	32
		図書館でそろえたいこどもの本・えほん	32
		図書館ナレッジガイドブック 類縁機関	

名簿 2003 ……………………… 19
図書館ナレッジガイドブック 類縁機関
　名簿 2005 …………………… 20
図書館に備えてほしい本の目録 1990年
　版 環境問題編 ………………… 28
図書館に備えてほしい本の目録 2004年
　版 子どもと大人の読書を考える編 … 28
図書館に備えてほしい本の目録 2005年
　版 「人文科学の現在と基本図書」編 … 28
図書館年鑑 1990 ………………… 1
図書館年鑑 1991 ………………… 1
図書館年鑑 1992 ………………… 1
図書館年鑑 1993 ………………… 1
図書館年鑑 1994 ………………… 1
図書館年鑑 1995 ………………… 2
図書館年鑑 1996 ………………… 2
図書館年鑑 1997 ………………… 2
図書館年鑑 1999 ………………… 2
図書館年鑑 2000 ………………… 2
図書館年鑑 2001 ………………… 2
図書館年鑑 2007 ………………… 2
図書館年鑑 2009 ………………… 2
図書館年鑑 2010 ………………… 3
図書館年鑑 2011 ………………… 3
図書館年鑑 2012 ………………… 3
図書館年鑑 2013 ………………… 3
「図書館の自由」に関する文献目録 …… 7
図書館ハンドブック 第5版 ………… 7
図書館ハンドブック 第6版補訂版 …… 7
図書館法規基準総覧 ………………… 7
図書館用語集 改訂版 ……………… 5
図書館用語集 3訂版 ……………… 5
図書館用語集 4訂版 ……………… 5
図書館利用教育ハンドブック ……… 11
図書新聞 〔別冊 3〕 …………… 102
図書目録 GHQの没収を免れた本 … 145
栃木県立図書館所蔵黒崎文庫目録 義太
　夫浄瑠璃本目録―鶴沢清六遺文庫ほ
　か／野沢吉兵衛遺文庫 名古屋大学蔵
　書目録―古書の部第1集神宮皇学館文
　庫 ………………………………… 54
とっておきユニーク美術館・文学館 … 97
どの本で調べるか 増補改訂版 ……… 33
どの本よもうかな？ 1・2年生 …… 123
どの本よもうかな？ 3・4年生 …… 123
どの本よもうかな？ 5・6年生 …… 123
どの本よもうかな？中学生版 海外編 … 123
どの本よもうかな？中学生版 日本編 … 123
富山県郷土資料目録 第1集 ………… 69
トルト 第10号 …………… 116, 176

トンデモ本の世界 R …………… 106

【な】

なおかつ、お厚いのがお好き？ …… 112
長野県郷土資料総合目録 …………… 54
長野県の図書館 …………………… 12
南海沿線「泉州ミュージアムネットワー
　ク」 ……………………………… 84
南葵文庫蔵書目録 1 増訂 ………… 68
南葵文庫蔵書目録 2 増訂 ………… 68
南葵文庫蔵書目録 3 増訂 ………… 68
南葵文庫蔵書目録 4 増訂 ………… 68
南山大学社会倫理研究所蔵書目録 1992
　……………………………………… 59
南支調査会南方文庫目録 第1巻 …… 59
南支調査会南方文庫目録 第2巻 …… 59
南支調査会南方文庫目録 第3巻 …… 59

【に】

二十世紀を騒がせた本 …………… 102
二十世紀を騒がせた本 増補 ……… 102
20世紀を震撼させた100冊 ……… 109
西日本美術館ベストガイド ………… 84
日米著作権ビジネスハンドブック … 148
日・中・英対訳 図書館用語辞典 …… 5
日中文庫目録 ……………………… 59
ニッポン文庫大全 ………… 116, 176
新渡戸稲造記念文庫目録 …………… 69
日本教育年鑑 1991年版 ………… 88
日本雑誌総目次要覧 84-93 …… 179
日本雑誌総目次要覧 1994-2003 … 179
日本辞書辞典 ……………………… 27
日本十進分類法 新訂9版 ………… 10
日本児童図書研究文献目次総覧 1945-
　1999 ………………………… 100
日本出版関係書目 ………………… 134
日本出版文化史事典 ……………… 135
日本書誌総覧 ……………………… 164
日本書籍総目録 1990 …………… 164
日本書籍総目録 1991 …………… 165
日本書籍総目録 1992 …………… 165
日本書籍総目録 1993 …………… 165
日本書籍総目録 1994 …………… 165

日本書籍総目録 1995	165
日本書籍総目録 1996	165
日本書籍総目録 1997	165
日本書籍総目録 1998	165
日本書籍総目録 1999	166
日本書籍総目録 2001	166
日本全国いちおしユニーク美術館・文学館	97
日本全国おすすめユニーク美術館・文学館	97
日本全国おもしろユニーク博物館・記念館	84
日本全国ユニーク個人文学館・記念館	84, 97
日本全国ユニーク博物館・記念館	84
日本の古典名著・総解説	113
日本の古典名著・総解説 改訂版	113
日本の古典名著・総解説 改訂新版	113
日本の参考図書 第4版	24
日本の児童図書賞 1987年‐1991年	34
日本の児童図書賞 1992年‐1996年	34
日本の出版社 '92	137
日本の出版社 1994	137
日本の出版社 1996	137
日本の出版社 1998	137
日本の出版社 2002	137
日本の出版社 2004	137
日本の出版社 2006	137
日本の出版社 2010‐2011	137
日本の出版社 2012‐2013	138
日本の出版社 2014‐2015	138
日本の点字図書館 16	17
日本の図書館 1991	13
日本の図書館 1992	13
日本の図書館 1993	13
日本の図書館 1994	13
日本の図書館 2002	13
日本の図書館 統計と名簿 2009	13
日本の図書館情報学教育 2000	7
日本の図書館情報学教育 2005	7
日本の文学館百五十選	97
日本の名著 改版	113
日本白書総覧	24
日本博物館総覧	85
日本目録規則 新版予備版	10
日本目録規則 1987年版 改訂版	10
日本目録規則 1987年版 改訂2版	10
日本目録規則 1987年版改訂版 第9章電子資料	10
ニュース・シソーラス 第四版	9
ニューヨークの書店ガイド	158

【ね】

ねえ、読んでみて!	130
猫を愛する人のための猫絵本ガイド	130
年刊 参考図書解説目録 1990‐1991	24
年刊 参考図書解説目録 1992	25
年刊 参考図書解説目録 1993	25
年刊 参考図書解説目録 1994	25
年刊 参考図書解説目録 1995	25
年刊 参考図書解説目録 1996	25
年刊 参考図書解説目録 1997	25
年刊 参考図書解説目録 1998	25
年刊 参考図書解説目録 1999	26
年刊 参考図書解説目録 2000	26
年刊 参考図書解説目録 2001	26
年刊 参考図書解説目録 2002	26
年鑑・白書全情報 1990-2002	26
年表・北海道の図書館 1837～1991	11
年報こどもの図書館1997-2001 2002年版	18

【は】

白書 出版産業	143
白書 出版産業 2010	144
白書・日本の専門図書館 1992	20
幕府・関係機関旧蔵帝室博物館所蔵書籍解題 第1巻	94
幕府・関係機関旧蔵帝室博物館所蔵書籍解題 第2巻	94
幕府・関係機関旧蔵帝室博物館所蔵書籍解題 第3巻	95
幕府・関係機関旧蔵帝室博物館所蔵書籍解題 第4巻	95
幕府・関係機関旧蔵帝室博物館所蔵書籍解題 第5巻	95
幕府・関係機関旧蔵帝室博物館所蔵書籍解題 第6巻	95
博物館学事典	87
博物館学ハンドブック	88
博物館基本文献集 第1期	87
博物館基本文献集 10-21, 別巻	87
博物館資料取扱いガイドブック	89
博物館徹底ガイドハンドブック	85, 97

博物館の害虫防除ハンドブック …………	89
博物館ハンドブック ………………………	88
幕末明治期写真資料目録 1 ………………	93
幕末明治期写真資料目録 2 図版篇 ……	93
幕末明治期写真資料目録 2 データ綜覧篇	93
幕末明治期写真資料目録 3 図版篇 ……	93
幕末明治期写真資料目録 3 データ綜覧篇	93
はじまりはじまり …………………………	130
はじまりは図書館から ………………………	10
はじめての子育てにこの本を …………	130
80年版 岩波文庫解説総目録 ……………	185
八戸市立図書館国書分類目録 3 弘前大学附属図書館山本文庫目録・田名部文庫目録	54
八戸市立図書館国書分類目録 1・2 ……	54
羽仁五郎文庫新聞スクラップ目録 ………	54
羽仁五郎文庫パンフレット目録 …………	54
ハーバード燕京図書館の日本古典籍 ……	73
ハーバード燕京図書館和書目録 …………	73
パリ国立図書館所蔵漢籍解題目録 本篇	73
パリ国立図書館所蔵漢籍解題目録 補遺篇1 解説・一覧表	73
パリ国立図書館所蔵漢籍解題目録 補遺篇2 索引	73
半田市立図書館蔵書目録 和装本編 ……	54
ハンディ教育六法 '91年版 ………………	18
版元ドットコム大全 2009 ………………	158

【ひ】

東アジア関係図書目録 ……………………	60
彦根藩弘道館書籍目録 ………………………	71
ビジネスマン<最強>の100冊 …………	107
ビジネスマンのための情報源ハンドブック 新訂版	15
ビジネスマンのためのまるごと情報源 2001年版	15
ビジネスマンのためのマルチ頭脳活性化ハンドブック	99
ビジネスマン、必読。 ………………………	107
美術ガイド 新 全国寺社・仏像ガイド …	85
美術ガイド 全国寺社・仏像ガイド ……	85
美術分野の文献・画像資料所蔵機関一覧	20
必携!DTPのルール&アイデアハンドブック	153
必携!DTPのルール・組み版・デザインハンドブック	153
必読!ビジネスマンの100冊 ……………	107
必読北海道 …………………………………	107
兵庫県内公立高等学校郷土資料総合目録 平成元年1月末現在	70
兵庫の博物館ガイド ………………………	85
表紙とカバー ………………………………	156
弘前図書館蔵書目録 和装本の部 その3・4 秋田県立秋田図書館蔵時雨庵文庫目録	54
弘前図書館蔵書目録 和装本の部 その1・2	54
広瀬先賢文庫目録 …………………………	71

【ふ】

福井藩明道館書目 第1巻 …………………	71
福井藩明道館書目 第2巻 …………………	71
福井藩明道館書目 第3巻 …………………	72
福井藩明道館書目 第4巻 …………………	72
福井藩明道館書目 第5巻 …………………	72
福井藩明道館書目 第6巻 …………………	72
福井藩明道館書目 第7巻 …………………	72
福井藩明道館書目 第8巻 …………………	72
福井藩明道館書目 第9巻 …………………	72
福岡県の博物館 改訂版 ……………………	85
ぶっくす '90 ………………………………	182
ぶっくす '91 ………………………………	182
ぶっくす '92 ………………………………	182
ぶっくす '94 ………………………………	182
ブックス ライブ …………………………	123
BOOK DESIGN NOW 2003 ……………	156
BOOK PAGE 本の年鑑 1990 …………	166
BOOK PAGE 本の年鑑 1991 …………	166
BOOK PAGE 本の年鑑 1992 …………	166
BOOK PAGE 本の年鑑 1993 …………	166
BOOK PAGE 本の年鑑 1994 …………	166
BOOK PAGE 本の年鑑 1995 …………	166
BOOK PAGE 本の年鑑 1996 …………	167
BOOK PAGE 本の年鑑 1997 …………	167
BOOK PAGE 本の年鑑 1998 …………	167
BOOK PAGE 本の年鑑 1999 …………	167
BOOK PAGE 本の年鑑 2000 …………	167
BOOK PAGE 本の年鑑 2001 …………	167
BOOK PAGE 本の年鑑 2002 …………	168
BOOK PAGE 本の年鑑 2003 …………	168
BOOK PAGE 本の年鑑 2004 …………	168

BOOK PAGE 本の年鑑 2005 ……… 168
BOOK PAGE 本の年鑑 2006 ……… 168
BOOK PAGE 本の年鑑 2007 ……… 168
BOOK PAGE 本の年鑑 2008 ……… 169
BOOK PAGE 本の年鑑 2009 ……… 169
BOOK PAGE 本の年鑑 2010 ……… 169
BOOK PAGE 本の年鑑 2011 ……… 169
BOOK PAGE 本の年鑑 2012 ……… 169
BOOK PAGE 本の年鑑 2013 ……… 169
ブックマップ ……………………… 107
ブックマップ プラス ……………… 107
フランス図書館関係用語集 ………… 6
ブリティッシュ・ライブラリー図書館情
　報学研究開発報告目録 …………… 4
古本年鑑 1933年版 ………………… 160
古本年鑑 1934年版 ………………… 160
古本年鑑 1935年版 ………………… 160
古本年鑑 1936・7年版 …………… 160
古本屋名簿 ………………………… 159
文学館きたみなみ ………………… 98
文学館・きたみなみ 増補改訂版 … 98
文学館出版物内容総覧 …………… 96
文学館探索 ………………………… 98
文学館ワンダーランド …………… 98
文化社会学基本文献集 第2期（戦後編）
　第15巻 復刻 ……………………… 3
Bunko Catalog 2002 ……………… 177
文庫中毒 …………………………… 176
文庫博覧会 ………………………… 176

【へ】

ペーパーバック倶楽部 …………… 107
平和を考える絵本 ………………… 130
平和博物館・戦争資料館ガイドブック … 85
平和博物館・戦争資料館ガイドブック 新
　版 …………………………………… 85
平和博物館・戦争資料館ガイドブック 増
　補版 ………………………………… 85
編集校正小辞典 …………………… 151
編集・制作・出力のためのDTP編集ハン
　ドブック ………………………… 153
編集ハンドブック 第6版 ………… 139
便覧・図鑑・年表全情報 90／99 … 26
便覧・図鑑・年表全情報 2000-2010 … 26
便利な文庫の総目録 1990 ………… 177
便利な文庫の総目録 1991 ………… 177
便利な文庫の総目録 1992年版 …… 177
便利な文庫の総目録 1993年版 …… 177

【ほ】

保育者と学生・親のための乳児の絵本・
　保育課題絵本ガイド …………… 130
北陸の図書館ガイド 1991年版 …… 15
ボタン博物館 ……………………… 91
北海道・新博物館ガイド ………… 85
本―384 …………………………… 33
本選び術 小学校版 ……………… 124
本選び術 中学校版 ……………… 124
本を愛するひとに ………………… 108
本がいっぱい ……………………… 124
ほんとうに読みたい本が見つかった！ … 124
ほんとうはこんな本が読みたかった！ … 124
本の探偵事典 いろの手がかり編 … 125
本の探偵事典 ごちそうの手がかり編 … 125
本の探偵事典 どうぐの手がかり編 … 125
本の探偵事典 どうぶつの手がかり編 … 125
本のなかの本 ……………………… 99
本の変奏曲 ………………………… 156
本・ほん '90 ……………………… 182
本・ほん '93 ……………………… 182
本・ほん '94 ……………………… 183
本・ほん '95 ……………………… 183
本・ほん '96 ……………………… 183
本屋さんまで50歩 ………………… 99
本屋大賞 2004 …………………… 108
本屋大賞 2006 …………………… 108
本屋大賞 2007 …………………… 109
本屋大賞 2009 …………………… 109
本はよかバイ お～い読まんネ!! … 108

【ま】

Mac DTP HandBook 改訂版 ……… 155
漫画・アニメ・ライトノベルのデザイ
　ン ………………………………… 156
まんがまっぷ 1997-1998 ………… 158
満鉄大連図書館蔵書目録 第1巻 … 55
満鉄大連図書館蔵書目録 第2巻 … 55
満鉄大連図書館蔵書目録 第3巻 … 55
満鉄大連図書館蔵書目録 第4巻 … 55
満鉄大連図書館蔵書目録 第5巻 … 55

満鉄大連図書館蔵書目録 第6巻 ………… 55
満鉄大連図書館蔵書目録 第7巻 ………… 55
満鉄大連図書館蔵書目録 第8巻 ………… 56
満鉄大連図書館蔵書目録 第9巻 ………… 56
満鉄大連図書館蔵書目録 第10巻 ………… 56
満鉄大連図書館蔵書目録 第11巻 ………… 56
満鉄大連図書館蔵書目録 第12巻 ………… 56
満鉄大連図書館蔵書目録 第13巻 ………… 56
満鉄大連図書館蔵書目録 第14巻 ………… 56
満鉄大連図書館蔵書目録 第15巻 ………… 56
満鉄大連図書館蔵書目録 第16巻 ………… 56
満鉄大連図書館蔵書目録 第17巻 ………… 56
満鉄大連図書館蔵書目録 第18巻 ………… 57

【み】

三重県の図書館 …………………………… 12
みすず書房刊行書総目録 1946-1995 …… 186
みたい・しりたい・ためしたい ………… 33
ミニコミ総目録 …………………………… 171
三原図書館古書目録　熊谷市立熊谷図書
　館和漢書目録　尾道市立尾道図書館古
　和書漢籍目録　富山県立図書館所蔵志
　田文庫目録 ……………………………… 54
宮城県図書館漢籍分類目録 ……………… 54
宮城県図書館和古書目録 ………………… 54
みんなで元気に生きよう ………………… 28
みんなで楽しむ絵本 ……………………… 130

【む】

無理なく身につく 文字・数・科学絵本
　ガイド …………………………………… 130

【め】

明治初期東京大学図書館蔵書目録 第1
　巻 ………………………………………… 69
明治初期東京大学図書館蔵書目録 第2
　巻 ………………………………………… 69
明治初期東京大学図書館蔵書目録 第3
　巻 ………………………………………… 69
明治初期東京大学図書館蔵書目録 第4
　巻 ………………………………………… 69
明治初期東京大学図書館蔵書目録 第5
　巻 ………………………………………… 69
明治初期東京大学図書館蔵書目録 第6
　巻 ………………………………………… 69
明治初期東京大学図書館蔵書目録 第7
　巻 ………………………………………… 69
明治初期東京大学図書館蔵書目録 第8
　巻 ………………………………………… 69
明治新聞雑誌文庫所蔵雑誌目次総覧 第1
　巻 ………………………………………… 60
明治新聞雑誌文庫所蔵雑誌目次総覧 第2
　巻 ………………………………………… 60
明治新聞雑誌文庫所蔵雑誌目次総覧 第3
　巻 ………………………………………… 60
明治新聞雑誌文庫所蔵雑誌目次総覧 第4
　巻 ………………………………………… 60
明治新聞雑誌文庫所蔵雑誌目次総覧 第5
　巻 ………………………………………… 60
明治新聞雑誌文庫所蔵雑誌目次総覧 第6
　巻 ………………………………………… 60
明治新聞雑誌文庫所蔵雑誌目次総覧 第7
　巻 ………………………………………… 61
明治新聞雑誌文庫所蔵雑誌目次総覧 第8
　巻 ………………………………………… 61
明治新聞雑誌文庫所蔵雑誌目次総覧 第9
　巻 ………………………………………… 61
明治新聞雑誌文庫所蔵雑誌目次総覧 第
　10巻 ……………………………………… 61
明治新聞雑誌文庫所蔵雑誌目次総覧 第
　11巻 ……………………………………… 61
明治新聞雑誌文庫所蔵雑誌目次総覧 第
　12巻 ……………………………………… 61
明治新聞雑誌文庫所蔵雑誌目次総覧 第
　13巻 ……………………………………… 61
明治新聞雑誌文庫所蔵雑誌目次総覧 第
　14巻 ……………………………………… 61
明治新聞雑誌文庫所蔵雑誌目次総覧 第
　15巻 ……………………………………… 61
明治新聞雑誌文庫所蔵雑誌目次総覧 第
　16巻 ……………………………………… 62
明治新聞雑誌文庫所蔵雑誌目次総覧 第
　17巻 ……………………………………… 62
明治新聞雑誌文庫所蔵雑誌目次総覧 第
　18巻 ……………………………………… 62
明治新聞雑誌文庫所蔵雑誌目次総覧 第
　19巻 ……………………………………… 62
明治新聞雑誌文庫所蔵雑誌目次総覧 第
　20巻 ……………………………………… 62
明治新聞雑誌文庫所蔵雑誌目次総覧 第
　21巻 ……………………………………… 62
明治新聞雑誌文庫所蔵雑誌目次総覧 第
　22巻 ……………………………………… 62

明治新聞雑誌文庫所蔵雑誌目次総覧 第23巻	62
明治新聞雑誌文庫所蔵雑誌目次総覧 第24巻	62
明治新聞雑誌文庫所蔵雑誌目次総覧 第25巻	63
明治新聞雑誌文庫所蔵雑誌目次総覧 第26巻	63
明治新聞雑誌文庫所蔵雑誌目次総覧 第27巻	63
明治新聞雑誌文庫所蔵雑誌目次総覧 第28巻	63
明治新聞雑誌文庫所蔵雑誌目次総覧 第29巻	63
明治新聞雑誌文庫所蔵雑誌目次総覧 第30巻	63
明治新聞雑誌文庫所蔵雑誌目次総覧 第31巻	63
明治新聞雑誌文庫所蔵雑誌目次総覧 第32巻	63
明治新聞雑誌文庫所蔵雑誌目次総覧 第33巻	63
明治新聞雑誌文庫所蔵雑誌目次総覧 第34巻	63
明治新聞雑誌文庫所蔵雑誌目次総覧 第35巻	64
明治新聞雑誌文庫所蔵雑誌目次総覧 第36巻	64
明治新聞雑誌文庫所蔵雑誌目次総覧 第37巻	64
明治新聞雑誌文庫所蔵雑誌目次総覧 第38巻	64
明治新聞雑誌文庫所蔵雑誌目次総覧 第39巻	64
明治新聞雑誌文庫所蔵雑誌目次総覧 第40巻	64
明治新聞雑誌文庫所蔵雑誌目次総覧 第41巻	64
明治新聞雑誌文庫所蔵雑誌目次総覧 第42巻	64
明治新聞雑誌文庫所蔵雑誌目次総覧 第43巻	64
明治新聞雑誌文庫所蔵雑誌目次総覧 第44巻	65
明治新聞雑誌文庫所蔵雑誌目次総覧 第45巻	65
明治新聞雑誌文庫所蔵雑誌目次総覧 第46巻	65
明治新聞雑誌文庫所蔵雑誌目次総覧 第47巻	65
明治新聞雑誌文庫所蔵雑誌目次総覧 第48巻	65
明治新聞雑誌文庫所蔵雑誌目次総覧 第49巻	65
明治新聞雑誌文庫所蔵雑誌目次総覧 第50巻	65
明治新聞雑誌文庫所蔵雑誌目次総覧 第51巻	65
明治新聞雑誌文庫所蔵雑誌目次総覧 第52巻	65
明治新聞雑誌文庫所蔵雑誌目次総覧 第53巻	66
明治新聞雑誌文庫所蔵雑誌目次総覧 第54巻	66
明治新聞雑誌文庫所蔵雑誌目次総覧 第73～78巻	66
明治新聞雑誌文庫所蔵雑誌目次総覧 第97～102巻	66
明治新聞雑誌文庫所蔵雑誌目次総覧 第133～138巻	66
明治の名著 1	114
明治の名著 2	114
メルヘンに出会える	15, 98

【も】

もっと楽しむ図書館マスターガイド	15
文書館学文献目録	20
文書館学文献目録 縮刷版	20
文書館用語集	20
文部省 学術用語集 図書館情報学編	6

【や】

屋代弘賢・不忍文庫蔵書目録 第1巻	69
屋代弘賢・不忍文庫蔵書目録 第2巻	69
屋代弘賢・不忍文庫蔵書目録 第3巻	69
屋代弘賢・不忍文庫蔵書目録 第4巻	69
屋代弘賢・不忍文庫蔵書目録 第5巻	69
屋代弘賢・不忍文庫蔵書目録 第6巻	69
山崎文庫目録	69
ヤングアダルト図書総目録 2006年版	183
ヤングアダルト図書総目録 2007年版	183
ヤングアダルト図書総目録 2008年版	183
ヤングアダルト図書総目録 2009年版	183
ヤングアダルト図書総目録 2010年版	183
ヤングアダルト図書総目録 2012年版	183
ヤングアダルト図書総目録 2013年版	184

ヤングアダルトの本 1 中高生の悩みに答える5000冊 ……… 33
ヤングアダルトの本 2 社会との関わりを考える5000冊 ……… 33
ヤングアダルトの本 3 読んでみたい物語5000冊 ……… 33
ヤングアダルトの本 教科書の名作3000冊 ……… 33
ヤングアダルトの本 職業・仕事への理解を深める4000冊 ……… 33
ヤングアダルトの本 部活をきわめる3000冊 ……… 34

【ゆ】

優良辞典・六法目録 no.42（1991年版） … 27
優良辞典・六法目録 no.47（1996年版） … 27
有隣舎和装本目録　暁霞文庫目録　沼沢文庫目録　新発田市立図書館郷土資料蔵書目録 第1集　藤森桂谷文庫分類目録 ……… 37

【よ】

よい絵本 第14回 ……… 131
よい絵本 第15回 ……… 131
よい絵本 第16回 ……… 131
よい絵本 第17回 ……… 131
よい絵本 第18回 ……… 131
よい絵本 第19回 ……… 131
よい絵本 第20回 ……… 131
よい絵本 第21回 ……… 131
よい絵本 第22回 ……… 131
よい絵本 第23回 ……… 131
よい絵本 第24回 ……… 131
よい絵本 第25回 ……… 131
ようこそ絵本の世界へ ……… 131
洋書絵本のえほん 改訂版 ……… 132
米沢藩興譲館書目集成 第1巻 ……… 72
米沢藩興譲館書目集成 第2巻 ……… 72
米沢藩興譲館書目集成 第3巻 ……… 72
米沢藩興譲館書目集成 第4巻 ……… 72
読みきかせ絵本260 ……… 132
読み聞かせで育つ子どもたち ……… 132
読み聞かせのための音のある英語絵本ガイド ……… 132

ヨムヨム王国 ……… 100
ヨーロッパ医科学史散歩 ……… 87
ヨーロッパ 船の博物館ガイド ……… 87
4NW合同蔵書目録 参考図書編 ……… 55

【ら】

ライトノベル最強!ブックガイド ……… 109
ライブラリーデータ '93 ……… 12, 74
ライブラリーデータ '98・'99 ……… 12, 74
LATEX2ε 文典 ……… 152
LaTeX組版ハンドブック ……… 155

【り】

流通経済大学天野元之助文庫 ……… 69
良書解題 上巻 ……… 28
良書解題 下巻 ……… 28

【る】

ルヴァンラヌーブ大学蔵日本書籍目録 … 73

【れ】

冷凍空調便覧 第3巻 新版第6版 ……… 7, 89
歴史資料保存機関総覧 西日本 増補改訂版 ……… 74, 20
歴史資料保存機関総覧 東日本 増補改訂版 ……… 75, 21
歴史博物館事典 ……… 86
歴史博物館事典 新訂 ……… 86
レコードマップ '94 ……… 86

【ろ】

ロゴデザインの見本帳 ……… 89
ロシア民族学博物館所蔵アイヌ資料目

録 ……………………………………… 94
露文図書分類目録 ……………………… 9
ロングセラー目録 平成2年版 ………… 114
ロングセラー目録 平成3年版 ………… 114
ロングセラー目録 平成4年版 ………… 114
ロングセラー目録 平成5年版 ………… 114
ロングセラー目録 平成6年版 ………… 114
ロングセラー目録 平成7年版 ………… 114
ロングセラー目録 平成8年版 ………… 114
ロングセラー目録 平成9年版 ………… 114
ロングセラー目録 平成10年版 ………… 115
ロングセラー目録 平成11年版 ………… 115
ロングセラー目録 平成12年版 ………… 115
ロングセラー目録 平成13年版 ………… 115
ロングセラー目録 平成14年版 ………… 115
ロングセラー目録 平成15年版 ………… 115
ロングセラー目録 平成16年版 新訂増補
　第28版 ………………………………… 115
ロングセラー目録 平成17年版 ………… 115
ロングセラー目録 平成18年版 ………… 115
ロングセラー目録 平成19年版 新訂増補
　第31版 ………………………………… 115
ロングセラー目録 平成20年版 ………… 115
ロングセラー目録 平成21年版 ………… 115
ロングセラー目録 2010年版 …………… 115
ロングセラー目録 2011年版 …………… 116

【わ】

和学講談所蔵書目録 第1巻 ……………… 60
和学講談所蔵書目録 第2巻 ……………… 60
和学講談所蔵書目録 第3巻 ……………… 60
和学講談所蔵書目録 第4巻 ……………… 60
和学講談所蔵書目録 第5巻 ……………… 60
和学講談所蔵書目録 第6巻 ……………… 60
和学講談所蔵書目録 第7巻 ……………… 60
わが子をひざにパパが読む絵本50選 …… 132
和漢名著解題選 第5巻 …………………… 114
わくわく絵本箱 …………………………… 132
PB300 ……………………………………… 108
早稲田大学演劇博物館所蔵特別資料目録
　1 ………………………………………… 90
早稲田大学演劇博物館所蔵特別資料目録
　5 ………………………………………… 90
早稲田大学演劇博物館所蔵特別資料目録
　6 ………………………………………… 90
早稲田大学演劇博物館所蔵特別資料目録
　8 ………………………………………… 90
早稲田大学演劇博物館所蔵特別資料目録
　9 ………………………………………… 90
早稲田大学演劇博物館所蔵特別資料目録
　10 ……………………………………… 90
早稲田大学図書館 館蔵資料図録 ……… 69
私が1ばん好きな絵本 改訂版 ………… 132

【ABC】

Amusement Graphics …………………… 90
Comic catalog 1997 …………………… 171
Comic catalog 1998 …………………… 171
Comic catalog 1999 …………………… 171
Comic catalog 2000 …………………… 171
Comic catalog 2001 …………………… 171
Comic catalog 2002 …………………… 171
Comic catalog 2003 …………………… 171
Comic catalog 2004 …………………… 171
Comic catalog 2005 …………………… 171
Comic catalog 2006 …………………… 171
Comic catalog 2007 …………………… 171
Comic catalog 2008 …………………… 172
Comic catalog 2009 …………………… 172
Comic catalog 2010 …………………… 172
Comic catalog 2011 …………………… 172
Comic catalog 2012 …………………… 172
World Publishing Industries Hand-
　book …………………………………… 139
YEAR'S BOOKS 1989 ………………… 169
YEAR'S BOOKS 1990 ………………… 169
YEAR'S BOOKS 1991 ………………… 169
YEAR'S BOOKS 1992 ………………… 170
YEAR'S BOOKS 1999 ………………… 170
YEAR'S BOOKS 2000 ………………… 170
YEAR'S BOOKS 2001 ………………… 170
YEAR'S BOOKS 2002 ………………… 170
YEAR'S BOOKS 2003 ………………… 170

著編者名索引

【あ】

青木 利行
　ハーバード燕京図書館和書目録 ……… 73
青木 豊
　神社博物館事典 ……………………… 79
青森県立図書館
　蔵書目録工藤文庫篇 往来物目録—日本
　大学総合図書館蔵書目録 第8輯 素行
　文庫目録 ……………………………… 68
赤木 かん子
　赤ちゃんが大好きな絵本 …………… 125
　あなたのことが大好き!の絵本50冊 …… 126
　絵本・子どもの本 総解説 …………… 117
　絵本・子どもの本 総解説 第3版 …… 117
　絵本・子どもの本 総解説 第4版 …… 117
　絵本・子どもの本 総解説 第5版 …… 117
　絵本・子どもの本 総解説 第6版 …… 118
　絵本・子どもの本 総解説 第7版 …… 118
　かんこのミニミニ子どもの本案内 …… 118
　かんこのミニミニヤング・アダルト入門
　　パート1 ……………………………… 101
　かんこのミニミニヤング・アダルト入門
　　パート2 ……………………………… 101
　こころの傷を読み解くための800冊の本
　　総解説 ……………………………… 103
　この本読んだ?おぼえてる? ………… 121
　この本読んだ?おぼえてる? 2 ……… 122
　自然とかがくの絵本 ………………… 129
　本の探偵事典 いろの手がかり編 …… 125
　本の探偵事典 ごちそうの手がかり編 …… 125
　本の探偵事典 どうぐの手がかり編 …… 125
　本の探偵事典 どうぶつの手がかり編 …… 125
秋田県立秋田図書館
　弘前図書館蔵書目録 和装本の部 その3・
　4 秋田県立秋田図書館蔵時雨庵文庫目
　録 ……………………………………… 54
秋庭 道博
　今の自分を変える65冊の実学図書館 …… 103
浅井 経子
　生涯学習「自己点検・評価」ハンドブッ
　ク ……………………………………… 88
浅井 圭介
　世界の航空博物館&航空ショー ……… 87

浅岡 邦雄
　日本出版関係書目 …………………… 134
朝倉 治彦
　鶚軒文庫蔵書目録 上巻 ……………… 71
　鶚軒文庫蔵書目録 下巻 ……………… 71
　享保以後 江戸出版書目 新訂版 …… 160
　新編 明治前期書目集成 第7巻〜第14
　　巻 …………………………………… 134
　蔵書目録にみる仙台藩の出版文化 第1
　　巻 …………………………………… 134
　蔵書目録にみる仙台藩の出版文化 第2
　　巻 …………………………………… 134
　蔵書目録にみる仙台藩の出版文化 第3
　　巻 …………………………………… 134
　蔵書目録にみる仙台藩の出版文化 第4
　　巻 …………………………………… 134
　彦根藩弘道館書籍目録 ………………… 71
　福井藩明道館書目 第1巻 …………… 71
　福井藩明道館書目 第2巻 …………… 71
　福井藩明道館書目 第3巻 …………… 72
　福井藩明道館書目 第4巻 …………… 72
　福井藩明道館書目 第5巻 …………… 72
　福井藩明道館書目 第6巻 …………… 72
　福井藩明道館書目 第7巻 …………… 72
　福井藩明道館書目 第8巻 …………… 72
　福井藩明道館書目 第9巻 …………… 72
　屋代弘賢・不忍文庫蔵書目録 第1巻 …… 69
　屋代弘賢・不忍文庫蔵書目録 第2巻 …… 69
　屋代弘賢・不忍文庫蔵書目録 第3巻 …… 69
　屋代弘賢・不忍文庫蔵書目録 第4巻 …… 69
　屋代弘賢・不忍文庫蔵書目録 第5巻 …… 69
　屋代弘賢・不忍文庫蔵書目録 第6巻 …… 69
　米沢藩興譲館書目集成 第1巻 ……… 72
　米沢藩興譲館書目集成 第2巻 ……… 72
　米沢藩興譲館書目集成 第3巻 ……… 72
　米沢藩興譲館書目集成 第4巻 ……… 72
　和学講談所蔵書目録 第1巻 ………… 60
　和学講談所蔵書目録 第2巻 ………… 60
　和学講談所蔵書目録 第3巻 ………… 60
　和学講談所蔵書目録 第4巻 ………… 60
　和学講談所蔵書目録 第5巻 ………… 60
　和学講談所蔵書目録 第6巻 ………… 60
　和学講談所蔵書目録 第7巻 ………… 60
浅野 法子
　学校図書館発絵本ガイドブック …… 127
朝日新聞社
　岡山の美術館・博物館 ………………… 75
　東京の美術館ガイド …………………… 84

あすき　　　　　　　　　著編者名索引

アスキー書籍編集部
　DTP辞典 ………………………… 152
あすなろ文庫
　みんなで楽しむ絵本 …………… 130
足立 茂美
　絵本ありがとう ………………… 126
アートドキュメンテーション研究会調査委員会
　美術分野の文献・画像資料所蔵機関一覧 ……………………………… 20
阿部 紀子
　「子供が良くなる講談社の絵本」の研究 ……………………………… 128
あべ みちこ
　赤ちゃん絵本ノート …………… 133
天野 敬太郎
　図書館学関係文献目録集成　明治・大正・昭和前期編　第1巻 …………… 3
　図書館学関係文献目録集成　明治・大正・昭和前期編　第2巻 …………… 3
アミューズ
　京都 美術館・博物館ベストガイド … 77
　首都圏 美術館・博物館ベストガイド '04～'05 …………………………… 79
　東海美術館・博物館ベストガイド … 83
新谷 保人
　4NW合同蔵書目録 参考図書編 … 55
アルクCAT編集部
　ペーパーバック倶楽部 ………… 107

【い】

飯沢 文夫
　東京都の図書館　三多摩編 …… 12
　東京都の図書館　23区編 … 12, 83
井狩 春男
　文庫中毒 ………………………… 176
　本屋さんまで50歩 ……………… 99
生田 誠三
　LATEX2ε文典 …………………… 152
生貝 直人
　デジタルコンテンツ法制 ……… 148
池谷 伊佐夫
　書物の達人 ……………………… 99
石井 敬士
　神奈川県の図書館 ……………… 12

石井 光恵
　絵本の事典 ……………………… 132
石川 晴子
　たのしい絵本の世界 …………… 129
石田 純郎
　ヨーロッパ医学史散歩 ………… 87
石松 久幸
　カリフォルニア大学バークレー校所蔵三井文庫旧蔵江戸版本書目 …… 72
石渡 美江
　博物館学事典 …………………… 87
礒沢 淳子
　保育者と学生・親のための乳児の絵本・保育課題絵本ガイド ………… 130
市川 恵里
　西洋製本図鑑 …………………… 155
一宮市立豊島図書館
　有隣舎和装本目録　暁霞文庫目録　沼沢文庫目録　新発田市立図書館郷土資料蔵書目録　第1集　藤森桂谷文庫分類目録 … 37
井辻 朱美
　世界の絵本・児童文学図鑑 … 122, 129
伊藤 民雄
　世界の出版情報調査総覧 ……… 137
伊藤 寿朗
　博物館基本文献集　第1期 …… 87
　博物館基本文献集　10-21，別巻 … 87
伊東 光晴
　近代日本の百冊を選ぶ ………… 103
伊東図書館
　伊東市立伊東図書館郷土資料目録　平成2年度版 ……………………… 52
井内 慶次郎
　生涯学習「自己点検・評価」ハンドブック ……………………………… 88
稲岡 勝
　出版文化人物事典 ……………… 136
　日本出版関係書目 ……………… 134
稲垣 俊幸
　編集・制作・出力のためのDTP編集ハンドブック …………………… 153
稲村 徹元
　図書館学関係文献目録集成　戦後編(1945-1969)　第1巻 ………………… 3
　図書館学関係文献目録集成　戦後編(1945-1969)　第2巻 ………………… 4
　図書館学関係文献目録集成　戦後編(1945-

216　図書館・読書・出版レファレンスブック

1969）第3巻 ･････････････････････････ 4
図書館学関係文献目録集成 戦後編（1945-1969）第4巻 ･････････････････････････ 4

犬塚 潤一郎
　DTPカラー画像入力・出力ハンドブック ･･･････････････････････････････････ 154
井上 城
　全国文化展示施設ガイド 第2版 ････ 82, 97
井上 敏幸
　広瀬先賢文庫目録 ･････････････････ 71
井上 了
　観生堂蔵書目録 ･･･････････････････ 71
今江 祥智
　絵本のあたたかな森 ･･････････････ 127
　はじまりはじまり ･･･････････････ 130
伊能 秀明
　大学博物館事典 ･･･････････････････ 82
岩手日報社出版部
　北東北のふしぎ探検館 ･･･････････ 77
岩波書店編集部
　岩波新書を読む ･････････････････ 184
岩波文庫編集部
　80年版 岩波文庫解説総目録 ･･････ 185
　岩波文庫解説総目録1927-1996 上 ････ 184
　岩波文庫解説総目録1927-1996 中 ････ 184
　岩波文庫解説総目録1927-1996 下 ････ 184
　岩波文庫の80年 ････････････････ 184
岩本 篤志
　米沢藩興譲館書目集成 第1巻 ･･････ 72
　米沢藩興譲館書目集成 第2巻 ･･････ 72
　米沢藩興譲館書目集成 第3巻 ･･････ 72
　米沢藩興譲館書目集成 第4巻 ･･････ 72
インパクトコミュニケーションズ
　デザインファイリングブック 2 ･･･ 156
インフォメディア
　DTPのイリテン ･･････････････････ 154

【う】

上田 篤
　情報図鑑 ･････････････････････････ 79
上田 絵理
　大人だって、絵本! ･･････････････ 127
　ねえ、読んでみて! ･･････････････ 130

上原 里佳
　ほんとうに読みたい本が見つかった! ･･ 124
　ほんとうはこんな本が読みたかった! ･･ 124
臼井 隆子
　岡山の宝箱 ･･･････････････････････ 75
臼井 洋輔
　岡山の宝箱 ･･･････････････････････ 75
宇津 純
　国立国会図書館目録・書誌の使い方 ････ 16
ウルフ, スティーブ
　世界の航空博物館＆航空ショー ･･････ 87
海野 弘
　おとぎ話の古書案内 ･･････････････ 159

【え】

エー・アール・ティ
　西日本美術館ベストガイド ････････ 84
江口 宏志
　表紙とカバー ･････････････････ 156
エクルスシェア, ジュリア
　世界の絵本・児童文学図鑑 ･････ 122, 129
江戸・東京資料研究会
　江戸・東京学研究文献案内 ･････････ 21
榎本 秋
　ライトノベル最強!ブックガイド ･･ 109
絵本100選の会
　お母さんが選んだ128冊の絵本 ･･････ 127

【お】

呉 明淑
　韓国国立中央博物館の至宝 ････････ 91
大内 順
　神奈川県の図書館 ･･････････････････ 12
大串 夏身
　江戸・東京学研究文献案内 ･････････ 21
大久保 徹也
　ニューヨークの書店ガイド ･･･････ 158
大阪科学読物研究会
　親子で楽しむ博物館ガイド 関西版 ････ 76

大阪女子大学附属図書館
　北岡文庫蔵書解説目録─細川幽斎関係文
　　学書 北海道国文学文献目録 山崎文庫
　　目録 …………………………………… 71
大阪市立中央図書館
　栃木県立図書館所蔵黒崎文庫目録 義太夫
　　浄瑠璃本目録─鶴沢清六遺文庫ほか／
　　野沢吉兵衛遺文庫 名古屋大学蔵書目録
　　─古書の部第1集神宮皇学館文庫 …… 54
大阪府学校図書館協議会
　本─384 ……………………………… 33
大慈弥 俊二
　日本白書総覧 ………………………… 24
大隅 浩
　ボタン博物館 ………………………… 91
大塚 敏高
　神奈川県の図書館 …………………… 12
大友 康寛
　LaTeX組版ハンドブック …………… 155
大西 愛
　アーカイブ事典 ……………………… 21
大堀 哲
　日本博物館総覧 ……………………… 85
大宅壮一文庫
　大宅壮一文庫雑誌記事索引総目録 1888-
　　1987 ………………………………… 70
　大宅壮一文庫雑誌記事索引総目録 1988-
　　1995 件名編 ………………………… 70
　大宅壮一文庫雑誌記事索引総目録 1988-
　　1995 人名編 ………………………… 70
大山 幸房
　COPYRIGHT LAW OF JAPAN …… 151
大和 博幸
　享保以後 江戸出版書目 新訂版 ……… 160
岡 雅彦
　カリフォルニア大学バークレー校所蔵三
　　井文庫旧蔵江戸版本書目 …………… 72
　ハーバード燕京図書館和書目録 ……… 73
岡崎 武志
　ニッポン文庫大全 …………… 116, 176
岡崎 千鶴子
　中高生のブック・トリップ ………… 122
岡崎 久司
　大英図書館所蔵和漢書総目録 ……… 72
岡田 真理子
　こんなとき子どもにこの本を 第3版 ‥ 128
　はじめての子育てにこの本を ……… 130

岡野 裕行
　文学館出版物内容総覧 ……………… 96
岡部 一郎
　出版人のための出版業務ハンドブック
　　基礎編 ……………………………… 138
　出版人のための出版営業ハンドブック
　　実践編 ……………………………… 138
岡本 幸治
　西洋製本図鑑 ………………………… 155
小川 千代子
　アーカイブ事典 ……………………… 21
沖縄協会
　沖縄協会資料室資料目録 …………… 57
沖縄県博物館協会
　沖縄の博物館ガイド ………………… 76
荻原 眞子
　ロシア民族学博物館所蔵アイヌ資料目
　　録 …………………………………… 94
沖森 卓也
　日本辞書辞典 ………………………… 27
奥泉 和久
　近代日本公共図書館年表 …………… 17
奥村 敏明
　文庫博覧会 …………………………… 176
小倉 秀夫
　著作権法コンメンタール 上巻 …… 151
小沢 賢二
　獅子園書庫典籍並古文書目録 ……… 71
小田 栄一
　茶の湯美術館 1（東京・関東）……… 83
　茶の湯美術館 2（京都・関西）……… 83
　茶の湯美術館 3（全国）……………… 83
小田切 秀雄
　明治の名著 1 ……………………… 114
小野寺 夏生
　計量書誌学辞典 ……………………… 4
尾道市立尾道図書館
　三原図書館古書目録 熊谷市立熊谷図書
　　館和漢書目録 尾道市立尾道図書館古
　　和書漢籍目録 富山県立図書館所蔵志
　　田文庫目録 ………………………… 54
オフィスクリオ
　首都圏美術館・博物館ガイドブック ‥ 78
　首都圏美術館・博物館ベストガイド ‥ 79
親子読書地域文庫全国連絡会
　おやちれんがすすめるよみきかせ絵本
　　250 ………………………………… 127

音楽図書館協議会
　音楽資料目録作成マニュアル ………… 9

【か】

科学読物研究会
　科学の本っておもしろい 続 〔新装版〕 ……………………………… 118
　科学読物データバンク 1998 ……… 180
　科学読物データバンク 98 ………… 180
　新版 親子で楽しむ博物館ガイド 首都圏 PART1 ……………………… 80
　新版 親子で楽しむ博物館ガイド 首都圏 PART2 ……………………… 80
柿添 昭徳
　便利な文庫の総目録 1992年版 …… 177
　便利な文庫の総目録 1993年版 …… 177
柿田 友広
　絵本屋さんがおすすめする絵本100 … 127
学術情報センター
　学術雑誌総合目録 1996年版 ……… 34
　学術雑誌総合目録 1998年版 ……… 34
　学術雑誌総合目録 和文編 1991年版 … 34
　学術雑誌総合目録 欧文編 1994年版 … 34
　学術雑誌総合目録 欧文編 誌名変遷マップ 1990 ……………………… 34
学陽書房編集部
　レコードマップ '94 ………………… 86
影山 史枝
　DTPお助けハンドブック ………… 153
鹿児島経済大学地域総合研究所
　奄美関係蔵書目録 ………………… 57
鹿児島県立図書館
　鹿児島県郷土資料総合目録 公共図書館所蔵編 第2集 ……………… 52
カーター，ジョン
　西洋書誌学入門 ……………………… 5
加藤 聖文
　旧植民地図書館蔵書目録 台湾篇 第1巻 ……………………………… 36
　旧植民地図書館蔵書目録 台湾篇 第2巻 ……………………………… 36
　旧植民地図書館蔵書目録 台湾篇 第3巻 ……………………………… 36
　旧植民地図書館蔵書目録 台湾篇 第4巻 ……………………………… 36
　旧植民地図書館蔵書目録 台湾篇 第5巻 ……………………………… 36
　旧植民地図書館蔵書目録 台湾篇 第6巻 ……………………………… 36
　旧植民地図書館蔵書目録 台湾篇 第7巻 ……………………………… 36
　旧植民地図書館蔵書目録 台湾篇 第8巻 ……………………………… 36
　旧植民地図書館蔵書目録 台湾篇 第9巻 ……………………………… 36
　旧植民地図書館蔵書目録 第1巻 … 35
　旧植民地図書館蔵書目録 第2巻 … 35
　旧植民地図書館蔵書目録 第3巻 … 35
　旧植民地図書館蔵書目録 第4巻 … 35
　旧植民地図書館蔵書目録 第5巻 … 35
　旧植民地図書館蔵書目録 第6巻 … 35
　旧植民地図書館蔵書目録 第7巻 … 35
　旧植民地図書館蔵書目録 第8巻 … 35
　旧植民地図書館蔵書目録 第9巻 … 35
　旧植民地図書館蔵書目録 第10巻 … 35
　旧植民地図書館蔵書目録 第11巻 … 35
　旧植民地図書館蔵書目録 第12巻 … 35
　旧植民地図書館蔵書目録 第13巻 … 36
　旧植民地図書館蔵書目録 第14巻 … 36
加藤 知己
　日本辞書辞典 ……………………… 27
加藤 美穂子
　赤ちゃんが大好きな絵本 ………… 125
加藤 有次
　博物館ハンドブック ……………… 88
金井 重彦
　著作権法コンメンタール 上巻 …… 151
金柿 秀幸
　幸せの絵本 ………………………… 128
　幸せの絵本 2 ……………………… 129
　幸せの絵本 家族の絆編 …………… 129
神奈川県図書館協会
　神奈川のふみくら ………………… 35
神奈川文学振興会
　高木健夫文庫目録 ………………… 58
樺山 紘一
　一度は行ってみたい東京の美術館・博物館 …………………………… 75
鎌田 和宏
　先生と司書が選んだ調べるための本 … 32
鴨下 示佳
　世界の航空博物館＆航空ショー ……… 87
河合塾
　学問の鉄人が贈る14歳と17歳のBOOK

ガイド ………………………… 118
川口に関する出版物目録をつくる会
　川口に関する出版物目録 ………… 160
かわじ もとたか
　装丁家で探す本 …………………… 155
川瀬 一馬
　大英図書館所蔵和漢書総目録 ……… 72
韓 登
　韓国国立中央博物館の至宝 ………… 91
関西ブックマップ編集委員会
　関西ブックマップ …………… 13, 157
カンブラス，ジュゼップ
　西洋製本図鑑 ……………………… 155

【き】

菊池 文誠
　近代科学の源流を探る ……………… 86
木佐 景子
　本がいっぱい ……………………… 124
岸田 和明
　計量書誌学辞典 ……………………… 4
紀田 順一郎
　二十世紀を騒がせた本 …………… 102
　二十世紀を騒がせた本 増補 …… 102
　ニッポン文庫大全 ………… 116, 176
北村 孝司
　DTP最新用語事典 ………………… 152
北村 行夫
　クリエーター・編集者のための引用ハンドブック ………………………… 147
木原 直彦
　文学館きたみなみ ………………… 98
　文学館・きたみなみ 増補改訂版 … 98
木原 武一
　大人のための世界の名著必読書50 … 110
金 安淑
　韓国国立中央博物館の至宝 ………… 91
木村 千穂
　親子で楽しめる絵本で英語をはじめる本 ……………………………… 127
京都科学読み物研究会
　子どもと楽しむ自然と本〔新装版〕… 119

京都家庭文庫地域文庫連絡会
　きみには関係ないことか ………… 118
京都この本だいすきの会
　読み聞かせで育つ子どもたち …… 132
京都市内博物館施設連絡協議会
　京都ミュージアム探訪 ……………… 77
京都出版史編纂委員会
　京都出版史 ………………………… 160
京都大学文学部国語学国文学研究室
　京都大学蔵 大惣本稀書集成 別巻 … 67
清久 尚美
　辞書の図書館 ……………………… 22
近代書誌懇話会
　書評の書誌 昭和30年代（1955-1962）
　……………………………………… 101
　書評の書誌 2011 上巻 ………… 101
　書評の書誌 2011 下巻 ………… 101
　書評の書誌 2012 上巻 ………… 101
　書評の書誌 2012 下巻 ………… 101
　書評の書誌 2013 上巻 ………… 101
　書評の書誌 2013 下巻 ………… 102

【く】

草谷 桂子
　はじまりは図書館から ……………… 10
楠 茂宣
　心を育てる絵本のリスト ………… 128
久保 良道
　絵本で世界を旅しよう …………… 126
熊谷市立図書館
　三原図書館古書目録 熊谷市立熊谷図書館和漢書目録 尾道市立尾道図書館古和書漢籍目録 富山県立図書館所蔵志田文庫目録 ……………………… 54
熊倉 次郎
　DTPカラー画像入力・出力ハンドブック ……………………………… 154
熊本県企画開発部文化企画室
　熊本研究文献目録 人文編 1 ……… 53
　熊本研究文献目録 人文編 2 ……… 53
熊本大学法文学部
　北岡文庫蔵書解説目録—細川幽斎関係文学書 北海道国文学文献目録 山崎文庫目録 ………………………………… 71

倉島 節尚
　日本辞書辞典 ………………………… 27
グラフィック社
　世界の美しい本 ……………………… 155
クーラン，モリス
　パリ国立図書館所蔵漢籍解題目録 本
　　篇 …………………………………… 73
　パリ国立図書館所蔵漢籍解題目録 補遺
　　篇1 解説・一覧表 ………………… 73
　パリ国立図書館所蔵漢籍解題目録 補遺
　　篇2 索引 …………………………… 73
黒崎 恵津子
　点字技能ハンドブック 新版 ………… 17
黒沢 浩
　新・こどもの本と読書の事典 … 100, 124
桑原 聡
　わが子をひざにパパが読む絵本50選 ‥ 132
桑原 武夫
　日本の名著 改版 ……………………… 113

ケイギル，マージョリー
　大英博物館のAからZまで …………… 91
経済広報センター
　企業の博物館・科学館・美術館ガイド
　　ブック ……………………………… 76
経済産業省経済産業政策局調査統計部
　特定サービス産業実態調査報告書 新聞
　　業・出版業編 平成17年 ………… 144
経済産業省大臣官房調査統計グループ
　特定サービス産業実態調査報告書 平成
　　22年 新聞業、出版業編 ………… 144
華蔵寺（群馬県吉岡町）
　獅子園書庫典籍並古文書目録 ………… 71
現代子供と教育研究所
　こんなとき子どもにこの本を ……… 128
　こんなとき子どもにこの本を 最新増補
　　版 …………………………………… 128
建築思潮研究所
　図書館 3 ……………………………… 7

【け】

慶応義塾大学三田情報センター
　慶応義塾図書館和漢図書分類目録 第5巻
　　2 慶応義塾図書館所蔵江戸期地誌紀行
　　類目録稿―寺社略縁起類 ………… 68
慶応義塾図書館
　慶応義塾図書館和漢図書分類目録 第1巻
　　1 ……………………………………… 67
　慶応義塾図書館和漢図書分類目録 第1巻
　　2 ……………………………………… 67
　慶応義塾図書館和漢図書分類目録 第1巻
　　3 ……………………………………… 67
　慶応義塾図書館和漢図書分類目録 第2巻
　　1 ……………………………………… 67
　慶応義塾図書館和漢図書分類目録 第2巻
　　2 ……………………………………… 67
　慶応義塾図書館和漢図書分類目録 第2巻
　　3 ……………………………………… 67
　慶応義塾図書館和漢図書分類目録 第4巻
　　1 ……………………………………… 67
　慶応義塾図書館和漢図書分類目録 第4巻
　　2 ……………………………………… 67
　慶応義塾図書館和漢図書分類目録 第5巻
　　1 ……………………………………… 68
　慶応義塾図書館和漢図書分類目録 第5巻
　　2 慶応義塾図書館所蔵江戸期地誌紀行
　　類目録稿―寺社略縁起類 ………… 68

【こ】

小井川 百合子
　蔵書目録にみる仙台藩の出版文化 第1
　　巻 …………………………………… 134
　蔵書目録にみる仙台藩の出版文化 第2
　　巻 …………………………………… 134
　蔵書目録にみる仙台藩の出版文化 第3
　　巻 …………………………………… 134
　蔵書目録にみる仙台藩の出版文化 第4
　　巻 …………………………………… 134
小出 裕明
　DTPフォントハンドブック ………… 154
工作舎
　ブックマップ ………………………… 107
故内田嘉吉氏記念事業実行委員
　『内田嘉吉文庫』図書目録 1（第1編）復
　　刻版 ………………………………… 70
　『内田嘉吉文庫』図書目録 2（第2編 上）
　　復刻版 ……………………………… 70
　『内田嘉吉文庫』図書目録 3（第2編 下）
　　復刻版 ……………………………… 70
　『内田嘉吉文庫』図書目録 4（第3編）復
　　刻版 ………………………………… 70
　『内田嘉吉文庫』図書目録 5 復刻版 …… 70
神戸 万知
　ほんとうに読みたい本が見つかった! ‥ 124

ほんとうはこんな本が読みたかった！‥ 124
国学院大学
　佐佐木高行家旧蔵書目録 ‥‥‥‥‥‥ 68
国学院大学日本文化研究所
　梧陰文庫総目録 ‥‥‥‥‥‥‥‥‥‥ 57
　河野省三記念文庫目録 ‥‥‥‥‥‥‥ 57
国際日本文化研究センター
　日中文庫目録 ‥‥‥‥‥‥‥‥‥‥‥ 59
国文学研究資料館
　国文学研究資料館蔵 マイクロ資料目録
　　縮刷版 12（1988年） ‥‥‥‥‥‥‥ 57
　国文学研究資料館蔵 マイクロ資料目録
　　縮刷版 13（1989年） ‥‥‥‥‥‥‥ 57
　国文学研究資料館蔵 マイクロ資料目録
　　縮刷版 14（1990年） ‥‥‥‥‥‥‥ 57
　国文学研究資料館蔵 マイクロ資料目録
　　縮刷版 15（1991年） ‥‥‥‥‥‥‥ 57
　国文学研究資料館蔵 マイクロ資料目録
　　縮刷版 16（1992年） ‥‥‥‥‥‥‥ 57
　国文学研究資料館蔵 マイクロ資料目録
　　縮刷版 17（1993年） ‥‥‥‥‥‥‥ 57
　国文学研究資料館蔵 マイクロ資料目録
　　縮刷版 18 ‥‥‥‥‥‥‥‥‥‥‥‥ 57
　国文学研究資料館蔵 マイクロ資料目録
　　縮刷版 19 ‥‥‥‥‥‥‥‥‥‥‥‥ 58
　国文学研究資料館蔵 マイクロ資料目録
　　縮刷版 20 ‥‥‥‥‥‥‥‥‥‥‥‥ 58
　国文学研究資料館蔵 マイクロ資料目録
　　縮刷版 21 ‥‥‥‥‥‥‥‥‥‥‥‥ 58
　国文学研究資料館蔵 マイクロ資料目録
　　縮刷版 22 ‥‥‥‥‥‥‥‥‥‥‥‥ 58
　古典籍総合目録　第2巻 ‥‥‥‥‥‥ 58
　古典籍総合目録　第3巻 ‥‥‥‥‥‥ 58
国文学研究資料館史料館
　史料館収蔵史料総覧 ‥‥‥‥‥‥‥‥ 58
国立国会図書館
　JAPAN／MARCマニュアル 単行・逐次
　　刊行資料編 ‥‥‥‥‥‥‥‥‥‥‥ 10
　世界の中のニッポン ‥‥‥‥‥‥‥‥ 39
国立国会図書館支部上野図書館
　国立国会図書館所蔵 博士論文目録 平成
　　3年 − 4年 ‥‥‥‥‥‥‥‥‥‥‥ 41
　国立国会図書館所蔵 博士論文目録 平成
　　5年 − 6年 ‥‥‥‥‥‥‥‥‥‥‥ 41
国立国会図書館収集部
　科学技術、学術一般 ‥‥‥‥‥‥‥‥ 51
　国立国会図書館所蔵 外国逐次刊行物目
　　録 追録 1993年1月〜1994年6月 ‥‥ 51
　国立国会図書館所蔵 外国逐次刊行物目
　　録 追録 1997年1月〜6月 ‥‥‥‥‥ 51

国立国会図書館所蔵国内逐次刊行物目録
　平成元年末現在 ‥‥‥‥‥‥‥‥‥‥ 39
国立国会図書館所蔵国内逐次刊行物目録
　追録 平成2年1月〜6月 ‥‥‥‥‥‥ 39
国立国会図書館所蔵国内逐次刊行物目録
　追録 平成2年1月〜12月 ‥‥‥‥‥‥ 39
国立国会図書館所蔵国内逐次刊行物目録
　追録 平成2年1月〜平成3年6月 ‥‥ 39
国立国会図書館所蔵国内逐次刊行物目録
　平成3年末現在 ‥‥‥‥‥‥‥‥‥‥ 39
国立国会図書館所蔵国内逐次刊行物目録
　追録 平成4年1月〜6月 ‥‥‥‥‥‥ 39
国立国会図書館所蔵国内逐次刊行物目録
　追録 平成4年1月〜12月 ‥‥‥‥‥‥ 39
国立国会図書館所蔵国内逐次刊行物目録
　追録 平成4年1月〜平成5年6月 ‥‥ 39
国立国会図書館所蔵国内逐次刊行物目録
　平成5年末現在 ‥‥‥‥‥‥‥‥‥‥ 39
国立国会図書館所蔵国内逐次刊行物目録
　追録 平成6年1月〜6月 ‥‥‥‥‥ 39, 40
国立国会図書館所蔵国内逐次刊行物目録
　追録 平成6年1月〜12月 ‥‥‥‥‥‥ 40
国立国会図書館所蔵国内逐次刊行物目録
　追録 平成6年1月〜平成7年6月 ‥‥ 40
国立国会図書館所蔵国内逐次刊行物目録
　平成7年末現在 ‥‥‥‥‥‥‥‥‥‥ 40
国立国会図書館所蔵国内逐次刊行物目録
　追録 平成8年1月〜6月 ‥‥‥‥‥‥ 40
国立国会図書館所蔵国内逐次刊行物目録
　追録 平成8年1月〜12月 ‥‥‥‥‥‥ 40
国立国会図書館所蔵 国内逐次刊行物目録
　追録 平成8年1月〜平成9年12月 ‥‥ 40
国立国会図書館所蔵国内逐次刊行物目録
　平成9年末現在 ‥‥‥‥‥‥‥‥‥‥ 40
国立国会図書館所蔵国内逐次刊行物目録
　追録 平成10年1月〜6月 ‥‥‥‥‥‥ 40
国立国会図書館所蔵国内逐次刊行物目録
　追録 平成10年1月〜12月 ‥‥‥‥‥‥ 40
国立国会図書館所蔵国内逐次刊行物目録
　追録 平成10年1月〜平成11年6月 ‥‥ 40
国立国会図書館所蔵児童図書目録 1987
　〜1991 ‥‥‥‥‥‥‥‥‥‥‥‥‥‥ 40
国立国会図書館所蔵児童図書目録 1992
　〜1996 ‥‥‥‥‥‥‥‥‥‥‥‥‥‥ 41
国立国会図書館所蔵洋図書目録 平成3
　年 ‥‥‥‥‥‥‥‥‥‥‥‥‥‥‥‥ 51
国立国会図書館所蔵洋図書目録 平成10
　年（1998） ‥‥‥‥‥‥‥‥‥‥‥‥ 51
国立国会図書館所蔵 洋図書目録・昭和
　61年9月〜平成2年12月 書名索引 ‥‥ 51
国立国会図書館所蔵 洋図書目録・昭和61
　年9月〜平成2年12月 著者名索引 ‥‥ 51

国立国会図書館書誌部
 件名標目の現状と将来 ネットワーク環境における主題アクセス ……… 9
国立国会図書館専門資料部
 海外科学技術資料受入目録 1992 ……… 50
 海外科学技術資料受入目録 1993 ……… 51
 国立国会図書館所蔵アジア言語逐次刊行物目録 平成7年3月末現在 ………… 50
 国立国会図書館所蔵全集月報・付録類目録 ………………………………… 41
 国立国会図書館所蔵 中国語・朝鮮語雑誌新聞目録 昭和63年末現在 ……… 50
 国立国会図書館所蔵 中国語・朝鮮語雑誌新聞目録 平成3年末現在 ……… 50
 国立国会図書館所蔵 中国語・朝鮮語図書速報 第90・91号 ……………… 50
 国立国会図書館所蔵 中国語・朝鮮語増加図書目録 第99号 ……………… 50
 国立国会図書館所蔵 中国語・朝鮮語増加図書目録 第100号 ……………… 50
国立国会図書館専門資料部アジア資料課
 アジア資料通報 第37巻第6号 ………… 48
 アジア資料通報 第37巻第6号特集号 ……… 48
 アジア資料通報 第38巻第1号 ………… 48
 アジア資料通報 第38巻第4号 ………… 48
 アジア資料通報 第39巻第1号 ………… 49
 アジア資料通報 第39巻第3号 ………… 49
 アジア資料通報 第39巻第4号 ………… 49
 アジア資料通報 第39巻第5号 ………… 49
 アジア資料通報 第39巻第6号 ………… 49
 アジア資料通報 第40巻第1号 ………… 49
国立国会図書館総務部
 国立国会図書館会計事務（契約・物品管理）関係法規集 …………………… 16
 国立国会図書館年報 平成2年度 ……… 16
 国立国会図書館年報 平成11年度 ……… 16
 国立国会図書館年報 平成12年度 ……… 16
 国立国会図書館年報 平成13年度 ……… 16
 国立国会図書館年報 平成14年度 ……… 17
国立国会図書館逐次刊行物部
 国立国会図書館所蔵国内逐次刊行物総目次・総索引一覧 ………………… 39
 全国複製新聞所蔵一覧 平成5年7月1日現在 ……………………………… 48
国立国会図書館図書館協力部
 国立国会図書館所蔵図書館関係洋図書目録 ………………………………… 51
国立国会図書館図書館協力部視覚障害者図書館協力室
 国立国会図書館製作録音図書目録 1986-1990〔大活字版〕……………… 39
 点字図書・録音図書全国総合目録 No.21 1991 (1) ………………………… 37
 点字図書・録音図書全国総合目録 No.23 1992 (1) ………………………… 37
 点字図書・録音図書全国総合目録 No.24 1992 (2) ………………………… 37
 点字図書・録音図書全国総合目録 No.25 1993-1 …………………………… 38
 点字図書・録音図書全国総合目録 No.26 1993-2 …………………………… 38
 点字図書・録音図書全国総合目録 No.32 1996-2 …………………………… 38
 点字図書・録音図書全国総合目録 No.33 1997-1 …………………………… 38
 点字図書・録音図書全国総合目録 No.34 1997-2 …………………………… 38
 点字図書・録音図書全国総合目録 索引 1986〜1990 (No.11〜No.20) …… 39
国立国会図書館図書部
 国立国会図書館漢籍目録索引 ……… 49, 50
 国立国会図書館蔵書目録 明治期 第1編 …………………………………… 47
 国立国会図書館蔵書目録 明治期 第2編 …………………………………… 47
 国立国会図書館蔵書目録 明治期 第3編 …………………………………… 47
 国立国会図書館蔵書目録 明治期 第4編 …………………………………… 47
 国立国会図書館蔵書目録 明治期 第5編 …………………………………… 47
 国立国会図書館蔵書目録 明治期 第6編 …………………………………… 47
 国立国会図書館蔵書目録 明治期 書名索引 …………………………………… 47
 国立国会図書館蔵書目録 明治期 著者名索引 …………………………………… 48
 国立国会図書館蔵書目録 大正期 第1編 …………………………………… 45
 国立国会図書館蔵書目録 大正期 第2編 …………………………………… 45
 国立国会図書館蔵書目録 大正期 第3編 …………………………………… 45
 国立国会図書館蔵書目録 大正期 第4編 …………………………………… 45
 国立国会図書館蔵書目録 大正期 総索引 …………………………………… 45
 国立国会図書館蔵書目録 昭和元年〜24年3月 第1編 ……………………… 41
 国立国会図書館蔵書目録 昭和元年〜24年3月 第2編 ……………………… 41
 国立国会図書館蔵書目録 昭和元年〜24

年3月 第3編 ………………………… 41
国立国会図書館蔵書目録 昭和元年～24
年3月 第4編 ………………………… 41
国立国会図書館蔵書目録 昭和元年～24
年3月 第5編 ………………………… 42
国立国会図書館蔵書目録 昭和元年～24
年3月 書名索引 ……………………… 42
国立国会図書館蔵書目録 昭和元年～24
年3月 著者名索引 …………………… 42
国立国会図書館蔵書目録 昭和23年～43
年 第1編 ……………………………… 42
国立国会図書館蔵書目録 昭和23年～43
年 第2編 ……………………………… 42
国立国会図書館蔵書目録 昭和23年～43
年 第3編 ……………………………… 42
国立国会図書館蔵書目録 昭和23年～43
年 第4編 ……………………………… 42
国立国会図書館蔵書目録 昭和23年～43
年 第5編 ……………………………… 42
国立国会図書館蔵書目録 昭和23年～43
年 第6編 ……………………………… 43
国立国会図書館蔵書目録 昭和23年～43
年 第7編 ……………………………… 43
国立国会図書館蔵書目録 昭和23年～43
年 第8編 1 …………………………… 43
国立国会図書館蔵書目録 昭和23年～43
年 第8編 2 …………………………… 43
国立国会図書館蔵書目録 昭和23年～43
年 第8編 3 …………………………… 43
国立国会図書館蔵書目録 昭和23年～43
年 書名索引 0-9・ア～シン ………… 43
国立国会図書館蔵書目録 昭和23年～43
年 書名索引 シン～ワ・A-Z ………… 43
国立国会図書館蔵書目録 昭和23年～43
年 著者名索引 ア～ソエ ……………… 43
国立国会図書館蔵書目録 昭和23年～43
年 著者名索引 ソエ～ワ ……………… 43
国立国会図書館蔵書目録 昭和44～51年
書名索引 ……………………………… 43
国立国会図書館蔵書目録 昭和61年～平
成2年 第1編 ………………………… 43
国立国会図書館蔵書目録 昭和61年～平
成2年 第2編 1 ……………………… 43
国立国会図書館蔵書目録 昭和61年～平
成2年 第2編 2 ……………………… 43
国立国会図書館蔵書目録 昭和61年～平
成2年 第3編 社会・労働・教育 …… 43
国立国会図書館蔵書目録 昭和61年～平
成2年 第4編 歴史・地理 …………… 44
国立国会図書館蔵書目録 昭和61年～平
成2年 第5編 ………………………… 44
国立国会図書館蔵書目録 昭和61年～平

成2年 第6編 ………………………… 44
国立国会図書館蔵書目録 昭和61年～平
成2年 第7編 1 ……………………… 44
国立国会図書館蔵書目録 昭和61年～平
成2年 第7編 2 ……………………… 44
国立国会図書館蔵書目録 昭和61年～平
成2年 第7編 3 ……………………… 44
国立国会図書館蔵書目録 昭和61年～平
成2年 第8編 1 ……………………… 44
国立国会図書館蔵書目録 昭和61年～平
成2年 第8編 2 ……………………… 44
国立国会図書館蔵書目録 昭和61年～平
成2年 第8編 3 ……………………… 44
国立国会図書館蔵書目録 昭和61年～平
成2年 第9編 ………………………… 44
国立国会図書館蔵書目録 昭和61年～平
成2年 書名索引 ア～シ ……………… 44
国立国会図書館蔵書目録 昭和61年～平
成2年 書名索引 ス～ン ……………… 44
国立国会図書館蔵書目録 昭和61年～平
成2年 著者名索引 ア～セリ ………… 44
国立国会図書館蔵書目録 昭和61年～平
成2年 著者名索引 セリ～ワ ………… 44
国立国会図書館蔵書目録 平成3年～平成
7年 第2編 1 ………………………… 45
国立国会図書館蔵書目録 平成3年～平成
7年 第2編 2 ………………………… 45
国立国会図書館蔵書目録 平成3年～平成
7年 第4編 1 ………………………… 46
国立国会図書館蔵書目録 平成3年～平成
7年 第4編 2 ………………………… 46
国立国会図書館蔵書目録 平成3年～平成
7年 第6編 1 ………………………… 46
国立国会図書館蔵書目録 平成3年～平成
7年 第6編 2 ………………………… 46
国立国会図書館蔵書目録 平成3年～平成
7年 第7編 1 ………………………… 46
国立国会図書館蔵書目録 平成3年～平成
7年 第7編 2 ………………………… 46
国立国会図書館蔵書目録 平成3年～平成
7年 第7編 3 ………………………… 46
国立国会図書館蔵書目録 平成3年～平成
7年 第8編 1 ………………………… 46
国立国会図書館蔵書目録 平成3年～平成
7年 第8編 2 ………………………… 46
国立国会図書館蔵書目録 平成3年～平成
7年 第8編 3 ………………………… 46
国立国会図書館蔵書目録 平成3年～平成
7年 第9編 …………………………… 47
国立国会図書館蔵書目録 平成3年～平成
7年 書名索引 ア～コ ………………… 47
国立国会図書館蔵書目録 平成3年～平成

7年 書名索引 サ～ト ……………… 47
　国立国会図書館蔵書目録 平成3年～平成
　　7年 書名索引 ナ～Z ……………… 47
　国立国会図書館蔵書目録 平成3年～平成
　　7年 著者名索引 ア～コ ……………… 47
　国立国会図書館蔵書目録 平成3年～平成
　　7年 著者名索引 サ～ニ ……………… 47
　国立国会図書館蔵書目録 平成3年～平成
　　7年 著者名索引 ヌ～Z ……………… 47
　国立国会図書館蔵書目録 洋書編 昭和23
　　年～昭和61年8月 第1巻 ………… 51
　国立国会図書館蔵書目録 洋書編 昭和23
　　年～昭和61年8月 第2巻 ………… 52
　国立国会図書館蔵書目録 洋書編 昭和23
　　年～昭和61年8月 第3巻 ………… 52
　国立国会図書館蔵書目録 洋書編 昭和23
　　年～昭和61年8月 第4巻 ………… 52
　国立国会図書館蔵書目録 洋書編 昭和23
　　年～昭和61年8月 第5巻 ………… 52
　国立国会図書館蔵書目録 洋書編 昭和23
　　年～昭和61年8月 第6巻 ………… 52
　国立国会図書館蔵書目録 洋書編 昭和23
　　年～昭和61年8月 第7巻 ………… 52
　国立国会図書館蔵書目録 洋書編 昭和23
　　年～昭和61年8月 第8巻 ………… 52
　国立国会図書館蔵書目録 洋書編 昭和23
　　年～昭和61年8月 第9巻 ………… 52
　国立国会図書館蔵書目録 洋書編 昭和23
　　年～昭和61年8月 著者名索引 ……… 52
　新収洋書総合目録 1984～1987 Part11
　　…………………………………………… 36
　新収洋書総合目録 1984～1987 Part12
　　…………………………………………… 37
　新収洋書総合目録 1984～1987 Part13
　　…………………………………………… 37
　新収洋書総合目録 1984～1987 Part14
　　Supplement ………………………… 37
国立情報学研究所
　学術雑誌総合目録 2000年版 ………… 35
国立西洋美術館
　展覧会カタログ総覧 1 ………………… 74
　展覧会カタログ総覧 2 ………………… 74
コスモピア編集部
　読み聞かせのための音のある英語絵本ガ
　　イド ………………………………… 132
児玉 史子
　カリフォルニア大学バークレー校所蔵三
　　井文庫旧蔵江戸版本書目 …………… 72
こどもと本-おかやま-「あかちゃんの絵本
　箱」編集委員会
　あかちゃんの絵本箱 ………………… 125

子どもの本書評研究同人
　こどもの本 1 ………………………… 120
　こどもの本 2 ………………………… 120
　こどもの本 3 ………………………… 120
　こどもの本 4 ………………………… 120
　こどもの本 5 ………………………… 120
　こどもの本 6 ………………………… 120
小林 敏
　人名用漢字・表外漢字字体一覧 2 …… 153
小林 昌樹
　雑誌新聞発行部数事典 ………………… 138
小林 悠紀子
　国際児童文庫協会の小林悠紀子が子ども
　　達に薦める630冊の本 ……………… 119
古原 敏弘
　ロシア民族学博物館所蔵アイヌ資料目
　　録 ……………………………………… 94
駒沢大学図書館
　有隣舎和装本目録 暁霞文庫目録 沼沢文
　　庫目録 新発田市立図書館郷土資料蔵書
　　目録 第1集 藤森桂谷文庫分類目録 … 37
小松崎 進
　この本だいすき! …………………… 121
ゴルバチョーヴァ, ヴァレンチーナ・V.
　ロシア民族学博物館所蔵アイヌ資料目
　　録 ……………………………………… 94
今 まど子
　図書館学基礎資料 第4版 ……………… 6
　図書館学基礎資料 第8版 ……………… 6
　図書館学基礎資料 第9版 ……………… 6
　図書館学基礎資料 第10版 …………… 6
　図書館学基礎資料 第11版 …………… 6
近藤 健児
　絶版文庫四重奏 ……………………… 102

【さ】

埼玉県博物館連絡協議会
　あなたの街の博物館 …………………… 75
埼玉県立浦和図書館
　有隣舎和装本目録 暁霞文庫目録 沼沢文
　　庫目録 新発田市立図書館郷土資料蔵書
　　目録 第1集 藤森桂谷文庫分類目録 … 37
斎藤 次郎
　ヨムヨム王国 ………………………… 100

斎藤　貴男
　　ビジネスマン、必読。 ･････････････ 107
榊原　浩
　　文学館探索 ････････････････････ 98
相模女子大学附属図書館
　　小田切文庫目録 ･･････････････････ 66
坂本　竜三
　　年表・北海道の図書館 1837～1991 ････ 11
桜井　秀勲
　　図解出版業界ハンドブック ･･････････ 139
笹川　俊雄
　　世界の軍事・戦車博物館 ･･･････････ 86
佐々木　敏雄
　　中国図書館情報学用語辞典 ･････ 5, 136
佐々木　宏子
　　すてきな絵本タイム ････････････････ 129
佐藤　研一
　　日本出版関係書目 ････････････････ 134
佐藤　苑生
　　日本児童図書研究文献目次総覧 1945-
　　1999 ･･･････････････････････････ 100
佐藤　宗子
　　新・こどもの本と読書の事典 ････ 100, 124
さとうち　藍
　　情報図鑑 ････････････････････････ 79
佐野　捨一
　　世界図書館年表 ･･･････････････････ 11
佐野　真
　　日本出版関係書目 ････････････････ 134
さわだ　さちこ
　　赤ちゃんからの絵本ガイド ････････ 125
　　こども絵本ガイド ･･･････････････ 128
　　猫を愛する人のための猫絵本ガイド ･･ 130
沢田　善彦
　　DTPエキスパート用語1200 第2版 ････ 152
　　DTPエキスパート用語800 ････････････ 152
　　DTPエキスパート用語辞典 改訂 ･････ 152
サンライズ出版
　　自費出版年鑑 2002 ･･････････････ 145
　　自費出版年鑑 2003 ･･････････････ 145
　　自費出版年鑑 2010 ･･････････････ 145
　　自費出版年鑑 2011 ･･････････････ 146
　　自費出版年鑑 2012 ･･････････････ 146
　　自費出版年鑑 2013 ･･････････････ 146

【し】

椎　広行
　　生涯学習「自己点検・評価」ハンドブック ････････････････････････････････ 88
椎名　仙卓
　　博物館ハンドブック ････････････････ 88
塩沢　敬
　　出版社就職実戦ハンドブック ･･････ 138
塩沢　実信
　　出版社大全 ･･････････････････････ 138
静岡県図書館協会
　　静岡県郷土資料総合目録 新版 ･･････ 36
静岡県博物館協会
　　しずおかけんの博物館 ･･････････････ 78
静岡県立葵文庫
　　静岡県立葵文庫和漢図書目録 1 ････ 53
　　静岡県立葵文庫和漢図書目録 2 ････ 53
　　静岡県立葵文庫和漢図書目録 久能文庫
　　之部・郷土志料之部 静岡県立中央図
　　書館久能文庫目録 ･･････････････････ 53
　　静岡県立葵文庫和漢図書目録 追加之部
　　第1 ････････････････････････････ 53
　　静岡県立葵文庫和漢図書目録 追加之部
　　第2 ････････････････････････････ 53
　　静岡県立葵文庫和漢図書目録 追加之部
　　第3 江戸幕府旧蔵図書目録—葵文庫目
　　録 ･･････････････････････････････ 53
静岡県立中央図書館
　　静岡県立葵文庫和漢図書目録 久能文庫
　　之部・郷土志料之部 静岡県立中央図
　　書館久能文庫目録 ･･････････････････ 53
　　静岡県立葵文庫和漢図書目録 追加之部
　　第3 江戸幕府旧蔵図書目録—葵文庫目
　　録 ･･････････････････････････････ 53
児童図書館研究会
　　年報こどもの図書館1997-2001 2002年
　　版 ･･････････････････････････････ 18
　　みたい・しりたい・ためしたい ･･････ 33
児童図書総合目録編集委員会
　　児童図書総合目録 1990 中学校用 ････ 180
　　児童図書総合目録 1991 小学校用 ････ 180
　　児童図書総合目録 1991 中学校用 ････ 180
　　児童図書総合目録 1993 ･･････････ 180
　　児童図書総目録 2006年度 小学校用 ･･ 181
　　児童図書総目録 2006年度 中学校用 ･･ 181

児童図書総目録 2007年度（第55号）小学校用 ……………………………… 181
篠原 栄太
　本の変奏曲 …………………… 156
柴田 光彦
　反町茂雄収集古書販売目録精選集　第1巻（大正2年―11年4月）…………… 159
　反町茂雄収集古書販売目録精選集　第2巻（大正11年10月―昭和2年）……… 159
　反町茂雄収集古書販売目録精選集　第3巻（昭和3年1月―4年11月）………… 159
　反町茂雄収集古書販売目録精選集　第4巻（昭和4年12月―7年9月）………… 159
　反町茂雄収集古書販売目録精選集　第5巻（昭和7年11月―10年8月）………… 159
　反町茂雄収集古書販売目録精選集　第6巻（昭和10年9月―12年2月）………… 159
　反町茂雄収集古書販売目録精選集　第7巻（昭和12年5月―13年5月）………… 159
　反町茂雄収集古書販売目録精選集　第8巻（昭和13年6月―14年4月）………… 159
　反町茂雄収集古書販売目録精選集　第9巻（昭和14年4月19日―15年4月15日）…………………………… 159
　反町茂雄収集古書販売目録精選集　第10巻（昭和15年4月―18年 附・年代不明）…………………………… 159
新発田市立図書館
　有隣舎和装本目録 晩霞文庫目録 沼沢文庫目録 新発田市立図書館郷土資料蔵書目録 第1集 藤森桂谷文庫分類目録 … 37
自費出版ネットワーク
　自費出版年鑑 2002 ……………… 145
　自費出版年鑑 2003 ……………… 145
しまねミュージアム協議会
　島根ミュージアムめぐり ………… 78
清水 慶一
　建築「見どころ」博物館ガイドブック … 77
清水 健一
　大人のための博物館ガイド ……… 76
清水 鉄郎
　読み聞かせで育つ子どもたち …… 132
清水 正明
　三重県の図書館 …………………… 12
清水 幸雄
　著作権実務百科 …………………… 148
志村 欣一
　ハンディ教育六法 '91年版 ……… 18

下村 昇
　こんなとき子どもにこの本を ……… 128
　こんなとき子どもにこの本を 最新増補版 ………………………………… 128
　こんなとき子どもにこの本を 第3版 … 128
　はじめての子育てにこの本を …… 130
社会教育・生涯学習辞典編集委員会
　社会教育・生涯学習辞典 ………… 5, 74
ジャムハウス
　電子書籍の作り方ハンドブック …… 146
住民図書館
　ミニコミ総目録 …………………… 171
出版教育研究所
　World Publishing Industries Handbook ………………………………… 139
出版ニュース社
　出版データブック 改訂版 ………… 144
　出版データブック 1945→96 …… 144
　出版年鑑 平成20年版 1 ………… 142
　出版年鑑 平成20年版 2 ………… 142
　出版年鑑 平成21年版 1 ………… 142
　出版年鑑 平成21年版 2 ………… 142
　出版年鑑 平成22年版 1 ………… 142
　出版年鑑 平成22年版 2 ………… 143
　出版年鑑 平成23年版 1 ………… 143
　出版年鑑 平成23年版 2 ………… 143
　出版年鑑 平成24年版 1 ………… 143
　出版年鑑 平成24年版 2 ………… 143
　出版年鑑 平成25年版 1 ………… 143
　出版年鑑 平成25年版 2 ………… 143
　新版 出版データブック '45-'91 … 135
出版年鑑編集部
　辞典・事典総合目録 1992 ……… 22
　辞典・事典総合目録 1996 ……… 22
　出版年鑑 1990 …………………… 139
　出版年鑑 1991 …………………… 140
　出版年鑑 1993 …………………… 140
　出版年鑑 1994 …………………… 140
　出版年鑑 1999 …………………… 141
　出版年鑑 2000 …………………… 141
　出版年鑑 2001 …………………… 141
　出版年鑑＋日本書籍総目録 2002 … 141
　出版年鑑＋日本書籍総目録 2003 … 141
　出版年鑑＋日本書籍総目録 2004 … 141
　出版年鑑 2005 …………………… 141
　出版年鑑 2006 …………………… 142
　出版年鑑 2007 …………………… 142
　出版年鑑 第1巻 ………………… 140
　出版年鑑 第2巻 ………………… 140

全集総合目録 1990 172
全集総合目録 1993 172
全集総合目録 2001 172
日本の出版社 '92 137
日本の出版社 1994 137
日本の出版社 1998 137
日本の出版社 2002 137
日本の出版社 2004 137
日本の出版社 2006 137
日本の出版社 2010-2011 137
日本の出版社 2012-2013 138
日本の出版社 2014-2015 138

出版文化産業振興財団
　新しい絵本1000 2001-2009年版 125

主婦の友社
　赤ちゃんからの絵本ガイド 125
　こども絵本ガイド 128

順天堂大学図書館
　山崎文庫目録 69

鍾 煒
　中国博物館めぐり 上，下巻 87

庄司 邦昭
　ヨーロッパ 船の博物館ガイド 87

小説トリッパー
　活字マニアのための500冊 103

「小児科医と絵本」の会
　小児科医が見つけたえほんエホン絵
　本 129

書誌研究懇話会
　全国図書館案内 上 改訂新版 12
　全国図書館案内 下 改訂新版 12
　全国図書館案内 補遺 14, 20, 81

書店新風会
　ロングセラー目録 平成2年版 114
　ロングセラー目録 平成3年版 114
　ロングセラー目録 平成4年版 114
　ロングセラー目録 平成5年版 114
　ロングセラー目録 平成6年版 114
　ロングセラー目録 平成7年版 114
　ロングセラー目録 平成8年版 114
　ロングセラー目録 平成9年版 114
　ロングセラー目録 平成10年版 115
　ロングセラー目録 平成11年版 115
　ロングセラー目録 平成12年版 115
　ロングセラー目録 平成13年版 115
　ロングセラー目録 平成14年版 115
　ロングセラー目録 平成15年版 115
　ロングセラー目録 平成16年版 新訂増補
　第28版 115
　ロングセラー目録 平成17年版 115
　ロングセラー目録 平成18年版 115
　ロングセラー目録 平成19年版 新訂増補
　第31版 115
　ロングセラー目録 平成20年版 115
　ロングセラー目録 平成21年版 115
　ロングセラー目録 2010年版 115
　ロングセラー目録 2011年版 116

書評年報刊行会
　書評年報 1991年 101

私立大学図書館協会東地区部会研究部企画広報
研究分科会
　図書館広報実践ハンドブック 8

私立短期大学図書館協議会
　私立短期大学図書館総覧 1996 12

神宮 輝夫
　だから読まずにいられない 106
　ほんとうはこんな本が読みたかった! .. 124

神宮司庁
　神宮文庫所蔵 和書総目録 71

信山社
　信山社総合図書目録 2002-1 185

新人物往来社
　大英博物館 91
　日本全国いちおしユニーク美術館・文学
　館 97
　日本全国おすすめユニーク美術館・文学
　館 97
　日本全国おもしろユニーク博物館・記念
　館 84
　日本全国ユニーク個人文学館・記念館 .. 84, 97
　日本全国ユニーク博物館・記念館 84

新世代出版研究所
　DTP用語事典 '98-'99 152
　DTP用語事典 '01-'02 152

新潮社
　新潮文庫全作品目録 1914～2000 185

新日本速読研究会
　ビジネスマンのためのマルチ頭脳活性化
　ハンドブック 99

人民中国雑誌社
　中国博物館めぐり 上，下巻 87

新村出記念財団
　重山文庫目録 2 71

【す】

杉林 信義
　対照式 著作権法令集 ……………… 149
杉本 尚次
　アメリカの伝統文化 ……………… 86
杉山 きく子
　日本児童図書研究文献目次総覧 1945-
　　1999 ………………………………… 100
杉山 真紀子
　博物館の害虫防除ハンドブック ……… 89
鈴木 喜代春
　子どもにおくるいっさつの本 ……… 119
鈴木 貞美
鈴木 淳
　カリフォルニア大学ロサンゼルス校所蔵
　　日本古典籍目録 ………………… 72
　ハーバード燕京図書館の日本古典籍 … 73
鈴木 徹造
　出版人物事典 ……………………… 136
鈴木 俊幸
　近世書籍研究文献目録 ……………… 134
　近世書籍研究文献目録 増補改訂版 … 134
鈴木 宏枝
　ほんとうに読みたい本が見つかった! … 124
　ほんとうはこんな本が読みたかった! … 124
鈴木 穂波
　学校図書館発絵本ガイドブック ……… 127
須田 悦生
　東京教育大学国語学研究室蔵書目録 今
　　治市河野美術館図書分類目録 ソウル
　　大学校図書館蔵日本古典籍目録 台湾
　　大学研究図書館蔵日本古典籍目録 …… 37
スタジオポストエイジ
　Mac DTP HandBook 改訂版 ……… 155
砂田 弘
　新・こどもの本と読書の事典 …… 100, 124
角田 政芳
　知的財産権小六法 '95 ……………… 149
住吉大社
　住吉大社御文庫目録 ………………… 71

【せ】

精神世界専門書店ブッククラブ回
　最新版 新しい自分を探す本 ……… 105
政府資料等普及調査会資料センター
　官庁資料要覧 2004 ………………… 171
誠文堂新光社
　漫画・アニメ・ライトノベルのデザイ
　　ン ………………………………… 156
政令指定都市公立図書館調査プロジェクト
チーム
　統計でみる政令指定都市公立図書館の現
　　状 …………………………………… 17
関 秀夫
　全国ミュージアムガイド …………… 82
瀬戸 洋一
　絶版文庫四重奏 …………………… 102
瀬戸内海関係資料連絡会議
　瀬戸内海に関する図書総合目録 …… 53
　瀬戸内海に関する図書総合目録 海運の
　　部 …………………………………… 53
全国学校図書館協議会
　データに見る今日の学校図書館 3 …… 18
全国学校図書館協議会絵本委員会
　よい絵本 第14回 ………………… 131
　よい絵本 第15回 ………………… 131
　よい絵本 第16回 ………………… 131
　よい絵本 第17回 ………………… 131
　よい絵本 第19回 ………………… 131
　よい絵本 第20回 ………………… 131
　よい絵本 第21回 ………………… 131
　よい絵本 第22回 ………………… 131
　よい絵本 第23回 ………………… 131
　よい絵本 第24回 ………………… 131
　よい絵本 第25回 ………………… 131
全国学校図書館協議会『学校図書館50年史年
表』編集委員会
　学校図書館50年史年表 ……………… 17
全国学校図書館協議会基本図書目録編集委員会
　学校図書館基本図書目録 1993年版 …… 28
　学校図書館基本図書目録 1995年版 …… 28
　学校図書館基本図書目録 1999年版 …… 29
　学校図書館基本図書目録 2001年版 …… 29
　学校図書館基本図書目録 2002年版 …… 29

学校図書館基本図書目録 2004年版 ‥‥‥ 29
学校図書館基本図書目録 2006年版 ‥‥‥ 29
学校図書館基本図書目録 2007年版 ‥‥‥ 30
全国学校図書館協議会件名標目表委員会
　中学・高校件名標目表 第3版 ‥‥‥‥‥ 10
全国学校図書館協議会参考図書研究ガイド編集委員会
　参考図書研究ガイド 3訂版 ‥‥‥‥‥‥ 22
全国学校図書館協議会ブックリスト委員会
　性と生を考える ‥‥‥‥‥‥‥‥‥‥‥ 32
　地球環境を考える ‥‥‥‥‥‥‥‥‥‥ 32
　平和を考える絵本 ‥‥‥‥‥‥‥‥‥ 130
全国視覚障害者情報提供施設協会サービス委員会
　日本の点字図書館 16 ‥‥‥‥‥‥‥‥ 17
全国美術館会議
　全国美術館ガイド ‥‥‥‥‥‥‥‥ 81, 82
全国文学館協議会
　全国文学館ガイド ‥‥‥‥‥‥‥‥‥‥ 96
　全国文学館ガイド 増補改訂版 ‥‥‥‥ 97
　文学館出版物内容総覧 ‥‥‥‥‥‥‥‥ 96
全国歴史資料保存利用機関連絡協議会
　JSAIデータブック 1994 ‥‥‥‥‥‥‥ 20
　文書館学文献目録 ‥‥‥‥‥‥‥‥‥‥ 20
全国歴史資料保存利用機関連絡協議会関東部会
　文書館学文献目録 縮刷版 ‥‥‥‥‥‥ 20
全国歴史資料保存利用機関連絡協議会
　文書館用語集 ‥‥‥‥‥‥‥‥‥‥‥‥ 20
戦国歴史文化研究会
　戦国史料館＆博物館ベストガイド 西日本 ‥‥‥‥‥‥‥‥‥‥‥‥‥‥‥‥‥‥ 80
　戦国史料館＆博物館ベストガイド 東日本 ‥‥‥‥‥‥‥‥‥‥‥‥‥‥‥‥‥‥ 80
泉州ミュージアムネットワーク
　南海沿線「泉州ミュージアムネットワーク」‥‥‥‥‥‥‥‥‥‥‥‥‥‥‥‥ 84
全日本博物館学会
　博物館学事典 ‥‥‥‥‥‥‥‥‥‥‥‥ 87
専門図書館協議会
　専門情報機関総覧 1991年版 ‥‥‥‥‥ 18
　専門情報機関総覧 2006 ‥‥‥‥‥‥‥ 19
専門図書館協議会事業推進委員会
　専門情報機関総覧 2009 ‥‥‥‥‥‥‥ 19
専門図書館協議会出版調査統計委員会
　専門情報機関総覧 2003 ‥‥‥‥‥‥‥ 19
専門図書館協議会専門図書館白書委員会
　白書・日本の専門図書館 1992 ‥‥‥‥ 20

専門図書館協議会調査統計委員会
　専門情報機関総覧 1994 ‥‥‥‥‥‥‥ 19
　専門情報機関総覧 2000 ‥‥‥‥‥‥‥ 19
専門図書館協議会調査分析委員会
　専門情報機関総覧 2012 ‥‥‥‥‥‥‥ 19
占領史研究会
　GHQに没収された本 ‥‥‥‥‥‥‥‥ 145
　GHQに没収された本 増補改訂 ‥‥‥ 145
　図書目録 GHQの没収を免れた本 ‥‥ 145

【そ】

創元社編集部
　関西図書館あんない ‥‥‥‥‥‥‥‥‥ 13
　関西ミュージアムガイド ‥‥‥‥‥‥‥ 76
　最新 関西ミュージアムガイド ‥‥‥‥ 78
園田 とき
　こんなときこんな絵本 ‥‥‥‥‥‥‥ 128

【た】

大東文化大学図書館
　大東文化大学図書館所蔵増淵竜夫先生図書目録 ‥‥‥‥‥‥‥‥‥‥‥‥‥‥ 68
高野 彰
　明治初期東京大学図書館蔵書目録 第1巻 ‥‥‥‥‥‥‥‥‥‥‥‥‥‥‥‥‥ 69
　明治初期東京大学図書館蔵書目録 第2巻 ‥‥‥‥‥‥‥‥‥‥‥‥‥‥‥‥‥ 69
　明治初期東京大学図書館蔵書目録 第3巻 ‥‥‥‥‥‥‥‥‥‥‥‥‥‥‥‥‥ 69
　明治初期東京大学図書館蔵書目録 第4巻 ‥‥‥‥‥‥‥‥‥‥‥‥‥‥‥‥‥ 69
　明治初期東京大学図書館蔵書目録 第5巻 ‥‥‥‥‥‥‥‥‥‥‥‥‥‥‥‥‥ 69
　明治初期東京大学図書館蔵書目録 第6巻 ‥‥‥‥‥‥‥‥‥‥‥‥‥‥‥‥‥ 69
　明治初期東京大学図書館蔵書目録 第7巻 ‥‥‥‥‥‥‥‥‥‥‥‥‥‥‥‥‥ 69
　明治初期東京大学図書館蔵書目録 第8巻 ‥‥‥‥‥‥‥‥‥‥‥‥‥‥‥‥‥ 69
高橋 啓介
　中高生のブック・トリップ ‥‥‥‥‥ 122
高橋 隆博
　博物館学ハンドブック ‥‥‥‥‥‥‥‥ 88

高橋 実
　アーカイブ事典 ……………………… 21
高橋 裕次
　鴎外自筆帝室博物館蔵書解題 第1巻 … 94
　鴎外自筆帝室博物館蔵書解題 第2巻 … 94
　鴎外自筆帝室博物館蔵書解題 第3巻 … 94
　鴎外自筆帝室博物館蔵書解題 第4巻 … 94
　鴎外自筆帝室博物館蔵書解題 第5巻 … 94
　鴎外自筆帝室博物館蔵書解題 第6巻 … 94
　鴎外自筆帝室博物館蔵書解題 第7巻 … 94
　鴎外自筆帝室博物館蔵書解題 第8巻 … 94
　鴎外自筆帝室博物館蔵書解題 別巻 … 94
高橋 良広
　Mac DTP HandBook 改訂版 ……… 155
高橋 良平
　東京創元社文庫解説総目録〔1959.4-2010.3〕 …………………………… 186
　東京創元社文庫解説総目録〔1959.4-2010.3〕資料編 …………………… 186
高山 正也
　公文書ルネッサンス ………………… 21
宝島編集部
　世界の見方が変わるニュー・エイジの600冊 …………………………… 106
高鷲 忠美
　こうすれば子どもが育つ学校が変わる …………………………………… 18
田口 令子
　日本雑誌総目次要覧 84-93 ………… 179
竹内 順一
　茶の湯美術館 1（東京・関東） ……… 83
　茶の湯美術館 2（京都・関西） ……… 83
　茶の湯美術館 3（全国） ……………… 83
竹盛 天雄
　鴎外自筆帝室博物館蔵書解題 第1巻 … 94
　鴎外自筆帝室博物館蔵書解題 第2巻 … 94
　鴎外自筆帝室博物館蔵書解題 第3巻 … 94
　鴎外自筆帝室博物館蔵書解題 第4巻 … 94
　鴎外自筆帝室博物館蔵書解題 第5巻 … 94
　鴎外自筆帝室博物館蔵書解題 第6巻 … 94
　鴎外自筆帝室博物館蔵書解題 第7巻 … 94
　鴎外自筆帝室博物館蔵書解題 第8巻 … 94
　鴎外自筆帝室博物館蔵書解題 別巻 … 94
田中 尚人
　赤ちゃん絵本ノート ………………… 133
田中 均
　図書館を変える広報力 ………………… 8

田無市立図書館
　田無市立図書館所蔵郷土・行政資料目録 1990年4月1日現在 ……………… 53
棚橋 美代子
　お母さんが選んだ128冊の絵本 …… 127
　子どもと楽しむ はじめての文学 …… 119
谷 晃
　茶の湯美術館 1（東京・関東） ……… 83
　茶の湯美術館 2（京都・関西） ……… 83
　茶の湯美術館 3（全国） ……………… 83
谷合 侑
　点字技能ハンドブック 新版 ………… 17
谷口 雅男
　ニッポン文庫大全 ……………… 116, 176
種村 エイ子
　いのち ………………………………… 126
玉虫 幸雄
　DTPエキスパート用語1200 第2版 … 152
　DTPエキスパート用語800 ………… 152
　DTPエキスパート用語辞典 改訂 …… 152
田村 道美
　絶版文庫四重奏 ……………………… 102
淡交社編集局
　日本の文学館百五十選 ……………… 97

【ち】

ちひろ美術館
　ちひろ美術館が選んだ親子で楽しむえほん100冊 ……………………… 130
地方史研究協議会
　全国地域博物館図録総覧 …………… 90
　歴史資料保存機関総覧 西日本 増補改訂版 …………………………… 20, 74
　歴史資料保存機関総覧 東日本 増補改訂版 …………………………… 21, 75
地方小出版流通センター
　あなたはこの本を知っていますか No.7 ('89) …………………………… 163
　あなたはこの本を知っていますか No.8 ('90) …………………………… 163
　あなたはこの本を知っていますか No.9 ('91) …………………………… 163
　あなたはこの本を知っていますか No.16 ……………………………… 164
　あなたはこの本を知っていますか No.

18 ・・・・・・・・・・・・・・・・・・・・・・・・・・ 164
　あなたはこの本を知っていますか No.
　　20 ・・・・・・・・・・・・・・・・・・・・・・・・・・ 164
　あなたはこの本を知っていますか No.
　　27 ・・・・・・・・・・・・・・・・・・・・・・・・・・ 164
中公文庫編集部
　中公文庫解説総目録 1973〜2006 ・・・・・・ 185
「中国博物館総覧」編集委員会
　中国博物館総覧 ・・・・・・・・・・・・・・・・・・・・・・ 87
著作権情報センター
　著作権事典 新版 ・・・・・・・・・・・・・・・・・・・・ 147
　著作権者名簿 '97-'98 ・・・・・・・・・・・・・・・ 147
著作権判例研究会
　最新著作権関係判例集 6 ・・・・・・・・・・・・・ 148
　最新著作権関係判例集 7 ・・・・・・・・・・・・・ 149
　最新著作権関係判例集 8 ・・・・・・・・・・・・・ 149
　最新著作権関係判例集 9 ・・・・・・・・・・・・・ 149
著作権法令研究会
　実務者のための著作権ハンドブック 第
　　6版 ・・・・・・・・・・・・・・・・・・・・・・・・・・・・・・ 147
　実務者のための著作権ハンドブック 第
　　7版 ・・・・・・・・・・・・・・・・・・・・・・・・・・・・・・ 147
　実務者のための著作権ハンドブック 第
　　8版 ・・・・・・・・・・・・・・・・・・・・・・・・・・・・・・ 148
　著作権関係法令集 平成9年度版 ・・・・・・・ 150
　著作権関係法令集 平成10年度版 ・・・・・・ 150
　著作権関係法令集 平成11年版 ・・・・・・・・ 150
　著作権関係法令集 平成12年度版 ・・・・・・ 150
　著作権関係法令集 平成13年版 ・・・・・・・・ 150
　著作権関係法令集 平成14年版 ・・・・・・・・ 150
　著作権関係法令集 平成15年版 ・・・・・・・・ 150
　著作権関係法令集 平成17年版 ・・・・・・・・ 151
　著作権関係法令集 平成19年版 ・・・・・・・・ 151
　著作権関係法令集 平成22年版 ・・・・・・・・ 151
　著作権事典 新版 ・・・・・・・・・・・・・・・・・・・・ 147
　著作権法ハンドブック 改訂版 ・・・・・・・・ 148
　著作権法ハンドブック 改訂新版 ・・・・・・ 148
陳 月霞
　中国博物館総覧 ・・・・・・・・・・・・・・・・・・・・・・ 87

【つ】

土田 衛
　東京教育大学国語学研究室蔵書目録 今
　　治市河野美術館図書分類目録 ソウル
　　大学校図書館蔵日本古典籍目録 台湾
　　大学研究図書館蔵日本古典籍目録 ・・・・ 37

津村 真輝子
　大英博物館のAからZまで ・・・・・・・・・・・・ 91

【て】

ディオダート, ヴァージル
　計量書誌学辞典 ・・・・・・・・・・・・・・・・・・・・・・・・ 4
DTPエキスパート認証試験研究会
　DTPエキスパート認証試験合格ハンド
　　ブック 2003 ・・・・・・・・・・・・・・・・・・・・・・ 153
DBジャパン
　テーマ・ジャンルからさがす物語・お話
　　絵本 1 ・・・・・・・・・・・・・・・・・・・・・・・・・・・ 122
　テーマ・ジャンルからさがす物語・お話
　　絵本 2 ・・・・・・・・・・・・・・・・・・・・・・・・・・・ 123
出口 一雄
　読書論の系譜 ・・・・・・・・・・・・・・・・・・・・・・・・ 99
デザイン編集室
　編集ハンドブック 第6版 ・・・・・・・・・・・・ 139
帝塚山大学附属博物館
　帝塚山大学附属博物館蔵品図版目録 考
　　古 1 ・・・・・・・・・・・・・・・・・・・・・・・・・・・・・・ 91
デュナミス
　図解世界の名著がわかる本 ・・・・・・・・・・・ 110
寺沢 敬子
　ようこそ絵本の世界へ ・・・・・・・・・・・・・・・ 131
寺田 博
　時代を創った編集者101 ・・・・・・・・・・・・・ 146
天理大学附属天理図書館
　古義堂文庫目録 復刻版 ・・・・・・・・・・・・・・ 68

【と】

土井 輝生
　知的所有権法基本判例 改訂増補版 ・・・ 149
東京学芸大学附属小金井小学校
　あすの授業アイデア チョイ引き活用事
　　典 ・・・・・・・・・・・・・・・・・・・・・・・・・・・・・・・・・ 18
東京教育大学国語学研究室
　東京教育大学国語学研究室蔵書目録 今
　　治市河野美術館図書分類目録 ソウル
　　大学校図書館蔵日本古典籍目録 台湾
　　大学研究図書館蔵日本古典籍目録 ・・・・ 37

東京国立近代美術館
 展覧会カタログ総覧 1 74
 展覧会カタログ総覧 2 74
東京国立博物館
 印籠と根付 91
 中国の封泥 91
 展覧会カタログ総覧 1 74
 展覧会カタログ総覧 2 74
 東京国立博物館所蔵 板碑集成 91
 東京国立博物館図版目録 アイヌ民族資料篇 92
 東京国立博物館図版目録 インド・インドネシア染織篇 92
 東京国立博物館図版目録 近代彫刻篇 92
 東京国立博物館図版目録 縄文遺物篇 92
 東京国立博物館図版目録 縄文遺物篇骨角器 92
 東京国立博物館図版目録 書跡 92
 東京国立博物館図版目録 中国陶磁篇 2 91
 東京国立博物館図版目録 朝鮮陶磁篇 93
 東京国立博物館図版目録 武家服飾篇 93
 東京国立博物館図版目録 仏具編 92
 東京国立博物館図版目録 弥生遺物篇金属器 増補改訂版 93
 東京国立博物館図版目録 琉球資料篇 93
 東京国立博物館蔵書目録 和書 2 94
 幕末明治期写真資料目録 1 93
 幕末明治期写真資料目録 2 データ綜覧篇 93
 幕末明治期写真資料目録 2 図版篇 93
 幕末明治期写真資料目録 3 データ綜覧篇 93
 幕末明治期写真資料目録 3 図版篇 93
東京子ども図書館
 絵本の庭へ 127
 子どもと本をつなぐあなたへ 30
 子どもの本のリスト 121
 日本の児童図書賞 1987年－1991年 34
 日本の児童図書賞 1992年－1996年 34
東京散策倶楽部
 タダで入れる美術館・博物館 82
東京女子大学図書館
 新渡戸稲造記念文庫目録 69
東京書籍出版編集部
 「テーマ・内容」で探す本のガイド ... 106
東京新聞
 子どもに読んでほしい84冊 120

東京創元社編集部
 東京創元社文庫解説総目録〔1959.4-2010.3〕................................. 186
 東京創元社文庫解説総目録〔1959.4-2010.3〕資料編 186
東京大学史料編纂所
 東京大学史料編纂所写真帳目録 1 58
 東京大学史料編纂所写真帳目録 2 59
 東京大学史料編纂所写真帳目録 3 59
 東京大学史料編纂所写真帳目録 索引 ... 59
東京大学総合図書館
 東京大学総合図書館漢籍目録 68
東京大学東洋文化研究所
 東京大学東洋文化研究所漢籍分類目録 59
 東京大学東洋文化研究所現代中国書分類目録 59
東京大学附属図書館
 末延文庫目録 洋書編 68
 末延文庫目録 和書編 68
東京地図出版株式会社
 東京ブックナビ 157
東京都江戸東京博物館
 展覧会カタログ総覧 1 74
 展覧会カタログ総覧 2 74
東京都写真美術館
 展覧会カタログ総覧 1 74
 展覧会カタログ総覧 2 74
東京都立中央図書館
 図書館ナレッジガイドブック 類縁機関名簿 2003 19
 図書館ナレッジガイドブック 類縁機関名簿 2005 20
東京都立日比谷図書館
 東京都立日比谷図書館児童図書目録 54
 東京都立日比谷図書館児童図書目録 1991 53
 東京都立日比谷図書館児童図書目録 1991年10月15日現在 54
東京美術
 中国博物館めぐり 上，下巻 87
東京ブックマップ編集委員会
 東京ブックマップ 1991-1992 ...... 14, 158
 東京ブックマップ '92-'93 .... 14, 158
 東京ブックマップ '93-'94 .... 14, 158
 東京ブックマップ '99-2000 158
 東京ブックマップ 2001-2002 ...... 15, 158
 東京ブックマップ 2003-2004 ...... 15, 158

東京ブックマップ 2005-2006 ..... 15, 158
東北大学附属図書館
　狩野文庫目録 和書之部 第1門 66
　狩野文庫目録 和書之部 第2門 66
　狩野文庫目録 和書之部 第3門 66
　狩野文庫目録 和書之部 第4門 66
　狩野文庫目録 和書之部 第5門 66
　狩野文庫目録 和書之部 第6門 67
　狩野文庫目録 和書之部 第7門 67
　狩野文庫目録 和書之部 第8門 67
　狩野文庫目録 和書之部 第9門 67
　狩野文庫目録 和書之部 第10門 67
　狩野文庫目録 和書之部 総合索引 67
遠島 啓介
　ロゴデザインの見本帳 89
と学会
　トンデモ本の世界 R 106
徳川 義宣
　茶の湯美術館 1（東京・関東） 83
　茶の湯美術館 2（京都・関西） 83
　茶の湯美術館 3（全国） 83
特種製紙
　BOOK DESIGN NOW 2003 156
読書研究会
　うれしいな一年生 117
　1800冊の「戦争」 122
徳永 満理
　絵本と子どもが出会ったら 127
徳丸 邦子
　みんなで楽しむ絵本 130
戸沢 幾子
　カリフォルニア大学バークレー校所蔵三井文庫旧蔵江戸版本書目 72
都市生活を楽しむ会
　首都圏博物館ガイド 78
　新版 首都圏博物館ガイド 80
「図書館情報学研究文献要覧」編集委員会
　図書館情報学研究文献要覧 1991～1998 4
　図書館情報学研究文献要覧 1999～2006 4
図書館情報学ハンドブック編集委員会
　図書館情報学ハンドブック 第2版 7
図書館資料研究会
　どの本で調べるか 増補改訂版 33
図書館の学校
　子どもの本 2000年 120

子どもの本 2001年 120
子どもの本 2002年 120
子どもの本 2003年 120
子どもの本 2004年 121
子どもの本 2005年 121
子どもの本 2006年 121
子どもの本 2007年 121
子どもの本 2008年 121
子どもの本 2009年 121
図書館用語辞典編集委員会
　最新 図書館用語大辞典 4
図書館流通センター
　YEAR'S BOOKS 1989 169
　YEAR'S BOOKS 1990 169
　YEAR'S BOOKS 1991 169
　YEAR'S BOOKS 1992 170
　調査研究・参考図書目録 本編，索引 改訂新版 23
　調査研究・参考図書目録 上巻 22
　調査研究・参考図書目録 下巻 22
図書館流通センターデータ部
　YEAR'S BOOKS 1999 170
　YEAR'S BOOKS 2000 170
　YEAR'S BOOKS 2001 170
　YEAR'S BOOKS 2002 170
　YEAR'S BOOKS 2003 170
栃木県立図書館
　栃木県立図書館所蔵黒崎文庫目録 義太夫浄瑠璃本目録―鶴沢清六遺文庫ほか／野沢吉兵衛遺文庫 名古屋大学蔵書目録―古書の部第1集神宮皇学館文庫 54
凸版印刷印刷博物誌編纂委員会
　印刷博物誌 135
土木学会
　くらしとどぼくのガイドブック 18
外山 節子
　読み聞かせのための音のある英語絵本ガイド 132
富山県学校図書館協議会
　富山県郷土資料目録 第1集 69
富山県図書館協会
　北陸の図書館ガイド 1991年版 15
富山県立図書館
　大田栄太郎文庫目録 52
　三原図書館古書目録 熊谷市立熊谷図書館和漢書目録 尾道市立尾道図書館古和書漢籍目録 富山県立図書館所蔵志田文庫目録 54
豊崎 由美
　そんなに読んで、どうするの？ 102

豊田 きいち
　クリエーター・編集者のための引用ハンドブック ……………………… 147
鳥越 信
　子どもの本のカレンダー ……… 121

【な】

内閣府大臣官房企画調整課
　公文書ルネッサンス ……………… 21
内藤 龍
　関西図書館マップ ………………… 13
中川 志郎
　全国人物記念館 …………… 81, 96
中川 素子
　絵本でひろがる楽しい授業 …… 127
　絵本の事典 ……………………… 132
中島 恵理子
　こども絵本ガイド ……………… 128
中多 泰子
　新・こどもの本と読書の事典 … 100, 124
中舘 寛隆
　必読北海道 ……………………… 107
中谷 彪
　ハンディ教育六法 '91年版 …… 18
中西 敏夫
　「図書館・出版・読書論」基本図書総目次・索引集成　上巻（あ〜さ行） … 1, 99, 134
　「図書館・出版・読書論」基本図書総目次・索引集成　中巻（た〜わ行） … 1, 99, 134
　「図書館・出版・読書論」基本図書総目次・索引集成　下巻 ……… 1, 99, 134
中西 裕
　主題書誌索引 2001-2007 …… 160
　書誌年鑑 2001 ………………… 162
　書誌年鑑 2002 ………………… 162
　書誌年鑑 2003 ………………… 162
　書誌年鑑 2004 ………………… 162
　書誌年鑑 2005 ………………… 162
　書誌年鑑 2006 ………………… 162
　書誌年鑑 2007 ………………… 163
　書誌年鑑 2008 ………………… 163
　書誌年鑑 2009 ………………… 163
　書誌年鑑 2010 ………………… 163
　書誌年鑑 2011 ………………… 163

　書誌年鑑 2012 ………………… 163
　書誌年鑑 2013 ………………… 163
　日本雑誌総目次要覧 1994-2003 … 179
中野 正実
　有隣舎和装本目録 暁霞文庫目録 沼沢文庫目録 新発田市立図書館郷土資料蔵書目録 第1集 藤森桂谷文庫分類目録 … 37
中野 光夫
　絶版文庫四重奏 ………………… 102
中平 千三郎
　出版人生死録 …………………… 136
中村 順子
　こころを育てる子どもの本100+α … 119
中村 規子
　国立国会図書館目録・書誌の使い方 … 16
中村 幸彦
　広瀬先賢文庫目録 ……………… 71
中山 美由紀
　先生と司書が選んだ調べるための本 … 32
名古屋大学附属図書館
　栃木県立図書館所蔵黒崎文庫目録 義太夫浄瑠璃本目録—鶴沢清六遺文庫ほか／野沢吉兵衛遺文庫 名古屋大学蔵書目録—古書の部第1集神宮皇学館文庫 …… 54
浪本 勝年
　ハンディ教育六法 '91年版 …… 18
南海電気鉄道
　南海沿線「泉州ミュージアムネットワーク」………………………………… 84
南葵文庫
　南葵文庫蔵書目録 1 増訂 ……… 68
　南葵文庫蔵書目録 2 増訂 ……… 68
　南葵文庫蔵書目録 3 増訂 ……… 68
　南葵文庫蔵書目録 4 増訂 ……… 68

【に】

西田 美奈子
　日本児童図書研究文献目次総覧 1945-1999 ………………………………… 100
西村 寿雄
　大人も読んで楽しい科学読み物90冊 … 103
西本 鶏介
　子どもがよろこぶ!読み聞かせ絵本101冊ガイド ………………………………… 133
　子供に読ませたい世界名作・童話100冊

の本 ……………………………… 119
日外アソシエーツ
　　科学・自然史博物館事典 ……………… 76
　　企業博物館事典 ………………………… 76
　　郷土博物館事典 ………………………… 77
　　考古博物館事典 ………………………… 77
　　個人コレクション美術館博物館事典 … 77
　　個人コレクション美術館博物館事典 新
　　　訂増補 ………………………………… 78
　　個人文庫事典 1 ………………………… 11
　　個人文庫事典 2 ………………………… 11
　　子どもの本 科学を楽しむ3000冊 ……… 30
　　子どもの本 教科書にのった名作2000
　　　冊 ……………………………………… 30
　　子どもの本 現代日本の創作5000 ……… 30
　　子どもの本 国語・英語をまなぶ2000
　　　冊 ……………………………………… 30
　　子どもの本 社会がわかる2000冊 ……… 30
　　子どもの本 世界の児童文学7000 ……… 31
　　子どもの本 楽しい課外活動2000冊 …… 31
　　子どもの本 伝記を調べる2000冊 ……… 31
　　子どもの本 日本の名作童話6000 ……… 31
　　子どもの本 美術・音楽にふれる2000
　　　冊 ……………………………………… 31
　　子どもの本 歴史にふれる2000冊 ……… 31
　　ザ・ベストセラー 1985～2004 ……… 114
　　参考図書解説目録 2003-2007 …………… 21
　　参考図書解説目録 2008-2010 …………… 22
　　辞書・事典全情報 90／97 ……………… 22
　　辞書・事典全情報 1998-2005 …………… 22
　　辞書・事典全情報 2006-2013 …………… 22
　　児童書レファレンスブック …………… 32
　　出版社ガイド '93 ……………………… 136
　　出版文化人物事典 ……………………… 136
　　書誌年鑑 2000 ………………………… 162
　　新収洋書総合目録 1984～1987 Part11
　　　………………………………………… 36
　　新収洋書総合目録 1984～1987 Part12
　　　………………………………………… 37
　　新収洋書総合目録 1984～1987 Part13
　　　………………………………………… 37
　　新収洋書総合目録 1984～1987 Part14
　　　Supplement ………………………… 37
　　新訂 企業博物館事典 …………………… 79
　　新訂 人物記念館事典 1 新訂版 …… 79, 96
　　新訂 人物記念館事典 2 新訂版 ……… 80
　　全集・叢書総目録 45-90 ……………… 173
　　全集・叢書総目録 91／98 2 …………… 173
　　全集・叢書総目録 91／98 3 …………… 173
　　全集・叢書総目録 91／98 4 …………… 174

　　全集・叢書総目録 91／98 5 …………… 174
　　全集・叢書総目録 91／98 6 …………… 174
　　全集・叢書総目録 1999-2004 1 ………… 174
　　全集・叢書総目録 1999-2004 2 ………… 174
　　全集・叢書総目録 1999-2004 3 ………… 174
　　全集・叢書総目録 1999-2004 4 ………… 174
　　全集・叢書総目録 1999-2004 5 ………… 175
　　全集・叢書総目録 1999-2004 6 ………… 175
　　全集・叢書総目録 2005-2010 1 ………… 175
　　全集・叢書総目録 2005-2010 2 ………… 175
　　全集・叢書総目録 2005-2010 3 ………… 175
　　全集・叢書総目録 2005-2010 4 ………… 175
　　全集・叢書総目録 2005-2010 5 ………… 176
　　全集・叢書総目録 2005-2010 6 ………… 176
　　全集・叢書総目録 明治・大正・昭和戦
　　　前期 1 ………………………………… 172
　　全集・叢書総目録 明治・大正・昭和戦
　　　前期 2 ………………………………… 173
　　地方・小出版事典 ……………………… 137
　　伝統工芸事典 …………………………… 83
　　展覧会カタログ総覧 1 ………………… 74
　　展覧会カタログ総覧 2 ………………… 74
　　日本出版文化史事典 …………………… 135
　　日本書誌総覧 …………………………… 164
　　年刊 参考図書解説目録 1990-1991 …… 24
　　年刊 参考図書解説目録 1992 …………… 25
　　年刊 参考図書解説目録 1993 …………… 25
　　年刊 参考図書解説目録 1994 …………… 25
　　年刊 参考図書解説目録 1996 …………… 25
　　年刊 参考図書解説目録 1997 …………… 25
　　年刊 参考図書解説目録 1998 …………… 25
　　年刊 参考図書解説目録 1999 …………… 26
　　年刊 参考図書解説目録 2000 …………… 26
　　年刊 参考図書解説目録 2001 …………… 26
　　年刊 参考図書解説目録 2002 …………… 26
　　年鑑・白書全情報 1990-2002 …………… 26
　　BOOK PAGE 本の年鑑 2000 ………… 167
　　BOOK PAGE 本の年鑑 2001 ………… 167
　　BOOK PAGE 本の年鑑 2002 ………… 168
　　BOOK PAGE 本の年鑑 2003 ………… 168
　　BOOK PAGE 本の年鑑 2004 ………… 168
　　BOOK PAGE 本の年鑑 2005 ………… 168
　　BOOK PAGE 本の年鑑 2006 ………… 168
　　BOOK PAGE 本の年鑑 2007 ………… 168
　　BOOK PAGE 本の年鑑 2008 ………… 169
　　BOOK PAGE 本の年鑑 2009 ………… 169
　　BOOK PAGE 本の年鑑 2010 ………… 169
　　BOOK PAGE 本の年鑑 2011 ………… 169
　　BOOK PAGE 本の年鑑 2012 ………… 169

BOOK PAGE 本の年鑑 2013 ……… 169
便覧・図鑑・年表全情報 90／99 …… 26
便覧・図鑑・年表全情報 2000-2010 … 26
ヤングアダルトの本 1 ……………… 33
ヤングアダルトの本 2 ……………… 33
ヤングアダルトの本 3 ……………… 33
ヤングアダルトの本 教科書の名作3000
　冊 …………………………………… 33
ヤングアダルトの本 職業・仕事への理
　解を深める4000冊 ………………… 33
ヤングアダルトの本 部活をきわめる3000
　冊 …………………………………… 34
歴史博物館事典 …………………… 86
歴史博物館事典 新訂 ……………… 86
日仏図書館学会
　フランス図書館関係用語集 ………… 6
日本印刷技術協会
　DTPエキスパート用語辞典 改訂 …… 152
日本エディタースクール
　常用漢字字体一覧 1 ……………… 153
日本看護協会看護研修センター図書館
　看護学図書分類マニュアル ………… 9
日本教育年鑑刊行委員会
　日本教育年鑑 1991年版 ………… 88
日本グラフィックサービス工業会
　DTPお助けハンドブック ………… 153
日本経済新聞社
　ビジネスマンのためのまるごと情報源
　　2001年版 ……………………… 15
日本芸術文化振興会国立劇場資料課
　緒方奇術文庫書目解題 …………… 94
日本建築学会
　建築設計資料集成 ………………… 89
日本古書通信社
　古本屋名簿 ………………………… 159
日本子どもの本研究会
　続 どの本よもうかな?1900冊 …… 32
　どの本よもうかな? 1・2年生 …… 123
　どの本よもうかな? 3・4年生 …… 123
　どの本よもうかな? 5・6年生 …… 123
　どの本よもうかな?中学生版 海外編 … 123
　どの本よもうかな?中学生版 日本編 … 123
日本子どもの本研究会絵本研究部
　えほん 子どものための140冊 …… 126
　えほん 子どものための300冊 …… 126
日本子どもの本研究会ノンフィクション部会
　子どもにすすめたいノンフィクション
　　1987～1996 …………………… 119
日本児童図書出版協会
　児童図書総合目録 1990 小学校用 … 180
　児童図書総合目録 1992 小学校用 … 180
　児童図書総合目録 1992 中学校用 … 180
　児童図書総合目録 1994 小学校用 … 180
　児童図書総合目録 1994 中学校用 … 180
　児童図書総合目録 '96 第44号 小学校用
　　 ……………………………………… 181
　児童図書総合目録 '96 第44号 中学校用
　　 ……………………………………… 181
　児童図書総目録 2007年度(第55号) 中
　　学校用 ……………………………… 181
　児童図書総目録 第56号(2008) 小学校
　　用 …………………………………… 182
　児童図書総目録 第56号(2008) 中学校
　　用 …………………………………… 182
日本児童文学者協会
　児童文学の魅力 海外編 …………… 122
日本児童文芸家協会
　メルヘンに出会える ………… 15, 98
日本自費出版ネットワーク
　自費出版年鑑 2004 ……………… 145
　自費出版年鑑 2010 ……………… 145
　自費出版年鑑 2011 ……………… 146
　自費出版年鑑 2012 ……………… 146
　自費出版年鑑 2013 ……………… 146
日本出版学会
　白書 出版産業 …………………… 143
　白書 出版産業 2010 …………… 144
日本出版学会35年史刊行委員会
　出版学の現在 ……………………… 136
日本書籍出版協会
　出版年鑑＋日本書籍総目録 2002 … 141
　出版年鑑＋日本書籍総目録 2003 … 141
　出版年鑑＋日本書籍総目録 2004 … 141
　日本書籍総目録 1990 …………… 164
　日本書籍総目録 1991 …………… 165
　日本書籍総目録 1992 …………… 165
　日本書籍総目録 1993 …………… 165
　日本書籍総目録 1994 …………… 165
　日本書籍総目録 2001 …………… 166
日本書籍出版協会研修事業委員会
　出版社の日常用語集 第3版 ……… 136
　出版社の日常用語集 第4版 ……… 136
日本書店商業組合連合会
　全国書店名簿 1990年版 ………… 157
　全国書店名簿 1991年版 ………… 157

全国書店名簿 1992年版 157
全国書店名簿 1999 157
日本大学総合図書館
　蔵書目録工藤文庫篇 往来物目録―日本
　大学総合図書館蔵書目録 第8輯 素行
　文庫目録 68
日本図書館学会編集委員会
　図書館情報学研究文献要覧 1982～1990
　... 4
日本図書館学会用語辞典編集委員会
　図書館情報学用語辞典 5
日本図書館協会
　公共図書館の特別コレクション所蔵調査
　報告書 8
　選定図書総目録 1990年版 27
　選定図書総目録 1991年版 27
　選定図書総目録 1992年版 27
　選定図書総目録 1993年版 27
　選定図書総目録 1994年版 27
　選定図書総目録 1997年版 27
　選定図書総目録 1998年版 27
　選定図書総目録 1999年版 28
　図書館法規基準総覧 7
　みんなで元気に生きよう 28
　良書解題 上巻 28
　良書解題 下巻 28
日本図書館協会児童青少年委員会児童基本蔵書
目録小委員会
　図書館でそろえたいこどもの本・えほ
　ん 32
　図書館でそろえたいこどもの本 2 ... 32
　図書館でそろえたいこどもの本 3 ... 32
日本図書館協会図書館年鑑編集委員会
　図書館年鑑 1991 1
　図書館年鑑 1993 1
日本図書館協会出版委員会
　図書館員に勧めたいこの1冊 3
日本図書館協会図書館学教育部会
　日本の図書館情報学教育 2000 7
　日本の図書館情報学教育 2005 7
日本図書館協会図書館調査委員会
　日本の図書館 1991 13
　日本の図書館 1992 13
　日本の図書館 1993 13
　日本の図書館 1994 13
日本図書館協会図書館調査事業委員会
　日本の図書館 2002 13
　日本の図書館 統計と名簿 2009 13

日本図書館協会図書館年鑑編集委員会
　図書館年鑑 1990 1
　図書館年鑑 1992 1
　図書館年鑑 1994 1
　図書館年鑑 1997 2
　図書館年鑑 1999 2
　図書館年鑑 2000 2
　図書館年鑑 2001 2
　図書館年鑑 2007 2
　図書館年鑑 2009 2
　図書館年鑑 2010 3
　図書館年鑑 2011 3
　図書館年鑑 2012 3
　図書館年鑑 2013 3
日本図書館協会図書館の自由委員会
　「図書館の自由」に関する文献目録 ... 7
日本図書館協会図書館ハンドブック編集委員会
　図書館ハンドブック 第5版 7
　図書館ハンドブック 第6版補訂版 ... 7
日本図書館協会図書館利用教育委員会
　図書館利用教育ハンドブック 11
日本図書館協会日本の参考図書編集委員会
　日本の参考図書 第4版 24
日本図書館協会目録委員会
　日本目録規則 新版予備版 10
　日本目録規則 1987年版 改訂版 10
　日本目録規則 1987年版 改訂2版 ... 10
　日本目録規則 1987年版 改訂版第9章電
　子資料 10
日本図書館協会用語委員会
　図書館用語集 改訂版 5
　図書館用語集 3訂版 5
　図書館用語集 4訂版 5
日本図書館研究会図書館界総索引編集委員会
　図書館界総索引 6
日本図書館情報学会用語辞典編集委員会
　図書館情報学用語辞典 第2版 5
　図書館情報学用語辞典 第3版 5
　図書館情報学用語辞典 第4版 5
日本博物館協会
　博物館資料取扱いガイドブック 89
日本貿易振興機構アジア経済研究所図書館
　アジア経済研究所図書館新聞マイクロ
　フィルム所蔵目録 57
日本冷凍空調学会冷凍空調便覧改訂委員会
　冷凍空調便覧 第3巻 新版第6版 7, 89

【ぬ】

布川 角左衛門
　日本出版関係書目 ……………… 134

【の】

野家 啓一
　20世紀を震撼させた100冊 ………… 109
野上 暁
　子どもの本ハンドブック ………… 124
野口 元大
　北岡文庫蔵書解説目録―細川幽斎関係文学書 北海道国文学文献目録 山崎文庫目録 ……………………… 71
野田 寿雄
　北岡文庫蔵書解説目録―細川幽斎関係文学書 北海道国文学文献目録 山崎文庫目録 ……………………… 71
能登印刷株式会社
　石川県の博物館 ………………… 75
野村 保恵
　編集校正小辞典 ………………… 151

【は】

白泉社
　絵本好きが集まる絵本屋さん100 …… 157
博物館探訪倶楽部
　首都圏博物館ベストガイド 文系編 … 78
　首都圏博物館ベストガイド 理系編 … 78
橋本 智
　全国農業博物館資料館ガイド …… 81
橋本 大也
　情報考学 ………………………… 102
長谷川 強
　北岡文庫蔵書解説目録―細川幽斎関係文学書 北海道国文学文献目録 山崎文庫目録 ……………………… 71
パソナテックデジタルメディアソリューショングループ
　DTP独習事典 …………………… 152
八十二文化財団
　長野県郷土資料総合目録 ………… 54
八戸市立図書館
　八戸市立図書館国書分類目録 1・2 … 54
　八戸市立図書館国書分類目録 3 弘前大学附属図書館山本文庫目録・田名部文庫目録 ……………………… 54
服部 信司
　ニュース・シソーラス 第四版 ……… 9
馬場 万夫
　東京都の図書館 三多摩編 ……… 12
　東京都の図書館 23区編 ……… 12, 83
浜島 正士
　建築「見どころ」博物館ガイドブック … 77
林 伸郎
　出版小六法 ……………………… 139
原 宗子
　流通経済大学天野元之助文庫 …… 69
原田 文夫
　クリエーター・編集者のための引用ハンドブック ……………………… 147
ハンター，エリック・J．
　コンサイスAACR2R ……………… 10
半田市立図書館
　半田市立図書館蔵書目録 和装本編 … 54
帆風
　DTP最新用語事典 ……………… 152
版元ドットコム
　版元ドットコム大全 2009 ………… 158

【ひ】

PHP研究所
　子供に読ませたい100冊の本 ……… 119
　博物館徹底ガイドハンドブック …… 85, 97
　ビジネスマンのための情報源ハンドブック 新訂版 ………………… 15
日垣 隆
　使えるレファ本150選 ……………… 23
ひこ田中
　子どもの本ハンドブック ………… 124
久恒 啓一
　図解世界の名著がわかる本 ……… 110

図解でわかる! 難解な世界の名著のなかみ ……………………………… 110

菱沼 光代
子どもと読みたい科学の本棚 ……… 119

兵庫県博物館協会
兵庫の博物館ガイド ………………… 85

兵庫県立図書館
兵庫県内公立高等学校郷土資料総合目録 平成元年1月末現在 ……………… 70

平戸素行会
蔵書目録工藤文庫篇 往来物目録—日本大学総合図書館蔵書目録 第8輯 素行文庫目録 ……………………………… 68

平原 篤邦
DTPカラー画像入力・出力ハンドブック ………………………………… 154

広川 洋一
古典・名著の読み方 ………………… 110

広木 守雄
ニュース・シソーラス 第四版 ……… 9

弘前市立図書館
弘前図書館蔵書目録 和装本の部 その1・2 ………………………………… 54
弘前図書館蔵書目録 和装本の部 その3・4 秋田県立秋田図書館蔵時雨庵文庫目録 …………………………………… 54

弘前大学附属図書館
官立弘前高等学校資料目録 ………… 67
八戸市立図書館図書分類目録 3 弘前大学附属図書館山本文庫目録・田名部文庫目録 …………………………… 54

広瀬 恒子
新・こどもの本と読書の事典 … 100, 124

広松 由希子
きょうの絵本あしたの絵本 ………… 128

【ふ】

ファーインク
DTP最新用語事典 2000-2001 改訂版 …………………………………… 152
DTP最新用語事典 2002-2003 改訂版 …………………………………… 152

深井 人詩
主題書誌索引 81~91 ……………… 160
主題書誌索引 1992-2000 …………… 160

書誌年鑑 '89 ………………………… 160
書誌年鑑 '90 ………………………… 161
書誌年鑑 '91 ………………………… 161
書誌年鑑 '92 ………………………… 161
書誌年鑑 '93 ………………………… 161
書誌年鑑 '94 ………………………… 161
書誌年鑑 '96 ………………………… 161
書誌年鑑 '97 ………………………… 161
書誌年鑑 '98 ………………………… 162
書誌年鑑 '99 ………………………… 162
書誌年鑑 2001 ……………………… 162
書誌年鑑 2002 ……………………… 162
書誌年鑑 2003 ……………………… 162
書誌年鑑 2004 ……………………… 162
書誌年鑑 2005 ……………………… 162
書誌年鑑 2006 ……………………… 162
日本雑誌総目次要覧 84-93 ………… 179
日本雑誌総目次要覧 1994-2003 …… 179

深谷 圭助
辞典・資料がよくわかる事典 ……… 100

福岡 貞子
保育者と学生・親のための乳児の絵本・保育課題絵本ガイド ……………… 130

福岡県博物館協議会
福岡県の博物館 改訂版 …………… 85

福家書店
Bunko Catalog 2002 ………………… 177
Comic catalog 1997 ………………… 171
Comic catalog 1998 ………………… 171
Comic catalog 1999 ………………… 171
Comic catalog 2000 ………………… 171
Comic catalog 2001 ………………… 171
Comic catalog 2002 ………………… 171
Comic catalog 2003 ………………… 171
Comic catalog 2004 ………………… 171
Comic catalog 2005 ………………… 171
Comic catalog 2006 ………………… 171
Comic catalog 2007 ………………… 171
Comic catalog 2008 ………………… 172
Comic catalog 2009 ………………… 172
Comic catalog 2010 ………………… 172
Comic catalog 2011 ………………… 172
Comic catalog 2012 ………………… 172

プーさん文庫
絵本のあるくらし 第2版 …………… 127

藤岡 康隆
DTP必携 …………………………… 154

藤沢市総合市民図書館
羽仁五郎文庫新聞スクラップ目録 …… 54

羽仁五郎文庫パンフレット目録 ………… 54
藤嶋　昭
　　子どもと読みたい科学の本棚 ………… 119
藤野　寛之
　　ブリティッシュ・ライブラリー図書館情
　　報学研究開発報告目録 ……………… 4
藤野　幸雄
　　世界の図書館百科 …………………… 1
ブッククラブ回
　　新しい自分を探す本 ………………… 102
　　スピリチュアル・データ・ブック 2002
　　 …………………………………… 109
　　スピリチュアル・データ・ブック 2003
　　 …………………………………… 110
　　スピリチュアル・データ・ブック 2004
　　 …………………………………… 110
　　スピリチュアル・データ・ブック 2006
　　 …………………………………… 110
　　スピリチュアル・データ・ブック 2007
　　 …………………………………… 110
舟橋　斉
　　絵本の住所録 ………………………… 127
　　絵本の住所録　新版 ………………… 127
古川　絹子
　　東京都の図書館　三多摩編 ………… 12
　　東京都の図書館　23区編 ………… 12, 83
文化庁文化部著作権課内著作権法令研究会
　　著作権関係法令集　平成8年度版 …… 149
文教大学絵本と教育を考える会
　　絵本でひろがる楽しい授業 ………… 127

【へ】

米国図書館協会
　　英米目録規則　第2版日本語版 ………… 9
平凡社東洋文庫編集部
　　東洋文庫ガイドブック ……………… 186
別冊太陽編集部
　　この絵本が好き! 2004年版 ………… 133
　　この絵本が好き! 2006年版 ………… 133
　　この絵本が好き! 2008年版 ………… 133
編集会議編集部
　　新卒＆中途出版界就職ガイド ……… 138

【ほ】

法政大学大原社会問題研究所
　　向坂逸郎文庫目録 1 ………………… 58
星川　正秋
　　英和アメリカ雑誌関連用語集 ……… 135
北海道博物館協会
　　北海道・新博物館ガイド …………… 85
堀　晄
　　大英博物館のAからZまで ………… 91
ほんコミニケート編集室
　　地球と未来にやさしい本と雑誌 91年度
　　版 …………………………………… 106
本の雑誌編集部
　　おすすめ文庫王国 2003年度版 …… 116
　　本屋大賞 2004 ……………………… 108
　　本屋大賞 2006 ……………………… 108
　　本屋大賞 2007 ……………………… 109
　　本屋大賞 2009 ……………………… 109
本の出版社
　　レコードマップ '94 ………………… 86
「本・ほん'90」編集委員会
　　本・ほん '90 ………………………… 182
「本・ほん'93」編集委員会
　　本・ほん '93 ………………………… 182
「本・ほん'94」編集委員会
　　本・ほん '94 ………………………… 183
「本ほん'95」編集委員会
　　本・ほん '95 ………………………… 183

【ま】

前田　昭代
　　大英博物館のAからZまで ………… 91
前田　直子
　　ニューヨークの書店ガイド ………… 158
牧野　武則
　　日本辞書辞典 ………………………… 27
マクヴェイ山田　久仁子
　　ハーバード燕京図書館の日本古典籍 … 73

間崎 ルリ子
　たのしい絵本の世界 ……………… 129
増田 聡
　国連情報検索用語辞典 ……………… 9
増田 雅史
　デジタルコンテンツ法制 …………… 148
増田 喜昭
　ヨムヨム王国 ………………………… 100
松浦 弥太郎
　グルーヴィー・ブック・リヴュー2001 ‥ 103
松本 昇平
　出版販売用語の始まり ……………… 136
まとりょーしか
　小学生が好きになるこんなに楽しい子ど
　もの本 ………………………………… 122
マーブルブックス
　絵本、大好き! ……………………… 126
　私が1ばん好きな絵本 改訂版 ……… 132
マーブルブックス編集部
　絵本と絵本作家を知るための本 …… 133
丸山 昭二郎
　英米目録規則 第2版日本語版 ……… 9
丸山 信
　長野県の図書館 ……………………… 12
まんが探検隊
　まんがまっぷ 1997-1998 …………… 158

【み】

三浦 彩子
　建築「見どころ」博物館ガイドブック … 77
みうら じゅん
　グルーヴィー・ブック・リヴュー2001 ‥ 103
三浦 雅士
　この本がいい ………………………… 104
三木 身保子
　カリフォルニア大学ロサンゼルス校所蔵
　日本古典籍目録 ……………………… 72
三野 正洋
　世界の航空博物館＆航空ショー …… 87
三原図書館(三原市)
　三原図書館古書目録 熊谷市立熊谷図書
　館和漢書目録 尾道市立尾道図書館古
　和書漢籍目録 富山県立図書館所蔵志
　田文庫目録 …………………………… 54

宮川 健郎
　新・こどもの本と読書の事典 …… 100, 124
宮城県図書館
　小西文庫和漢書目録 青柳・今泉・大槻・
　　養賢堂文庫和漢書目録 …………… 53
　伊達文庫目録 ………………………… 53
　宮城県図書館漢籍分類目録 ………… 54
　宮城県図書館和古書目録 …………… 54
三宅 興子
　学校図書館発絵本ガイドブック …… 127
宮崎 清
　無理なく身につく 文字・数・科学絵本
　ガイド ………………………………… 130
　わくわく絵本箱 ……………………… 132
宮崎 哲弥
　1冊で1000冊読めるスーパー・ブックガ
　イド …………………………………… 102
宮崎 豊子
　たのしい絵本の世界 ………………… 129
宮里 立士
　南支調査会南方文庫目録 第1巻 …… 59
　南支調査会南方文庫目録 第2巻 …… 59
　南支調査会南方文庫目録 第3巻 …… 59
宮沢 勇
　QuarkXPress コンパクトリファレン
　ス ……………………………………… 155
宮下 いづみ
　読み聞かせのための音のある英語絵本ガ
　イド …………………………………… 132
宮下 佐江子
　大英博物館のAからZまで ………… 91
宮田 昇
　クリエーター・編集者のための引用ハン
　ドブック ……………………………… 147
宮本 正明
　旧植民地図書館蔵書目録 第1巻 …… 35
　旧植民地図書館蔵書目録 第2巻 …… 35
　旧植民地図書館蔵書目録 第3巻 …… 35
　旧植民地図書館蔵書目録 第4巻 …… 35
　旧植民地図書館蔵書目録 第5巻 …… 35
　旧植民地図書館蔵書目録 第6巻 …… 35
　旧植民地図書館蔵書目録 第7巻 …… 35
　旧植民地図書館蔵書目録 第8巻 …… 35
　旧植民地図書館蔵書目録 第9巻 …… 35
　旧植民地図書館蔵書目録 第10巻 …… 35
　旧植民地図書館蔵書目録 第11巻 …… 35
　旧植民地図書館蔵書目録 第12巻 …… 35
　旧植民地図書館蔵書目録 第13巻 …… 36

旧植民地図書館蔵書目録 第14巻 ……… 36

【む】

向井 敏
　本のなかの本 ………………………… 99
向井 元子
　すてきな絵本たのしい童話 ………… 122
むすびめの会
　多文化社会図書館サービスのための世界
　　の新聞ガイド 1995 ………………… 10
村岡 三太
　お年寄りとともに命と時をつむぐ児童書
　　100選 ……………………………… 118
村山 德淳
　浅草文庫書目解題 第1巻 …………… 70
　浅草文庫書目解題 第2巻 …………… 70
　浅草文庫書目解題 第3巻 …………… 70
　幕府・関係機関旧蔵帝室博物館所蔵書籍
　　解題 第1巻 ………………………… 94
　幕府・関係機関旧蔵帝室博物館所蔵書籍
　　解題 第2巻 ………………………… 94
　幕府・関係機関旧蔵帝室博物館所蔵書籍
　　解題 第3巻 ………………………… 95
　幕府・関係機関旧蔵帝室博物館所蔵書籍
　　解題 第4巻 ………………………… 95
　幕府・関係機関旧蔵帝室博物館所蔵書籍
　　解題 第5巻 ………………………… 95
　幕府・関係機関旧蔵帝室博物館所蔵書籍
　　解題 第6巻 ………………………… 95
室伏 哲郎
　この辞書・事典が面白い! …………… 21

【め】

メディアリサーチセンター
　国内学会誌ガイド 2012 …………… 177
　雑誌新聞総かたろぐ 1993年版 …… 177
　雑誌新聞総かたろぐ 1994年版 …… 178
　雑誌新聞総かたろぐ 2000年版 …… 178
　雑誌新聞総かたろぐ 2001年版 …… 178
　雑誌新聞総かたろぐ 2002年版 …… 178
　雑誌新聞総かたろぐ 2003年版 …… 178
　雑誌新聞総かたろぐ 2004年版 …… 178
　雑誌新聞総かたろぐ 2006年版 …… 179

雑誌新聞総かたろぐ 2007年版 …… 179
雑誌新聞総かたろぐ 2008年版 …… 179
雑誌新聞総かたろぐ 2012年版 …… 179

【も】

元山 茂樹
　世界の見方が変わるニュー・エイジの
　　600冊 ……………………………… 106
茂原 幸弘
　ニッポン文庫大全 …………… 116, 176
森 鷗外
　鷗外自筆帝室博物館蔵書解題 第1巻 …… 94
　鷗外自筆帝室博物館蔵書解題 第2巻 …… 94
　鷗外自筆帝室博物館蔵書解題 第3巻 …… 94
　鷗外自筆帝室博物館蔵書解題 第4巻 …… 94
　鷗外自筆帝室博物館蔵書解題 第5巻 …… 94
　鷗外自筆帝室博物館蔵書解題 第6巻 …… 94
　鷗外自筆帝室博物館蔵書解題 第7巻 …… 94
　鷗外自筆帝室博物館蔵書解題 第8巻 …… 94
　鷗外自筆帝室博物館蔵書解題 別巻 …… 94
もり きよし
　日本十進分類法 新訂9版 …………… 10
森 恵子
　きもちでえらぶえほん100さつ …… 128
森 浩太郎
　トルト 第10号 ……………… 116, 176
　便利な文庫の総目録 1990 ………… 177
　便利な文庫の総目録 1991 ………… 177
森 隆男
　博物館学ハンドブック ……………… 88
森 毅
　子どもの世界が見える本 …………… 104
モリエス, パトリック
　奇想の陳列部屋 ……………………… 75
盛岡児童文学研究会
　子どもの本の道案内 ………………… 121
　子どもの本の道案内 改訂3版 ……… 121
森下 雅子
　心を育てる絵本のリスト …………… 128
森田 保
　千葉県の図書館 ……………………… 12
盛田 真史
　親子で楽しむ!歴史体験ミュージアム … 76

森永 卓郎
　必読!ビジネスマンの100冊 ………… 107
文書館用語集研究会
　文書館用語集 ……………………… 20
文部科学省
　社会教育調査報告書　平成11年度 …… 8, 88
　社会教育調査報告書　平成14年度 …… 9, 89
　社会教育調査報告書　平成23年度 …… 9, 89
文部省
　社会教育調査報告書　平成2年度 …… 8, 88
　社会教育調査報告書　平成5年度 …… 8, 88
　社会教育調査報告書　平成8年度 …… 8, 88

【や】

八代 英輝
　日米著作権ビジネスハンドブック ……… 148
安原 顕
　ジャンル別文庫本ベスト1000 ……… 116
谷井 精之助
　クリエーター・編集者のための引用ハンドブック ……… 147
山形県鶴岡市立朝暘第一小学校
　こうすれば子どもが育つ学校が変わる ……… 18
山崎 一穎
　鷗外自筆帝室博物館蔵書解題　第1巻 …… 94
　鷗外自筆帝室博物館蔵書解題　第2巻 …… 94
　鷗外自筆帝室博物館蔵書解題　第3巻 …… 94
　鷗外自筆帝室博物館蔵書解題　第4巻 …… 94
　鷗外自筆帝室博物館蔵書解題　第5巻 …… 94
　鷗外自筆帝室博物館蔵書解題　第6巻 …… 94
　鷗外自筆帝室博物館蔵書解題　第7巻 …… 94
　鷗外自筆帝室博物館蔵書解題　第8巻 …… 94
　鷗外自筆帝室博物館蔵書解題　別巻 …… 94
山崎 誠
　ルヴァンラヌーブ大学蔵日本書籍目録 ……… 73
山根 幸夫
　天津図書館日本文庫蔵近代中国・日中関係図書分類目録 ……… 73
山本 英司
　InDesign乗り換え案内ハンドブック …… 154
山本 省三
　小学生が大好きになる楽しい子どもの本ベスト200 ……… 122
山本 恒夫
　生涯学習「自己点検・評価」ハンドブック ……… 88
山本 仁
　東京大学総合図書館準漢籍目録 ……… 68

【ゆ】

ゆまに書房編集部
　産業別「会社年表」総覧　第7巻 …… 135

【よ】

幼年文学選書の会
　子どもと楽しむ はじめての文学 …… 119
洋販
　PB300 ……………………… 108
横田 順子
　ほんとうはこんな本が読みたかった! … 124
横浜美術館
　展覧会カタログ総覧 1 ……………… 74
　展覧会カタログ総覧 2 ……………… 74
横張 和子
　大英博物館のAからZまで …………… 91
横山 重
　果園文庫蔵書目録 ………………… 70
芳鐘 冬樹
　計量書誌学辞典 …………………… 4
吉田 新一
　絵本の事典 ……………………… 132
吉成 悦子
　心を育てる絵本のリスト …………… 128
吉野 昌晴
　一度は行ってみたい東京の美術館・博物館 ……… 75
吉見 俊哉
　文化社会学基本文献集　第2期(戦後編)　第15巻 復刻 ……… 3
吉村 善太郎
　日・中・英対訳 図書館用語辞典 …… 5
吉村 麻衣子
　必携!DTPのルール&アイデアハンド

ブック ……………………………… 153
必携!DTPのルール・組み版・デザイン
　ハンドブック …………………… 153
依田 逸夫
　絵本がつなぐ子どもとおとな ……… 126
米田 文孝
　博物館学ハンドブック ……………… 88

【ら】

ライブラリーデータ編集委員会
　ライブラリーデータ '93 ………… 12, 74
　ライブラリーデータ '98・'99 …… 12, 74

【り】

リテレール編集部
　ことし読む本 いち押しガイド 98 …… 103
　ことし読む本 いち押しガイド 99 …… 103
　ことし読む本 いち押しガイド 2001 ‥ 104
　ことし読む本 いち押しガイド 2002 ‥ 104
　ことし読む本 いち押しガイド 2003 ‥ 104
　ことし読む本 いち押しガイド 2004 ‥ 104
　文学館ワンダーランド ……………… 98

【れ】

黎 先燿
　中国博物館総覧 ……………………… 87
レイアウトデザイン研究会
　出版・印刷・DTP用語事典 ……… 136
歴史教育者協議会
　平和博物館・戦争資料館ガイドブック … 85
　平和博物館・戦争資料館ガイドブック
　　新版 ……………………………… 85
　平和博物館・戦争資料館ガイドブック
　　増補版 …………………………… 85
歴史と文学の会
　奇書!奇書!奇書の達人 …………… 103

【わ】

ワークスコーポレーション エデュケーション
編集部
　DTP＆印刷しくみ事典 …………… 151
鷲田 清一
　20世紀を震撼させた100冊 ………… 109
早稲田大学演劇博物館
　早稲田大学演劇博物館所蔵特別資料目録
　　1 ……………………………………… 90
　早稲田大学演劇博物館所蔵特別資料目録
　　5 ……………………………………… 90
　早稲田大学演劇博物館所蔵特別資料目録
　　6 ……………………………………… 90
　早稲田大学演劇博物館所蔵特別資料目録
　　8 ……………………………………… 90
　早稲田大学演劇博物館所蔵特別資料目録
　　9 ……………………………………… 90
　早稲田大学演劇博物館所蔵特別資料目録
　　10 …………………………………… 90
早稲田大学図書館館蔵資料図録編集委員会
　早稲田大学図書館 館蔵資料図録 ……… 69
渡部 昇一
　ビジネスマン＜最強＞の100冊 ……… 107
渡辺 澄子
　大正の名著 …………………………… 112
　明治の名著 1 ………………………… 114
　明治の名著 2 ………………………… 114

【ABC】

BOOK PORT編集部
　本を愛するひとに …………………… 108
Editorial Design Lab
　InDesign Style Book ………………… 154
Far
　DTP必携 …………………………… 154
G.B
　3行でわかる名作＆ヒット本250 …… 105
Gorman,Michael
　英米目録規則 第2版日本語版 ………… 9
　コンサイスAACR2 1988改訂版 …… 10
L's Voice
　ブックス ライブ …………………… 123

NJFコミッティ
　英語ペラペラキッズ（だけにじゃもった
　　いない）ブックス ………………… 117
　キッズだけにじゃもったいないブック
　　ス ……………………………… 118
Pooka編集部
　絵本カタログ ……………………… 126
recoreco編集部
　書店＆図書館ガイド／東京 2004 ‥ 14, 157
Toropygina,Maria V.
　サンクトペテルブルグ大学有栖川コレク
　　ション解説目録 ………………… 72
Winkler,Paul Walter
　英米目録規則 第2版日本語版 ………… 9
Young,Heartsill
　ALA図書館情報学辞典 ……………… 6

事項名索引

【あ】

アジア経済研究所 →研究所・調査機関の図書館 ……………………………… 57
アジア資料 →東洋(蔵書目録〔国立国会図書館〕) ……………………… 48
有栖川コレクション →海外の図書館 … 72
岩波書店 →岩波書店 …………………… 184
印刷 →出版 ……………………………… 134
英米目録規則(AACR2) →資料の収集・整理・保管(図書館) ……………… 9
絵本
　→児童書(読書案内) ………………… 117
　→絵本 ………………………………… 125
音楽資料目録 →資料の収集・整理・保管(図書館) ……………………………… 9

【か】

海外の図書館蔵書目録 →海外の図書館 … 72
海外の博物館 →ガイドブック(海外) …… 86
害虫防除 →資料の収集・整理・保管(博物館) ………………………………… 89
学会誌 →逐次刊行物 ………………… 177
学校図書館
　→学校図書館 …………………………… 17
　→児童・青少年向け(選定図書目録) …… 28
　→学校図書館(蔵書目録) ……………… 69
角川書店 →角川書店 …………………… 185
神奈川県の図書館 →各種の図書館 …… 11
カルフォルニア大学 →海外の図書館 … 72
韓国国立中央博物館 →博物館収集品目録・図録 …………………………… 90
漢籍目録 →東洋(蔵書目録〔国立国会図書館〕) ……………………………… 48
官庁刊行図書 →形態別目録 …………… 171
企業内の図書館 →団体・企業内の図書館… 55
奇書 →読書案内 ……………………… 102
旧植民地図書館 →蔵書目録 …………… 34
旧藩文庫 →社寺文庫・旧藩文庫・個人文庫 …………………………………… 70

郷土資料
　→蔵書目録 ……………………………… 34
　→公共図書館(蔵書目録) ……………… 52
　→研究所・調査機関の図書館 ………… 57
　→学校図書館(蔵書目録) ……………… 69
　→出版目録 …………………………… 160
形態別目録 →形態別目録 ……………… 171
計量書誌学 →図書館学 ………………… 3
研究所の図書館 →研究所・調査機関の図書館 ………………………………… 57
件名標目表 →資料の収集・整理・保管(図書館) ……………………………… 9
公共図書館
　→公共図書館 …………………………… 17
　→公共図書館(蔵書目録) ……………… 52
公文書館 →公文書館 …………………… 20
広報
　→図書館管理 …………………………… 8
　→資料の展示・利用・宣伝 …………… 89
国際十進分類法 →資料の収集・整理・保管(図書館) ……………………… 9
国文学研究資料館 →研究所・調査機関の図書館 ……………………………… 57
国立国会図書館
　→国立国会図書館 ……………………… 16
　→国立国会図書館(蔵書目録) ………… 39
国立国会図書館年報 →国立国会図書館 … 16
古書店 →古本・古書店 ………………… 159
古書目録 →蔵書目録 …………………… 34
個人文庫
　→各種の図書館 ………………………… 11
　→社寺文庫・旧藩文庫・個人文庫 …… 70
古典 →古典・名著 …………………… 110
子どもと読書 →児童・青少年と読書 … 100
子どもの図書館 →学校図書館 ………… 17
子どもの本
　→児童・青少年向け(選定図書目録) …… 28
　→児童書(読書案内) ………………… 117
　→児童書(出版目録) ………………… 180
子ども文庫 →各種の図書館 …………… 11
コピーライト →著作権 ………………… 147

【さ】

雑誌　→逐次刊行物 ･････････････････ 177
雑誌目次総覧　→研究所・調査機関の図
　　書館 ････････････････････････････ 57
参考図書目録　→参考図書目録 ･･････ 21
GHQ　→出版と自由 ････････････････ 145
辞書の書誌　→参考図書目録 ････････ 21
シソーラス　→資料の収集・整理・保管
　　（図書館） ･････････････････････････ 9
事典の書誌　→参考図書目録 ････････ 21
児童書
　　→児童・青少年向け（選定図書目録） ･･････ 28
　　→児童書（読書案内） ･･････････････ 117
　　→児童書（出版目録） ･････････････ 180
児童図書研究　→児童・青少年と読書 ････ 100
児童図書賞　→児童・青少年向け（選定
　　図書目録） ･･････････････････････ 28
児童図書目録　→国内（蔵書目録〔国立
　　国会図書館〕） ･･････････････････ 39
児童と読書　→児童・青少年と読書 ･･･ 100
児童向け選定図書目録　→児童・青少年
　　向け（選定図書目録） ･･･････････････ 28
芝居番付　→博物館収集品目録・図録 ････ 90
自費出版　→自費出版 ･･････････････ 145
社会教育
　　→図書館学 ･･･････････････････････ 3
　　→博物館 ･････････････････････････ 74
社会教育調査
　　→図書館管理 ･････････････････････ 8
　　→博物館学 ･････････････････････ 87
社寺文庫　→社寺文庫・旧藩文庫・個人
　　文庫 ･････････････････････････････ 70
JAPAN/MARC　→資料の収集・整理・
　　保管（図書館） ･････････････････････ 9
授業アイデア　→学校図書館 ････････ 17
出版　→出版 ･･････････････････････ 134
出版史
　　→出版 ･･････････････････････････ 134
　　→出版目録 ････････････････････ 160
出版社
　　→出版 ･･････････････････････････ 134

　　→出版社別目録 ････････････････ 184
出版と自由　→出版と自由 ･････････ 145
生涯学習
　　→図書館学 ･････････････････････ 3
　　→博物館 ･････････････････････････ 74
　　→博物館学 ･････････････････････ 87
小出版　→本の年鑑 ････････････････ 163
情報検索用語　→資料の収集・整理・保
　　管（図書館） ･･････････････････････ 9
書誌年鑑　→書誌年鑑 ･････････････ 160
書店　→図書の販売 ････････････････ 157
書評　→書評集 ････････････････････ 101
私立短期大学図書館　→各種の図書館 ･･･ 11
資料の収集・整理・保管
　　→資料の収集・整理・保管（図書館） ････ 9
　　→資料の収集・整理・保管（博物館） ･･･ 89
資料の展示・利用・宣伝　→資料の展示・
　　利用・宣伝 ･･････････････････････ 89
信山社　→信山社 ･･･････････････････ 185
新書
　　→新書・文庫本 ･････････････････ 176
　　→岩波書店 ････････････････････ 184
新潮社　→新潮社 ･･････････････････ 185
新聞　→逐次刊行物 ･･･････････････ 177
新聞所蔵一覧　→国内（蔵書目録〔国立
　　国会図書館〕） ････････････････････ 39
新聞スクラップ　→公共図書館（蔵書目
　　録） ････････････････････････････ 52
青少年と読書　→児童・青少年と読書 ････ 100
青少年向け選定図書目録　→児童・青少
　　年向け（選定図書目録） ･･･････････ 28
製本　→造本 ･･････････････････････ 155
世界の図書館　→図書館 ････････････ 1
瀬戸内海関係資料　→公共図書館（蔵書
　　目録） ･･････････････････････････ 52
戦時推薦図書　→読書案内 ････････ 102
全集　→全集・叢書 ････････････････ 172
選定図書目録　→選定図書目録 ･･････ 27
専門情報機関　→専門図書館 ････････ 18
専門図書館　→専門図書館 ･･････････ 18
専門博物館
　　→ガイドブック（国内） ･････････････ 75
　　→ガイドブック（海外） ･････････････ 86
叢書　→全集・叢書 ････････････････ 172

蔵書目録
　　→蔵書目録 ································ 34
　　→博物館蔵書目録 ······················ 94
装丁　→造本 ·································· 155
造本　→造本 ·································· 155

【た】

大英図書館　→海外の図書館 ··············· 72
大英博物館　→博物館収集品目録・図録 ··· 90
大学図書館　→大学図書館 ··············· 66
多文化社会図書館サービス　→図書館活動 ··· 10
団体の図書館　→団体・企業内の図書館 ··· 55
逐次刊行物
　　→国内（蔵書目録〔国立国会図書館〕）···· 39
　　→逐次刊行物 ··························· 177
地図目録　→国立国会図書館（蔵書目録）··· 39
千葉県の図書館　→各種の図書館 ········· 11
地方出版
　　→出版 ······································ 134
　　→出版目録 ······························· 160
　　→本の年鑑 ······························· 163
中央公論新社　→中央公論新社 ··············· 185
中国語
　　→図書館学 ································· 3
　　→東洋（蔵書目録〔国立国会図書館〕）···· 48
調査機関の図書館　→研究所・調査機関
　　の図書館 ···································· 57
著作　→著作・編集 ························· 146
著作権　→著作権 ····························· 147
帝室博物館　→博物館蔵書目録 ··············· 94
DTP　→編集 ······································ 151
デジタルコンテンツ法　→著作権 ········· 147
展示学　→資料の展示・利用・宣伝 ········· 89
電子書籍　→著作・編集 ···················· 146
点字図書館　→点字図書館 ·················· 17
点字図書目録　→点字図書目録 ············· 37
天津図書館　→海外の図書館 ················ 72
展覧会カタログ　→博物館 ··················· 74
東京国立博物館　→博物館収集品目録・
　　図録 ·· 90

東京創元社　→東京創元社 ··············· 186
東京都の図書館　→各種の図書館 ········ 11
童話　→児童書（読書案内）··············· 117
読書　→読書 ································ 99
読書案内　→読書案内 ······················· 102
読書施設調査　→各種の図書館 ·········· 11
読書調査　→読書調査 ······················· 100
読書法　→読書・読書法 ···················· 99
図書館　→図書館 ···························· 1
図書館ガイド　→ガイドブック（図書館）··· 13
図書館学　→図書館学 ······················· 3
図書館学教育　→図書館学教育 ········· 7
図書館活動　→図書館活動 ··············· 10
図書館管理　→図書館管理 ··············· 8
図書館建築　→図書館建築 ··············· 7
図書館調査　→図書館管理 ··············· 8
図書館の自由　→図書館の自由 ········· 7
図書館流通センター（TRC）　→資料の
　　収集・整理・保管（図書館）··············· 9
図書館利用教育　→図書館活動 ········· 10
図書の販売　→図書の販売 ················ 157
図書の没収　→出版と自由 ················ 145
図書分類　→資料の収集・整理・保管（図
　　書館）··· 9

【な】

長野県の図書館　→各種の図書館 ······· 11
日本の図書館　→各種の図書館 ········· 11

【は】

白書の書誌　→参考図書目録 ··············· 21
博士論文目録　→国内（蔵書目録〔国立
　　国会図書館〕）······························· 39
博物館　→博物館 ····························· 74
博物館ガイドブック
　　→ガイドブック（国内）······················· 75
　　→ガイドブック（海外）······················· 86
博物館学　→博物館学 ······················· 87

博物館収集品　→博物館収集品目録・図録‥ 90
ハーバード燕京図書館　→海外の図書館 ‥‥ 72
パリ国立図書館　→海外の図書館 ‥‥‥‥‥ 72
パンフレット　→公共図書館（蔵書目録）‥ 52
美術分野の資料　→専門図書館 ‥‥‥‥‥‥ 18
ブックガイド　→読書案内 ‥‥‥‥‥‥‥‥ 102
ブックマップ
　→ガイドブック（図書館） ‥‥‥‥‥‥ 13
　→読書案内 ‥‥‥‥‥‥‥‥‥‥‥‥‥ 102
古本　→古本・古書店 ‥‥‥‥‥‥‥‥‥‥ 159
文学館　→文学館 ‥‥‥‥‥‥‥‥‥‥‥‥ 96
文庫
　→公共図書館（蔵書目録） ‥‥‥‥‥‥ 52
　→研究所・調査機関の図書館 ‥‥‥‥‥ 57
　→大学図書館 ‥‥‥‥‥‥‥‥‥‥‥‥ 66
　→博物館収集品目録・図録 ‥‥‥‥‥‥ 90
　→博物館蔵書目録 ‥‥‥‥‥‥‥‥‥‥ 94
文庫本
　→書評集 ‥‥‥‥‥‥‥‥‥‥‥‥‥‥ 101
　→文庫本 ‥‥‥‥‥‥‥‥‥‥‥‥‥‥ 116
　→新書・文庫本 ‥‥‥‥‥‥‥‥‥‥‥ 176
　→岩波書店 ‥‥‥‥‥‥‥‥‥‥‥‥‥ 184
　→新潮社 ‥‥‥‥‥‥‥‥‥‥‥‥‥‥ 185
　→中央公論新社 ‥‥‥‥‥‥‥‥‥‥‥ 185
　→東京創元社 ‥‥‥‥‥‥‥‥‥‥‥‥ 186
　→平凡社 ‥‥‥‥‥‥‥‥‥‥‥‥‥‥ 186
文庫目録　→蔵書目録 ‥‥‥‥‥‥‥‥‥‥ 34
平凡社　→平凡社 ‥‥‥‥‥‥‥‥‥‥‥‥ 186
ベストセラー
　→読書案内 ‥‥‥‥‥‥‥‥‥‥‥‥‥ 102
　→ベストセラー・ロングセラー ‥‥‥‥ 114
ペーパーバック　→読書案内 ‥‥‥‥‥‥‥ 102
編集
　→著作・編集 ‥‥‥‥‥‥‥‥‥‥‥‥ 146
　→編集 ‥‥‥‥‥‥‥‥‥‥‥‥‥‥‥ 151
編集者　→出版 ‥‥‥‥‥‥‥‥‥‥‥‥‥ 134
北陸の図書館　→ガイドブック（図書館）‥ 13
北海道の図書館　→各種の図書館 ‥‥‥‥‥ 11
本のデザイン　→造本 ‥‥‥‥‥‥‥‥‥‥ 155
本の年鑑　→本の年鑑 ‥‥‥‥‥‥‥‥‥‥ 163
本屋大賞　→読書案内 ‥‥‥‥‥‥‥‥‥‥ 102

【ま】

マンガ
　→読書案内 ‥‥‥‥‥‥‥‥‥‥‥‥‥ 102
　→形態別目録 ‥‥‥‥‥‥‥‥‥‥‥‥ 171
満鉄大連図書館　→団体・企業内の図書館‥ 55
三重県の図書館　→各種の図書館 ‥‥‥‥‥ 11
みすず書房　→みすず書房 ‥‥‥‥‥‥‥‥ 186
ミニコミ誌　→形態別目録 ‥‥‥‥‥‥‥‥ 171
名著　→古典・名著 ‥‥‥‥‥‥‥‥‥‥‥ 110
目録規則　→資料の収集・整理・保管（図
　書館） ‥‥‥‥‥‥‥‥‥‥‥‥‥‥‥ 9
森鷗外　→博物館蔵書目録 ‥‥‥‥‥‥‥‥ 94
文書館　→公文書館 ‥‥‥‥‥‥‥‥‥‥‥ 20

【や】

ヤングアダルト
　→児童・青少年向け（選定図書目録）‥‥ 28
　→書評集 ‥‥‥‥‥‥‥‥‥‥‥‥‥‥ 101
　→児童書（出版目録） ‥‥‥‥‥‥‥‥ 180
洋書目録
　→蔵書目録 ‥‥‥‥‥‥‥‥‥‥‥‥‥ 34
　→西洋（蔵書目録〔国立国会図書館〕）‥ 50

【ら】

ライトノベル　→読書案内 ‥‥‥‥‥‥‥‥ 102
良書解題　→選定図書目録 ‥‥‥‥‥‥‥‥ 27
ルヴァンラヌーブ大学　→海外の図書館 ‥‥ 72
冷凍空調　→図書館建築 ‥‥‥‥‥‥‥‥‥ 7
録音図書目録　→国立国会図書館（蔵書
　目録） ‥‥‥‥‥‥‥‥‥‥‥‥‥‥‥ 39
ロングセラー　→ベストセラー・ロング
　セラー ‥‥‥‥‥‥‥‥‥‥‥‥‥‥‥ 114

図書館・読書・出版 レファレンスブック

2014年11月25日　第1刷発行

発　行　者／大高利夫
編集・発行／日外アソシエーツ株式会社
　　　　　　〒143-8550 東京都大田区大森北1-23-8 第3下川ビル
　　　　　　電話 (03)3763-5241(代表)　FAX(03)3764-0845
　　　　　　URL http://www.nichigai.co.jp/
発　売　元／株式会社紀伊國屋書店
　　　　　　〒163-8636 東京都新宿区新宿3-17-7
　　　　　　電話 (03)3354-0131(代表)
　　　　　　ホールセール部(営業)　電話 (03)6910-0519

電算漢字処理／日外アソシエーツ株式会社
印刷・製本／株式会社平河工業社

不許複製・禁無断転載　　　　　　　《中性紙H-三菱書籍用紙イエロー使用》
＜落丁・乱丁本はお取り替えいたします＞
ISBN978-4-8169-2506-1　　　Printed in Japan,2014

本書はデジタルデータでご利用いただくことが
できます。詳細はお問い合わせください。

図書館活用術 新訂第3版
―情報リテラシーを身につけるために

藤田節子 著　A5・230頁　定価（本体2,800円＋税）　2011.10刊

インターネット社会では、あふれる情報から求める内容を探索・理解・判断・発信する「情報リテラシー」能力が求められる。『新訂　図書館活用術』（2002.6刊）を最新の図書館の機能にあわせて改訂、情報リテラシー獲得のための図書館の利用・活用法を徹底ガイド。豊富な図・表・写真を掲載、読者の理解をサポート。

CD-ROMで学ぶ 情報検索の演習 新訂4版

田中功・齋藤泰則・松山巌 編著

A5・100頁（CD-ROM1枚付き）　定価（本体2,500円＋税）　2013.2刊

司書課程・司書講習の必須科目「情報サービス演習」に最適なテキスト。検索のための基礎知識および演習問題を掲載した冊子と、演習用のデータベースを収録したCD-ROMとで構成。CD-ROMには実際の検索演習に使用できる4種のデータベース（新聞記事原報、図書内容情報、雑誌記事情報、人物略歴情報）を収録。Windows 7 64bit版対応、Windows 8 での動作確認済み。

図書館で使える 情報源と情報サービス

木本幸子 著　A5・210頁　定価（本体2,200円＋税）　2010.9刊

情報の宝庫・図書館の「情報源」「情報サービス」の特性を知り、上手に活用するための解説書。図書館の実際と特色を種類ごとに整理し、豊富な図表・事例をまじえて紹介。理解を助ける実践的な演習問題付き。

レポート・論文作成のための
引用・参考文献の書き方

藤田節子 著　A5・160頁　定価（本体2,000円＋税）　2009.4刊

レポートや論文を執筆する際に引用・参考にした文献の正確な書き方を詳しく説明。図書・雑誌記事だけでなく、新聞、判例、テレビ番組、音楽、Webサイトなど、様々な資料の書き方を事例を交えながら紹介。実践力を養う練習問題付き。

データベースカンパニー
日外アソシエーツ

〒143-8550　東京都大田区大森北1-23-8
TEL.(03)3763-5241　FAX.(03)3764-0845　http://www.nichigai.co.jp/